Alina Schwermer

FUTOPIA
Ideen für eine bessere Fußballwelt

ALINA SCHWERMER

FUTOPIA

IDEEN FÜR EINE BESSERE FUSSBALLWELT

VERLAG DIE WERKSTATT

Bibliografische Information der Deutschen Nationalbibliothek:
Die Deutsche Nationalbibliothek verzeichnet diese Publikation in der Deutschen Nationalbibliografie; detaillierte bibliografische Daten sind im Internet über http://dnb.d-nb.de abrufbar.

Auch als E-Book erhältlich: ISBN 978-3-7307-0605-3

1. Auflage 2022

Siekerwall 21, D-33602 Bielefeld
www.werkstatt-verlag.de

Satz und Gestaltung: Die Werkstatt Medien-Produktion GmbH
Druck und Bindung: CPI, Leck

ISBN 978-3-7307-0492-9

Für Markus, meine große Liebe,
der jedes Kapitel ungefähr 295-mal Korrektur gelesen hat
und mir ungefähr 296-mal gesagt hat, dass es nicht so schlecht ist,
wie ich dachte. Ohne dich gäbe es dieses Buch nicht.

Für Mama, Papa, Olchi und Isa

Danke

Danksagungen am Schluss neigen dazu, unterzugehen. Also sollen sie vorne stehen. Denn dieses Buch wäre ohne die Hilfe sehr vieler Menschen wirklich nicht möglich gewesen.

Vielen lieben Dank an den Werkstatt-Verlag, der es immer wieder möglich macht, dass kritische Fußballbücher gedruckt werden. Und der auch waghalsigere Projekte ganz gelassen unterstützt.

Vielen lieben Dank an meinen Lektor Simon Kraßort für die wieder mal super nette Zusammenarbeit, das großartige Engagement und die kritischen Anmerkungen, die sehr helfen.

Vielen tausend Dank an meinen taz-Kollegen Martin Krauß, der das Buch vorab gelesen und super hilfreiche Verbesserungsvorschläge, Einschätzungen und Literaturtipps gegeben hat. Und mir das Gefühl, dass es schon okay ist, was ich da mache.

Danke an all die Menschen im In- und Ausland, die sich die Zeit genommen haben, für dieses Buch ein Interview zu geben, oder mir ihre Forschungsergebnisse zur Verfügung gestellt haben. Sie haben viele Inhalte erst möglich gemacht. Im Einzelnen sind das:

David Berri, Christoph Breuer, Greta Budde, Chau Hong Tinh, Nadine Dermit-Richard, Charlie Dobres, Sylvain Dufraisse, Friederike Faust, Thomas Fischer, Egon Franck, Fabian Fritz, Manuel Gaber, Camila García Pérez, Brigitte Geißel, Petra Gieß-Stüber, David Goldblatt, Ute Groth, Sven Güldenpfennig, Anna-Maria Hass, David Hoffmann, René

Jacobi, Jean Paul Judson, Akihiko Kawaura, Ralf Klohr, Andrzej Kostek, Sandra Kretzschmar und die Kolleg:innen von „Alle zusammen – voran 03!“, Gabriel Kuhn, Engelbert Kupka, Daniela Ließem, Conrad Lippert, Othmane Marhaben, Daniel Memmert, Barbara Messow, Nguyen Thi Hoa, Leonie Pankratz, Marcel Proß, Jörn Quitzau, Heinz Reinders, Maria Reisinger, Bettina Rulofs, Nicolas Scelles, Sascha L. Schmidt, Dominik Schreyer, Dietrich Schulze-Marmeling, Jürgen Schwark, Sandra Schwedler, Karolina Szumska, Jan Tölva, Benno Torgler, Maurizio Valenti, Hans Vandeweghe, Uwe Wilkesmann, Matthias Wolf, Beate Wolff, Gomenjani Zakazaka, Jörg Zwirn.

Die Meinungen, die ich im Buch äußere, sind, sofern nicht wörtlich zitiert, natürlich nicht die Meinungen der Befragten.

Danke zuletzt noch an die vielen Hinweise von netten Menschen. Jede und jeden zu nennen, würde diese Seite und mein Erinnerungsvermögen sprengen, aber jedes „Ich war da mal auf einem Podium mit einem, der …“ oder „Hast du schon von dieser Regel gehört, die …“ hat sehr geholfen.

Inhalt

TEIL 4

EINLEITUNG

Eine Welt ohne Utopie

Im Fußball gibt es kaum utopisches Denken. Und Protest hat in der Regel nur dann Erfolg, wenn er der Produktivität nicht im Weg steht. Es wird Zeit, die Strategie zu wechseln - und bei der politischen Utopie zu beginnen.

Wahrscheinlich ist kaum eine Branche der Welt so oft totgesagt worden wie der Männerfußball. Der fangeführte italienische Klub CS Lebowski beschreibt die wachsende Entfremdung vieler Fans so: „Wir waren müde von Meisterschaften ohne Überraschungen, von Tabellenständen, die von Fernsehgeldern und Palastintrigen bestimmt werden, müde von alle drei Tage stattfindenden, aber immer weniger spektakulären Spielen, müde davon, die Marktgesetze einfach hinzunehmen, die ein Spiel in eine Ware verwandeln, müde von Aktionen des Staates mit seinen Sondergesetzen zum Schutz des Business."

Viele sind müde. Gleichzeitig ist der Männerfußball, ja, der Fußball, erstaunlich lebendig geblieben. Er hat massiv an Ansehen verloren, aber bleibt paradoxerweise beinahe unantastbar populär, kurz vor unsterblich. Wenn die ganze Gesellschaft ähnlich funktioniert, warum gerade vom Fußball abwenden? Viele zucken nur die Achseln. Niedergehen wird der Fußball nicht. Wird es nicht also Zeit, die Strategie zu wechseln?

Der Unmut im Fußball ist brav und oft ritualisiert – und inhaltlich oberflächlich. Transparente, Protestpapiere, Stimmungsboykotte. Gremien und von oben installierte Taskforces, die keine Veränderung bringen sollen und es auch nicht können. Viele reiben sich an internen Widerständen auf. Für die Verbände und großen Vereine ist das eine nützliche Strategie: entweder die Gegenseite spielt das Spiel mit. Dann kann sie nur Dinge verändern, die an der Oberfläche kratzen, der Produktivität und dem Branchenwachstum aber nicht im Weg stehen – weniger Homophobie, eine Frauenquote, mehr Investment in den Frauenfußball, ein kleiner ökologischer Anstrich.

Forderungen, die niemandem allzu wehtun, die im Interesse von Sponsoren ebenso wie vieler Fans sind und nur das abbilden, was in der Gesellschaft längst Realität ist. Die Fortschritte sind Fortschritte, aber sie berühren nicht den Kern der Probleme. Oder der Protest radikalisiert sich und verliert an öffentlichem Rückhalt, dann zeigen sich die Granden als Hüter des Fußballs gegen die „Chaoten". Was ein interessantes Wort ist, denn Chaoten sind ja solche, die die Ordnung stören. DFB und DFL aber haben gar nicht begriffen, was in der Welt um sie herum vor sich geht: die ökonomische und ökologische Katastrophe, die Generation Greta, die dramatischen Folgen von Ungleichheit, Machtlosigkeit und Leistungsdruck. Wandel wird nicht aus diesen Strukturen kommen, und er kann nicht innerhalb dieser Strukturen umgesetzt werden; zu mächtige Interessen stehen dem entgegen. Grundlegender zu denken, diese Idee hat wenige Freund:innen, wo schon Detailkämpfe scheitern. Aber das Gegenteil ist richtig: Erst die grundlegende Utopie kann etwas an den Strukturen ändern, an denen auch Detailkämpfe scheitern. Es wird Zeit, bei der politischen Utopie zu beginnen.

Gestohlene Träume

„Die Welt der Utopien ist gestorben", hat César Luis Menotti, Trainer des argentinischen Männernationalteams, das 1978 die WM gewann, einmal gesagt. „Wir leben in einer Nützlichkeitsgesellschaft, und da ist der Fußball zur Welt der großen Geschäfte verdammt. In der Dritten Welt nimmt man den Menschen das Brot, in den Industrienationen stiehlt man ihnen die Träume."

Ständig wird über einen besseren Fußball debattiert, und doch fehlt es diesen Debatten an Horizont, an Tiefgang. An Utopien. Es gibt kaum echte Konzepte für einen anderen, einen wirtschaftlich, ethisch, systemisch besseren Fußball. Jedenfalls keine, von denen mehr als eine Handvoll Menschen wissen. Es gibt keine konkreten Utopien, wie überhaupt die Gesellschaft aussehen müsste, die ihn beherbergt. Der Historiker Martin Sabrow von der Berliner Humboldt-Universität hat die Gegenwart in einem Interview mit dem „Redaktionsnetzwerk Deutschland" (RND) eine „Zeit des elektrifizierten Biedermeier" genannt: „Unsere Zeit hat keine klaren Zukunftsperspektiven mehr. Wir versuchen uns die

Gegenwart so angenehm wie möglich zu machen, und wenn Zukunft ins Spiel kommt, dann allenfalls als Dystopie, als negative Utopie und Sorge vor einer unbeherrschbaren Welt von morgen."

Wenn man engagierte Menschen fragt, wie der Fußball ihrer Träume eigentlich aussehen sollte, sind sie oft ratlos. Ganz konkret? Das sei schwer. Es muss auch kein Fan, keine Aktivistin ein fertiges Konzept in der Schublade haben, es ist stark genug, dass sie sich engagieren. Umso mehr, während die eigentlich Verantwortlichen dieses Engagement mit aller Macht bekämpfen. Aber irgendjemand sollte eine Idee haben. Stattdessen zieht Protest sich in Schlagworte zurück: Solidarisch soll dieser andere Fußball sein, nachhaltig, chancengerecht, basisnah, zeitgemäß. Das ist aber unter den gegebenen ökonomischen Umständen nicht umsetzbar, jedenfalls nicht im Profibetrieb.

Wie also ein System aussehen müsste, das einen anderen Fußball produziert, an welchen Hebeln man *praktisch* ansetzen müsste, und was am Ende stehen soll – darüber gibt es keine Diskussion. Stattdessen hoffen viele darauf, ein paar TV-Gelder an der Spitze der Männer umzuverteilen. Es zählt nur das, was greifbar ist. Das ist natürlich besser als nichts und schwierig genug. Aber ohne Utopie hat der Zweifel keine Heimat. Ohne alternative Ideen, ohne ein Wohin, wiederholt man unweigerlich die Fehler des Alten.

Und diese Hoffnungslosigkeit ist spürbar. Kaum jemand glaubt wirklich an Wandel. Es herrscht Zynismus, der Protest ist ritualisiert. Der Sportökonom Christoph Breuer von der Deutschen Sporthochschule Köln beschreibt die Lage im Gespräch so: „Solidarität ist immer viel Gerede, aber der Sport befindet sich in ständiger Wettkampfsituation. Der europäische Fußball ist durch offene Ligen und europäische Wettbewerbe noch mal kompetitiver. Das macht Steuerungsmechanismen schwer." Wer nur Steuerungsmechanismen einführen will, aber nicht das Spielfeld zu ändern bereit ist, kommt nicht weit. Derzeit geht viel Energie dabei verloren, einen Blumengarten in die Wüste pflanzen zu wollen.

Wir müssen klüger kritisieren

In diesem Buch geht es um konkrete Möglichkeiten, Fußball vollkommen anders zu gestalten. Unzählige Texte und ganze Bücher sind in den letzten zwanzig Jahren zur Krise des Fußballs erschienen. Oft blieben sie im Pop-Antikapitalismus oder Kulturpessimismus haften.

Dabei ist schon das Wort Kommerzialisierung unklug, denn kommerziell ist der Fußball seit über hundert Jahren – also eigentlich schon immer. Die ersten bekannten Fußball-Sammelkarten im Männerfußball, die britischen Baines Cards, wurden in den 1880er-Jahren verkauft. Industrielle Gönner regierten die Klubs; mit Demokratie, Gleichberechtigung oder Fan-Mitsprache war es nicht weit her. Kommerzkritik sei „oft eine Worthülse mit wenig bis keinem Inhalt", sagt der Soziologe und Journalist Jan Tölva. Bei vielen Fans ist sie eine diffuse Mixtur: irgendwo zwischen Heimattreue und Globalisierungskritik („die Scheichs kaufen unsere Klubs"), oberflächlichem Antikapitalismus und überholten Ideen von Männlichkeit, Stolz und Ehre.

Wir müssen also klüger kritisieren, mehr verstehen, Kämpfe besser wählen. Wie kaum eine Branche schaut der Fußball auf der Suche nach Lösungen in seine verklärte eigene Vergangenheit. Damals, in den Siebzigern! Damals, in den Zwanzigern! Solange wir in Zeiten statt in Systemen diskutieren, drehen wir uns im Kreis. Es wäre eigentlich die Aufgabe der Verbände, Spieler:innen und Trainer:innen, sich um einen funktionierenden Fußball zu kümmern. Es ist ein Skandal, dass die meisten das nicht tun und die Verantwortung auf Außenstehende abwälzen.

Im DFB, in der Fifa oder der Uefa geht es in erster Linie um Selbstdarstellung, Machterhalt, Posten. Eifersüchtig wachen die Verbände über ihre Version vom Fußball. Viel zu viel Kritik nimmt diese Institutionen zum Ausgangspunkt, dabei braucht es sie vielleicht nicht einmal. Nicht der einzelne Verband, der Protest muss besser werden. Oder, wie es der Soziologe Armin Nassehi formulierte: „Genau genommen protestiert der Protest also gegen die Opposition, wenn diese zu schwach ist." Die aktuelle Opposition muss viel breiter werden, radikaler, kreativer. Mutig, mitreißend, anstößig.

Während der Recherche zu diesem Buch ist der Fußball vielleicht durch drei Phasen gegangen. In der ersten Phase vor der COVID-19-Pandemie herrschte weitgehend Stagnation. Utopien waren ein einigermaßen exotisches Thema, und wenn Veränderung käme, dann, so der allgemeine Tenor, durch eine große Abwanderung der Fans. In Phase zwei, der Pandemie, folgte ein Boom an Optimismus, im Nachhinein recht naiv. Viele sahen den Zusammenbruch des kommerziellen Fußballs nahen, es gab eine Explosion an Panels und so umfassende Vorschläge von Engagierten wie noch nie. Phase drei: Ernüchterung, weil sich letztlich fast nichts veränderte.

Aber so heftig muss die Enttäuschung nicht sein. Gezielter Wandel entsteht eher durch stete Arbeit als durch Krisen und nicht linear, sondern als Versuch, Rückschlag, Fortschritt. Das ist eine gute Nachricht. Das Thema Gegenmodelle ist durch die Pandemie in die Öffentlichkeit getragen worden, und die große Chance beginnt erst jetzt: Konzepte zu entwickeln und in den Mainstream zu tragen. Es gibt gute Ideen, sie bekommen aber kaum eine Plattform, weil die Medien auf die Gegenwart statt auf die Zukunft fixiert sind. Dieses Buch will ihnen eine Bühne geben und eigene Ideen entwickeln. Und es spielt diese Ideen ganz konkret durch, mit ihren Vor- und Nachteilen. Wenn heutzutage etwas nervt, dann sind es die „Heilsbringer"-Autor:innen, die auf hundert Seiten eine einzelne Idee anpreisen, die wundersamerweise keine Negativfolgen hat und garantiert funktioniert. Leider führt dieser Weg oft auch garantiert in die Talkshows. Utopien bieten keine endgültige Lösung. Das ist gut so. Im besseren Fall sind Utopien Ideen, mit denen wir den Mächtigen und dem Schicksal nicht ganz waffenlos gegenüberstehen. Kein in sich geschlossenes System, sondern ein Mosaik, bei dem man nach Belieben zufügen und weglassen kann.

Ich wollte ein solches Mosaik schreiben. Eines aber auch, das sich nicht in die Beliebigkeit flüchtet, sondern zu etwas steht, etwas wagt. Und wenn Menschen nach der Lektüre dieses Buchs gefragt werden, wie der Fußball ihrer Träume aussieht, sollen sie ihn vor dem inneren Auge sehen und sagen: Genau so. Oder ganz anders. Differenziertheit und Widerstand kommen nicht so oft zusammen, aber probieren wir das doch einfach mal.

Ich entwerfe notwendigerweise auch Ideen, wie die Wirtschaft, die Gesellschaft um diesen Fußball herum aussehen könnte. Der Fußball ist ein biederes Geschäft. Trauen wir uns zu, etwas zu riskieren, ehrlich ambitioniert zu sein.

Taugt der Fußball zur Revolution?

Man kann es sich bei so etwas leichtmachen. In der Linken gibt es den Reflex dazu. An allem ist der Kapitalismus schuld, und man muss ihn nur abschaffen, dann ist alles gut. Kapitalismus ist in der Populärkultur ein Sammelbegriff geworden für Dinge, die der Mensch an sich selbst nicht schätzt. Ausbeutung, Egoismus, Konkurrenz, Neid, Leistungsdenken, Macht, Gewalt, Umweltzerstörung, Sexismus und Rassismus. Das aktuelle Wirtschaftssystem ist ein völlig absurdes, dramatisch falsches. Es bleibt aber in der populären Kritik sehr unscharf, was dieser Kapitalismus eigentlich genau sein soll. Profitstreben? Privateigentum? Marktwirtschaft? Akkumulation? Es ist überfällig, anders zu wirtschaften. Doch Probleme hören auch dann nicht einfach auf. Es gibt keine magische Fackel, die man nur löschen müsse, damit alles sich in Wohlgefallen auflöst.

Ein revolutionäres System wäre schon eines, das Wege findet, menschliche Dämonen im Zaum zu halten. Das klingt klein, wäre aber groß. Der Ökonom Jörn Quitzau, Dozent für Volkswirtschaftslehre an der Frankfurt School of Finance and Management, schreibt im Strategiepapier „Wirtschaftsfaktor Fußball" von 2018, es gebe „eine auffällige Skepsis gegenüber neuen Methoden, Geschäftsmodellen, Organisations- und Finanzierungsformen. So gibt es im Fußball nur wenige Innovationen, und deren Adaption dauert oft sehr lange."

Taugt der Fußball am Ende gar nicht zur Revolution? Viel ist von der Basis die Rede, von demokratischer Vereinskultur und Gemeinschaft. Aber es wird übersehen, dass der Fußball in seiner Seele hierarchisch ist. Eine Trainerin gibt Anordnungen, ein Schiedsrichter verteilt Strafen, ein Capo singt vor. Die Menge liebt die Typen mit den dicken Eiern, die Ronaldos und Mourinhos, oder die messianischen Anführer wie Guardiola und Klopp, es gibt Kaiser und Könige und Lichtgestalten. Interessanterweise ist die einzige Spielerin von echtem Weltruhm, Megan Rapinoe, eine, die dieses messianische Dominanz-Verhalten aus politisch linker Perspektive auslebt. Und eine einzige Organisation, der DFB, diktiert den deutschen Fußball mit einer Top-Down-Struktur aus der Kaiserzeit.

Widerspruch an der Basis ist, jenseits kritischer Fangruppen und kleinerer Amateur-Bewegungen, wenig verbreitet. Es herrscht Gehorsam; wer ausschert, ist Nestbeschmutzer und schnell isoliert. Und unterbreitet tatsächlich mal jemand eine etwas mutigere Idee, findet sich im nächsthöheren DFB-Gremium bestimmt eine Kommission, die abwimmelt, totschweigt, die Bemühungen versickern lässt. Vielen fehlt auch einfach die Zeit. Ein Gesprächspartner eines Amateurvereins sagte im Gespräch über Widerstand: „Die Leute stehen einfach nicht dahinter. Die erkennen die Probleme gar nicht. Viele sind im Ehrenamt schon mit ihrem Verein überfordert."

Es lohnt sich, realistisch zu bleiben: Der Fußball ist träge. Und es ist sehr unwahrscheinlich, dass sich eine Utopie so erfüllt, wie sie gedacht war. Der Sozialdemokrat und Sportfunktionär Fritz Wildung schrieb schon 1929: „Dieses Kämpfen und Ringen um den Erfolg, um den Sieg, dieses Hochschrauben der Leistung bis zum Rekord, ist das nicht ein getreues Spiegelbild des Kapitalismus unserer Tage mit seinem brutalen Gebrauch des Ellbogens?“ Wildung fabulierte über leuchtende Zukunftssonnen eines befreiten Zeitalters und neue Wege in der Gymnastik, während er über den Leistungssport schrieb: „Deutlich sichtbar aber sind seine Verfallserscheinungen.“

Es kam nicht ganz so. Mehr denn je konsumieren die meisten Menschen lieber den FC Bayern als Rhythmische Sportgymnastik, und alternative Strömungen wurden der Leistungsgesellschaft sehr erfolgreich einverleibt. Die größten Yoga-Freunde wohnen heute im Silicon Valley. Auch der Aufsatz „Fußball als Show“ von Rolf Lindner und Heinrich Breuer aus den späten 1970er-Jahren beklagt die entrückten Profis im Maserati in ähnlichem Duktus wie heute. Mit dem schönen Satz: „Er [der Kommerzfußball] wird so wenig und so viel Geschichte haben wie das Flipper-Spiel, das Bowling-Treffen und der Abend in der Discothek.“ Nun hat der Fußball doch den Flipper-Automaten überlebt.

Kann die Welt, kann der Fußball überhaupt anders funktionieren? Konkreter gefragt: Ist er Ausdruck dessen, was wir sind, oder sind wir geworden, was wir lehren? Beinahe sicher: beides. Schwächen ähneln einander überall. Und andere Systeme bringen dennoch andere Menschen hervor. Wir haben bloß vergessen, wie radikal die Welt sich ständig wandelt. Fußball nach heutigem Konzept scheint ewig, aber er wird tatsächlich erst kurze Zeit so gespielt, einen Wimpernschlag von 150 Jahren. Er sah davor völlig anders aus. Er wird eines Tages wieder völlig anders aussehen. Immer wieder haben Bewegungen das System kritisiert, vom Arbeiterfußball über die feministische und schwule Sportkritik und die der 68er bis hin zu fangeführten Klubs der Gegenwart. Wird sich eine ihrer Hoffnungen erfüllen? Wahrscheinlich nie so wie gedacht. Aber der aktuelle Fußball wird verschwinden, genau wie alles andere. Historisch können wir optimistischer sein, als es scheint. Um es mit dem Soziologen Albert Hirschman zu sagen: Veränderungen werden, „wenn sie einmal verwirklicht sind, fast augenblicklich als völlig normal betrachtet“.

Fußball als Dystopie

Die jüngere Fußballgeschichte kennt viele Beispiele für folgenreiche Umwälzungen, die scheinbar unmerklich kamen. Der unvergleichliche Investitionsboom seit den 1960er- Jahren, die mediale Revolution seit den 1990ern. Frauenfußball, bis 1970 in Deutschland noch offiziell verboten, ist im Jahr 2021 ein kommerzieller Sport mit Bundesliga und Champions League, der trotz der Ignoranz durch die Verbände mehr Publikum anzieht als viele Sportarten im Männerbereich. Dass deutsche Nationalspieler einmal Leroy Sané oder Serge Gnabry heißen würden, dass die (fußballerische) Wiedervereinigung käme oder die internationalisierte Welt des Männerfußballs nach dem Bosman-Urteil, wäre für frühere Generationen unvorstellbar gewesen. Heute erscheinen sie selbstverständlich. Die Idee der Fanrechte wurde überhaupt erst in den 1990er-Jahren geboren, und die Kritik an fehlender Nachhaltigkeit oder katastrophalen Verhältnissen beim Stadionbau ist neu. Soziale Medien erlauben es mehr Spieler:innen, ihre Meinung kundzutun, kritische Geister nehmen dort wieder zu.

Der Fußball wird gern als Dystopie erzählt, aber er ist auch eine Geschichte vom Kampf um Modernisierungen. Er demokratisiert und entdemokratisiert sich gleichzeitig. Auch deshalb kommt es darauf an, wie wir ihn erzählen. Der US-Psychologe Robert Zajonc von der Stanford University hat den „Mere-Exposure-Effekt“ geprägt: Je häufiger Menschen jemanden oder etwas sehen, desto positiver ist die Einschätzung dazu. Je öfter sie eine Idee hören, umso akzeptabler empfinden sie sie. Wer Einfluss auf Entwicklungen nehmen will, muss Vorschläge hörbar machen. Und Menschen gut unterhalten. Neben glaubhaften Drohgebärden tut Humor gut. Auch weil da, wo alles entgrenzt und befreit scheint, Protest oberflächlich nicht für Freiheit demonstriert, sondern dafür, Grenzen zu setzen. Wenn Protest selbst vermeintlich autoritärer ist als der Status Quo, lässt sich die Idee dahinter wesentlich schlechter verkaufen.

Alles kann besser werden

Dieses Buch ist in vier Teile unterteilt: Teil eins bietet einen Blick auf die aktuelle Nahrungskette des Fußballs, vom unterklassigen Fußball über den Spitzenfußball der Frauen bis zum Spitzenfußball der Männer. Welche Probleme gibt es jeweils, welche Themen beschäftigten die Menschen? Ich glaube, dass es gut ist, zu wissen, wovon man redet, bevor man kritisiert. Und ein paar Dinge vielleicht anders zu beleuchten, als das sonst geschieht. Im zweiten Teil schaue ich auf populäre aktuelle Forderungen, von Umverteilung über Gehaltsobergrenzen bis Quoten. Von der relativ leicht umsetzbaren, greifbaren Utopie bis zu weit entfernten, komplexen Ideen. Ein Spaziergang von der Haustür bis zum Horizont. Teil drei ist der Horizont, dort geht es um ganz neue Systeme. Und in Teil 4 geht es ums ganz Kleine. Um Dinge, die sich in Eigenregie an der Basis umsetzen lassen. Auf Fußnoten habe ich verzichtet: Das hier ist kein wissenschaftlicher Text, sondern ein Meinungsbeitrag, der Spaß machen soll. Eine Literaturliste ist im Anhang zu finden.

Eigentlich sollte es selbstverständlich sein, doch leider ist es noch immer eine Erwähnung wert: Der Männer- und Frauenfußball und alles dazwischen wird hier so gleichwertig betrachtet. Und eine große Rolle spielt auch der Fußball jenseits der Verbände. Es geht nicht darum, wie wahrscheinlich die Umsetzung eines Vorschlags ist. Sondern darum, wie prinzipiell umsetzbar und sinnig der Vorschlag ist.

Eine Utopie darf sich nicht um die aktuelle Gesetzgebung scheren. Denn in keinem Königreich ist es gesetzeskonform, den König abzusetzen. Ist ein besserer Fußball möglich? Nicht alles wird besser. Aber alles kann besser werden.

TEIL 1

Ideen zur Gegenwart

Die Fußball-Diskussionen der Gegenwart sind immer wieder in ähnlichen Kritikschleifen gefangen. Aber jenseits von Schlagwörtern wie Kommerzialisierung: Was läuft eigentlich genau falsch und wieso? Wir brauchen klügere Kritik und Lösungen jenseits des Oberflächlichen. Dieser erste Teil begibt sich auf eine Reise vom Amateurfußball bis zur Spitze, von den Anfängen bis zur Gegenwart, von global bis lokal.

KAPITEL 1

Von unterworfenen Körpern und thailändischen Tränen

Fußball wurde nicht entdeckt wie die Elektrizität. Er wurde über Jahrtausende verschieden gespielt: Von der anarchischen Massenrauferei bis zu Kooperationsspielen ohne Sieg und Niederlage. Wie gespielt wird, sagt etwas über die, die spielen - und prägt sie wieder. Der aktuelle Fußball sollte die Gesellschaft mehr sorgen, als er es tut.

Im Juni 2019 hatte sich am Rande von Nizza ein kleiner Menschenauflauf zusammengefunden. Medienvertreter:innen, die angereist waren, um das Training des thailändischen Nationalteams anzuschauen. Es war, wie so oft in den Tagen während der Frauen-Weltmeisterschaft in Frankreich, sengend heiß, die Thailänderinnen trainierten im Halbschatten eines dieser Siebziger-Jahre-Betonstadien mit Flutlichtmasten und verblichenen Schalensitzen, die von den Magazinen so geliebt werden, und die Presse wartete auf Interview-Gelegenheiten. Was suchten die Medienleute bei den Außenseiterinnen? Die Antwort ist leicht: Thailand hatte verloren. Nicht irgendwie, sondern historisch mit 0:13 gegen die USA in der WM-Vorrunde. Es war die höchste Niederlage bei einer offiziellen Fußball-WM.

Einige Spielerinnen hatten im Nachgang geweint, die thailändischen Tränen gingen um die Welt, und mit ihnen zwei Fragen: Darf man seine Gegnerinnen so blamieren? Und: Wie viel Ungleichheit verträgt ein Spiel, ein Turnier, der Fußball? Der US-amerikanische Ökonom Walter

C. Neale hat in den 1960er-Jahren das „Louis-Schmeling-Paradoxon“ begründet, das grob besagt: Um Geld zu verdienen, braucht ein Boxer einen Gegner auf Augenhöhe. Ansonsten langweilt sich das Publikum und wandert ab.

Aber tut es das wirklich? Die Männer des FC Bayern gewinnen fast jedes Spiel, ihre Partien sind dennoch (oder deshalb?) über Jahre hinaus ausverkauft. Fans gehen sogar, das belegen Untersuchungen, eher ins Stadion, wenn ihr Heimteam einen Vorteil hat. Echte Chancengleichheit spielt im Fußball gar keine so große Rolle, wie das populäre Narrativ es will. Und doch gibt es einen Punkt, ab dem die Ungleichheit für die Öffentlichkeit nicht mehr ohne Unwohlsein zu ertragen ist, und diesen Punkt hat der Fußball der Männer in Westeuropa offenbar erreicht. Die nationalen Ligen sind an der Spitze verödet, und die der Frauen auf dem Weg dorthin. Ungleichheit hat also mehr mit Strukturen zu tun als mit Geldmengen. Die Budgets der Frauen sind verhältnismäßig gering, aber auch dort ist etwa der FC Bayern in Deutschland dabei, eine Vormachtstellung zu erobern. Die Lücke zwischen den Satellitenteams der Großklubs und den anderen Vereinen der Liga ist gigantisch geworden. Einen Titel zu finanzieren, wird immer teurer. Investment sorgt, das illustriert die Frauen-Bundesliga, eigentlich für mehr Spannung, weil die Konkurrenz wächst. Und erst in der Folge für mehr Langeweile. Weil nur noch sehr wenige übrig bleiben, die den Titel zahlen können.

Die thailändische Pressesprecherin Sutthiporn Boonyapuggana sagte am Trainingsplatz etwas sehr Interessantes. Nein, sie sei nicht wütend darüber, dass die US-Amerikanerinnen keine Gnade walten ließen: „Sie haben ihr Bestes gegeben. Und das fanden wir gut, weil sie uns respektiert haben.“

US-amerikanische Vollprofis gegen thailändische Amateurinnen, die gar keine heimische Liga hatten, dieser höchst unfaire Kampf war interessanterweise von allen Seiten akzeptiert. Die Öffentlichkeit forderte keine gleichen Voraussetzungen. Sie forderte Erbarmen. 7:0 hätte ja wohl gereicht.

Warum spielen wir, wie wir spielen?

Warum spielen wir, wie wir spielen? Die Erzählung der Verbände über die Geschichte des Fußballs geht in etwa so: Irgendwann im 19. Jahrhundert wurde der Fußball in England von Männern erfunden. Er verbreitete sich über die Welt und schließlich, etwa ab den 1970er-Jahren, durften auch die Frauen mitspielen. Als könne man Fußball entdecken wie die Elektrizität, und dann spielt man nach seinen Naturgesetzen.

Die tatsächliche Geschichte ist komplexer und interessanter. Fußball wird seit über 2.000 Jahren gespielt, vielleicht viel länger, und er war dabei so unterschiedlich, wie Gesellschaften verschieden sind. Vom militaristischen Fußball im alten China bis hin zu solidarischen Kreisballspielen in Südostasien, bei denen es, wie der rechtsextreme, aber leider bedeutende Sportwissenschaftler Henning Eichberg aufzeigt, nicht darum ging, andere zu besiegen, sondern darum, möglichst geschickt gemeinsam den Ball hochzuhalten. Glänzen für die Gruppe. Es gab die volkstümlichen Fußballspiele im ausgehenden Mittelalter in England, bei denen ganze Dörfer recht ungestüm gegeneinander antraten, ohne vereinheitlichte Regeln und ohne dass Ergebnisse festgehalten wurden. Es gab den Calcio storico in Florenz, den der Adel als Kriegsersatz spielte, und Freizeitfußball in Mittelamerika vor der kolonialen Zerstörung. Und oft war Fußball keineswegs nur ein männliches Spiel. Die Soziologin Marion Müller von der Uni Tübingen wies nach, dass in England lange Zeit von allen Geschlechtern gespielt wurde. Erste Hinweise auf kickende Frauen gibt es schon für das 12. Jahrhundert in Frankreich; und den modernen Fußball spielten sie lange Zeit, manchmal sogar vor Zehntausenden, zwar randständiger, aber ebenso wie Männer. Verdrängt wurden sie nur zwischenzeitlich. Die ungemütliche Botschaft dieser bunten, keineswegs nur europäischen Geschichte lautet: Sport wandelt sich dauernd. Wenn wir in 300 Jahren ein Fußballspiel sähen, würden wir es nicht wiedererkennen.

Warum also spielen wir, wie wir spielen? Viele Sporthistoriker:innen, Ökonom:innen, Soziolog:innen nennen vor allem einen ganz zentralen Faktor: Leistung im Sport wird gemessen. Das ist neu. Und sie wird für alle gleich gemessen. Auch das ist neu. Tabellen, Punkte, Torschützenlisten wirken völlig selbstverständlich, aber sie sind es nicht. Sie sind ein Ausdruck eines Zeitalters, das beinahe religiös an die Zahl glaubt, obwohl ihre Aussagekraft begrenzt ist. Der Sportwissenschaftler Klaus Moegling schreibt in „Alternative Bewegungskultur“ von den mittelalterlichen bäuerlichen Volksspielen, bei denen es darum ging, Geselligkeit auszuleben. Im Wettkampf gab es Gewohnheitsregeln statt fester Gesetze bis hin zu Anarchie, und Sieger:innen wurden zwar bestimmt, aber das hatte keine Konsequenz; es gab „noch keinen ausgeprägten Leistungsgedanken“.

Andere Gesellschaften, etwa in Südamerika und Australien, kannten laut Henning Eichberg in ihren Sportspielen überhaupt keinen Sieg und Niederlage, kein Endergebnis. Es ging um Zusammenarbeit statt Konkurrenz. Und wo es um Leistung geht, kann sie sehr verschieden erzählt werden. Die Exerzitien und höfischen Sportspiele des europäischen Adels etwa schauten auf Takt und Rhythmus, Anstand, Manierlichkeit und Proportion – nicht auf Kraft und Schnelligkeit. Einen gemeinsamen weltweiten Sport gab es lange nicht. Moegling schreibt: „Die höfischen Exerzitien, die Artistik der Schausteller und die volkstümlichen Übungen und Spiele standen recht isoliert nebeneinander, ohne eine normative Verbindung einzugehen." Erst mit der Industrialisierung änderte sich das. Rekordstreben und Leistungsdenken, Konkurrenz und Ergebnisfixierung, Effizienz, Verdrängung und Überhöhung des Einzelnen: die Parallelen zum gesellschaftlichen System, das Kapitalismus genannt wird, sind auch hier nicht schwer zu sehen.

Wir spielen, wie wir wirtschaften. Das Spiel selbst ist zur Branche geworden. Diese Sportkultur hat Bewegung, und das ist durchaus eine dramatische Entwicklung, zur Arbeit gemacht, und Unterwerfung der Mitmenschen zum Prinzip. Der Körper ist Material, er muss ständig produktiv genutzt werden. Erst langsam dämmern der Gesellschaft die Konsequenzen dieser totalitären Produktivität. Absichtsloses Spiel, Fantasie, Unsinn, Kooperation, Großzügigkeit, eigenes Erschaffen, Nichtstun, all das wird auch im Fußball weder gefördert noch ist es gewollt. Ein grundlegend anderer Sport aber ist für viele völlig unvorstellbar geworden. Wer einen besseren Fußball möchte, vergeudet Kraft damit, gegen RB Leipzig zu protestieren. Leipzig ist wirklich nicht das Problem.

Ein Versprechen auf Chancengleichheit

Der aktuelle Sport war einmal sehr fortschrittlich gemeint. Der Sportjournalist Martin Krauß hat ausführlich zu den frühen modernen Wettkämpfen nach der französischen Revolution geforscht. Er schreibt in der „taz": „Tatsächlich war im frühen Sport, der sich vor allem im England und Frankreich des 18. und frühen 19. Jahrhundert formierte, eine hohe Partizipation und Diversität zu beobachten. Und diese bemerkenswerte demokratische Qualität hat viel mit den bürgerlichen Revolutionen in diesen beiden Ländern, der Englischen Revolution von 1640 bis 1648 und der Französischen Revolution 1789, zu tun. Das Recht auf Teilhabe, das Recht auf öffentliches Tun wurde jeweils erstritten und ausgelebt."

Es konnten Männer und Frauen teilnehmen, und ganz demokratisch konnte der Metzger über den Adligen siegen. Niemand musste mehr in höfischen Riten geschult sein, Leistung wurde objektiv gemessen.

Die aktuelle Sportidee ist also eigentlich ein Versprechen auf Chancengleichheit. Sie hat sehr demokratische Merkmale. Messungen basieren aber auch auf einer Unwahrheit, die unsere Gesellschaft ständig wiederholt: der Illusion, sie seien fair und objektiv. Das sind sie nicht. Kategorien sind subjektiv, Zahlen erzählen nie die ganze Geschichte, und Messungen halten das Ergebnis fest, aber nicht die Startlinie. Sie scheren sich nicht darum, ob jemand mit dickem oder dünnem, schwachem oder starkem, männlichem oder weiblichem Körper antritt, mit viel Testosteron oder mit wenig, mit körperlicher Einschränkung oder ohne, wohlhabend oder arm, psychisch stabil oder labil. Es zählt nur, wann eine Person an der Ziellinie ankommt, nicht, wo sie gestartet ist.

Die Teilnahme der Thailänderinnen an der WM war im Verhältnis zu ihren Voraussetzungen eine gigantische Leistung. Aber ähnlich wie bei Schulnoten zählen ihre Voraussetzungen nicht. Sie können, wie auch sonst in der kapitalistischen Wettbewerbsgesellschaft, nur verlieren. Die Messungen sind so ausgelegt, dass bestimmte Körper sie gewinnen – starke, gesunde, junge, männliche, aus gutem Haus und aus Ländern mit vorhandener Infrastruktur. Sind die Sieger:innen nicht verdächtig ähnlich denen, die die Regeln machen? Und die anderen sind naiv genug, immer aufs Neue mitzuspielen.

Ein zutiefst konservativer und zugleich kapitalisierter Sport

Wettbewerb hat seine Vorzüge. Nichts bringt kleine Kinder so effektiv zum Aufräumen wie die Idee, sie in Team A und Team B aufzuteilen und einen Preis auszuloben für die, die schneller fertig sind. Der aktuelle Fußball ist der technisch, taktisch, athletisch wohl beste Fußball, den es je gab. Und es kann ihn nur geben mit diesem Maß an Training, Effizienz, Spezialisierung. Dieses Spiel hat Schönheit. Aber es ist nur eine Interpretation von Schönheit, geschult durch Gewohnheit. Ähnlich, wie einst höfische Exerzitien als schön galten. Es erinnert sich nur keiner mehr daran. Für das hektische Gerenne der aktuellen Profis wiederum hätten europäische Adlige oder südostasiatische Gemeinschaftskünstler:innen wahrscheinlich wenig übrig gehabt. Auch Ideale wandeln sich. Diese neue Form des Fußballs wurde ganz gezielt als militärische Ertüchtigung genutzt, als Kriegssimulation, zum Ausleben männlich-nationalistischer Fantasien und zur Herrschaft von selbsternannten Weißen über den Rest der Welt.

Was wir da spielen, dieses männliche Konkurrenz- und Unterwerfungsspiel der Kaiserzeit, wird aber kaum reflektiert. Dieser Fußball hat ein sehr limitiertes Verständnis von Leistung, ein sozialdarwinistisches. Anderen zu helfen, mit Gegner:innen zusammenzuarbeiten, nachhaltig zu sein, kreativ zu spielen, anarchisch – all das wird überhaupt nicht als Leistung anerkannt, sondern, im Gegenteil, bestraft. Ein modernes Kolosseum ebenso wie eine Litfaßsäule, die sich maßgeblich finanziert, indem sie das Kaufen bewirbt.

Seit seiner Erfindung hatte der Fußball der Gegenwart immer auch befreiende Potenziale, von feministischen Zusammenschlüssen über antikoloniale Kämpfe bis hin zu anarchistischen Ligen. Meist aber dient der Leistungsfußball als Schule der Unterwerfung. Und wahrscheinlich ist er darin sehr wirkungsvoll, die Zahl linker Fußballer:innen ist bekanntlich überschaubar. Werden wir, was wir lehren?

Der niederländische Historiker Rutger Bregman schildert das Experiment des Ökonomen Robert H. Frank, der sich fragte, ob eine Lehre den Menschen beeinflusst. Er gab seinen Studierenden Aufgaben, um ihre Großzügigkeit zu messen. Das Ergebnis: Je länger sie Ökonomie studierten, desto egoistischer agierten sie. Wir sollten gegenüber solchen Experimenten eine gesunde Skepsis wahren, allzu viele davon werden aktuell in populärwissenschaftlichen Büchern als Beleg für dieses und jenes oder überhaupt alles herangeführt. Aber dass Umstände Menschen prägen, ist offenkundig. Und wer einmal gereist ist, weiß, wie machtvoll sie das tun. Wir lehren einen Fußball, der trotz aller gut gemeinten Projekte eine vielseitige, freie, solidarische und demokratische Gesellschaft tendenziell unterminiert. Er lehrt Verdrängung statt Zusammenarbeit, Sieg statt Kompromiss, Gehorsam statt Freiheit, Profit statt Solidarität. Klubs können es sich nicht einmal mehr leisten, demokratisch zu sein, weil sie gegen Investorenklubs zurückfallen. Das alles müsste die Gesellschaft viel mehr erschrecken, als es der Fall ist.

Widerstand ist zu brav

Es ist offensichtlich, warum Manchester City Teil dieses Systems ist. Warum aber bleiben der Karlsruher SC, Sigma Olomouc oder Asteras Tripolis Teil eines Fußballs, in dem ihre Aufstiegschancen an die Spitze verschwindend gering sind und ihre Träume ständig zerschlagen werden?

Warum spielen Turbine Potsdam, der SC Sand oder der SV Meppen in einem System mit, das ihnen nur Krümel zuwirft?

Damit die Verlierer:innen es in diesem oft deprimierenden Sieg-Niederlage-System aushalten können, wenden sie einen Kniff an. Sie alle sind fest überzeugt, bald selbst oben zu stehen. Nur so ertragen sie Erniedrigung. Für diesen Traum müssen sie immer mehr investieren, und so wird Fußball stetig teurer, obwohl er eigentlich sehr günstig finanzierbar wäre. Es ist, zweitens, bequem, im bestehenden System zu bleiben. Anderswo bekommen Klubs nicht so viel Publikum, Aufmerksamkeit und Geld. Und es gibt meist gar keine Wahl, alternative Wettbewerbe werden nämlich von den Verbänden nicht toleriert. Klubs feiern übrigens in diesem System immer wieder punktuelle Erfolge. Überraschungen sind öfter möglich, als viele denken. Der Ökonom und Autor Stefan Szymanski hat berechnet, dass in der Premier-League-Saison 2012/13 das teurere Team in mehr als 50 Prozent der Fälle *nicht* gewann. So eine Chance reicht, um viele zufriedenzustellen.

Ungleichheit lässt sich aushalten, wenn es manchmal eine romantische Überraschung gibt. Unterdrückung lebt erst dadurch. Und wer Mächtige entmachten will, darf nicht nach deren Regeln spielen.

Gehen uns die utopischen Ideen aus?

Allenthalben geht es heute darum, dass die Kleinen „eine Chance" haben sollen, dass die Abstände „nicht noch größer" werden dürfen. Das wäre alles schön, ändert aber nichts an vielen Prinzipien. Es würde den Großklubs sogar tendenziell nützen: Ein kleiner Gebietsgewinn des Prekariats, der Proteste zum Schweigen brächte und den Großen wieder Spielpartner:innen verschafft, ohne ihre Dominanz anzuzählen. Denn der Wettbewerb basiert nicht auf bedingungsloser Verdrängung, sondern auf kooperativer Konkurrenz, wie der Sportökonom Stefan Késenne schreibt. Google hat ein Interesse daran, jeden Konkurrenten vom Markt zu verdrängen – der FC Chelsea nicht. Er will zwar jedes Spiel gewinnen, muss aber Teile der Konkurrenz zumindest so weit bei Laune halten, dass es keinen Aufstand der Vielen gegen den Hegemonen gibt. Oder eben dorthin abwandern, wo er auf Augenhöhe neue Freunde findet, in eine Superliga zum Beispiel.

In dieser Hinsicht hatte der bereits erwähnte Neale Recht, ganz ohne adäquate Gegner:innen geht es nicht. Der Fußball hat also eine (marginale) wirtschaftliche Fessel. Denn sein wertvollstes Produkt wird von der Konkurrenz gemeinsam geschaffen: das Spiel.

Der Politikwissenschaftler Thomas Schölderle hat in seiner „Geschichte der Utopie" einflussreiche Utopien seit rund 500 Jahren versammelt, und er illustriert: Wenn der Mensch öffentlich träumt, träumt er seit Anbeginn ähnlich. Von genossenschaftlicher Produktion, Abschaffung von Geld und Besitz oder harmonischem Leben mit der Natur. Vom Kollektiv statt dem Individuum, von Harmonie und Ausgleich statt Dynamik und Konkurrenz, von Gleichheit und Gerechtigkeit statt Ungleichheit und Unterdrückung, von Bescheidenheit statt Gier, von Leben in der Gemeinschaft statt Selbstoptimierung träumt der Mensch. Und man darf anfügen: Von gemeinschaftlich geführten, lokalen Fußballklubs statt Weltkonzernen mit Multifunktionsarenen.

„Könnte es indes sein, dass uns die utopischen Ideen ausgehen?", fragt der Autor Gero von Randow. Die Vorstellungskraft vom guten Leben ist begrenzt, sie ist geprägt von der Vergangenheit in naturnahen Kleingruppen und läuft oft in einfachen Schemata. Die genannten Ideen sind hehr, aber es gibt auch Gründe, warum sie sich in komplexen Gesellschaften nie durchsetzen konnten. Und sie sind nicht ohne Tücken und Fehler; Konkurrenz, Dynamik und Individualismus dagegen nicht ohne Vorzüge. Wir sollten bei der Utopie nicht in die Falle von Märchen tappen. Bevor man kritisiert, lohnt es sich also, besser zu verstehen.

Der Spitzenfußball und der unterklassige Fußball, der Fußball der Frauen und der Männer, sie alle leben heute in völlig verschiedenen Welten. Zeit für eine Reise durch die Nahrungskette.

KAPITEL 2

In einer weit entfernten Galaxie

Der unterklassige Fußball der Männer befindet sich in einer diffusen Krise: Seine Vertreter:innen schimpfen über das viele Geld in der Branche und fordern gleichzeitig immer mehr davon ein. Im unterklassigen Fußball der Frauen fehlt es derweil an allen Ecken und Enden. Engagierte erzählen, was sie im Alltag erleben.

„Der Fußball läuft Gefahr, von Gier zerfressen zu werden." Das schreibt Engelbert Kupka, der langjährige Präsident der SpVgg Unterhaching (39 Jahre Amtszeit!), Gründer des Bündnisses „Rettet die Amateurvereine" und CSU-Politiker 2019 in der „Zeit". Charlie Dobres, Präsident des im Gemeinschaftsbesitz befindlichen englischen Lewes FC, sagt im Gespräch für dieses Buch: „Der Sport hat sich auf höchstem Level von seinen Ursprüngen und seinem sozialen Sinn entfernt. Viele Vereine wurden von Menschen aufgebaut, die nicht vorhatten, damit Profit zu machen. Es ging um die lokale Gemeinschaft. Wenn das noch so wäre, hätten wir ein völlig anderes Spiel."

Was aktuell den unterklassigen Fußball der Männer bewegt, wird oft als Wut und Entfremdung gelesen, ist aber eine komplexe Gemengelage. Die unteren Ligen sind im selben Moment Gewinner des Investmentbooms und Verlierer der Globalisierung. Angesichts des Gejammers würde man es nicht vermuten, aber in keiner anderen Sportart geht es dem Unterbau finanziell derart gut. Die meisten Klubs haben luxuriöse Budgets für ihre erste Herrenmannschaft zur Verfügung. Millionenetats gibt es bis in die vierte Liga, und viele zahlen schon in der Kreisklasse Geld an Spieler. Mitunter mehr, als eine Frau in der zweiten Liga bekommt.

Zugleich wird ihr Rückstand zur Spitze wegen fehlender TV-Einnahmen, fehlender Markenbekanntheit und ungleicher Verteilung zugunsten der Großkonzerne immer größer. Die Unterklasse wird zunehmend professionalisiert und monetarisiert; selbst in den untersten Ligen geht es kaum noch (ausschließlich) um Spaß. Verspätet erlebt man im Amateurbereich den Umbruch des Spitzenfußballs nach den 1980er-Jahren, wo halb-ehrenamtliche Vereinsmeierei durch neoliberale Marketingkonzepte und hauptamtliches Management ersetzt wurde.

In den Ärger mischt sich eine vage, selten konkret benannte Trauer über den Verlust des Spielerischen. Und ständige Angst vor dem tiefen Fall. Zugleich heizen fast alle Klubs das gegenwärtige System weiter an. Sie sind vor allem deshalb in Geldnot, weil sie alles ausgeben, um die Konkurrenz zu übertrumpfen. In der Saison 2019/20 machten etwa laut „Frankfurter Allgemeine Zeitung" (FAZ) 13 von 19 Vereinen in der dritten Liga Verlust, im Schnitt ein Minus von 1,61 Mio. Euro. Statt Demokratie herrscht in der Regel Mäzenatentum. Im Grunde ist es eine schizophrene Wut, die sich einerseits gegen das viele Geld im Fußball richtet und andererseits lautstark mehr Geld für die unteren Klassen fordert.

Das ist erklärbar. Das Konzept des Auf- und Abstiegs provoziert hohe Investitionen, um den Sprung nach oben zu schaffen. Vor allem in den mittleren deutschen Männerligen endet das häufig in der Insolvenz. Gleichzeitig steigt wegen der vielen namhaften Absteiger mit großer Fanszene der Verdrängungsdruck auf die anderen Vereine. Stillstand ist Rückschritt. Dazwischen tummeln sich von Sponsoren oder Mäzenen hochgepushte Dorfvereine, die überhaupt keine Fanszene haben.

Probleme im Frauenfußball und Rückgang des Ehrenamts

Die Probleme bei den Frauen sind beinahe gegensätzlich: Es fehlt Geld – und zwar überall. Selbst die erste Liga ist keine reine Vollprofi-Liga. Unterhalb der zweiten Liga lässt sich kein Geld mehr verdienen. Für viele Spielerinnen, die wie Halbprofis trainieren, ist es schwer, die extreme Belastung mit Ausbildung oder Beruf zu vereinen. Es gibt kaum eigene Sponsoren, sodass die Einnahmen der Klubs oft selbst bei sportlicher Qualifikation nicht für überregionalen Spielbetrieb reichen, weil etwa Fahrtkosten nicht bezahlt werden können. Spielerinnen sind deshalb einem Aufstieg gegenüber eher ambivalent eingestellt, weil damit längere Reisen und höhere Belastungen einhergehen – natürlich unbezahlt. Und sind die Frauen erfolgreicher als die Männer im Verein, folgen sofort Neid-Debatten um Gelder. Die Spielerinnen sind als toleriertes Anhängsel abhängig von den Strukturen und bekommen in ihren Vereinen deutlich gemacht, dass sie verzichtbar sind, wenn sie aufbegehren. Auch damit lässt die Öffentlichkeit die netten Amateure durchkommen.

Die Zuschauer:innenzahlen pro Spiel in der ersten Liga sind bestenfalls vierstellig, unterhalb der ersten Liga schaut fast nur noch die Verwandtschaft zu. Nur langsam verändert sich was in den unteren Frauenligen: Mehr Männerprofiklubs wie Borussia Dortmund, Schalke 04 oder seit Längerem schon RB Leipzig investieren in den Frauenfußball. Das wurde einerseits lange gefordert, um den Kreislauf aus fehlendem Investment und fehlender Entwicklung zu durchbrechen, führt aber auch dazu, dass diese Teams mit ihren Etats dem Rest der Liga hoch überlegen sind. Die Hierarchien der Männer übertragen sich so auf den Frauenfußball. Weil Fußball unterhalb der ersten Liga nicht im TV übertragen wird und daraus keine Einnahmen kassiert, sind die spielerischen Qualitätsunterschiede gravierend. Der DFB interessiert sich unterdessen kaum für die Situation an der Basis und pflegt am liebsten seine Cash Cow, die Nationalmannschaft der Männer. Die wird, so wurde es beschlossen, im Jahr 2022 in eine Tochtergesellschaft ausgegliedert, um eine Abgrenzung zwischen „ideellen Aufgaben und wirtschaftlichen Tätigkeiten“ zu schaffen.

Mittlerweile spielen in Deutschland eine halbe Million Menschen außerhalb der Verbände (Stand: 2019). Das bedeutet aber nicht gleich Revolution. Eine beträchtliche Rolle spielen etwa Indoor-Soccerhallen, von denen es schon 2013 in Deutschland 224 gab, außerdem Uni-Ligen, Betriebsteams und Ähnliches. Zuletzt flexibilisierte sich der Alltag; viele Bürger:innen bevorzugen inzwischen überschaubare und unpersönliche Kurse, statt sich auf einen Verein festzulegen. Sie erwarten eher eine Dienstleistung anstatt einer Gemeinschaft. Auch das überträgt sich auf die Vereinswelt.

„Wir werden keine 25.000 Marken schaffen können"

Interview mit René Jacobi

René Jacobi ist Präsident der 2018 gegründeten Confederation of Football, einem Alternativverband zum DFB in Leipzig, der einen besseren Fußball schaffen möchte. Er hat praktische Erfahrung darin, wie man Amateurfußball anders machen kann.

Was bewegt den Amateurfußball aktuell?

Die Individualisierung ist ein großes Thema. Die Vereine kommen aus einer Welt, in der klar war: Man geht am Wochenende zum Fußball. Heute individualisieren sich die Menschen immer mehr, sie können sich mit Vereinen schlechter identifizieren. Roter Stern Leipzig zum Beispiel steht für etwas, sie verkörpern ein Meinungsbild, sie haben kein Problem mit fehlenden Ehrenamtlern. Das gilt für alle Vereine, die für etwas stehen. Da sind wir im Bereich der Markenbildung.

Und mit der Markenbildung haben viele Klubs Schwierigkeiten?

Die Vereine in den unteren Ligen haben keine Idee, wie sie sich besser vermarkten können. Wir werden eine große Konsolidierung des Fußballs erleben: Der kleine Verein mit zwei Mannschaften, der es nicht schafft, sich zu vernetzen, wird in fünf bis zehn Jahren nicht mehr existieren.

Wie kann der Fußball reagieren?

Teilweise ist es ein hausgemachtes Problem. Es reicht heute nicht mehr, Ahnung von Fußball zu haben. Es gibt kaum qualifizierte Angebote für Ehrenamtler, um beispielsweise etwas über Steuerrecht zu lernen. Es muss mehr konkrete Workshops geben. Es werden auch zu wenig Spezialisten ausgebildet. Einige Funktionen wie Platzpflege kann man nur übergreifend organisieren. Momentan gibt es hier einen Rentner, der das macht, und niemand weiß, was passiert, wenn er weg ist. Wir müssen Spezialistengruppen bilden.

Und was erwarten Sie von den Verbänden?

Die Grundproblematik bei internationalen Organisationen ist: Für die sind alle Länder gleich. Sie drücken etwas von oben durch, und der DFB nickt das ab, wie beim eSports. Da heißt es plötzlich, die Vereine sollen jetzt eSports anbieten. Wie denn? Ein Gamer spielt vielleicht im Verein, wenn er von Bundesligisten Geld dafür bekommt, aber doch nicht für einen Pokal beim Dorfverein.

Taugt das Konzept Verein noch für die Zukunft?

Ja, ich glaube schon, aber nicht in dieser Anzahl. Wir werden keine 25.000 verschiedenen Marken schaffen können. Generell ist auch die Frage: Wie lange können wir es uns noch erlauben, Geldmittel nur in eine Richtung zu schieben? Die Geldstrafen für Amateurvereine haben wahnwitzige Ausmaße angenommen. Setzt ein Dorfverein einen falschen Spieler ein, zahlt er 600 Euro, das sind zehn Prozent der Jahreseinnahmen.

Was tun? Braucht es überhaupt einen DFB?

Würde der DFB seine Arbeit richtig machen, wäre der Verband schon hilfreich. Er hat sich aber durch die Kreis- und Landesverbände so weit von seiner Basis entfernt, dass es in Deutschland viele kleine Königreiche gibt. Alle haben eine eigene Spielordnung, eigene Strafenkataloge. Welchen Mehrwert bringen Kreis- und Landesverbände? Man schafft nur ganz viele abhängige Stellen, die alle aufsteigen wollen. Das produziert eine massive Abhängigkeit. Jeder Landesverband hat mindestens fünf Vize-Präsidenten; das ist ein riesiger Wasserkopf, der auch eher nicht die Interessen der Mitglieder unterstützt.

Was ist mit dem Fußball, der von Frauen gespielt wird?

Frauenteams werden auch innerhalb ihrer eigenen Vereine oft noch nicht richtig wahrgenommen. Im Landespokalfinale in Sachsen haben die Herren für den Sieg 15.000 Euro bekommen. Bei den Frauen erhielten die Siegerinnen einen Fußball. Und der war auch noch Teil eines Sponsorenpakets, er hat den sächsischen Fußballverband nichts gekostet.

Wie wird der Fußball in Zukunft aussehen?

Es wird irgendwann eine Superliga in Europa geben, das ist der logische Lauf der Dinge. Dann haben die einen eigenen Verband. Und darunter wird es drei, vier andere Verbände geben, wie beim Boxen. Dann kann man sich aussuchen, wo man um die Meisterschaft spielen möchte.

„Wandel kann nur von unten kommen"

Interview mit Ute Groth

Ute Groth ist Vorsitzende der DJK TUSA 06 Düsseldorf und kandidierte 2019 als DFB-Präsidentin, allerdings ohne Erfolg. Sie engagiert sich seit Langem für mehr Demokratie im Fußball und Gleichberechtigung des Fußballs der Frauen.

Was läuft schief im deutschen Fußball?

Der DFB bezeichnet sich gerne als Vertreter von über sieben Millionen Menschen in circa 25.000 Vereinen. Wenn es dann aber um Mitwirkung, Transparenz und eine demokratische Struktur geht, verweist er an die Verbände als Verantwortliche. Die turnusgemäßen Veranstaltungen dort sind reine Abnick-Veranstaltungen. Der DFB-Bundestag ist das beste Beispiel. Im Verein ist es schwer genug, Leute zur Mitarbeit zu bewegen. Eine offene Kultur mit Freude an der Mitarbeit und Gestaltung, da sollten Verbände und der DFB Vorbild sein. Stattdessen unterbinden sie das.

Kann man das innerhalb der Strukturen ändern?

Man kann das ändern. Wir sind Mitglied im DJK-Verband, da haben wir vor zehn Jahren gefragt: Was haben wir denn von der Mitgliedschaft? Der DJK-Verband hat sich gewandelt, er spricht regelmäßig mit seinen Mitgliedern. Beim DFB müssen wir Strafen zahlen, wenn wir nicht zu Sitzungen erscheinen. Beim DJK gibt es eine Belohnung, wenn wir kommen. Der DFB hat wenig Interesse, Vereine zusammenzuführen, wenig Interesse an Mitarbeit. Ich versuche aktuell, die Amateurvereine zu verknüpfen. Die Vereine untereinander sind überhaupt nicht im Gespräch. Da muss man die Veränderungen beginnen. Wandel kann nur von unten kommen. Aktuell geht es bei solchen Sitzungen, wenn überhaupt, im Frontalvortrag von oben nach unten. Und die Frage ist: Brauchen wir all die Leute, die überall auf ihren Posten sitzen? Da kann viel verschlankt werden. Es gibt auch viele föderale Strukturen, die nebeneinander her existieren, weil die Landesverbände um Gelder konkurrieren.

Wäre es sinnvoll, unabhängige Strukturen für die Amateure zu gründen?

Ich habe eher überlegt, ob es Sinn ergibt, den Frauenbereich aus dem DFB zu nehmen. [2021 haben der Fußballverband Rheinland und Ex-DFB-Chef Theo Zwanziger einen Antrag gestellt, die Frauen-Bundesliga aus dem DFB auszugliedern. Der Antrag fand nach der Freigabe dieses Gesprächs statt, Anm. der Autorin] Innerhalb des DFB wird er nicht richtig fruchtbar. Es wäre natürlich ein enormer organisatorischer Aufwand und auch mit Druck seitens des DFB zu rechnen. Ich war beim DFB-Bundestag, da war die Zukunft des Fußballs aufgeteilt in männlich und weiblich. Warum ist das nicht eine Sportart? Und die Redebeiträge waren immer ungleich zwischen Männern und Frauen verteilt. Es ändert sich erst etwas, wenn eine Organisation wirklich dahintersteht.

Aktuell ziehen sich immer mehr Frauenteams zurück.

In der Struktur von DFB und DFL ist Frauenfußball nicht wirklich gewollt. Aber Vereine, die Herzblut reinstecken, feiern richtig gute Erfolge. Gerade in Düsseldorf machen wir aktuell eher die Erfahrung, dass immer mehr Mädchen spielen. Fußballvereine sind aber männerdominiert. Und Männern ist das Thema nicht wichtig, es sei denn, sie haben eigene Töchter und erkennen plötzlich die Lage.

Ist eine Kommerzialisierung im Frauenbereich problematisch?

Die Kommerzialisierung muss kommen. Vielleicht nicht so krass wie bei den Männern. Vielleicht kann man sich irgendwo in der Mitte treffen. Als reine Amateurinnen werden die Fußballerinnen nie den gleichen Stellenwert bekommen wie die männlichen Kollegen, weder bei den Zuschauern noch bei den Profivereinen.

Die Kluft zwischen unteren und oberen Ligen wird immer größer. Ist das noch zu stoppen?

Amateure und Profis spielen mittlerweile in zwei unterschiedlichen Welten. Die Amateurvereine profitieren nicht von steigenden Einnahmen im Profifußball, das verhindert die Deckelung der Einnahmen im DFB-Grundlagenvertrag. Die vereinbarten Einnahmen der DFL fließen an die Verbände. Direkte finanzielle Unterstützung von Vereinen, etwa zur Erneuerung von Infrastruktur und Ausbildung von Trainern, ist nicht vorgesehen. Aber es gibt immerhin den DFB-Bus, den Vereine anfordern können, und Online-Hilfen zur Trainingsgestaltung. Das reicht allerdings nicht, um Vereine fit für die Zukunft zu machen. Der neue Grundlagenvertrag muss anders verhandelt werden, und es müssen Möglichkeiten geschaffen werden, Vereine bei Projekten direkt zu unterstützen. Dann kann man das Amateurgeschäft anders organisieren.

„Ellenbogenmentalität und Egoismus werden immer stärker"

Interview mit Dietrich Schulze-Marmeling

Dietrich Schulze-Marmeling ist Autor vieler Fußballbücher und Jugendkoordinator beim Amateurverein TuS Altenberge im Münsterland. Er hat dort 20 Jahre lang Jugendteams trainiert. Der TuS Altenberge versucht, Nachwuchsarbeit nachhaltiger zu gestalten.

Welche Rolle spielt Geld aktuell in den unteren Ligen?

Wir kopieren im Amateursport gern, was in den oberen Ligen gemacht wird. Fußball ist der Bezahlsport schlechthin, das setzt sich bis in die Kreisligen fort. Da werden schon teilweise 400 Euro bezahlt. Und bereits im Jugendfußball gibt es die Mentalität: Der Verein muss liefern. Wir haben in der Landesliga ein Budget von 30.000 Euro. Da ist dann aber alles drin. Und diese 30.000 werden auch nur fällig, wenn die Mannschaft eine sehr gute Punktausbeute holt.

Wie reagieren die Klubs?

Die Vereine unten machen den Kommerz mit, sie spielen gerne „großen Fußball". Heute existiert schon im Jugendbereich ein riesiger Spielermarkt – auch bei Amateurvereinen, deren Jugend in der Bezirks- oder Landesliga spielt. Die zentralen Akteure sind die extrem ergebnisorientierten Trainer, die vor allem an ihre eigene Karriere denken, und Eltern, die als „Spielerberater" fungieren. Ich habe schon erlebt, dass das Kind nicht wusste, welchem Verein es vom Vater angeboten wurde. Und wir reden hier von Wechseln zwischen einem Verein, dessen C-Jugend in der Bezirksliga spielt, und einem, wo diese Altersklasse nur eine Klasse höher oder sogar in der gleichen Liga spielt – aber mit Aufstiegsambitionen. Die Diskussionen am Spielfeldrand kommen mir teilweise vor wie bei der Fifa-Spieleserie oder beim BVB. Die Eltern reden darüber, wo ihr Kind im nächsten Jahr spielt, als ginge es um Ronaldos Wechsel zu United. Ich kenne Jugendliche, die mit 18 Jahren beim sechsten oder siebten Verein spielen. Das ist lächerlich. Und bei den Senioren fällt es den Vereinen wahnsinnig schwer, zu Forderungen der Spieler Nein zu sagen. Einige Vereine stehen dann alle drei Jahre kurz vor der Insolvenz.

Welches Konzept setzt ihr dem entgegen?

Wir haben um die Jahrtausendwende gesagt, dass wir das, was oben passiert, nicht kopieren wollen. Wir investieren viel in die Ausbildung von Trainern und Jugendspielern. Häufig gehen sie irgendwann weg, das ist dann aber eben so. Es reicht, um im Amateurbereich auf einem relativ hohen Niveau zu spielen. Wir wollen nicht mehr jammern. Als wir anfingen, uns mit unserem Konzept zu vermarkten, war die erste Reaktion vieler Vereine: Das ist völliger Quatsch. In der zweiten Reaktion wollten sie uns kopieren, aber das ging schnell vorbei. Es setzt eine gewisse Haltung voraus, man muss sich gegen Druck wehren, wenn der Tabellenplatz schlecht ist. Vielen fällt das schwer. Das ist so ein bisschen wie im Profibereich mit dem Fall Freiburg. Alle finden Freiburg toll. Manche wollen sogar Freiburg kopieren. Aber nur ganz wenige halten das durch.

Inwiefern fließen externe Gelder nach unten?

Investitionen in den unterklassigen Fußball werden weniger. Selbst in Münster, als die Preußen noch in der dritten Liga spielten, war es vielen Unternehmen zu wenig attraktiv. Dort können sie zwar mehr Einfluss nehmen als beim BVB, wo sie nur einer von vielen sind, aber es ist schicker dort. Das Investment konzentriert sich immer stärker oben. Es könnte auch irgendwann eine umgekehrte Entwicklung nehmen, weil man oben als Unternehmen keine Rolle spielt. Aber ab einem bestimmten Niveau wird der Fußball unattraktiver für die meisten Leute. Früher hatten wir in der Kreisliga beim Derby 1.000 Zuschauer, jetzt haben wir in der Landesliga 150. Das liegt auch daran, dass der Sonntag aus männlicher Sicht nicht mehr wie früher läuft. Früher gingen die Leute teilweise vorglühen, dann in die Kirche, dann zum Fußball, dann nachglühen. Bestimmte gesellschaftliche Entwicklungen verändern auch die Basis.

Kürzlich gab es viel Aufregung über Gewalt gegen Schiedsrichter:innen. Kennt ihr das auch?

Es herrscht viel Aggressivität in der Gesellschaft. Das fängt auf dem Fußballplatz schon bei der U6 oder U7 an, und nicht nur in sogenannten Problemvierteln, auch saubere Mittelständler lassen da die Sau raus. Es ist ein gesamtgesellschaftliches Problem. Ellenbogenmentalität und Egoismus werden immer stärker. Man muss sich im Vereinsleben auch einbringen, ein Verein ist kein Dienstleistungsbetrieb. Aber die Leute schauen nur noch aufs eigene Kind. Bei einem Elternabend der U5 oder U6 hat sich eine Mutter über Kuschelpädagogik beschwert, es gehe doch um Leistung hier. Ich dachte mal, die Mütter würden eine zivilisierende Wirkung in den Fußball bringen, aber das ist leider überhaupt nicht so. Eltern definieren ihren Status über ihr Kind. Wobei ich auch beobachtete: Der kickende Sohn ist wichtiger als dessen ebenfalls kickende Schwester.

Wie werden Vereine auf die Entwicklung reagieren?

Wenn die Leute eine Dienstleistung wollen, muss man vielleicht auch über Dienstleistung reden. Also die Beiträge erhöhen, natürlich gestaffelt. Ich fände es aber eigentlich schade, wenn der Verein eine Privatschule wird. Schon jetzt höre ich immer wieder von Eltern, die ihre Kinder in eine private Fußballschule schicken. Da ist das Training zwar manchmal schlechter, aber es macht ja ein Ex-Profi – und der verfügt über Beziehungen. Die Eltern sind bereit, dafür zu zahlen. Es ist irre, was da abgeht.

„Vom DFB gibt es keinen Cent"

Interview mit Heinz Reinders

Heinz Reinders ist Gründer des Nachwuchsförderzentrums für Juniorinnen in Würzburg, des einzigen Mädchenfußballstützpunktes in Bayern und eines der wenigen in Deutschland. Reinders ist außerdem Erziehungswissenschaftler und hat den Lehrstuhl Empirische Bildungsforschung an der Universität Würzburg inne. Er spricht sich für vielfältigere Wege für Mädchen im Fußball aus.

Der Schwund im deutschen Mädchenfußball ist dramatisch, im letzten Jahrzehnt haben sich fast 40 Prozent der Teams aufgelöst. Was, glauben Sie, sind die Ursachen?

Wenn sich der Chef nicht für seinen Laden interessiert, bedeutet das, dass Leute sich abwenden. Im DFB ist das nicht anders und ganz klar auch personenabhängig. Theo Zwanziger hat den Frauenfußball stark gepusht, das fiel mit seiner Person irgendwann weg. Man sieht übrigens auch das Gegenbeispiel in Berlin mit einem Zuwachs. Es gibt dort einen eigenen Bereich für die Entwicklung des Mädchenfußballs, etwa durch Kooperationen mit Grundschulen, der Verband hat das sehr erfolgreich implementiert. In NRW wurde erfolgreich eine Mädchen-Internatsklasse eingeführt. In anderen Verbänden wie in Bayern ist es zum Weinen. Die Vereine müssen außerdem selbst Angebote machen. Sie haben teilweise das Interesse daran verloren.

Was sollten die Vereine denn genau machen?

Angebote dort machen, wo die Mädchen sind. Wir in Würzburg gehen seit fast zehn Jahren an Kitas, bieten dort AGs nur für Mädchen an, und machen das Gleiche noch an Grundschulen. Überall dort, wo die Vereine nicht auf die Mädchen warten, sondern sie aufsuchen, machen sie es richtig.

Wie verlaufen übliche Wege der Mädchen an die Spitze?

Wenn sie in die U-Nationalmannschaft wollen, gibt es nur einen Weg: Sie müssen in die Nachwuchsförderzentren des DFB und der Landesverbände bei den Jungs. Leistungsfußball gibt es für Mädchen nur an Jungs-Stützpunkten. Das ist so bekloppt; wenn man das Leistungstrainern aus dem Handball oder Basketball erzählt, die wissen nicht, ob sie lachen oder weinen sollen. Der DFB sagt: Wir sehen doch, in die Nationalelf schaffen es nur Spielerinnen, die bei den Jungs groß geworden sind. Aber sie geben den Mädels diese Wege vor. In meiner U17 hatte ich allein fünf Spielerinnen, die nach Hause kommen und sagen: Ich soll jetzt den Verein wechseln und bei den Jungs spielen, ansonsten schaffe ich es nicht in die Regionalauswahl. In Bayern sind wir der einzige Mädchenstützpunkt, der BFV wollte uns mit allen Kräften verhindern. Er hat uns damals sogar Geld geboten, wenn wir es nicht machen. NRW, Niedersachsen und Schleswig-Holstein haben Nachwuchszentren, Berlin fängt jetzt auch damit an. Ein wichtiger Schritt wäre eine ähnliche Förderstruktur, wie es sie bei den Jungs gibt.

Gibt es finanzielle Unterstützung für Mädchenförderung vom DFB?

Keinen Cent. Es gibt von verschiedenen Landesverbänden Aktionen, aber das sind keine flächendeckenden Maßnahmen. Wir brauchen knapp 70.000 Euro für eine Regionalligamannschaft im Jahr, das erwirtschaften wir alles selbst. Wir haben 150 Nachwuchskickerinnen von der U8 bis zur U17 und kriegen dafür nichts – außer der kommunalen Unterstützung pro Mitglied. Klar, am Stützpunkt werden die Trainerinnen von DFB oder Landesverband bezahlt. Aber in diesen Zentren ist das Training nicht auf sie zugeschnitten.

Wie könnte ein besserer Fußball aussehen?

Eine ganze Generation von talentierten jungen Mädchen wird vergessen. Das hat Gesundheitsaspekte und Aspekte der sozialen Teilhabe.

Wer im Verein ist, hat gute Verbindungen in die Gesellschaft. Der bayerische Verband treibt die Förderung nicht voran; und er will die Kontrolle über einen Bereich, den er nicht mal vernünftig fördert. Und gefühltes Wissen, etwa dass Mädchen möglichst lange bei den Jungs bleiben müssten, gilt als gesetzt. Die Daten, die der BFV genutzt hat, um zu belegen, dass Mädchen und Jungs körperlich gleich wären, waren Kaderathleten-Daten der Sowjetunion und der DDR der 1960er-Jahre. Moderne Daten haben sie nicht interessiert. Das erschwert die Arbeit vor Ort.

KAPITEL 3

Auf der Schattenseite des Mondes

Obwohl das Investment in den Fußball der Frauen seit Jahren steigt, stagnieren die Publikumszahlen. Viele Aktive kämpfen um Gleichberechtigung, haben sich dabei aber auf Ideen von Diversity und Empowerment versteift. Systemkritik spielt fast keine Rolle. Ein zweiter Männerfußball wird gebaut - für Frauen.

In den bräsigen deutschen Fußball ist Bewegung gekommen. Ein Widerstand, der die alten Herren in den Verbänden in gewisse Unruhe versetzt. Tabea Kemme kandidierte 2021 als junge Frau für das Präsidentenamt ihres Ex-Klubs Turbine Potsdam, und die Moderatorin Gaby Papenburg im selben Sommer als Präsidentin des Berliner Fußball-Verbandes; beide wollten einiges umkrempeln, beide kandidierten allerdings erfolglos. Die Kampagne „Fußball kann mehr", verfasst von neun Frauen aus dem Fußball, darunter Torhüterin Almuth Schult, forderte 2021 unter anderem eine Frauenquote in Führungspositionen. Und die Vertreter:innen der Fan-Vereinigung „Zukunft Profifußball" bei den Gesprächen mit der DFL waren paritätisch ausgewählt. Elfjährige Mädchen brachten mit einer Petition für Frauenfußball den großen VfB Stuttgart in Verlegenheit und hatten Erfolg. Die Mauern des Männerreservats Fußball stehen weiterhin, aber sie bröckeln.

Frauen haben immer Fußball gespielt, auch wenn die Männerverbände ihre Geschichte gern ohne sie erzählen. Das hat viel mit der Zeit zu tun, in der die Verbände aufkamen. Die alte Ständeordnung war im Verschwinden begriffen, und sie wurde ersetzt durch etwas anderes: eine Fixierung auf Biologie. Statt nach blauem Blut und schmutzigen Händen teilte man den Menschen verstärkt nach vermeintlichen Rassen und

Geschlechtern ein. Alles sollte angeblich biologisch vorbestimmt sein. So auch die Rolle der Frau.

Gleichzeitig kam mit dem neuen Nationalstaat der Nationalismus auf. Brenda Elsey und Joshua Nadel schreiben in „Futbolera“, das sich mit Frauensport in Südamerika beschäftigt: „Als Sport, vor allem Fußball, stark in Verbindung zu Nationalismus und echter Männlichkeit gesetzt wurde, fanden Journalisten und Experten die Anwesenheit von Frauen zunehmend unerträglich.“ Das Spielfeld war jetzt nationale Projektionsfläche, und auf der hatten Frauen nichts zu suchen. Auf hohe Hürden stießen sie schon zuvor, aber effektiv ausgeschlossen wurden sie erst dann. Oder, um es mit Elsey und Nadel zu sagen: Frauenfußball „bedroht männliche Territorien: nationale Identität, Solidarität, Freizeit, körperliche Freiheit und athletische Stärke“.

Fußball als Hort antiquierter Männlichkeit

Interessant ist bis heute, welche Sportarten am stärksten für Frauen akzeptiert sind. Vor allem sind es Einzelsportarten. Teamsportarten bieten die Möglichkeit, sich mit den Teamkameradinnen auch politisch zu solidarisieren, was durchaus auch passierte. Sie sind gefährlicher für bestehende Machtverhältnisse. Und der Sport, der akzeptabel scheint, hängt eng mit Körper- und Klassenbildern zusammen. Schwimmen, Tennis, Reiten, Turnen – bis heute sind für Frauen vor allem alte Sportarten der Oberschicht populär. Je mehr Arbeiter Teilhabe am Fußball eroberten, desto mehr verschwanden bürgerliche Frauen aus dem Publikum.

Die Entwicklung des Fußballs zum reinen Männersport hängt auch mit der Industrialisierung zusammen. Viele junge Männer kamen plötzlich allein in die Städte und suchten nach einer Ersatzfamilie. Der Fußball konnte genau das bieten. Er wurde so zu einem Rückzugsort für antiquierte Männlichkeit, ähnlich wie Karnevalsvereine, Vatertagsrituale oder das Militär.

Der Forscher Benno Torgler von der Queensland University in Brisbane sagt im Gespräch für dieses Buch: „Beim Fußball gibt es einen extrem starken Lock-In-Effekt. Es gibt zu viele Generationen, die mit Männerfußball, der langen Tradition, den berühmten Spielern aufgewachsen sind.“ Wie kaum eine andere Branche greift der Fußball ständig auf Traditionen und Rituale zurück.

Er verortet Menschen auch: Es ist interessant, dass Fußballvereine immer nach Städten benannt sind, dass sie von einer Heimat erzählen, die eigentlich ein gigantisches Klischee ist – Steigerlieder, Lederhosen, Karneval. Vielleicht half genau das den entwurzelten Männern, eine neue Zugehörigkeit zu finden. Ähnliches gilt für Fans. Die Soziologin Manuela Werhand nennt die These, dass der Fan eigentlich ein „vormoderner Rollenentwurf" sei, ohne Affektkontrolle, ohne Distanzierungsfähigkeit. „Es geht nur darum, Ehre aufrechtzuerhalten und sie zu verteidigen." In diesem Tempel aus Gewaltverherrlichung einerseits und erlaubter männlicher Emotionalität andererseits haben die Frauen keinen Platz. Ähnliches gilt für alle, die vom Konstrukt Zweigeschlechtlichkeit oder dem Ideal „männlich und hetero" abweichen. Und die, die sich dort einen Platz erobern, fangen oft unbewusst an, zu kopieren.

Ein zweiter Männerfußball - für Frauen

All die Frauen, die Kämpfe ausfechten, sind im Fußball aufgewachsen. Sie haben seine Regeln verinnerlicht und hinterfragen sie nicht. Die meisten kämpfen nicht darum, das Spielfeld zu verändern – sie kämpfen darum, gleichberechtigt mitspielen zu dürfen. Sinnbildlich steht dafür vielleicht die „Female Football Academy": Vor allem Ex-Spielerinnen forderten auf einem Kongress der Organisation im Mai 2021 Gleichberechtigung. Da saß auch ein Berater, der vom ersten Millionentransfer im Frauenfußball träumte und viel Zustimmung fand. Es fielen sehr oft Worte wie Empowerment und Diversity, aber kein einziges Mal war von Ausbeutung oder Verdrängung die Rede.

Die Interessen der großen Verbände haben sich für einen Moment mit den Interessen der aktuellen feministischen Welle verflochten. Sie ist maßgeblich kommerziell motiviert. Nach über einem Jahrhundert ist dem Männerfußball aufgefallen, dass die Frauen nicht nur lästig sind, sondern auch als Produkt vermarktet werden können. Und wenn der Fußball eines kann, dann ist es das. Auf einem Markt, der zumindest in Europa vom Männerfußball gesättigt, wenn nicht übersättigt ist, sollen die Frauen, wie es im Marketing heißt, neue Zielgruppen und Konsument:innen erschließen. Sie bringen Sponsoren ein gutes Image und waschen die Fifa rein. Und irgendwann sollen sie natürlich Rendite bringen. Die Champions League hat seit 2021/22 auch eine Gruppenphase nach der alten Rechnung: mehr Spiele, mehr Teilnehmerinnen aus den Topligen, mehr Geld. Die garantierten 400.000 Euro pro Klub, die es dort gibt, entsprechen fast dem gesamten Saisonbudget mancher Bundesligisten, von osteuropäischen Klubs gar nicht zu reden.

In England hat die FA den Frauenfußball mit einer Radikalkur professionalisiert und ihre Männerklubs per Lizenz dazu verpflichtet, Frauenfußball zu finanzieren. Die englische Women's Super League (WSL) ist die erste Vollprofiliga auf dem europäischen Kontinent geworden. Mittlerweile zieht sie die besten Spielerinnen in ähnlicher Weise an wie bei den Männern die Premier League. Die Spiele werden in Nordamerika und Skandinavien übertragen, während in Deutschland erst ab der Saison 2021/22 erstmals alle Spiele der Bundesliga überhaupt im eigenen Land live zu sehen waren, meist hinter der Paywall von Magenta Sport; und 2021, mitten in der Pandemie, verkündete die WSL einen mutmaßlichen Rekord-TV-Deal für Frauenfußballligen weltweit: Sky und die BBC sollten in den folgenden drei Spielzeiten bis zu 24 Mio. Pfund für die Übertragungsrechte zahlen.

Eine vergleichbare Entwicklung gibt es unter ganz anderen Voraussetzungen in Spanien. „In Spanien ist Feminismus viel präsenter in den Medien, Frauen treten öffentlicher auf. Die Vereine stehen stärker unter öffentlichem Druck und fühlen sich verpflichtet, dem auch nachzukommen", so formuliert es Hoffenheims Ex-Kapitänin Leonie Pankratz (2021 beim HJK Helsinki unter Vertrag) im Gespräch für dieses Buch. All das setzt Ligen wie in Deutschland massiv unter Druck. Und wer lange forderte, die Verbände sollten sich doch endlich mal um ihre Frauen kümmern, erlebt nun einen bitteren Sieg: Jetzt kümmern sich die Verbände zwar um ihre Frauen. Sie tun es allerdings in der ihnen eigenen Art und Weise. Sie bauen einen zweiten Männerfußball – für Frauen.

Es ist ironisch, wie sich Meldungen unterscheiden können. Bei einem neuen TV-Deal der Männer verdrehen viele Medien kollektiv die Augen. Bei einem Deal der Frauen kriegen sie sich kaum mehr ein vor Jubel. Investorenklubs wie Chelsea, Wolfsburg, Hoffenheim oder Manchester City, die bevorzugt den Frauenfußball nutzen, müssen sich hier kein kritisches Wort anhören. Und natürlich haben sich die Strukturen fast vollständig angeglichen. Der Klub-Anteil beim Rekorddeal der WSL wird zu 75 Prozent an die Klubs der ersten Liga gehen, dort nach Leistung gestaffelt, und zu 25 Prozent an die der zweiten Liga. Die unteren Ligen bekommen nichts. Die Ausweitung der Champions League wird absehbar weitere Lücken in die nationalen Ligen reißen, trotz der Tatsache, dass die Uefa sich freundlicherweise bereiterklärt hat, ein paar Abgaben an die heimischen Ligen zu zahlen.

Und seit wohlsituierte Profiklubs der Männer in den heimischen Ligen mit ihren Frauenteams gegen provinzielle Frauenvereine antreten, sind die ohnehin chancenlos. Mit der aufgeblähten Champions League können, so kann man es positiv sehen, die Frauen in den Großklubs wenigstens ihre eigenen Rechnungen zahlen. Engagierte Frauen aus der Branche, besonders Spielerinnen, glauben oft mit voller Überzeugung an einen netteren, bodenständigen, gerechteren Frauenfußball der Zukunft im Vergleich zu den Männern. Aber unter denselben Bedingungen mit denselben Playern und denselben Verbänden dasselbe Konzept zu verfolgen, macht es völlig unrealistisch, dass ein anderes Ergebnis herauskommt.

Das feministische Narrativ hat sich verändert: von Widerstand zu maximaler Anpassung, einer Monetarisierung des Andersseins auf bekömmliche Art und Weise. Ursprünglich gab es zwei parallele Impulse, Gleichberechtigung und Systemkritik, aber der eine hat über den anderen gesiegt. Er ist leichter verständlich, greifbarer, erreichbarer. Die meisten Frauen im heutigen Fußball wünschen sich einen Fußball der Männer, und sie werden ihn – in einer stets kleineren, ärmeren Version – bekommen.

Dass die Entwicklung so verlief, ist nicht erstaunlich. Alle Geschlechter bewohnen dieselbe Gesellschaft. Ihr Fußball kann sich nicht wesentlich anders entwickeln als jener der Männer, dafür ist der ökonomische Druck zu groß. Und selbst die Gleichberechtigungsversuche an sich stoßen auf massive Widerstände.

Ein anderer Frauenfußball – die große Illusion

Die Zahlen im Fußball sind eindrücklich. Laut dem „Global Sports Salaries Survey“ von 2017 gibt es etwa 137.000 männliche Fußballprofis auf der Welt. Und rund 1.200 weibliche, Halbprofis schon mitgerechnet. Anders gesagt: 0,93 Prozent der Profis sind weiblich. In der Männer-Bundesliga verdient ein Profi in einem Spiel so viel wie eine Spielerin im Jahr. Laut dem Netzwerk Fare waren 2019 nicht einmal vier Prozent der Führungspositionen im europäischen Spitzenfußball von Frauen besetzt. Und laut eines „Zeit“-Berichts hatten 2019 erst 95 Trainerinnen in Deutschland die A-Lizenz erworben, im Kontrast zu fast 5.000 Männern. Nur zehn Prozent der Menschen im Sportjournalismus sind Frauen, dieser Anteil stagniert seit zwanzig Jahren. Und der SWR ermittelte 2021 in einer umfassenden Umfrage unter 719 Sportlerinnen:

Meist wurden sie von Männern trainiert, mussten dem Gefühl nach für gesellschaftliche Anerkennung mehr leisten und wurden beim Kinderwunsch oft nicht unterstützt. Sie hatten ein geringes Einkommen, die Periode wurde kaum im Trainingsplan berücksichtigt, und sie fühlten sich durch Social Media unter Druck gesetzt. „Je attraktiver, desto mehr Follower", lautet die Losung.

Diskriminierung hat ganz handfeste materielle, psychische und berufliche Folgen für die Betroffenen, sie ist nicht einfach eine Haltung. Und weiterhin steht der konventionelle Frauenfußball auf tönernen Füßen. Die Pandemie hat er zwar, zumindest in Westeuropa, recht solide überstanden, weil er sowieso zu großen Teilen von regionalem Sponsoring und Querfinanzierung lebt. Der Beweis, dass die Strategie der Verbände dauerhaft funktioniert, steht aber noch aus. Viel wird der Geldregen in England gelobt. Doch bislang ist unklar, ob auf die hohen Investitionen auch viel Publikum folgt.

Bereinigt von den Highlight-Spielen sind die Zahlen der Zuschauer:innen in Englands Stadien so niedrig wie in Deutschland, vor der Pandemie bei mickrigen 900, obwohl England ein Vielfaches an Aufmerksamkeit und Geld investiert. Und sie steigen nicht. Der „Guardian" berichtete 2019 zudem, die Feelgood-Stimmung gelte nicht für die Finanzen; fast alle Klubs machen Verluste, bis zu einer Million Pfund. Der künstlich erzeugte Boom könne „auf Sand gebaut" sein, so die Befürchtung.

Und auch bei den großen Turnieren stagnieren die Zuschauer:innenzahlen: Laut der Spieler:innengewerkschaft FifPro hatte die WM 2019 niedrigere Publikumsschnitte als frühere Turniere. Viele Spiele waren zwar offiziell ausverkauft, aber die Besitzer:innen der billig verscherbelten oder verschenkten Karten tauchten nicht auf. Die Champions-League-Saison 2018/19 hatte weniger Publikum als in früheren Jahren. Und Ende 2019 stellte auch die Plattform womensoccer.de den Betrieb ein. Ihre Arbeit rentierte sich nicht, am Ende verzeichnete sie im Schnitt täglich 1.500 Nutzer:innen. Sie ist damit den Weg gegangen, den die meisten unabhängigen Medien für Frauenfußball gehen; schon das erste deutsche Frauenfußball-Magazin, die „Sportzeitung für Damen-Fußball", die 1979 erschien, musste wegen fehlender Nachfrage eingestellt werden.

„Eine der größten Herausforderungen für die Nachhaltigkeit von Frauenfußball ist Fan-Interesse", fasst es Forscher Maurizio Valenti im

Gespräch für dieses Buch zusammen. „Obwohl die nationalen Verbände immer mehr investieren, schlägt sich das nicht unbedingt sofort in Zuschauer:innenzahlen nieder." Die Zahl der Profis und Halbprofis in Europa stieg von rund 1.600 im Jahr 2013 auf etwa 3.500 2017; die Budgets der Verbände für den Frauenfußball verdoppelten sich in dieser Zeit von 50 auf 111 Mio. Und während Turbine Potsdam als reichstes Team 2004 noch einen Etat von etwa 450.000 Euro hatte, hatte der VfL Wolfsburg 2020 einen Etat von mindestens 5 Mio. Die Publikumszahlen blieben in all der Zeit ähnlich dürftig.

Der Fußball erlebt aktuell eine Verkehrung seiner ursprünglichen Dynamik. In der Verbotszeit bis 1970 und weit darüber hinaus haben die traditionell rechtslastigen Männerbünde den Frauenfußball vor allem verhindert, und doch erzielten die Spielerinnen Gebietsgewinne: Denn sie kämpften gegen ein Verbot und gegen Missachtung, und solche offensichtlichen Einschränkungen lassen sich in einer liberalen Ökonomie nicht dauerhaft aufrechterhalten. Der Frauenfußball ist massiv gewachsen, entgegen aller Widerstände. Aber seit der halbherzigen Förderung hat sich diese Konstellation ins Gegenteil verkehrt. Jetzt geht es um Marktanteile statt um einen grundsätzlichen Wertekanon, und der Markt ist vom Männerfußball dominiert. Dieser Männerfußball weigert sich, Raum abzugeben.

Männerfußball reduzieren statt expandieren

Auch deshalb erwärmen sich Teile der feministischen Öffentlichkeit so sehr für iranische Frauen, denen das Kicken verboten wird; hier ist die Opferstellung noch intakt, hier sind ein klares Verbot und ein Emanzipationskampf gegeben. In Deutschland ist die Lage komplexer. Selbst vermeintlich progressive Fans finden für den Frauenfußball zwar höfliche Worte, gehen aber nicht hin. Nüchtern betrachtet ist eine Ursache klar: Aktive Fußballfans sind fast rund um die Uhr mit ihrem Männerteam und dessen ständig steigender Zahl von Spielen beschäftigt. Wann sollen sie, selbst wenn sie ihre Vorurteile ablegten, ein Frauenspiel besuchen? Wenn die Verbände Frauenfußball wirklich gleichstellen wollten, müssten sie etwas ganz anderes tun: den Männerfußball reduzieren, statt immer weiter zu expandieren.

Einige Ligen haben den Weg in den Mainstream geschafft. Die nordamerikanische National Women's Soccer League (NWSL) beispielsweise mit einem Schnitt von 7.000 Zuschauer:innen 2019. Und vor allem die Women's National Basketball Association (WNBA, Basketball-

Profi-Liga), die schon 2017 einen Schnitt von fast 8.000 Fans pro Spiel erreichte. Unter anderem, so heißt es in Berichten, dank liberal-feministischen Marketings und eines neuen Deals, bei dem sie Spiele live auf Twitter zeigte.

In australischen Cricket- oder Rugby-Ligen kommen im Schnitt sogar 14.000 beziehungsweise 11.000 Fans zu den Spielen. Es lässt sich mit der richtigen Vermarktung ein größerer Publikumserfolg erreichen, als die europäische Situation das suggeriert. Alles aber hat bekömmliches Entertainment zu sein, normiert, vorhersehbar, der Käuferin und ihren Erwartungen schmeichelnd. Der Aufschwung des Frauenfußballs erzählt sich öffentlich interessanterweise gar nicht nach fußballerischer Qualität, sondern nach Zuschauer:innen, die lebensnotwendige Investitionen einbringen. Es wird selten gefragt: Sind Spielerinnen, Fans und Klubs glücklich? Welchen Fußball wollen sie? Wird schön gespielt, ist das Modell ethisch? Sondern zuvorderst: Steigen die Einschaltquoten? Wenn das spielerische Niveau, wie in den letzten Jahren geschehen, steigt, die Zahl der Fans aber nicht wächst, wird das gar nicht als Fortschritt anerkannt. Wer diesen Fußball verändern will, darf Fortschritt nicht allein nach dessen Vorgaben bemessen.

Es gibt dazu eine gute Passage in einem Beitrag von Daniel Regev und Tamar Rapoport über den fangeführten israelischen Klub Hapoel Katamon im Buch „New Ethnographies of Football in Europe. People, Passions, Politics“. Sie zitieren darin einen weiblichen Fan so: „Obwohl Katamon wie mein Zuhause ist, werde ich nie als authentischer Fan gesehen werden.“ Und eine zweite Frau ergänzt: „Fantum wird nie deine Muttersprache sein. Mag sein, dass du die Sprache lernst, aber du wirst immer einen Akzent haben.“ Jedenfalls in diesem Fußball.

KAPITEL 4

Ein Platz an der Sonne

Der Profifußball der Männer internationalisiert sich immer weiter und bleibt zugleich ein zutiefst lokales Geschäft. Maßgeblich aus diesen Spannungen speist sich die vermeintliche Kommerzkritik. Das echte Problem ist ein anderes: Die Gewinne des Fußballs werden privatisiert, die Kosten zahlt die Gesellschaft.

Der malaysische Minister für Tourismus und Kultur, Datuk Seri Nazri Aziz, sah sich 2017 heftiger Kritik ausgesetzt. Warum er denn einen „Serien-Beißer" als Tourismus-Botschafter angeheuert habe? Und was habe der uruguayische Stürmer Luis Suárez überhaupt mit Malaysia zu tun? Nazri Aziz blieb cool. Suárez sei ein Social-Media-Star. „Er hat 25,3 Mio. Follower bei Instagram, 18,9 Mio. bei Facebook und 12,4 Mio. bei Twitter. Die Statistiken zeigen, dass er ein beliebter Spieler ist. Wir verstehen manchmal nicht, wie Fans denken. Was zählt, ist die Statistik."

Die dilettantischen Posts, bei denen Suárez auf Videos malaysische Fleischspießchen isst oder mit begrenzten Photoshop-Fähigkeiten vor lokale Sehenswürdigkeiten kopiert wurde, brachten der Tourismusbehörde viel Hohn ein. Und dass irgendein Fan deswegen Malaysia besucht hat, ist eher unwahrscheinlich. Und dennoch, der Fall erzählt viel über Brüche im globalen Fußball. Aus Sicht der Werbeindustrie könnte Luis Suárez für Malaysia, für Uganda oder für Uruguay werben, das ist letztlich egal. Wichtig ist, wie viele Follower er hat, nicht, wohin er *gehört*.

Dieselben Fans aber, die es völlig normal finden, wenn ein Star mittelmäßig überzeugend eine Schokocreme in den Himmel lobt, die er im realen Leben gar nicht essen darf, haben plötzlich ein Problem damit, wenn ein Uruguayer für das Land Malaysia wirbt. Warum? Weil Fußball ein extrem globales Geschäft ist, das sich als lokal verkauft. Der englische Soziologe Roland Robertson hat für solche Gleichzeitigkeiten den Begriff „glocal" geprägt. Mein Verein wird vielleicht aus China oder Abu Dhabi finanziert, hat einen italienischen Stürmer, einen ghanaischen Verteidiger und einen spanischen Trainer, er spielt nach Regeln aus England und unter Aufsicht aus der Schweiz, aber er spielt vor allem national, und er ist benannt nach *meiner* Stadt. Der Verein ist eine Marke, die Konsum mit Heimat verbindet.

Nicht ohne Grund ist vertraglich geregelt, dass die Stars des FC Bayern zum Oktoberfest erscheinen und dort Lederhosen tragen. Der Fußball ist ein gigantischer Karneval regionaler Klischees, den viele Fans erstens einfordern und zweitens auch noch glauben. Zumindest fühlen sie sich in diesem kollektiven Sehnsuchtsort der Ekstase wohl. Die globale Aktiengesellschaft aus Dortmund hat mit dem Borsigplatz kaum mehr etwas zu tun, und je weniger sie das hat, desto dringlicher tut man dort so, als sei die Gegend am Borsigplatz noch immer die Heimat.

Widersprüchliche Kommerzkritik

Sogenannte Kommerzkritik läuft deshalb nach zutiefst widersprüchlichen Maßstäben: Ein lokaler Biersponsor ist toll, ein arabischer Investor gefährlich; Werbung für einen chinesischen Konzern ist in Ordnung, wehe aber, wenn der Uruguayer Luis Suárez sich wörtlich für das Land Malaysia ins Zeug legt. Der Politikwissenschaftler und Soziologe Andrei Markovits schreibt im Vorwort zum Buch „Antisemitismus in Fußball-Fankulturen" von Pavel Brunßen: „Es ist nicht einfach ‚Kommerzialisierung', die Authentizität infragestellt, sondern das Alter von Kommerzialisierung, dessen Langlebigkeit. Kommerzialisierung mutiert mit der Zeit zu etwas Wertvollem und wird auf das Level der Tradition erhoben; neue Kommerzialisierung hingegen ist eine schrecklich unauthentische Beleidigung. Doch nicht nur das Alter, sondern auch die Herkunft von Kommerzialisierung ist von zentraler Bedeutung. Wenn die Kommerzialisierung lokal verwurzelt, also homegrown und made in Germany, ist, gilt sie als authentisch, als gestanden, als ein Teil von uns." Ein für den Starnberger See werbender Thomas Müller würde gewiss für weniger hochgezogene Augenbrauen sorgen. All die sogenannten Traditionsvereine waren seit jeher Investorenklubs, gefördert von Bierbrauern, Fleischern, lokalen Industriellen. Heute gelten sie als schützenswert. Die ganze Debatte um Kommerzialisierung ist also tatsächlich sehr stark eine um Globalisierung.

Die grundsätzliche Debatte um die Finanzierung des Fußballs von Männern und Frauen verschwindet hinter Scheinkämpfen. Ideologien werden nicht diskutiert. Denn der Fußball verkauft zwar eigentlich ein Spiel. Aber er lebt nicht davon, dass er ein Spiel verkauft. Er lebt maßgeblich davon, dass er das Kaufen verkauft, beinahe seit Anbeginn. Jede Trikotwerbung, jede Bandenwerbung, jede Partnerschaft mit diesem oder jenem Sponsor verkauft das Kaufen und bewirbt das Privateigentum. Der Fußball verkauft ganz maßgeblich Gier.

Das ist nicht selbstverständlich, er könnte sich auf jede andere Weise erzählen. Würde er NGOs auf seine Shirts drucken, lokale Initiativen oder politische Forderungen seiner Spieler:innen oder Fans, sympathische oder unsympathische, würde er etwa das Handeln bewerben. Würde er Ideen sichtbar machen, Forschung abdrucken, würde er das Denken bewerben. Er könnte Menschen dazu auffordern, charakterlich so oder so zu sein, das wäre eine etwas plakative Werbung für Eigenschaften. Er könnte Landschaften oder Tiere auf seinen Trikots abbilden, das wäre eine Werbung für das Leben. Er könnte Gesichter seiner Fans auf den Trikots tragen oder die Konsequenzen des eigenen Betriebs: Bilder von Kinderarbeit, Sklavenhandel, Klimakatastrophen. Er könnte Debatten abbilden, jede Woche eine andere Blickweise. Oder, im Gegensatz zum Kaufen und Besitzen, zum Teilen und Schenken auffordern. All das ist heute so unvorstellbar, dass es unwillkürlich lächerlich wirkt. Es gibt, und das ist interessant, unendliche Möglichkeiten, und unter diesen Möglichkeiten verkauft er den Konsum selbst, das Kaufen. Der Fußball spiegelt damit die Ideologie des Habens viel tiefer, als er sich dessen bewusst ist.

Kaum etwas wird so oft beklagt wie der aktuelle Zustand des Männerfußballs, aber er wird unpräzise beklagt. Vor allem geht es gegen seinen explosionsartigen Boom seit den 1990er-Jahren bis zur COVID-19-Pandemie, der eng mit dem Aufstieg erst des Privatfernsehens, dann des Pay-TV und zuletzt der Streamingdienste zu tun hat. Die Milliardensummen sind oft genug genannt, sie müssen hier nicht wiederholt werden. Dass ein Spiel zu Geld wurde, wurde im Fußball stets kritisiert, und nicht immer aus guten Gründen: Lange schimpften darüber vor allem die Reichen, die lieber edles Amateurwesen haben wollten statt der Proleten, die plötzlich dank des Berufsfußballs auch mitspielten – mitunter besser als sie. Gut bezahlter Fußball wirkt erst mal egalisierend. Auch die Überbelastung und die Korruption sind nicht neu. In seiner Biografie „Gerd

Müller oder Wie das große Geld in den Fußball kam" recherchierte der Historiker Hans Woller, wie der FC Bayern in den 1960er- und 1970er-Jahren Schwarzgeld-Touren um die halbe Welt unternahm, um illegal seine Kassen zu füllen. Die Stammkräfte kamen dadurch bereits in den frühen 1970ern auf über hundert Spiele pro Saison. Auch Dieter Müller erzählt in seiner Autobiografie von 28 Freundschaftsspielen in einer Saison – um des Profits willen: „Von einer möglichen Überlastung der Spieler war damals nie die Rede."

Den Fußball besser machen

Viele Probleme sind Geburtsfehler. Sie haben mehr mit der Organisationsform zu tun als mit dem Pay-TV. Erst durch die Tabelle müssen Vereine ihre Kontrahent:innen ständig übertrumpfen. Geteilte Plätze gibt es nicht. Zusammenarbeit gibt es nicht. Gleichzeitig sind die Ressourcen begrenzt, es gibt eben nur eine bestimmte Anzahl guter Spieler:innen. Also müssen die Klubs immer mehr Geld ausgeben. Denn wenn ein Klub das geforderte Gehalt nicht bezahlt, bezahlt es die Konkurrenz. Das führt zu der Gehaltsinflation, die der Fußball erlebt, sobald Geld da ist. Und zu den eigentlich völlig überflüssigen Transferausgaben. Zwischen der Saison 2010/11 und der Saison 2019/20 gab Borussia Dortmund insgesamt über 1,37 Mrd. Euro für Transfers aus. Kein Cent davon wäre nötig gewesen.

Kleine Initiativen, die punktuelle Regulierungen all dieser Dinge fordern, sind damit nicht wertlos. Man kann den Fußball sehr wohl besser machen, ohne gleich die Revolution auszurufen. Aber sie können nichts grundsätzlich ändern, die Kräfte des Marktes sind zu stark. Und die Macht derer, die profitieren. Dabei ist das viel kritisierte Wachstum erst mal nicht schlecht, im Gegenteil: Wachstum sorgte für den ungekannten Wohlstand, den die Welt heute, verglichen mit allen bekannten früheren Daten, erlebt, wie etwa die „taz"-Wirtschaftsredakteurin Ulrike Herrmann in „Kein Kapitalismus ist auch keine Lösung" analysiert. Wo sich in den Zentren der Imperien Wohlstand mehrte, boomten Kunst und Wissenschaft, kritisches Denken, Mitsprache sowie politische und philosophische Innovation. Immer beruhte dieses System auf Profiteuren und Ausgebeuteten, auf Zentrum und Peripherie, aber der Lebensstandard wuchs unter dem Strich; Kriege, Krankheiten, Kindersterblichkeit sind massiv gesunken, kein System davor oder danach produzierte so gute Lebensverhältnisse. Am wenigsten der Staatssozialismus.

Gleichzeitig ist gar nicht so klar, wie das Wachstum zustande kommt. Denn Märkte, Handel und Ausbeutung gab es ja fast immer, bloß ohne Wachstum. Selbst Reiche lebten im Elend. War am Ende gar nicht „der Markt" für die Entwicklung verantwortlich, sondern, wie etwa Gemeinwohlökonom Christian Felber glaubt, technische Innovation? Und was begünstigt die?

Wenn wir einen besseren Fußball wollen, müssen wir all das diskutieren. Nicht nur in Deutschland haben die zweite und dritte Liga der Männer in puncto Einnahmen und Zuschauerzuspruch massiv vom Boom profitiert; die 2. Bundesliga der Männer hat mit einem Schnitt von 18.000 Zuschauer:innen im Jahr 2019 so viel Publikum wie die Männer-Bundesliga 1986. Der Trickle-Down-Effekt, also die Idee, dass, wenn die Spitze mehr Geld hat, auch weiter unten mehr Geld ankommt, ist im Fußball – entgegen vieler Behauptungen – real und durchaus beträchtlich. Ohne diesen gesellschaftlichen Erfolg des Männerfußballs gäbe es keine wissenschaftliche Reflexion darüber, keine Studien, keine Literatur, keine fußballpolitische Bildung, keine fangeführten Klubs. Und keinen Protest. Ideeller Fortschritt kommt oft erst durch ökonomische Sicherheit. Armut ist nicht edler, sondern erst mal ärmer. Das Wachstum und die ständige Ausbeutung von Energie und Ressourcen führen bekanntermaßen in eine ökonomische Sackgasse, unter anderem weil es langfristig die Lebensgrundlage selbst zerstört. Aber es ist erst mal nicht *das* Problem im Fußball. Das größte Problem liegt woanders.

Was bringt der Fußball der Allgemeinheit?

Die Show, die wir sehen, bezahlen wir selbst. Natürlich, die inflationären Preise für Trikots oder Tickets kennen und kritisieren alle. Aber auf viel subtilere Weise zahlt die Gesellschaft einen Großteil des überfinanzierten Spielbetriebs. Sie zahlt die TV-Abos und die GEZ-Gebühren. Sie zahlt die Rechnung bei der Telekom, das Auto bei Volkswagen, die Sportwetten bei einem der unzähligen Anbieter, sie zahlt einen Großteil dessen, was an die Sponsoren fließt. Diese Konzerne finanzieren mit dem Geld die Gehälter männlicher Fußballer. Volkswagen zahlte 2019/20 geschätzte 20 Mio. Euro fürs Trikotsponsoring allein der Männer des VfL Wolfsburg. Die Telekom 35 Mio. beim FC Bayern. Sie tun das, um auf ein Trikot die Aufforderung zu drucken, dass Bürger:innen noch mehr kaufen. Es ist nicht irgendjemand in einer weit entfernten Galaxie, der mit seinen Geldern dieses Business ermöglicht. Wir zahlen Ronaldos Rechnung.

Ein Unternehmen wie Flyeralarm hat auch dank seiner Niedriglöhne viel Geld übrig, das in die Frauen-Bundesliga fließen kann. Statt an die prekären Angestellten geht es an den DFB. Volkswagen oder Gazprom zerstören mit ihren Geschäftsmodellen Böden, Landschaften, demokratische Organisationen oder das Klima: Die Unternehmen richten konkrete Schäden an. Dafür zahlen aber weder sie noch der Fußball, sondern die Gesellschaft. Von den Gewinnen dieses Fußballs dagegen sieht sie nichts, von ein paar Sozialprojekten abgesehen.

Der FC St. Pauli sprach in einem Positionspapier von der „Privatisierung der Gewinne aus dem Fußballgeschäft im Falle eines Überschusses und [der] Vergemeinschaftung der Kosten zulasten der Steuerzahler:innen". Konkret heißt das: Wenn ein Klub Gewinne macht, fließen sie nicht an die Gesellschaft zurück. Sie fließen an Manager:innen, Berater:innen, Investoren. Vom schon traditionellen Steuerbetrug, den Teile des Spitzenfußballs pflegen und den die Gesellschaft ihm durchgehen lässt, noch gar nicht zu sprechen. Mit den Schäden steht sie allein da. Der Wirtschaftsreformer und Aktivist Christian Felber schreibt: „Da öffentliche und Gemeinschaftsgüter wie saubere Luft, Artenvielfalt, Sicherheit, Vertrauen, Zusammenhalt oder Gerechtigkeit keinen Preis haben, können sie kostenlos zerstört und die entstehenden Kosten der Allgemeinheit aufgebürdet werden."

Die private Wirtschaft macht das Geld, die Gemeinschaft zahlt die Schäden und merkt es nicht einmal. Welche Gesellschaft würde so ein Modell tolerieren? Das, was Ewald Lienen einst den „geisteskranken neoliberalen Ansatz" nannte? Wir tolerieren es. Man schüttelt gelegentlich den Kopf über den entfesselten Fußballmarkt, als habe er nichts mit uns zu tun, und nimmt dessen Gebaren zugleich als naturgegeben hin. Es geht aber gar nicht darum, dass 490 Mio. Euro für Transfers irgendwie unschön, unmoralisch oder doof sind. Es geht um Allokation von Mitteln. Eine der erfolgreichsten Erzählungen ist diese: Der Fußball habe sich etwas „aus eigener Kraft" verdient. Sind die Geschäfte dagegen erfolglos, zahlen Fans noch einmal dafür. Denn Klubs lassen sich allzu gern von ihren Fans retten, wenn sie finanziell mit dem Kopf vor die Wand gelaufen sind. Und die tun das. Sie bewahren ihren Verein vor der Pleite, statt ihn zu bestrafen.

Oft finanzieren Steuergelder den Fußball zusätzlich direkt: Christian Bartlau hat für sein Buch „Ballverlust" recherchiert, dass 2015 die jährlichen Polizeikosten für die ersten fünf Männerligen bei geschätzten

119 Mio. Euro lagen. Gern finanzieren Stadt oder Land auch den Stadionbau mit oder retten angeschlagene Aushängeschilder gleich ganz. Dem Sozialwissenschaftler und Wirtschaftsphilosophen Jürgen Schwark zufolge belaufen sich die Gesamtausgaben der Öffentlichen Hand für Sport in Deutschland auf derzeit 5,8 Mrd. Euro. Nicht alle diese Ausgaben sind unnütz oder illegitim. Interessant aber ist das: Der professionalisierte Frauenfußball erreicht an der Spitze mit Budgets von höchstens 10 Mio. Euro pro Klub mittlerweile ein sehr respektables fußballerisches Niveau. Guter Fußball ist sehr, sehr günstig zu haben. Oder anders: Eine Spielerin, die 10.000 Euro monatlich erhält, würde nicht besser spielen, wenn sie eine Million erhält. Die Ausgaben bei den Männern stehen in keinerlei Verhältnis zum Gegenwert. Es gibt nur einen Grund dafür: einzelne profitieren.

Fußball schafft Arbeitsplätze?

Nun hat der Fußball für Kritik eine (Selbst-)Erzählung geschaffen. Er sagt: Wir geben den Menschen vor Ort doch so viel zurück. Ideell stimmt das. Fußball schafft Identifikation, Zugehörigkeit. Aber finanziell ist die Erzählung nicht ganz richtig. Wie viel es angeblich sein soll, rechnet das private Beratungsunternehmen McKinsey gern für den Fußball aus. So schaffe der deutsche (Männer-)Fußball Zehntausende branchenfremder Arbeitsplätze, vor allem in der Hotelbranche, der Gastronomie, den Medien und der Werbebranche. Laut McKinsey leben vier Prozent der deutschen Werbebranche vom Männerfußball. Dem „SAGE Handbook of Sports Economics" zufolge sollen sogar 1,8 Mio. Deutsche vom Sport leben, so viel wie in keinem anderen EU-Land; unter anderem Teile der Baubranche, Textilbranche, Gesundheitsdienste, Medien, Wettanbieter. Fußball schafft also Beschäftigung und Wohlstand.

Doch Vorsicht ist geboten, das Argument führt bewusst in die Irre. Erstens: Diejenigen, die dem Fußball die Stadien bauen, die Betten beziehen oder die Bälle nähen, bekommen zwar dadurch Lohnarbeit, aber übermäßig dankbar müssen sie dem Fußballbetrieb dafür nicht sein. Denn obwohl sie oft unter miserablen Bedingungen einen Löwenanteil der Arbeit leisten, sehen sie von seinen Einnahmen nichts, treffen keine Entscheidungen, und ihre Löhne im Vergleich zu den Umsätzen des Fußballs sind lächerlich. Die Branche kann überhaupt nur deshalb so hohe Gewinnmargen verzeichnen, *weil* sie ihre Trikots für ein paar Cent nähen lässt und laut „Statista" für im Schnitt knapp 100 Euro verkauft (inkl. Beflockung, 1. Männer-Bundesliga, Saison 2020/21). Diese Arbeitskräfte zahlen für den Fußball. Er lebt von ihrer Machtlosigkeit, denn wer sich nicht fügt, wird ersetzt. Zweitens sind Arbeitsplätze nicht sinnvoll um ihrer selbst willen. Dass der Fußball Arbeit in der Werbebranche oder bei Wettanbietern schafft, macht diese Branchen nicht weniger schädlich. Im Gegenteil: Es ist skandalös, in welchem Maße sie davon profitieren. Es ist auch nicht sinnvoll, ständig neue Stadien mit immer mehr Ressourcen zu bauen, nur weil das die Baubranche freut. Es ist nicht sinnvoll, Spieler:innen kaputt zu spielen, nur weil das Privatärzt:innen freut. Wirtschaft soll das Leben besser machen. Arbeitsplätze und Wachstum sind kein Selbstzweck.

Helfen Klubs wenigstens der Wirtschaft vor Ort? Es gibt Forscher:innen, die Zweifel auch an dieser Erzählung haben. Der Stadtwissenschaftler Mark Rosentraub schreibt: „Sport ist eine viel zu kleine Komponente im Wirtschaftsleben jeder Gemeinde, um ein Motor zu sein, der Arbeit und Wachstum schafft." Zu einem gewissen Grad, so analysiert der Soziologe Stanley Eitzen in seinem Buch „Fair and Foul", profitierten lokale Betriebe. „Aber in der Mehrzahl der Fälle, etwa 80 Prozent, werden nur Ausgaben aus verschiedenen Teilen des Stadtgebiets in einer anderen Gegend konzentriert. Es wird außerdem weniger Geld für andere Freizeitaktivitäten ausgegeben, weil sich die Aufmerksamkeit auf das Sportteam fokussiert. An Spieltagen gibt es weniger Kinopublikum, weniger Skifahrer:innen auf der lokalen Piste, sogar weniger Betrieb in den Einkaufszentren." Unternehmen zögen auch nicht in eine bestimmte Stadt wegen des Sportteams. Und sehr viel Geld fließe auf die Konten der Spieler:innen, die es oft woanders ausgäben – für Ferienhäuser, Berater:innen, Luxusgüter. „Immer wieder haben Studien gezeigt, dass die wirtschaftlichen Effekte eines Sportteams und Stadions auf die lokale Wirtschaft zu vernachlässigen sind."

Wenn der Profisport seine eigene Nützlichkeit berechnen lässt, lohnt es sich, nachzurechnen. Die Gelder, die als Trickle Down von oben an die kleineren Klubs fließen, kommen vor allem indirekt – durch die Strahlkraft der großen Ligen, die Investoren auch unten anziehen, durch Absteiger im Männerfußball mit großen Fanszenen, durch Medienaufmerksamkeit. Aber sicher nicht durch eines: Solidarität. So wächst die Kluft. Laut dem Journalisten Christoph Ruf landeten 2018 rund 98 Prozent der im deutschen Fußball generierten Gelder in der ersten und zweiten Liga der Männer. In England ist das Verhältnis zwischen höchsten und niedrigsten Einnahmen in der ersten Liga von 3:1 in den 1950er-Jahren auf 10:1 gestiegen, in Spanien lag das Verhältnis 2007 schon bei 20:1. Die Ratio der Einnahmen zwischen erster und zweiter Liga in England lag laut Stefan Szymanskis „Money and Soccer“ in den 1960ern bei 2:1, in den 80ern bei 3:1 und im Jahr 2015 bei 7:1. Und der Uefa-Report 2017 hielt fest, dass sich der Anteil der Top-12-Klubs an Sponsoreneinnahmen seit 2017 von 22 Prozent auf 39 Prozent fast verdoppelte. Sie verdienten mehr als die anderen 700 Männer-Erstligisten zusammen.

Autos und Uhren

Es kommt, wie schon Marx ahnte, zu einer massiven Akkumulation von Geld und Macht. Der Kapitalismus zerstört das, was er propagiert, nämlich den Wettbewerb. Und die Monopolisten zerstören die gerade erst gewonnene Demokratie. Und doch ist etwas auffällig. Der wirtschaftsliberale Sportökonom Stefan Szymanski hat sich die Mühe gemacht, so detailliert wie kaum ein Forscher Zahlen zum europäischen Männerfußball zu sammeln. Seine Datenbank reicht nach eigenen Angaben bis 1958 zurück, und sie zeigt: Im Schnitt haben in 20 untersuchten Ligen in einem halben Jahrhundert nur zehn verschiedene Teams die Meisterschaft gewonnen. Diese Ungleichheit besteht beinahe unverändert seit über einem halben Jahrhundert. Im Schnitt holte das dominante Team ein Drittel aller Titel. Es gab dabei keinen Unterschied zwischen großen und kleinen Ländern, und entgegen der öffentlichen Meinung ist die Dominanz historisch nur sehr leicht gestiegen. Deutschland und der FC Bayern bilden eher die Ausnahme. Die 50+1-Regel dürfte eine Rolle spielen. Trotz immer größerer finanzieller Abstände werden die sportlichen Abstände nicht so viel größer, wie behauptet.

Überraschung liegt im Wesen des Fußballs: Nicht einer spielt gegen einen, sondern Teams gegen Teams, mit, wie Szymanski ausführt, verschiedensten Variablen. Wäre eine ähnliche Ungleichverteilung etwa im Tischtennis gegeben, wo die deutlich bessere Spielerin die schlechtere fast immer schlägt, wäre der Sport nicht mehr funktionsfähig. Die Mannschaft rettet den Fußball. Neymar ist nicht siebenmal so gut wie alle Spieler des SC Paderborn zusammen, oder anders gesagt: Man kann 203 Paderborner kaufen oder fürs gleiche Geld Neymar. Wer klug einkauft oder eine langfristige Strategie fährt, kann dadurch gewisse finanzielle Unterschiede wettmachen. Dennoch fordert das System seinen

Tribut. Im Achtelfinale der Champions League der Männer 2019/20 waren erstmals nur noch Klubs aus den fünf großen Ligen qualifiziert. Die Zahl der Teilnehmer jenseits dieser Ligen schrumpfte kontinuierlich. Und der FC Bayern, schreibt das Magazin „11 Freunde", watscht das Fußvolk immer torreicher ab, in der Liga und in der Champions League.

Eine kleine Gruppe von westeuropäischen Männern hat es geschafft, selbst dieses höchst variable Spiel zur Monokultur werden zu lassen. Und das ist gewollt. Sie wollen diesen Fußball genau so. Immer mal wieder kommt aus den eigenen Reihen ein Hauch von Unmut, denn dieses zwanghafte Besitzen, diese Ideologie des Habens, hat Folgen. Nicht nur für den Spielbetrieb, auch für das Innenleben der Beteiligten. Ex-Profi André Schürrle beklagte laut „Kicker", lange Zeit eine bestimmte Rolle vorgespielt zu haben. Neben einem schnellen Auto („Oberflächlich betrachtet fand ich es schon cool") gehörten Klamotten dazu. „Immer mussten es teure Sachen sein, hier eine Lederjacke, dort ein T-Shirt von … egal, Hauptsache teuer – so ist man in die Kabine gegangen", berichtet Schürrle im Doppelinterview des DFB. Auch jetzt sei er noch im Findungsprozess: „Heute kann ich immer weniger verstehen, welche unnützen Dinge mir mal wichtig waren."

Kleidung und Auto sind kein Zufall, denn es ist eine Erzählung des Selbst über zwei Dinge: Bewegung und Körper. Die zwei Faktoren, die für Profis auch im Business sehr entscheidend sind. „Wenn man bei Themen wie Autos oder Uhren nicht mitreden kann, dann fällt das auf", sagt wiederum Ex-Profi Benedikt Höwedes. Er habe sich dann einfach ausgeklinkt, zitiert der „Kicker" weiter. „In den meisten Fällen sind Mannschaftskollegen Kumpel, aber keine richtig guten Freunde", so Schürrle über eine gewisse Oberflächlichkeit in der Kabine. So sei es auch schwierig, sich im Kollegenkreis Schwächen einzugestehen, das sei als Makel aufgefasst worden, erzählt Höwedes.

Viele Untersuchungen legen nahe, dass Geld etwas mit dem Menschen macht. Dass es ihn im Verhältnis weniger hilfsbereit, überheblicher, ich-bezogener macht. Das ist kein rühriges Klischee, sondern sehr plausibel, der Mensch braucht den Mitmenschen ja deutlich weniger. Und er muss sich die Verhältnisse damit erklären, dass der Mitmensch viel weniger wert ist, sonst dürfte er ja nicht so wenig verdienen. Es ist erstaunlich, dass sich Kritik im Fußball nie um das Konzept Geld selbst dreht, sondern nur um seine Menge. Die Massen an jungen, neoliberalen Männern, die auf Leistung und Ellenbogen in Fußball-Internaten getrimmt werden – auch die können uns Angst machen. Hat die Gesellschaft sich je Gedanken darüber gemacht, was sie für Menschen heranzieht?

Die ständige Suche nach Expansionsmöglichkeiten

Kommen wir zurück zu Luis Suárez und seiner Malaysia-Liebe. Klubs und Spieler:innen bedienen Märkte. Bis vor einigen Jahrzehnten waren das recht ähnliche, regionale oder nationale Märkte. Das hat sich im Männerfußball radikal geändert, und es schlägt sich in den Einnahmequellen nieder. TV-Gelder und internationales Marketing machen für Erstligisten häufig über 50 Prozent ihrer Einnahmen aus, während schon Zweitligisten international eigentlich nicht mehr vermarktbar sind. Auch das reißt Lücken. Im Frauenfußball ist das noch völlig anders; Olympique Lyon hat keine Fan-Basis in Deutschland, geschweige denn in Nigeria.

In der Konkurrenzwirtschaft muss die Branche sogar ständig expandieren, auf der Suche nach Einnahmequellen. Der europäische Markt des Männerfußballs ist nahezu gesättigt, die Zuschauerzahlen in den Stadien lassen sich kaum weiter steigern, der nationale Sponsorenmarkt ist abgegrast. Also eröffnet die DFL eine Repräsentanz in Singapur, eine in New York, eine Marketing-Kooperation in Indien und 2020 ein Büro in Peking. Also eröffnen Klubs asiatische Fußballschulen und Büros, Ligen verlegen Pokalfinals nach Saudi-Arabien und China.

Die Expansion bedeutet aber einen fundamentalen Interessenkonflikt: In einer Analyse zu Markenloyalität im Fußball schrieben Daniel Maderer, Dirk Holtbruegge und Rachel Woodland, Fans in Europa würden grundsätzlich angezogen von Stars und Tradition. „Aber sobald sie einmal Fan sind, gewöhnen sie sich an das Auf und Ab, dann geht es eher um soziale Umgebung und Nostalgie." Auf den auswärtigen Märkten sei das völlig anders. Dort gehe es viel stärker um Stars und Erfolge; chinesische Fans etwa sagten, wenn ihr Lieblingsspieler das Team verlasse, seien sie „nicht sicher, ob sie es weiter unterstützen sollen". Der beliebte Vorwurf in Fankreisen heißt dann: Diese Chines:innen seien ja gar keine echten Fans. Die kapierten ja gar nicht, wie das funktioniert, dieser Fußball. Regionale Bindung aber lässt sich zu einem Klub, der tausende Kilometer entfernt ist, kaum entwickeln. Ein Bergarbeiter-Mythos ist für Anhänger:innen in äußeren Märkten unwichtiger als der

Superstar und sein Instagram-Account. Es sind zwei völlig verschiedene Formen des Supports, die eine eher individualistisch, die andere eher regional motiviert, und beide lassen sich von Marketing manipulieren. Wo sich der Wettbewerb globalisiert, treten Zentrum und Peripherie in eine direkte Konkurrenz.

Auch das erklärt viele Verwerfungen. So sagt der Sportökonom Jörn Quitzau im Gespräch für dieses Buch: „Das Versprechen der DFL, dass es keine Punktspiele im Ausland geben wird, gilt vielleicht für drei oder vier Jahre." Der Klub als Marke ist, so sehr er sich lokal inszeniert und mit lokalen Parteien anbandelt, frei von politischem Ballast, und international viel besser verkäuflich als das Nationalteam, das immer nur ein begrenztes Fan-Potenzial hat und nationalen Stimmungsschwankungen unterliegt. Auf der ständigen Suche nach Geldern verlieren die Klubs und Verbände aber auch an Macht, indem sie sich immer mächtigeren Geldgebern von außerhalb unterordnen.

In der Premier League kommen nur noch ein Drittel der Investoren aus dem Inland. Spiele verschwinden hinter Paywalls und verlieren in der öffentlichen Kultur an Bedeutung. DFL-Boss Christian Seifert verpasste in keiner Neujahrsansprache die Gelegenheit, auf ausländische Interessen am heimischen Markt hinzuweisen, so 2019: „Deutschland ist ein attraktiver Markt und viele Akteure wollen ein größeres Stück davon: Fifa und Uefa, Premier League und La Liga, aber auch NFL und andere US-Ligen – alle wollen nach Deutschland." Und: „Die Alternativen sind in einer globalen und digitalen Welt immer nur einen Mausklick entfernt." Die DFL nutzt solche Drohkulissen zur Rechtfertigung ihres eigenen Machterhalts und Machtausbaus. Dadurch wird aber nicht weniger wahr, wie sehr alle Akteur:innen unter dem Druck eines mittlerweile weltweiten Sportwettbewerbs stehen.

Der Prozess bringt auch durchaus ein gewisses Bröckeln der alten Ordnung: Chinesische Fans werden in ihren Interessen jetzt bedacht, auch sie kommen zunehmend in den Genuss von Live-Spielen der Spitzenteams. Die grundlegende Hackordnung der Ausbeutung aber ist ziemlich stabil. Die Spekulationsblase, mit der China im Hauruck zur Weltmacht im Männerfußball aufsteigen wollte, gilt mittlerweile als geplatzt. Auch aus dem europäischen Männerfußball ziehen sich chinesische Investoren zurück. Die Krone der Schöpfung bleibt in Westeuropa. Ein subtiler Rassismus schwingt mit, wenn Europäer:innen davon sprechen, wie „die Chinesen" oder „der Scheich" „unsere" Klubs kaufen. Es ist auch die Angst des globalen Nordens vor dem Verlust einer auf Ausbeutung basierenden Vormachtstellung.

Deutsche Medien klagen gern darüber, wie die deutschen Klubs angeblich den Anschluss verlieren. Kaum eine Zeile widmen sie aber der Tatsache, wie der expandierende deutsche Männerfußball im Gefolge von Premier League und La Liga die Strukturen anderer Länder vernichtet. Heimische Ligen in weiten Teilen Asiens und Afrikas sind durch die Live-Übertragung von europäischem Spitzenfußball völlig bedeutungslos geworden. Ein koloniales Wettrennen um Fernsehzeit, Fans und einen Platz an der Sonne.

Das Red-Bull-Imperium mit Filialen auf jedem Kontinent und eigenen Lieferketten ist eine mögliche Zukunftsaussicht. Eine, die der Peripherie durchaus höhere Chancen auf Teilhabe gibt, aber die Machtverhältnisse unangetastet lässt. Diese Expansion bleibt nicht auf Europäer:innen beschränkt. China baut in Afrika Stadien, um sich Zugang zu Rohstoffen zu sichern. Katar finanziert neben Paris Saint-Germain auch etwa die belgische KAS Eupen, die von Katars „Academy" verlesene Akteure ausbildet und den Staat politisch platzieren soll. Die Machtverhältnisse sind komplex; mit 19.-Jahrhundert-Deutungen à la „der Westen unterdrückt den Rest der Welt" oder „die Weißen herrschen, der Rest wird beherrscht" lassen sie sich immer weniger erklären. Die versprengten Vielen sind gegenüber alledem fast machtlos. Die wachsenden europaweiten Fan-Netzwerke wie Football Supporters Europe oder Supporters Direct Europe wirken kläglich dagegen. Der Soziologe Uwe Wilkesmann von der TU Dortmund sagt: „Die Organisation des Fußballs steht an einem Wendepunkt."

Was will sie überhaupt, die sogenannte Basis?

KAPITEL 5

Was, verdammt, wollen wir eigentlich?

Fans sind komplexe Wesen. Spannender Wettbewerb ist ihnen nicht egal, aber auch längst nicht so wichtig, wie die Öffentlichkeit glaubt. Der Bedeutungsverlust des Männerfußballs hat viele Gründe. Fans sind Teil des Systems, aber gleichzeitig außen vor - und auch deswegen wird im Fußball kritischer diskutiert als woanders.

„Das Fußballpublikum ist ein komplexes, missverstandenes und viel geschmähtes Wesen", hat der Jurist und Fanforscher Geoff Pearson mal geschrieben. Zunehmend werden Fans differenzierter betrachtet, sie haben ihren Platz auf Podien und in Gremien erobert. Aber viele Medien und Funktionär:innen mögen sie weiterhin dann am liebsten, wenn sie das Geldverdienen erleichtern, statt es zu erschweren. Fröhliche Gesänge, Choreos und Regenbogenfahnen sind gern gesehen. Alles Widerspenstige, Subkulturelle, Aggressive hingegen ängstigt und stört. Denn in den planbaren Fußball tritt hier etwas Unkontrollierbares, das echte Leben mit all seinen Widersprüchen.

Fangruppen sind oft hierarchisch, gewaltverherrlichend und sexistisch – und solidarisch, kritisch, mitunter progressiv. Obwohl der Fußball an sich von Konkurrenz lebt, hat er hier, aber auch in den kleinen Vereinen, eine sehr kollektive Tradition. Solidarität, Anarchie, ein sich selbst entwickelnder, lebendiger Kosmos, eine riesige Subkultur. Viele aktive Fans vergöttern einen Großkonzern und imaginieren sich gleichzeitig als Kämpfer:innen gegen Kommerz. Ja, der Fan ist ein komplexes Wesen.

Seit Jahren zähmt der Fußball seine Kundschaft. Großturniere sind, auch gegenüber Journalist:innen, oft Orwell'sche Szenarien der Sammlung von Daten und Überwachung. Martino Simcik Arese, italienischer Fußballjournalist und Fanvertreter, schildert im Reiseführer der Bundeszentrale für politische Bildung („Heimspiele") zur Männer-EM 2021 die alltägliche Gängelei so: „In Spanien wurden die führenden Fangruppen von Real Madrid und Barcelona durch ‚Peñas' ersetzt, registrierte Fanclubs, die vom Verein gebilligt werden. In Portugal wurden manche Flaggen von den Tribünen verbannt. Und in Italien wurden einige Ultras von Juventus vollständig gesperrt. Personalisierte Tickets sind alltäglich geworden, in Spanien wurde in ausgewählten Stadien sogar bereits mit der Abnahme von Fingerabdrücken begonnen." Der aseptische Fußball ohne störende Elemente hat sich dermaßen vor der Realität verbarrikadiert, dass er schon gar nicht mehr merkt, wie sehr er Demokratie und Subkultur verachtet, und wie weit er politisch dem Zeitgeist hinterherhinkt. Frauenquoten, Korruptionsbekämpfung und ökologische Kriterien gelten hier als Revolution, Profit als einziger Maßstab. Willkommen in den 1990ern.

Gleichzeitig trifft gerade dieser Männerfußball natürlich den Zeitgeist. Vor der ganz großen Abwanderung muss er sich so wenig fürchten wie Amazon vor einem Boykott. In den vergangenen Jahren bis zur Pandemie ist das Stadionpublikum im Männerfußball zurückgegangen, und die deutsche Nationalelf der Männer verzeichnete gar einen heftigen Rückgang an Zuschauer:innen. Medien berichten zunehmend kritischer, die Öffentlichkeit wurde gleichgültiger. Im Nachgang der Pandemie hatten viele Klubs Probleme, die Stadien zu füllen. Ist das nun der berühmte Moment, an dem die Fans dem Fußball aus Frust über seine Gier den Rücken zuwenden, wie seit mehreren Jahrzehnten prophezeit? Einerseits: durchaus. Spitzenfußball verliert in Deutschland aktuell massiv an Bedeutung, sein Image ist katastrophal. Und die alten und jungen Herren in den Verbänden tun alles dafür, diesen Verlust voranzutreiben.

Andererseits: In dem Maße, wie die kreative Macht von Fans unterschätzt wird, wird ihr revolutionäres Potenzial überschätzt. Viele bleiben, andere kommen dazu, und Entfremdung ist nur ein Teil der Ursachen, warum Menschen woanders konsumieren. Andere sind zum Beispiel die wachsende Konkurrenz durch Netflix, soziale Medien oder Gaming, die zum antikapitalistischen Frust-Narrativ nicht so recht passen. Immer weniger freie Zeit junger Menschen, immer mehr Freizeitangebote. Die Verdrängung ganzer Schichten aus den Stadien durch die hohen Ticketpreise. Das Verschwinden des Fußballs hinter Bezahlschranken. Die Sättigung der heimischen Märkte. Das verkrustete konservative Biotop, das für viele Gruppen – Frauen, Migrant:innen, LGBTQIA* – wenig anziehend ist. Und nebenbei die recht naturgemäße Entwicklung, dass Supertrends, wie der Männerfußball über Jahrzehnte einer war, ein Ablaufdatum haben. Wir scheinen es gerade zu erleben.

Es ist also hilfreich, etwas nüchterner auf den Bedeutungsverlust des Männerfußballs zu gucken. Nicht jeder Wechsel zu Netflix ist ein Statement gegen Bandenwerbung. An der Peripherie boomt der Fußball, statt zu schrumpfen. Aber was ist mit dem Mythos von der Abwanderung aus Langeweile? Welchen Fußball, verdammt, wollen die Leute eigentlich? Auf gesellschaftlicher Ebene ist das, Gruß an die DFL, recht einfach zu beantworten: Nahbarkeit, Bescheidenheit statt Millionenablösen, Mitsprache, Respekt, etwas Umverteilung und ein glaubhaftes „Wir haben verstanden", das würde vermutlich den meisten schon ausreichen. Aber will die Basis eine spannende Liga? Gern und oft wiederholen Fans als zentrales Argument: Es fehle die Spannung. Doch so einfach ist es nicht.

Viele Sportökonom:innen haben sich an der Frage, ob und in welchem Ausmaß ein spannender Wettbewerb Fans interessiert, die Zähne ausgebissen. Die Ergebnisse sind widersprüchlich, aber es gibt einen Tenor: Spannung wird überbewertet. Eine über acht Jahre laufende Studie zu TV-Quoten in der Premier League zeigte, dass es den Zuschauer:innen sogar fast völlig egal war, ob sie vorher ahnen konnten, wie die Partie ausgehen würde; es ging ihnen um Stars. Wladimir Andreff und Gaël Raballand wiederum untersuchten in fünf europäischen Männerligen den Einfluss der geschossenen Tore auf Zuschauerzahlen und stellten fest: Das Publikum zog es vor allem in jene Liga, wo die meisten Tore fielen. Und am seltensten in die, wo die wenigsten fielen.

Gar keine Spannung in der Meisterschaft über lange Zeit, da sind sich viele einig, ist schlecht. Aber es gibt viel mehr Faktoren, die Fans animieren oder davon abhalten, Fußball zu schauen. Und große regionale Unterschiede. Ostasiatische Fans legen zum Beispiel oft viel mehr Wert auf einen ausgeglichenen Wettbewerb als europäische Fans, sie sind offenbar kollektivistischer orientiert.

Es ist also kompliziert. Und vor allem gibt es einen interessanten Unterschied zwischen Männer- und Frauenfußball. Im Männerfußball sind gerade die Spiele kommerziell erfolgreich, in denen es keine Chancengleichheit gibt.

Das Gegenteil passiert dagegen im Frauenfußball. Maurizio Valenti hat als einer der ersten Wissenschaftler dazu geforscht. Seine Gruppe untersuchte von 2009 bis 2018 die Champions League, und wie Ergebnis-Unsicherheit auf die Nachfrage wirkte – und kam zum genau entgegengesetzten Schluss: Die Fans gingen eher ins Stadion, wenn es möglichst gleiche Chancen gab. Im Interview für dieses Buch sagt Valenti: „Der größte Unterschied, den wir aktuell zwischen der Nachfrage nach Männer- und Frauenfußball sehen, scheint die emotionale Bindung zum Verein zu sein. Im Männerfußball folgen Fans dem Klub eher überall hin, selbst, wenn das Team weniger Chancen auf einen Sieg hat oder das Ergebnis vorhersehbar ist. Im Frauenfußball gehen die Fans ins Stadion, wenn sie das Gefühl haben, dass das Spiel spannend wird und das Ergebnis vorher nicht absehbar ist."

Manchmal also steht das Design des Fußballs selbst der Veränderung im Weg. Wer sich an einen Klub bindet, möchte, dass der gewinnt. Aus rationaler Sicht können Fans im Männerfußball zehnmal kritisieren, wie ungerecht der Wettbewerb ist. Emotional aber hat der Altruismus jenseits einer kleinen kritischen Bubble Grenzen. In einer Umfrage des FC PlayFair! von 2017 etwa forderten beispielsweise 97 Prozent der Anhänger:innen von Darmstadt 98 eine gerechtere Umverteilung der TV-Gelder, aber das fanden nur – man kann auch sagen: immerhin – 58 Prozent der Bayern-Fans gut. Fans von Erstligisten wären nicht wild darauf, zu gleichen Teilen mit Zweitligisten zu teilen. Von Solidaritätszahlungen an, sagen wir, bulgarische Klubs ganz abgesehen. Aus Angst, dass der eigene Klub zurückfällt, und aus dem diffusen Gefühl heraus, dass das hier „unser" Geld ist. Fans sind deutlich solidarischer als ihre Vereine. Die Umverteilung in der Männer-Bundesliga scheitert nicht an ihnen, sondern an den Machthabenden. Ganz lossagen können sie sich vom Stammesdenken aber nicht.

Richtungswechsel statt Revolution

Die Forderungen der Fan-Interessengruppe „Unser Fußball" im Sommer 2020 wurden binnen kürzester Zeit von über 2.000 Fangruppen und über 12.000 Einzelpersonen unterzeichnet. „Weitermachen wie vor der Krise darf keine Option sein. Wir wollen nicht zurück zu einem kaputten System", heißt es dort. Fair solle der Wettbewerb sein, mit gleicher verteilten TV-Geldern, nachhaltigem Wirtschaften und weniger Einfluss von Investoren. Ökologischer solle er sein, demokratischer und sich stärker gegen Diskriminierung einsetzen. Es sind Forderungen, die einen gewissen gemeinsamen progressiven Nenner in Deutschland verkörpern, Positionen, die unter vielen Fans mehrheitsfähig sein dürften. Und wenn man zusammenfassen will, was „die Fans“ angeblich wollen, dann vielleicht das: keine Revolution, aber einen Richtungswechsel.

Interessant ist dabei eines: dass es gerade der Fußball ist, wo solche Kämpfe stattfinden. Dieselbe Diskussion könnte man über die Gehälter von Popstars oder Hollywood-Schauspieler:innen führen. Auch dort haben immer mehr große Studios die kleinen aufgesogen, wurde Indie-Kultur vom Superheldengenre und ewigen Sequels plattgewalzt. Es gibt aber keinerlei öffentliche Empörung über 20-Millionen-Dollar-Gagen, es boykottiert auch niemand Disney. Fußball und seine Fans haben eine Sonderrolle inne. Warum? Fans haben sich entschieden, ihr Herz an einen einzelnen Konzern zu geben. Das ist eigentlich naiv. Kein Mensch würde aus Loyalität nur Disney-Produktionen einschalten, im Männerfußball passiert aber genau das. Ein binäres Weltbild aus Dafür und Dagegen. Und genau deswegen konnten Fans sich deutlich mehr Mitsprache erobern als in anderen Branchen. Sie sind hartnäckig besessen. Anhänger:innen gehen mit der bedingungslosen Loyalität von hemmungslos Verliebten zum Spiel, und geben damit zugleich viel Macht aus der Hand. Denn sie werden ihren Klub nie verlassen, jedenfalls nicht wegen eines konkreten Anlasses. Das wissen die Klubs. Doch erst das Dabeibleiben gibt ihnen auch die Macht, langfristige Kämpfe zu führen.

Was folgt?

Fans rutschen mit ihrem Verein in der Liga nach oben und nach unten. Sie erleben sehr plastisch, wie das Budget den Tabellenplatz bestimmt, wie ihr Klub sich nach oben kauft oder, in den meisten Fällen, als Sisyphos immer aufs Neue anrennt, ringend um eine Zukunft, die es in dieser Form nicht geben wird, weil die Kohle fehlt. Und für die, die sonst vergleichsweise viel Wohlstand genießen, mag es das erste Mal sein, dass sie mit echter Machtlosigkeit konfrontiert sind. Nur Geld kann ihrem Klub helfen, egal von wem. Geld zum Preis der Demokratie. Protest hilft ihnen nicht, im Zweifel wird er diskreditiert. Spieler kommen für Geld, Spieler gehen für Geld, ebenso Trainer, Jugendliche. Dieser Fußball ist eine Schule für die Allmacht des Geldes, seine Mechanismen liegen offen wie ein Buch. Und Menschen können hier Dinge sehen, die in der unübersichtlichen Gesellschaft sonst diskreter sind. Privilegierte sind hier mit ihrem Klub plötzlich schwach, prekär. Sie studieren, stehen im Berufsleben oder sind Jugendliche mit Geschmack an der Rebellion. Leute, die sich zu wehren wissen, im Gegensatz zu den Armen des echten Lebens.

All das erklärt die Wut, die Konflikte, die Erfolge etwa beim Ringen um die 50+1-Regel und demokratische Mitsprache, und die Resignation. Und wer diesem mächtigen System beikommen will, muss die Wut aus diesem Fußball-Kosmos viel besser nutzen.

Liebe ist zweischneidig. Denn erst durch ihre Liebe schaffen Fans ein fußballerisches Armenhaus. Populäre Klubs werden groß. Dorfklubs sind fast chancenlos gegenüber Großstadtteams. Im Gegensatz zu den meisten deutschen Teamsportarten, wo auch die Kleinstadt siegen kann. Fans heben und senken den Daumen. Sie sind keine Beobachter:innen, sondern zutiefst verflochten ins System aus Dominanz und struktureller Unterlegenheit. Halb drin, halb draußen.

„Reformen sind nur Zähmungsversuche"

Interview mit Jürgen Schwark

Jürgen Schwark lehrt an der Westfälischen Hochschule und an der Deutschen Sporthochschule Sporttourismus und Sportsoziologie. Er argumentiert für eine grundsätzlichere Sportkritik.

Immer mal wieder ist im Fußball die Rede von möglichen Interventionen wie Obergrenzen, Draft-Systemen oder Umverteilung der Einnahmen. Zu Recht?

Ich habe in meinem letzten Buch zu Sportgroßveranstaltungen und insbesondere zum kommerzialisierten Fußball den Satz geschrieben: „Innerhalb eines neoliberal ausgerichteten Wirtschaftssystems erwarte bitte keine Leser:in ernsthaft Lösungen." Obergrenzen oder Umverteilung sind Zähmungsversuche. Dahinter steckt eine grundlegend sozialdemokratische Haltung, für Reformen zu sorgen, das Leiden abzumildern. Wenn ich auf die Einzelmaßnahmen schaue, kann man sagen: Das ist hilfreich. Aber in der Gänze kann es nicht entscheidend helfen.

In letzter Zeit scheint die Skepsis gegenüber großem Sport zuzunehmen.

Zum ersten Mal wird erkannt, dass es Grenzen gibt. Aber die innere Bereitschaft, kommerziellen Fußball zu protegieren, ist weiterhin ganz stark ausgeprägt. Sport ist Kunst, wenngleich so etwas wie das schwarze Schaf der Kunst. Mannschaftssport ist eigentlich so etwas wie eine Theateraufführung mit Elementen der Spannung, Dramatik, Überraschungen, Freude, Enttäuschungen und Tragödien. Aber was macht man daraus? Werbebanner auf der Spielfläche beim Handball, mitsamt komplett beklebter Wurfkreise. Das würde man sich auf der Theaterbühne nie erlauben. Die Funktionalisierungen durchblicken die Menschen zunehmend. Dass Sport für Stadtrendite, Imagezwecke, Gentrifizierung, fürs jeweilige Ego benutzt wird. Das gab es weniger extrem zwar immer schon, aber diese Überformung wird zusehends wahrgenommen und kritisiert.

Ist das Problem aber nicht im Kern im System des Sports begründet? Durch die Tabelle müssen Fußballvereine einander ständig überbieten. Theater ist anders.

Im Kern des Sports geht es nicht nur ums Gewinnen oder Verlieren, sondern auch darum, eine Wette gegen sich selbst zu erfüllen: Schaffe ich es, auf diesen Berg zu kommen, in einer bestimmten Zeit eine Strecke zu schwimmen, mich gegen diesen oder jenen Gegner zu behaupten, oder präzise und ästhetisch zu turnen? Dagegen ist überhaupt nichts einzuwenden. Das ist menschlich. Aber schon im Arbeitersport der 1920er-Jahre wurde die Diskussion und Kritik gegen den einseitigen und überzogenen bürgerlich-kapitalistischen Showsport geführt, gegen den Starkult, gegen eine rekordfixierte Leistung, die abgekoppelt wird vom Menschen, die nur noch Artefakt ist für das Schneller-Höher-Weiter, gegen die Maschinisierung des menschlichen Körpers. Das basiert auf einem kapitalistischen Leistungsbegriff. Es ist ganz wichtig, diese beiden Arten von Leistung zu trennen. Beim Starkult geht es ja nicht um den Menschen als „Star“, sondern um den Zweck seiner ökonomisch-medialen Verwertbarkeit. Und das hat mit unserem Wirtschaftssystem zu tun. In dem Moment, wo der Sport vom Freizeitvergnügen bis zum Spitzensport zu etwas wird, womit Gewinn zu realisieren ist, bekommen wir eine typische Ausprägung dieses Wirtschaftssystems.

Wie kann man einen Fußball schaffen, der ohne den kapitalistischen Leistungsbegriff lebt?

Ich kann das nicht innerhalb dieses Wirtschaftssystems denken. Die Vorschläge greifen erst dann, wenn die Oligopolisierung nicht mehr existiert. Die Schere geht ja immer weiter auseinander. Die Profiteure haben ein vitales Interesse daran, den Mitstreitern hier und da zu einer erträglichen Überraschung zu verhelfen. Das haben die Amerikaner schon umgesetzt mit Gehaltsobergrenzen und Draft-Systemen, und das zeigt ein strukturelles Marktversagen, denn die Eingriffe sind ja im Grunde eine Bankrotterklärung eines ungehemmten, aber defekten Wettbewerbs. Jede Maßnahme, die umgesetzt wird, erhält das System am Leben. Aktuell bleibt uns nicht viel anderes als eine sozialdemokratische Haltung, um das Schlimmste zu verhindern und kleine Verbesserungen zu erreichen. Aber gleichzeitig bedarf es eines anderen Wirtschaftssystems.

Welches könnte das sein?

Es gibt zentrale Kategorien, die erfüllt sein müssen. Der Nachhaltigkeit verpflichtet zu sein, inklusive des sozialen Aspekts der Arbeitsbedingungen, der Gemeinwohlorientierung und einer Partizipationsmöglichkeit für alle. Und sozialer Gerechtigkeit. Wirtschaft muss eine Dienstleistung für die Gesellschaft erbringen und nicht umgekehrt. Das ist bewusst allgemein formuliert. Mit Ansätzen der Postwachstumsgesellschaft, Gemeinwohlökonomie, Degrowth und der Arbeitsgruppe Alternative Wirtschaftspolitik existieren ja nachdenkenswerte Konzepte. Allerdings setzen im Mainstream bei bestimmten Begriffen sofort Abwehrreflexe und Besitzstandswahrung ein: „Das gab es alles schon mal, das funktioniert ja nicht." Was jedenfalls nicht funktionieren wird, ist die Illusion von einem „grünen Kapitalismus". Das ist ein Oxymoron. Und was Sportsponsoring angeht: Das ist nicht grundsätzlich abzulehnen. Die Vereine bzw. Fußballunternehmen müssten allerdings unterscheiden zwischen sportförderlichen und -schädigenden Sponsoren, und, sofern es ihre finanzielle Situation zulässt, eine rote Linie ziehen.

Aber ob nun H&M, Adidas oder VW: Alle wären jenseits einer roten Linie.

Ja, interessant, nicht? Wie wir produzieren und produzieren lassen. Mit dem DFB und VW haben sich übrigens die beiden „Richtigen" gefunden. Die Staatsanwaltschaften lassen grüßen. Innerhalb dieses bestehenden Wirtschaftssystems geht es leider nur mit negativem Ausschluss: „Wer geht gar nicht als Sponsor?" Ansonsten sind die Grenzen fließend, aber Puristen könnten 90 Prozent der Unternehmen nicht als Sponsoren nehmen. Man kann wirklich nur vorangehen und das Beste versuchen.

TEIL 2

Ideen für eine bessere Zukunft im selben System

Kritische Fans, Klubs und Spieler:innen haben in den letzten Jahren viele Ideen und Forderungen aufgestellt. Ob Gehaltsobergrenzen oder Umverteilung, Equal Pay, Quoten oder eine ganz andere Wertung: Der zweite Teil schaut sich die Ideen ausführlich an und spielt sie durch. Was ist sinnvoll und was nicht, was geht anders besser? Und welche Reformen brauchen wir?

KAPITEL 1

Wundermittel Gehaltsobergrenze

Die Gehaltsobergrenze ist ein überschätzter Mechanismus, der im Fußball kaum zu kontrollieren ist und den Wettbewerb oft gar nicht ausgeglichener macht. Besser wären kontrollierte Untergrenzen.

Wer will eine Gehaltsobergrenze?
Im Männerfußball eigentlich alle. Kaum jemand, der sie noch nie gefordert hat, von Ex-DFB-Präsident Fritz Keller bis Karl-Heinz Rummenigge. Die Obergrenze ist das Ben and Jerry's der Fußballreform, das Tröpfchen Revolution, das auch dem Wallstreet-Mann schmeckt. Auch bei Fans überaus beliebt, und das schon vor Corona: Laut dem Statista European Football Benchmark von 2018 wollten zwischen 52 und 61 Prozent der befragten Fans der großen fünf europäischen Männerligen gern eine Obergrenze auf Spielergehälter.
Was kaum jemand weiß: Bei den Frauen gibt es sie häufiger, aber die Grenzen sind inzwischen auf dem Rückzug. Die erste italienische Liga hatte noch 2019 eine Gehaltsobergrenze von 30.000 Euro brutto im Jahr, gegen die die Spielerinnen ankämpften – Ende 2019 fiel sie. Die mexikanische Liga MX Femenil hatte 2017 eine individuelle Obergrenze von 2.500 Pesos: Keine Spielerin durfte also mehr als lächerliche rund 117 Euro im Monat verdienen. Die chinesische Liga wiederum führte eine Gehaltsobergrenze ein, nachdem, ähnlich wie im dortigen Männerfußball, die Gehälter durch bestelltes Investment explodierten.

Was soll sie bringen?

Die Obergrenze ist auch deshalb so beliebt, weil sie ein Potpourri von Ideologien bedient: Gerechtigkeit, ausgeglichener Wettbewerb, aber auch eine anti-elitäre Strömung gegen die treulosen Millionarios. Unterdessen spekulieren Großklubs darauf, mit Obergrenzen Personalkosten zu sparen; sie sollen vor allem den Besitzer:innen und Manager:innen Profite sichern. Und Verbände wollen mit Obergrenzen die Klubs zwingen, nicht so ruinös zu wirtschaften.

Wer hat sie?

Die deutschen Lieblingsbeispiele sind die großen nordamerikanischen Sportligen der Männer (American Football, Basketball, Baseball, Eishockey und natürlich Fußball), aber es gibt Gehaltsobergrenzen im Sport allerorten und in vielen Sportarten, von Indien über Russland bis China, bei Männern und Frauen. Und 2021 denkt auch in Europa die Uefa darüber nach, mit einer Gehaltsobergrenze, abhängig vom Gesamtumsatz des Klubs, und einer Luxussteuer die Gehaltsausgaben für Männer zu deckeln.

Was ist die Obergrenze - und wenn ja, wie viele?

Es gibt nicht *die* Obergrenze, sondern sehr viele Varianten. Man kann zum Beispiel vorschreiben, wie teuer ein Kader sein darf, wie im nordamerikanischen Football der Männer. Man kann aber auch vorschreiben, wie hoch minimal und maximal einzelne Gehälter sein dürfen, wie in der NWSL, der US-Fußballliga der Frauen. Die zusätzlichen Kaderobergrenzen sind dort unterschiedlich hoch, je nachdem, wie viele Nationalspielerinnen im Team spielen. Ein anderes Format ist eine Luxussteuer: Franchises mit zu hohen Ausgaben zahlen eine Steuer, die unter der Konkurrenz mit den geringsten Ausgaben aufgeteilt wird. Und im australischen Frauenrugby gibt es ein völlig anderes System nach Punkten: Spielerinnen werden je nach Qualität mit Punkten bewertet, ein bisschen wie im Gaming bei Fifa. Und man darf schlicht kein zu gutes Team besitzen.

Was die US-Franchises zufriedenstellt und die Sowjets verzweifeln ließ

Im Jahr 1961 stellte das Sportkomitee der Sowjetunion fest, dass es ein Problem hatte. Und das war weder neu noch unbekannt, und es ließ sich nicht kleinkriegen: Es ging, natürlich, um die hohe und illegale Bezahlung von männlichen Fußballern. Fußballer wurden zwar offiziell innerhalb eines eng vorgeschriebenen Spielraums honoriert, aber sie erhielten, so stellten die Staatsorgane immer wieder fest, heimlich Sonderzahlungen. Sie hatten Zugang zu teuren Autos und großen Wohnungen, sogar als Unverheiratete; sie machten gar, wie Ermittlungen in späteren Jahren zeigten, Geschäfte mit dem Weiterverkauf von Luxuswagen. Luxuswagen! Und alles nur, weil der Fußball die Menschen begeisterte.

Lokalpolitiker:innen wollten das Image ihrer Stadt oder ihrer Republik verbessern und schoben ihren Teams illegal Gelder zu. Organisationen verwendeten Geld, das eigentlich für das gesellschaftliche Wohlergehen gedacht war, in Wahrheit für Fußballergehälter, Spieler wurden massenhaft für fiktive Jobs entlohnt, und Armeeklubs zahlten ihren Spielern heimlich mehr Geld als erlaubt. So schildert es der französische Soziologe Sylvain Dufraisse in einer Untersuchung zur Regulierung von Spielergehältern in der Sowjetunion. Mindestens seit den 1930er-Jahren schlug sich die Sowjetdiktatur mit diesen überbezahlten Fußballern herum: Die erhielten zwar offiziell brave sozialistische Belohnungen wie erbauliche Bücher und Büsten von Revolutionär:innen, heimlich aber Möbel oder Golduhren. Und was der Staat auch tat, verschärfte Kontrollen, drakonische Strafen bis hin zur Auflösung der Teams oder ideologische Schulung, nichts half. Das ernüchternde Fazit von Dufraisse: „Der Kampf gegen illegale Entlohnung war ein Sisyphos-Kampf und blieb wirkungslos."

Die Sowjets waren nicht allein mit diesem Problem. Die Gehaltsobergrenze ist im Männerfußball ein uraltes Mittel, und eines mit sensationell schlechter Erfolgsquote. In der DDR war es ein schlecht gehütetes Geheimnis, dass die angeblichen Amateure stattlich verdienten. In Uwe Kartes Biografie „Stübner. Popstar wider Willen" lässt sich nachlesen, wie vorgebliche Maschinenschlosser mit diskreten Geldumschlägen auf 10.000 Ost-Mark im Monat kommen konnten.

Im westdeutschen Männerfußball sind die alten Gehaltsobergrenzen heute fast vergessen. Offiziell verdienten Bundesligaspieler in den Anfangsjahren ein Maximalgehalt von 1.200 DM pro Monat, in Sonderfällen bis zu 2.500 DM. Es gab festgeschriebene Maximalablösen, die Obergrenzen fielen erst 1972. Aber inoffiziell waren schwarze Kassen an der Tagesordnung, seit es Amateurgebote und Obergrenzen gab. Obergrenzen fielen wie die Fliegen, sie fielen durch Marktes Kräfte. Es ist schon kurios, dass das in der Diskussion nicht stattfindet.

Kontrolle unmöglich

Es gibt Gründe, warum die Obergrenze nicht funktioniert – und nie funktioniert hat. Der Kontrollaufwand ist immens, die Kontrollmöglichkeiten dagegen begrenzt. Renten, Schwarzgeldumschläge, Villen, diverse Boni bei Vertragsunterzeichnung, Jobs für Verwandte oder Familienangehörige, Sponsoringdeals, Materialgeschenke: Die Liste der Umgehungsmöglichkeiten ist endlos. Und sobald solche Zuwendungen über Dritte, wie zum Beispiel Sponsoren oder Partnerstaaten, laufen, lassen sie sich kaum noch auf den Klub zurückführen. Wer könnte schon mit Sicherheit sagen, ob ein Messi-Werbedeal dem Staat Katar wirklich 20 Mio. Dollar wert ist, oder ob nicht die Hälfte davon sein PSG-Gehalt ist, das an der Obergrenze vorbeigeschmuggelt würde? Anti-Korruptionsagenturen müssten sich den ganzen Tag mit nichts anderem beschäftigen.

Die tatsächliche Ursache liegt woanders: in der Gestaltung des Wettbewerbs. Benedict Blum schreibt in seiner Forschungsarbeit „Hyperaktivität im Teamsport“ von 2015: „Die Durchsetzung solcher Gehaltsobergrenzen gestaltet sich allerdings schwierig, weil die Klubs durch Umgehung dieser Vorgaben ihre sportliche Erfolgsquote erheblich erhöhen können.“ Der Wettlauf um Spieler:innen drängt sie dazu, ihrem Personal immer mehr zu bezahlen. Und selbst, wenn sie sich an eine Obergrenze hielten, müssten sie sofort befürchten, dass die Gegner:innen es nicht tun. Alle misstrauen allen, meist nicht ohne Grund. Die nationalen Verbände haben sehr begrenztes Interesse an echter Kontrolle, denn sie wollen ihre Klubs ja nicht gegen die internationale Konkurrenz schwächen.

Auch im Ausland funktioniert das übrigens viel weniger, als man in Deutschland gemeinhin annimmt. Der jährlich erscheinende Report „Global Sports Salaries Survey“ ermittelte in der 2017 erschienenen Ausgabe via Informant:innen, dass bei den US-Fußballerinnen das am schlechtesten bezahlte Team rund 400.000 US-Dollar erhielt. Die Obergrenze lag offiziell bei 350.000 Dollar. Jedes einzelne Franchise hat also gegen die Regeln verstoßen. Im mexikanischen Frauenfußball verdienten die besten Spielerinnen laut der Recherche das Achtfache(!) der Obergrenze. Und im australischen Männerrugby spricht ein Portal 2019 von der „Sombrero-Obergrenze". Eine nach außen flache Kopfbedeckung, in die dann doch sehr viel reinpasst. Dort wurde der Betrug so offensichtlich, dass Fans für eine Aufhebung der Obergrenze protestierten. Erfolglos.

Das heißt nicht, dass die Grenze völlig wirkungslos ist. Sie senkt tatsächlich oft die Gehälter. Aber nicht auf ein Maß, das den Spitzensport „wieder näher an die Basis" führen würde. Dafür haben Spieler:innen nämlich zu viel Verhandlungsmacht. Und streiken. Das vielleicht eindrücklichste Beispiel: Die vier großen US-Männerligen und die indische Cricket-Liga der Männer haben Gehaltsobergrenzen. Und zahlen trotzdem die höchsten Sportgehälter der Welt. In der NFL (Football) lag die Obergrenze 2020 bei knapp 200 Mio. US-Dollar pro Team.

Gehaltsuntergrenze

Um exzessive Spielergehälter zu verhindern, ist die Obergrenze im Konkurrenzsystem also recht nutzlos. Solange der Sport so stark finanziert wird, werden sich die, die ihn spielen, wohl immer und zu Recht ihr Stück vom Kuchen erstreiken. Die Obergrenze ist oft sogar ein Interesse der Klubbesitzer:innen. Der Sportökonom David Berri sagt im Gespräch für dieses Buch: „Obergrenzen sind eine Betrugsmasche der Teambesitzer. Es geht nicht um Bodenständigkeit oder ausgeglichenen Wettbewerb, es geht darum, Kosten zu sparen. Sport ist das tollste Business der Welt: du investierst ohne Risiko, denn wenn es schiefgeht, hauen dich die Fans oder die Kommunen raus. Weil sie Süchtige sind. Du weißt, du kannst alles von ihnen verlangen." Anders gesagt: Die Sportler:innen sollen auf Geld verzichten, die Besitzer:innen und Manager:innen streichen umso mehr ein. Um deren Gehälter schert sich in der Debatte kaum jemand.

Wenn schon, müsste es für *alle* Beteiligten eine Obergrenze geben, auch für Manager:innen, Funktionär:innen, Angestellte. Ähnlich wie es der FC St. Pauli 2020 in einem Positionspapier ins Spiel gebracht hat. Allerdings bleibt das Problem der schlechten Kontrollierbarkeit. Am ehesten funktioniert die Obergrenze interessanterweise vermutlich bei denen ganz oben, etwa Manager:innen, die ihre Einnahmen fast nur vom Klub beziehen. Da wäre sie ein gutes, überfälliges Werkzeug. Viel wirksamer und klüger aber ist eine Untergrenze, um Macht anzugreifen: Den Jugendtrainer:innen, bisher Ehrenamtlichen und kleinen Angestellten muss von den Einnahmen ein Prozentsatz x zustehen, außerdem ein hohes Mindestgehalt. Das begrenzt indirekt die Gehälter an der Spitze, verteilt um, und es gibt im Gegensatz zur Obergrenze interne Kräfte, die – bei aller Loyalität und prekären Lage – vielleicht doch ein Interesse an der Durchsetzung haben.

Die Obergrenze für Gehälter der Spieler:innen dagegen hat noch ein ganz praktisches Problem. Spitzenspieler:innen machen durch Sponsoren und Social Media oft mehr Geld als durch Vereinsgehälter. An der wachsenden Kluft zwischen Werbekönig:innen und Prekariat ändert eine Gehaltsobergrenze nichts, sie verschärft sie nur. Weil dann die weniger Show-Affinen auch mit spielerischer Leistung nicht mehr aufholen können.

Solange sich all diese Voraussetzungen im Weltfußball nicht ändern, solange sich das Konkurrenzsystem nicht ändert und es Nationalstaaten gibt, funktionieren die meisten Obergrenzen kaum. Sie haben das klassische Problem sozialdemokratischer Regulierung: Die heimische Bevölkerung toleriert sie nur so weit, wie sie keine Abwanderung provoziert. Und eine gesamteuropäische Grenze, die immer mal wieder propagiert wird, hilft schon deshalb wenig, weil die Besitzverhältnisse sehr unterschiedlich sind. Eine Grenze, die bei den Frauen in England wirksam wäre, wäre schon in Deutschland zu hoch angesetzt, von Slowenien gar nicht zu reden. Fasst man sie dagegen strenger, wäre sie öffentlich nicht durchsetzbar, weil sie die europäische Dominanz ins Wackeln brächte; jeder Star-Transfer in die USA oder nach China würde eine Debatte auslösen. Und die Variante je nach Budget, die die Uefa bevorzugt, ist eine Mogelpackung: Sie würde zwar dafür sorgen, dass Klubs maximal einen (hohen) Prozentsatz ihres Budgets für Gehälter ausgeben dürfen. Aber das zementiert auch die Herrschaft der Reichen über den Rest, weil der Rest nicht einmal mehr mit riskanten Finanzmanövern aufholen kann. Die Untergrenzen – also zum Beispiel eine Mindestbeteiligung an den Einnahmen für prekäre Angestellte – haben ähnliche Probleme, aber zwei Vorzüge: Sie sind leichter kontrollierbar. Ein Klub muss nachweisen, dass eine Zahlung stattgefunden hat. Und es gibt Gruppen innerhalb des Business, die profitieren. Also Verbündete.

Obergrenzen nur in geschlossenen Systemen?

Die ideale Liga für eine Gehaltsobergrenze ist wahrscheinlich eine wie die australische AFL, die Männervariante des Australian Football. Sie ist die einzige Profiliga der Welt in dieser Nischensportart und von heimischen Athleten dominiert. Die Stars haben wenig Verhandlungsmacht, denn wohin könnten sie schon gehen? Gleichzeitig ist der Sport dort extrem populär. Abstiege gibt es nicht, die Verdrängung ist also viel niedriger als in den europäischen Ligen.

In der AFL gingen vor Einführung der Gehaltsobergrenze 46 Prozent der Titel an drei Großklubs. Mit der Obergrenze aber sank deren Anteil massiv. Sie sicherten sich nur noch 19 Prozent der Titel. Ein Erfolg, der wohl mindestens teilweise der Obergrenze zuzuschreiben ist. Der Ökonom Ross Booth hat ermittelt, dass sowohl im australischen Rugby als auch im Football und Basketball der Männer die Ligen ausgeglichener wurden, als Gehaltsobergrenzen kamen. Wirkt die Obergrenze doch? Unter bestimmten Bedingungen, ja. Dort, wo die Ligen geschlossen sind und die Klubs weniger Anreize haben, einander zu überbieten. Wo es keine globale Konkurrenz gibt und nur wenige Spitzenspieler:innen – und wo die Franchises in erster Linie auf Siege schauen, und nicht, wie in den USA, auf Profite. Dort nämlich kann es schon mal vorkommen, dass ein Franchise einfach schlecht bleibt, weil der Boss lieber Gewinne einstreicht statt zu siegen.

Aber die Grenze wackelt, sobald die Konkurrenz steigt. Die Ligen mit internationalen Wettbewerbern stehen unter hohem Druck: Mehrere Medien berichteten 2019 beispielsweise vom „massenhaften Exodus" australischer Rugbyspieler und drängten darauf, die Obergrenze wieder abzuschaffen. Aus ähnlichen Gründen rebellierte 2019 auch der australische Männerfußball. Und wie der „Sydney Morning Herald" 2019 zu berichten wusste, brachte die Obergrenze ein Problem mit sich: hohe Spieler-Fluktuation in den Vereinen. „Bei fast zwei Dritteln der Spieler läuft der Vertrag dieses Jahr aus, die Vereine verlegen sich auf Kurzzeitdeals. Laut Branchenkennern liegt das vor allem an der Gehaltsobergrenze." Denn dadurch, so die Zeitung, hätte kein Klub Interesse, ernsthaft zu scouten. Und sortierte das günstige Personal bei schlechten Leistungen sofort aus.

An einem Ort dagegen machen Obergrenzen den Wettbewerb entgegen aller Mythen keineswegs ausgeglichener: in den USA. Ökonom Ingo Kipker bilanziert in seiner Untersuchung der Gehaltsobergrenzen und Luxussteuern: „Die empirischen Studien zeigen, dass die gewählten Restriktionen nicht geeignet sind, das sportliche Gleichgewicht in den Major Leagues zumindest mittelfristig zu gewährleisten. Die Beibehaltung der Regelungen dürfte allein das Resultat der höheren Marktmacht gegenüber den Spielern sein."

Mehrere Studien aus den 1990ern zeigen dieselben Befunde. Der Sportökonom David Berri untersuchte ebenfalls ausführlich die Auswirkungen in mehreren Ligen. Seine Bilanz: NBA (Basketball) und NHL (Eishockey) seien seit Einführung der Gehaltsobergrenzen sogar weniger ausgeglichen als zuvor. Die später in der NBA eingeführte individuelle Obergrenze habe keinen messbaren Effekt gehabt.

In einer Untersuchung aller vier großen US-Männerligen ermittelten Berri und Kollege Martin Schmidt im Jahr 2011, dass Obergrenzen und Luxussteuern in allen vier Ligen keinen messbaren Einfluss auf das sportliche Gleichgewicht hatten. Berri hat eine noch viel banalere Erklärung für den überwiegenden Misserfolg der Obergrenze. Er sagte es im Gespräch so: „Selbst wenn alle Gehälter gleich sind, gehen die besten Spieler immer noch zu den erfolgreichsten Klubs." So wie im College-Sport: „Wenn Gehälter nicht mehr entscheiden, entscheidet der Ruf." Eine attraktive Stadt, viele Freizeitmöglichkeiten, große Fan- und Medienbasis, eine gute Trainerin, große Tradition. Und Erfolg. Das verschafft den Klub-Schwergewichten wieder einen Vorteil. Und diesmal einen, den die Kleinen nicht mal mehr mit hohen Gehältern ausgleichen können.

KAPITEL 2

Bessere Obergrenzen

Die europäische Fußball-Debatte verengt sich auf Gehälter, aber ein australischer Versuch setzt ganz anders an: Beim Punktesystem PPS dürfen Teams, ähnlich wie oft auf dem Bolzplatz, nicht zu viele gute Spieler:innen haben. Und beim Modell CMC ist die Gesellschaft Arbeitgeberin. Und der Fußball als Arbeitnehmer muss sich seine Mittel verhandeln, mit guten Argumenten.

► Das Punktesystem

Die australischen Rugbyspielerinnen der Brisbane Broncos waren so überlegen, dass ihnen kaum beizukommen schien. In der ersten Saison der neuen nationalen Rugbyliga NRLW 2018/19 hatten sie die mit Abstand höchsten Ausgaben, den stärksten Kader, außerdem im mit Talenten gesegneten Queensland einen Standortvorteil. Und so gewannen sie wenig überraschend die Spielzeit. Doch dann entschied sich die Liga, etwas Grundlegendes zu verändern.

Es gibt eine alte Regel auf dem Bolzplatz: Wenn ein Team dem anderen über die Maßen überlegen ist, wird getauscht. Ein paar gute Spieler:innen gehen zu den schlechten, ein paar schlechtere zu den guten, und dann gibt es ein Duell auf Augenhöhe. Der aktuelle Sport dagegen hat die Demütigung zum Prinzip erhoben. Sie ist der Lohn der Starken. Nach einer schlechten Saison den Schwachen auf die Beine zu helfen, wäre unvorstellbar. Was aber, wenn der Sport ganz anders denken würde, und wenn das funktionierte? In Australien läuft ein solcher Versuch.

2019 hat die NRLW, eine Liga mit zunächst nur vier Teams, die 2021 auf sechs Teams aufgestockt wurde, ein neues System eingeführt. Jede Spielerin wird mit Punkten bewertet. Die stärksten Spielerinnen erhalten die meisten Punkte. Zehn Punkte, wenn eine Spielerin im Nationalteam von Australien oder Neuseeland spielt. Drei Punkte, wenn sie nur in der nationalen Meisterschaft spielt. Keine Punkte für zuvor unterklassige Spielerinnen und zusätzliche Punkte für Spiele in anderen Wettbewerben. Am Ende muss jeder Klub Spielerinnen im Gesamtwert von mindestens 120 und höchstens 160 Punkten im Kader haben.

Statt Gelder umzuverteilen, setzt das Prinzip bei den Sportlerinnen an: Franchises dürfen bezahlen, was sie wollen, aber niemand darf sich ein Traumteam zusammenstellen. Wer zu viele gute Spielerinnen versammelt, muss welche abgeben. Die Broncos sprengten als einziges der vier Teams die Obergrenze, und das blieb nicht folgenlos: Sechs Spielerinnen mussten gehen, zu den schwachen St. George Illawarra Dragons. In der Folgesaison erreichten die Dragons gegen die Broncos das Finale. Brad Walter kann über die Entwicklungen aus der Nähe berichten, seit 1993 schreibt der australische Journalist über Rugby. Eine unabhängige Quelle ist er nicht mehr, da er seit 2017 für das offizielle Portal der nationalen Rugby-Liga, NRL.com, arbeitet.

„Die Lücke ist wirklich kleiner geworden"

Interview mit Brad Walter

Brad Walter berichtete als Journalist viele Jahre über australisches Rugby, seit ihrer Gründung auch über die Frauenliga. Lange unter anderem beim „Sydney Morning Herald" tätig, arbeitet er inzwischen für die Website des Verbands. Hier erklärt er das Punktesystem (PPS) und die Folgen.

Warum wurde dieses Punktesystem überhaupt eingeführt?

Es gibt in Australien viele Probleme mit Gehaltsobergrenzen, und die Hoffnung ist, mit dem Punktesystem die Betrügereien zu unterbinden. Teams haben systematisch betrogen, und die Gehaltsobergrenze ist schwer zu kontrollieren. Die am weitesten verbreitete Betrugsmasche besteht darin, dass eine dritte Partei die Spieler:innen bezahlt; die Franchises bezahlen diese dritte Partei und machen einen Fake-Deal, und es gibt andere ziemlich wilde Umgehungsmechanismen der Obergrenze. Hingegen können sie die Spieler:innen in einem Punktesystem bezahlen, wie sie wollen, aber sie können trotzdem nur eine bestimmte Zahl an Weltklasse-Leuten unter Vertrag nehmen. In Australien werden die besten 30 Spielerinnen zentral bezahlt. Der Verband hofft, dass in der Saison 2022 jedes der sechs Teams fünf dieser Spielerinnen hat. Das ist also anders als in Deutschland, wo sich manche Klubs auch im Punktesystem keine Spitzenspieler:innen leisten könnten. Das PPS ist außerdem viel einfacher zu kontrollieren. Und es gibt keine juristischen Probleme wie bei der Gehaltsobergrenze.

Im Frauenrugby gibt es dieses System seit 2019. Was hat sich verändert?

Es ist tatsächlich viel Bewegung auf dem Spielerinnenmarkt entstanden. Wenn ein Team Erfolge erzielt, sind meist auch die Spielerinnen mehr wert, und der Klub kann sie nicht alle behalten. Sie wechseln dann zu schwächeren Teams. Dadurch, dass die Broncos so viele Spielerinnen an die Dragons abgeben mussten, ist die Lücke zwischen den beiden Teams wirklich kleiner geworden. Junge Spielerinnen kosten weniger Punkte, deshalb schaffen es mehr Nachwuchsspielerinnen in die Liga. Ein Nachteil ist, dass es nicht wirklich verhindert, dass hohe Gelder fließen. Wer eine Spielerin wirklich will, kann weiter viel bezahlen. Außerdem ist die Liga klein. Wenn wir mehr Teams haben, kann ich mir vorstellen, dass wir deutlichere Effekte sehen. Es werden vermutlich noch einige Jahre vergehen müssen, um die Effekte seriös untersuchen zu können.

Der europäische Fußball hat viel größere Ligen und ein internationales Personal, wo das Prädikat Nationalspielerin nicht viel sagt. Würde da so ein System überhaupt funktionieren?

Ich denke schon. Es beschränkt nicht die Geldmengen, die die Teams ausgeben können, es beschränkt keine Jahresgehälter, es ist also keine radikale Veränderung. Aber die Manchester Citys, die Spieler auf der Bank sitzen haben, die nicht mal spielen, und trotzdem besser sind als Spieler, die beim Gegner auf dem Platz stehen, müssten Leute abgeben. Die Spielstärken werden gleicher verteilt. Es ist grenzüberschreitend anwendbar, weil es eben keine finanzielle Obergrenze ist, und es ist wahrscheinlich eher mit EU-Recht kompatibel. Es hätte viele Vorzüge.

Ich finde es interessant, dass Sie das gerade bei Frauen anwenden. Normalerweise heißt es in Frauen-Wettbewerben: bloß keine Umverteilung, um Investoren nicht zu verprellen. Im Frauenfußball gibt es so gut wie keine Verteilungsdebatte. Wie haben die Franchises reagiert?

Wir haben es bei den Frauen eingeführt, weil der Wettbewerb relativ neu war. Wir wollten Wettbewerb neu denken. Und es gab die Chance, Dinge anders zu machen, ohne mächtige Klubs, die vielleicht dagegen sind. Das hat es einfacher gemacht. Die Klubs haben eher positiv reagiert. Das einzige Gegenargument einiger Teams war, dass sie viele Nachwuchsspielerinnen verlieren würden, und so für Jugendarbeit bestraft werden. Ansonsten wurde es so gut aufgenommen, dass es sogar Leute gab, die es für den Wettbewerb der Männer vorgeschlagen haben. Aber ich glaube, da wäre es viel schwerer einzuführen, die Spieler müssten viel detaillierter bewertet werden.

Welche negativen Effekte gab es?

Kommt drauf an, was Sie als negativ definieren. Weil es Spielerinnen dazu bringt, häufiger zu wechseln als auf einem freien Markt, beschweren sich einige Fans, dass sich die Zusammensetzung der Teams häufig ändert. In Zukunft soll es Punkteerleichterungen geben, wenn Spielerinnen lange beim selben Klub bleiben. Das belohnt Vereinstreue. Einer der Gründe, warum wir das System eingeführt haben, war damals dieser: Es gab ein Team aus Neuseeland und eines aus Queensland, diese beiden waren sehr stark. Das Team aus Neuseeland war das einzige von dort, und die Sorge war, dass es im Wesentlichen aus dem Nationalteam bestehen würde. Und die Brisbane Broncos aus Queensland hätten den ersten Zugriff auf all die starken Spielerinnen aus Queensland, während die anderen beiden Teams benachteiligt wären. Denn diese anderen beiden kamen aus New South Wales und mussten die Talente von dort untereinander teilen. Die Liga wird jetzt aufgestockt auf sechs Teams und wird auch wieder ein regionales Ungleichgewicht haben: zwei Teams aus Queensland, vier aus New South Wales. Das Punktesystem soll dagegenwirken.

Wird nicht ein Klub belohnt, der wenig investiert, wenn man einem schlechten Team gute Spielerinnen verschafft?

Bei uns war der Effekt interessanterweise umgekehrt. Die schwachen Teams investierten nach der Umverteilung sogar mehr, weil sie gewinnen wollten. Seit der Einführung des Punktesystems ist das Investment vergleichbarer geworden. Das mag auch mit der Covid-19-Pandemie zu tun haben, und die NRL subventioniert alle Franchises. Aber vor der Umverteilung wurde viel ungleicher finanziert.

Das australische Experiment ist hochinteressant. Nach Walters Angaben ist genau das Gegenteil von dem passiert, was immer wieder behauptet wird. Umverteilung schuf kein Desinteresse, sondern spornte an. Plötzlich gab es eine realistische Chance für Teams wie die Dragons, die Liga zu gewinnen. Sie waren eher bereit zu investieren. Und für Sponsoren war es lohnender, Geld in ein Franchise zu stecken, das jetzt tatsächlich Aussichten auf Erfolg hat. Gleichzeitig hat der Verband Voraussetzungen geschaffen, um eine solche Aufholjagd möglich zu machen. Nicht nur, indem er eine Obergrenze für gute Spielerinnen schuf, sondern auch finanziell: Spitzenspielerinnen werden zentral bezahlt. So kann sie sich jeder leisten. Es ist ein einzelner Versuch mit bislang kurzer Laufzeit, man muss ihn also nicht überbewerten. Denn auch im Jahr 2020 holten die Brisbane Broncos den Titel, trotz Umverteilung. Das ist bisher keine bessere Bilanz als die der nordamerikanischen Gehaltsobergrenze. Brad Walter glaubt dennoch an langfristige Effekte: 2022 startet mit den Gold Coast Titans ein zweites Team aus Queensland; dadurch, so hofft er, würden auch junge Spielerinnen aus Queensland von Anfang an gerechter verteilt.

Das PPS ist ein Konzept, das noch in den Anfängen steckt. Aber wenn der Fußball seinen grundlegenden Ansatz verändern will, könnte das Punktesystem eine viel klügere Idee sein als die Obergrenze. Gehaltsausgaben sind kaum zu kontrollieren, Spieler:innen im Kader dagegen sehr wohl. Und während es bei der Gehaltsobergrenze vor allem darum geht, den Spieler:innen weniger vom Kuchen abzugeben, schaut das PPS sehr unmittelbar auf den Wettbewerb selbst. Der Fußball sollte sich damit befassen. Es ist dabei immer noch ein extrem kommerzielles System. Es schafft Wertung nicht ab, sondern treibt sie auf die Spitze. Wer kann sich überhaupt noch vorstellen, Spieler:innen nicht mehr zu bewerten? Das

PPS ist keine Abkehr von der Vermessung der Welt. Wenn der Sport aber schon bewertet, kann er die Werte viel sinnvoller nutzen. Dieses System ist ein Vorbild dafür.

Und Werte lassen sich weiterentwickeln. Im australischen Football hat die Region Victoria 2016 ein ähnliches System eingeführt, mit zusätzlichen Elementen. Schwächere Klubs oder Klubs aus dünn besiedelten Regionen dürfen für mehr Punkte einkaufen als die Konkurrenz, Meister:innen für weniger. Es wird also sogar versucht, Standortnachteile auszugleichen. Häufige Wechsel innerhalb der Liga werden bestraft, langes Bleiben und die Rückkehr zum Heimatverein belohnt. Ganz unabhängig davon, ob man jeden einzelnen dieser Mechanismen für wünschenswert hält: Das Punktesystem kann sehr gezielt steuern. Auf die Frage, was passiert, wenn jemand aufsteigt, bieten die australischen Football-Ligen in New South Wales einen plausiblen Vorschlag: Die Aufsteiger dürfen in der ersten Saison deutlich bessere Spieler verpflichten als die anderen. So können sie sich in Ruhe etablieren und steigen nicht direkt wieder ab.

Nachteile gibt es. Zwar ist das PPS weniger restriktiv als der Draft, denn Spieler:innen können hier selbst entscheiden, ob sie wechseln möchten. Da die Plätze im Franchise aber begrenzt sind, muss, wenn die Obergrenze überschritten wird, *irgendjemand* wechseln, nur eben nicht eine bestimmte Spielerin. Dennoch schickt das PPS natürlich Spieler:innen von A nach B. Genau deshalb war es im australischen Männer-Basketball nicht haltbar. Nach Spielerprotesten wurde das System 2016 wieder abgeschafft, sie fühlten sich in ihrer Freiheit beschnitten. Das ist verständlich und doch naiv: Spieler:innen werden auch im aktuellen Transfersystem ge- und verkauft, sie wählen Job und Wohnort auf Basis finanzieller Zwänge, und die schlechten werden aussortiert. Sie sind nicht frei. Das Punktesystem ruft aber Widerstände hervor, weil es mit einer Gewohnheit bricht: Es werden die guten fortgeschickt, nicht die schlechten.

Dass eine Spielerin gut genug ist, schwachen Teams zurück an die Spitze zu helfen, könnte sie als Auszeichnung lesen. Es sagt viel, aber nicht viel Gutes, dass es stattdessen als Strafe gilt. Denn eigentlich bietet diese andere Herangehensweise eine große Chance: Solidarität zu fördern und als Belohnung zu erzählen. Und gleichzeitig liegt in ihr ein Problem: Umverteilung straft fast immer den Erfolg der Erfolgreichen. Wer gut arbeitet, muss gehen. Nicht nur ärmere Teams bekommen besseres

Personal, sondern auch die, die einfach schlecht arbeiten, bei denen aus guten Gründen niemand spielen möchte. Sie werden kollektiv subventioniert. Das ist ein grundsätzliches Problem der geschlossenen Ligen in der Anglosphäre – schlechte Arbeit wird tendenziell eher belohnt. Klubs werden nicht durch Abstieg aussortiert. Es ist ein Nachteil, mit dem dieses Konzept leben muss.

Aber was ist mit dem Fußball, den wir spielen? Klubs, die desaströs oder völlig ineffizient arbeiten, werden dort von Sponsoren und Investoren immer weiter belohnt, gute Arbeit systematisch bestraft. Und Solidarität und Belohnung für gute Arbeit lassen sich durchaus klüger verbinden als im aktuellen PPS. Angenommen, Vereine aus armen Regionen oder mit geringerem Budget erhalten von Anfang an ein höheres Punktekonto. Sie können mehr gute Spieler:innen verpflichten, deren Gehälter aus zentraler Quelle bezahlt werden. Wer dagegen mit viel Geld, mithin selbstverschuldet unten steht, erhält kein höheres Punktekonto. Es ist ein ambitionierter Versuch, beides zu versöhnen, Belohnung und Solidarität. Es ergibt sich, ähnlich wie bei der Gehaltsobergrenze, das Problem Betrug. Es lohnt sich, die eigene finanzielle Lage absichtlich schlecht darzustellen. Das Konzept ist also nicht fehlerfrei, aber man könnte damit arbeiten. Und lehrt ein anderes Denken: Die Guten müssen gehen, nicht die Schwachen. Sofern man akzeptiert, dass Marktwerte wie Punktwerte ungenau sind und Schwächen haben. Die ganze Wahrheit erzählen sie nie.

Im australischen Football werden derzeit Spieler:innen für den Wechsel gestraft. Aber sie haben das Recht auf freie Arbeitsplatzwahl, die Strafe trifft somit die Falschen. Die häufig Wechselnden sind meist nicht die Stars, sondern das Prekariat, das von A nach B verschoben wird. Wer im Verein keine Chance mehr hat, muss weiter wechseln dürfen, ohne dass ihm oder ihr daraus ein Schaden entsteht. Eigentlich müssen die Vereine bei zu viel Personalwechsel zur Punktekasse greifen. Auch das wäre eine wirklich gute Verbesserung.

Und ein letztes Instrument wäre möglich: Wenn sich Spieler:innen bei einem Verein besonders positiv entwickeln, bekommt der Klub Punkte gutgeschrieben. So gibt es einen Anreiz, die Jugendlichen nicht nur auf der Bank schmoren zu lassen, sondern selbst in Nachwuchsarbeit zu investieren, obwohl die besonders Talentierten vielleicht bald weg sind. Das PPS ist ein Ansatz, der die Chance hat, systemisch zu verändern. Zu kompliziert darf es allerdings nicht werden, sonst brauchen alle Fans einen Abschluss in höherer Mathematik.

▶ Kaderobergrenzen

„Mein Favorit wäre es, die Kadergrößen zu begrenzen", sagt der Ökonom Jörn Quitzau im Gespräch für dieses Buch. „Damit kann bei den Bayern keine komplette zweite Mannschaft mehr auf der Bank sitzen. Die Verteilung von Topspielern wäre wieder besser, und trotz der Finanzschere würde die Unkalkulierbarkeit wieder zunehmen, wenn man nur noch 18 Spieler hat statt 25. Wenn sich dann der Spielmacher verletzt, ist auch Bayern wieder schlagbar." Viele Menschen aus dem Männer-Business plädieren dafür, unter anderem zuletzt Freiburgs Sportdirektor Klemens Hartenbach und St.-Pauli-Vereinspräsident Oke Göttlich.

Kaderobergrenzen sind ein kleiner und anschlussfähiger Eingriff. Er hindert niemanden daran, sich elf Spitzenspieler:innen auf den Platz zu stellen, aber immerhin daran, sich weitere zwanzig auf die Bank zu setzen. Die Kaderobergrenze greift nicht ins Denken ein, ist auch für konservative Fans und Vereinsbosse bekömmlich. Keine Revolution, aber sinnvoll. Gut wäre es auch, nationale Leihen zu begrenzen, wie das seit 2020/21 auf internationaler Ebene der Fall ist. Leihgeschäfte sind zu Spekulationsgeschäften geworden, das kann aber recht einfach unterbunden werden. Die Kaderobergrenze dürfte allerdings dazu führen, dass die reichen Vereine für ihre nun zwangsweise kleineren Kader umso mehr ausgeben. Die Gehaltsunterschiede könnten dadurch weiter wachsen.

▶ Das System CMC: Gemeinsamer Besitz, gemeinsamer Profit

Der FC Bayern, so schreibt die „Süddeutsche Zeitung" 2019, nehme jährlich 348,7 Mio. Euro allein aus kommerziellen Deals ein, vornehmlich aus Sponsoring. Im Gegensatz zu englischen Klubs etwa, die vor allem an TV-Geldern verdienen. Für den neuen TV-Deal der Männer ab 2022 gab es 4,7 Mrd. Pfund. Immer wieder und gern wird kritisiert, dass im Fußball so hohe Summen kursieren. Zu Recht, denn abgesehen von Gerechtigkeits- und Verteilungsfragen sind sie für den Betrieb des Geschäfts nicht nötig. Aber wenige fordern das Offensichtliche: von Anfang an weniger Ressourcen in diese Branche zu geben.

Es ist nett, darauf zu hoffen, dass der Fußball eines Tages wundersamerweise ein Stück vom Kuchen abgibt, oder dass man ihn irgendwie dazu zwingen könne. Aber warum nicht Mittel von Anfang an sinnvoller verteilen? Warum gehen Gewinne, die von der Gesellschaft geschaffen werden, an Einzelne, und nicht an die Gesellschaft?

Im Fußball kursieren vor allem deshalb so hohe Gelder, weil die Klubs im Rennen um Spieler:innen immer mehr Ressourcen benötigen. Und weil sie die Marktmacht haben, sich immer mehr Mittel zu sichern, seit fast nur noch Fußball sichtbar ist. Wer über Macht verfügt, kann eine sehr wirksame Erzählung aufbauen: dass diese Mittel ihm gehörten und er sie redlich verdient habe. Und dass ja im Übrigen auch alle anderen auf diese Weise am meisten profitierten. Wer diese Erzählung ändern will, muss Verteilung klüger steuern.

Zum Beispiel so: Die obersten Fußballligen könnten mehrheitlich der Gesellschaft gehören. Der Gesellschaft, nicht den Fans, das ist ein wichtiger Unterschied. Fans haben mehrheitlich kein Interesse, Gelder aus dem Fußball umzuverteilen, sie sind unfreiwillige Agent:innen des bestehenden Systems, weil sie einen Verein über alles lieben. Die Gesellschaft in der Breite ist vielleicht etwas weniger blind. Es gibt dazu durchaus Überlegungen auf anderen Gebieten. Der Ökonom Giacomo Corneo hat eine Idee entwickelt, die allerdings den Nationalstaat braucht: Der Staat ist Haupteigentümer jedes börsennotierten Unternehmens, mit mindestens 51 Prozent der Anteile. Deren Gewinne sollen an den öffentlichen Haushalt fließen und darüber den Bürger:innen zugutekommen. Die Unternehmen würden weiter recht konventionell von Manager:innen geführt – aber fürs Gemeinwohl arbeiten.

Von den Profiten des Fußballs jedoch könnte heute keine Gesellschaft der Welt leben. Denn er macht einfach keine, er gibt das Geld sofort wieder für Gehälter und Transfers aus. Durch das Wettrüsten hat der Sport zu hohe Fixkosten. Es wäre im Fußball deshalb viel sinnvoller, nicht auf Profite zu warten. Sondern bei den Einnahmen anzusetzen. Ein bestimmter Prozentsatz der Einnahmen fließt an die Gesellschaft zurück. Aktuell würde das als geradezu unverschämt gegenüber dem Fußball gelten. Hat er sich die Mittel nicht selbst verdient, stehen sie ihm nicht zu?

Fußball gilt als großer Arbeitgeber, die Gesellschaft als Bittstellerin. Aber erst durch die Menschen, ihr Interesse und ihr vielfältiges Engagement bekommt der Fußball Bedeutung und Legitimation. Die Gesellschaft ist zu einem großen Anteil die Arbeitgeberin des Fußballs, nicht umgekehrt. Der Fußball erzählt das sogar gern selbst, in der Endabrechnung wird es aber verdreht. Der Fußball ist der Arbeitnehmer der Gesellschaft. Und wie jeder Arbeitnehmer muss er seine Mittel aushandeln. Mit guten Argumenten. Die Gesellschaft kann dabei durch ein Gremium vertreten werden. Nennen wir diese Gremien Civil Money Councils (CMC). Sie diskutieren mit der Branche, was den Menschen an ihr gefällt und was nicht, was am Fußball hilfreich oder schön ist oder Spaß macht und was schadet, unterdrückt oder zerstört. Die CMCs könnten auch eine Kostenrechnung aufstellen: Flugmeilen, körperliche Schäden, Emissionen, weggeworfene Lebensmittel, Tote auf Stadionbaustellen, autokratische Verbände, Geschlechterdiskriminierung, Korruption und so fort. Denn die Kosten dafür trägt die Gesellschaft. Und diese Kosten gehören dem Fußball endlich in Rechnung gestellt. Aktuell passiert das kurioserweise überhaupt nicht. Fußball schädigt Planet und Gesellschaft zum Nulltarif und nimmt die Einnahmen mit nach Hause. Es wird Zeit, die Machtverhältnisse umzukehren. Und selbstbewusst zu entscheiden, wem welche Mittel gebühren.

Es kann dabei nur um symbolische Rechnungen gehen, um eine Diskussionsgrundlage. Auf beiden Seiten entsteht damit ein Anreiz, konkret zu kalkulieren und zu diskutieren, was Fußball eigentlich bewirkt. Was haben wir eigentlich wirklich davon? Und welcher Schaden entsteht, was geht besser? Nebenbei erhöht sich der Druck auf die Machthabenden, den Schaden zu reduzieren – aktuell fehlt dieser Druck. Also eine Art zugespitzte Variante der Gemeinwohlökonomie, die ökologische und soziale Schäden sichtbar machen will.

Die Gesellschaft muss gegenüber der Industrie viel mutiger sein, ein anderes Selbstverständnis pflegen. Der Fußball wiederum kann alles anführen, von dem er glaubt, dass es der Gesellschaft konkret nutzt, von sozialen Projekten bis hin zu Jobs und Investitionen. Und dann, ja dann wird verhandelt. Natürlich brauchen die CMCs, wie aktuell jeder Arbeitgeber von Lohnarbeit, Sanktionsmechanismen. Sie müssen die Möglichkeit haben, zu sagen: dann eben nicht. Dann geben wir den Auftrag, uns gut zu unterhalten, eben an eine andere Branche. Nötig wäre dafür vor allem ein anderes Selbstverständnis. Von „Bitte, bitte, hör uns an" zu: Wir wissen um unsere Macht. Und wir haben sie zugesichert bekommen. Gewiss sollte möglichst breit demokratisch entschieden werden, von Vertreter:innen möglichst vieler Interessengruppen. Lange haben Konzerne und Branchen der Gesellschaft ihre Bedingungen diktiert. Drehen wir das Spiel um.

Wem CMCs zu kompliziert erscheinen, der kann eine weitere Möglichkeit einfordern: eine Steuer auf Investitionen. Alle, die in einen Verein oder einen Spieler investieren, ob Sponsoren, Investoren oder Mäzene, müssen einen Prozentsatz des Investments an die Gesellschaft zahlen. Ja, es wird viel Geld schwarz fließen. Aber im Gegensatz zur Obergrenze geht es nicht um die Ausgeglichenheit des Wettbewerbs, sondern um das Investment selbst. Und in diesem Fall mag das Prinzip der Steuerfahndung gelten: etwas Geld ist besser als gar kein Geld. Und etwas Investitionsbremse ist besser als nichts.

KAPITEL 3

Das Draft-System

Der Draft ist in Deutschland als freiheitsraubend verschrien, wirkt aber im Gegensatz zur Obergrenze wahrscheinlich deutlich stärker auf den Wettbewerb und klar auf die Gehälter. Es gibt interessante Varianten, zum Beispiel einen Punkte-Draft, wo Spieler:innen ihren Klub frei wählen. Und ein auf Deutschland abgewandelter Draft könnte Nachwuchsspieler:innen besser schützen und Großklubs von der Ausbildung fernhalten.

Wer will ein Draft-System?

In der Fußballbranche ist das Draft-System, im Gegensatz zur Obergrenze, das hässliche Entlein. Niemand fordert ernsthaft eine Einführung. Der Draft hat keine Lobby, auch nicht bei den Fans. Bei einer Umfrage auf dem Portal transfermarkt.de, wo sich so was wie die Meinung des deutschen Mainstreams wiederfindet, sagen 73 Prozent der Teilnehmer:innen, der Draft sei nicht realisierbar oder gewollt. Also will ihn wohl wirklich kaum jemand.

Was ist überhaupt dieser Draft?

Die Idee beim Entry Draft, bekannt vor allem aus den US-amerikanischen Topligen, ist, Nachwuchs aus dem Inland oder Zugänge aus dem Ausland gezielt zu verteilen. Teams, die in der Vorsaison schlecht abgeschnitten haben, dürfen meist als Erste ein Talent auswählen. So soll der Wettbewerb ausgeglichener werden. Einige Ligen haben auch eine gewichtete Lotterie, damit erfolglose Teams gegen Saisonende nicht absichtlich besonders schlecht spielen. Oft müssen die Talente mehrere Jahre bleiben und dürfen nur begrenzt verdienen. Mit freier Arbeitsplatzwahl hat das nicht viel zu tun.

Hat das irgendeinen Effekt?

Kommt drauf an, was man erwartet. 1935 wurde der Draft in der Männer-Football-Liga NFL erfunden. Zwei Franchises hatten um die Gunst eines jungen Spielers konkurriert und sich in Unkosten gestürzt. Der Besitzer des unterlegenen Franchises erfand daraufhin den Draft. Ein System, das vor allem einen Zweck hatte: die Gehälter der Sportler:innen zu drücken und ein solch unschönes Wettbieten für immer zu verhindern. Das tut es tatsächlich. Draft-Systeme haben im folgenden Jahrhundert Schule gemacht, darunter in Kanada, Großbritannien und Australien, Japan, Indien, Pakistan, China, Russland, auf den Philippinen und in der Karibik. Schlecht funktionieren sie da, wo die Vereine selbst ausbilden. Die transnationale russische Männer-Eishockey-Liga KHL etwa hat den Draft 2017 wieder abgeschafft. Die Vereine sahen schlicht keinen Anreiz zur Nachwuchsarbeit mehr, wenn die eigenen Talente zu anderen Klubs verteilt werden. Die Wirkung des Drafts auf den Wettbewerb ist umstritten.

Wie der japanische Baseball die Liga gleicher machte, oder: ein Märchen kapitalistischer Leibeigenschaft

Kaum war die neue Regelung eingeführt, ging Matsutarō Shōriki dagegen an. Shōriki, japanischer Medienmogul, Politiker und einflussreicher Besitzer des Männer-Baseball-Spitzenteams Yomiuri Giants, wollte diesen Draft nicht haben. Shōrikis Team, die Yomiuri Giants aus Tokio, waren übermächtig geworden. So sehr, dass die japanischen Baseball-Fans unzufrieden waren. Und die Liga tatsächlich den Wettbewerbsmodus ändern wollte. 1965 führte sie einen Draft ein, inspiriert durch die US-Liga MLB. Shōriki und andere reiche Besitzer lobbyierten dagegen. Vordergründig waren sie erfolgreich. Es gelang ihnen, das System entscheidend zu verändern: Nicht mehr das schlechteste Team wählte nun zuerst seinen Spieler; stattdessen wurde per Los entschieden, wer begann. Die ganze Idee des Drafts, Schwache zu bevorzugen, wurde damit ad absurdum geführt. „Die guten Teams haben sich gegen den Draft gewehrt, der Zufall wurde eingeführt", erklärt der Ökonom Akihiko Kawaura, der viel zum japanischen Männer-Baseball geforscht hat. „Schlechte Teams bekamen nie die oberste Priorität."

Die Geschichte könnte damit zu Ende sein. Die reichen Besitzer, so schien es, hatten dem Mechanismus den Zahn gezogen. Die Giants holten danach alle Titel von 1965 bis 1973. Plötzlich aber brach die Dominanz. Im nächsten halben Jahrhundert gelangen den Giants nur sieben weitere Titel. Dass hier der Draft wirkte, glaubt zumindest Akihiko Kawaura. Der Ökonom ist der Ansicht, dass viele Jahre einkalkuliert werden müssen, bis Effekte sichtbar werden. Er sagt: „Andere Teams konnten etwas aufbauen, weil sie durch den Draft allmählich gute Nachwuchsspieler bekamen. Der Wettbewerb ist ausgeglichener geworden." Die noch lange anhaltende Dominanz der Giants sei vor allem auf zwei Spitzenspieler zurückgegangen, die schon bei den Giants spielten, bevor der erste Draft eingeführt wurde. Nach Jahren erst glich sich das Titelrennen aus. Der Ökonom hat mehrere Studien zum Thema durchgeführt. „Der Draft wirkt", sagt er. „Aber er könnte besser funktionieren, wenn er vernünftig durchgeführt würde." Ohne die Lotterie von Matsutarō Shōriki.

Kaum ein Mechanismus des heutigen Profisports wird so kontrovers diskutiert wie der Draft. Vor allem aus ethischen Gründen. Spieler:innen werden verschoben wie auf dem Schachbrett, an Knebelverträge gebunden. Aber was bewirkt er eigentlich? Während sich alle Debatten auf die Gehaltsobergrenze fokussieren, ist die echte Gehaltsobergrenze kaum bewusst. Denn der Draft tut in jedem Fall, was die Obergrenze gern täte: Er drückt die Gehälter. William Kelly etwa schreibt im Buch „The Sportsworld of the Hanshin Tigers" über den japanischen Baseball: „Über die Jahrzehnte war der Draft besser darin, Gehälter zu drücken, als darin, einen ausgeglicheneren Wettbewerb herzustellen." Und wem es wirklich um das zweifelhafte Ansinnen geht, dass allein die Spieler:innen weniger verdienen, der sollte den Draft fordern, nicht die Obergrenze.

Viele Studien bescheinigen Draft-Systemen eine leicht positive Wirkung auf das Gleichgewicht im Wettbewerb. Kevin Grier und Robert Tollison untersuchten 1994 NFL-Teams vor und nach dem Draft in den Jahren von 1983 bis 1990 und bilanzierten: „Der Rookie Draft ist ein Konzept, das für mehr Ausgleich sorgt." In einer aktuelleren Studie von 2015 wurde das bestätigt. Im gleichen Jahr schrieben Tony Caporale und Trevor Collier nach einer Untersuchung von einem „starken und statistisch signifikanten Effekt auf die Mannschaftsleistung". Mehrere Studien zur Männer-Baseball-Liga MLB zeigten, dass sich dort das Gleichgewicht signifikant verbesserte, Ähnliches gilt für den australischen Männer-Football.

Diese Studien haben allerdings Schwächen: Sie können kaum alle äußeren Faktoren testen. Nachwuchsförderung, Popularität der Liga oder Bevölkerungswachstum beeinflussen das Gleichgewicht. „Die Baseball-Liga MLB wurde nach Einführung des Drafts sehr viel ausgeglichener. Aber sie wurde nicht durch den Draft ausgeglichener, sondern weil sie in den fünfzehn Jahren davor massiv ihr Scouting ausweitete", glaubt US-Ökonom David Berri. Berri hält den Draft für völlig wirkungslos in Bezug auf das sportliche Gleichgewicht, unter anderem weil starke Talente sofort den Verein wechseln, sobald man sie lässt: „Die guten Spieler unterschreiben keinen 20-Jahres-Vertrag beim schlechten Team. Selbst wenn ein schlechtes Team Spitzentalente bekommt, spielen sie vielleicht zwei oder drei Jahre da, aber wenn der Vertrag ausläuft, wechseln sie zu einem erfolgreichen Team." In der US-Basketballliga der Männer, der NBA, hat ein Spieler, der in der ersten Runde gedraftet wird, Stand 2020 zum Beispiel einen Vierjahresvertrag beim Franchise; in der Männer-Eishockeyliga NHL richtet sich die Laufzeit des Einstiegsvertrags nach dem Alter des Spielers und geht höchstens drei Jahre.

Worauf die positiven Ergebnisse zurückgehen, ist eine Glaubensfrage. Aber es gibt einen Sport, der Berris Argument ausgeschaltet hat; das ist der japanische Männer-Baseball. Was macht er anders? „Zwei oder drei Jahre Vertrag, das ist sehr kurz", sagt Akihiko Kawaura in vollem Ernst. „Das reicht kaum für langfristige Effekte." Neue Talente, die im japanischen Männer-Baseball in die Spitzenliga NPB wechseln, unterliegen einem sehr speziellen Regelwerk. Um in der Heimat den Klub frei wechseln zu können, müssen sie – Stand 2020 – sieben bis acht Jahre bei ihrem Klub verbracht haben. Um ins Ausland gehen zu dürfen, müssen sie neun Jahre beim Franchise geblieben sein. Die Franchises können bis dahin die Verträge auf Eigeninitiative verlängern; und nur, wenn der Klub einverstanden ist, darf der Spieler gehen.

Mit den wichtigsten großen Ligen hat die NPB Verträge abgeschlossen, sodass niemand, der nicht freigegeben ist, ins Ausland wechseln kann. Wer einmal seinen Klub verlassen hat, ist wieder vier Jahre an den neuen Klub gebunden. Ein System, durchgesetzt mit großzügigen Gehältern einerseits und schwacher Selbstorganisation andererseits. „Die Spielergewerkschaften in Japan sind nicht so stark, sie haben es nie geschafft, diese Dauer substanziell zu verkürzen", so Kawaura. „Es gab nur einen einzigen Spielerstreik, und sie wollen nicht noch mal streiken.

Diese Tradition gibt es in Japan nicht. Ohne Wechselfreiheit funktioniert das Draft-System besser. Aber natürlich", fügt er an, „ist das harsch gegenüber den Spielern."

Die kleinen Franchises der NPB können starke Spieler lange behalten, sie können sich also wirklich etwas aufbauen. Das macht den Wettbewerb ausgeglichener. Dafür zahlen die Angestellten einen hohen Preis. Auch Spieler:innen im bestehenden System sind natürlich nicht frei, sie müssen permanent ihre Arbeitskraft verkaufen. Gehalt und das Aussortieren von Schwachen sind Formen der Erpressung, die sich als Motivation tarnen. Aber die japanischen Baseball-Spieler (die Pionier-Profiliga der Frauen wurde 2019 eingestellt) opfern persönliche Entscheidungsfreiheit. Ist es möglich, Umverteilung und Freiheit zusammenzubringen? Durchaus.

Draft küsst Punktesystem

Eine Idee dazu stammt vom US-Juristen Jeffrey Rosenthal und ist 1995 in einem Journal für Sportjuristen erschienen. Auch Rosenthal erkennt die Probleme des aktuellen Drafts. Und er stellt sich eine Frage: Was wäre, wenn Spieler:innen frei verhandeln können? Was wäre, wenn stattdessen das Franchise weniger Entscheidungsfreiheit hat? Manches hier darf ans australische Punktesystem PPS erinnern. Rosenthals Idee ist folgende: Den Athlet:innen werden Punkte zugewiesen, je nachdem, ob sie beim Draft weit vorne oder als Letzte ausgewählt wurden. Hohe Punktzahl für ein Supertalent, weniger Punkte für die Letzten. Die Franchises dürfen dann nur für eine Höchstzahl an Punkten einkaufen, sodass kein Team unendlich viele Spitzenleute anwirbt. Die Besonderheit aber: Die Punkte-Obergrenzen für die Franchises sind gestaffelt. „Zum Beispiel könnte das schlechteste Team ein Limit von 5.000 Punkten bekommen, das beste nur 2.000 Punkte." Das ist eine sehr kluge Option. Die schlechten Teams haben bei Rosenthal einen klaren Vorteil, wesentlich klarer als bei der japanischen Lotterie oder den bestehenden US-Drafts: Sie dürfen (nominell) mehr als doppelt so viel Wert verpflichten wie die Erfolgreichen. Das könnte, wenn es jedes Jahr passiert, durchaus langfristig wirken, vorausgesetzt, Spieler:innen werden teilweise zentral entlohnt. Die Franchises haben aber keine exklusive Macht über die Kandidat:innen; die Spieler:innen können nach Lust und Laune ablehnen. Eine Spielerin, die das Franchise selbst wählt, hat vielleicht sogar Lust, auch bei einem Underdog länger zu bleiben.

Der Draft ist ein Zähmungsmechanismus der Marktwirtschaft, keine neue Idee. Und wenn die Draft-Reihenfolge über die Punktewertung entscheidet, lässt sich damit womöglich Manipulation treiben. Ein Spitzenteam könnte etwa eine gute Spielerin in den ersten Runden absichtlich nicht draften, damit sie als weniger wertvoll eingestuft wird und hinterher gut unter die Obergrenze passt. Und vorher mit ihr klären, dass sie so oder so beim Spitzenteam unterzeichnet. Das würde den Draft zum Theaterstück machen. Rosenthals Grundidee funktioniert viel besser, wenn vorab feste Punktwerte zugeschrieben werden, nach australischem Modell. Es wäre damit unmöglich, eine sehr gute Spielerin zur Null-Punkte-Frau zu machen. Und es ist eine kluge Variante, Freiheit und Ausgleich miteinander zu verbinden. Der Punkte-Draft ist eine natürliche Ergänzung zum PPS – und eine Option, mit der es sich zu befassen lohnt.

Ein lokaler Draft-Entwurf: der freiere Jugendfußball

Vor einiger Zeit hat Rainer Koch sich echte Freunde an der Basis gemacht. „Von Helene Fischer wird auch nicht erwartet, dass sie die Gesangskultur kleiner Gemeinden fördert", sagte der DFB-Vize. Neben der Mafia schaffen es eigentlich nur die Fußballverbände, penetrant die Familie zu beschwören, die dann in ganz entscheidenden Momenten nicht mehr gilt. Und doch hat Koch unfreiwillig einen Punkt angesprochen. Denn dass der Jugendfußball für die Förderung von Talenten bezahlt wird, ist eigentlich merkwürdig. Eine Uni wird nicht für jeden späteren Millionär bezahlt, den sie hervorbringt. Eine Musikschule verdient nicht an einem späteren Superstar, auch nicht an Helene Fischer. Das wäre einigermaßen kontraproduktiv, denn dann würde sie nur noch versuchen, Superstars zu schulen. Und alle durchschnittlichen, untalentierten, nicht konformen Kinder womöglich nicht mehr unterrichten. Oder schnell aussieben. Genau das passiert im Fußball, ohne dass es überhaupt jemanden irritiert. Gelder für sogenannte Jugendförderung werden auch von kritischen Geistern bejubelt. 87.000 Euro Solidaritätszahlung an einen Neuntligisten setzen fatale Anreize. Ein freierer Jugendfußball ist auch im Kapitalismus durchaus möglich.

Die meisten jungen Menschen spielen derzeit gar keinen Freizeitfußball; sie sind faktisch Angestellte eines Systems, das sie nicht verpflichtet hat und nicht bezahlt. Manche arbeiten schon mit zehn, elf Jahren vollberuflich. Sie sind engagierte Leistungsträger:innen in Großunternehmen, die sie heranziehen und durch die ihnen kaum Kosten entstehen. Wir können Menschen aber auch in diesem System zumindest ein Stück weit der Verwertungskette entziehen. Denn der Draft schafft ein Nadelöhr. Gibt es in Deutschland oder in einer Variante ohne nationale Staaten einen Draft, kommen Spieler:innen nur noch über seine Türschwelle in die obersten Ligen. Viele Verbände haben festgestellt: Es lohnt sich für einen Großklub dann weniger, in den Kinderfußball zu investieren, weil er die Spieler:innen nicht behalten darf. Und das ist in diesem Fall genau so gewollt. Ein Rückzug der Großklubs aus der Ausbildung. Volkswagen betreibt auch nicht gleichzeitig Schulen. Mit gutem Grund – das wäre ein ethisches Desaster. Im Fußball aber gilt es als völlig okay, Großunternehmen die Ausbildung von Kindern zu verantworten. Klassische Schulen sind ebenso Machtinstrumente, sie haben dramatische Schwächen und Fehler. Aber sie haben einen großen Vorteil: Sie haben immerhin den pädagogischen Auftrag, alle Kinder mit ihren Stärken und Schwächen mitzunehmen. Bildung und Arbeit sind entkoppelt. Und Freiräume sind in gewissem Maße möglich. All das schafft Schutzräume. Es braucht sie im Fußball dringend.

Angenommen, die kleinen bis mittelgroßen Vereine führen weiter Kinder- und Jugendabteilungen. Sie erhalten für individuellen Erfolg eines Schützlings aber keine Entlohnung. Ihre eigentliche Aufgabe ist diese: mit Kindern ein Spiel zu spielen. Lohn könnte stattdessen an Kriterien ausgerichtet werden, von denen viele profitieren: Den Verein in einer Gegend ohne viele Sportangebote zu gründen, Kinderschutz ernst zu nehmen, Betreuer:innen weiterzubilden, ernsthaftes Engagement im Mädchenfußball zu betreiben, sozialpädagogische Angebote zu entwickeln. Kein Klub muss das tun. Aber wer gute Arbeit leisten möchte und einen Plan hat, bekommt dafür mehr Finanzhilfen. Und zwar von außen, nicht von den Profiklubs. Derzeit werden Klubs zunehmend unter Druck gesetzt, auch Soziales zu leisten, ohne aber dafür entlohnt zu werden. Bezahlt werden sie nur, wenn sie Stars produzieren. Diese Rechnung, bei der man sich zugleich einen leistungsstärkeren und sozialeren Kinderfußball wünscht, kann nicht aufgehen. Wenn viele Klubs sich anders aufstellen, gibt es weniger Hochleistungspersonal. Das muss man wollen. Die Gesellschaft muss sich bewusst werden: Es macht auch für sie einen Unterschied, welche Menschen sie ausbildet, welchen Fußball wir spielen. Worauf sie Wert legt und was sie honoriert, prägt ihr Gesicht. Freiheit, Widerstand, eigene Gestaltung werden im Fußball kaum honoriert. Das ist dramatisch, wird aber von der Gesellschaft völlig sorglos betrachtet.

Aus einem abgeschlossenen System des tatsächlich sozialen Kinderfußballs würde ein Weg in den Profifußball führen: der Draft als Nadelöhr. Und hier ist es extrem wichtig, eine dritte Institution einzuführen. Eine Schule im allerbesten Sinne, eine nicht kommerzielle Fußballschule. Ein Bindeglied zwischen den kleinen Vereinen, die ausbilden, und den Institutionen der Lohnarbeit – und eine Grenze. In einem profitorientierten System wird es nie möglich sein, den Profitgedanken aus dem unterklassigen Fußball zu nehmen. Das wäre naiv, er durchdringt die gesamte Gesellschaft. Er durchdringt auch Colleges, die eigentlich ausbilden sollen, und deren Sport hoch kapitalisiert ist. Ein solches Bindeglied würde nichts besonders Kritisches vermitteln. Aber es sorgt dafür, dass kleine und große Klubs nicht direkt miteinander in eine geschäftliche Beziehung treten. Ein Wachhund an der Pforte.

Staatliche Ausbildung, das hat die DDR-Geschichte bewiesen, ist oft nicht besser als die private. An den Kinder- und Jugendsportschulen (KJS) dürfte der Drill eher schlimmer gewesen sein als bei Borussia Dortmund. Der Staat ist kein unabhängiger Samariter, er ist zentraler Beschützer der Besitzverhältnisse und er freut sich über Pokale und Medaillen. Eine Lösung kann nur ein plurales System sein. Ein Teil dieser neuen Fußballschulen, der Nachwuchszentren also, muss sich in der Hand von Kollektiven befinden. Ein wirklich demokratisches Konzept mit gemeinschaftlichem Besitz. Auch Kollektive sind nicht unbedingt nett oder klug; bisweilen haben sie aber eher Ideen, die über den Sport hinausgehen. Eine Schule, die gezielt Talente aus der Region fördert oder Menschen mit Migrationsvorder- und -hintergrund oder aus armen Familien. Es ist sinnvoll, eine solche Schule höchstens zwei Jahre zu besuchen. Die Nachwuchszentren sollten das sein, was sie ehrlicherweise auch jetzt sind, nämlich die erste Selektionsstufe. Aber anders als heute müssen sie eine inhaltliche Idee vermitteln. Sie könnten etwa als Vertreter:innen bestimmter Spielstile auftreten. Eine Freundin der holländischen Schule würde sich also vielleicht an einem anderen Zentrum bewerben als eine der Blutgrätsche, sodass endlich viele verschiedene Menschen ihren Weg finden. Einige Zentren könnten etwas ganz Unerhörtes tun, nämlich Spieler:innen ermöglichen, sich selbstverwaltet zu entwickeln. Und andere Zentren wären in staatlicher oder in der Hand der Spieler:innen selbst.

Ein heterogenes, vielfältiges Nebeneinander statt einer behäbigen Top-Down-Struktur. Wer nicht überzeugt, bekommt eben weniger Bewerbungen. Das Ausbildungssystem im Männerfußball ist erschreckend nah am DDR-System. Junge Spieler kommen fast nur noch über Nachwuchsleistungszentren in den Profifußball. Damit existiert eine semi-autonome und breit verteilte Struktur. Und die lässt sich nutzen, um daraus etwas viel Besseres zu machen.

Um im Zentrum aufgenommen zu werden, könnten Spieler:innen eine Art Bewerbungswoche absolvieren. Und dann: abgelehnt werden oder den Zuschlag bekommen. Sicherheit ist etwas, das es im gegenwärtigen Fußball ganz bewusst nicht gibt. Immer wieder wird ausgesiebt, immer wieder unter Druck gesetzt. Keine Zeit mehr, sich umzuschauen, sich anderer anzunehmen. Es braucht an einem Punkt Sicherheit und Geborgenheit. Wer am neuen Nachwuchszentrum angenommen ist, soll, wenn keine schwere Verletzung den Weg verbaut, mit irgendeiner Art von beruflicher Fußballlaufbahn planen können, ohne ständige Auswahlverfahren. Mit grundlegendem Vertrauen im Rücken.

Und für jene, die später nicht gedraftet werden, gäbe es bei Interesse gute Möglichkeiten: alternative Ausbildungen zur Managerin, zum Berater, zur Trainerin. Das verhindert ein Meer von Frustrierten. Damit nicht Zehntausende die Bewerbungswochen fluten, braucht es gewiss eine Vorauswahl. Jede Vereinstrainerin könnte Spieler:innen für das Zentrum empfehlen. Wenn Trainer:innen zu oft viel zu schlechte Spieler:innen schicken, ist es denkbar, sie auf eine schwarze Liste zu setzen. Und um kein Günstlings-System zu produzieren, werden offene und gesonderte Auswahltrainings ohne Empfehlung als zweite Option ganz wichtig sein. Dieses neue Draft-Konzept löst einige viel beklagte Probleme des Jugendfußballs, indem es Voraussetzungen verändert. Es ist wenig zweckmäßig, Scouts bei Kinder- und Jugendspielen zu verbieten. Es ist wenig zweckmäßig, Beratertätigkeiten zu untersagen oder die Kindertransfers der Großklubs. Das schafft vor allem Umgehungstätigkeiten. Effektiver ist es, die Ursache für all das zu unterbinden. Ein Hebel, der an der empfindlichsten Vene der Gegenwart ansetzt: dem, was sich rentiert. Wenn Scouting sich nicht mehr rentiert, weil Vereine keinen direkten Zugriff auf Kinder haben, geht es zurück. Auf die Verhältnisse im Mädchenbereich sollte der Fußball übrigens gesondert eingehen. Weil dort nur die Bundesliga Profigehälter zahlt, könnten Talente bis ins Alter von 22 Jahren im Zentrum bleiben, und weiter mit Kost und Logis abgesichert sein, auch um in Ruhe eine Ausbildung machen zu können. Womöglich ein guter Weg für alle Geschlechter.

Eine negative Folge ist fehlende Stringenz. Vereine, die eine klare spielerische Ausrichtung haben, können nicht mehr gezielt selbst ausbilden. Gravierender aber ist die Gefahr der Korruption. Einzelne Akademien könnten zu heimlichen Exklusivpartnern von Klubs werden, einer besseren klubeigenen Selektionsmaschine. Auch wenn das große Talent dann erst mal beim SC Sand landet, unterschreibt es nach den zwei bis drei Jahren bei Bayer Leverkusen. Großklubs werden außerdem versuchen, eine Struktur mit eigenen Zombie-Ausbildungsklubs im Kinderbereich aufzubauen, das lässt sich kaum verbieten. Dann ist der Kinderverein am gefragtesten, der das Kind professionell und ganz sicher am Nachwuchszentrum unterbringt. Und dann beim entsprechenden Klub. Dass er ohne sozialpädagogische Ausrichtung wenig finanzielle Förderung erhält, ist ihm egal, die bekommt er bereits von, sagen wir, RB Leipzig. Solange oben hohe Gelder fließen und Klubs und Spitzenverbände ökonomische Macht halten, ist der Sog zur Spitze nicht zu stoppen. Erst wer Einnahmen bringt, ist legitim. Aber Kreativität kann Machtverhältnisse zumindest auf die Probe stellen. Die Auswahlwoche kann anonym und ohne Angabe des Heimatvereins stattfinden. Der RB-Kinderverein kann durch ein Lobbyismus-Gesetz verboten werden. Diese Dinge sind nicht unmöglich. Man muss darum kämpfen. Problematischer ist die Frage nach ausländischen Spieler:innen, denn der Draft ist auf eine dermaßen internationalisierte Welt wie die des Fußballs schlecht ausgelegt. Letztlich würde nur eine Verpflichtung helfen, eine bestimmte Anzahl regionaler Spieler:innen zu draften, damit die Großklubs ihren Kader nicht einfach mit ausländischen Talenten auffüllen. Das ist nicht mehr und nicht weniger restriktiv als in der Gegenwart, Ähnliches gibt es nämlich heute. Ein immenser Aufwand, um die Zugkräfte des Marktes zu kontrollieren, und einer, der oft enttäuscht würde. Und zugleich ein durchaus ungemütlicher Wachhund an der Pforte.

Draft geht nur innerhalb einer Liga. Es kann nicht sein, dass die besten Spieler:innen bei den schlechtesten Klubs der dritten Liga versauern und sich endlos nach oben spielen müssen. Die Ausbildung für niedrigere Ligen kann konsequent dem Amateurbereich zugeordnet werden, wo sie in Ruhe stattfindet. Die Bedeutung der Amateurklubs bei der Ausbildung wäre damit auch strukturell anerkannt.

Und ein Mechanismus kann helfen, gleichzeitig auch ihren Wettbewerb zu steuern. Stefan Késenne schlägt in „The Economic Theory of Professional Team Sports" einen Fonds vor, in den alle Klubs (zum Beispiel in unteren Ligen) einen Prozentsatz ihres Budgets einzahlen. Das Geld soll anschließend für gute Nachwuchsförderung verteilt werden. Man kann natürlich auch stattdessen ethische und soziale Kriterien ausrufen. „Kleine Klubs profitieren stärker, weil sie mehr Geld verdienen, als sie eingezahlt haben." Je stärker kleine Teams im Vergleich zu großen etwa auf die Jugend setzen, so Késennes Gedanke, umso mehr verbessere sich die Ausgeglichenheit des Wettbewerbs. Ein doppelter Mechanismus. Weil die kleinen Klubs für die Verbände die Ausbildungsarbeit übernehmen, ist es nur fair, wenn ihre Arbeit aus Teilen der fürstlichen Einnahmen finanziert wird, die die Verbände und Großklubs erzielen. Und auch durch Spieler:innen. Warum sollten sie nicht ihre Ex-Klubs solidarisch unterstützen für deren Engagement, sozusagen als nachträglicher Dank für die Ausbildung? Den Rest zahlen die Vereine selbst ein. Dies, so zumindest Késennes These, könne helfen, den Wettbewerb auch in den unteren Ligen ausgeglichener zu gestalten. Und zu steuern. Denn wer sich keine Mühe gibt im Kinderbereich oder gar keinen hat, zahlt eben unverhältnismäßig mehr ein. Statt nur von Spendengeldern abhängig zu sein, finanzieren die Kleinen ihre Jugendarbeit weiterhin zum Teil selbst. Kleine Klubs sind in diesem Konzept eine eigene Gesellschaft mit eigener Identität. Und eigener Umverteilung.

KAPITEL 4

Mein, dein, unser - Verteilung und Umverteilung

Viele Debatten im Fußball drehen sich um Umverteilung, aber zentrale Erkenntnisse finden darin kaum statt. Der Boom ist nicht schuld an der Ungleichheit, im Gegenteil, Wohlstand macht Ligen gleicher. Die berühmten gleicher geteilten Medieneinnahmen würden an der öden Meisterschaft der Männer wohl wenig verändern. Und die US-Ligen werden durch Teilen gar nicht gleicher. Umverteilung hilft eher als Voraussetzung - um grundlegenderen Wandel zu erstreiten.

Worum geht es?

Den Frauen geht es um mehr Geld. Zwar wird immer wieder betont, dass vordringlich professionellere Bedingungen und Sichtbarkeit wichtig seien, und kaum jemand verlangt 20-Millionen-Gehälter, aber die Diskussion ist dennoch von der Tatsache getrieben, dass die Männer so viel verdienen und so hohe Aufmerksamkeit erhalten. Und irgendwie möchte man so etwas ähnliches, nur bescheidener und netter. Ungleichheiten in der eigenen Branche werden nicht diskutiert. Bei den Männern fordern vor allem kritische Fans und Amateure, die Gelder in der eigenen Branche gleicher zu verteilen. Sie tragen das Thema regelmäßig in den medialen Fokus, und allein ihnen sind der politische Druck und die Ideen zu verdanken; das Thema ist aber aus den Medien auch schnell wieder weg. Forderungen, an andere Sportarten abzugeben, gibt es nicht. Behindertensport kommt nicht vor.

Wie sind die Aussichten?
Noch nie haben Fans und benachteiligte Klubs so dringlich darum gekämpft, die Schere im Männerfußball zu verkleinern. Der Soziologe Uwe Wilkesmann sagt im Gespräch für dieses Buch: „Früher war das Problem, dass viele kleine Vereine gesagt haben: Ja, aber wenn wir nächstes Jahr in der Champions League spielen, kriegen wir die großen Gelder auch. Das war völlig unrealistisch. Heute versuchen die kleinen Vereine ernsthaft, in der DFL Einfluss zu nehmen, es gibt Koalitionen zwischen Klubs." Aber die Macht der Großen ist offenbar zu groß, die Gruppe der Rebellen zu klein, der Druck des Marktes zu hoch. Die wirtschaftlichen Erfolge der solidarischen Bewegungen waren bislang sehr überschaubar. Die Fußballerinnen dagegen werden wohlhabender. Und ungleicher.

Worauf zielt all das?
Milliarden unter Ähnlichen gleicher zu verteilen.

Wie verteilt eigentlich die Frauen-Bundesliga?
Der DFB vermarktet die Medienrechte für Ligabetrieb, Pokal und Nationalteam zentral. Die Einnahmen werden gleich auf die Vereine verteilt. Aber weil die Fernsehgelder in Deutschland vergleichsweise gering sind, hat das gar nicht so viel Einfluss auf Differenzen. Laut einer Recherche des „Tagesspiegels" hatten die Wolfsburgerinnen 2019 ein Budget von fünf Mio. Euro zur Verfügung, der FF USV Jena (ab 2020 wurde das Spielrecht auf den FC Carl Zeiss Jena übertragen) eines von eher optimistisch geschätzten 500.000 Euro. Alle tieferen Ligen erhalten davon nichts, die Lücke ist riesig. Die Uefa schüttet in der reformierten Champions League Stand 2022 mittlerweile recht viel Geld aus, nämlich insgesamt 24 Mio. Euro. Und dennoch lächerlich gering im Vergleich zu den 2 Mrd. Euro, die jährlich bei den Männern verteilt werden. Weil es bei den Frauen keine Europa League gibt, dürfte die Lücke zum Rest wachsen.

Eine Debatte mit Tunnelblick

Ein Fan steht mit dem Auto im Tunnel im Stau, auf dem Weg zum Stadion. Beinahe so beginnt die Parabel des US-amerikanischen Sozialwissenschaftlers Albert Hirschman über Ungleichheit. Irgendwann endlich bewegen sich die Autos auf der Nebenspur vorwärts. Die Laune der Anhängerin wird sofort besser, obwohl sie selbst nicht vorwärtskommt. Denn sie rechnet damit, dass es jetzt auch bei ihr weitergehen muss. Je länger aber nur die anderen weiterfahren, sie aber stecken bleibt, desto genervter wird sie. Und wenn die Fahrer:innen auf der Nebenspur, sagen wir, gegnerische Fans sind, ärgert sie sich noch mehr.

Eigentlich natürlich geht es weder um Fußball noch um Stau, sondern um ein Sinnbild für Ungleichheit – für jene, die auf der unbeweglichen Spur kleben, und jene, die durchs Leben rasen. Es geht Hirschman um die Frage, wann Ungleichheit akzeptiert wird, und wann sie eine Gruppe zerreißt. Denn er glaubte, dass beides passieren kann. Ungleichheit kann eine Motivation sein, ein Versprechen auf eine bessere Zukunft. Wenn ich mich anstrenge, bekomme ich das auch. Und sie kann ein Hinweis darauf sein, dass diese Zukunft ewig ungleich bleibt. Ich habe doch keine Chance. Sie kann eine Gesellschaft glücklicher machen, wenn Wachstum damit einhergeht, wie im Stau, wo man Hoffnung schöpft, weil die andere Spur sich bewegt. Und dieselbe Ungleichheit kann die Gesellschaft an den Abgrund bringen, wenn sie zu groß wird. Dass Reichtum und Armut überhaupt so selbstverständlich akzeptiert sind wie bei Hirschman, funktioniert nur unter einer Bedingung: Alle müssen diesen Zustand als natürlich ansehen und ihn sogar notwendig finden.

Seit es Land und Güter zu verteilen gibt, haben sich einige Menschen stets mehr davon gesichert als die anderen. Und irgendwie müssen sie vor sich selbst rechtfertigen, dass ihre Mitmenschen darben, während sie schlemmen. Der große Trick ist ja, dass auch die Mitmenschen das in Ordnung finden müssen. Glauben die nicht mehr daran, dass ihre eigene Unterdrückung zu ihrem Besten sei, und ist Aufstand aussichtsreicher als Aufstieg, hält sie keine Armee der Welt in Schach. Immer haben die Reichen also Geschichten erzählt, für sich selbst und für alle. Dass sie von adligem Blut seien. Dass sie von einer besseren Rasse seien oder einem überlegenen Geschlecht. Dass ein Gott das alles so gewollt habe. Dass es zum Besten der Unterlegenen sei, denn die könnten sich nicht um sich selbst kümmern. Dass die Reichen die Wirtschaft ankurbeln und damit alle reich machen. Meist ist die Erzählung irgendwann entlarvt worden.

Und dann gibt es zwei Möglichkeiten: Entweder ändern sich die Verhältnisse, oder es findet sich eine neue Erzählung. Letztlich ist all das das Ergebnis einer impliziten Verhandlung: Wie viel Ungleichheit kann man den Schlechtergestellten, denen in der Schlange im Tunnel, gerade so zumuten, ohne dass sie allzu viel Widerstand leisten, ohne dass sie die Axt ausgraben? Wie viel Durchlässigkeit, wie viel Aufstiegsmöglichkeit müssen sie bekommen, damit Aufstieg attraktiver wird als Aufstand? In einer flexiblen Leistungsgesellschaft sind die Chancen auf Aufstieg im Vergleich zur Stände-Gesellschaft recht groß und die Hierarchien dynamisch. Und so wird es attraktiver, auf Karriere zu hoffen, statt den Kopf zu riskieren.

Reichtum umverteilen - ist das klug?

Bis 1970 durften Teams aus Afrika, bis auf eine Ausnahme, nicht an Männer-Weltmeisterschaften teilnehmen. Bis heute sitzen alle relevanten Weltverbände selbstverständlich in Europa, stellt Europa die meisten WM-Teilnehmer:innen. Dass es niemals afrikanische Weltmeister:innen gab und die reichsten Sportler nur Männer sind, dass wir nur europäischen Männerfußball konsumieren, das hat der Fußballgott eben so gewollt. Eine Spitzenliga in China, oder gar eine in Nigeria, oder einen vielfältigen Sport, Himmel, das kann er ja nicht gewollt haben. Der aktuelle Kampf um Medienerlöse der Männer ist wichtig, aber auch elitär.

Und er ist nur eine zwischenzeitliche Lösung. Umverteilung ist ein nachträgliches Instrument. Jemand muss Macht wieder abgeben, hat aber an dem Punkt, wenn sich alle empören, schon so viel Macht angehäuft, dass er fast unangreifbar ist. Im Guten wie im Schlechten befreit Geld davon, auf den Willen der Gruppe und den Druck des Umfelds hören zu müssen. Das hat, wie viele Studien nahelegen, ungewollte Folgen: Die Empathie nimmt bei Reichen ab, ihr Egoismus nimmt zu. Menschen neigen eher dazu, Zufälle der eigenen Intelligenz zuzuschreiben, sind weniger hilfsbereit, spenden im Verhältnis weniger. Sie werden, drastisch gesagt, zu Arschlöchern. Und je reicher die Reichen, desto eher sind gewichtige Teile der Gesellschaft schon Arschlöcher geworden. Dann, so schreibt der österreichische „Standard", gebe es zudem weniger Begegnungen zwischen den Milieus, und ahnen die Armen weniger, wie reich die Reichen wirklich sind. Je weniger sie das aber wissen, desto weniger Umverteilungsdruck üben sie aus, sind auch gar nicht dazu in der Lage. Reiche kaufen sich das Informationsmonopol.

Es ist wichtig, das zu wissen, bevor es zurück zum Fußball geht. Interessanterweise wird in Demokratien deutlich mehr umverteilt als in Autokratien, und in wohlhabenden Ländern deutlich mehr als in armen – weil eine gebildete Mittelschicht Druck ausüben kann. Ähnlich wie im Männerfußball, wo der höchste Druck auf die Spitze nicht von Amateuren, sondern von den gut organisierten Fans kommt. Und dass Fußball so ungerecht ist, liegt auch an der gering ausgeprägten Demokratie. Ungleichheit ist also ein Perpetuum mobile; je schlimmer es ist, desto schlimmer wird's. Aber ist die viel gelobte Umverteilung klug? Es fällt psychologisch schwer, etwas wieder abzugeben, was schon auf dem eigenen Konto ruht. Immer wieder wird propagiert, dass der prekäre Klub, die Spielerin, das Jugendteam das Geld nicht so richtig verdient habe, und sie hat es ja auch nicht direkt verdient.

Für die Empfänger:innen ist das Gefühl ebenso zersetzend. Prekäre Klubs und Spieler:innen ziehen Selbstwertgefühl aus direkter Anerkennung und Wertschätzung ihres Tuns, nicht aus pauschalen Brosamen, die von der Spitze der Nahrungskette abfallen. Umverteilung ist kein dauerhaftes Konzept für ein besseres System. Jedenfalls nicht, wenn das Geld mit dem Stigma des Verlierens behaftet ist statt etwa eines Stipendiums, das Qualitäten und Zukunft betont. Gemeinsame Einnahmen gleich zu teilen, ist eine sehr nachhaltige Variante. Umverteilung von Einnahmen Einzelner dagegen funktioniert eher als zeitlich begrenzter Akt: um danach das System zu verändern. Der Sozialökonom Julian Bank schreibt: „Die Vorteile einer Generation bedingen die Chancen auf Vorteile der nächsten Generation: Selbst bei gleichen Chancen zu einem Zeitpunkt haben wir bei ausgeprägter Ungleichheit spätestens in der nächsten Generation wieder ungleiche Chancen." Mit anderen Worten: Weil Ungleichheit eine Säule dieser Gesellschaft ist, kann man umverteilen bis zum Sankt-Nimmerleinstag; ohne neues Wirtschaftskonzept kommt sie sofort zurück.

TV-Rechte als Schlüssel?

Bei den Männern wird die wachsende Ungleichheit gern auf den Boom seit den Neunzigern zurückgeführt. Der Boom aber ist keineswegs der Übeltäter. Der Frauenfußball ist viel ärmer als jener der Männer, hatte bis zur Reform 2021 keine signifikanten Champions-League-Einnahmen – und war noch viel ungleicher. In der Frauen-Bundesliga hat der VfL Wolfsburg 2020 den Titel gewonnen, mit einer unfassbaren Tordifferenz von +85. Die Rekord-Ablöse von 350.000 Euro, die der VfL angeblich für Pernille Harder kassierte, entspricht fast dem kompletten Budget mancher Konkurrentinnen. Am Tabellenende stehen meist Teams wie zur Winterpause 2021/22 Sand und Jena mit je zwei Punkten, sportlich vollkommen chancenlos. Erst zur Saison 2021/22 wurde die Tabelle im oberen Drittel massiv spannender. Durch die Mehrbelastung der neuen Champions-League-Vorrunde für die Spitzenteams – und weil die querfinanzierten Klubs im oberen Drittel mehr investierten. Je mehr Boom, desto ausgeglichener und spannender der Wettbewerb.

Hohes Investment schafft eine breitere Basis an Talenten. Es sorgt dafür, dass es mehr gute Spielerinnen in mehr Klubs gibt, also auch eine engere Leistungsdichte. Es rüstet konkurrierende Spitzenklubs auf. Und deren stärkere Sichtbarkeit bringt Einnahmequellen auch für die Mittelklasse. Mehr Geldmittel machen eine Liga gleicher, nicht ungleicher. Reichere Länder haben ausgeglichenere Fußballligen als arme Länder. Frauenfußball in Europa ist unausgeglichener als die Männerligen. Reiche Ligen sind, entgegen populärer Annahmen, gleicher als arme – siehe Premier League. Und es gilt: Soll eine Liga ausgeglichener werden, muss es mehr Investment geben. Es gilt aber auch: Die anderen Ligen sind arm und ungleich, weil so viel Investment in einige wenige fließt.

Selbst Kritiker:innen der Männerliga kämen nie auf den Gedanken, Abgaben an die polnische Liga, den Blindenfußball oder den Volleyball zu fordern. Empathie, die das eigene Business überschreitet, ist nicht denkbar in einer Liga, wo schon recht sozialdemokratische Forderungen nach gleicherem Teilen der TV-Gelder diffamiert werden. Diese Mediengelder wären ein wirksamer Hebel. Deutschland braucht nicht so erstaunt zu sein, dass die Premier League wesentlich spannender ist, die ihre TV-Einnahmen 2020 in einer Spreizung von 1,6:1 verteilte, also fast gleich unter den Erstligisten. Und, auch das ist wichtig, ungezügeltes Investment ist gestattet. Aber TV-Einnahmen sind auch ein sehr punktueller Hebel; für Ungleichheit im größten Teil des Fußballs haben sie überhaupt keine Bedeutung. Im Frauenfußball ist Stand 2022 vor allem die Zugehörigkeit zu einem Männerverein und Sponsoring entscheidend. Nach Angaben des „Guardian" machten Sponsorengelder 2019 in der englischen Women's Super League (WSL) beispielsweise bei Manchester City 77 Prozent, bei Liverpool 83 Prozent aller Einnahmen aus. Auf anderen Kontinenten – selbst in wohlhabenden Ländern wie China oder Japan – sind Medienerlöse ebenfalls zu irrelevant, um damit umzuverteilen. Von unteren Ligen gar nicht zu reden. Und selbst in der europäischen Spitze wirken sie limitiert. Die Agentur Deloitte stellte 2020 fest, dass „die Spitzenklubs wesentlich weniger von Fernsehgeldern abhängig sind als die kleinen Klubs". Die fünf reichsten Teams Europas generierten 49 Prozent ihrer Einkünfte aus Sponsoring, während die Vereine auf Platz 16 bis 20 schon zu 65 Prozent an Medienrechten hingen. Bei gleicherer Verteilung nur von Medienerlösen gewinnen die Spitzenteams, die durch exklusives Sponsoring gut verdienen, sogar noch mehr Vorsprung, weil die obere Mitte geschwächt wird.

Das Portal onefootball.com hat in einer aufwändigen Modellrechnung den Vorschlag zum gleicheren Teilen der Medienerlöse von „Zukunft Profifußball" für die Männer-Bundesliga nachgerechnet und stellt Vergleichbares fest. Es würde vor allem die unteren Breitengrade der Liga verändern. Das Mittelfeld nämlich hätte mit deutlich wohlhabenderen Aufsteigern zu kämpfen, das untere Drittel würde viel enger. Auf die Meisterschaft und die Champions-League-Plätze jedoch sei der Einfluss gering. Dafür verdienen die Großklubs einfach zu viel aus anderen Quellen. Erst recht, wenn auch die Verfolger durch weniger Mediengelder geschwächt werden.

Wir müssen für viel umfassenderes Teilen, für eine ganz grundsätzliche Umverteilung kämpfen, gegen den Widerstand der Großklubs und gegen die aktuelle Ideologie. Denn man muss auch wissen, was von den aktuellen Ideen kaum berührt wird – die viel zitierte öde Meisterschaft. Dafür braucht es schon einen radikaleren Ansatz: alle nationalen Mediengelder den Kleineren und der Mitte, zum Beispiel. Und die Champions-League-Teilnehmer, die ihre Uefa-Gelder bekommen, werden nicht mehr beteiligt. Das zu erstreiten, ist im gegenwärtigen Rahmen gewiss recht unwahrscheinlich. Europa schaut ständig auf die USA, hat im Vergleich aber zwei strukturelle Probleme: die Champions League und den Abstieg. Also: Verschärfte ausländische Konkurrenz einerseits und den ständig drohenden Absturz andererseits. Dadurch sind Verdrängung und Druck so hoch, dass kaum ein Klub außer den Kleinsten ein Interesse an echter Gleichverteilung haben kann. Auch nicht die Mittelschicht. Denn viel Dynamik heißt auch viel Dynamik nach unten. Wer gleichere Verteilung schafft, schafft in diesem System mehr Verdrängungsdruck. Eine sehr kapitalistische Selektion, die sich als Fairness tarnt. Wenn Umverteilung solidarisch sein soll, muss man Sicherheit schaffen – zum Beispiel den Abstieg abschaffen. Und eine der größten Quellen von Druck aushebeln: die Champions League. Ausgerechnet in den US-Männerligen, nebenbei gesagt, ist die Umverteilung nicht der Wundertrank, für den er gehalten wird. Für die Männer-Baseball-Liga MLB hat unter anderem der Ökonom Duane Rockerbie nachgewiesen, dass Umverteilung am sportlichen Gleichgewicht der Liga rein gar nichts änderte, nicht im Guten, nicht im Schlechten. Erst dann, wenn es den Klubs eher wichtig ist, Spiele zu gewinnen statt Profite zu machen, gleicht sich die Liga aus. Das gilt dann, wenn die Klubs, wie in Europa, unter dem Druck der Verdrängung stehen. Ironie des Schicksals.

Wer diesen Konflikt auflösen will, muss Ligen anders strukturieren. Und an den Heiligen Gral des Fußballs, an den Faktor, der fast überall auf der Welt die größten Lücken schafft: das private Sponsoring durch Investoren, Konzerne und Mäzene. Eine Sache wird nämlich nie hinterfragt: dass es gerade Unternehmen und Investoren sind, die den Fußball maßgeblich finanzieren. Ihre Gelder gelten als nicht umverteilbar, weil Mäzene ohne Heldenstatus bei einem Klub die Lust verlieren. Und ihre Finanzierung prägt das Produkt. Auch das zeigt der Frauenfußball: Die Spielerinnen, so hat der Soziologe Jan Tölva beobachtet, tragen fast nur noch lange Haare, sind sorgsam gestylt. „Das verkauft sich besser." Es ist das, was man bekommt, wenn man Firmen einlädt, die ein Produkt verkaufen möchten. Am liebsten eines, das nirgendwo aneckt.

Subtile Ungleichheiten im Fußball

Ungleichheiten im Fußball sind vielfältiger als nur zwischen Klubs, Staaten oder Geschlechtern. Und oft nicht so offensichtlich. Im Jahr 2019 verdienten in England, Deutschland, Spanien, Frankreich und Italien im Männerfußball die Torhüter laut „Global Sports Salaries Survey" im Schnitt 1,4 Mio. Pfund. Die Verteidiger erhielten 1,6 Mio., die Mittelfeldspieler 2 Mio. und die Stürmer 2,6 Mio. Obwohl alle gleich viel auf dem Feld stehen, gleich lange trainieren, und, man darf unterstellen, sich gleich viel anstrengen. Über diese Ungleichheit wird nicht gesprochen. Für Omar Chaudhuri, Autor des „Global Sports Salaries Survey" 2019 ist die Diskrepanz sogar noch nicht ausreichend groß, denn der Angriff brauche überdurchschnittliches Personal, im Schnitt sei er sogar wertvoller fürs Team, als die Zahlen reflektieren. Ist das gerecht? Chaudhuri erwähnt natürlich nicht, dass Offensivspieler:innen medial die besseren Bilder liefern, Torjubel, Heldenposen; dass Tore eine Leistung sind, die selbst Laien beurteilen können. Die höheren Gehälter für Stürmer:innen entspringen den größeren Qualitätsunterschieden, praktisch gesehen haben diese Mehrausgaben aber keinen Nutzen. Die Vereine müssen ihnen nicht mehr bezahlen, sie tun es einfach.

Es gibt also Ungleichheit im Fußball, die völlig unter dem öffentlichen Radar läuft. Spätgeborene Kinder eines Jahrgangs haben weniger Chancen, in den Profifußball zu kommen, als frühgeborene. Datenjournalist Björn Rohwer weist in seinem Buch „7 Zentimeter Messi" darauf hin, dass in Süddeutschland geborene Männer wesentlich höhere Chancen haben als jene in Ostdeutschland, strukturell bedingt. Ungleichheit lässt sich nicht mit einem Federstrich lösen. Aber es gibt vielversprechende Ideen, große Chancen, sehr kluge bessere Konzepte, völlig andere Systeme – nur interessiert sich der Spitzenfußball nicht dafür. Weil er sich anmaßt, sein System sei das Beste, weil er nie über den Tellerrand schaut, weil er unerträglich arrogant ist. Und bevor wir nun ein wenig über den Tellerrand schauen, laden wir zwei Menschen aus den Nischen des Fußballs ein, über Ungleichheit zu sprechen. Maria Reisinger ist Sportliche Leiterin beim SV Meppen, 2021/22 ein Zweitligist der Frauen mit Aufstiegsambitionen: Reisinger ist eine von denen, die die unteren Ligen und die Spitze kennen. Und spricht für einen jener Vereine, die in der Debatte nicht stattfinden, weil der unterklassige Fußball der Frauen in Deutschland medial unsichtbar ist. Der zweite Gesprächspartner, Gomenjani Zakazaka, ist Direktor für Wettbewerb und Kommunikation bei der FA Malawi. Der südostafrikanische Staat teilt völlig anders, nämlich unter anderem Ticketeinnahmen. Zakazaka kann berichten, was das bewirkt. Auch außerhalb Europas wird fast nie nach möglichen Vorbildern gesucht.

Obwohl in der Vergangenheit auch hierzulande viel mehr geteilt wurde. Selbst im englischen Männerfußball wurden, heute fast vergessen, bis 1983 bis zu 20 Prozent der Einnahmen aus Ticketverkäufen in der ersten Liga ans Auswärtsteam umverteilt. Eine Studie von Robert Simmons und Terry Robinson hat sich die Lage in England vor und nach der Abschaffung 1983 angeschaut und stellte fest, das Teilen habe einen Effekt aufs Gleichgewicht des Wettbewerbs gehabt. Auch Ross Booth kommt 2004 bei seiner Untersuchung der australischen Ligen – der australische Männer-Football hat bis zum Jahr 2000 seine Stadioneinnahmen geteilt – zu dem Schluss, dass der Mechanismus dazu neige, „die Spielstärken zu egalisieren".

„Es hilft nicht Geld allein"

Interview mit Maria Reisinger

Maria Reisinger ist Sportliche Leiterin beim SV Meppen, dessen Frauen lange Zweitligistinnen waren und 2020/21 zwischenzeitlich in der Bundesliga spielten. Nach dem Abstieg peilt das Teams 2021/22 den Wiederaufstieg in die erste Liga an.

Im Pokal hat man wieder deutlich gesehen, wie groß im Frauenfußball die Unterschiede zwischen erstklassigen und drittklassigen Teams sind. Die wurden mit 8:0 oder 11:0 abgefertigt. Warum sind die Differenzen im Frauenfußball größer?

Weil die Rahmenbedingungen fürs Training und die Umsetzung der Spiele einfach ganz andere sind. Bei den Männern ist man wesentlich breiter aufgestellt. Die Leistungsdichte ist dort deutlich enger. Der Frauenbereich ist noch nicht so weit. Der Frauenfußball macht gute Fortschritte, die Umsetzung in den höheren Ligen geht aber schneller vonstatten. Das ist am Ende natürlich auch eine Frage von Geld.

Was soll konkret passieren?

Je mehr finanzieller Spielraum, desto größer die Möglichkeiten. Zwischen den Ligen ist dieser Spielraum zu groß und müsste angeglichen werden. Ich möchte die Diskussion aber nicht allein um das Geld verstanden wissen. Vereine und Spielerinnen müssen zum Beispiel auch in Fragen der Infrastruktur, Karriereplanung oder Persönlichkeitsentwicklung vorbereitet werden. Die Spielerinnen müssen erkennen, dass mit jedem Aufstieg auch weitere Verpflichtungen einhergehen. Ich muss auch bereit sein, mein Auftreten, meine Lebensweise an die Liga und die Ausrichtung des Vereins anzupassen. Aber ich muss als Verein den Spielerinnen auch Zeit für diese Veränderungen einräumen, sie dabei aktiv begleiten.

Die Chancen sind aktuell gering, dass sich viermal wöchentliches Training in der Regionalliga irgendwann auszahlt. Geld bietet Sicherheit und dient der Motivation.

Klar, Geld hat immer eine besondere Bedeutung und bildet eine existenzielle Grundlage. Aber wenn sie sich ohne Geld nicht motivieren können, sind wir auf einem ganz falschen Weg.

Im Männerfußball wird über die Amateure zumindest gesprochen, bei Frauen nicht. Warum?

Der Frauenfußball wird in diesem Bereich noch nicht komplett ernst genommen. Zwischen einem Regionalligaspiel der Herren und der Frauen sieht man auch ehrlicherweise klare Unterschiede in der Athletik und Qualität. Wir sind jetzt schon so weit gekommen, dass die Ergebnisse von Zweitligistinnen gegen die Großen knapper werden. Aber es ist unheimlich schwer oder oftmals nur in kleinen Schritten möglich, für diesen Bereich Sponsoren zu finden, um damit auch die Strukturen nachhaltig zu verbessern. Aber nochmal: Wir müssen die Dinge sehr differenziert betrachten. Rein finanzielle Zuwendungen werden nicht der Heilsbringer sein, wenn die Vereine sich nicht auch in ihrer Grundstruktur verändern.

An welchem Punkt würden Sie ansetzen?

Ich würde mir wünschen, dass wir die regionalen und überregionalen Fernsehanstalten und Medien davon überzeugen können, dass wir auch in der Breite weiterkommen können, wenn die Berichterstattung gesteigert wird. Die 2. Frauen-Bundesliga mehr mit einzubeziehen, wäre ein Anfang. Das könnte auch den Regionalligisten mehr Aufmerksamkeit geben, weil die Aufsteiger betrachtet werden. Aber natürlich müssen die Vereine auch in der Lage sein, für Qualität zu sorgen. In der Frauen-Bundesliga entwickeln sich die Dinge in diese Richtung, aber es ist weiter Luft nach oben. In Ländern wie England ist die Medienoffensive viel höher und öffnet den Vereinen neue Möglichkeiten. Wir müssen aber darauf hinarbeiten, dass das auch in der Summe nachhaltig ist.

„Die kleinen Vereine sind erst durchs Teilen überlebensfähig"

Interview mit Gomenjani Zakazaka

Gomenjani Zakazaka ist Direktor für Wettbewerb und Kommunikation bei der FA Malawi. Im südostafrikanischen Staat Malawi werden Ticketeinnahmen im Männerfußball geteilt.

Wie genau funktioniert das Teilen bei Ihnen?

Wir haben das Konzept schon seit 1986, also seit Gründung der obersten Männerliga. Von den Ticketeinnahmen bezahlen wir erst mal die Organisation des Spieltags. Von den verbleibenden Netto-Einnahmen gehen 25 Prozent an die Besitzer der Stadien, denn in Malawi besitzen nicht die Klubs das Stadion, sondern staatliche Institutionen. 25 Prozent der Einnahmen gehen an Team A und 25 Prozent an Team B. Zuletzt fließen noch fünf Prozent an die Regierung, die das Geld für den Sport aufwendet, und die restlichen 20 Prozent erhält der Verband.

Für den Heimatverein bleiben also nur 25 Prozent übrig. Gibt es keine Proteste?

Es gab Vereine, die sich dagegen gewehrt haben. Ende der 1990er-Jahre haben sie gefordert, 100 Prozent der Einnahmen sollten ans Heimteam gehen. Die großen Klubs wollten daraus einen Vorteil ziehen, weil sie ihre Stadien viel besser füllen. Tatsächlich wurde das für ein oder zwei Spielzeiten so umgesetzt. Aber danach wurde in einer Konferenz wieder die alte Regel beschlossen. Die Mehrheit der Klubs war dafür, weil sie die geteilten Einnahmen brauchen, um zu überleben.

Wie finanziell abhängig sind die Vereine denn vom Teilen?

Ich würde sagen, dass etwa die Hälfte der Vereine sich zu 80 bis 90 Prozent aus den Ticketeinnahmen finanziert. Deshalb ist die Situation während der Covid-19-Pandemie sehr schwierig für uns, viele Klubs sind abhängig von den Zuschauer:innen vor Ort. Einige Vereine haben sogar Abmachungen, bei denen die Fan-Komitees einen Anteil an den Stadioneinnahmen erhalten. Viele Vereine in unserer Liga sind Community Clubs, die Fans bestimmen dort mit.

Gelten diese Prinzipien auch in den unteren Männerligen?

In der zweiten Liga sind die Regeln nicht einheitlich, weil 90 Prozent unserer Spielfelder offene Flächen sind. Nur ein paar Spiele finden in Stadien mit bezahltem Eintritt statt. Einige Regionen folgen dem Vorbild der ersten Liga, in anderen bekommt das Heimteam einen hohen Anteil der Gelder. Aber Ticketeinnahmen sind für die unteren Ligen keine große Einnahmequelle.

Ist Malawi das einzige Land der Region, das Ticketeinnahmen teilt?

Nein, in den Nachbarländern gibt es ähnliche Abkommen, auch wenn dort nicht genau gleich zwischen Heim- und Auswärtsteam geteilt wird. In den meisten Ländern wird das Konzept wie in Malawi genutzt, um sich die Stadien leisten zu können. Die meisten Teams können keine Miete auf einen Schlag bezahlen.

Hat das Konzept denn einen Einfluss auf Ihren Wettbewerb?

Ja, hat es. Von den 16 Klubs ziehen nur drei oder vier größere Mengen an Zuschauer:innen an. Sie sind etablierte Teams mit einer landesweiten Fanbasis. Dadurch, dass wir die Einnahmen teilen, nehmen die kleinen Teams mehr ein. Letztendlich können sie erst dadurch überleben. Trotzdem sind die Voraussetzungen nicht gleich, denn bei den Großklubs sind alle 20 Spiele ausverkauft, ob zu Hause oder auswärts. Sie haben mehr finanzielle Mittel. In der Saison 2019/20 hatte der reichste Klub ein Budget von 800 Mio. Kwacha, das sind etwas über 1 Mio. US-Dollar. Das ärmste Team hatte ein Budget von 50 Mio. Kwacha, etwa 70.000 US-Dollar. Das liegt vor allem daran, dass die reichen Teams von Konzernen gesponsert werden, wohingegen die anderen keine Sponsoren haben. Unser Spielbetrieb hat bislang sehr wenig Geld eingebracht, weil es uns nicht gelungen ist, das Thema Medienerlöse umzusetzen. Die FA ist gerade dabei, einen eigenen Pay-TV-Kanal aufzubauen. Sie sollen den Budgets einen großen Schub verleihen. Außerdem ist unser Ticketmanagement leider fehlerhaft. Wir nutzen noch analoge Tickets und Vor-Ort-Verkauf. Menschen kommen leicht ohne Ticket ins Stadion, indem sie die Ordner:innen bestechen. Schätzungsweise bis zu 30 Prozent der Ticketeinnahmen pro Saison gehen durch Betrug verloren.

Formbare Zustände

Das Konzept in Malawi trägt solidarische Züge. Und es basiert auf einer guten Grundidee: Wenn zwei Vereine zusammen ein Spiel schaffen, teilen sie selbstverständlich die Einnahmen. Vor allem in Ligen, wo Medieneinnahmen irrelevant, Stadioneinnahmen aber wichtig sind, kann diese Idee helfen, die Liga gleicher zu machen. Das würde für sehr viele Staaten und mittlere Ligen gelten. Wenn man aber genauer hinsieht, trägt die Idee auch das Problem aller kapitalistischen Konzepte in sich: Der finanzielle Ausgleich dient vordergründig den Kleinen, aber vor allem den Großen. Denn er verhilft dazu, dass die Liga überhaupt stattfinden kann und die Kleinen, die als Gegner gebraucht werden, überleben können. Echter Ausgleich gelingt dadurch nicht. Es funktioniert außerdem nur da, wo, wie in Malawi, beides zusammenkommt: Wo also beliebte Klubs auch die reichen Klubs sind. In Deutschland dagegen würde ein reicher und unbeliebter Investorenklub auch noch solidarisch mehr Geld erhalten. Das kann niemand wollen.

Für gleiche Chancen wird Umverteilung allein also selbst im besten Fall nicht sorgen. Aber ist sie damit unnütz? Das beliebte Narrativ, sie erhielte nur „das System", ist falsch. Es gibt nicht ein System. Es gibt Zustände, die formbar sind. Wenn wir kluge Umverteilung erstreiten, stärkt das die Basis. Denn diese Zustände verändern sich nicht mit einem großen Knall. Wer soll den Fußball umstürzen? DAZN-Abonnent:innen? Wandel entsteht eher in Wellen als in Brüchen, auch bei einer Revolution ist viel Wandel schon in den Jahrzehnten zuvor passiert. Und gestürzte Systeme tragen viel mehr vom Alten in sich, als manchem lieb und bewusst ist. Sie verschwinden nicht, sie werden geformt. Es wäre illusorisch, mit einer großen Revolte den Fußball zu verändern. Etwas anderes ist möglich und wichtig: *langfristig* dafür zu kämpfen, *alles* zu erreichen. Geteilte Mediengelder, geteilte Stadioneinnahmen, Abgaben an Schwächere und in ganz andere Branchen können wahlweise helfen, die Schwachen zu entlasten, die Mitte zu stärken oder mehr gemeinschaftliches Denken zu etablieren. Und es braucht diese Entlastung, um überhaupt Zeit zu haben, um systemische Verbesserung zu ringen. Schöne Worte haben Tücken. Die genannten Beispiele zeigen: Nicht alles, was das Wort „Teilen" enthält, hat am Ende den gewünschten Effekt oder ist überhaupt hilfreich. Am Ende ist das Umverteilen immer nur eine Behelfslösung. Es gibt wirkungsvollere Ideen und es ist überfällig, sich damit auseinanderzusetzen. Wir können den Fußball sehr viel besser machen. Das folgende Kapitel stellt vor, wie zum Beispiel.

Wie anders Fußball denkbar ist, zeigen die Anfangszeiten des Frauenfußballs. Dort tauschten Klubs im Rheinland Spielerinnen von Woche zu Woche untereinander aus, je nachdem, wer gerade Zeit und Lust auf Fußball hatte. Auch das eine Form der temporären Umverteilung, wie sie in vielen bunten Ligen oder freien Turnieren weiterhin praktiziert wird. Und der Ökonom Bruno Frey schildert in „Markt und Motivation. Wie ökonomische Anreize die (Arbeits-)Moral verdrängen" einen eigenen Versuch. Studierende erhielten sieben Schweizer Franken, sollten aber mindestens 2,50 Franken an eine andere Person geben. Im Median gaben sie drei Franken ab. Danach wurde die Untergrenze aufgehoben. Sie gaben, vielleicht absehbar, nur noch 1,80 Franken ab. Eine Kontrollgruppe dagegen sollte von vorneherein ohne Vorgabe teilen. Auch sie gab im Median drei

Franken ab. Und zwar ohne, dass man ihnen irgendetwas vorgeschrieben hätte. „Der Altruismus der Geber wurde durch die von außen kommende Auflage untergraben", bilanziert Frey. Der Versuch erinnert an eine zentrale menschliche Eigenschaft: Solidarität. Zumindest in bestimmten Kontexten wird ohne Auflagen genauso gut geteilt. Oder besser.

Besser verteilen

Der Fußball muss gerechter, schöner, freier werden. Zum Beispiel, indem man ihn als Kunst anerkennt, von den Vorschriften der Verbände befreit. Indem demokratische Produktionsfirmen als Genossenschaften oder Stiftungen viele parallele Formate schaffen. Mit einem finanziellen 50+1, das den Konzernen ihre Übermacht nimmt, einer weltweiten Sportsozialkasse, die Gelder umverteilt. Geldstrafen für langweilige Wettbewerbe. Und einem System, wo die Klubs am meisten Punkte bekommen, die relativ zu ihren Voraussetzungen am besten sind.

► Ein neuer Sport als Kunst und Freiheit

Nach Angaben des Sportwissenschaftlers Lutz Thieme wurde 2020 allein in Deutschland sogenannter Spitzensport mit öffentlichen Geldern von knapp 530 Mio. Euro bezuschusst. Diese Gelder sind enorm, aber gleichzeitig nicht im Ansatz genug. Eine Befragung unter über tausend Spitzensportler:innen aus olympischen Sportarten ergab, dass sie im Schnitt klägliche 7,41 Euro pro Stunde verdienten, weit unter dem gesetzlichen Mindestlohn. Laut einer Untersuchung der FifPro von 2016, der ersten ihrer Art, verdienten auch 45 Prozent der weltweiten Profifußballer weniger als 1.000 Dollar im Monat. Fußballerinnen gar nicht erst mitgerechnet. Die meisten Sportler und fast alle Sportlerinnen betreiben brotlose Kunst. Warum schafft man so ein dysfunktionales System?

Eine erfolglose Band betreibt man am Wochenende. Der Leistungssport aber, wie er heute erzählt wird, erfordert von Kindheit an intensives Training bis zur totalen Aufopferung des eigenen Lebensstils. Tägliches Training, wöchentliches Spiel. Eine große Masse von Menschen kann dadurch gar nichts anderes lernen oder arbeiten. Für viele aber deckt der Sport dann oft nicht mal die Lebenshaltungskosten. Sie richten dennoch von Kindheit an ihr Leben darauf aus. Im Gegensatz etwa zu

Musik und Schauspielerei, wo man quereinsteigen und aussteigen kann – nicht, dass diese fair bezahlt würde, aber immerhin. Das ist ein Systemfehler des Sports. Kreativität oder Solidarität werden kaum honoriert, Rebellion gegen Normen erst recht nicht. Spitzensport ist eigentlich eine Kunst, findet etwa der Sportwissenschaftler Sven Güldenpfennig. Sport wird aber gar nicht als solche anerkannt. Solange eine Gesellschaft Leistung so eng definiert wie aktuell, müssen Sportler:innen sich extrem spezialisieren. Dazu wiederum braucht es Profitum, dafür treiben die meisten Sportler:innen aber nicht genug Geld ein. Man kann diese Spirale stoppen. Dafür aber müssen wir Sport anders denken, optimistischer, freier. Messbare Leistung ist ein sehr demokratisches Instrument, aber sie hat Sport monoton werden lassen. Denn Sport ist eigentlich ein breites Spektrum kreativer Ideen. Zeit, ihn zu befreien.

Warum nicht Fußball als Musical spielen mit Live-Soundtrack, ähnlich der alten Stummfilme? Warum nicht eine Comedyserie nur durch Sport, also körperliche Bewegung, inszenieren? Oder Fußball als Zehnkampf – von Fußball-Tennis bis Tischkicker – austragen, sodass viele Talente zur Geltung kommen? Oder Ligen, in denen viele Sportarten zu einer gemeinsamen Wertung beitragen, mithin den Fußball entmachten? Warum nicht zusammen spielen statt gegeneinander, oder Fußball als große Zirkusshow, oder als Indie-Auftritt, bei dem der Ball mit Farbe Kunst erstellt? Seit über 100 Jahren vermarktet sich der Männerfußball in Deutschland als Spiel der Arbeiterklasse, mit Bratwurst und Bier. Das stimmte so natürlich nie. Fußball ist eine kommerzielle Show – und war es fast immer. Ein wirklich bodenständiger Fußball wäre der, der das Publikum weder mit Glitzer-Arenen noch mit „Fleisch, Dreck und Bier"-Kitsch infantilisiert, sondern ihm etwas zumutet. Ein Fußball, wo Vielfalt und Darbietung zählt, die Ästhetik oder die Kreativität, die politische Kritik oder reinster Nonsens. Keine naserümpfende Kultur mit dem Kodex der herrschenden Eliten, sondern Massenunterhaltung im besten Sinne, die mal für den Mainstream ist und mal provokant. Und der genutzt wird als Protestmittel, als ökonomische oder soziale Anklage, als Party. Ein Fußball, der wieder durch die ganze Stadt gespielt wird, oder das Publikum mit auf den Platz holt. Der Subkultur kennt und viel mehr Subkulturen Raum gibt. Das wäre etwas, wofür es sich zu kämpfen lohnt.

Und das wird das Sportsystem fundamental verändern. Denn dieser Sport ist per se weniger spezialisiert, jede und jeder kann mit einer guten Idee einsteigen. Kommerziell erfolglose Sportler:innen können es sich damit leisten, nur ein Hobby zu betreiben. Sie müssen nicht mehr täglich trainieren. Kinder müssen nicht von klein an für eine Karriere arbeiten. Sie können das tun, denn sicher wird es weiter einen Bedarf nach Rekorden geben. Aber sie müssen nicht. Das wäre ein wirklich freierer Sport. Dafür braucht er eine andere Finanzierungsgrundlage. In Deutschland bot das Militär Stand 2019 744 Förderstellen für Spitzensportler:innen und zahlte nach eigenen Angaben Fördergelder in Höhe von 35 Mio. Euro; ähnliche Hunderte Planstellen hielt die Polizei bereit. Der Profisport lebt also in direkter Abhängigkeit von und in Symbiose mit autoritären und rechtslastigen staatlichen Institutionen. Sie haben kein Interesse an einem kreativen und schützenden Sport, weil sie durch Einfluss, Werbeflächen, Prestige und Medaillen von Leistungssteigerung profitieren. Ebenso wenig die Konzerne. Diese Abhängigkeit von Polizei und Militär ist eigentlich ein Skandal; man stelle sich vor, Rapmusik oder Filmproduktionen würden von der Bundeswehr gefördert. Im Sport stört das niemanden.

Zunehmend hat auch die Privatwirtschaft als mächtige Organisatorin Einzug gehalten: Getränkekonzerne gründen Fußballklubs, Oligarchen finanzieren eine neue Schwimmliga und Nike ein Elite-Laufprojekt. Immer mehr Spitzenligen lassen den Spielbetrieb von einem Konzern durchführen. In einer privaten Marktwirtschaft lässt sich dieses Grundkonzept nicht aushebeln: Jemand muss das Geld auftreiben, damit der andere spielen kann. Aber es kann erobert werden. Etwa durch ein Konzept, das im Ansatz bei fangeführten Klubs existiert, nämlich Besitz durch die beteiligten Sportler:innen, Mitarbeiter:innen und Fans. Jede und jeder kann einen Anteil erwerben, muss aber unabhängig von der Höhe des Anteils nur eine Stimme haben. Das verändert nicht alles. Fans, Mitarbeiter:innen, Sportler:innen stehen unter dem gleichen ökonomischen Druck des Wettbewerbs. Menschen, die deutlich mehr Geld investieren, verfügen dort schnell über viel mehr Einfluss. Um das Überbieten zu bremsen, sind demokratische Produktionsfirmen keine Lösung. Aber sie ermöglichen Gegenwehr und Mitbestimmung. Und in Kombination mit einem neuen Sport als Kunst und Freiheit sind sie als Geldgeber:innen sehr interessant.

Angenommen, eine demokratische Produktionsfirma erschafft gemeinsam eine Liga oder eine ganz andere sportliche Kunstform. Dieses System kommt ohne Verbände und Vereine aus. Alle beteiligten Spieler:innen und Mitarbeiter:innen haben eine Stimme und einen Anteil,

Fans erwerben ebenso Anteile. Immer noch müsste dieser Wettbewerb sich auf dem kapitalistischen Markt neben anderen Wettbewerben durchsetzen. Aber eine genossenschaftliche Produktionsfirma oder etwa eine Stiftung, wo die Anteile nicht verkäuflich sind und Gewinne gespendet werden können, verleiht die Freiheit, den Sport selbst zu gestalten, sie ist nicht von der Doktrin eines Verbandes abhängig. Und sie verleiht Macht. Denn es gibt keinen Grund, innerhalb der Liga sehr ungleich zu verteilen, wenn alle die gesamte Show besitzen. Es geht darum, mit dem gesamten Sportformat zu überleben, es ist also eher interessant, die Schwachen zu stärken. Es bremst das Wettbieten innerhalb der Liga. Interne Ablösesummen sind in diesem Format nicht nötig, weil dadurch am Ende weniger Gelder ausgeschüttet werden. Hohe Gehälter für Spieler:innen sind zumindest schwerer durchsetzbar, wenn die Busfahrer:innen dagegen stimmen. Ein gemeinsames Produkt mit gemeinsamen Gewinnen oder gespendeten Überschüssen lässt Großklubs an Relevanz verlieren.

Allerdings gibt es weiterhin Konkurrenz von außerhalb: Spieler:innen sind auch in diesem Szenario ein limitiertes Gut, denn die Firmen und Formate stehen in Konkurrenz zueinander. Es wird also Stars geben und Verdrängung, es wird eigene Ligen der Reichen geben und Zugpferde, denen man nicht Nein sagt. Die Demokratie stände unter hohem Druck privatwirtschaftlicher Interessen. Dennoch wäre die Verdrängung deutlich kleiner als aktuell. Denn wer eine Fußball-Comedy produziert, braucht nicht die gleichen Leute wie ein mit dem Ball malendes Indie-Polit-Format. Wer Mitbestimmung schätzt, muss sich nicht in der Liga der Reichen mit dem FC Bayern messen. Viele finden ihr Publikum. Das Konzept kann eine weitere Idee ergänzen: Civil Money Councils (CMCs). Wenn sie als gesellschaftliche Arbeitgeberin über Geldsummen verhandeln, bremsen sie Überinvestment – und verhindern, wenn sie die einzige Geldgeberin sind, dass es übermächtige Reiche gibt, die die anderen Projekte unter Druck setzen. Und eine zweite ganz essenzielle Säule in diesem Modell wäre Crowdfunding. Riskante Nischenprojekte, die in CMCs abgeschmettert werden, müssen auf anderem Wege gefördert werden. So hat es der Soziologe Erik Olin Wright in einem Entwurf für demokratischen Sozialismus vorgeschlagen. Auch und gerade solche Ideen, die zu diesem Zeitpunkt keinen gesellschaftlichen Rückhalt haben, sind eine Chance.

▶ Das finanzielle 50+1

Viele Utopien kranken daran, dass sie solche Projektionen in den luftleeren Raum stellen, ohne realistische Debatte, wie man zu diesem Punkt kommt. Was muss konkret verändert werden, an welchem Hebel kann man beginnen? Das ist ganz zentral. Denn Umverteilung reicht wahrscheinlich nicht. Mächtige verfügen über genügend Macht, solche Schritte schnell zu verhindern. Um wirklich etwas zu verändern, ist eine Maßnahme dringend nötig, die schnell für Schnappatmung sorgt, obwohl sie in der menschlichen Geschichte ziemlich oft stattgefunden hat: entschädigungslose Enteignung. Enteignung ist ein brachiales Prinzip, das Menschen immer eines Teils ihrer Lebensleistung beraubt. Einer Lebensleistung aber, die natürlich auf Unterdrückung und Ausbeutung beruht. Oft ist sie eine Frage der Perspektive. Dass Großgrundbesitzer ihrer Sklaven enteignet wurden, Fürstenhäuser in Deutschland auf dem Weg zur Demokratie ihrer Vermögen oder der Adlige während der Französischen Revolution seiner Ländereien, empfinden heute doch nicht mehr ganz so viele als Unrecht oder Raub der Lebensleistung. Denn der Raub geschah vorab. Im Gegensatz zu illegalem Raub geschieht er in perfektem Einverständnis mit allen Regeln der Zeit. Und als Ergebnis verschiedenster Machtkämpfe, die darüber entscheiden, was legal ist. So wie auch die Herrschaft des FC Bayern legal, aber ein Ergebnis von Machtkämpfen ist, zugunsten der Bayern. Enteignung ist immer auch Rückeroberung. Sie hilft oft – und sie kann sehr gerecht sein. Wie, denken Menschen eigentlich, sind wir in eine Welt gekommen, die nicht mehr in erster Linie von Kaisern und Kirche beherrscht wird?

Sie hat Nachteile. Je zersplitterter die Besitzverhältnisse, desto ineffizienter wird die Produktion. Im Fußball kommt die Liebe dazu; die Reichen im Männerfußball sind kompliziert, denn das Fußvolk liebt gerade sie. Eine Zerschlagung des BVB fände unter Fans nie eine demokratische Mehrheit, wahrscheinlich nicht einmal in Gelsenkirchen. So reizvoll es strukturell wäre, etwa die weltweit größten 20 Spitzenklubs zu enteignen, so problematisch wäre es. Wo die Grenze ziehen? Liverpool enteignen und Everton nicht? Allen alles nehmen, bis in die Bezirksligen? Fußball hat gar nicht viel Eigentum, denn das tatsächlich Wertvolle ist die Marke. Stattdessen hat er sehr wohl eines: Besitzer:innen. Menschen, die von sich in Anspruch nehmen, ihnen gehörten Klubs. Konsortien und Staatsfonds, die sie nun besitzen. Und dieser geduldete Raub kann ihnen sehr wohl aberkannt werden. Auch in einer Welt, die Privateigentum über alles liebt.

Auf die deutsche 50+1-Regel wird nicht umsonst weltweit neidvoll geschaut, sie garantiert zumindest ein Minimum an Demokratie. Oft aber ist der reale Einfluss von Fans, Angestellten und Engagierten sehr begrenzt. Aus einem Grund: Sie geben nicht das Geld. Der Löwenanteil des Geldes stammt von Investoren und Konzernen oder aus TV-Einnahmen. Wer das Geld hat, hat die Macht und den Klub völlig in der Hand.

50+1 muss an einer entscheidenden Stellschraube geändert werden. Nicht nur 50+1 bei der Stimmenmehrheit, sondern 50+1 bei der Finanzierung. Mindestens 51 Prozent der Einnahmen einer Produktionsfirma (oder, im bestehenden System, eines Klubs) müssen von Mitgliederbeiträgen und dem, was Fans indirekt beitragen – Merch, Ticketzahlungen – stammen. Sponsoring, TV-Geld oder Investment darf zusammen nur weniger als die Hälfte der Einnahmen ausmachen. Das zieht massiv Gelder aus der Branche. Es befreit gerade kleine Vereine aus der Schraubzwinge von Sponsorengruppen und dem Druck zu schnellem sportlichen Erfolg. Und es macht die Gemeinschaft, die den Klub trägt, zum Machtfaktor. Menschen, die schlicht für schönen Sport da sind, müssen, wenn sie in der Mehrheit sind und für die Mehrheit der Einnahmen sorgen, tatsächlich gehört werden. Natürlich ergibt sich ein ähnliches Problem wie bei der porösen Obergrenze: Im Zweifel sind solche Zahlungen schwer zu kontrollieren. Es kommt aber auf die Interessengruppe an. Sponsoren haben Interesse an Sichtbarkeit, nicht an hoher Zahlung. Wenn sie weniger zahlen sollen für eine ähnliche Sichtbarkeit, werden sie einverstanden sein. Ähnliches gilt für Medienanstalten. Umgehungsaktivitäten dürften dagegen von Einzelpersonen kommen, die Klubs zu ihrem Lebensprojekt gemacht haben, und von Unternehmen, die eng mit einem Klub verbunden sind.

Ein Problem ergibt sich auch für den Fußball der Frauen und die unzähligen Dorfklubs, die wenige Fans haben und extrem von Sponsoring abhängig sind – ohne Alternative können sie den Wegfall nicht kompensieren. Aber vielleicht ist das eher Lösung als Problem. Eine gute Idee hierfür sind die CMCs, die direkte Unterstützung aus gesellschaftlichen Mitteln geben und, wenn gewollt, dafür sorgen können, dass die Nische gut versorgt wird. Und man kann – was angeblich unmöglich ist – Einnahmen von oben fair teilen. Oder Sonderregeln für Investment schaffen. Wenn Sponsoring zwischenzeitlich etwa in anderen Sportarten, im Para-Sport oder im Leistungsfußball der Frauen ohne Grenze erlaubt wäre, würde das ganz direkt und pragmatisch für Umverteilung sorgen.

Und wo Sport als Kunst, ohne Vorgaben von Verbänden und freier betrieben wird, gibt es noch einen Vorteil: schrumpfende Fixkosten.

Eine dezentere Fassung dieser Idee hatte wie so oft der FC St. Pauli. In einem Positionspapier unterscheidet der Verein zwischen originären Einnahmen der Klubs, die dem sportlichen Wettbewerb entsprechen, darunter Sponsoring, Merchandising und Ticketverkauf, und nicht-originären Einnahmen, etwa: staatliche Hilfen ohne Gegenwert, Mäzene und Sponsoring deutlich oberhalb des Marktvergleichs. Diese nicht-originären Einnahmen „dürfen nur in gemeinnützigen Bereichen verwendet werden". Auch das ist ein guter Vorschlag. Die Unterscheidung allerdings ist nicht optimal. Denn das Engagement von Mäzenen und Staatsfonds hat für diese ja auch einen beträchtlichen Gegenwert, wenn auch nicht monetär messbar. Eine moralische Unterscheidung in originär oder nicht-originär steht auf dünnem Eis: Den Verkauf von Badeenten würden die Urväter und -mütter sicher auch nicht als originäre Einnahmequelle des Fußballs betrachten.

Wem aber die andere Idee zu radikal ist, der mag sich erst mal mit einer pragmatischeren Version der Hamburger Idee begnügen: Gelder von privaten Konzernen dürfen nur in gemeinnützige Bereiche fließen. Konzerne dürften investieren, aber nur dort, wo es der Allgemeinheit zugutekommt. Man kann es auch noch einfacher lösen: mit einem Verbot von Werbung. Konzerne könnten dann selbstverständlich weiterhin in den Sport investieren, aber sie bekämen im Gegenzug keinen Werbeeffekt. Und werden entsprechend wenig Anreiz verspüren, ihre Millionen in den Sport zu geben.

Kann man etwas davon umsetzen? Natürlich. Wichtig ist es, einen Dominostein zum Kippen zu bringen. Als England aufgrund fehlender Rentabilität und des Drucks aus der Bevölkerung die Sklaverei verbieten musste, setzte der Staat sich sehr lebhaft dafür ein, dass die anderen Staaten beim Verbot nachzogen. Im eigensten Interesse. Wer den Kampf zu Hause gewinnt, kann sich seinen Gegner zum Komplizen in der Welt machen.

► Weltweit umverteilen mit der Sportsozialkasse

Im Männerfußball schauten sich Joseph Maguire und Mark Falcous 2008/09 für eine Studie 30 Uefa-Ligen an und untersuchten insbesondere Spieler aus Südamerika und Afrika. Die afrikanischen Spieler, stellten sie fest, waren im Schnitt erst knapp 19 Jahre alt, als sie die Heimat verließen. Sie waren viel jünger und billiger als die Südamerikaner – und wesentlich häufiger in schwachen Ligen vertreten. „Die Sporthierarchie reflektiert eine ökonomische Hierarchie", so die Autoren der Studie. Menschenströme im Sport orientieren sich an Geldströmen. Zum Export von Menschen kommt ein kultureller Machtverlust. Wie das Buch „When Sport meets Business" anmerkt, zahlen Staaten wie Thailand, Indien oder Malaysia für die Medienrechte am europäischen Männerfußball ein Vielfaches dessen, was sie für heimische Medienrechte ausgeben. Während umgekehrt die großen europäischen Staaten sehr geringe Summen für ausländischen Fußball zahlen.

Ein Wechsel einer deutschen Spielerin nach, sagen wir, Ghana oder selbst Argentinien, ist unvorstellbar, weil es dort kein Geld zu verdienen gibt. Eine gute heimische Spielerin aus Ländern mit großer Fußballkultur muss ins Ausland gehen, um Profi zu sein. Das ist eine unfassbare Ungerechtigkeit. Und eine verpasste Chance. Wenn es darum geht, Machtverhältnisse zu ändern, darf es nicht darauf hinauslaufen, Sportler:innen davon abzuhalten, nach Europa oder Asien zu kommen. Menschen haben ein ganz fundamentales Recht, dorthin zu wechseln, wo sie sich die größten Chancen erhoffen. Auch und gerade im Sport. Aber man kann Anreize verändern. Einen Vorschlag dazu hat der Sportökonom Wladimir Andreff. Auf einer Konferenz 2003 diskutierte er eine Steuer auf den Wechsel von Spieler:innen. Zum Beispiel: ein Prozent der Transfersumme und des ersten Gehalts. Teurer solle es bei Spieler:innen unter 18 Jahren werden, und massiv teurer, je jünger sie sind. Das ist grundsätzlich eine gute Idee. Entscheidend: Die Gelder, schlägt Andreff vor, sollten an einen Fonds fließen, der in die Sportinfrastruktur des Heimatlandes investiert.

Allerdings kann der Klub oder die Produktionsfirma im Zweifel einfach eine geringere Ablöse und ein niedriges Erstgehalt zahlen, es werden also Spieler:innen aus armen Ländern noch stärker unterbezahlt. Sinnvoller ist ein Festpreis: Die Verpflichtung junger Spieler:innen kostet eine stattliche Strafgebühr. Und wer eine Spielerin aus einem armen Staat verpflichtet, muss eine Solidarzahlung leisten. Unabhängig vom Gehalt der Person, sondern abhängig vom Budget der kaufenden Genossenschaft oder des Klubs. Dadurch wird die Solidarzahlung nicht auf dem Rücken der Spieler:innen ausgetragen. Auch, wenn sie leichte Nachteile auf dem Transfermarkt bekommen.

Vor allem aber müssen diese Gelder sinnvoll fließen. Wo von oben in Infrastruktur investiert wird, geht es fast immer um Prestige. Die teuren Stadien, die China gerade überall auf dem afrikanischen Kontinent bauen lässt, helfen dem lokalen Sport wenig, und häufig bleiben sie halb leer. Viel besser wäre es, wenn die Gelder an eine Art lokalen CMC gehen. Die Zivilgesellschaft vor Ort entscheidet dann, wie sie diese Mittel nutzen möchte. Ob sie überhaupt in den Sport fließen sollen oder in etwas ganz anderes. Man muss die Klugheit der lokalen Masse nicht überschätzen oder sie idealisieren; Korruption, Neid-Konflikte und ein konservatives oder gleichgültiges „Weiter so" sind auch hier unumgänglich. Wichtig wäre also eine unabhängige Institution, die den Prozess begleitet – nicht aus einer anderen Weltregion stammend, sondern im Idealfall bestehend aus regionalen Expert:innen oder Engagierten. Internationaler Austausch tut dabei immer gut, aber wichtig ist eine unabhängige Struktur, in der Menschen vor Ort ihr eigenes Schicksal in der Hand haben. Und nicht den absichtlichen oder unabsichtlichen Machtinteressen anderer ausgesetzt sind.

Weltweite Systeme können nur funktionieren, wenn sie Flexibilität erlauben. Und tolerieren, dass lokale Gruppen Macht erlangen, die vollkommen andere Ziele und Wertvorstellungen haben als vielleicht in München. Ein Problem liegt darin, dass die Solidarzahlung ganz automatisch Anreiz bietet, noch mehr Spieler:innen auszubilden, denn die sorgen schließlich für den Geldfluss.

Hilfreich wäre deshalb noch eine zweite, bedingungslose Form der Umverteilung. Ein gerechter Fußball muss verschiedene Zentren haben statt einem, er muss Bewegungen in alle Richtungen schaffen, nicht nur in eine. Er muss die Macht des Nordens brechen, und die Macht der reichen Zentren. Beziehungsweise, wie so oft: Außenstehende müssen sie brechen, die Funktionär:innen selbst werden sich keinen Millimeter bewegen. Immer mal wieder kommt im Männerfußball die Forderung auf, die großen Klubs sollten kleinere finanziell unterstützen. Kleine Vereine aber sind ebenso oft Orte der Vetternwirtschaft und Korruption, verkrustete Altherren-Klubs wie die Fifa-Gremien. Diese Konstrukte bringen den Fußball nicht voran. Eine direkte Unterstützung selbst gewählter kleinerer Vereine würde zudem eine neokoloniale Verbindung produzieren: Großklubs oder Produktionsfirmen würden die kleinen Vereine als billige Lieferanten von Personal nutzen, und die jeweiligen kleinen Klubs hätten einen enormen Vorteil gegenüber der Konkurrenz auf ihrer Ebene. Direkte Finanzierung führt also zu nichts. Es braucht stattdessen etwas, was vermessen klingt: ein gesamtes, globales Steuersystem für den Sport.

Eine Sportsozialkasse beispielsweise. Es gibt mit der Fifa oder dem Internationalen Olympischen Komitee (IOC) längst eine Errungenschaft, die es in vielen Bereichen noch gar nicht gibt, nämlich ein globales Verteilungssystem. Der Soziologe Stefan Kühl weist in „Le Monde diplomatique" darauf hin, dass die Fifa – im Gegensatz zu den meisten Meta-Organisationen wie Nato oder OECD – beträchtliche Macht über ihre Mitglieder hat, eben weil sie selbst Gelder generiert. Die Fußball-Öffentlichkeit verpasst es nur, diese Verteilung gerecht oder demokratisch zu gestalten. Die Gremien bestehen aus Abgesandten, die oft nicht mal in ihren Heimatländern demokratisch legitimiert sind und dort nicht abgewählt werden können. Es gibt keine demokratischen Sanktionsmechanismen.

Voraussetzung für funktionierende Umverteilung ist ein echtes Parlament. Eines, in das tatsächlich weltweit gewählt wird von allen, die Mitglied in einer sportlichen Gemeinschaft sind oder einen Anteil halten. Kandidat:innen müssen verpflichtet werden, ihren Wähler:innen ein Wahlprogramm zu präsentieren, und es muss mehrere Kandidat:innen zur Auswahl geben. Ganz simple Regeln der Demokratie. Im Gegensatz zum derzeitigen „Ein Mitgliedsverband, eine Stimme" wäre es sinnvoller, nach Bevölkerungszahl zu stufen, damit nicht pazifische Inselstaaten überproportional viel Einfluss erhalten. All das sind Dinge, auf die sich alle, die nicht gerade Fans der Autokraten sind, einigen können sollten.

Ein tatsächlich demokratisches System ist überfällig: Menschen müssten sich für das, was an anderen Orten auf der Welt passiert, verantwortlich fühlen. Im Moment tun sie das nicht. Was schert es den Deutschen, was in Guatemala vor sich geht? Was in Thüringen vor sich geht, schert den Bayern dagegen schon deutlich mehr, es bedroht ja auch seine Demokratie. Und so fühlt er sich zumindest minimal gezwungen, ein wenig umzuverteilen. Ein echtes Sportparlament ist deshalb eine ganz wichtige Voraussetzung, damit internationale Verteilung besser funktioniert.

Selbst in einer neoliberalen Maschine wie der EU ist immerhin ein Diskurs entstanden. Es kann niemandem mehr völlig egal sein, was in Griechenland oder in Ungarn passiert. Liefe die Wirtschaft aber nach EU-Schema, verschärft sie zugleich viele Gräben. Auch deshalb ist es wichtig, nicht einfach nur sportliche Demokratie zu schaffen, sondern die wirtschaftlichen Mechanismen zu verändern, mit einigen der eben vorgeschlagenen Regeln: eine finanzielle 50+1-Regel, Sport als Kunst und Freiheit, demokratische Produktionsfirmen, CMCs, Rückeroberung von Gemeineigentum, also Enteignung, Werbeverbote, ganz neue Formate. Und ein soziales Netz zu errichten, das viele auffängt. Die Sportsozialkasse eben. Die ist ein Beispiel für die berüchtigte Umverteilung, keines für einen neu gestalteten Sport. Aber ohne das eine ist das andere nicht möglich.

Wäre der Sport als freiheitliche Kunst organisiert, bräuchte es weniger teure Profikarrieren. Und wenn der Einfluss von Sponsoren stark begrenzt ist oder Werbung verboten wird, driften die Gehälter weniger stark auseinander. Viele Menschen sind dann allerdings auf andere Einnahmen angewiesen. CMCs und Produktionsfirmen in armen Regionen können das aus ihren Mitteln nicht leisten. Ein solidarisches Umverteilungssystem könnte es. Angenommen, die erfolgreichen Produktionsfirmen zahlen ihre Steuergelder nicht mehr an einen Nationalstaat. Sie zahlen sie stattdessen an andere Sportarten und an kommerziell weniger erfolgreiche Produktionsfirmen. Und zwar weltweit. Geld vom Sport an den Sport. Das macht internationales Teilen, das uns so schwerfällt, womöglich leichter.

Sichtbarkeit ist dabei ein wichtiger Faktor, denn erst durch die Liebe des Publikums erhält Sport seine Legitimation. Es muss nichts gefördert werden, das niemanden interessiert. Zum Beispiel: Ein Sportformat muss eine bestimmte Anzahl an Zuschauer:innen im Jahr haben, um Gelder zu erhalten. Und gemeinschaftlich demokratisch organisiert sein, nachhaltig sein. Oder von einer gewissen Menge an Menschen betrieben werden. Oder eine gesellschaftlich wichtige Aufgabe erfüllen, zum Beispiel Angebote für Frauen, ethnische Minderheiten oder für Menschen mit Einschränkungen oder in Armut schaffen.

Die gewählten Formate erhalten Geld aus der Sportsozialkasse. Zwangsläufig ist es schwierig, zu definieren, ab wann eine Gruppe profitiert, denn nicht jedes Sportprojekt in Äquatorialguinea kann gemeinschaftlich finanziert werden. Eine Grenze zum Beispiel beim Publikumsinteresse wird immer unfair sein, aber irgendwo muss sie gezogen werden. Auch eine Fünf-Prozent-Hürde ist unfair für die, die 4,9 Prozent erreichen. Klug ist es in jedem Fall, eine verlässliche Förderung anzubieten. Wer sie einmal hat, soll über Jahre etwas bekommen, um die Sicherheit zu haben, die vielen Engagierten heute fehlt. In Einzelsportarten könnten Sportler:innen direkt unterstützt werden, und wieder ist es wichtig, dass sich diese Unterstützung nicht nach Medaillen richtet. Sport soll schöner und besser werden, nicht noch schneller, höher und weiter.

Niemand lebt gern von den Brosamen anderer. Im Kapitalismus werden immer die profitieren, die am erfolgreichsten an Bequemlichkeit appellieren. Wer daran etwas ändern will, muss ganz bewusst sichtbar machen. Aktuell gibt es im deutschen Fernsehen kaum etwas zu sehen außer Fußball, und noch weniger ausländischen Sport. Wir müssen darauf drängen, dass sich das ändert. So wie aktuell darauf gedrängt wird, dass mehr sporttreibende Frauen zu sehen sind. Solange es um Kaufen und Verkaufen geht, müssen Sportideen Sichtbarkeit haben, um selbst Geld zu verdienen. Das Schöne aber ist dies: In einem kreativeren Sport mit vielfachen Unterstützungsmechanismen müssen sie das nicht. Sie können sich entscheiden, kleine Gänseblümchen zu sein. Und trotzdem leben.

Und zuletzt braucht es ganz klare programmatische Ziele. So, wie man heute sagt, eine bestimmte Region solle auf nationaler Ebene nicht zurückfallen, braucht es internationale Ideen. Ideen, um ein blühendes Zentrum aufzubauen, zu dem Menschen hingehen, nicht nur abwandern. Ohne Nationalstaat geht das wesentlich besser. Mit ginge es sicher irgendwie auch. Ein von Regierungen unabhängiges Komitee zum Beispiel, das internationale Gerechtigkeit organisiert und vorrangige Weisungsmacht über die Staaten hat. Eine vierte Säule der Macht. Und eine Gewerkschaft, die die Sportsozialsteuer eintreibt. Bestehend aus den Gruppen, die von ihr profitieren. Ein Haken eines solchen Leviathans liegt darin, dass eine einzige Form der Organisation sich anmaßt, für weltweite Zustände eine Lösung zu haben. Aber ohne den Leviathan, sehen wir, funktioniert es nicht. Es muss der Wunsch her, etwas zu erreichen: ein blühendes Zentrum zum Beispiel auf dem Gebiet, das heute Ghana heißt, sofern die Mehrheit dort Lust dazu hat. Eines, wo europäische Spieler:innen sich darum reißen, hinzuwechseln. Und das ihnen sagt: Tut uns leid, wir sind bestens versorgt. Aber vielleicht in einer kleinen Liga nebenan?

► Belohnung nach Voraussetzungen

Einmal haben die Frauen des SC Freiburg die Spielzeit auf dem dritten Platz beendet, 2018 war das. In einer Liga, wo die beiden ersten Plätze praktisch vor Saisonstart schon vergeben sind, wurden sie glückliche Meisterinnen des Mittelstands. Und einmal ist der SV Meppen in die Frauen-Bundesliga aufgestiegen, im Jahr 2020; dann ging es wieder zurück.

Sportliche Verbesserung ist für kleine Vereine ein beträchtliches Risiko. Die wichtigsten Spieler:innen wechseln nach ein, zwei erfolgreichen Jahren zum nächstgrößeren Klub, der Aufbau beginnt von vorn, und neue Einkäufe können Fehlschläge sein. Die Freiburgerinnen stürzten in der Saison 2018/19 auf Platz sieben von zwölf Teams. Auch die SGS Essen kann ein Lied vom Aderlass an die Erfolgreichen singen, zur Winterpause 2021/22 schwebt der Ausbildungsverein knapp über den Abstiegsrängen. Und es sagt viel über die Resignation in diesem System, wenn die als großes Vorbild gelten, die trotzdem jährlich neu aufbauen. Die bisherigen Vorschläge basieren vielfach auf direktem Teilen oder Umverteilung. Was aber, wenn man die Liga per se kritisch hinterfragt?

Mehr Geld für mehr Erfolg: Das ist, als bekämen die besten Schüler:innen auch noch Geld für ihre Noten und könnten sich dadurch einen noch besseren Privatunterricht finanzieren. Wer wirklich gute Leistung belohnen will, muss die belohnen, die *für ihre Verhältnisse* die beste Leistung gebracht haben. Der SV Meppen hat, wenn er mit seinen Frauen in derselben Liga spielt wie der FC Bayern, im Vergleich eine gigantische Leistung erbracht. Er muss dafür endlich angemessen belohnt werden.

Es gibt einen Traum der kritischsten Geister. Und der geht so: Man gebe dem schlechtesten oder ärmsten Team das meiste Geld – dann gleicht sich der Wettbewerb bestimmt aus. Die Sache an schönen Ideen ist, dass zu unterscheiden gilt, ob sie Blütenträume sind oder funktionieren, und unter welchen Bedingungen. Die Idee, dem schlechtesten Team das meiste Geld oder die meiste Unterstützung zu geben, führt bei offenen Ligen dazu, dass die nächsttiefere Liga weniger Chancen hat, aufzusteigen, wenn jedes Jahr schwerreiche Absteiger:innen dazukommen. Noch dazu, wenn in der tieferen Liga selbst auch die Absteiger:innen das meiste Geld erhalten. In England hat man mit den sogenannten Parachute Payments in dieser Hinsicht schmerzhafte Erfahrungen gemacht. Und es bleibt das Problem, dass auch schlechte Arbeit subventioniert wird. Relativ gleiche Budgets im ganzen System wiederum sind zumindest in einem reichen Fußball auch eine schlechte Idee, es sei denn, man will, dass Millionen in der Kreisliga C gezahlt werden.

Es gibt im aktuellen System eine bestechend simple Alternative. Denjenigen belohnen, der besser wird, oder der *für seine Verhältnisse* die beste Leistung bringt. Im Tischtennis und im Schach beispielsweise werden Ranglisten für Spieler:innen angelegt – und wer gegen eine Spielerin gewinnt, die deutlich weiter oben in der Rangliste steht, erhält ordentlich Punkte. Wer gegen eine viel Schwächere gewinnt, bekommt kaum Punkte. Es nützt dem FC Bayern dann nicht viel, wenn er in einer Liga spielt, wo er haushoch überlegen ist, weil er für die Siege kaum Punkte erhielte; eine Niederlage dagegen wird sehr teuer. Der Fußball dagegen belohnt diejenigen, die auf die Schwachen drauftreten, mit immer höheren Geldern. Nicht nur der Blick auf andere Länder, auch der in andere Sportarten kann ihn Grundlegendes lehren. Die deutsche Tabelle der Frauen und Männer kann völlig anders aussehen – und das nicht nur, indem mehr Zufall eingeführt oder Gelder direkt umverteilt werden. Gute Leistung muss angemessen belohnt werden. Veränderungen im Spielsystem selbst sind große Chancen, Sport besser zu machen. Denn wie aktuell im Fußball gerechnet wird, widerspricht jedem Leistungsgedanken. Nicht die mit der besten Leistung, sondern die mit dem teuersten Kader gewinnen.

Im Tischtennis übrigens gibt es neben dem üblichen Wettbewerb noch eine weitere Variante, sogenannte Vorgabeturniere. Schwächere Spieler:innen bekommen dort einen Vorsprung, und zwar bis zu acht Punkte. Das ist etwa so, als würde ein Amateurklub im Pokal gegen den FC Bayern mit einem 8:0 in die Partie starten. Und nur, wenn die Münchner:innen mindestens neun Tore schießen, sind sie weiter. Was im Fußball von den Mächtigen bis aufs Blut bekämpft würde, ist in biederen deutschen Sportvereinen selbstverständlich. Ein Turnier, bei dem jedes Spiel eine Überraschung ist, wo Starke und Schwache gemeinsam und auf Augenhöhe spielen. Für den Fußball muss das modifiziert werden, um ein attraktives Spiel zu sehen, wo der Underdog nicht 90 Minuten mauert. Vielleicht mit einer Zusatzregel: Schießt der Underdog nur ein einziges Tor, hat er sofort gewonnen. Wenn der DFB-Pokal vorgeblich seine eigenen Gesetze hat (obwohl, Überraschung, am Ende doch immer Erstligist:innen gewinnen), dann schon richtig. Zum Beispiel: Den Pokal als Vorgabeturnier, die Liga im bekannten Modus, aber mit unterschiedlich hohen Siegpunkten je nach Ranglistenplatz – siegt Bochum bei den Männern gegen Bayern, gibt es 12 Punkte, umgekehrt nur einen. Das gäbe eine so spannende Meisterschaft wie lange nicht. Oder die Liga wird im Wechsel ausgespielt, ein Jahr mit Belohnung für gute Leistung, ein Jahr im gewohnten Modus, um auch absolute Leistung zu honorieren. Jede Dorfhalle ist progressiver als der Fußball. Er ist schlicht nicht mehr zeitgemäß. Eine neue Berechnung ist überfällig. Und er muss mit deutlich weniger Geld ausgestattet werden. Denn die unsoziale Grundhaltung liegt maßgeblich an einem: dass so viel zu verteilen ist.

Möglich ist zusätzlich auch ein finanzieller Fonds, der fürs Besserwerden belohnt. Alle zahlen ein, und es werden die belohnt, die sich im

Vergleich zur Vorsaison am meisten gesteigert haben. Eine faire Bezahlung in einer Leistungsliga heißt, gute Arbeit zu belohnen, nicht gute Voraussetzungen. Wenn Vereine gestaffelt einzahlen, entstehen zusätzliche Einkünfte für kleine Klubs, denn sie bekommen, gemessen am eigenen Portemonnaie, mehr als die Großklubs zurück. Es wäre also explizit zugunsten ärmerer Vereine – aber eben nicht mit der Gießkanne, sondern an gute Arbeit geknüpft.

Gesetzt den Fall, der SC Freiburg beendet die letzte Saison auf Platz sieben und die neue auf Platz drei, dann haben die Freiburgerinnen für ihre Verhältnisse herausragende Arbeit geleistet. Der Verein erhält aus dem gemeinsamen finanziellen Topf am meisten. Aufsteiger:innen könnten eine festgelegte Summe bekommen, und eine weitere Auszahlung, wenn sie den Klassenerhalt schaffen. Wer nach Verbesserung bezahlt, gibt das Geld nicht immer an dieselben Teams, weil die ihre Siegquote nicht unendlich steigern können. Es wird umverteilt, aber in einem für das Kapital erträglichen Maß. Die Arbeit der Kleinen wird belohnt und gewürdigt. Das geht auch, indem man zum Beispiel den Tabellenplatz in Relation zum Budget abrechnet. Letzteres ist wegen der bekannten Umgehungsmechanismen aber eine weniger gute Variante und funktioniert höchstens, wenn alle Finanzkennzahlen transparent im Netz stehen müssen und aufwändig kontrolliert werden.

Eine strukturelle Schwäche ist diese: Der Entwurf reizt Verantwortliche, hektisch Geld aus dem Fenster zu werfen. Helfen kann, wenn stattdessen im Drei-Jahres-Ranking abgerechnet wird. Die Vereine mit der langfristig besten Entwicklung über diesen Zeitraum erhalten eine hohe Auszahlung. Konstante Arbeit würde damit gezielt belohnt, Trainer:innen erhalten Zeit, etwas aufzubauen. In den unteren Tabellenregionen könnte ein Stabilitätsbonus hinzukommen: Nicht nur Verbesserung, auch langfristiger Nichtabstieg wird belohnt.

Es braucht dafür Sichtbarkeit. Es gibt eine Tabelle für sportliche Leistung, aber keine Tabelle der Teams, die für ihre Verhältnisse die beste Arbeit leisten. Was eine Gesellschaft anschaut und auflistet, ist eine Selbstvergewisserung der eigenen Werte. In dieser Tabelle ständen etwa die Freiburgerinnen oben. Sie könnten eine Trophäe für ihren Titelgewinn in Empfang nehmen. Ganz explizit verändert eine neue Tabelle oder eine alternative Tabelle den Blick. Und lenkt ihn auf die Teams, die wirklich die beste Saison gespielt haben.

► Lohn für Spannung, Geldstrafen für Langeweile

Niemand hat festgeschrieben, dass Fußballvereine für Siege entlohnt werden müssen. Der Fußball hinterfragt nie, dass er Punkte für einen Sieg vergibt. Warum belohnt er gerade den Sieg? Gute Leistung ist Definitionssache. Für manche ist sie die Effizienz eines schmutzigen 1:0, für andere die Schönheit eleganten Spiels in einem doch noch aus der Hand gegebenen 2:3, für Dritte ein spektakuläres, aber qualitativ schlechtes 4:4, für Vierte der Kantersieg.

Ob der Spaß am Spiel belohnt wird, der Wille oder die Ästhetik, ist eine hochpolitische Frage. Und ist dem Menschen überhaupt noch ein Spiel bloß als Spiel vorstellbar, ein Vergnügen ohne Punkte? Was belohnt wird, entscheidet der Fußball selbst. Und es ist eine sehr bewusste Entscheidung. Im 19. Jahrhundert hat der Sport begonnen, das Besiegen in den Vordergrund zu stellen. Aber die Regeln des Entertainments vertragen sich nur schwer mit dem Verdrängungswettbewerb. Fußball als Entertainment will nicht, dass bei den Männern der HSV untergeht. Der Wettbewerb verlangt es aber.

Die ganze Debatte um Traditionsvereine existiert auch, weil es einen Konflikt gibt zwischen Verdrängung und Bindung. Also, warum Siege? Weil diese Art der Steuerung bei Fans, den wahren Geldgeber:innen, so wunderbar funktioniert. Die Ökonomen Chan, Courty und Li vermuten, dass sich das Schema in vielen Sportarten deshalb durchgesetzt hat, weil es die meiste Spannung bringt. Es macht Spaß. Gemeinsame Siege schaffen Bindung. Bindung lässt Menschen mehr Bier kaufen, mehr Tickets, mehr Trikots. Ein System, das den Menschen genau kennt und an dieser Kenntnis verdient. Die Tabelle ist ein konstruiertes Produkt. Und natürlich kann sie ganz anders sein.

Ein uneinholbarer Bieter, nennen wir ihn Amazon, entscheidet sich, mehr zu zahlen, wenn die Liga spannend ist. Vielleicht entscheiden auch ein fernöstliches Konsortium, ein Sportartikelhersteller, die Organisator:innen eines neuen Systems. Oder Fans. Fußballvereine müssen nicht intrinsisch auf den Gedanken kommen, Macht abzugeben, es gibt dann Druck von außen. Natürlich kann dieser Druck auch indirekt durch weniger Interesse kommen. Oft dürfte das aber nicht reichen, denn Menschen, die die Sportschau nicht mehr einschalten, schreiben in der Regel (wenn es nicht gerade um eine WM in Katar geht) keine Briefe, in denen sie erläutern, woran das liegt. Nehmen wir also an, es gibt direkten Druck: Spannung wird belohnt, fehlende Spannung finanziell bestraft. Das schafft eine Motivation, höchstselbst für Ausgleich zu sorgen. Wenn die Sender für eine spannende Bundesliga-Saison nachträglich eine stattliche Summe Geld zahlen, oder es in den Knockout-Wettbewerben für einen überraschenden Wettbewerb mit starken Außenseiter:innen mehr Fernsehgeld an alle Teilnehmenden gibt, verändert das die Dynamik. Denkbar wäre auch, dass die Kleinen stärker für einen spannenden Wettbewerb entlohnt werden. Ajax Amsterdam im Champions-League-Finale oder Europa-League-Finale der Männer bedeutet dann mehr Geld für alle Teilnehmer, die nicht aus den Big-Five-Ligen kommen. Dann lohnt es sich für sie, gemeinsam für einen ausgeglicheneren Wettbewerb zu kämpfen.

Großklubs werden natürlich bei einem Titelgewinn durch Marketing und Sponsoring trotzdem wesentlich mehr einnehmen als auf dem zehnten Platz eines ausgeglichenen Wettbewerbs. Und es würde enormen und konstanten gesellschaftlichen Druck erfordern. Viel besser funktionieren könnte das Schema dort, wo höhere Medienerlöse viel verändern würden: im Frauenfußball. Lohn für Spannung wäre ein Instrument, das sich sehr direkt auf die Politik der Liga auswirkt. Es reicht schon, jedem Verein 500.000 Euro für mehr Spannung zu zahlen, sechs Millionen insgesamt. Oder auch: Zahlungen zu kappen, wenn die Spannung nicht steigt.

Warum nutzen wir diese Macht nicht? Ein Risiko bei zu viel Geld für Spannung sind Absprachen. Beim US-Wrestling aber ist die offensichtliche Inszenierung akzeptiert. Auch so ein Weltfußball ist möglich. Ein Zirkus im besseren Sinne.

► Kein Geld für reiche und undemokratische Klubs

Zuletzt eine kleine Option der Steuerung. So ähnlich fordern es etwa das Bündnis „Zukunft Profifußball" und ein Positionspapier des FC St. Pauli. Klubs, die demokratische Werte missachten, sollten von gemeinsamen Geldern ausgeschlossen werden. Oder auch: Wer in der abgelaufenen Saison eine bestimmte Menge an Geldern aus Sponsoring und Wettbewerb eingenommen hat, wird nicht an gemeinsamen Erlösen beteiligt. Im Frauenfußball sollten Vereine, die an Männerprofiklubs angegliedert sind, von der Verteilung ausgeschlossen werden oder weniger erhalten. Das Geld ginge also wesentlich an untere Ligen, weil die ersten Ligen mittlerweile fast sämtlich von Männerprofiklubs besetzt sind. Und ermöglicht es unabhängigen Frauenvereinen, weiter oben mitzuspielen. Gute Arbeit besteht nicht nur aus Sport. „Zukunft Profifußball" oder Aktive wie Andreas Rettig forderten mehrfach, Kriterien wie Nachhaltigkeit in die Verteilung mit einzubeziehen. Und klug wäre eine Art Fußball-Plus-Eins-Vorgabe: Die erfolgreicheren Formate oder Klubs müssen eine weitere Sportart ihrer Wahl maßgeblich fördern. So entkommt man ein wenig der Monokultur. Es gibt viele konkrete, niederschwellig umsetzbare Revolutionen.

Eines ist aber auch klar: Solche Maßnahmen bedeuten in einem Verdrängungssystem, das auf Herrschaft und Wachstum fußt, immer ein mühsames Ringen gegen kaum zähmbare Kräfte. Würde in der Liga grundlegend anders belohnt oder ein grundlegend neuer Sport aufgebaut, machen die Topklubs eben ihr eigenes Geschäft auf. Solange solche Regeln nicht weltweit gelten, solange es Staaten gibt und diese in Konkurrenz zueinander stehen und solange Klubs immer weiter wachsen müssen, um stabil zu sein, ist der Kampf um Veränderung von Enttäuschung geprägt. Das Wachstumssystem ist in sich nicht reformierbar. Damit wirklich Hebel bewegt werden, müssen wir vor allem um die großen Lösungen kämpfen. Weil sie das Korsett verändern. Das ist nicht vermessen, es macht viele kleine erst möglich.

„Der Fußball erkennt die Gefahr überhaupt nicht"

Interview mit Anna-Maria Hass und Manuel Gaber

Anna-Maria Hass und Manuel Gaber sind aktive Fans, haben beide an der DFL-Taskforce „Zukunft Profifußball" teilgenommen und kämpfen für einen besseren Fußball. Anna-Maria Hass ist Fan und Mitglied des FC St. Pauli, Manuel Gaber engagiert sich in der aktiven Fanszene des SC Freiburg.

Letztes Jahr, als die Pandemie begann, hieß es gern, Geisterspiele könnten die Position der Fans stärken. Eure Reformforderungen

erhielten großen Zuspruch. Dann schauten Millionen Menschen recht zufrieden Geisterfußball, und eure Forderungen sind in der Taskforce ziemlich abgewatscht worden. Verliert ihr gerade an Einfluss?

Manuel Gaber: Anfangs hat man noch sehr deutlich gespürt, dass die Fans im Stadion fehlen. Dann wurde das immer normaler. Als Fans merkten wir sehr stark, dass uns das Stadion als Bühne fehlt. Wir können noch so gute Konzeptpapiere und Argumente haben, aber uns fehlte das Stadion, um Druck aufzubauen.

Was bedeutet das langfristig für Fankultur?

Anna-Maria Hass: Ein Problem wird sein, Nachwuchs zu rekrutieren. Es fehlt eine komplette Saison. Gerade die Ultrà-Kultur lebt auch davon, dass junge Leute mit neuen Ideen dazukommen.

Manuel Gaber: Leute merken dann, dass man an Wochenenden auch andere Sachen machen kann. Wenn es keine großen Reformen gibt, bleiben die Aktiven nicht von einem Tag auf den anderen weg. Aber es kann bedeuten, dass ich mir dreimal überlege, ob ich nächsten Samstag wirklich um fünf Uhr aufstehen will, um von Freiburg nach Paderborn zum Auswärtsspiel zu fahren. Dann gehe ich stattdessen vielleicht jedes zweite Wochenende im Schwarzwald wandern.

Anna-Maria Hass: Keine der in Verantwortung stehenden Personen stellt das System infrage. Ich hörte immer mehr Menschen, die sich fragten, ob sie wirklich zurückkehren würden, wenn das wieder möglich ist. Der Fußball erkennt diese Gefahr überhaupt nicht.

War die DFL-Taskforce „Zukunft Profifußball", an der ihr beide teilgenommen habt, eine Alibi-Veranstaltung?

Anna-Maria Hass: Die Teilnehmer:innen haben das nicht als Alibi-Veranstaltung verstanden. Der allergrößte Teil hatte den Anspruch, etwas zu verändern. Wir fanden sehr positiv, dass es einen guten Austausch gab. Die intransparente Art und Weise, wie der Endbericht zustande gekommen ist, hinterlässt bei uns aber einen faden Beigeschmack.

Manuel Gaber: Wir Fans konnten große Schnittmengen mit Sponsoren feststellen, und in der Taskforce gab es einen Konsens bei vielen Themen. Zum Beispiel bei der Frage: Braucht der Fußball mehr Geld? Nein, braucht er nicht, es geht um die Verteilung.

Gab es wirklich Sponsoren oder Klubvertreter, die Umverteilung wollten?

Manuel Gaber: Bei den Zielen – zum Beispiel, dass die Spannung in der Liga wiederhergestellt werden muss – herrschte insgesamt großer Konsens.

Aber gerade die Frage nach Maßnahmen ist doch der zentrale Streitpunkt.

Anna-Maria Hass: Es ist ein Problem im Fußball, dass viele Teams sich besser einschätzen, als es der Tabellenplatz aktuell hergibt. Es fehlen Leute, die auf das Gesamtkonstrukt schauen.

Manuel Gaber: Auch deshalb finde ich es besonders und cool, dass das bei uns Fans anders funktioniert. Fans kriegen es eher hin, das große Ganze zu sehen – auch Bayern- und BVB-Fans, die sich beispielsweise für eine Umverteilung der Uefa-Gelder aussprechen.

Ihr wollt Umverteilung, die Taskforce empfahl systemerhaltende Maßnahmen und etwas mehr Nachhaltigkeit. Wie macht ihr jetzt weiter?

Anna-Maria Hass: Natürlich müssen die positiven Ergebnisse der Taskforce, zum Beispiel im Bereich Nachhaltigkeit, jetzt schnellstmöglich umgesetzt werden. Diesen Prozess möchten wir begleiten, aber das reicht uns nicht. Am Ende des Tages entscheiden in der DFL die 36 Vereine, entsprechend suchen wir auch weiterhin das Gespräch mit Vereinen und Mitgliedern, um grundlegendere Reformen auf den Weg zu bringen.

Bekommt ihr dabei auch Kritik aus den Fanszenen? Dass ihr euch etwa vor den Karren der DFL spannen lasst, naiv wärt?

Manuel Gaber: Es gibt natürlich gerade im Ultrà-Bereich viele Gruppen, die sagen: Es ist komplett hoffnungslos. Mit denen müsst ihr nicht reden. Ich habe volles Verständnis für Menschen, die sagen: Dieser Dialog mit den Verbänden war in der Vergangenheit nie erfolgreich, warum soll er jetzt erfolgreich sein? Ich habe aber für mich entschieden, dass die Krise und die Zusammensetzung der Taskforce, dieses neue Format, eine unfassbare Chance war. Ich fand wichtig, dass wir dort für unsere Positionen gekämpft haben, auch wenn ich vom Ergebnis enttäuscht bin.

Was muss sich im Fußball am dringendsten ändern?

Anna-Maria Hass: Es wurde ein System geschaffen, in dem immer mehr die Macht des Geldes Einzug gehalten hat und den sportlichen Wettbewerb überschattet. Klar ist es auch ein Wirtschaftszweig, wir sind nicht naiv. Aber der Fokus liegt immer stärker auf dem Geld. Die, die Meister sind, bleiben Meister. Einer der wenigen Wege nach oben sind große Investitionen.

Manuel Gaber: Der zweite brennende Punkt ist die Frage, wie der Fußball in der Gesellschaft agiert. Er verhält sich nicht wirklich vorbildlich. Von der Strahlkraft ist der Fußball mindestens vergleichbar mit einem Dax-Konzern. Die Leute interessiert wahrscheinlich mehr, was der BVB macht, als was Heidelberg Zement macht. An dieser Verantwortung muss er sich messen.

Wie viel lässt sich da reformieren? Ihr habt es angesprochen, es ist ein systemisches Problem.

Manuel Gaber: Das ist eine berechtigte Frage. Selbst in der größten Krise passiert erstaunlich wenig. Aber die Frage ist auch: Welche Erwartungshaltung hat man? Du kannst das System nicht komplett auf den Kopf stellen. Ich glaube schon, dass man mit langsamen Schritten über die nächsten Jahre viel bewegen könnte.

Anna-Maria Hass: Viele unserer Themen wie die gleichere Verteilung von Fernsehgeldern müssten im grundlegenden Interesse von zwei Dritteln der DFL-Vereine sein. Es ist aber ein sehr geschlossenes System, wo wenig gemeinschaftlich an solchen Themen gearbeitet wird. Und wo ist denn der DFB eigentlich? Er wäre in der Lage, da was zu tun. Das wäre ein Ansatzpunkt.

Wie könnte man das erreichen?

Anna-Maria Hass: Eine Mehrheit der Vereine in der ersten und zweiten Liga der Männer sind immer noch Vereine und an die Entscheidung der Mitgliederversammlung gebunden. Von Mitgliedern und Fans gibt es immer mehr kritische Stimmen. Der zweite Blick ist die Frage der Politik. Dem Fußball wird verhältnismäßig freie Hand gelassen. Warum tun Politiker:innen nicht mehr?

Manuel Gaber: Man kann über die Mitgliederversammlung auch den Verantwortlichen den Rücken stärken, sich mehr zu positionieren. Kleine Vereine trauen sich nicht in Konflikte mit den großen. Da eine Veränderung anzustoßen, ist schwierig, kann aber gelingen.

Ihr habt einen großen Vorschlag gemacht, wie TV-Gelder gerechter verteilt werden sollen, und habt das auch durchgerechnet. Der Abstand vom Ende der zweiten Liga der Männer zur Spitze der dritten Liga würde aber größer werden. Ist das ein Problem?

Manuel Gaber: Es ist immer ein Problem, wenn oben unfassbar viel Geld da ist und ein paar Ligen drunter deutlich weniger. Es ist wahrscheinlich nicht die beste Lösung, zu sagen: Man verteilt ganz viel Geld von der ersten Liga in die dritte und vierte um, dann sind da noch höhere Summen unterwegs. Es wäre sinnvoll, massiv viel Geld in den Amateurfußball, an die Basis zu geben.

In der dritten und vierten Liga gibt es extrem viele Insolvenzen. Ihr schlagt vor, gelungene Planung zu belohnen. Wie?

Manuel Gaber: Es gibt schon eine Art Financial Fairplay in der dritten Liga, was im Wesentlichen heißt: Wenn du nachhaltig wirtschaftest, kriegst du Geld aus einem Sondertopf. Das sind erste Schritte. Man kann auch darüber diskutieren, nachhaltiges Wirtschaften über TV-Gelder zu belohnen. Noch wichtiger ist aber, dass man mit einem nationalen Financial Fairplay Rahmenbedingungen dafür schafft, nachhaltiges Wirtschaften ein Stück weit zur Vorschrift zu machen.

Wie steht ihr zu Aufstieg und Abstieg, einem der wichtigsten Antreiber solcher Symptome?

Manuel Gaber: Kürzlich hat ein Wirtschaftsprofessor vorgeschlagen, Aufstieg und Abstieg abzuschaffen. Das kann auf jeden Fall beitragen, das Problem zu lösen, aber dadurch machst du ja vieles kaputt, was den sportlichen Wettbewerb ausmacht. Dass du für deine Erfolge belohnt wirst, dass Sensationen möglich sind. Sportliche Leistung soll sich auch lohnen, das ist Konsens unter Fans. Wenn wir nicht absteigen, kann Freiburg ja immer 17. werden, ändert ja nichts.

Anna-Maria Hass: Ich finde das System von Auf- und Abstieg total wichtig und gut. In den USA gibt es keine Vereine und du kannst nur mit viel Geld überhaupt in die jeweiligen Ligen einsteigen, wenn du ein Team kaufst. Das hat wahnsinnige Auswirkungen auf Fankultur. Außerdem ist es auch wichtig, als Fan träumen zu können. Wenn ich wüsste, wir könnten nie in den Europapokal kommen, würde mir das den Reiz nehmen.

Was ist euch noch wichtig?

Manuel Gaber: Es gibt aktuell in Deutschland Regelungen, die Mehrfachbeteiligungen ein bisschen begrenzen. Aber international gibt es wie mit der City Football Group immer mehr Konzerne, die sich Imperien zusammenkaufen und Spieler und Trainer hin und her schieben. Wir hätten gern eine Regelung, die dagegen agiert. Viele Verantwortliche finden das nachvollziehbar. Sie haben eh kein Interesse, Teil von einem Fußballkonzern zu werden. Ich halte es für einen realistisch umsetzbaren Vorschlag, aber es steht eben nicht auf der Tagesordnung.

Ihr schlagt auch vor, jeder Verein solle sicherstellen, dass Mitglieder angemessene Mitbestimmungsmöglichkeiten haben, etwa durch Fan-Abteilungen. Was bringt das, welche Erfahrungen macht ihr damit zum Beispiel bei St. Pauli?

Anna-Maria Hass: Vor 20 Jahren wurde bei uns die Fan-Abteilung gegründet, weil viel über unseren Kopf hinweg entschieden wurde. Viele Fans waren nicht Mitglieder, weil der FC St. Pauli auch ein Breitensportverein ist. Gerade bei Vereinen, die nicht nur Profiteams haben, macht eine solche Fanabteilung aus meiner Sicht Sinn. Die eine Ebene ist, als Mitglied Rechte wahrnehmen zu können. Die andere ist, dass Fanbelange in einem konstruktiven Klub-Fan-Dialog angesprochen, diskutiert und dann auch berücksichtigt werden. Je Verein kann das anders aussehen. Durch Güte-Kriterien müssen aber gewisse Dinge sichergestellt werden.

Habt ihr Hoffnung, dass es Wandel geben könnte?

Anna-Maria Hass: Das ist bei mir von der Tagesform abhängig. Grundsätzlich sehe und weiß ich aber, dass sich kleine Sachen verändern lassen. Bei St. Pauli natürlich eher als anderswo. Ich weiß, dass ich als Mitglied Dinge, die mir wichtig sind, auf die Mitgliederversammlung bringen kann und somit – wenn die Mehrheit der Mitglieder das auch so sieht – an der grundsätzlichen Ausrichtung des Vereins mitwirken kann. Bei mir waren das die Themen Klimaneutralität und Diversität. Ich sehe, dass auf einer individuellen Vereinsebene sehr viel möglich ist. Ich rede aber genug mit anderen Fans, für die es schon schwierig ist, auf Vereinsebene überhaupt gehört zu werden. Immer wieder hatte ich Zweifel, ob das hier das sinnvollste Engagement ist. Aktuell bereue ich es aber nicht.

Manuel Gaber: Es schwankt auch bei mir ganz stark. Man merkt, dass Fans kleine Erfolge erringen können. Es tut sich in der Krise was, und man hofft, dass man vielleicht an einen Kipp-Punkt kommt, wo mehr Vereine Position beziehen. Gleichzeitig gibt es dann Gegenbewegungen wie die Champions-League-Reform, wo man merkt: Ist zwar ganz nett, wenn wir in Deutschland über Nachhaltigkeit reden, aber wenn auf europäischer Ebene das Pferd volle Kanne in die andere Richtung rennt, ist das auch umsonst. Es ist immer ein Abwägen zwischen Hoffnung und Resignation. Wir haben die Hoffnung noch nicht final aufgegeben.

KAPITEL 5

Neue Ideen für den unterklassigen Fußball

Der unterklassige Fußball ruft stetig nach mehr Geld, doch es gibt im biederen Amateurgeschäft auch ganz grundlegende und radikale Ideen für Verbesserung. Roter Stern Leipzig demonstriert, wie Basisdemokratie und Inklusivität funktionieren können, Barbara Messow von Hansa 07 aus Berlin schlägt unter anderem eine Abschaffung des Profibetriebs vor. Und regionale, geschlossene Ligen könnten den unterklassigen Fußball von einem Geschäftsmodell befreien, das ihm schadet.

„Das ganze Konstrukt Profifußball könnte man abschaffen"

Interview mit Barbara Messow

Barbara Messow ist stellvertretende Vorsitzende beim FSV Hansa 07, der seine Wurzeln im Arbeitersport hat. Seit vielen Jahrzehnten ist der Berliner Verein migrantisch und politisch links geprägt. Er engagiert sich gegen Homophobie, Rassismus und hatte 2019 auch ohne Quote 50 Prozent Frauen im Vorstand.

Du bist Vorsitzende eines Amateurvereins. Wie schaust du von unten auf den Profifußball?

Die Zuschreibungen an den Fußball sind krass. Ich kriege diese Heilsversprechen jetzt bewusster mit. Der Fußball muss alles für die Gesellschaft können, aber gleichzeitig ist er ein Wirtschaftszweig. Das geht nicht zusammen. Wenn ich sozialpolitisch ganz viel erreichen soll, dann darf ich nicht funktionieren wie ein Unternehmen. Weil es mir dann am Ende doch darum geht, Profite zu machen. Man muss die ganze Funktionslogik des Fußballs ändern. Die Community stärken, ein lokaler Akteur sein, der sich für bestimmte Dinge einsetzt und im Idealfall Leuten vor Ort die Möglichkeit gibt, sich zu engagieren. Das funktioniert ab dem Punkt nicht mehr, wo es nur noch darum geht zu gewinnen, anderen die Spieler:innen wegzunehmen, mehr Geld als die anderen auszugeben.

Was genau müsste sich verändern?

Wahrscheinlich sollte man die komplette Aufmerksamkeit runterfahren. Vielleicht könnte man den Profifußball auch abschaffen. Viele Leute teilen diese Forderung wahrscheinlich nicht. Das ganze Konstrukt Profisport ist, finde ich, nicht mehr zeitgemäß. Das System ist komplett falsch, wenn es immer darum geht, Dinge zu verkaufen, statt einfach auf den Sportplatz zu gehen und Spaß zu haben, seine Freund:innen zu treffen. Und dann fängt man eben bei den Fünfjährigen mit Auswahltraining an. Man müsste viel strenger trennen für die Leute, die einfach Spaß haben wollen. Diese scheinbare Durchlässigkeit nach oben sorgt dafür, dass alle weitermachen in diesem Rattenrennen.

Das heißt, du bist für zwei völlig getrennte Systeme?

Ich glaube, man müsste die, die Fußball aus anderen Gründen machen, abkoppeln von denen, die es für den Profit machen. Ich habe mich schon gefragt, warum ich nicht in einer Freizeitliga spiele. Im Endeffekt mache ich ja nichts anderes. Theoretisch könnte ich natürlich mit meinem Verein auch in die Bundesliga aufsteigen, aber das ist ja Quatsch. Die Verbände richten alles auf die Durchlässigkeit nach oben aus, aber eigentlich sind die Vereine hier alle ein Fall für die Freizeitliga.

Solltet ihr euch dafür in einen eigenen Verband abkoppeln?

Das könnte ich mir schon vorstellen. In der Hoffnung, dass es immer mehr Vereine gibt, die Bock darauf haben. Ob man wahnsinnig viele finden kann, weiß ich nicht, aber vielleicht würde man ganz neue Leute ansprechen, die die normalen Vereine und Verbände blöd finden. Die ihre Liebe zum Fußball neu- oder wiederentdecken. Mein Eindruck ist aber, dass die Gruppe der progressiven Kritiker:innen gar nicht so groß ist. Viele wollen einfach spielen. Ich habe versucht, mir ein Plenum bei Hansa vorzustellen. Auf unserer Mitgliederversammlung waren aber von tausend Mitgliedern gerade mal 35 anwesend. Wenn wir ein Plenum hätten, würden wahrscheinlich nur drei Leute kommen. Ob das so ein Zugewinn an Selbstorganisation wäre, weiß ich nicht. Aber Fußball losgelöst von der Fifa, das wäre schon schön. Man wäre freier in der Ausrichtung.

Fühlst du dich als Amateurin vom DFB vertreten?

Relativ wenig. Wir sollen jetzt alle unsere Ergebnisse online eingeben und am besten noch Liveticker anbieten. Bei unseren Spielen ist aber niemand außer uns dabei, wer soll da noch tickern? Und wer soll den Ticker verfolgen? Es interessiert vielleicht unsere verletzten Spieler:innen, die aber bekommen es im Zweifelsfall auch anders mit. Die Vorschläge, das Produkt attraktiver zu machen, finde ich nicht zielführend und nicht an unseren Bedürfnissen ausgerichtet. Und dann schaffen sie es nicht mal, in ihrer tollen App zu gendern.

Was wünschst du dir für die Zukunft?

Es ist insgesamt zu viel Geld im System. Obwohl viele da oben eben auch nicht wahnsinnig viel Geld haben. Wenn ich daran denke, dass ein Amateurtrainer, der als Spieler Profi war, jetzt nichts übrig hat und davon abhängig ist, im Amateurbereich unter der Hand schwarz zu kassieren. Das kann eigentlich auch nicht sein. Ich finde es gut, dass bei Hansa nur Trainer:innen eine Aufwandsentschädigung erhalten, was aber leider selbst in der Männer-Bezirksliga eine Ausnahme ist. Es ist ruinös, dass im Amateurbereich gezahlt wird. Ich habe eine Abneigung gegen so ein System. Aber eine viel bessere Idee habe ich auch nicht. Wahrscheinlich braucht man einen Fußballsozialismus.

„Im Amateurfußball ist so viel Innovation möglich"

Interview mit Conrad Lippert

Conrad Lippert ist Sprecher bei Roter Stern Leipzig, einem Verein, der 1999 von linken Jugendlichen gegründet wurde. Der Verein versteht sich als „kulturpolitisches Sportprojekt" und wurde mehrfach für sein Engagement ausgezeichnet. Er ist basisdemokratisch organisiert.

Roter Stern Leipzig ist ein Verein, der viele Dinge anders machen will. Was ist euch wichtig?

Wir sind ein Breitensportverein. Mir ist es also ein Anliegen, dass wir möglichst viele Sportarten anbieten und vor allem auch Frauen und Mädchen stärker einbinden. Ich finde es beispielsweise nicht hinnehmbar, dass Mädchenteams 300 Kilometer fahren müssen, um Gegnerinnen zu finden. In Sachsen müssen wir uns außerdem mit ziemlich verkrusteten Verbandsstrukturen herumschlagen. Für Antidiskriminierungsarbeit in der Breite gibt es kein Verständnis, zwar für Rassismus, aber nicht für Transphobie, nicht für Frauenförderung. Ich bin ein großer Freund davon, dass Leute das Ruder in die Hand nehmen und ihren Verein neu gründen. Ich bin tatsächlich ziemlich satt vom Profifußball, stehe lieber bei einem Amateurklub an der Stange und trinke ein Bier für zwei Euro, als ins Stadion zu gehen und mir diesen ganzen Wahnsinn zu geben.

Der Amateurfußball funktioniert aber im gleichen Systemkorsett. Er professionalisiert sich.

2009 hatten wir knapp 400 Mitglieder, mittlerweile sind es 1.500. Dadurch müssen wir einfach zentrale Stellen im Verein entschädigen, Ehrenamt ist gar nicht mehr möglich. Wir setzen eine halbe Million im Jahr um. Du bist dem ökonomischen Druck ausgeliefert, ansonsten bedrohst du die Liquidität und die Gemeinnützigkeit.

Hat der Profifußball, wie er ist, eine Zukunft?

Nach Marx hat sich das Geschäft verselbstständigt, es steht kein Gegenwert mehr dahinter. Ich glaube, dass das eine ziemlich große Blase ist. Ich will das jetzt nicht mit der Immobilienkrise vergleichen, aber es ist keine Einlage da, die Vereine sind verschuldet. Über kurz oder lang kann das auch mal einen Zusammenbruch nach sich ziehen.

Ihr habt euch trotz der alternativen Ausrichtung entschieden, im Verband zu bleiben.

Dadurch, dass wir der Stachel im Fleisch sind, haben wir die Möglichkeit, bei Verbänden etwas einzufordern. Da sind wir immer noch ein Stück weit Avantgarde. Du kannst natürlich deine eigene Liga gründen. Es gibt ja auch Freizeitligen, die eine eindeutige politische Ausrichtung haben. Aber ich finde es gut, wenn Leute langfristig in den Verbänden mitarbeiten, weil du dich ja neben der ganzen Scheiße, die da passiert, auch einbringen kannst. Wir haben in vielen Verbänden vertraute Leute. Ich bin absolut dafür, da reinzugehen und das aufzubrechen.

Wie genau funktioniert Basisdemokratie bei euch?

Es gibt einmal pro Woche ein Plenum, zu dem jede und jeder hinkommen kann. Es wird so lange diskutiert, bis es einen Konsens gibt. Ansonsten wird eine Entscheidung verworfen. Im Regelfall kommen 15 bis 20 Leute, aber wenn Winterpause ist, sitzen da auch mal nur fünf bis sechs. Das ist halt schade bei einem Verein mit 1.500 Mitgliedern. Wir versuchen, die Leute zu animieren, aber du kannst sie nicht zwingen. Darüber hinaus gibt es drei wichtige Dinge. Erstens: das Imperative Mandat – wenn ich Scheiße baue, kann ich jederzeit abberufen werden. Zweitens: ein suspensives Veto – ich kann nichts verhindern, sondern muss mich darum kümmern, dass es besser gemacht wird. Drittens: ein Vier-Augen-Prinzip. Keine Person darf eigenmächtig entscheiden. Das hat immer ganz gut geklappt. Teilweise wurden AGs gegründet, wir wollen ja für die Leute Handlungsautonomie schaffen. In den letzten Jahren gab es aber ein Problem mit dem Wachstum des Vereins.

Inwiefern?

Es ist halt nicht mehr so Selbermachen- und Punk-mäßig, es kommen mehr Sichtweisen dazu. Und problematischer: Weil wir so viel Geld umsetzen, sind wir angreifbar. Die AfD stellt sowieso tausend Anfragen und kriegt immer noch Schützenhilfe von der CDU. Die würden uns gern die Gemeinnützigkeit aberkennen, deshalb brauchen wir eine einheitliche Außenwirkung. Wir müssen die Finanzen sauber halten. Das führt zwangsläufig dazu, dass man mit seinen Handlungen nicht immer bis zum Plenum warten kann. Man muss auch in den sozialen Medien reagieren. Dadurch ist zwar Basisdemokratie schon noch vorhanden, aber trotzdem existiert auch eine klassische Vereinsstruktur. Es funktioniert letztlich, weil das hier ein linker Verein ist und viele Leute bereits in anderen basisdemokratischen Strukturen Erfahrungen gemacht haben und Mitsprache und Transparenz einfordern. Selbst die etabliertesten Vertreter:innen kann man hart angehen, das schätze ich. Es kommt auch darauf an, wie man sich aufstellt. Es geht mit 200 Leuten besser als mit 1.500. Im Profifußball wäre es nicht möglich.

Ihr habt einen recht hohen Frauenanteil. Wie gelingt euch das?

Wir haben einen Frauenanteil von etwas über einem Drittel, damit sind wir schon besser aufgestellt als die meisten. Aber natürlich ist viel Luft nach oben. Seit drei Jahren haben wir die Gruppe FemPowerment. Bei uns gab es auch immer schon Sexismus-Diskussionen. Bei unseren Fans ist das auch angekommen, die gehen nicht nur zur ersten Herrenmannschaft, sondern auch mal zum zweiten Frauenteam am Kleinfeld. Es ist ja ein Stück weit linke Utopie, dass es sich von selbst klärt, dass man solidarisch miteinander ist und gemeinsame Kämpfe kämpft. Deshalb bin ich erst mal gegen eine Quote. Aber wir sind der einzige Verein, der festschreibt, dass das Präsidialamt auch immer von einer Frau begleitet werden muss. Das finde ich ganz gut, obwohl es eine populistische Variante ist.

Und wie ist die soziale Durchlässigkeit?

Roter Stern war eigentlich ein absoluter Kartoffelverein. Nach der Flüchtlingsbewegung 2015 haben wir jetzt einen eigenen Sporttreff aufgemacht, dadurch liegt der Migrant:innenanteil zumindest in zwei Teams bei über 60 Prozent. Die Einbindung über Klassengrenzen hinweg funktioniert bei uns sehr gut. Wir machen auf Mitgliedsanträgen eine Leerstelle, sodass Eltern, die Kohle haben, das Training für die nicht so gut Aufgestellten finanzieren. Leipzig wird ja gentrifiziert, und die Eltern aus dem grünen Mittelstand sind bereit, mehr zu zahlen. Das deckt viel. Dass wir auch Barrieren abbauen, macht mich persönlich stolz. Wir haben eine anonyme, empathische Beratung. Ich bin selbst Unterschichtskind, bei mir in der Familie gab es auch keinen Sportbezug. Was bei uns dagegen sehr wenig auf dem Schirm ist, ist das Feld Inklusion. Jetzt kommt das allmählich, auch das Feld Reha-Sport. Schwule und Lesben sind bei uns eigentlich sehr selbstverständlich dabei. Man kann nach außen natürlich immer schön pöbeln als linker Verein, aber natürlich gibt es auch in unserem Verein Sexismus und Homophobie.

Was wäre dein Wunsch für einen utopischen Fußball?

Zuerst mal wünsche ich mir eine Stärkung der Demokratie und nicht mehr so SED-Ergebnisse. Ganz utopisch gesehen fände ich es klasse, wenn Personen aller Orte, Herkunft, Orientierungen zusammen auf dem Platz stehen, fair organisiert. Wenn jemand Bock auf Wettkampfbetrieb hat, macht man halt eine Wettkampfsektion auf, aber grundsätzlich soll es schön durcheinandergehen, sodass man sich wohlfühlt. Das Wettkampfgleichgewicht muss schon über eine straff geführte Organisation laufen, aber Regeln könnte man natürlich demokratisch verhandeln. Aktuell gibt es immer neue Regeln vom Verband, die jeder blöd findet, aber man muss sie befolgen. Dabei ist gerade aus den Amateursportvereinen viel Expertise da, da ist so viel Innovation möglich. Ich glaube, dass die Fußballblase irgendwann mal platzt, und dass die Leute aufwachen und ihren eigenen Scheiß machen. Vereine neu gründen, regional agieren. Von selbst ändert sich nichts, dafür sind die ökonomischen Verhältnisse zu erdrückend.

Teufelskreis und Pyrrhussieg: Probleme der Kleinen

Es gibt einen Teufelskreis im kleinen Verein. Wie er abläuft, hat Christoph Bretschneider in einer anonymen Befragung nacherzählt; dort berichteten kleine Fußballvereine von ihrem wirtschaftlichen Gebaren. Oft war nicht ein Aufstieg, sondern ein Abstieg der Auslöser für mehr Investment. Dafür wurde erst mal die Führungsebene ausgetauscht. „Es schließt sich ein Wirtschaftsrat oder ein Kreis von Sponsoren, Förderern und Gönnern zusammen, die entweder selbst über finanzielle Möglichkeiten verfügen oder über die notwendigen Kontakte zu den Geschäftsleuten der Umgebung.“ Dieses sogenannte Expertengremium bestimmt jetzt plötzlich die Geschicke des Klubs, nicht mehr Leute von der Basis. Und die Expert:innen wollen nach oben. Um weiter Geld von den rettenden Sponsoren zu bekommen, ist der Verein auch auf schnellen sportlichen Erfolg angewiesen. Und das bedeutet: so bald wie möglich aufsteigen. Gleichzeitig erringt der Klub einen Pyrrhussieg; seine Mitglieder spüren, wie das, was ihn einst ausmachte, zerfällt.

In der Befragung klagen die Verantwortlichen, dass die neu geholten Spieler keine Bindung zum Verein hätten. Dass die Geselligkeit verlorengegangen sei und der Druck auf den Trainer der ersten Herren immer größer werde. Selbst in der Kreisliga. Weil die Vereine aber zugleich felsenfest überzeugt sind, als Vertreter der Stadt X müsse man schon mindestens Liga Y spielen, ignorieren sie die Folgen und machen sich völlig abhängig von den Forderungen der Geldgeber. Es gibt in der Untersuchung nur einen Verein, einen Kreisligisten, der sich dem System widersetzt. Er zahlt der ersten Herrenmannschaft kein Geld, hat dadurch mehr Mittel für die Jugendarbeit, ist unabhängiger vom Erfolgsdruck und betont stärker das Gemeinschaftsgefühl. Es komme aber oft zu familiären Konflikten, weil so viel Zeit fürs Ehrenamt draufgehe, so Bretschneider. Er resümiert: Angesichts der Verhältnisse „bleibt wenig Hoffnung, dass der untersuchte fünfte Verein eine echte Alternative bzw. ein echtes Modell für die Zukunft sein kann".

Einer der wichtigsten Gedanken wurde im vorangegangenen Kapitel schon genannt: Gerade die kleinen Vereine müssen aus der Abhängigkeit von lokalen Sponsoren und deren Erfolgsfantasien befreit werden, aber auch denen ihrer eigenen Leute. Zum Beispiel mit der finanziellen 50+1-Regel, Sport als freiem Kunstformat, Solidarzahlungen, mit einem von CMCs statt Sponsoren finanzierten Sport und einem Werbeverbot. Es gibt aber auch viele weitere Ansätze, die speziell dem unterklassigen Fußball helfen können.

► Die Plakette für Amateurvereine

Amateurvereine nennen sich zwar mit Stolz Amateure, sind es meist aber überhaupt nicht. Viele bezahlen schon ganz unten ihre Spieler (von Spielerinnen kann keine Rede sein), und oft am Finanzamt vorbei. Eine Umfrage unter mehr als 10.000 Fußballer:innen durch die ARD, unterstützt vom gemeinnützigen Recherchezentrum Correctiv und veröffentlicht Anfang 2022, hat die Bezahlkultur im Amateurfußball erstmals so umfangreich untersucht. 60 Prozent der befragten Männer zwischen 18 und 39 Jahren gaben dabei an, fürs Fußballspielen in einem Amateurverein schon einmal Geld erhalten zu haben. Nach einer Hochrechnung der angegebenen Summen auf ganz Deutschland sollen im Beispielmonat Oktober 2020 allein 100 Millionen Euro im Amateurfußball geflossen sein, die Hälfte davon schwarz. Noch in der Kreisliga wurden 36,4 Prozent der Spieler bezahlt.

Der Soziologe Tim Frohwein schlägt deshalb eine Art Plakette gegen die Verwirtschaftlichung des Freizeitsports vor. Er fordert, wie etwa 2020 die „Süddeutsche Zeitung" schildert, dass möglichst viele Amateurvereine sich zusammenschließen und eine Selbstverpflichtung unterschreiben, ihren Spieler:innen nichts zu bezahlen. Das könne dann von einer unabhängigen Organisation mit einem Gütesiegel ausgezeichnet werden. Eine Art Auszeichnung für das Amateurwesen. Er habe darauf viele interessierte Rückmeldungen bekommen. In einem anderen Interview räumt Frohwein allerdings selbst ein, dass es etwa ab der Bezirksliga der Männer ohne Bezahlung nicht mehr gehe. Die Plakette richtet sich an den Hobbyfußball ganz unten.

Dass es Plaketten für nicht ökonomisierten Fußball geben soll, ist schon ein Ausweis kapitalistischer Absurditäten. Und ein eher homöopathischer Hebel. Eine Plakette wird keinen Verein von seinen Aufstiegsträumen abhalten und nicht den Druck des Abstiegs mindern. Ihre Wirkung dürfte deshalb eher gering sein. Sie wäre vorwiegend ein Instrument, um einen Kulturwandel im Kleinen zu fördern, ähnlich den Nachhaltigkeitssiegeln für ökologische Kriterien. Und könnte idealerweise mittelfristig Sichtbarkeit für die jeweiligen Vereine und einen Diskurs zu erzeugen. Wie beim Ökosiegel ist es dann die Entscheidung der Menschen, was sie kaufen. Das reduziert die wirtschaftlichen Verhältnisse auf persönliche Konsum-Entscheidungen, eine derzeit beliebte Lösung. Dann sind Menschen schuld, nicht Mechanismen. Sportlicher Erfolg wird in einem System, das nur darauf schaut, das reizvollere Argument bleiben. Aber die Plakette schafft zumindest eine Wahl.

▶ Geschlossene regionale Ligen

Der Auf- und Abstieg ist es, der im unterklassigen Bereich maßgeblich die Summen in die Höhe treibt. Und er ist ein Heiliger Gral. Niemand will ihn antasten, keine Verantwortlichen, keine Spieler:innen, keine Fans. Die (vermeintliche) Durchlässigkeit, hört man stets, sei ein Kern des europäischen Sportsystems. Mag sein. In einem System, wo im Wesentlichen Kaufkraft bewertet wird und nicht sportliche Leistung in Relation zu den Möglichkeiten, ist der Auf- und Abstieg allerdings ein Desaster. Wer nicht zurückfallen und verschwinden will, muss nämlich immer mehr ausgeben. Dabei wäre dieses Problem, das so viel von dem zerstört, was gerade lokale Klubs ausmacht, auch im bestehenden Wirtschaftssystem leicht zu lösen. Indem man geschlossene regionale Ligen gründet.

Wozu überhaupt die offenen Ligen? Die meisten Klubs haben langfristig sowieso nichts davon, sondern kreiseln immer nur zwischen denselben zwei oder drei Ligen, für immer mehr Geld. Die Abhängigkeit von den Geldgeber:innen, die sie tatsächlich oder angeblich dort oben hin bringen, zerstört ihre Demokratie, und der Profitgedanke zerstört ihr Vereinsleben. Die Erfahrungen einiger wilder Ligen dagegen zeigen: In geschlossenen Systemen gehen die Klubs solidarischer miteinander um, weil die Verdrängung geringer ist; je mehr Ligen im Unterbau, desto mehr treten soziale Werte in den Hintergrund.

Eine Existenz ohne Auf- und Abstieg hat Nachteile. Fabian Fritz, der an der Universität Hamburg zu Demokratie im Sportverein und fangeführten Klubs forscht, sagt im Gespräch für dieses Buch: „Die Idee regionaler Ligen, die ohne Auf- und Abstieg auskommen, finde ich relativ interessant. Aber mir fehlt die Zuversicht, dass das eine breite Mehrheit unter Fans findet. Selbst die, die sich sonst für ganz andere Themen interessieren, sprechen über nichts anderes, wenn ein Auf- oder Abstieg droht." Eindrückliches Beispiel für die Probleme geschlossener Systeme sind die US-amerikanischen Minor Leagues, die oft als reine Ausbildungsligen fungieren und niemanden interessieren. Worauf hofft man, wenn man nicht aufsteigen kann?

Regionale Ligen sind aber dann klug, wenn sie einen Kompromiss eingehen. Beispiel: Ein Abstieg nach unten ist möglich, aber kein Aufstieg nach oben jenseits des Regionalen. Das erhält den Reiz des durchlässigen Systems, indem es etwa drei regionale Ligen gäbe, also der letzte Platz nicht egal ist. Aber es verhindert auch den Geltungsdrang großer Investoren, weil sie eben nicht mehr in die Männer-Bundesliga aufsteigen können. Nicht mal theoretisch. Nicht mehr funktionieren würde es etwa ab der fünften Liga der Männer, wo gestrandete Erstligisten von anno dazumal sitzen und den Profifußball in Reichweite glauben. Im Frauenfußball wären geschlossene regionale Ligen auch klug, aber aktuell chancenlos, weil der Effekt offener Ligen – mehr Verdrängung, mehr Investment, spielerische Verbesserung – von fast allen gewünscht ist. Und kaum jemand sie anschauen würde. Dabei wäre ein freier, vom Profifußball abgekapselter Frauenfußball oder All-Gender-Fußball eine sehr interessante

Alternative. Er brächte Vereine hervor, die sich deutlich wahrscheinlicher um die Community vor Ort kümmern und eine Bindung aufbauen, die unabhängiger von Konzernen sind oder leichter neue Regeln einführen können. Community Clubs im besten Sinne, aber nicht Klubs der Männer, sondern aller. Und das kann dazu führen, langsam wachsen zu lassen, was jenseits des Männerfußballs fehlt, nämlich echte lokale Bedeutung. Und damit Publikum. Auch jenes, das des Fußballs da oben überdrüssig ist.

► Ein besseres Financial Fairplay

Das Financial Fairplay (FFP) ist ein Liebling vieler. Es besagt sehr grob, dass ein Klub für seinen Spielbetrieb nicht mehr ausgeben darf, als er durch eigenes Wirtschaften einnimmt. Das soll vor Insolvenzen schützen – im deutschen Männerfußball vor allem eine Krankheit der unteren Ligen – und gleichzeitig vor der Macht einzelner Investorenklubs. Die Ökonomin Nadine Dermit-Richard, die das FFP ausführlich untersucht hat, bilanziert für dieses Buch: „Das FFP ist eine effektive Methode, um gegen wirtschaftliche Verluste und damit Insolvenzen zu kämpfen." In Frankreich existiert schon seit 1990 das sogenannte DNCG, wie Dermit-Richard schreibt. Dabei geht es allerdings nur um die Solvenz der Klubs. Die französischen Männerklubs dürfen also Verluste machen und gegen das Financial Fairplay verstoßen – und erfüllen weiter die nationalen Vorgaben. „DNCG hat schlechtes Management der französischen Klubs nicht verhindert", bilanziert sie im Jahr 2017. Und fordert einheitliche europäische Regeln.

Allerdings sind Insolvenzen oft gar nicht das Problem, jedenfalls nicht in der Hinsicht, wie Fans das häufig glauben. Der Sportökonom Daniel Weimar, der unter anderem analysierte, wie viele deutsche Männerklubs bis zur fünften Liga tatsächlich insolvent gingen – 124 Vereine seit 1994 –, stellte fest, dass kaum einer davon verschwand. „Sportvereine sind Repräsentanten der Region. Egal ob Politiker, Banken, Kommunen, Investoren, all die Geldgeber – niemand will der Totengräber eines Vereins sein, der das Aushängeschild einer ganzen Region ist", sagte er in einem Interview mit dem „Tagesspiegel". In einem anderen Interview kritisierte er: „Sponsoren, Fans und Investoren belohnen Misswirtschaft immer wieder mit zusätzlichem Kapitel." Fans irren sich meist, wenn sie sich sorgen, dass ihr Klub verschwinden könne. Im Gegenteil, Steuerzahler:innen und die Privatwirtschaft kommen für die Versäumnisse der Klubkonzerne auf. Der Sportökonom Egon Franck schreibt in einem Aufsatz zum FFP: „Wenn Geld wie Manna kommt, verursacht das Verschwendung und Vergeudung."

Das Financial Fairplay ist also unnütz, um den Lieblingsklub vor dem Untergang zu retten, denn er verschwindet sowieso nicht. Es dient eher der Gesellschaft: damit die nicht ständig die Klubs rettet. In der dritten Liga der Männer gibt es mittlerweile einen sinnvollen Anfang eines Financial Fairplay, bei dem Klubs, die einen finanziellen Überschuss erzielen und ihr angepeiltes Finanzergebnis erreichen, aus einem Topf belohnt werden. Dazu kann man das FFP noch um einen weiteren disziplinierenden Passus ergänzen. Weimar schlägt vor, dass die Übertragung von Startrechten auf Nachfolgevereine ausgeschlossen wird. In Niedersachsen sei das schon geschehen. Damit können Vereine nicht einfach durch Insolvenz günstig reinen Tisch machen und unter anderem Namen weitermachen.

Mehrere Wissenschaftler bilanzieren, dass die Einführung des FFP auf Uefa-Ebene tatsächlich einen Effekt hatte. Jan Pieper schreibt in „When Sport Meets Business": „Zum ersten Mal in jüngerer Zeit wachsen Einnahmen stärker als Gehälter." Für Demokratie und gleicheren Wettbewerb, das zweite große Argument, hilft es dagegen nichts. Das Financial Fairplay der Uefa hat Investorenklubs nicht davon abgehalten, zu investieren, und verlässlich kamen die Großen davon. Der organisierte Sport hat kein Interesse, die reichsten Investoren zu verprellen – zahlen soll nur das Klub-Prekariat aus Rumänien. Das so geschickt benannte Fairplay ist kein Fairplay. Es geht nicht darum, Hierarchien zu stürzen. Sondern darum, mehr Fokus auf Profite statt Risiko zu lenken.

Egon Franck bilanziert, dass Sponsoren zudem weiterhin ganz legal sehr viel in einen Klub investieren können, nur eben in Infrastruktur oder Nachwuchs, nicht direkt in die erste Herrenmannschaft. Für Investoren mit nachhaltigen Ambitionen sei das sogar sinnvoller. Und dann gibt es den berechtigten Einwand, dass das Financial Fairplay auf höchster Ebene die Hierarchien einfriert. Der Sportökonom Stefan Szymanski befürchtet „eine Form von Klassensystem im Sport, wo die Aristokraten nie herausgefordert werden". Die Fans von „Zukunft Profifußball" fordern daher unter anderem eine Erheblichkeitsschwelle bei Einnahmen, damit kleine Vereine nicht die Verlierer des FFP seien und der Kontrollaufwand sinkt. Doch der Begriff Fairplay hat einen grundlegenden Denkfehler. Eine Quelle, nämlich Investoren, wird als „finanzielles Doping“ und „nicht marktgemäß“ gebrandmarkt, während etwa eine Vielfalt an Sponsoren als selbstverständlich gilt. Wer aus einer wirtschaftsschwachen oder ländlichen Region kommt und daher von einem Einzelnen subventioniert wird, verliert beim Financial Fairplay. Starke Regionen gewinnen. Das FFP behauptet, unfaire Teilnehmer:innen zu sanktionieren und gleichere Bedingungen zu schaffen. Aber die Start-Bedingungen bei Sponsoring sind alles, nur nicht gleich.

Das FFP wird keine Lücken schließen. Es muss, wenn man es haben möchte, richtig begründet werden: Es geht nicht darum, ein angebliches finanzielles Doping zu unterbinden, sondern darum, dass die Gesellschaft zumindest nicht ständig für verantwortungslose Konzerne blechen muss. Um vor allem kleine Klubs demokratischer zu machen, kann eine bravere Variante der finanziellen 50+1-Regel helfen. Joachim Lammert, Sebastian Björn Bauers und Gregor Hovemann schreiben in „Die 50+1-Regel im deutschen Profifußball“: Klubs sollen verpflichtet werden, dass ihre Ausgaben nur noch bis zu einem bestimmten Prozent aus Mitteln stammen, die ein einzelner Geldgeber direkt oder indirekt zur Verfügung stellt. Er darf den Etat nicht allein oder größtenteils stemmen. Das könnte auch auf kleine Vereine ausgeweitet werden. So lässt sich vermeiden, dass, wie bei vielen Amateurklubs, der Hauptsponsor, der oft zugleich auch Präsident ist, so massiven Einfluss ausübt wie aktuell. Und es ist überfällig, das Doppelamt aus Geldgeber und Präsident grundsätzlich zu verbieten. Viel undemokratischer geht es nicht.

▶ Fallschirm-Zahlungen beim Abstieg

Die Zahlungen, deren englischer Begriff „Parachute Payments“ wesentlich eleganter klingt, gibt es im englischen Männerfußball. Abgestiegene Klubs erhalten dabei zusätzliches Geld und sollen so vor allzu heftigen finanziellen Problemen geschützt werden. Eine Studie von 2018 von Rob Wilson und Kollegen, in der die Folgen aus zehn Jahren untersucht wurden, stellte allerdings fest, dass diese Zahlungen ziemlich unerwünschte Nebenwirkungen hatten: Der Wettbewerb in der zweiten Liga wurde dadurch immer unausgeglichener. Die Klubs mit Fallschirm-Zahlungen hatten eine doppelt so hohe Wahrscheinlichkeit, in die Premier League aufzusteigen. Und im Schnitt holten sie fünf Punkte mehr. Wilson und Kollegen kommen aber auf eine kluge Idee: Sie fordern, Klubs künftig vor die Wahl zu stellen, ob sie diese Zahlungen haben möchten –

und im Gegenzug sollen sie fünf Punkte abgezogen bekommen. Das könnte sie in finanzieller Not helfen, sich abzusichern, verschafft ihnen aber keinen sportlichen Vorteil mehr.

Kristoff Reichel schlägt in seinem Buch über Managementstrategien im Frauenfußball von 2020 außerdem vor, einen „ligaweiten Sicherheitsfonds" zur Verhinderung von Insolvenzen einzurichten. Und finanziell gefährdeten Vereinen langfristige Kredite vom Verband zu gewähren. Auch das birgt Gefahren. Vor allem die, dass Großklubs sich aus der Pflicht genommen fühlen und ihren Frauen noch weniger zahlen, denn der Verband rettet ja im Zweifel. Solche Kredite und Sicherheitsfonds müssen also mit einem Zusatz versehen werden: Sie gelten nur für Vereine, die nicht an einen großen Männerklub angegliedert sind.

▶ Das Ende der Ablösesummen

Das Ende der Ablösesummen hat ausgerechnet der einstige Wettbewerbskommissar der EU, Mario Monti, gefordert. Es geht dabei also, wie man sich denken kann, nicht um einen gerechteren Fußball, sondern um Kosteneinsparung. Monti forderte ein außerordentliches Kündigungsrecht für Spieler:innen. Nach Ablauf einer Kündigungsfrist von sieben Monaten sollen sie den Verein ablösefrei verlassen können. Dann werde einfach eine pauschale Summe für den Vertragsbruch gezahlt. Je mehr Freiheiten aber Spieler:innen haben, desto häufiger müssen Klubs sich deren Willen beugen. Das wird die Gehälter in die Höhe treiben. Die bei Ablösen eingesparten Gelder würden im aktuellen System vermutlich bloß in Gehälter fließen. Hilfreich wäre die Idee indes aus moralischen Gründen. Die Gewerkschaft FifPro betont, dass es große Probleme für Spieler:innen durch das Transfersystem gebe. Oft wird medial darüber berichtet, wie ein männlicher Topspieler seinen Verein erpresst. In vielen unbeachteten Fällen ist aber das Gegenteil der Fall, gerade in kleineren und unterklassigen Ligen. So berichtet FifPro, dass viele Spieler gegen ihren Willen zu Klubs verkauft werden; in Serbien beklagten dies erschreckende 82 Prozent der befragten Spieler, in der Schweiz, Dänemark und Ecuador immer noch über 40 Prozent. Wer jederzeit kündigen kann und nicht zu dem Klub gehen muss, der die höchste Ablöse zahlt, gewinnt ein beträchtliches Maß an Freiheit. Und die Gehaltsunterschiede zwischen Spitzenspieler:innen und den anderen, so vermuten in einer Untersuchung von 2003 Feess und Mühlheußer, würden sinken.

Die echten Amateur:innen

Viel war hier die Rede davon, warum noch mehr Geld den unteren Ligen nicht weiterhilft, ja, eher kontraproduktiv ist. Es gibt jedoch Gruppen im Fußball, die das Geld wirklich brauchen. Frauen jenseits der Bundesliga etwa sind oft nicht mal in der Lage, Auswärtsfahrten, Ausstattung, Trainer:innen und Verpflegung zu finanzieren. Sie können wegen fehlender Gelder nicht aufsteigen oder müssen freiwillig absteigen; und im Gegensatz zu den Männern handelt es sich um ganz basale Betriebskosten. Überaus interessant ist, dass den Amateurfußball-Fürsprecher:innen Frauen überhaupt nicht in den Sinn kommen, wenn sie Umverteilung zu „unseren redlichen" Amateuren fordern. Dabei sind die Frauen selbst in der zweiten Liga schlechter versorgt als viele Kreisligisten der Männer. Das gilt umso mehr für die anderen Sportarten, die immer weiter im Schatten des Fußballs versinken. Schon mit 0,1 Prozent von Werders Werbeeinnahmen könnte, so das Regionalmagazin „buten un binnen", eine Zweitliga-Saison im Frauen-Volleyball finanziert werden. Und noch einmal schärfer ist die Diskrepanz gegenüber dem Sport all jener, die als Menschen mit Behinderung bezeichnet werden. Erst seit 2019 erhalten paralympische Athlet:innen bei der Topteam-Förderung so viel wie die olympischen Kolleg:innen und nicht mehr nur ein Achtel davon, so die Zeitung „nd". Weiterhin gebe es im Behindertensport aber kaum Profis. Es fehle an Förderstellen und an Sponsoren. Auch der sogenannte Behindertensport ist bei der Glorifizierung von Amateur:innen und der Umverteilungsdebatte völlig unsichtbar. Und niemand wandert aus Protest dorthin ab.

Wenn über Amateure gesprochen wird, sind meist nur männliche Fußballer gemeint. Die wirklichen Amateur:innen sind andere. Unter welchen Bedingungen sie spielen, wissen die wenigsten. Daniela Ließem kann aus eigener Erfahrung über den Amateurfußball der Frauen sprechen. Sie war viele Jahre dort aktiv, hat verschiedene Vereine kennengelernt – und wegen des harten Amateurdaseins aufgehört.

„Wir müssen endlich aus der Haut fahren"

Interview mit Daniela Ließem

Daniela Ließem spielte für den VfL Bochum und den SV Berghofen in der zweiten Liga. Die Kinderkrankenschwester hat mit 29 Jahren ihre Laufbahn beendet, weil sie die Karriere nicht mehr mit dem Schichtdienst vereinen konnte.

Viele Leute wissen kaum etwas über die zweite Liga der Frauen. Unter welchen Umständen wird da gespielt, trainiert – und was kann man da verdienen?

Wir sind mit Berghofen 2020 ungeplant in die zweite Liga aufgestiegen. Davor habe ich mit dem VfL Bochum in der zweiten Liga gespielt, das kann man überhaupt nicht vergleichen. Berghofen ist ein kleiner Verein, da verdient fast keine was. Es gibt ein paar Spielerinnen, die eine Aufwandsentschädigung bekommen, aber keine verdient mehr als 250 Euro im Monat. In Bochum gab es schon ein paar Vertragsspielerinnen, ich zählte dazu. Aber das sind Peanuts; für das, was wir da gekriegt haben, steht kein Mann in der zweiten Liga morgens auch nur auf. In Bochum waren die Bedingungen besser als in Berghofen, auch wenn es schlecht endete.

Ihr wurdet vom VfL Bochum fallengelassen. Das passiert Frauenteams immer wieder.

Wir haben übers Internet erfahren, dass sie die Frauenabteilung schließen wollen. Dabei waren wir ja Lizenzspielerinnen. Der VfL war mein Arbeitgeber. Sie wollten uns ganz raushaben, haben aber dann megaviel Gegenwind bekommen. Wir haben medial viel aufgewirbelt, wir durften dann nachher auch keine eigenen Pressemitteilungen mehr rausgeben. Die Frauenabteilung ist dort jetzt eigenständig, musste aber aus der zweiten Liga zwangsabsteigen und spielt in der Regionalliga. Obwohl wir sehr erfolgreich waren. Durch die Frauen-WM hat Bochum sehr viel Geld bekommen; dafür brauchten sie eine Frauenmannschaft – und dafür waren wir ihnen gut genug. Aber als der VfL finanzielle Probleme hatte, waren ihnen die 25.000 Euro für die Frauen zu viel.

Die finanziellen Lücken in der zweiten Liga sind riesig. Wie wirkt sich das aus?

In Berghofen hatten wir nicht immer einen ganzen Platz zum Training zur Verfügung. Wir mussten uns den mit der zweiten Mannschaft teilen. RB Leipzig macht das sicher nicht. Man kann dann ganz anders taktisch trainieren. Wenn man zweimal am Tag trainieren kann, hat man eine ganz andere Physis. Und wenn man sich die Saison 2020/21 anschaut: Wir haben die Liga trotz Corona zu Ende gespielt, weil der DFB das so wollte. Niemand hat uns gefragt. Bielefeld und wir durften aber lange Zeit gar nicht trainieren, die anderen schon. Wir hatten also ein paar Wochen, die anderen Monate Vorbereitungszeit. Das ist Wettbewerbsverzerrung. Als wir darum gebeten haben, abends zu spielen, hat der DFB das verweigert. Das würde es bei den Männern nie geben. Bei einem guten Kreisligisten der Männer verdienen die Spieler mehr als ich in der zweiten Bundesliga. Das ist Wahnsinn.

Wie ist diese Liga denn für euch machbar, wenn ihr parallel arbeitet und studiert?

Im Studium ging das noch ganz gut, weil man sich die Zeit einteilen konnte. Dann arbeitete ich im Schichtdienst, das war eine absolute Katastrophe. Ich musste außerdem im Kopf auf so vielen Hochzeiten tanzen. Ich bin Kinderkrankenschwester auf der Intensivstation und muss da funktionieren. Ich will aber auch auf dem Platz funktionieren. Ich möchte erfolgreich sein, sonst kann man in dieser Liga nicht spielen. Die Belastung war also sehr hoch. Es gab immer wieder Spielerinnen, die aus diesen Gründen aufgehört haben. Ich habe nach der Saison 2020/21 die Karriere beendet, mit 29 Jahren. Mein Dienst lässt es nicht zu, dass ich immer die Leistung bringe, die ich möchte. In einer Spätdienstwoche verpasse ich drei Trainingseinheiten. Wenn ich aber diesen Aufwand betreibe, möchte ich nicht auf der Bank sitzen. Keine Fußballerin der Welt kann mir erzählen, dass das nicht todesanstrengend sei.

Einige Frauen sind über den Aufstieg in die zweite Liga gar nicht so begeistert.

Das war bei uns auch so. Einige fragten: Was sollen wir da oben mit so viel Aufwand? Fußball ist für die Knie ein absolut harter Sport. Wenn ich aber keine Vertragsspielerin bin, bin ich nicht über die Berufsgenossenschaft (BG) versichert. Ziehe ich mir einen Kreuzbandriss zu, fehle ich bei der Arbeit, das bezahlt mir kein Mensch. Und ohne BG bekomme ich eben keine Physio der Topklasse; dann fehle ich länger, dann rutsche ich ins Krankengeld und verdiene weniger. Ich setze mich einer permanenten gesundheitlichen Gefahr aus.

Was muss sich ändern?

In Deutschland haut keine Spielerin auf den Tisch. Wir sagen: Ja, das ist schon doof, aber wir sind ja so wahnsinnig froh, dass wir spielen dürfen. Frauen in anderen Ländern kämpfen so viel und wir gucken nur zu. In England und Spanien ist die mediale Präsenz der Frauen unfassbar hoch. Die schließen Millionenverträge ab, stecken das Geld in Nachwuchs und Gehälter. Wenn ich durch ganz Deutschland mit Bildern von Nationalspielerinnen liefe, da wüsste kaum jemand, wer die überhaupt sind. Der DFB sagt: Die finanzielle Umverteilung zwischen Männern und Frauen sei verbandsrechtlich kompliziert. Ja gut, dann lassen wir's halt. Wir tun immer so, als ob Gleichstellung wahnsinnig wichtig ist, aber wir leben das nicht. Wir müssen lauter werden. Leise hat es in der Geschichte noch nie funktioniert.

Gibt es unter Spielerinnen Debatten darüber?

Da wird sich schon mal drüber unterhalten, aber es kommt nicht viel dabei rum. Wir waren zum Beispiel ultrasauer, dass wir die Saison trotz Corona durchpeitschen mussten. Aber einfach zu sagen: Wir treten nicht an, das traut sich keine. Ich wünsche mir von einem großen Verein wie Bayern München, dass die sagen: Nee, wir machen nicht mit. Die Kleinen wiederum wollen rebellieren, können sich das aber nicht leisten. Denn am Ende des Tages geht es ums Geld. Immer.

Was müsste sich konkret in der zweiten Liga ändern?

Man könnte überlegen, dass Erst- und Zweitligisten der Männer ihre Lizenz nur kriegen, wenn sie Frauenfußball betreiben. Wenn wir insgesamt mehr Präsenz haben, mehr Sponsoring, TV-Gelder, und das in die Infrastruktur geht, hilft das der zweiten Liga.

Solche Übernahmen bringen Geld, erzeugen aber auch Abhängigkeiten.

In unserem kleinen Verein haben sich die Männer einen Bus gemietet, als wir aufgestiegen sind, haben gegrölt und Fahnen geschwenkt. Das hätte ich in Bochum im Leben nicht gesehen. Kleine Vereine schaffen mehr Stolz. Alles ist sehr familiär, man hat einen krassen Rückhalt im Verein und in der Region. Aber auch bei Großklubs wie Arsenal oder Barcelona scheint es viel Zusammenarbeit zu geben. Man hat den Namen, man wird populärer. Andererseits besteht die Gefahr, dass der Rückhalt nicht da ist.

Wer sich dem Männerfußball angleicht, bekommt auch die gleichen Probleme. Schon jetzt gibt es durch den TV-Vertrag große Differenzen zwischen der ersten und zweiten Liga der Frauen in England. In der Spitze werden allmählich einige wenige Spielerinnen sehr reich.

Viele mögen den Frauenfußball, weil er nicht so kommerziell ist. Und vielleicht landet man genau da, wo die Männer sind. Aber ich kann mir in meiner Utopie nicht vorstellen, dass wir jemals so groß werden wie das Geschäft der Männer. Meine Vorstellung ist, dass mindestens die erste und zweite Liga vom Fußball leben können. Das reicht ja schon. Nicht knapp, sondern vernünftig.

Wenn es um Verteilungskämpfe in Deutschland geht, geht es beim Thema Amateure nur um Männer, nie um Frauen. Warum sind tiefere Frauenligen gar nicht auf dem Schirm?

Die oberen Ligen werden ja schon kaum gesehen. Und viele untere Ligen der Frauen kann man sich fußballerisch nicht anschauen, das sage ich selbst. Wir sind noch nicht an dem Punkt, wo das attraktiver Fußball ist. Es wird schon nicht an oben gedacht, warum an unten?

Müssen sich Frauen stärker organisieren?

Ich habe das Gefühl, das Gemeinschaftliche ist noch gar nicht da. Dass wir Frauen von oben bis unten kämpfen sollten. Es ist eigentlich eine Frechheit, dass Männer-Amateure sagen: Hallo, uns geht es so schlecht, kann uns mal jemand bemuttern? Und wir sagen: Wir machen noch acht Jobs nebenbei, aber wir sind ja stark und unabhängig, wir schaffen das schon. Das ist so eine deutsche Mentalität. Wir müssen endlich aus der Haut fahren.

KAPITEL 6

Schubladen abschaffen, neue Schubladen aufmachen: die Quote

Die Quote etwa für Frauen oder People of Color ist auf dem Weg, liberaler Konsens zu werden. Sie schafft nachweislich Machträume und Sichtbarkeit, reduziert Vorurteile. Sie wirkt. Aber sie hat auch gravierende Fehler: Viele Gruppen und Faktoren ignoriert sie, darunter den größten Ausschlussfaktor: die Armut. Lautere Gruppen profitieren, und Unterdrückung wird nicht abgeschafft, sondern die Spitze bunter. Die Quote sortiert zudem ewig in die Schubladen, die sie abschaffen möchte.

Wer hat sie?

Weltweiter Quotenschlager ist die Frauenquote. Es gibt zum Beispiel paritätische Listen, da müssen die Parteien unter ihren Kandidat:innen 50 Prozent Frauen aufstellen. Oder reservierte Sitze, dann ziehen Frauen automatisch ins Parlament ein. Oder es gibt parteiinterne Ämterquoten wie bei den Grünen. Quoten gibt es aber je nach Land auch für benachteiligte Ethnien, Religionen oder Milieus. Und bisweilen gibt es ganze Repräsentationsparlamente: In Uganda sind Parlamentssitze reserviert für Frauen, Jugend, Militär, Arbeiter:innen und Menschen mit Behinderung.

Wie steht es im Fußball mit Quoten?

Wer glaubt, der Fußball greife nicht durch Quoten ein, irrt. Es gibt in den meisten Fußballnationen schon immer Quoten, die niemand bedenkt. Nämlich gegen ausländische Spieler:innen. In der neuen japanischen Frauenliga WE League etwa darf jeder Klub nur fünf Ausländerinnen haben, in China und Japan gilt bei den Männern dasselbe. Auch deutsche Männerklubs müssen mindestens zwölf deutsche Lizenzspieler unter Vertrag haben; in Frankreich, Spanien, Italien und England gibt es vergleichbare Regeln. Im europäischen Frauenfußball hatten laut Uefa 2018 mehr als die Hälfte der Nationen Quoten gegen Ausländerinnen. Extreme Beispiele weltweit sind der portugiesische Frauenfußball, wo zehn Spielerinnen pro Team auf dem Platz lokal ausgebildet sein müssen. Und der mexikanische Frauenfußball: In der MX Femenil durften 2018 laut ESPN überhaupt keine im Ausland geborenen Fußballerinnen spielen. Dann gibt es noch kurioses Zurechtbiegen: Tunesien etwa wertet Ägypter, Libyer und Algerier als Einheimische; ansonsten sind nur drei Ausländer pro Team erlaubt. Diese Heimatquoten stören niemanden. Bei anderen Quoten dagegen, zum Beispiel Quoten für FLINTA* (Frauen, Lesben, intergeschlechtliche Menschen, nicht-binäre Menschen, trans Menschen und agender Menschen), Menschen mit Behinderung oder Menschen of Color wird regelmäßig protestiert, denn wahres Talent müsse sich durchsetzen.

Seit wann gibt es Quoten im Sport?

Schon der Arbeiter-Turn- und Sportbund (ATSB) hatte in den 1920er-Jahren eine Frauenquote und einen rein weiblich besetzten Frauenausschuss. Die Quote ist also keineswegs eine neue Idee, sondern im Gegenteil im deutschen Sport mindestens hundert Jahre alt. Auch im Frauenfußball gab es oft diese Debatte. Der norwegische Fußballverband hat seit Ende der 1980er-Jahre eine Frauenquote. Einige Verbände wollen sich nun auch eine Jugendquote auferlegen, umstritten ist sie nicht. Ob Quoten als fortschrittlich oder repressiv gelten, hängt mithin vor allem davon ab, um wen es geht.

Wie ist die Situation im deutschen Fußball?

Die Führungsschicht erinnert an DDR-Parteiführungskader. Je höher die Position, desto weißer und männlicher wird es. Meist mit Schlagseite nach rechts. 2017 waren nur 3,7 Prozent der Führungspositionen im europäischen Fußball mit Frauen besetzt. Ein DLF-Bericht von 2019 schätzt den Anteil von Menschen mit Migrationshintergrund in Aufsichtsräten, Sportgerichten und Vorständen im Fußball weit unter zehn Prozent. Präsenz von Schwarzen Menschen, trans Menschen oder Menschen mit Behinderung in Führungspositionen ist verschwindend gering oder überhaupt nicht vorhanden. Und 2019 hatten erst 95 Frauen im DFB die A-Lizenz erworben – im Gegensatz zu 4.730 Männern. Fangruppen sind oft ähnlich homogen. Mit der sozialen Durchlässigkeit dagegen ist es komplizierter. Der günstige, niedrigschwellige und beliebte Männerfußball ist einerseits extrem durchlässig, zunehmend auch der eher bildungsbürgerliche Frauenfußball. Ehrenamtler:innen kommen aber vorwiegend aus wohlhabendem und gebildetem Milieu. Und steigende Kosten, steigender organisatorischer Aufwand für die Eltern, steigende Ansprüche machen es für Kinder aus armen Familien wieder schwerer.

Was verändert sich aktuell?

Der niederländische Fußballverband KNVB hat sich im Dezember 2020 als einer der ersten Fußballverbände der Welt umfangreiche Regeln für Diversität auferlegt. So sollen bis 2030 mindestens 14 Prozent aller Mitarbeiter:innen einen „nicht-westlichen Migrationshintergrund" haben; aktuell sind es nur zwei Prozent. 20 Prozent der Führungspositionen sollen von Frauen besetzt sein, 30 Prozent Frauen im Vorstand sitzen und 15 Prozent des Vorstandes aus ethnischen Minderheiten bestehen. Darüber hinaus hat der Verband eine Ansprechstelle für queere Mitarbeiter:innen aufgebaut, möchte Barrieren für Angestellte mit körperlicher Einschränkung abbauen und allerlei mehr. Und er führt eine Version der aus dem US-Sport stammenden Rooney-Regel ein: Bei allen Vorstellungsgesprächen muss mindestens ein:e Vertreter:in einer ethnischen Minderheit eingeladen werden. Deutschland ist von alledem weit entfernt; die Initiative „Fußball kann mehr", die im Mai 2021 unter anderem 30 Prozent Frauenanteil in Führungspositionen und Aufsichtsräten forderte, biss sich am Widerstand des DFB die Zähne aus.

Ein Fortschritt mit Tücken

Die Quote ist ein Kind dieser Zeit. Sie ist eine der am meisten diskutierten Veränderungen in vielen Branchen und eine jener Veränderungen, die dann oft tatsächlich kommen. Denn viele Player, von politisch links bis wirtschaftsliberal, von globalem Unternehmen bis zur Aktivistin, halten sie für einen Fortschritt. Gleichzeitig ist sie eines jener Instrumente, die, abgesehen vielleicht vom Gender-Sternchen, die größte Empörung wecken. Im europäischen Fußball stoßen Quoten-Forderungen auf massive Widerstände. In der Breite der Gesellschaft dagegen sind wohl die Frauenquote und zunehmend auch Quoten für Menschen mit Migrationsbiografie oder People of Color auf dem Weg, liberaler Konsens zu werden. Was aber können Quoten?

Dass die Widerstände im Sport so groß sind, ist zunächst nicht weiter überraschend. Anders als die anderen Künste, die traditionell ein liberales Image haben – Malerei, Musik, Theater, Film, Zirkus; auch, wenn das oft nicht mit der Machtkultur korrespondiert –, ist Sport rechtslastig. Viel stärker als anderswo geht es um Kampf, Dominanz, Überlegenheit, um Sieg und Gehorsam. Viel länger wurde etwa Frauen, trans Menschen und Arbeiter:innen die Teilhabe verwehrt. Anders als „schwule" Kunst, die ständig Mehrdeutigkeiten zulässt, ist Sport voll vermeintlicher Eindeutigkeit. Und wenn man sich fragt, warum der Sport gesellschaftlichen Entwicklungen so oft hinterherhinkt, ist das eine Antwort. Schnell und bereitwillig machte sich der bürgerliche Fußball zum Transportmittel von Nationalismus und Männlichkeit, und er wuchs auf diesen Schwingen. Eine Stammesgesellschaft und ihre Riten, immer auch ein Versprechen darauf, dass sich nichts ändert. Der Verein ist ein schwer beweglicher Kosmos, der bewusst und unbewusst immer dieselbe Klientel in seine Führungszirkel lädt. Jahrelange Verbundenheit zählt mehr als Qualifikation, und gute Beziehungen zu herrschenden Zirkeln sind für Vereinspräsident:innen unerlässlich. Auch das selektiert Menschen aus. Solche, die keine gesellschaftliche Macht haben, keinen einflussreichen Job oder sich nicht nach herrschenden Normen ausdrücken können. Die positive Seite des Vereinswesens ist eine bemerkenswerte Solidarität. Die Kehrseiten sind Wagenburg-Mentalität und auffälliges Schweigen bei Missbrauch und Autoritarismus.

Eine Quote holt in diesem Kosmos andere Menschen hinein, wenn die Branche selbst es nicht schafft oder verweigert. Und darin liegt tatsächlich eine emanzipatorische Macht. Gut organisierte Stimmen können die Machthabenden gewaltig unter Druck setzen, Themen und Hierarchien werden neu ausgehandelt. Menschen reduzieren einander nachweislich weniger auf Äußerlichkeiten, je mehr sie mit verschiedenen Vertreter:innen einer vermeintlich homogenen Gruppe zu tun haben. Vorurteile schwinden. Und Verpflichtung wirkt besser und schneller als mühsamer Kulturwandel. Vor allem im Zentrum der Macht. Immer soll eine Quote nicht nur neue Menschen in Machtpositionen bringen, sondern auch etwas für die Vielen ändern, Vorbilder schaffen. Im Sport, und nicht nur da, wächst die Teilhabe von unten. Die Basis war fast immer schon sehr durchmischt. Und je höher auf der Karriereleiter – Trainer:innen, Manager:innen, zuoberst Verbandschef:innen – man schaut, umso homogener wird es. Ohne Kämpfe ändert sich das bestenfalls langsam, im schlechteren Fall gar nicht. Das ist eines der besten Argumente für eine Quote. Eine Vorschrift, dass mehr Frauen im Amt zu sein haben, bringt sehr effektiv mehr Frauen hinein. Und macht ihre Anwesenheit im Idealfall so selbstverständlich, sodass die Quote irgendwann überflüssig wird. Doch dieses wirksame Instrument hat auch Untiefen.

Minderheiten sind zunächst mal keine per se besseren oder progressiven Menschen. Sie werden zur Auflösung von Machtstrukturen, aber auch gewissermaßen als Vertreter:innen eines Standes ins Amt beordert: Sie sollen das Leben ihrer Leute besser machen. Nur ist das eine ziemlich grobe Vereinfachung. Viele Frauen in Fußballverbänden sind keine Feministinnen, arabische Scheichs in der Fifa kämpfen nicht gegen Rassismus, und auch Politiker:innen mit Migrationshintergrund schließen knallhart die Grenzen. Machtgefälle und ökonomische Motive sind komplizierter als eine vermeintliche Standessolidarität, wirtschaftliche Zwänge und individuelle Einflüsse sind hoch. Wenn jede Bürgerin, die den sozialen Aufstieg geschafft hat, sich für Arbeiter:innen einsetzen würde, gäbe es längst keine Klassengesellschaft mehr, aber Unterdrückung löst man nicht mit Personalpolitik. Überproportional viel Aufmerksamkeit wird derzeit darauf verwendet, eine bunte Spitze zu kreieren, statt konkret das Leben der Vielen zu verbessern. Oft werden in der Debatte Chancengleichheit und Wandel verwechselt. Eine Quote bringt mehr Chancengleichheit. Und sie bringt auch eine Chance auf Veränderung. Wenn trans Personen im Vereinsvorstand sitzen, steigen die Chancen, dass trans Spielrecht im Verein ernster genommen wird, dramatisch an; wenn mehr Nichtweiße im Vorstand sitzen oder mehr

Menschen aus prekären Verhältnissen, setzen sie sich im besseren Fall stärker für die Bedürfnisse dieser Mitglieder ein. Aber eine Weltsicht, die Menschen auf einen Splitter ihres Wesens reduziert, schafft auch eine simplifizierende, oberflächliche Kultur. Sie reduziert einen Menschen implizit ständig auf ein Themengebiet. Und wo Personen so stark für ihre Hautfarbe oder ihr Geschlecht gefeiert werden, schwindet der Blick darauf, wer nun eigentlich für welche Inhalte steht. Verbänden oder Konzernen wird es damit relativ leicht gemacht, konservative Kräfte in ihren Gremien zu platzieren und dafür noch Applaus zu bekommen, solange die Neuen unter die richtigen Diskriminierungskriterien fallen. Die ehemalige Verlagsgeschäftsführerin der „Bild"-Gruppe, Donata Hopfen, die 2022 als erste Frau DFL-Chefin wurde, ist dafür sicher nicht das letzte Beispiel.

Ehrenamt muss man sich leisten können

Die höhere Durchlässigkeit, die die Quote erstreitet, ist bedeutend. Dass die Spitze durchlässiger wird, ist besser, als wenn gar nichts durchlässiger wird. Dass nur ein paar der Neuen dort oben sich für Marginalisierte einsetzen, ist besser, als wenn es niemand tut. Gleichzeitig neigt die Quote dazu, strukturelle Probleme zu übersehen. Es gibt handfeste ökonomische Gründe für Ausschluss, auch im Fußball. Ehrenamt zum Beispiel ist im Kapitalismus etwas, was man sich leisten können muss. Menschen, die in zwei prekären Jobs parallel arbeiten, landen eher nicht dort. Menschen, die keine Arbeit haben, haben andere Sorgen, als Bälle aufzupumpen. Auch Mütter landen eher nicht dort. Eine Studie des Familienministeriums zu Frauen und Führungspositionen im Sport stellte fest, dass männliche Präsidiumsmitglieder fast alle verheiratet waren. Von den Frauen war es nur knapp über die Hälfte, und viele hatten keine Kinder – ein arbeitsintensives Ehrenamt und ihre Kümmer-Rolle in der guten alten Familie waren für viele nicht vereinbar. Je höher der Zeitaufwand und je länger die Amtsdauer, desto mehr schrumpfte der Frauenanteil.

Die Befragten verfügten außerdem „über ein deutlich höheres Bildungsniveau als die Durchschnittsbevölkerung", über die Hälfte hatte Abitur. Sie waren häufig im Beruf in hoher Stellung. Das müssen sie auch sein, um über Kontakte zu Sponsoren zu verfügen und kulturelle Codes zu kennen. An diesen Bedingungen ändern Quoten rein gar nichts. Viele wirklich Prekäre profitieren nicht von Quoten, denn sie sind derart vielfältig – kulturell, intellektuell, finanziell, sozial – von Führung ausgeschlossen, dass sie überhaupt keine Chance haben, hineinzukommen; sie haben weder Zeit noch Bezug noch die Sorgenfreiheit dazu. Das gilt übrigens auch für weiße Männer in Armut. Quoten helfen wohlhabenden Minderheiten. Die Lücken verschieben sich hin zu einer bunteren Gruppe Reicher und Qualifizierter, während die anderen gleich wenig an Sportpolitik teilhaben.

Das macht die Quote nicht unwichtig oder schlecht, es ist unredlich, verschiedene Marginalisierungen gegeneinander auszuspielen. Aber sie ist ein wirtschaftsliberales Instrument. Denn wer überhaupt soll von Quoten profitieren? Auf Frauenquoten oder Quoten für People of Color, ja sogar für LGBTQIA*, also alle, die wegen ihrer sexuellen Orientierung oder Geschlechtsidentität diskriminiert werden, können sich zunehmend viele einigen. Und diese Akzeptanz im liberalen Zeitalter ist ein großer Fortschritt. Niemand braucht sie zu verhöhnen. Quoten für Hautfarben oder sexuelle Orientierung werden aber auch deshalb viel breiter akzeptiert, weil solche Eigenschaften unveränderlich sind – und ein Teil der Menschen wohlhabend, gebildet, vermeintlich kultiviert. Armut dagegen gilt in bürgerlichen Kreisen als selbstverschuldet. Wer nichts hat, ist nichts wert. Zumindest für die Konzerne, die sonst Quoten-Forderungen so gern aufgreifen. Quoten für Arme oder Ungebildete wären so undenkbar, dass sie überhaupt niemand im Fußball vorschlägt. Das ist schon erstaunlich, denn sie gehören zu den am meisten unterrepräsentierten Menschen im Sport. Sie erscheinen nachweislich deutlich seltener im Sportverein, denn das Sporttreiben staffelt sich heute wie eh und je nach Portemonnaie, und, noch viel relevanter, in vielen armen Familien gibt es oft weder Sportkultur noch Vertrauen in Partizipation. Kinder aus Familien mit niedrigem sozioökonomischen Status treiben weniger Sport; zu dieser Erkenntnis kommen Studien durchweg.

Auch der Bildungsstatus und die berufliche Stellung der Eltern fließen in die Berechnung ein. Kinder, deren Familien schlecht abschneiden, sind weniger informiert über Angebote, nehmen weniger am Vereinsleben teil und haben, das ist ein Kernelement, weniger sportaktive Eltern. Fast 50 Prozent der Menschen aus prekären Verhältnissen kommen nie im Sport an, und diese Zahlen sind seit Jahrzehnten stabil. In überdurchschnittlich gesundheitsgefährdenden Sportarten wie American Football und Boxen dagegen lassen sich oft, so scheint es, nur selten die Reichen für Geld die Köpfe einschlagen.

Der größte Ausschlussmechanismus ist Armut. Doch in dieser Gesellschaft, die in bunte, authentische, wohlhabende und gebildete Menschen verliebt ist, findet das Thema nicht statt, oder nur an den Rändern. An jenen radikalen Rändern, die angeblich zu viel auf trans Rechte schauen. Es sind also nicht die am stärksten abgehängten Teile der Gemeinschaft, die eine Quote unterstützt, sondern jene, von denen sich Teile laut einsetzen können, Frauen zum Beispiel. Relativ große Gruppen, gut vernetzt und schon ein Stück des Weges gegangen. Die Quote wirkt, aber für die stärkeren Schwachen. Und natürlich ist sie Trends unterworfen, denn ihr Blick ist zwangsläufig selektiv. Ostdeutsche sind an der Macht stark unterrepräsentiert gegenüber Westdeutschen. Wer auf dem Land lebt, hat weniger Bildungsmöglichkeiten, weniger Infrastruktur, weniger Horizont als in der Stadt. Menschen mit Behinderung halten überhaupt keine hohen Ämter im Fußball. Trans Personen halten keine Ämter, Wohnungslose halten natürlich keine Ämter. Subjektiv hübsche Menschen haben in ihrer Berufslaufbahn einen nachweislichen Vorteil. Die Gesellschaft lebt seit Jahrhunderten nach einem Diktat auch der Schönheit, des schönen Körpers; allerdings zugegebenermaßen nicht gerade in den hohen Rängen des DFB. Was ist mit denen, die dadurch ihr Leben lang unverschuldet einen Nachteil haben? Es gibt keine Quote für Hässliche. Auch auf Schweigsame oder Schüchterne und deren Bedürfnisse ist ein System der Selbstdarstellung nicht ausgelegt. Womöglich wären sie die klügeren Klubpräsident:innen. Das Rennen aber bevorzugt die reichen Selbstdarsteller. Körperlich hoch gewachsene Menschen werden nachweislich eher gewählt als kleine. Menschen, die aufgrund von Missbrauch, Gewalt oder psychischen Problemen einen denkbar schlechten Start im Leben hatten, fallen durchs Raster jeder Quote, und in Fußballgremien haben politisch Linke schlechtere Chancen als Konservative. Chronisch Kranke werden von der Arbeitswelt aussortiert. Menschen aus Osteuropa würden bei einer Quote für Nichtweiße durchfallen, und was ist eigentlich ein „nicht-westlicher Migrationshintergrund" des KNVB? Fällt die aus Spanien zugewanderte Roma-Familie darunter oder nicht? Quoten fördern willkürlich einzelne Gruppen, und oft gerade nicht die Bedürftigsten. Das Problem an menschlichen Hierarchien in einem Profitsystem ist dabei schlicht dieses: Es gibt zu viele Gruppen, die *eigentlich* eine Quote verdient hätten.

Und wer will das schon gegeneinander aufrechnen, was nun ein größerer Nachteil ist, chronische Krankheit oder Migrationshintergrund?

Für wie viele Generationen überhaupt muss man Migrantin bleiben? Eine Frau aus der Großstadt hat trotz der Diskriminierung, die sie erfährt, oft größere Chancen als ein Mann vom Dorf. Und auch ein Mann, der Hebamme werden will, erlebt Diskriminierung. Wer will all das realistisch abbilden? Die Plätze in Gremien wiederum sind begrenzt. Ein Verbandspräsidium von sechs Leuten kann nicht jede gesellschaftliche Großgruppe repräsentieren. Sonst steht es vor dem Problem, dass nicht in erster Linie nach Fähigkeiten besetzt wird, sondern nur bestimmte Gruppen abgehakt werden. Es ist kein Bürgerrat. Und das muss es auch nicht sein, denn seine Aufgabe ist es gerade, sich nicht nur um die zu kümmern, die einem selbst am ähnlichsten sind. Die meisten Diskriminierungen berührt eine Quote nicht. Die Quote, wenn man sie nutzen will, muss also endlich lernen, selbst diverser zu denken. Es braucht eine offene Debatte, wie vielfältig die Gesellschaft unterdrückt und was die wirklich Schwächsten sind. Niemand kann alles abdecken. Aber es könnten sich verschiedene Institutionen jeweils eigene Ziele setzen: die eine fördert besonders Ostdeutsche, die andere Schüchterne, die dritte Bildungsverlierer:innen, die vierte Menschen of Color.

Was die Quote kann

Das Grundproblem aber wird dabei erstaunlich wenig diskutiert: Ein System, das mit Ungleichheit arbeitet, reproduziert sie. Die Sozialwissenschaftlerin Bafta Sarbo hat 2020 in einem Interview im „Neuen Deutschland" gesagt: „Es wird davon ausgegangen, dass es körperliche Unterschiede braucht, die dann die Ursache für Rassismus sind. Und nicht umgekehrt: dass es soziale Unterschiede sind, die dann über Zufälligkeiten wie Hautfarbe erklärt werden. Neben der sozialen Realität des Rassismus ist er eine Legitimations-Ideologie. Die negativen Ergebnisse der kapitalistischen Konkurrenz – Armut, Kriminalität – werden erklärt, indem man sie individualisiert und naturalisiert. Dann ist nicht mehr das System schuld, sondern der Mensch und seine ‚natürlichen' Anlagen, die ihn leistungsschwach machen." Irgendjemand muss außen vor sein, und dafür muss es eine Legitimation geben. Nicht umsonst sind Vorurteile gegen Geflüchtete, Arme, Schwarze, Ostdeutsche und Arbeitslose einander verdächtig ähnlich. Schmarotzer, die unser Sozialsystem ausnutzen, ungebildet sind sie und faul. Mit ähnlichen klassistischen Stereotypen wurde in anderen Kreisen über Trump-Wähler:innen oder AfD-Wähler:innen gehöhnt. Die Abwertung der unten Stehenden, der

Schwachen kann man nicht „wegtherapieren", weil Kapitalismus die Armut fest eingeplant hat. Die, die unten stehen, müssen abgegrenzt und einsortiert werden. Die neue Diskriminierung entsteht.

Quoten sind ein Fahrstuhl: Sie schicken einige in die obere Etage und andere nach unten. Das Hochhaus bleibt stehen. Und dieses Vorgehen ist nur dann nachhaltig, wenn die Neuankömmlinge sich daranmachen, das Haus zu verändern. Oft geschieht das nicht, das bunte Hochhaus ist das Endgame. Die Begeisterung für Minderheitenquoten in liberalen Kreisen erinnert ein bisschen an das wilde Beklatschen schlechter Marvel-Filme, sobald eine Frau oder ein Schwarzer die Hauptrolle spielen. Inhalt und zugrunde liegende kulturelle Dynamiken werden dann egal, solange das Bild schön bunt ist.

All das macht Quoten nicht unnütz, nur limitiert. Denn erreichen können sie im Umfeld durchaus viel, wie etwa eine Idee in Vietnam illustriert. Als das Projekt Football For All In Vietnam (FFAV) 2003 startet, geht es vor allem darum, Teilhabe für Mädchen zu erreichen und Graswurzelfußball ohne Wettbewerbsgedanken zu fördern. So erzählte es die damalige Sprecherin Chau Hong Tinh 2018. FFAV geht also an Schulen, um dort Kinder zu erreichen, und gründet Fußballvereine mit einer speziellen Bedingung: einer festen Mädchenquote von 50 Prozent. „Ein Direktor der Schule hat sich geweigert", so sagt sie. Denn in der lokalen Kultur der Stadt Huế war Fußball bei Mädchen weder populär noch besonders akzeptiert, und er hielt eine 50-Prozent-Quote für nicht machbar. Da, erzählt Chau Hong Tinh, seien sie zu den Jungs in der Schule gegangen. „‚Wollt ihr in einen Fußballverein?' Sie wollten. Da haben wir gesagt: ‚Wenn ihr mitmachen wollt, müsst ihr alle mindestens ein Mädchen mitbringen.'" Und das taten die Jungs. Ein Projekt, das keine 20 Jungs und 20 Mädchen habe, so kommunizierte FFAV zu dieser Zeit, werde man finanziell und technisch nicht unterstützen. Stand 2020 hat Vietnam nach Angaben der FFAV-Vizedirektorin Nguyen Thi Hoa ein Netzwerk von 258 FFAV-Fußballvereinen mit 16.000 Kindern, und davon rund die Hälfte Mädchen. 30 vietnamesische Junioren-Nationalspielerinnen traten ihre ersten Bälle bei FFAV; es wurden über 6.000 Menschen etwa als Trainer:innen und Schiris ausgebildet, davon 38 Prozent Frauen. „Der Fokus ist nicht Entwicklung von Talenten", sagt Chau, „Talente kommen als Nebeneffekt."

Keinem Jungen in Vietnam geht dadurch die Chance verloren, in einem Verein Fußball zu spielen – aber viele Mädchen gewinnen eine

Chance. Wenn zu viele Jungs an konkret diesem Projekt interessiert sind, müssen sie auf andere Schulsportprojekte von FFAV ausweichen, so die Organisation. Und 63 unabhängige Vereine in Vietnam hatten 2018 die Quote adaptiert. Wenn es um Teilhabe und Förderprojekte geht statt um bestimmte Ämter, ist die Quote sehr unkompliziert und effektiv. Aber auch in Machtstrukturen hilft sie. Einige Vereine warten gar nicht erst auf Vorgaben der Verbände, sondern nutzen sie schon.

„Viele Vereine sehen uns als Kuriosität"

Interview mit Andrzej Kostek und Karolina Szumska

Andrzej Kostek und Karolina Szumska sind Mitglieder beim selbstverwalteten polnischen AKS Zły, der 2015 von Fans gegründet wurde. Der Verein finanziert seine Männer und Frauen mit gleichen Budgets und hat eine 50:50-Frauenquote im Vorstand. Andrzej spricht zuerst, Karolina stößt später dazu.

Was unterscheidet euren Verein von konventionellen Klubs?

Andrzej: Auf diesem Wettbewerbslevel sind die meisten Vereine in Polen demokratisch, aber die Idee ist, das beizubehalten, wenn wir in höhere Ligen aufsteigen. Wir haben eine Vereinsführung, aber die hat keine Privilegien. Die wichtigen Entscheidungen werden von der Mitgliederversammlung getroffen. Wir versuchen, so viele Menschen wie möglich zum Mitmachen anzuregen. Aktuell haben wir ein Team der Männer und Frauen auf demselben Level, wir wollen beide gleich behandeln. Wir haben jetzt auch ein Frauen-Basketballteam und wollen ein Frisbee-Team starten. Wir wollen ein Verein mit verschiedenen Sportarten sein. Und wir werben auch für eine andere Art, den Verein zu unterstützen. In Osteuropa gibt es viele Hooligans, oft sehr weit rechts und aggressiv. Wir wollen freundlich, friedlich, inklusiv sein.

Ihr seid auch dafür bekannt, dass ihr euch für Geschlechtergerechtigkeit einsetzt.

Andrzej: Unser Vorstand besteht aus sechs Menschen; drei, die sich als Männer und drei, die sich als Frauen identifizieren. Das ist eine feste Quote. Wir haben drei Bereiche, und alle sind von einem Mann und einer Frau besetzt. Uns ist soziale Verantwortung wichtig, wir wollen denen Chancen geben, die wenige haben. Wir hatten ein Projekt mit Asylbewerber:innen, und wir recherchieren zu Frauen in Führungspositionen im Sport.

Was habt ihr herausgefunden?

Karolina: Es gibt nicht viele Frauen in Führungspositionen im polnischen Sport, und das ist eines der großen Probleme in unserem Land. Ich war Vorstandsvorsitzende bei uns, und für die meisten Menschen war das nicht so selbstverständlich. Es wird Jahre dauern, das zu verändern.

Andrzej: Die Frauen haben bei der Recherche gesagt: Wir haben das Gefühl, dass es eine Glasdecke gibt, wir werden oft nicht ernsthaft für Ämter in Betracht gezogen. Den Männern war gar nicht klar, dass sie die Frauen diskriminierten, mit dummen Witzen, mit chauvinistischer Haltung.

Hattet ihr denn genug weibliche Kandidatinnen? Viele Vereine sagen, das sei ein Problem.

Andrzej: 2020 war das erste Jahr, in dem wir einen Vorstand mit Quote hatten, er wurde erst im Januar gewählt. Wir hatten leider nicht viele weibliche Kandidatinnen, es haben sich viel mehr Männer beworben. Aber es war kein Problem, die Posten zu besetzen.

Wie reagieren die anderen Vereine auf euer Konzept?

Karolina: Sie schenken uns nicht so viel Aufmerksamkeit. Die meisten wollen einfach gegen uns gewinnen. Manche wissen gar nicht von unserem Vorstand und unserer Idee. Sie stellen nicht besonders viele Fragen.

Andrzej: Wir sind stolz auf unsere Quote, aber wenn die anderen Vereine überhaupt interessiert sind, sehen sie uns eher als Kuriosität. Wenn wir aufsteigen, gibt es wahrscheinlich mehr Diskussionen.

Wäre Basisdemokratie denn in höheren Ligen möglich?

Andrzej: Generell glaube ich, ja. Aber es braucht Transparenz und extrem gute Führungsfähigkeiten. Es ist nicht der einfachste Weg. Wir glauben ernsthaft daran, aber wissen nicht, ob es funktioniert.

Karolina: Es ist auf keiner Ebene einfach. Der Start war auch nicht leicht, aber wir haben es geschafft. Wir haben den Mut, und wir müssen an uns glauben. Wir sind auch in Kontakt mit anderen demokratisch geführten Vereinen. Wir versuchen, aus ihren Fehlern zu lernen.

Was waren eure größten Herausforderungen?

Andrzej: Es ist sehr schwer, einen Verein auf der Arbeit von Freiwilligen zu gründen. Sie haben ihr eigenes Leben und ihre Probleme. Eine der größten Herausforderungen ist es, das Engagement der Leute auf gleichem Level zu halten. Und die Verwaltung und Bürokratie sind sehr anstrengend. Niemand will das machen. Auch die Finanzen sind natürlich eine Herausforderung.

Karolina: Die Mitgliedsbeiträge machen nur ungefähr fünf Prozent unseres Budgets aus.

Andrzej: 84 Prozent kommen von kommerziellen Sponsoren.

Ihr wollt Männer und Frauen gleich bezahlen. Wie aber geht ihr mit den Budgets um, wenn zum Beispiel Männerfußball teurer ist?

Karolina: Gleiche Finanzierung ist eine der zentralen Ideen des Vereins, und dabei bleiben wir. Selbst wenn eines der Teams in einer höheren Liga spielt als das andere, werden sie gleich bezahlt.

„Beat everybody"

Eine Quote kann, wie das polnische Beispiel zeigt, interne Debatten anstoßen. Abgesehen von Repräsentation und Chancen hat sie auch die Vereinskultur dort wirklich verändert. Welches andere Instrument gäbe es, das so wirksam ist? Sportökonom Christoph Breuer von der Deutschen Sporthochschule Köln hat systematisch untersucht, was Frauen im Vorstand von Sportvereinen bewirken, und er sagt im Gespräch für dieses Buch: „Ein nachweislicher Schlüsselfaktor für Erfolg ist es, mindestens eine Frau im Vereinsvorstand zu haben. Zum einen ist sie Ansprechpartnerin für potenzielle weibliche Ehrenamtlerinnen, es verändern sich aber auch die Arbeitsweisen insgesamt. Vereine, die eine Frau im Vorstand haben, sind stärker am Gemeinwohl orientiert, gehen bei Investitionen weniger ins Risiko, und es geht ihnen finanziell und bei der Mitgliedergewinnung und -bindung besser." Eine Pluralität der Biografien, Herangehens- und Sichtweisen, weniger Ausschluss und mehr Einfühlungsvermögen in andere Lebenswege, machen den Fußball offener, klüger. Kreativer Streit entsteht, und er hilft. Und wenn es gelingt, im größeren Stil andere Milieus anzusprechen, profitiert zusätzlich der kleine Vereinsfußball, für dessen homogene, verstaubte Gremien sich sonst nur wenige Freiwillige finden.

Die Aufsichtsratsvorsitzende Sandra Schwedler vom FC St. Pauli, die sich für eine Frauenquote in Führungsgremien im Fußball einsetzt, sagt im Gespräch: „Vor zwei Jahren habe ich ehrlicherweise noch nicht wirklich daran geglaubt, dass Quoten bei Männer-Bundesligisten kommen könnten. Schon eine Selbstverpflichtung wäre ein guter Versuch gewesen. Ich habe dennoch viel Zustimmung bekommen, aber auch viel Gegenwind. Da hieß es: Wir können doch nicht irgendjemanden in den Vorstand wählen, der keine Ahnung hat. In den letzten anderthalb Jahren haben wir uns im Verein in einer Arbeitsgruppe damit beschäftigt, wie wir auf mehr Frauen in Führungspositionen kommen. Das Ergebnis war, dass wir kompetente Frauen in Führungsgremien nur mit einer Quote verwirklichen können." Der FC St. Pauli hat 2021 eine Frauenquote von 30 Prozent für Aufsichtsrat, Präsidium und Ehrenrat eingeführt und ist damit Pionier im deutschen Profifußball der Männer. Das Argument, es kämen dann inkompetente Leute in Ämter, ist unredlich. Bekanntlich landen die wenigsten Leute in Führungspositionen, weil sie wirklich am besten dafür geeignet oder fair selektiert worden wären. Eine lange Reihe erstaunlich inkompetenter Fifa-, DFB- und Vereinspräsidenten sind Kronzeugen dieser These.

Warum eigentlich gibt es keine Quote für Gebildete auf den Spargelfeldern oder für Frauen als LKW-Fahrerinnen? Darum kämpft wenig überraschend niemand. Oft dient die Quote eher als Integration ins System hinein. Feminismus, Kapitalismus und Nationalismus finden zusammen wie bei den US-Spielerinnen Alex Morgan, Kelley O'Hara und Allie Long, die eigene Mode in US-Farben produzieren. Das Unternehmen soll mehr Frauen in Machtpositionen bringen, und dafür steht der Slogan „beat everybody".

In einem System, das sich durch Leistung erzählt, wird plötzlich ein Splitter von Identität zum entscheidenden Faktor, ohne auf die Leistungserzählung verzichten zu können. Vielfalt sei profitabler, hört man dann oft. Das Äußere wird damit zur zentralen Leistung eines Menschen. Es macht die Betroffenen unfreiwillig klein, es infantilisiert sie wieder. Menschen aus sogenannten Minderheiten dürften den

Schlag in die Magengrube kennen, wenn bei der Vergabe von Aufträgen irgendwann ein sehr freundlicher Satz wie dieser fällt: „Uns ist es ja auch total wichtig, einen von Minderheit x dabeizuhaben." Kam der Auftrag womöglich nur, weil man jemanden von Minderheit x brauchte, der auch was sagt? Sieht es besser aus, wenn da auf der Bühne auch jemand mit Rollstuhl sitzt? Mitunter bleibt das schmerzhafte Gefühl, letztlich eine Figur in einem Diversity-Zirkus zu sein. Natürlich ist das besser, als wenn man wegen dieser Eigenschaft nicht gefragt wird. Die Quote oder eine implizite Quote erobert Räume. Sie macht sensibler. Und eine ihrer größten Fähigkeiten ist es, dass sie irgendwann Menschen auch in die höchsten Positionen spült, die durch ihre eigene Geschichte womöglich einen inklusiveren Blick haben. Aber eine Unterdrückungsgesellschaft heilt sie nicht. Und die Quote erhält Zuschreibung aufrecht.

Besser als nichts

„Die Debatte über das Quotensystem in Indien ist unendlich", schreibt der Politikwissenschaftler Arvind Kumar im Juli 2020 auf der liberalen politischen Medienplattform „The Print". Viel länger, als es öffentlich bewusst ist, arbeiten einige Staaten mit Quoten. Indien hat eines der ältesten Programme eines Staates weltweit, es quotiert seit über hundert Jahren; erste regionale Quoten für „rückständige Kasten" gab es schon 1919 im Kolonialsystem. Das Land vergibt heute mindestens die Hälfte seiner Regierungsjobs, staatlichen Universitätsplätze und Parlamentssitze per Quote, in einigen Regionen sind es bis zu 80 Prozent. Das Ergebnis ist ein immer komplexeres System mit Quoten für Menschen aus benachteiligten Stämmen (ST), diskriminierten Kasten (SC) und den neueren „anderen rückständigen Klassen" (OBC). Alleine in der zentralen Liste sind über 3.500 Kasten und Subkasten gelistet. Es gibt Subkategorien für Religionen und reservierte Plätze für Frauen; Kinder aus zu wohlhabenden Familien innerhalb der OBC dagegen zum Beispiel profitieren nicht. Ein eindrucksvoll detailliertes System. Und ein großes Problem. Denn die Quote soll fast immer dem Übergang dienen. Sie soll solange in Kraft sein, bis die betreffenden Gruppen gleichgestellt sind. Doch überflüssig hat die Quote sich selbst nach hundert Jahren in Indien nie gemacht. Sie hat im Gegenteil immer neue Quoten und Hierarchien geschaffen. Eine aktuelle Studie ermittelte, dass zwischen 2014 und 2018 ein Prozent der Gruppen innerhalb der OBC die

Hälfte aller reservierten Plätze in zentralen Bildungsinstitutionen und Diensten bekam. 40 Gruppen von 5.000 bis 6.000 sicherten sich somit die Hälfte der Förderung. Und 20 Prozent erhielten überhaupt nichts. „Zahlenmäßig größere und ökonomisch stärkere Kasten der OBC und SC bekommen in der Regel die reservierten Plätze", bilanziert Arvind Kumar. Wieder: besser als nichts. Aber keine gleiche Startlinie. Und die Reicheren profitieren auf dem Kastenticket.

Mechanismen von Ausgrenzung sind komplex. Innerhalb der Unterprivilegierten bilden sich neue Hierarchien. Einige fordern also, die OBC weiter zu unterteilen, in Subkategorien für besonders Rückständige. Aber je weiter unterteilt wird, desto unmöglicher wird es auch, all die Vertreter:innen zu installieren. Eine Studie von 2020 mit dem Titel „Do Gender Quotas Hurt Less Privileged Groups?" untersuchte die Effekte von Frauenquoten bei lokalen Wahlen in Delhi. Das Ergebnis zeigte: Ja, es kamen mehr Frauen an die Macht. Zugleich aber auch mehr hohe Kasten, die Unterprivilegierten wurden verdrängt – weil sich unter ihnen kaum Frauen bewarben. Ein ideales Szenario hätte also zusätzliche Quoten für unterprivilegierte Frauen schaffen müssen. Die Möglichkeiten der Verästelung sind unendlich.

Wo Unterdrückung honoriert wird, versuchen jedoch viele Volksgruppen nachvollziehbar, als möglichst rückständig zu gelten. Zertifikate, die eine niedrige Kaste bescheinigen, werden auf dem Schwarzmarkt verkauft; laut einem Bericht in der „Times of India" aus dem September 2020 flogen fast 600 Leute in staatlichem Dienst auf, die ihre Kaste gefälscht hatten. Und die alte, völlig unsinnige Unterteilung in Kasten wird damit lebendig gehalten. Schon 2007 urteilte der Autor und Dozent Purushottam Agrawal in „Le Monde diplomatique", „dass sich das Kastendenken eher verfestigt als aufgelöst hat". Es entstehe eine Repräsentation, die in starren Identitäten verankert sei, eine „Reduzierung der einzelnen Bürgerinnen und Bürger mit ihren vielfältigen Identitäten auf bloße Symbole einer urtümlichen Kastenidentität". Er bilanziert: „Die Politik der positiven Diskriminierung zementiert das Kastenwesen." Ähnliche Erfahrungen machen Staaten mit ethnischen oder religiösen Quoten von Bosnien bis zum Libanon: Es entstehen archaische Repräsentationssysteme, in denen Korruption und Klientelwirtschaft blühen und einzelne Gruppen umso erbitterter und geschlossener um politischen Einfluss rivalisieren. Und die identitären Zuschreibungen ständig wiederholt werden. Und es ist schon erstaunlich, dass niemand in Deutschland auf die Idee kommt, sich anzuschauen, was Quoten, zu Ende gedacht, häufig bewirken.

Die Quote bestärkt Kategorien, statt sie aufzulösen. Tania Martini schreibt in der „taz", dass „Identitäten nur konstruiert sind, um uns an das zu fesseln, was wir sein sollen". In der Gegenwart wird aber im Gegenteil die Identität ständig wiederholt. Quoten können komplexere Entwürfe nur sehr bedingt spiegeln. Für vielfache Identitäten, für blanke Verweigerung ist kein Platz. Zugleich ist es natürlich scheinheilig, wenn die Mehrheitsgesellschaft nun bürgerlich wehgeklagt, die Gesellschaft werde durch diese Kämpfe gespalten. Wer die Spaltung und Unterdrückung geschaffen, Minderheiten über Jahrhunderte erst definiert und dann ausgeschlossen, ermordet und kleingehalten hat, übersehen sie mutwillig. Jetzt ereifern sie sich über die bösen Leute, die Menschen nicht einfach Menschen sein lassen. Es ist kompliziert. Und auch die Quote ist kompliziert. Sie ist ein wirksames Instrument und hat zugleich gravierende Fehler. Sie ist ein Instrument, das Schubladen abschafft. Und gleichzeitig immer mehr Schubladen schafft.

Was aber bewirkt die Quote nun für die Vielen? Für das German Institute for Global and Area Studies hat die Politikwissenschaftlerin Antonie Katharina Nord Frauenquoten in vielen afrikanischen Staaten analysiert. Sie bilanziert differenziert: „Selbst in Ländern, in denen Frauen große Fortschritte bei der politischen Repräsentation erzielen konnten, hat dies die gesellschaftliche Situation der Mehrheit der Frauen nicht verbessert, sondern nur zu einer Scheinbeteiligung von Frauen geführt, wie Feministinnen vor Ort kritisieren. Allerdings haben die Quoten zumindest zu einer größeren Sichtbarkeit und partiell auch zu mehr Einfluss von Frauen in Politik und Gesellschaft Afrikas geführt."

Ähnliches zeigt der norwegische Fußballverband. Seit 2019 ist der Vorstand paritätisch besetzt, 25 Prozent der Mitglieder müssen Frauen sein. Über dieses Sprungbrett gelangte Ex-Präsidentin Karen Espelund ins Exekutivkomitee der Uefa. Als erster Verband der Welt führte Norwegen gleiche Bezahlung für seine Nationalteams ein. Aber der Streik der norwegischen Starspielerin Ada Hegerberg, die 2017 ihre Karriere im Nationalteam wegen der schlechten Behandlung der Frauen beendete, zeigt auch die Grenzen auf. Und Indien? Der „Spiegel" berichtete 2020, die Quote habe dazu geführt, dass Menschen der untersten Kasten mehr Zugang zu Bildung hatten und stärker und selbstbewusster für ihre Rechte eintraten, vor allem in den Städten. In Dörfern, wo der Frauenanteil in der Politik durch die Quote von fünf Prozent im Jahr 1992 auf mehr als 40 Prozent im Jahr 2000 stieg, entwickelten laut einer Untersuchung mehr Mädchen Ambitionen, einen guten Schulabschluss zu machen, mehr Frauen kandidierten von sich aus, außerdem seien Vorurteile der Männer im Dorf gesunken. Die Quoten erzwangen Machtraum, Verständnis und Sichtbarkeit. Und Schubladen sind der Preis, den man zahlt.

Diversity-Sitze, Bonuspunkte, solidarische Inseln: Bessere Alternativen zur Quote

Wir können viele Trittfallen der Quote umgehen. Zum Beispiel mit reservierten Sitzen für marginalisierte Menschen, für die jede und jeder kandidieren kann. Mit MIRAA, einem System, das unterstützende Bonuspunkte für viele Faktoren verteilt. Mit solidarischen Inseln dank des Fußballs, Bildungsprogrammen für die Mächtigen – und der Obergrenze für dominierende Eliten.

► Diversity-Sitze

Der Diversity-Sitz ist eine bewusste Entscheidung für Opposition, ein Stachel im Fleisch. Es gibt ihn nirgendwo, er ist ein Instrument, das anders ansetzt. Und eines, das etwas fördert: den Willen, zu lernen. Diversity-Sitze sind ein recht einfaches Prinzip: Reservierte Sitze für Menschen, die deutlich von der Mehrheit der Gruppe abweichen, in jeder beliebigen Hinsicht. Äußerlich, sozial oder ökonomisch, in Bezug auf ihre Meinungen, Geschlechtsidentität, persönlichen Prägungen, Milieu. Diversity-Sitze bringen, ähnlich wie die Quote, Marginalisierte verpflichtend in eine Machtposition. Aber ohne Menschen auf etwas wie Identität festzulegen. Der Diversity-Sitz ist eine progressive Quote, denn er lässt Menschen die Freiheit, etwas zu sein oder sich dem komplett zu verweigern; und er gehört nicht einer Fraktion, er ist ein Machtraum für alle, die vom Diskurs ausgeschlossen werden. Dazu muss ein Verein oder eine Gruppe allerdings genau das wollen – oder zumindest ausreichend internen Druck bekommen, sich ernsthaft zu bemühen. Diversity-Sitze helfen wenig, wenn sie intern niemand haben will, denn sie lassen sich sehr leicht nur auf Papier betreiben. Es fehlt ihnen eine Macht, die die

Quote hat, nämlich verkrustete Strukturen von oben aufzubrechen und gezielt Mitglieder einer Gruppe mit an die Macht zu bringen. Dafür haben Diversity-Sitze Qualitäten, die die Quote nicht hat. Sie nehmen Unterdrückung viel breiter in den Blick, sie unterlaufen Zuschreibungen, sie setzen auf Selbstverantwortung und Auseinandersetzung. Und sie sind flexibel auf die Situation anpassbar: Mitglieder können auch erstreiten, nur bestimmten Gruppen gezielt die Diversity-Sitze einzuräumen. Die Sitze selbst lassen sich durchaus gesetzlich vorschreiben. Selbst, wenn sie dann jemand zunächst nur pro forma besetzt, kommt der Appetit vielleicht beim Essen.

Diversity-Sitze werden im Laufe von Wahlen besetzt. In einer Produktionsfirma oder einem Klub finden etwa Wahlen für Zuständigkeiten statt. Nachdem das Endergebnis bekannt gegeben wurde, schaut man, wer kaum vertreten ist. Entweder werden solche Mitglieder direkt angesprochen, oder es haben alle an der Basis, die sich in irgendeiner Weise nicht repräsentiert fühlen, die Chance, in einer zweiten Runde für den Diversity-Sitz zu kandidieren. Sie müssen begründen, was sie für den Diversity-Sitz qualifiziert und welche Forderungen sie vertreten. Man kann auch Expert:innen oder Aktivist:innen von außen für den Diversity-Sitz einladen, eine gute Möglichkeit, nicht im eigenen Sud zu schwimmen. Die Basis wählt die überzeugenden Kandidat:innen; in kleineren Vereinen dürften sie mangels Alternativen vermutlich direkt einziehen. Sie sind eine Opposition, aber eine besondere Form der Opposition – eine Opposition der Perspektiven und Lebensgeschichten. Um den Diversity-Sitzen Einfluss zu geben, ohne dass sie gleichzeitig alles andere aushebeln, und ohne dass jeder zuvor nicht Gewählte auf Diversity-Sitze ausweicht, sollten sie etwa einen Anteil von 30 Prozent stellen. Das erfordert viel Bildungsarbeit. Um zu verhindern, dass zwei Parlamente einander dauernd blockieren, ist ein suspensives Veto wie bei Roter Stern Leipzig wichtig: Wer etwas blockiert, muss einen anderen Vorschlag haben. Es ist eine Quote, die Marginalisierten eine Stimme verleiht und der Mehrheit im Verein die Augen öffnen kann. Dass andere Perspektiven und Streit sie weiterbringen, dass es sinnvoll ist, ehrlich unbequeme Stimmen anzunehmen.

Schwieriger wird es in kleinen Vereinen, die sowieso nicht genug Freiwillige für ihre Arbeit finden. Aber auch dort gibt es interne Kontroversen, auch dort kann der Diversity-Sitz einer abweichenden Perspektive Gehör geben, notfalls eben nur einer. Dabei besteht immer die Gefahr, dass die Sitze von chronischen Querulant:innen, von politisch unangenehmen Strömungen oder von schlicht Durchgeknallten besetzt werden. Das ist das Risiko freier Wahlen. Diversity-Sitze sind ein anarchistisch inspiriertes Konzept, das auf Vertrauen in den Menschen und die Fähigkeiten der Gruppe setzt, statt auf Druck von oben. Es bietet eine grundlegend andere Kultur der selbstverantworteten Vielfalt.

▶ MIRAA: die Bewertung, die den Hintergrund einbezieht

Der schon erwähnte indische Autor Purushottam Agrawal hat eine Alternative zur Quote konstruiert. Ein System, das er MIRAA nennt, und das ähnlich bis 1983 an der Jawaharlal Nehru Universität genutzt wurde, bevor es in ein simples System der Kastenquoten umgewandelt wurde. „Es sollte keine festen Quoten geben", schreibt Agrawal über seinen Vorschlag. Stattdessen werden bei einem Eingangstest etwa an der Uni maximal 30 zusätzliche Punkte vergeben. Sie sind orientiert am beinahe ganzen, komplexen Hintergrund der Person. Dann gäbe es zum Beispiel fünf zusätzliche Punkte, wenn die Person eine Frau ist. Sechs Punkte, wenn sie aus armem Haus stammt. Vier Punkte dafür, dass sie zur ersten Generation der Familie gehört, die eine Uni besucht. Und 15 zusätzliche Punkte, wenn alle drei Dinge zutreffen. Und sie zöge an gleich Qualifizierten aus bildungsbürgerlichem Haus vorbei. Agrawals MIRAA nimmt viele Faktoren in den Blick und verrechnet sie mit Talent. Es ist immer noch ein System, das nach Leistung selektiert, aber eines, das, soweit möglich, diese Leistung in einen Kontext setzt. Denn Talent und Hingabe müssen sich lohnen. Zählt es nichts mehr, wäre auch das ungerecht und unsinnig.

Ähnlich argumentiert der Politikwissenschaftler Arvind Kumar 2020: „Die Regierungen müssen einen Diskriminierungs-/Ungleichheitsindex entwickeln, der Geschlecht, Bildung der Eltern, ökonomischen Status der Eltern, Bildungsart, städtische oder ländliche Herkunft mit einbezieht." Diese Idee hat Schwächen. Alle Nuancen und Ungleichheiten kann sie nicht erfassen, und wie andere der Bemühungen ändert sie nichts am Klassensystem selbst. In einem Konkurrenzsystem wird sie Neid auf marginalisierte Gruppen schüren. Aber im Gegensatz zur Quote, die immer nur ein oder zwei Merkmale erfassen kann, sieht dieses System ein Stück des gesamten Menschen. Und es wäre gut, die Punktezählung je nach Berufsfeld und dortigen Ausschlüssen anzupassen. Eine Hürde jedoch fehlt: die Familiengeschichte. Wenig prägt Menschen derart. Die Kernfamilie formt Entscheidungen und Wesenszüge, gilt aber als völlig politisch irrelevant. Erziehung, Traumata, Prägungen finden in der Debatte um Leistung und Hintergrund überhaupt nicht statt. Eine offene Diskussion darüber, ähnlich wie über einen Migrationshintergrund, ist eine Idee, die einen blinden Fleck berührt. Irgendwann wird das Thema hereinrauschen. Das aber funktioniert nur in einem Kosmos ohne die aktuelle Konkurrenz. Die Sorge, heute durchs Gitter zu fallen, zerstört alle ehrliche Einordnung. Leistungsorientierte Klubs würden Kandidat:innen, die ihre Schwächen offenbaren, brutal abweisen. Und auch wegen dieser systembedingt fehlenden Ehrlichkeit entsteht eine Arbeitswelt, die nicht dem Menschen dient und viele Talente platt walzt. Nicht die besten Menschen für einzelne exponierte Jobs, sondern die beste Tätigkeit für jeden einzelnen Menschen zu finden, das wäre eine ethische und kluge Wirtschaft. Eigentlich ist das ein Allgemeinplatz, es fällt aber der Wirtschaft offenbar sehr schwer, das zu verstehen. Gemeinsam Aufgaben zu suchen, in denen jeder aufgeht, ohne den Blick für alles andere zu verlieren. Und bei ähnlicher Eignung etwa mithilfe von MIRAA die Schwachen bevorzugen. Aber eben nur bei ähnlicher Eignung – nicht jedes Heimkind ist, bei aller Empathie für seine Nachteile, ein guter Chef.

Was davon ließe sich heute umsetzen? Auf dem Platz im Leistungsfußball wäre das Konzept eher zweifelhaft; es ist unsinnig, eine schwächere Spielerin häufiger einzusetzen, weil sie Kopftuch trägt. Aber der DFB könnte MIRAA für Bewerbungsprozesse bei einem Teil seiner Ämter nutzen. Sportstudiengänge können es nutzen. Und warum haben nicht mehrere Kandidat:innen eine Chance, sich in einem transparenten Prozess als Trainer:in zu bewerben? Warum kann das Team nicht zwischen Kandidat:innen mitentscheiden? Fehlende Absicherung motiviert dazu, Stärken vorzuspielen und Schwächen zu verheimlichen. Letztlich zum Nachteil aller.

► Kultureller Wandel

Kultureller Wandel klingt wenig besonders, aber er kann vieles verändern. Das hat beispielhaft die Lobby für Homosexualität geschafft. Bei allen weiter bestehenden Abwertungen, der Stimmungswandel über die Jahrzehnte war massiv. Im Jahr 2017 fanden es 95 Prozent der befragten deutschen Bevölkerung richtig, Homosexuelle per Gesetz vor Diskriminierung zu schützen, und 83 Prozent unterstützen die Ehe für alle. Das ist eine revolutionäre Leistung, die nicht mit Quoten kam, sondern durch kulturellen Wandel. Mit schwulen Charakteren in der „Lindenstraße", mit dem Christopher Street Day oder im Sport etwa den Gay Games und Respect Gaymes, mit Protest, selbstverständlicher Sichtbarkeit und Begegnungen. Langsam fangen Frauen im Fußball an, lauter zu werden, mit Netzwerken, Ausstellungen, Podien und Podcasts.

Wo aber sind die Serien und Bücher über Mädchenfußballteams, die außerdem nicht nur tough, sondern normal sein dürfen, wo ist der Schwarze Held eines Fußballfilms, der noch dazu einfach Charakter sein darf und nicht nur Ausdruck einer vage angedeuteten Vielfalt im Team? Wann sprechen schon mal arme Menschen in Fußball-Dokumentationen, noch dazu als Expert:innen, wann werden sie auf Podien geladen? Und wann werden Spieler:innen mit körperlichen Einschränkungen zu einem ganz anderen Thema befragt? All das kann Dinge verändern. Es ist die billigste Revolution von allen, sie kostet kaum einen Cent und keinen Tropfen Blut. Man kann auch mit Partys lernen. Und Armut zu einem Werteverstoß machen, wie es heute zumindest oberflächlich Rassismus oder Homophobie sind. Damit sind, gewiss, noch keine Verhältnisse geändert, und auch darin steckt viel Heuchelei. Bulgar:innen zu beleidigen, finden die meisten nicht mehr okay, sie unter schlechten Bedingungen Schweinehälften zerteilen zu lassen, findet man aber recht in Ordnung. Und doch, das Bewusstsein ist gewachsen. Wie macht man aus Verhältnissen echte Wut? Denn es ist ja überaus auffällig: Über materielle Ungleichheit ist der Ärger, wo es ihn gibt, ein anderer. Er ist merkwürdig ritualisiert, achselzuckend irgendwie. Es ist selbst in den empörten Texten kein echter Zorn, nicht wie bei einer rassistischen oder homophoben Äußerung, wo zumindest ein gewisser Teil der Leute ehrlich entsetzt ist. Auch wenn die meisten ihre eigenen Vorurteile dann doch nicht so genau hören wollen. Armut ist für die meisten bloß ein pflichtschuldiger Kommentar. Ungleiches Teilen verursacht keinen Shitstorm. Und kein Konzernchef verliert deswegen seine Position. Könnte es daran liegen, dass die, die davon getroffen werden, kaum die sind, die darüber schreiben? Dass es an Grundfesten rüttelt? Auch dieses Spielfeld verändern zu wollen, ist schwer. Aber was für ein lohnendes Feld es wäre. Es geht nicht um bessere Chancen für unten, wie sie die Antidiskriminierungslobby will. Sondern, dass es unten nicht mehr gibt.

► Solidarische Inseln schaffen

Viel Ausschluss basiert auf Unwissen. Der Mensch ist bequem und unwissend, Auseinandersetzung mit gegensätzlichen Meinungen kostet Kraft. Doch oft kann man Andersdenkende im persönlichen Gespräch überraschen – und selbst überrascht werden. Mit Empathie und Humor, und dabei vieles mitnehmen. Und auch das ist für Kämpfe ganz entscheidend. Es ist wichtig, Menschen zu haben, die die Mehrheitsgesellschaft konfrontieren, die den Mächtigen in die Eier treten; die oft nicht klug und nicht reflektiert sind, aber mutig, redegewandt und provokant. Aber genauso wichtig ist es, Empathie zu pflegen, andere mitzunehmen. Viele Milieus haben sich so weit voneinander entfernt, dass ihre Lebenswelten wie einzelne Inseln funktionieren. Und aktivistische Netzwerke kommen in dieser Lebenswelt nicht vor. Oder überhaupt Fremde, die zuhören.

Ein Interviewpartner eines italienischen fangeführten Klubs hat mal erzählt, wie die kommunistische Partei überall im Land lokale, demokratische Sportvereine aufbaute. Dieses Netzwerk überdauert gar die besseren Tage der Partei selbst. Es entstanden solidarische Inseln, die Dörfer und Viertel prägten, denen sich auch Andersdenkende zugehörig fühlten. Eine wunderbare, ambitionierte Idee. Hinter den Kulissen ist es viel effektiver, auf Augenhöhe auf Menschen einzugehen. Gern wird behauptet, durch die Twitter-Sphäre hätten Menschen verschiedener Prägungen verlernt, miteinander zu sprechen, aber in Wahrheit konnten sie das nie besonders gut. Sie waren einander immer fremd, und mit der ökonomischen Spaltung werden sie einander immer fremder. Social Media hat einen umfassenden Diskurs zwischen verschiedenen Milieus erst geschaffen. Aber falsch – als öffentlichen Hahnenkampf, wo diejenige, die zurückzieht oder auch nur einen Fehler eingesteht, das Gesicht verliert. Und wo sowieso nur Nischen anwesend sind. Es wäre enorm wichtig, dass sich die Gesellschaft im Gegenteil für ihren Mut und ihren Fortschritt belohnt. Dass sie einander lobt, sich einander erklärt, nachsichtiger ist gegen die Nachbar:innen und unnachgiebiger gegen die Mächtigen. Es gibt zwar viel Austausch im Fußball, auch zu kritischen Themen, aber oft nur unter denen, die einander ähnlich sind. Was der Soziologe Pierre Bourdieu zu den feinen Unterschieden feststellte, gilt weiterhin: Menschen schließen andere sehr effektiv aus mit der Art, wie sie reden, mit den Geschmäckern, die sie ausdrücken, mit ihrem Verhalten im Gespräch. Warum lernen und lehren wir das nicht?

Und warum werden daraus keine Konsequenzen gezogen? Auf solidarischen Inseln können viele Leute auftauchen, über Fußball, kostenloses Abendessen oder eine Spielübertragung im Anschluss. Und dann gibt es gemeinsame Podien, Gespräche, Bildungsangebote. Solche Inseln existieren schon. Damit sie aber wirksam sind, bräuchte es eine Inselkette.

▶ Ausbildung von Underdogs

Eine gut ausgebildete, plurale Basis hilft. Eine Bewegung mit eigenem Motor, die sich ihren Weg von unten bahnt. Durch eine direkte Ausbildung von Underdogs. Wenig übt so konsequenten Druck aus wie gut Qualifizierte mit Sprachrohr und ohne Job. Eine Bewegung, die nach oben strömt. Zum Beispiel durch gezielte Lehrgänge, Workshops, Ausbildungen – indem man Menschen mit körperlichen Behinderungen gezielt für einen Posten als Manager:in im Fußball ausbildet, Stille und Unsichere als Klubchefs, Menschen of Color als Trainer:innen oder Frauen für einen Job im Sportjournalismus, Menschen mit niedrigem sozioökonomischen Status als Kommentator:innen oder Linke für den Aufbau von Klubs. Und die Branche mit Absolvent:innen unter Druck setzt. Die Organisation Brand New Congress in den USA und deren deutsches Pendant Brand New Bundestag etwa fördern gezielt Kandidat:innen mit niedrigem Einkommen oder niedrigem Bildungsabschluss, Migrationsgeschichte oder Behinderung. In den USA, wo Geld Wahlkämpfe gewinnt, gibt es viele alternative Lobby-Organisationen, die gezielt Kandidat:innen von den Rändern der Gesellschaft unterstützen. Immer haben sie zu wenig Geld, den Einfluss der Reichen können sie nicht aufwiegen. Die Einteilung in Diskriminierungsformen ist wie immer oberflächlich, und sie fördern letztlich einen konventionellen Weg ins System hinein. Aber das ist eine Schwäche vieler Quoten.

▶ Vision 50:50

Ein umfassendes Konzept ist das Aufwändigste, was ein Verband selbst für Teilhabe tun kann. Ein grundlegendes Konzept hatte etwa der schwedische Golfverband mit seiner „Vision 50:50", von der die Studie „Step Up Equality" berichtet. Die „Vision 50:50" läuft seit 2013, der Frauenanteil unter Manager:innen und Vorsitzenden lag vor Beginn der Initiative bei etwa zehn Prozent. Im ganz eigenen Überlebensinteresse wollte der schwedische Golfsport etwas daran ändern. Acht Klubs entwickelten zusammen mit einer Wissenschaftlerin eine Bildungsplattform für Geschlechterverhältnisse und bildeten sich dabei selbst fort. Sie boten schließlich ein einjähriges Programm für die schon vorhandenen Führungskräfte, meist Männer also, an. Das ist interessant. Denn wichtig ist es auch, die Mächtigen zu bilden. Ihre Meinungen sind nicht unveränderlich, und sie sind ein Schlüssel bei Veränderung. Vor allem, wenn es um Reformen geht, können sie engagierte Verbündete sein. Sie lernten etwas über Unterdrückungsmechanismen oder die unterschiedliche Redezeit und das Auftreten von Männern und Frauen in Gruppen. Bei Erscheinen der Studie 2020 hatten 20 Klubmanagements gemeinsam das Programm durchlaufen. Ob das tatsächlich zu mehr Teilnahme führt, ist noch unklar. In der Konsequenz aber wurden mehrere Folgeprojekte für mehr Mädchen im Golfsport initiiert, im Vorstand des Verbandes wurde eine 50:50-Quote eingeführt, eine Frau wurde Präsidentin.

Eine Feldstudie von Catherine Krupnick fand schon 1985 heraus, dass Mädchen im Unterricht dreimal so viele Wortbeiträge äußerten, wenn eine Lehrerin vor der Klasse stand. Krupnicks weitere Erkenntnisse wurden später vielfach bestätigt: dass Männer in Gesprächsrunden viel höhere Gesprächsanteile haben, dass Frauen kürzen reden, seltener reden, und oft von Männern – aber auch häufig voneinander – unterbrochen werden. Dass in reinen Frauenrunden eher egalitär diskutiert und jede Meinung gehört wurde, während es in Männerrunden eher um Hierarchie und Dominanz ging. Längst ist es in Schulen selbstverständlich, dass es möglichst ein diverses Klassenlehrer-Duo gibt. Warum nicht im Fußballtraining? Die Basketballtrainerin Dafni Bouzikou schlägt das im Gespräch mit der „Zeit" etwa für Nationalteams vor: „Ich habe ja am eigenen Leib erlebt, wie zufriedenstellend [ein gemischtes Team] für alle Beteiligten war und wie sehr die Spieler diese Konstellation geschätzt haben. Die Vereine und Verbände müssen erkennen, dass darin ein Mehrwert liegt." Gewiss findet sich dieser Mehrwert auch in anders gemischten Duos.

► Die Obergrenze gegen dominierende Eliten

Wenn eine Quote sinnvoll ist, dann eine, die pragmatisch und breit anwendbar ist und sich nicht endlos verästelt. Eine Obergrenze gegen dominierende Eliten beispielsweise. Im deutschen Fußball sieht die

Macht sehr ähnlich aus: die berühmten alten, weißen Männer. Wohlhabend noch dazu. Statt der verdrucksten positiven Diskriminierung wäre eine Obergrenze für diese Elite klug. Etwa: höchstens 30 Prozent der Menschen in Gremien dürfen über 50-jährige, weiße Männer mit gutem Einkommen sein. Die Altherrenbünde müssen aufgebrochen werden, im eigenen Interesse des Fußballs, wenn er nicht immer weiter verkrusten will, wenn er überhaupt Leute finden will, die Lust haben, sich in dieser Welt zu engagieren.

Und die fairste Option: eine Quote für Reiche. Wohlhabend zu sein, ist ein handfestes Privileg, keine pauschale Zuschreibung anhand des Aussehens. Wer viel Geld hat oder in Geld geboren wurde, erlebt ständig Vorteile: finanzielle, kulturelle, intellektuelle. Maximal 30 Prozent in den Gremien dürfen dann ein Einkommen haben, das eine bestimmte Grenze überschreitet. Die Reichenquote begrenzt zentrale Macht.

KAPITEL 7

Gleicher Lohn für gleiche Arbeit: Equal Pay

Popularität ist kein Schicksal. Wie etwa die erfolgreiche Liga América im Mexiko der frühen 1970er-Jahre zeigt, wurde Frauenfußball oft populär, sobald er Raum bekam. Es braucht gleiches Investment für gleiche Beliebtheit, nicht umgekehrt. Die Equal-Pay-Debatte wird aber auch inkonsequent geführt: Systemische Veränderung tritt in den Hintergrund. Was gleicher Lohn für gleiche Arbeit wirklich hieße, ist im Sport nie diskutiert worden.

Maurizio Valenti, Dozent an der Manchester Metropolitan University, forscht zu Faktoren für Publikumszuspruch und sportliche Entwicklung im Frauenfußball:

„Die Verbände müssen Nationalspielerinnen dieselben Summen zahlen wie den Männern. Wir müssen die Verbände auf Equal Pay drängen. Das ist ein anderer Kampf als der für gleiche Preisgelder, der parallel läuft. Man muss aber auch bedenken, dass nationale Verbände oft andere Ziele haben als Ligen und Klubs. Verbände bewerben einen Sport für alle, bei Ligen und Klubs handelt es sich um private Stakeholder, die einer kommerziellen Logik folgen und wollen, dass sich ihre Investments lohnen. Wenn wir Fußballerinnen bessere Bedingungen geben wollen, müssen wir investieren, damit sie mehr Sichtbarkeit und qualitativ bessere Berichterstattung bekommen. Dafür muss der Frauenfußball einen Kommerzialisierungsprozess durchlaufen."

Leonie Pankratz, ehemalige Kapitänin der TSG Hoffenheim:

„Ich finde Equal Pay der Verbände gut, weil es um die Wertschätzung geht, nicht um Gewinn und Verlust im monetären Sinn. Auch im Wissen, dass es finanziell eventuell nicht zu rechtfertigen ist, finde ich es ein wichtiges Zeichen an die Gesellschaft. Wenn das jeweilige Land die Sportlerinnen unterstützt, überträgt sich das auf gesellschaftliche Akzeptanz. Der langfristige Nutzen könnte sogar höher sein, nämlich dann, wenn sich der Frauenfußball nicht nur eigenständig stemmen kann, sondern dazu auch noch Gewinne abwirft."

Benno Torgler, Professor für Wirtschaft an der Queensland University of Technology, forscht etwa dazu, welche Faktoren Erfolg im Frauenfußball beeinflussen:

„Es ist erstaunlich, dass wir immer noch nicht so weit sind, Frauen und Männer im Fußball gleich zu bezahlen. Wir brauchen nicht nur Equal Pay. Wenn die Frauen international stärker sind als die Männer, wie beim US-Team, müssten sie mehr verdienen als die Männer, ganz klar."

Sandra Schwedler, Aufsichtsratsvorsitzende beim FC St. Pauli, setzt sich für Gleichberechtigung im Fußball ein:

„Es muss Equal Pay im Nationalteam geben. Eine Lücke, die dann entsteht im Vergleich zu den Bundesligaspielerinnen, kann kein Argument dagegen sein. Schön wäre es, wenn sich auch alle Vereine die Frage stellen würden: Wie lässt sich eine Gleichstellung von fußballspielenden Frauen umsetzen? Das klassische Argument ist ja: Frauen sind zu teuer, bringen kein Geld rein. Aber das hängt von der Förderung und vom Fokus ab. Auf der Mitgliederversammlung 2019 bei St. Pauli gab es einen Antrag, der für mehr Geschlechtergerechtigkeit in den ehrenamtlichen Führungsgremien, aber auch auf der Ebene der hauptamtlichen Mitarbeiter:innen sorgen soll. Zwei Jahre später wurde auf der Mitgliederversammlung für die ehrenamtlichen Führungsgremien als Resultat eine Quote von 30 Prozent Frauenanteil beschlossen. An beiden Strängen wird weitergearbeitet."

Barbara Messow, Vorsitzende des Amateurklubs Hansa 07:

„Ich kann die Forderung total nachvollziehen, aber es kommt auf die Verhältnisse an. Insgesamt sollte es weniger Bezahlung im Fußball geben. Die Forderung, wir wollen ein genauso komisches System wie die Männer, damit habe ich meine Bauchschmerzen."

Popularität ist kein göttliches Schicksal

Körnige Videos zeigen das Estadio Azteca in Mexiko voll besetzt mit Fans. Es ist die WM 1971, eine alternative Weltmeisterschaft im Frauenfußball. Und 110.000 sind gekommen, um ihr Team zu unterstützen; die Mexikanerinnen stehen im Finale gegen die Titelverteidigerinnen aus Dänemark. Sie unterliegen mit 0:3, werden aber gefeiert. So schildert es das sehr lesenswerte Buch „Futbolera" von Brenda Elsey und Joshua Nadel, die die unbekannte Geschichte des Frauenfußballs in Südamerika recherchierten. Diese Weltmeisterschaft eines alternativen Verbandes ist nicht grundlos nach Mexiko vergeben worden. In den späten Sechzigern und frühen Siebzigern gibt es in Mexiko, fast vergessen: eine sehr populäre Frauenliga. Der mexikanische Männerfußball befindet sich zu dieser Zeit in der Krise; schlechtes Management, Korruption, viele Klubs stehen kurz vor dem Ruin, Presse und Fans sind unzufrieden. Unterdessen hat sich das Leben mexikanischer Frauen durch Urbanisierung, höhere Bildung und eigenen Broterwerb tiefgreifend verändert, sie begehren auf. Auch im Fußball. Und im Gegensatz zu anderen Ländern erkennen männliche Journalisten und Manager nicht (nur) eine Bedrohung ihrer Hegemonie, sondern eine kommerzielle Chance. Die Zeitungen beginnen, über Frauenfußball zu berichten.

Diese Männer muss man sich wohl nicht als Feministen vorstellen; vor allem sind sie daran interessiert, selbst Geld mit der Liga zu machen, während die Frauen gefälligst Amateurinnen bleiben sollen. Auch die Berichterstattung bleibt sexistisch. Und doch betonen Elsey und Nadel: „Die Berichterstattung über die Liga América nahm den Sport ernst. 1969 waren die Bilder und Sprache, mit denen die Frauen beschrieben wurden, weit weniger herablassend als in den folgenden Jahren und, tatsächlich, als heute. Die Spielkommentare analysierten die Fähigkeiten und Spielstile der Frauen. Die Zeitung agierte auch als eine Art Promotor der Liga." Es ist kein Wachstum aus Mitleid, sondern aus kommerzieller Logik. 1969 wird das erste Spiel live im Fernsehen übertragen; die Zeitung „El Heraldo de México" berichtet täglich über die Frauenliga, andere folgen, dann schreibt sie auch über europäischen Frauenfußball. Immer mehr Fans kommen, die Frauen werden Stars, sie erhalten Spitznamen und Ehrenempfänge. Das Heimländerspiel zwischen Mexiko und Italien läuft 1970 vor 60.000 Zuschauer:innen im Stadion, die Spiele werden regelmäßig übertragen. Eine ganz normale Liga.

Immer wieder heißt es: Frauen im Fußball könne man doch nicht anständig bezahlen, denn Frauenfußball wolle ja niemand sehen. Wer so argumentiert, hat nicht viel von der Geschichte des Fußballs verstanden. Sportarten sind nicht durch irgendein göttliches Schicksal populär. Sie werden populär durch eine Kombination aus politischen Umständen, Massengeschmack und, ja, Investment. Man muss investieren, um später einen Gewinn zu erzielen. Es ist nicht gesagt, dass dieser Gewinn kommt. Aber dass er ohne Investment nicht kommt, ist offensichtlich.

Warum ist Fußball so beliebt? Auch aus ganz profanen Gründen. Er verbreitete sich über die ganze Welt auf den Schwingen des Kolonialismus, ein historischer Zufall. Einerseits von unten: Fußball ist leicht zu verstehen und selbst für die Ärmsten zugänglich, zugleich variantenreich genug, um nie langweilig zu werden. Andererseits von oben: In seiner Kriegsanalogie war er interessant für das wachsende nationale Bewusstsein der Kolonialmächte. In Internaten und Kolonien wurde er ganz gezielt genutzt, um bestimmte Eigenschaften am Mann anzuerziehen – Disziplin, Teamgeist, Gehorsam. Und er wurde fast überall staatlich finanziert. Allein hätte er kein Stadion der Welt bauen können. Brenda Elsey und Joshua Nadel schreiben in „Futbolera“: „Das Standard-Argument lautet, wenn Frauenfußball mehr Tickets oder Merch verkaufen würde, würde er mehr Unterstützung von den Verbänden erhalten. Aber die Argumentation dreht sich im Kreis. Männerfußball wurde in großen Teilen Südamerikas nicht von selbst Nationalsport. Als die Ligen sich entwickelten, entwickelten sich die Medien in einer symbiotischen Beziehung mit ihnen. Fußball ist nicht organisch gewachsen, er benötigte die Unterstützung von außen.“ Das gilt ähnlich für den europäischen Fußball, der seinen größten Boom durch die Konkurrenz der TV-Sender erlebte. Zur gleichen Zeit verloren andere Sportarten an Sichtbarkeit. Und dass Menschen Blindenfußball oder Rollstuhlfußball nicht im Fernsehen verfolgen, liegt schlicht daran, dass er keine Bildfläche erhält, er findet nicht statt. Wie anders er diskutiert würde, wenn er ernst genommen und sichtbar wäre, kann niemand sagen. Das statische Weltbild verkennt Machtdynamiken und Zufälle. Und es verkennt, wie populär Frauenfußball immer wieder wurde, wenn – wie in Mexiko – eine Lücke an der Macht entstand. Zum Beispiel die „Dick, Kerr's Ladies“, eher Showtruppe als ambitioniertes Team, die in England während des Ersten Weltkriegs und bis 1922 bis zu 53.000 Zuschauer:innen anzogen. Auch hier, weil der Wegfall des Männerfußballs plötzlich Raum gab und der Sport gewollt war. Aber dann drohte der Frauenfußball, Machtverhältnisse herauszufordern und das Männerprodukt zu gefährden. Als die Männer in England von der Front zurück waren und der Frauenfußball populär blieb, gar viel Geld machte, verbot die FA das Spiel.

Ähnlich erging es den österreichischen Spielerinnen in der freien Wiener Frauenliga zwischen 1935 und 1938, seinerzeit die einzige der Welt, zu der Helge Faller und Matthias Marschik höchst ausführlich für das Buch „Eine Klasse für sich" recherchierten. Eine solide besuchte Liga, die schließlich mit Verboten in die Knie gezwungen wurde. Und als in Mexiko die Frauen selbstbewusster wurden und mancher Männerklub klagte, das Publikum laufe ihm davon, ging der Männerverband gegen den Frauenfußball vor und verleibte sich den Verband ein. So endete der mexikanische Boom. Frauenfußball wurde nicht deswegen verboten, weil er nicht interessierte. Was niemand sehen will, muss man nicht verbieten. Sondern weil er Macht herausforderte. Natürlich auch in Deutschland nach dem Boom von 1954.

Ungleichheit durch Reichtum

Wäre das Spiel der Frauen bei gleicher Bezahlung und gleicher Unterstützung so beliebt geworden wie das Spiel der Männer? Womöglich. Kann es das werden? Es ist viel Zeit vergangen, in der es fast nur Männerfußball geben durfte auf der Welt. Es wird Jahrhunderte dauern, das aufzuholen. Und Abwertung ist nicht der einzige Grund, warum Frauenligen unbeliebter sind, damit würde man es sich zu einfach machen. Kraft und Tempo definieren den Sport. Die Dynamik junger, männlicher, gesunder Körper definiert, was uns gefällt, zumindest in den meisten Sportarten. Alles andere weicht von der gewohnten Ästhetik ab. Aber die Geschichte kann den Menschen bei solchen Prophezeiungen etwas Demut lehren. Noch im 18. Jahrhundert zählte beim am Hof betriebenen Sport weder ein Sieg noch ein Höher, Schneller, Weiter, sondern die Eleganz der Bewegungen. Worauf eine Gesellschaft im Sport Wert legt, ist ständig im Fluss. Ewige Herrschaften und Wahrheiten gibt es nicht, nicht mal das Römische Reich oder die Katholische Kirche packten das. Und ein Leistungssport nach den alten Ideen des 19. Jahrhunderts, dominiert von jungen, gesunden Männern, ist möglicherweise schneller passé, als wir gerade ahnen.

Die Sportjournalistin Nicole Selmer entlarvt die gesellschaftlichen Doppelstandards mit Blick auf die (Männer-)Amateure: Für die fordere jeder mehr Geld. Und es sage niemand, da guckt ja eh niemand zu. Gleichberechtigung geht nur mit gleichen Mitteln. In keiner Branche aber ist die Geschlechterdiskriminierung so extrem wie im Sport. Der Report „Global Sports Salaries Survey" (GSSS) von 2017 formuliert es so: „Wie viele Männer-Profiligen gibt es? Hunderte. Wie viele bei den Frauen? Fast keine. Unsere beste Schätzung ist: Es gibt 137.021 männliche Fußballprofis auf der Welt. Und 1.287 weibliche. Oder, um es anders zu formulieren, 0,93 Prozent der weltweiten Fußballprofis sind Frauen." Weibliche Halbprofis sind da schon mit eingerechnet, Hunderttausende männlicher Halbprofis nicht. Der GSSS-Report bilanziert: „Nirgendwo, nicht in der Chirurgie, nicht bei Astronauten, nicht bei Chefs großer Unternehmen sind die Zahlen so ungleich." Im englischen FA Cup lag 2019 das gesamte Preisgeld der Frauen bei unter einem Prozent von dem der Männer. In Deutschland lag die Entgeltlücke bei der Bezahlung von Männern und Frauen 2017 in der Gesamtgesellschaft bei 21 Prozent, bei DFB-Prämien dagegen betrug sie laut „Spiegel" 87,5 Prozent, war also viermal so hoch. In der Männer-Bundesliga verdient ein Spieler in einer Partie so viel wie eine Spielerin im Jahr. Die Liste lässt sich fortsetzen. Entgegen der Fifa-Behauptungen, man kümmere sich um eine Angleichung des Frauenfußballs, wächst die Lücke weiter. Die Fifa etwa hat zwar den Preistopf für die WM von 2015 bis 2019 auf 30 Millionen verdoppelt, gleichzeitig aber füllten sich die Töpfe der Männer in absoluten Zahlen viel stärker; von 358 Mio. Dollar 2014 auf 400 Mio. bei der WM 2018. Warum ist das so?

Weil der Fußball reich ist. Es gibt einen ganz erstaunlichen Zusammenhang. In der Leichtathletik oder beim Schwimmen klagt niemand darüber, dass Olympiasieger:innen und Weltmeister:innen der Männer und Frauen gleiche Prämien erhalten – obwohl die Männer auch dort jeder Frau davonlaufen, davonspringen und davonschwimmen würden. Der englische „Telegraph" berichtete 2017, dass 83 Prozent aller Sportarten ihren Männern und Frauen gleiches Preisgeld zahlten. Und es waren nicht die mit den kleinsten Leistungsunterschieden. Es gab einen anderen Zusammenhang: Je mehr Geld der Sport generierte, desto ungleicher wurde verteilt. Es geht um Macht.

Und natürlich gibt es unterhalb dieser Hierarchie diejenigen, die noch mehr Gleichgültigkeit erfahren. Blinde Nationalspieler, Männer immerhin, erhielten Stand 2020 im deutschen Fußball überhaupt kein Gehalt. Dass auch in diesem Text nur von Männern und Frauen die

Rede ist, liegt an einer weiteren Rückständigkeit des Sports: Der Fußball und die meisten Sportarten kennen keine Nuancen beim Geschlecht und keine anderen Entwürfe, sie kennen nur Männer und Frauen. Es gibt zarte Proteste dagegen und wachsende Proteste bei der Bezahlung der Frauen. Norwegens Fußballverband hat 2017 als erster gleiche Bezahlung für Männer- und Frauenteams eingeführt. 2019 zogen Finnland und Australien nach, in Australien erhalten die Spielerinnen in der W-League seit 2019 auch das gleiche Grundgehalt. 2018 erhielten die Neuseeländerinnen gleiche Verträge. Seit 2020 bekommen die Spielerinnen auf den Fidschi-Inseln im nationalen Dress gleiche Zahlungen wie die Männer, 2019 die Südafrikanerinnen gleiche Prämien. Und als erste große Männerfußballnation erhalten die Brasilianerinnen seit 2020 gleiche Prämien und Spesen.

Was passiert, wenn man das auf den Vereinsfußball überträgt, zeigt seit 2017/18 der Fanverein Lewes FC aus England. Knapp unter 600 Zuschauer:innen fanden sich im Schnitt 2018/19 dort beim Zweitligafußball der Frauen ein. Eine Zuschauerin bei Lewes FC hätte mit Blick auf die Ränge schwer sagen können, ob hier Männer- oder Frauenfußball stattfindet. Denn der Zuschauerschnitt bei den – allerdings deutlich tiefer spielenden – Männern lag mit 620 nur minimal darüber. In der Saison zuvor hatte die Klubführung eine grundlegende Entscheidung getroffen: Als nach eigenen Angaben erster Verein der Welt würde er Männer und Frauen mit gleichen Budgets versorgen. Anders als in Modellen, wo Geld von den Männern umverteilt wird, wollte Lewes FC seine Gleichberechtigung nicht auf Umverteilung basieren. Die 80.000 Pfund, die für ein gleiches Budget der Frauen nötig waren, kamen laut Geschäftsführer Charlie Dobres letztlich von eigenen Sponsoren der Frauen. Im Verein wurden auch die Ressourcen angeglichen. Frauen und Männer nutzen dieselben Trainingsplätze, dieselbe Infrastruktur sowie Trainer:innen. Das Publikum der Frauen hat sich seither verfünffacht.

„Sozialer Wandel macht kommerziell Sinn"

Interview mit Charlie Dobres

Charlie Dobres ist demokratisch gewählter Geschäftsführer des im Gemeinschaftsbesitz befindlichen Lewes FC. Die Frauen von Lewes FC spielen 2021/22 in der zweiten englischen Liga, der WSL 2.

Ihr bezahlt seit 2017/18 den Frauen gleiches Geld wie den Männern und schafft gleiche Bedingungen. Was hat sich dadurch verändert?

Die Zuschauerzahlen bei den Spielen unserer Frauen haben sich vervielfacht. Wir haben ein neues Publikum. Frauen über 35 Jahre, die sich für Geschlechtergerechtigkeit interessieren und bisher im Fußball nicht willkommen waren, und vorher nichts mit dem männlich-sexistischen Wunderland zu tun haben wollten. Indem wir ihnen etwas anderes anbieten, ziehen wir ein neues Publikum an.

Bisher hat das in England aber kein Verein nachgemacht.

Sexismus im Fußball ist riesig: Es ist viel leichter, zu kritisieren, was wir machen, als es einfach mal selbst zu probieren. Aber man erreicht sozialen Wandel, indem man zeigt, dass es auch kommerziell Sinn macht. Wir sehen zunehmend Belege dafür. Frauenfußball bringt uns Einkünfte, die wir sonst nicht bekommen hätten. Sobald sich diese Erkenntnis verbreitet, werden andere Klubs folgen.

Warum sollte der Männerfußball überhaupt das finanzielle Risiko eingehen?

Er sollte sich mal die Beispiele von Cola und Cola Light angucken. Warum hat eine so erfolgreiche Marke 1982 entschieden, so viel in ein zuckerfreies Produkt zu investieren, das damals gerade nicht besonders erfolgreich war? Sie haben massiv investiert, in dem Glauben, dass es in Zukunft mehr Geld macht. Und sie haben begriffen, dass ihr ursprüngliches Produkt nahezu Marktsättigung erreicht hatte. Deshalb haben sie Cola Light aufgebaut. 40 Jahre später verkauft sie sich besser als Cola. Es gab einen Markt, und sie haben dafür gesorgt, dass er funktioniert.

Die FA hat zuletzt einen großen Investitionsplan für Frauenfußball aufgestellt.

Es ist gut, dass Verbände in Frauenfußball investieren, aber sie verkaufen ihn komplett unter Wert. Wenn sie glauben, es ist richtig, was sie tun, sollten sie richtig viel Geld da reinstecken. Die FA hat 18 Mio. Pfund in einen Vierjahresplan für Frauenfußball gesteckt, und das ist gut. Aber warum peilen sie nicht 100 Mio. an, mit der Unterstützung von anderen? Das würde richtig viel verändern.

Equal Pay für alle?

Und kaum eine Position bekommt quer durch die Lager so viel Applaus wie die von Charlie Dobres. Das Cola-Light-Konzept hat auch die Fifa für sich entdeckt, wenngleich noch ohne die große Überzeugung, und wenn die Großklubs in den nächsten beiden Jahrzehnten auch den afrikanischen und asiatischen Markt für Männerfußball abgegrast haben, wird Frauenfußball ihnen gleich schmackhafter vorkommen. Sie sind nämlich existenziell auf Wachstum angewiesen. Wo Wachstum und Rentabilität aber die oberste Maxime sind, steht Wandel immer auf wackeligen Füßen. Denn was, wenn sich all das aus kommerzieller Sicht nun doch nicht so sehr lohnt, oder wenn Frauenfußball länger subventioniert werden muss, als sich rentiert? Lassen wir das mit der Gleichberechtigung dann wieder bleiben?

Millionengehälter für einzelne Fußballerinnen mögen *Corporate Feminism* befriedigen, aber um einen klügeren, besseren Fußball scheren sie sich nicht. Alle Energie, die in systemische Veränderung fließen könnte, fließt stattdessen in einen Kampf um mehr Investment, mehr Einfluss von Konzernen, mehr Anpassung an Social-Media-Ästhetik und mehr Leistung, alles unter der Flagge der Gleichberechtigung. Wenn erst mal Gleichberechtigung geschaffen ist, kann man sich ja um alles andere kümmern. Aber wann soll das sein, in 200 Jahren? Der Widerspruch erinnert ein bisschen an die tapferen Suffragetten, die für Frauen das Recht auf Rauchen erkämpften, sehr zur Freude der mächtigen Tabakkonzerne. Auf der Suche nach Freiheit und Stärke folgten sie doch bloß gängigen Werbeerzählungen.

Dabei hätte die Debatte um Equal Pay ganz andere Möglichkeiten, wenn sie sich etwas zutraut, wenn man sie ernsthaft diskutieren würde. Denn wer die Maxime „Gleicher Lohn für gleiche Arbeit“ ausruft, müsste kurz nachdenken. Der gleichen Arbeit gehen nicht nur die US-Frauen nach, sondern auch die in Nigeria. Wenn gleicher Lohn für gleiche Tätigkeit gilt, müssen nicht auch sie den gleichen Lohn bekommen? Und was ist mit anderen Sportarten? Fußballerinnen sind durchaus privilegiert. Die deutschen Spielerinnen verdienten laut „Zeit" etwa 2007 für den WM-Titel mehr als die doppelte WM-Titelprämie eines deutschen Handballers 2019, von Handballerinnen gar nicht zu reden, und mehr als doppelt so viel wie Olympiasieger:innen für Deutschland in Rio 2016. Gleicher Lohn für vergleichbare Arbeit und Leistungen: Wer Equal Pay fordert, müsste für alle zahlen. Oder soll das nicht gelten, weil beim Handball weniger Leute zuschauen, aber bei Fußballerinnen ist das egal?

Ehrlich und konsequent ist Equal Pay nie diskutiert worden. Die Einwände gegen Gleichbezahlung haben einen richtigen Kern. Erst durch Beliebtheit erhält Sport seine Legitimation als Beruf. Es braucht die Bereitwilligkeit sehr vieler Menschen, zuzuschauen, weil sie Spaß haben. Dass viele Spaß haben, ist umgekehrt kein bedingungsloses Kriterium, an Gladiatorenkämpfen hatten ja wohl auch eine Menge Leute Spaß. Wer entscheidet also, was Volkes legitimer Wunsch ist, und was nur Diskriminierung geschuldet? Die Equal-Pay-Debatte wirft sehr viele und gute Fragen auf, sie führt direkt zu Überlegungen für einen anderen Fußball. Die Gesellschaft darf sich nicht scheuen, diese Fragen zu stellen.

„Wir werden ein neues System erleben"

Interview mit Camila García Pérez

Camila García Pérez ist im Vorstand der Spieler:innengewerkschaft FifPro und bei der chilenischen Frauenfußballgewerkschaft ANJUFF. Die brachte etwa den Verband dazu, die Copa América Femenina 2018 auszurichten. Und sie sorgte für finanzielle Unterstützung des Frauenfußballs.

Ihr versucht, die Umstände für Frauenfußball zu verbessern. Was hat funktioniert?

Es gibt kein Rezept für alle Länder. In manchen Staaten hat die Regierung viel getan, in anderen der Verband, meist dort, wo es Tarifverträge gibt. Es geht auch um Marketing, man muss für die Frauen eine eigene Identität aufbauen. Und wir müssen an Anreize für Vereine denken, Frauenfußball zu fördern. Wir haben nicht genug internationale Wettbewerbe. Die WM ist nur alle vier Jahre, und das Problem ist, dass die Regionen unterschiedliche Qualifikationswege und regionale Wettbewerbe haben. Für manche Teams funktioniert das als Anreiz, aber wer sich nicht qualifiziert, kann über Monate, manchmal über Jahre inaktiv sein. Das ist in Chile passiert, in Kolumbien, in anderen Staaten. In Europa passiert das nicht, weil die Nationalteams die ganze Zeit arbeiten. Das ist ein großer Unterschied. Und es verursacht enorme Leistungsunterschiede.

Du schlägst also eine Nations League vor?

Eine Nations League wäre eine Lösung, aber wichtiger wären erst mal auf regionaler Ebene mehr Wettbewerbe zwischen den Vereinen.

Soll Frauenfußball wie Männerfußball werden?

Nein, definitiv anders. Wir haben hier die Chance, innovativer zu sein als im Männerfußball, der rasant gewachsen ist. Das hat dem Männerfußball geschadet. Wir wollen eine andere, nachhaltigere Struktur, die nicht nur den Spieler:innen dient, sondern auch den Vereinen, den Fans. Bei den Männern existiert eine riesige Industrie mit unglaublicher Ungleichheit.

Wie könnte dieser Fußball aussehen?

Wir haben in letzter Zeit viel dazu diskutiert. Es ist schwer, sich ein neues System vorzustellen. Aber man muss anfangen, es aufzubauen. Zum Beispiel können WM-Preisgelder egalitärer verteilt werden. Spielerinnen könnten die Gelder direkt erhalten, sodass sie nicht die Verbände darum bitten müssen. Wir wollen keine Kopie des Männerfußballs. Ich kann nicht sagen, wie, und natürlich wollen die Stakeholder kein anderes System. Es hat finanziell über Jahre für sehr viele Menschen funktioniert. Es wird dauern, aber ich denke, wir werden ein neues System erleben. Die Fifa sollte erst mal mit genderneutraler Politik anfangen, und nicht Männer bevorteilen, wie sie das in der Geschichte immer getan hat. Ich habe auch Freunde, die angesichts der Schwierigkeiten sagen: Wer braucht die Fifa? Lasst uns unseren eigenen Verband aufbauen. Es gibt viele Aktivistinnen, aber leider ist auch noch viel zu tun, nicht nur bei der Fifa, sondern auch bei den Verbänden, sogar bei den Gewerkschaften.

In Chile sind viele Spielerinnen politisch aktiver als etwa in Deutschland. Warum?

Vor allem in Südamerika sind Fußballerinnen wichtig, um Veränderungen durchzusetzen. Die Machokultur und die Rolle des Fußballs in unseren Gesellschaften sorgen dafür, dass Widerstände und Kritik gegenüber Fußballerinnen viel heftiger sind als in den meisten Weltregionen. Wir hatten lange Zeit keine Gruppen, die Frauen repräsentieren, wir haben uns erst vor einigen Jahren organisiert. Vor allem Nationalspielerinnen sind in ihren Gemeinden bekannt. In Kolumbien haben sie sich gegen schlechte Bedingungen und sexuellen Missbrauch gewehrt, in Argentinien wurde das Nationalteam unglaublich diskriminierend behandelt, und die Spielerinnen haben protestiert. Bei der Copa América habe ich mit vielen Spielerinnen gesprochen, wir haben gesehen, dass wir nicht allein sind. Diese Bewegung wird zu 100 Prozent von Spielerinnen angetrieben. In Chile haben wir uns organisiert, in Kolumbien, in Brasilien hat das Nationalteam sehr offen Kritik geübt, in Argentinien haben sie einen Mindestvertrag ausgehandelt, es herrscht viel Aufbruchstimmung.

Das Epizentrum des Fußballs bleibt aber in Europa.

Dieses Thema geht über den Fußball hinaus, es geht um finanzielle Ungleichheit. Die Fußballindustrie reflektiert sehr gut, wie die Welt funktioniert. Ich würde sagen, um das zu ändern, muss man die nationalen und regionalen Wettbewerbe stärken und besser machen. In den letzten Jahren hat man das in Südamerika versucht, wie bei der Copa Libertadores und Copa Sudamericana. Aber letztlich ist es fast unmöglich.

Reparationen, neuer Spielplan und die 1:12-Regel

Auch im gegenwärtigen System kann man Sport neu denken. Es braucht einen neuen Spielplan, wo Frauen- und Männerfußball ihr jeweils eigenes Wochenende bekommen und der Sport-Sonntag für eine neue Indie-Kultur reserviert ist. Es braucht Reparationen für die, die im Sport ausgeschlossen wurden. Eine neue WM, die umverteilt und die jede:r qualifizierte Spieler:in auch gewinnen kann. Und eine 1:12-Regel für Gehälter.

▶ Ein neuer Spielplan

Wer spielt und gezeigt wird, besetzt Plätze. Eine Sendung namens „Sportschau" zeigt aber aktuell nicht Sport, sondern fast nur Männerfußball, und zwar, müßig zu erwähnen, der körperlich Gesunden im Hochleistungsalter. Die TV-Sender investieren Unsummen in den Männerfußball. Weil das Publikum das ewig Gleiche honoriert, aber auch weil es Bindung und Konstanten schätzt und ungern überfordert ist. Und es ist schwer zu sagen, wo die Henne war und wo das Ei: Will die Gesellschaft nur noch Männerfußball, weil sie ihn so viel zu sehen bekommt, oder verhält es sich umgekehrt? Würde sie mehr Vielfalt schauen, wenn man ihr mehr Vielfalt zeigt? Der Medienwissenschaftler Michael Schaffrath sagte dem Boulevardblatt „tz" 2019: „Viele können sich noch erinnern, wie Boris Becker 1985 Wimbledon gewann. Wir haben damals dann erlebt, wie auf allen Sendern Tennis lief. Und später hat Karl Senne, der ehemalige Sportchef des ZDF, gesagt: Wir haben Tennis kaputt gesendet. Nun ist der Fußball sicherlich resistenter – aber diese vielen und hohen Fußball-Sendezeiten sind kontraproduktiv, weil dies zur Übersättigung führt."

Die TV-Quoten zur Männer-EM 2021 gingen tatsächlich deutlich zurück, zumindest in Deutschland. Auch „Sportschau" und „Sky" verloren in der Hinrunde 2021/22 Publikum, aber die „Sportschau" etwa gewann dabei Marktanteile. Es wurde also schlicht allgemein weniger Fernsehen geschaut. Und die starke zweite Liga der Männer wuchs gar. Ob sich der Mensch also je am Fußball sattsehen wird? Fußball ist lokal und kulturell viel tiefer verankert als Tennis. Apokalyptische Hoffnungen auf Abwanderung bringen noch keinen Wandel. Es braucht ein ganz anderes Zeigen von Sport. Ein moderner und demokratischer

Sport wäre einer, der Pluralität erlernt, der versteht, dass in der Vielfalt ein entscheidender, eigener Wert liegt. Und sich gemeinsam als Sport vermarktet, ähnlich wie in Grundzügen bei Olympia. Der Spielplan ist eine ganz große Stellschraube für Machtkämpfe. Wer wirklich etwas verändern will, kommt an ihm gar nicht vorbei. Ein Fußball, der Gleichberechtigung überhaupt erreichen will, muss zunächst einen überfälligen Schritt gehen: Die Männer-Bundesliga nicht mehr jedes Wochenende spielen lassen, sondern nur noch jedes zweite. Das wäre keine Katastrophe, nicht mal eine finanzielle, auch die NFL bestreitet nur 17 Spiele in der regulären Saison. Und am anderen Wochenende spielen die Frauen. Männer- und Frauen-Bundesliga müssen die gleiche Bühne bekommen. Solange das nicht der Fall ist, ist alles Gerede von Gleichberechtigung reine Heuchelei. Erst ein fairer Spielplan verschafft Fans die Zeit, überhaupt beide Teams ihres Vereins zu unterstützen. Es ist heuchlerisch, wenn Funktionäre schulterzuckend erklären, die Fans wollten diesen anderen Fußball ja gar nicht sehen – wenn sie dafür noch die doppelte Zeit pro Woche abdrücken sollen, in einem Kalender, der sowieso schon nur Fußball kennt. Ehrliche Gleichberechtigung kommt erst dann, wenn die „Sportschau" gezwungen ist, die Frauen im gleichen Umfang zu zeigen, weil die Männer gar nicht spielen. Und alle anderen Sportideen?

In einer Untersuchung von Nielsen Sports im Jahr 2018 sagten rund 40 Prozent der weltweit befragten Bürger:innen, dass sie sich für Fußball interessieren. Und etwas unter 30 Prozent gaben Leichtathletik an. Weder die Gehälter noch die Fernsehzeit in der Leichtathletik stehen in irgendeinem Verhältnis zu diesem Interesse. Der Nicht-Fußball hat sich gegen seine Verzwergung in den vergangenen Jahren nur noch durch kollektive Zwergendörfer zu wehren gewusst. Kombinierte Meisterschaften, große und gemeinsame Events, eine Masse gegen den Fußball – mit den Olympischen Spielen als bekanntestes Beispiel. Aber de facto interessieren sich Menschen dadurch nicht wirklich für Hürdenlauf, sie schauen eben einmal im Jahr bei einem disneyfizierten Familien-Event zu.

Dem Sport fehlt eine Erkenntnis aus der Kunst, nämlich der Respekt für eine echte Indie-Kultur. Auch dort werden solche Formate immer weiter von großen Playern verdrängt, aber es gibt zumindest noch ein gewisses Bewusstsein für Vielfalt. Auch weil es Kinos, Streaming-Plattformen und Aussteller gibt, die solche Formate fördern, trotz der immer schwierigeren Bedingungen in diesem Wirtschaftssystem für alles, was Eigensinn hat. Dem Sport fehlt das. Gewiss, es gibt Sender, die Darts zeigen. Aber es gibt kaum Fans von Sport in seiner Vielfalt, und auch keine Wertschätzung von Sendern und Verbänden für eine abwechslungsreiche Sportkultur. Freie, gemeinsam geführte Produktionsfirmen könnten genau das schaffen: Originelle Formate, die einander abwechseln. Und es braucht eine gemeinsame Vermarktung des Sports an sich. Wenn er gemeinsam wirtschaftet oder etwa über eine Sportsozialkasse teilt, wird es unattraktiv, wenn eine Bewegungsidee die anderen völlig verdrängt. Dafür muss der Sport und insbesondere der Fußball Platz schaffen. Vielleicht läuft Spitzenfußball dann nur noch einmal pro Woche; so, dass er der Liebe der Menschen Rechnung trägt, aber ihre Liebe nicht schamlos ausbeutet.

Vor allem der Sonntag dagegen muss frei werden für viele ganz andere Bewegungsformen. Solche Nischen hat die Sportkultur verdient. Sport ist das letzte große Live-Erlebnis der Welt, er könnte viel mehr daraus machen. Den einen Sonntag eine WM im Hammerwurf und ein Rollerderby-Turnier, am nächsten ein Pferderennen in der Mongolei, Rollstuhlbasketball aus Argentinien und ein Ultra-Lauf durch die Sahara, wieder ein anderer Sonntag ein Bewegungsspiel ohne Sieger:innen und ein Sport-Theaterstück, jeweils an diesem besonderen Tag sichtbar. Vieles davon existiert schon, aber ohne, dass es die meisten mitbekommen. Über eine Streaming-Plattform könnte man zwischen den Streams hin- und herschalten. Und im lokalen Viertel gäbe es Formate live zu sehen oder mitzumachen. Der Sport müsste diesen Sonntag bewerben, wie der Männerfußball seinen Samstag um 15.30 Uhr bewirbt.

Natürlich ist er ein Zwergendorf. Aber eines, das die ganze Saison über seinen Platz beansprucht, nicht nur einmal pro Jahr, und das eine gesellschaftliche Gesprächsgrundlage schafft. Das wirkt in einer Welt, in der alles permanent verfügbar ist und auch im Sport die kurzen Videoschnipsel boomen, überholt. Es bekommt aber gerade durch die feste Zeitspanne auch eine Sonderstellung. Der Sport-Sonntag ist eben nicht beliebig wiederholbar, sondern passiert jetzt im Moment. Seine Veranstaltungen sind eine kleine Auswahl aus der Welt, sorgsam kuratiert. Dann läuft das legendäre Eishockey-Derby aus Russland oder der Volkssport aus Kenia, der alle bewegt und den hier kein Mensch kennt. Und es gibt sie zum gestaffelten Monatsbeitrag. Es fehlt diese Anerkennung für sportliche Bewegung an sich. Eine Indie-Kultur kann der Sport erlernen. Warum gibt er seinen Fans nicht eine echte Chance, den Horizont zu erweitern? Das wäre mutig.

▶ Reparationen

Der organisierte Sport ab dem 19. Jahrhundert war und ist sehr effektiv darin, Menschen auszuschließen. Schwarze, Arbeiter:innen oder kolonisierte Bürger:innen, Frauen, Schwule und Arme – sie alle durften lange nicht oder nur am Rande dabei sein. Amateurparagraphen oder Beitrittsregeln für Klubs, Mitgliedsbeiträge oder fehlende Infrastruktur vor Ort, verschlossene Sportplätze oder plumpe Verbote, der Sport hat alle Register gezogen. Und er hat damit Menschen systematisch ihrer Chancen beraubt. Torhüterin Hedvig Lindahl twitterte im Dezember 2019: „Fünfzig Jahre lang Verbot. Natürlich laufen wir hinterher. Von heute an sollten für 50 Jahre alle Investitionen als Wiedergutmachung in den Frauenfußball gehen. Das wäre fair, aber weil wir denken, dass es für kleine Jungs nicht cool wäre, wäre 50:50 auch ganz in Ordnung." Charlie Dobres von Lewes FC fordert im Gespräch für dieses Buch Reparationen für den Frauenfußball. Und auch der Sportökonom Stefan Szymanski brachte 2020 im Non-Profit-Medium „New Frame" Reparationen für die Fußballerinnen ins Spiel. Im Sport, wo Reparationen noch fast kein Thema sind, ist es zu großem historischen Unrecht gekommen. Niemand weiß, wie er heute ohne die Verbote von einst aussähe.

Und die wohlhabenden, heterosexuellen weißen Männer, die sich den Sport untertan machten, profitieren immer noch davon. Das ist eine historische Schuld, die aufgearbeitet gehört. Auch finanziell. Szymanski argumentiert schlicht: Die Verbote von damals würden heute sämtlich vor Gericht landen. Und gekippt werden. Gleiches gilt für die unsäglichen Negro Leagues und zahllosen Platzsperren. Das Konzept der Reparationen hat viele Untiefen, denn Unterdrückung ist komplex. Wen entschädigt man heute für den Ausschluss zigtausender Arbeiter:innen im frühen 20. Jahrhundert? Wie wird bedacht, dass etwa Schwarze, wie die Soziologin Marion Müller zeigt, im Teamsport wenig Chancen hatten, in der Leichtathletik aber sehr früh Karriere machen konnten? Und wie, dass Sklavenhandel auch durch Indien, China, arabische Staaten praktiziert wurde, also nicht bloß die bösen weißen Männer gegen den bemitleidenswerten Rest agierten?

Kurz und gut: Wer Reparationen individuell berechnen will, landet in Teufels Küche. Reparationen sind dann richtig, wenn man sie als Erzählung über Unterdrückung und für Umverteilung nutzt. Im Mai 2019 untersuchten Alfred Archer und Martine Prange von der Universität

Tilburg verschiedene Argumentationslinien für Lohngleichheit. Und bilanzierten, dass Reparationen davon die vielversprechendste seien. Denn Verbände hätten dann „eine moralische Verpflichtung und eine politische Verantwortung". Umverteilung ist keine milde Gabe; sie fußt auf Schuld, und das macht einen großen psychologischen Unterschied. Über diese Schuld muss gesprochen werden. Und dann müssen die Gruppen entschädigt werden. Nicht individuell, sondern mit einer verbindlichen Leitlinie, die vorsieht, bis zu einem bestimmten Zeitpunkt die Verhältnisse anzugleichen. Zwangsläufig vertieft das die Gräben zwischen mächtigen und weniger mächtigen Gruppen, aber Umverteilung ohne Schmerz gibt es nicht. Und es ist überfällig, das zu fordern.

▶ Gleiche Bedingungen

2017 ist die neue australische Frauenliga im Netball gestartet. Eine Vollprofiliga, und die Gehälter liegen nahe am australischen Einkommensdurchschnitt. Aber tatsächlich: eine Frauenliga. Die Spielerinnen werden dort nicht nur ordentlich bezahlt, sondern auch durch eine umfassende Versicherung geschützt: Wenn sie verletzt sind oder schwanger werden, erhalten sie bis zu zwei Jahre lang 100 Prozent ihres Gehalts. Spielerinnen, deren Kind ein Jahr alt oder jünger ist, dürfen zu Spielen mit Kind anreisen und bekommen vom Verein Anreise und Babysitter:in finanziert. Wenn das Kind älter ist, kann die Spielerin bei ihrem Klub weitere Unterstützung aushandeln. Ein ähnliches Konzept gibt es im australischen Frauenfußball, der W-League. Für Kinder der Spielerinnen werden bis ins Alter von drei Jahren Flug und Unterkunft beim Auswärtsspiel gezahlt. Und die medizinischen Standards sind verpflichtend gleich hoch wie in der Männerliga. All das hat seine Funktion im Profitsystem: Es macht die Spielerinnen leistungsfähiger, sie sollen eben auch mit Kind schnell wieder ins Business einsteigen. Es integriert Menschen in die bestehenden Abläufe von Leistung und Ausbeutung. Aber die Grundidee der Bedingungen, der Arbeitnehmer:innen-Schutz, ist wichtig. Denn obwohl sich alle Medien ständig auf Gehälter fokussieren, sind es oft die Bedingungen, die etwa Frauensport ganz stark von dem der Männer unterscheiden. Und dafür sorgen, dass viele Sportlerinnen früh aufhören. Gleiche Bedingungen sind in einem Konkurrenzsystem vergleichsweise niedrigschwellig vermittelbar. Und je gleicher die Standards, desto weniger nachträgliche Umverteilung ist nötig. Nationalspielerin Lina Magull schreibt: „Dass es sich Profi-Sportlerinnen nicht leisten können, mitten in der Karriere Kinder zu bekommen, wird oft weggewischt. Wenn ein 25-jähriger Profi drei Kinder hat, was wunderbar ist, stellt das für seine Karriere keinerlei Problem dar. Dazu kommt: Viele von uns verlassen schon früh ihre Familien, weil es im Umkreis kein ambitioniertes Frauenteam gibt."

So oft ist öffentlich von Lohngleichheit die Rede, dass übersehen wird, wie wichtig Bedingungen sind. Obwohl Spielerinnen darauf immer wieder hinweisen, aber das Thema zieht in den Medien nicht so gut wie Geld. Die Spieler:innengewerkschaft FifPro schreibt etwa in ihrem „Raising Our Game"-Report von 2020 über die so erfolgreichen wie egalitären Portland Thorns im US-Frauenfußball: „Das Stadion liegt in der Nähe der Innenstadt, fußläufig erreichbar aus vielen Wohngebieten. Die Logos der beiden Teams am Stadion haben dieselbe Größe, und die Teams haben Zugang zu denselben Trainingsanlagen und demselben Personal. Die mehr als 130 Angestellten arbeiten fast alle sowohl für die Männer als auch für die Frauen." Das ist die Ausnahme. In einer weiteren FifPro-Studie von 2019 gaben mehr als die Hälfte der befragten Nationalspielerinnen an, ihr Verein sei personell unterbesetzt – vor allem fehlten Ärzt:innen, Physiotherapeut:innen und Assistenztrainer:innen. Es fehlen auch Organisationen, an die sich Spieler:innen bei sexuellen Übergriffen wenden können, externe Ansprechstellen mit echter Macht- und Kontrollkompetenz gegenüber Vereinen und Verbänden. Für viele Spielerinnen wären solche Maßnahmen mindestens so relevant wie Lohngleichheit. Unsicherheiten und Ausbeutung im Arbeitsverhältnis betreffen übrigens bei Weitem nicht nur Frauen; 15 Prozent der männlichen Profis auf dem afrikanischen Kontinent etwa hatten 2016 keinen schriftlichen Vertrag. Es braucht, wie die FifPro zu Recht fordert, globale Mindeststandards.

► Eine neue Weltmeisterschaft

Die FifPro-Aktivistin Caitlin Fisher hat in einem Gespräch mit der „taz" einen Gedanken zu Preisgeldern geäußert. Die Männer, sagt sie richtig, würden das WM-Preisgeld eigentlich nicht brauchen. „Sie haben ihre großzügigen Klubgehälter, sie sind bestens versorgt. Andererseits ist leicht nachweisbar, dass die Frauen es brauchen. Wir könnten Preisgelder über einen Zeitraum von vier Jahren an die 24 WM-Teams verteilen, um anständige, stabile Profikarrieren zu ermöglichen. Wir könnten auch einen solidarischen Topf aufmachen für die Teams, die nicht bei der WM dabei sind. Wir müssen überlegen, wie wir kreativ neu verteilen." Über kreative Ideen des Teilens wird sonst in der Branche nicht allzu oft nachgedacht. Eine Thailänderin hat im eigenen Land keine Chance auf Profifußball, aber mit Unterstützung aus WM-Geldern kann sie ihre Laufbahn finanzieren. Es ist eine Art leistungsbezogene Variante der Sportsozialkasse. Die WM kann der Knotenpunkt für zweierlei Teilen sein: zum einen mit den Frauen. Und zum anderen mit den Nationalspieler:innen aus den verschiedenen Bereichen des sogenannten Behindertenfußballs. Sie sind noch überhaupt nicht präsent in der Debatte ums Teilen. Denn dass sie spielen, gilt weiter vielen Nichtbehinderten eher als eine Art karitative Nettigkeit statt als gleichwertiger, ambitionierter Sport von Leuten, die das neben ihrem Brotjob tun. Entsprechend dem ansatzweisen Beispiel der Paralympics braucht es natürlich Equal Pay.

Fishers Idee ist recht einfach umsetzbar. Teams, die es nicht zur WM geschafft haben, aber tatsächlich aktiv sind, könnten aus den Geldern einen Anteil erhalten. Damit zählt nicht nur die Leistung, es zählt auch die Teilhabe. Unterstützung fließt konstant. Allerdings hat der Vorschlag eine Schwäche: Abgesehen davon, dass in einem System, wo die Fifa lieber alle zwei Jahre WM-Einnahmen kassieren will, oder warum nicht gleich nonstop, niemand Interesse an gleichem Teilen hat, haben auch männliche, gesunde Fußballer aus prekären Verhältnissen viel geopfert. Ihre Familien sind auf die Gelder angewiesen. Ein peruanischer Ersatzspieler gibt das Geld auch nicht so leicht ab. Differenzierung ist also auch hier sinnvoll. Die WM-Preisgelder aller Männer sollten umverteilt werden, es sei denn, der Teilnehmer kann belegen, dass er tatsächlich weniger als eine bestimmte Menge Geld zur Verfügung hat. Laufbahnen sind bei diesem Konzept unabhängiger von der landesspezifischen wirtschaftlichen Situation und der Macht einzelner Vereine.

Und auch die WM selbst lohnt es zu überdenken. Aktuell gewinnen dort verlässlich die Teams aus den reichen Nationen. Sie haben die Infrastruktur, die Spitzenligen, das Personal. Was soll das für eine Weltmeisterschaft sein? Solange die Verhältnisse weltweit so unausgeglichen sind, ist das kein Turnier, sondern ein Schaulaufen weniger. Man kann ein echtes Turnier daraus schaffen, und eines, das gleichzeitig psychologisch das Teilen erleichtert. Es gibt dabei vier Töpfe, aber nicht Teams, sondern Spieler:innen werden dort eingeteilt. Die Besten aus den qualifizierten Teams in Topf 1, die Schwächsten in Topf 4. Und jedes Team setzt sich aus Spieler:innen zusammen, die gleichmäßig aus den Töpfen gezogen werden. Um zu vermeiden, dass mit der bewährten Fifa-Methode der kalten und warmen Kugeln bei der Zuteilung geschummelt wird, kann es stattdessen eine Wahl wie auf dem Schulhof geben: Abwechselnd holen die Teams Kandidat:innen zu sich. Natürlich müsste es eine Pflicht geben, eine Mindestanzahl der Topf-4-Kandidat:innen auch aufzustellen. Für die Schwächeren ist der Topf 4, das ist ein Nachteil, stigmatisierend – aber auch nicht schlimmer als der Topf 4 für schlechte Teams. Damit entscheidet nicht die Wirtschaftsleistung, das Klima und die Infrastruktur über den WM-Titel, sondern die wirklich klügste Zusammenstellung und die beste gemeinsame Leistung. Nicht innerhalb einer Nation, sondern gemeinsam, international. Eine echte WM eben. Wenn Spieler:innen, die Geld erhalten, gerade als Teamkamerad:innen mit auf dem Platz gestanden haben, dämpft das den Neid beim Teilen. Und weckt ein Verständnis, das diese internationale Generation der Spieler:innen sowieso eher zu haben scheint.

Diese gerechtere WM wäre immer eine, die weniger Geld einspielt und weniger Publikum anzieht. Das alte Turnier lebt gerade auch davon, dass es so viele Menschen mitnimmt. Für viele Zuschauer:innen ist das Nationale ausschlaggebend; sie wären nicht dabei, wenn eine Weltauswahl gegen eine Weltauswahl spielte. Die Volksfest-Atmosphäre, die Fahnen und Verkleidungen, das gemeinsame Verhandeln der Nation, all das hat seine Berechtigung. Aber diese WM ist auch ein regressives Turnier, das den Kampf der Nationen und Klischees ständig aufs Neue entfacht. Die veränderte WM wäre ein Turnier, wo für vier Wochen Kylian Mbappé neben Serge Gnabry stürmt, wo die Verteidigerin aus Bolivien die realistische Chance hat, Weltmeisterin zu werden, und vielleicht ein Serbe und ein Kroate gemeinsam das Turnier gewinnen. Es wäre das ehrlichere und das ehrlich weltumfassende Turnier. Die Qualifikation sollte in gewohnten nationalen Runden laufen, jeder Kontinent stellt die gleiche Anzahl an Teams beim Turnier. Und eine zweite Liste sollte herausragenden Einzelkönner:innen chancenloser Länder die Möglichkeit geben, sich zu qualifizieren. Die kubanische Spielerin hätte eine Aussicht auf Teilhabe, die sie sonst nie bekommt. Und ein Teil der Gelder wird über vier Jahre an die Spieler:innen ausgezahlt, um – und hier sind wir bei Fisher – „anständige, stabile Profikarrieren zu ermöglichen“.

Versuchen wir das. Ein Turnier, bei dem nicht die Reichsten, sondern die Besten siegen.

► Das Schweden-Modell und die 1:12-Regel

Wichtig wären zuletzt echte Gleichstellungsorganisationen im Fußball und anderen Sportarten, und zwar solche, die unabhängig und nicht mit Verbandsmitgliedern besetzt sind. Die Vorwürfe ernst nehmen und dennoch mit gebotener Vorsicht Anschuldigungen zunächst auf ihren Wahrheitsgehalt prüfen. Solche, die empfindliche (Geld-)Strafen aussprechen oder den Ligen und Verbänden Bedingungen auferlegen können. Von selbst reinigt der Sport sich nämlich leider nicht. In mehreren Ländern wie Schweden, Island oder Kanada existieren Organe, die mit Konzernen über die (allerdings interne) Lohnlücke sprechen. In Schweden etwa müssen die Arbeitgeber:innen einen Plan erstellen, was sie für mehr Gleichstellung unternehmen, wie groß die Lohnlücke zwischen Männern und Frauen im Unternehmen ist und was sie in den nächsten drei Jahren tun werden, um die Lage zu verbessern. Das lässt sich natürlich auf jede andere benachteiligte Gruppe übertragen. Zwei Institutionen helfen bei der Umsetzung, sprechen aber auch Strafen aus, wenn nichts passiert. Das ist in einem Showbusiness wie dem Sport ökonomisch komplizierter, erst recht, wenn von verschiedenen Sportarten die Rede ist. Aber eine vergleichende Untersuchung der Ökonomin Marie-Thérèse Chicha zeigt, dass außenstehende Organisationen vor allem dann mit ihrem Druck Erfolg haben, wenn sie, wie in Schweden, einen Mittelweg gehen: Sie lassen den Unternehmen die Autonomie, zu entscheiden, welcher Weg für ihre spezielle Situation angemessen ist. Und haben gleichzeitig die Macht, Strafen auszusprechen.

Durch nichts ist es gerechtfertigt, dass fußballspielende Mitglieder eines Unternehmens das Hundertfache oder Tausendfache im Vergleich zu ihren Kolleg:innen in anderen Sportarten erhalten, und es bringt auch der Gemeinschaft überhaupt nichts. Spielen sie dadurch besser? Nein. Geben sie sich mehr Mühe? Nein. Das viele Geld ist allein ihrer Machtposition, nämlich dem großen Publikum, geschuldet. Natürlich kann Beliebtheit belohnt werden, das ist die Macht der Fans. Aber die am besten bezahlten Mitarbeiter:innen eines Unternehmens dürfen auch im Kapitalismus nicht unbegrenzt viel gegenüber anderen verdienen. Sinnvoll wäre beispielsweise eine 1:12-Regel: Die Fußballer:innen dürfen dann nicht mehr als zwölfmal so viel verdienen wie etwa die Handballer:innen. Oder wie der Durchschnitt der Gesellschaft und die übrigen Angestellten wie Jugendtrainer:innen. Und das wäre auch innerhalb der

Teams sinnvoll, um Dinge zu vermeiden wie den Fall David Beckham, der einst in fünfeinhalb Jahren in der US-Männerliga MLS laut Forbes 255 Mio. US-Dollar verdient haben soll, während seine Teamkameraden vom Gehalt kaum ihren Lebensunterhalt bestreiten konnten – was das Innenleben des Teams völlig aus der Balance brachte.

In einer Utopie, die den Fanpreis für die beste Fußballutopie 2020 gewann, fordert der Verein Gesellschaftsspiele e.V. sehr ähnlich eine 1:10-Regel im Verein. Im aktuellen Sport aber sind die Differenzen in der Spitze so groß, dass nicht mal eine 1:1200-Regel eingehalten würde. Das sollte ihm zu denken geben. Faktisch ist 1:12 eine Gehaltsobergrenze, die weltweit gelten muss, um funktionieren zu können. Sie stößt aber auf ähnliche Probleme wie andere Obergrenzen: schwarze Kassen, Umgehungszahlungen, abenteuerliche Lohnmodelle über drei Ecken. Oder die Vereine würden schlicht überhaupt niemanden sonst im Klub mehr bezahlen, um damit das Limit zu umgehen. Aber ähnlich wie bei der Untergrenze gibt es eine Kontrollkraft, die ein Interesse an der Umsetzung hat. Weil sie sich aus Angst um ihre Position im Verein wahrscheinlich mit deutlich weniger begnügen, als ihnen zusteht, funktioniert eine 1:12-Regel nur mit einer externen Organisation, die mit den Klubs an Lösungen arbeitet und bestrafen kann. Nach Schweden-Modell.

KAPITEL 8

Schreckgespenst Superliga

Seit 150 Jahren wächst der Tellerrand im Fußball fast unbemerkt; was heute als lokal gilt, wäre damals unvorstellbar fremd gewesen. Die so verhasste Superliga ist, wenn sie anders umgesetzt wird, eigentlich eine Utopie. Ein Ort, den es in der Globalisierung zu erkämpfen gilt. Sonst werden die Mächtigen ihn erobern und gestalten.

Wer will sie haben?

Offiziell fast niemand, inoffiziell tauchen ständig Pläne dazu auf. Der ernsthafteste Versuch im Männerfußball ist 2021 an einer vereinten Gegenfront aus Politik, Verbänden und Fans gescheitert. Manche spotteten mit Grund: Die Fans haben ihre Unterdrücker verteidigt. Den Frauenfußball wollte man im letzten Moment mitschleifen, aber dort spielt die Diskussion eigentlich keine Rolle. Außerdem gab es 2020 Bemühungen um eine afrikanische Superliga im Männerfußball mit rund 20 Vereinen, die parallel weiter in den heimischen Ligen spielen sollen. Urheber der Idee: Gianni Infantino.

Wer hat eigentlich geschlossene Ligen?

Im Frauenfußball hatten 2018 von den 52 Uefa-Verbänden 19 eine geschlossene erste Liga ohne Auf- und Abstieg. Das ist vor allem fehlender Leistungsbreite und fehlendem Geld geschuldet. Die Big-Five-Ligen der Frauen haben mittlerweile allesamt Auf- und Abstiegssysteme. Bei den Männern gibt es geschlossene Superligen vor allem in Nordamerika, Ostasien und Australien. Aber auch im europäischen Sport gibt es geschlossene Systeme, etwa im Eishockey, Basketball oder Rugby.

Gibt es eigentlich internationale Ligen?
Länderübergreifende Ligen gibt es in vielen Teamsportarten, meist um international konkurrenzfähig zu sein. Gemeinsame Ligen gibt es beispielsweise in Belgien und den Niederlanden, darunter die BeNe-League im Männer-Handball und die gleichnamige gemeinsame Männer-Eishockey-Liga. Es gab die BeNe-League auch im Frauenfußball, und im Männerfußball wird zumindest ständig dazu spekuliert. Ähnliche Ligen existieren auf dem Gebiet des ehemaligen Jugoslawiens und im Baltikum. Und auch sehr multikulturelle Ligen wie die Pro14 im Männer-Rugby, wo etwa Iren, Italiener und Südafrikaner antreten.

Was sagen die Fans zur Superliga?
Im Frauenfußball hat sie niemand gefragt. Im Männerfußball sprachen sich 2019 in einer „Kicker"-Umfrage 93,4 Prozent gegen die Superliga aus.

Ist diese Liga mit der letzten Debatte vom Tisch?
Sicher nicht. Außerdem ist die Champions League der Männer sowieso schon eine Superliga einiger westeuropäischer Teams, und die der Frauen auf dem besten Weg dorthin. Die Bewegung zur Superliga wird, wenn sich nichts grundlegend ändert, wachsen.

Die Superliga - kein Schreckgespenst

In den 1870er- und 1880er-Jahren wäre es für die Bewohner:innen von Darwen, einer Kleinstadt in der Nähe des englischen Blackburn, völlig unvorstellbar gewesen, die Blackburn Rovers zu unterstützen. Man war natürlich Fan des Darwen FC. Die beiden nur vier Meilen auseinanderliegenden Städte waren einander innige und etwa gleichwertige Rivalen. Doch dann, gegen Ende des 19. Jahrhunderts wurden die Blackburn Rovers übermächtig und auf nationaler Ebene erfolgreich. 1883 errangen sie als erster sogenannter Arbeiterklub die Meisterschaft der Männer. So schreibt es Dave Russell in einem Aufsatz über lokale Identität im Fußball. Und da wanderten die Fans aus Darwen allmählich zu Blackburn über; der regionale Stolz hieß nun selbstverständlich Blackburn Rovers. Der Tellerrand war größer geworden. Der Horizont verschob sich von Darwen nach Blackburn. Russell: „Es entstand eine persönliche und kollektive Identität, bei der der Ort definitiv präsent und wichtig war, aber nicht mehr übermächtig.“ Fußball, so heißt es oft, sei ein lokales Geschäft. Noch in einer Studie von 2010 gaben 65 Prozent der befragten Fans an, den örtlichen Verein zu unterstützen. Aber was ist der örtliche Verein? Irgendwann einmal, im 19. Jahrhundert, war der örtliche Verein das eigene Dorf. Dann war er die nächste Kleinstadt, Darwen vielleicht. Dann die nächste erfolgreiche Stadt, Blackburn vielleicht, und dann Manchester. Noch in den 1950ern zogen lokale Amateurspiele Zehntausende an. Bis das Fernsehen kam, schreibt Russell. Plötzlich wurde die Fremde erlebbar. Und es kam das Auto, das es möglich machte, weiter entfernte Klubs zu besuchen.

Heute sind diese Technologien so selbstverständlich Teil der Fußball-Liebe, dass sie niemand hinterfragt. Natürlich reist man mit dem Auto zum Spiel. Wenn nicht mit dem Flieger. Natürlich sieht man Spiele im Fernsehen. Das, was heute als lokal verstanden wird, wäre vor 80 Jahren weite Ferne gewesen. Und all das ist keine bloße Schnurre über Dorfbewohner:innen vor 150 Jahren. Indische ManUnited-Fans, mexikanische Barcelona-Fans oder ghanaische Anhänger:innen des FC Chelsea sind nur eine Weitererzählung einer Bewegung, die sich seit 150 Jahren ereignet. Gleichzeitig bleibt ein regional und national aufgeladener Blick in die Fremde, wöchentlich in der „Sportschau“ zu bestaunen in der Berichterstattung über Jürgen Klopp und Liverpool oder „unsere Drei an der Stamford Brigde“. In gewissem Sinne ein Pendant des dörflichen Blicks auf die Stadt vor 150 Jahren. Eines Blicks, der sich zugleich angezogen und abgestoßen fühlt von der Ferne, der das Eigene überbetont und zugleich hilft, im neuen Fremden Orientierung zu finden.

Warum betont Fußball so stark die Zugehörigkeit? Auch weil er, wie der Soziologe Jan Tölva beschreibt, während der Urbanisierung gerade in der Fremde neue Heimat erlebbar machte, für die Zugezogenen in den großen Städten. Just in den 1960er-Jahren, in denen das dörflich-lokale Spiel an Bedeutung verlor und statische Gesellschaftsstrukturen aufbrachen, begannen Fans in Italien, sich mit der aufkommenden Ultrà-

Kultur sehr stark an einen Verein und eine Stadt zu binden. In andere Länder wurde diese Ideologie mitunter erst Jahrzehnte später exportiert, und ironischerweise schließlich dank des Fernsehens rasend schnell in alle Welt verbreitet, von Ägypten bis Indonesien. Erfunden aber wurde sie einst in Südamerika, wie der Journalist James Montague in „Unter Ultras“ beschreibt; dort, wo organisierte Fanszenen und radikaler Support auch die internationalen Gegner faszinierten. Eine globale Kultur, die das Lokale feiert und überhöht. Lokale Zugehörigkeit wurde umso mehr betont, je mehr sich die Welt mobilisierte und verkomplizierte. Und doch wird das wahrhaft Kleine nie wieder die Bedeutung haben, die es hatte. Der Soziologe Jan Tölva beschäftigt sich seit vielen Jahren mit dem Lokalen und Globalen im Fußball. Er vertritt die These, dass der Fußball auf eine Zweiteilung hinauslaufen wird.

„Wir werden alle ein bisschen Norwegen sein“

Interview mit Jan Tölva

Der Soziologe Jan Tölva beschäftigt sich schwerpunktmäßig mit Fußball und Fankultur. Er ist Mitglied im Bündnis aktiver Fußballfans (BAFF) und engagiert sich bei Tennis Borussia Berlin.

Eine deiner Thesen ist: Das, was Fans als den „modernen Fußball“ kritisieren, ist eigentlich postmoderner Fußball. Was meinst du damit?

Wenn Ultras vom modernen Fußball sprechen, meinen sie meist den Fußball, wie er seit den 1990er-Jahren ist, also seit der Einführung des Pay-TVs und dem Bosman-Urteil. Aber das, was wir im Fußball heute vorfinden, hat viel mehr von Postmoderne: der Verlust von traditionellen Bindungen, Globalisierung, Pluralität, Vermischung kultureller Codes. Vieles im Fußball ist viel uneindeutiger als in den 1980ern. Die starke lokale Bindung ist nahezu aufgehoben. Im Käfig in Neukölln sehe ich Trikots von Real, PSG, Juventus. In Bolivien auf dem Markt findet man gefälschte Trikots von all den Großen Europas, aber es ist nicht so leicht, ein Trikot der lokalen Vereine zu finden. Diese Ortlosigkeit des Fußballs hat etwas sehr Postmodernes.

Ist diese sogenannte Kommerzialisierungskritik dann letztlich gar keine, sondern sie artikuliert einen Bindungsverlust?

Ich glaube, dass es schon eine Kritik an dem ist, was Kommerzialisierung genannt wird, aber das ist oft nicht alles. Dahinter steht ein Bedürfnis nach einem Fußball, der einfacher ist, greifbarer und verständlicher. Ein Verein vor der Haustür ist viel greifbarer als ein Fußballkonzern mit Niederlassungen in verschiedenen Ländern. Wenn man in Städte wie Dresden, Rostock oder Kaiserslautern kommt, wo ein Verein schon seit Generationen wichtig ist, merkt man, dass sie immer noch ein wichtiger Bezugspunkt sind. In der heutigen Fußballwelt aber gibt es so unglaublich viele Bezugspunkte, dass es schwieriger wird, in diesem immer größer werdenden Wald den eigenen Baum noch zu finden. Das ist nicht zwangsläufig schlecht. Aber es ist schwierig, darin die gleiche Wichtigkeit für meinen Alltag zu finden.

Zumindest bei den Männern. Bei den Frauen gibt es die regionale Bedeutung kaum.

Ich glaube, der Frauenfußball hat da aber Chancen. Die Portland Thorns in der NWSL sind ein gutes Beispiel für die Gelegenheit eines Gegenentwurfs zum Männerfußball. Es gibt viele Frauen, die sich vom Männerfußball-Stadion abgestoßen fühlen. Frauenfußball-Stadien können Orte sein, die eine eigene Fankultur schaffen, ohne Sexismus und Homophobie. Beim FC Rosengård in Schweden, bei den Portland Thorns in den USA oder beim ehemaligen 1. FFC Frankfurt, jetzt Eintracht Frankfurt, gibt es solche Gruppen, die eine neue Ultrakultur bringen.

Portland ist ein interessantes Beispiel, weil es der Frauenfußballklub mit den höchsten Zuschauerzahlen weltweit ist, 2019 waren es im Schnitt 20.000.

Portland verkauft sich offensiv als Soccer City, und mit den Timbers gibt es auch ein erfolgreiches Männerfußballteam, die Voraussetzungen sind also sehr gut. Es ist eine Stadt mit einer sehr starken linken, anarchistischen, queerfeministischen Tradition. Bei den Thorns werden Frauen, Emanzipation, queere Themen mit Stolz zur Schau gestellt. Es passiert noch ganz viel über das Stadion hinaus, soziales Engagement in der Stadt, Freizeitfußballligen, die aus der Fanszene heraus organisiert werden, das verankert den Fußball ganz stark gesellschaftlich. Das alles, plus der sportliche Erfolg, kommt dort fantastisch zusammen.

Gleichzeitig globalisiert der Fußball sich immer stärker. Viele Herausforderungen können nur global gelöst werden, aber es gibt ein starkes Bedürfnis nach Regionalität. Wie löst man das?

Das ist eine der ganz zentralen Fragen. Ich glaube, dass es auf eine nicht ganz trennscharfe Zweiteilung hinauslaufen wird. Einerseits die Welt des großen Fußballs, andererseits die regionalen Ligen, die dafür für die Menschen erreichbar sind. In Island, Irland oder Norwegen haben fast alle Fans „ihren" Verein in England. Gleichzeitig haben aber viele auch eine Neigung zu einem lokalen Team, wo sie regelmäßig ins Stadion gehen. Ich glaube, wir werden alle ein bisschen Norwegen sein. Vielleicht kommt eine europäische Superliga, wo wir mit wechselnden Teams mitfiebern, und gleichzeitig haben wir ein Team vor der Haustür.

Das wäre ein sehr konventioneller Fußball.

Ich sehe Möglichkeiten bei den Vereinen, die noch nicht völlig der Realität entwachsen sind, durch die Gründung von Supporter's Trusts, die den Verein wieder in kollektives Eigentum zurückführen. Aber bei Manchester City oder PSG wäre das völlig illusorisch. Die andere Chance besteht darin, dass eine Superliga sich dem US-System annähern müsste, und das ist ja im Kern sozialistisch organisiert. Eine Neustrukturierung des deutschen Ligensystems wäre auch eine Option, weil hier wesentlich mehr Klubs Profifußball spielen könnten, als das gerade passiert. Oben erste und zweite Liga mit 20 Teams, dann eine zweigleisige dritte Liga mit jeweils 20 Teams. Achtzig Vereine, keine Zweitvertretungen, die professionellen Fußball spielen. Darunter vier Regionalligen, wo die Meister direkt aufsteigen. Ein weiteres kleines Mittel wäre vielleicht, wenn mögliche Aufsteiger eine gewisse Zahl von Vereinsmitgliedern und Zuschauer:innen haben müssen, um zu verhindern, dass Vereine, für die sich niemand interessiert, in der dritten Liga auftauchen. Diese Klubs sind nämlich ein echtes ökonomisches Problem für die anderen, die auf Ticketeinnahmen und TV-Gelder angewiesen sind.

Bevorzugt aber das nicht unfairerweise die Vereine mit langer Tradition? Jedes Dorf hat doch ein Recht auf seinen Traum, und darauf, sich Support zu erarbeiten.

Klar, jedes Kaff hat ein Recht auf einen Fußballverein und gerne darauf, dass der erfolgreich spielt. Aber ich denke, es hilft allen Beteiligten, wenn man die Kirche im Dorf lässt. Die Spitzenklasse wird überhöht, man entwertet die unteren Spielklassen. Es muss nicht immer gleich Dortmund gegen Bayern sein, nur weil uns das als das Nonplusultra verkauft wird.

Ein Lokalderby in der Kreisliga kann viel spannender und interessanter sein als Wolfsburg oder Augsburg in der Männer-Bundesliga.

Und wie sähe der Fußball deiner Träume aus?

Es ist wie bei der zweiten Welle des Feminismus und der LGBT-Bürgerrechtsbewegung, wo es auch diesen Richtungsstreit gab: Gang durch die Institutionen und das Ganze verändern, oder ein Frauen-Café und eine Männersauna, um zumindest einen Rückzugsort vor der gesamtgesellschaftlichen Scheiße zu haben? Ich finde beides gleich legitim. Aber es geht nicht beides im selben Atemzug. Ich persönlich träume eher von dem Rückzugsort, davon, eigene Vereine zu gründen, die kein Sponsoring jenseits von Bällen oder Trikots zulassen, die basisdemokratisch organisiert sind und in eigenen Ligen spielen. Ähnlich wie der Arbeiter:innensport bis 1933 würden sie sich vollkommen unabhängig vom bürgerlichen und kapitalistischen Betrieb organisieren. Das wäre mein Traum. Gleichzeitig weiß ich aber auch: Da wird nur eine begrenzte Zahl an Menschen mitmachen wollen. Ich wäre immer noch sofort dabei, aber es wird sicher nie das gleiche Level an Popularität erreichen. Für viele Menschen und sicher auch für mich ist es auch ein Wert an sich, an etwas Großem Teil zu haben. Dieses Gefühl lässt sich viel besser erreichen, wenn man an der Gesellschaft teilnimmt und nicht sein eigenes Ding macht.

Polyamorie im Fußball

Und es wäre gewiss ein guter Fußball der Gegenwart, der, wie Jan Tölva es schildert, mehrfach lieben lernt. Mehrere Vereine, mehrere Welten. Der Sportsoziologe Jan Andre Lee Ludvigsen untersuchte für eine 2018 erschienene Studie norwegische Liverpool-Fans. Er bilanzierte: „Die Ergebnisse zeigen, dass ‚traditionelle' Fankulturen adoptiert werden." Die norwegischen Fans näherten sich der Mentalität der englischen Liverpool-Anhänger:innen an. Ludvigsen glaubt, dass lokale und internationale Fankulturen „einander vielleicht näher sind und mehr Gemeinsamkeiten zeigen, als gedacht". Und das ist eine gute Nachricht für den weltweiten Fußball. Fans können für denselben Verein eine gemeinsame Sprache finden, auch wenn die mental Zugezogenen von außerhalb immer ein Stückweit fremd bleiben. Sie können gemeinsame Kämpfe finden.

Die Bindung an einen Klub gegen fast den gesamten Rest der Welt erscheint heute selbstverständlich. Aber die gegenwärtige Form, Fußball zu denken, ist nicht immer schon da gewesen. Denn so fremd es heute erscheint: An manchen Orten und Zeiten war extreme Loyalität zu nur einem Klub sogar unüblich. Zwischen 1920 und 1960, schreibt Dave Russell, sei es im englischen Männerfußball sehr normal gewesen, mehrere lokale Klubs zu unterstützen. Er nennt es „fast polyamourös". Fans von Manchester United freuten sich über einen Triumph von Liverpool. Und spielte das eigene Team auswärts, ging man zu einem der anderen. Im Zentrum standen die Region und der Fußball selbst. Russell führt das auch auf ein gemeinsames Klassenbewusstsein der Arbeiter:innen zurück, auf „gegenseitigen Respekt und Kollektivismus". Das muss niemand missverstehen als eine gute alte Zeit – in der Phase vor dem Ersten Weltkrieg etwa dominierte, eher vergleichbar mit der Gegenwart, starke Rivalität. Es bedeutet vor allem: Fankultur ist viel stärker politischen Strömungen unterworfen, als es scheint. Und damit veränderbar. Die vergleichsweise neue Liebe zu einem einzigen Klub hat Teilhabe erst erkämpft. Sie hat große Vorzüge, zum Beispiel lokale und demokratische Selbstorganisation im Verein. Aber wer globale Lösungen finden will, braucht die Polyamorie. Bisher ging die Globalisierung im Männerfußball mit einem Machtverlust einher. Die Fankultur wird sich internationalisieren müssen, um mitzuhalten. Und dafür muss sie sich wieder weniger an einen Klub krallen. Organisierte Fans sind heute vergleichsweise gut darin, lokal und national gegen die Machthabenden Einfluss zu nehmen, gerade durch ihre Bindung an einen Klub und ihren Einfluss in Klub-Strukturen. Aber sie haben dadurch auch einen Drall ins Nationale. Viele lehnen eine Superliga nicht nur ökonomisch, sondern auch gefühlig ab, die Bundesliga, die nationale Liga sei „Tradition". Und international sind sie trotz Fanfreundschaften und einigen Interessensgruppen vergleichsweise schwach organisiert.

„Wie lang wird es noch dauern, bis sich die populärsten Fußball-Clubs auch bei uns selbstständig machen, d. h. sich aus den Klauen des DFB lösen und eine eigene kommerzielle Liga gründen?", so grübelte der Sammelband „Der Ball gehört uns allen" schon im Jahr 1991. Und entwarf Playoffs, Draft und Live-Übertragung im Kino. Die Vision hat die letzten dreißig Jahre nicht ganz schadlos überstanden; Fußballspiele im Kino sind keine akute Sorge mehr, und DAZN sah niemand kommen. Aber im Grunde hat sich an dieser Debatte, die den Männerfußball so plagt, wenig verändert. Die zarten Versuche der Mitsprache verlieren an Boden. Wenige Weltkonzerne regieren jetzt das, was einst ebenso autokratisch die Verbände regierten. Und die gerade erst errungene Demokratie im Fußball stirbt vor unseren Augen. Wer es dem Männerfußball als Standort schwer macht, wird eben nicht mehr berücksichtigt. Das, was auf vielen Fußballmärkten längst passiert ist – die Abwertung oder völlige Wertlosigkeit der nationalen Ligen –, trifft den europäischen Fußball nur verspätet. Und die Frauenklubs werden mitgezogen, unabhängig davon, dass ihre Strukturen – erfolgreiche Klubs wie Wolfsburg und Lyon ausgenommen – nicht denen des Männerfußballs entsprechen, noch nicht jedenfalls.

Die Superliga als Utopie

Viele Gesprächspartner:innen für dieses Buch äußern eine zynische, hilflose Zustimmung zur Superliga; verbunden mit der Hoffnung, dass es dann eine egalitäre, spannende nationale Liga gibt, wenn die Großklubs weg sind. Als sei es ein Fortschritt, den Kinderspielplatz wieder für sich zu haben. Das ist keine Lösung. Die Weltliga oder Superliga ist die letzte Form der Besitzkonzentration im Fußball, darüber kommt nichts mehr. Höchstens rivalisierende Weltligen, die einander gegenseitig schlucken. Oder, wahrscheinlicher: globale Konzernstrukturen, in denen sich irgendwann sehr viele Klubs wiederfinden. In denen Manchester City, der AC Milan und Borussia Dortmund zu einem Weltkonzern gehören und untereinander Spieler:innen tauschen, während sie gegen den Weltkonzern mit dem FC Bayern, Real Madrid und Juventus Turin antreten. Selbst wenn sie sich in eine geschlossene Liga verabschieden, würde diese Superliga die Bundesligen und andere Ligen massiv beeinflussen. Denn sie agieren weiterhin auf demselben Markt.

Gibt es oben in der Super-Super-Liga wirklich so märchenhafte Erlöse, zahlen die Großklubs märchenhafte Ablösesummen für Spieler:innen. Das hat Folgen für eine vermeintlich faire nationale Liga. Denn es entstehen: neue Lücken. Die Bundesligisten würden sich mit gutem Grund weigern, kostenlos für die Superliga auszubilden. Also fließt Geld nach unten, an nationale Vereine. Es steigen Gehälter und Ablösen, Klubs könnten sich darauf spezialisieren, Personal an die Superliga zu liefern. Es gibt keine faire Liga, solange es eine unfaire Superliga gibt. Nachwuchsligen könnten noch stärker unter Ungleichgewicht leiden, denn die Superklubs würden mit ihren Achtjährigen wohl eher nicht in Kinder-

Weltligen spielen, sondern auf dem nationalen Markt. Eine Liga ohne Superklubs ist kein Markt ohne Superklubs. Ein Bayern-Exit ist keine Stunde null. Ohnehin würden die Großklubs wohl zweigleisig fahren, und wenn das verboten ist, hätten sie ein De-facto-Farmteam in der Bundesliga. Einen Systemfehler behebt man nicht, indem man Reiche woanders hinziehen lässt. Sondern, indem man Reichen Macht und Besitz nimmt. Und dann anders organisiert. Der Fußball muss eine eigene Antwort auf die Globalisierung geben. Er ist viel zu brav, zu angepasst, zu unbeweglich, und selbst in kritischen Gruppen zu empfänglich für Träume von bekömmlichen Reformen, die wenig bis nichts verändern. Und die Teile, die Wandel bringen könnten, sind zu wenig untereinander vernetzt. Fans und Spieler:innen zum Beispiel. Auffällig aber ist auch, wie viel Forderung nach Opposition auf die Schultern der Fans gelegt wird, nur weil viele kritische Kräfte ohnehin aus ihren Reihen stammen. Wo sind die engagierten Funktionär:innen? Die, die den Fußball wirklich besser machen wollen, statt nur mitzuschwimmen oder abzukassieren, die sich trauen, öffentliche Kritik zu äußern? Denn es gibt sie, auch in den unteren Etagen des DFB. Aber zu hören ist nichts. Warum treten sie nicht für grundlegende Veränderung ein? Es wäre überfällig.

Die internationale Utopie einer Superliga ist an sich sehr schön. Die Überhöhung des Lokalen im Fußball hat viele aggressive, ja, abwertende Elemente. Eine solidarische, internationale Liga ist eine überfällige Antwort auf das Zusammenwachsen der Welt. Lokale Netzwerke sind wichtig, aber kein Widerspruch; man kann eine lokale Band *und* eine aus Kolumbien gut finden. Es begeht einen fatalen Fehler, wer sich resigniert zurückzieht und die internationale Ebene den großen Fußballkonzernen überlässt. Denn die handeln sowieso international. Dagegenhalten kann nur, wer einen Gegenentwurf hat. Warum nicht an einer eigenen, besseren Weltliga arbeiten? Warum sprechen wir nicht darüber? Die Superliga ist, wenn sie anders gestaltet wird, kein Schreckgespenst, sondern eine Utopie. Wenn die Basis den Prozess führt, dann ist die Bewegung nach außen kein Entziehen, sondern ein Mitwachsen. Je größer die Strukturen, desto schwieriger die demokratische Organisation. Aber es hilft nichts, vor diesem grundlegenden Problem einer globalen Wirtschaft davonzulaufen. Statt ein ewiges Rückzugsgefecht zu führen, sollten wir dringend Initiative ergreifen: Akzeptieren, dass sich der Horizont verschoben hat, und diesen Raum gestalten, statt ewig so tun, als sähen wir ihn nicht. Sonst werden ihn die anderen gestalten.

Aber wie? Es ist gute 150 Jahre her, dass der Leistungssport der Neuzeit sich teilte. 1876 entstand im US-Baseball der Männer die erste Profisportliga der Welt, eine geschlossene Superliga mit Monopol. Konkurrierende Ligen wurden geschluckt oder in den Ruin getrieben. Weil die Standorte der Franchises nach wirtschaftlichen Kriterien bestimmt wurden, hatte jedes Konkurrenzprodukt schlechte Karten. Wie kam der US-Baseball damit durch? Aus einem einfachen Grund, wie Sportökonom Wladimir Andreff vermutet. Es gab nämlich nicht besonders viel Konkurrenz. Anders im englischen Männerfußball, so schreibt er, wo die Vereine allerorts nur so aus dem Boden schossen. Auch da schluckte man rivalisierende Ligen zunächst, aber es war des Booms schlicht zu viel, um immer weiter in die Breite zu bauen. Und so baute der Männerfußball in die Tiefe: 1892 wurde die zweite Liga unten drangehängt, irgendwann verästelte sich die Ligastruktur immer lokaler. Das europäische System entstand, ein System des sportlichen Verdienstes. Wo es viel Nachwuchs, viel Konkurrenz und hohe Investitionen gibt, haben es geschlossene Ligen schwer. Und das wird immer auch für den Fußball gelten.

Die beiden Systeme, offene und geschlossene Ligen, wurden für die Welten geschaffen, in denen sie existieren. Sie sind nicht beliebig übertragbar. Wie also würde eine bessere Superliga aussehen? Offene Ligen haben ebenso wie geschlossene ein ganz grundsätzliches Systemproblem. „Der Abstieg ist eine sehr heftige finanzielle Sanktion", schreibt die Ökonomin Nadine Dermit-Richard im Mailverkehr für dieses Buch. Ein Abstieg bedeute, dass das Budget eines Vereins sich im Schnitt halbiere. „Eine geschlossene Liga vermeidet dieses Risiko und erlaubt einem Verein, nachhaltiger in seine Entwicklung zu investieren, anstatt alle Ressourcen für Gehälter zu opfern." Und die Forscher Buzzacchi, Szymanski und Valletti stellten fest: Obwohl in den europäischen Männerfußballligen über die Jahre deutlich mehr Teams teilnahmen, hatten viel weniger Teams Aussichten auf einen Meistertitel als in den US-Männerligen. In der Serie A etwa waren seit 1967 48 Vereine am Start, und nur elf davon, nicht mal jeder vierte, wurde bis 2003 irgendwann einmal Meister. In der NFL waren es im selben Zeitraum 17 von 32 Franchises, mehr als jeder zweite. Dieses Muster fanden die Forscher in allen sechs verglichenen Männerligen. Geschlossene Ligen sind an der Spitze viel ausgeglichener.

In Deutschland wird das stets auf die Obergrenzen und Umverteilungsmaßnahmen der USA projiziert, doch in den untersuchten 1960er- und 1970er-Jahren gab es viele davon noch gar nicht. Und wie das Kapitel zur Obergrenze schildert, haben sie oft keine Wirkung aufs Gleichgewicht. Der Unterschied zwischen offenen und geschlossenen Ligen ist systemisch. Eine Liga, die gezielt Standorte mit ähnlicher Wirtschaftskraft und finanziell ähnlich ausgestatteten Franchises einlädt, ist eben gleicher. Und Unternehmen sind eher bereit, zu teilen. Der Abstieg selbst ist zutiefst unsolidarisch. Eine Liga bekommt in einem Verdrängungskampf nicht gleichzeitig von ihren Mitgliedern Solidarität, jedenfalls nicht, wenn sie gleichere Verteilung mit einem höheren Abstiegsrisiko für viele so scharf finanziell bestraft. Ein Abstieg bedeutet Verlust von Sichtbarkeit, des Zugangs zu Geldtöpfen, Markenwert, Verlust lokaler Sponsoren. Und wo die Konkurrenz hoch ist, sind Spieler:innen als Ware noch umkämpfter, der Anteil der Gehälter an den Budgets steigt. Eine Verdrängungsliga ist keine solidarische Liga.

Im europäischen Männerfußball stehen die Spitzenvereine durch die internationalen Wettbewerbe ständig auch kontinental unter Druck. Sie müssen in zwei verschiedenen Ligen parallel bestehen, und jede Umverteilung in der einen ist eine potenzielle Bedrohung für ihren Erfolg in der anderen. Aber selbst wenn Mediengelder wie häufig im Frauenfußball (noch) komplett gleich geteilt werden und die Champions League als Einnahmequelle relativ irrelevant ist, bleiben die Befunde zu offenen und geschlossenen Ligen konstant. Der Ökonom Morten Kringstad untersuchte europäische und nordamerikanische Männer- und Frauenligen im Fußball, Handball und Basketball auf ihre Spannung. „Ein interessanter Befund", schreibt Kringstad, „ist, dass der Wettbewerb in der NWSL ausgeglichener scheint als in den europäischen Frauenligen. Außerdem ist die NWSL entweder gleichwertig oder stärker ausgeglichen als die europäischen Männerligen." Obwohl das Investment im US-Frauenfußball im Vergleich zu europäischen Männerligen viel kleiner ist, gelingt es ihr, gleich viel oder mehr Chancengleichheit herzustellen. Der Männerfußball schadet sich durch seine Konzentration von Reichtum noch zusätzlich, aber auch so gilt: Das neoliberale Modell der Verdrängungsliga, das sich über Klub-Sponsoren finanziert, hat schlicht sehr schlechte Voraussetzungen für eine ausgeglichene Meisterschaft. Und wer darauf Wert legt, sollte sich mit geschlossenen Modellen beschäftigen. Oder einem anderen Wirtschaftsmodell.

Auch geschlossene Ligen haben gravierende Schwächen. Sie sind im unteren Bereich weniger ausgeglichen und brauchen Playoffs, um für den Rest der Liga Spannung aufrechtzuerhalten. Ein optimales System gibt es nicht, aber Bausteine. Die beiden aktuellen Modelle symbolisieren, wenn man so will, polare Verständnisse von Gesellschaft. Die europäischen Ligen sind bürgerliche Aufstiegsmodelle. Dynamisch, brutal, innovativ, Ellenbogengesellschaften mit Verdrängung und auch Teilhabe-Chance, mit einem Fetisch für Leistung und Besitz, in denen sich eine Elite oben festsetzt. Geschlossene Ligen sind eine Art elitärer Sozialismus, in dem geteilt wird, weil es keine Konkurrenz gibt. Schwerfälliger, solidarischer, ein Versprechen darauf, dass diese Welt stillsteht und für die Bewohner:innen gesorgt ist. Wohlgenährter Adel, der auf einer Insel gestrandet ist und einträchtig das Spanferkel teilt. Progressive Weltligen, so viel ist sicher, müssen anders als beide funktionieren. Wir müssen uns ernsthafte Gedanken darum machen, wie diese zusammenwachsende Welt aussehen soll. Wir leben nicht mehr in Darwen. Und verlieren immer weiter an Macht, wenn wir uns nach Darwen zurücksehnen.

Superligen gibt es übrigens schon lange, der eurozentrische Blick sieht das nur nicht. Für die meisten afrikanischen Staaten, aber auch in Südamerika oder Asien etwa sind Premier League oder La Liga ihre Superliga. Und wirken gravierend vor Ort. Der Journalist David Goldblatt erläutert das anhand einer Studie aus Uganda. Dort erwarb Ende der 2000er ein Mann im Dorf Bugamba eine Satellitenschüssel und ein Fußball-Abo. Sein Haus wurde zu einem Treffpunkt der Gemeinde, der TV-Fußball schuf sogar Arbeitsplätze. Er brachte dem Besitzer Wohlstand. Die Premier League veränderte das gesamte soziale Leben. Sie brachte Uhrzeiten und Termine, die plötzlich wichtig waren, wo Zeit nie gezählt hatte. Sie brachte Wetten. Schulden. Und eine Teilhabe an der Welt, ein Verständnis davon, was Kroaten oder Ukrainer sind. Und plötzlich Armut, als der Sender GTV 2009 pleiteging und den verschuldeten Besitzer mit in den finanziellen Abgrund riss. Es ist nicht egal, wenn Vereine sich abspalten, nicht egal, ob wir ungleiche Ligen bauen oder gerechte, und welche Weltregionen der Fußball mitspielen lässt und welche nicht. Eine Weltliga hat die Pflicht, die Welt mitzudenken. Für viele ist der Fußball längst global. Nur für uns noch nicht.

Bisweilen scheint es, als gäbe es überhaupt keine Fürsprecher:innen einer Superliga. Doch es gibt sie, und der belgische Sportdozent Hans Vandeweghe ist einer davon. Er hat unter anderem dazu publiziert, warum der belgische Ligafußball der Männer in der Welt nach dem Bosman-Urteil zweitklassig wurde. Und er hofft auf die ausgleichende Kraft einer Superliga.

„Auf- und Abstieg passen nicht mehr ins 21. Jahrhundert"

Interview mit Hans Vandeweghe

Hans Vandeweghe ist belgischer Journalist und Dozent für Geopolitik und Sport. Er unterstützt eine Superliga im Männerfußball. Auch um die Differenzen zwischen den Ligen auszugleichen.

Sie sind für die Superliga. Warum?

Auf- und Abstieg passen nicht mehr zum 21. Jahrhundert. Der europäische Sport ist immer noch organisiert wie Ende des 19. Jahrhunderts. Eine paneuropäische Organisation könnte funktionieren. Es müsste eine geschlossene Liga sein, in die die Teams auf wirtschaftlicher Basis eintreten.

Wäre es nicht unethisch, den Wettbewerb zu schließen?

Na ja, er ist doch schon geschlossen. Beim Financial Fairplay geht es darum, den Wettbewerb zuzumachen, ein neues Manchester City oder Paris Saint-Germain zu verhindern. In vielen europäischen Ligen gibt es mittlerweile zwei oder drei Teams, die den Wettbewerb dominieren. Und ist das ein Problem? Ich glaube, nein. Wenn eine Mannschaft im Fußball mit 4:0 führt, rufen die Fans nach einem fünften oder sechsten Tor.

Glauben Sie wirklich, die Fans fänden eine Superliga gut?

Natürlich. Mein Sohn ist Gent-Fan, wir hassen Brügge. Aber trotzdem ist er zu Brügge ins Stadion gefahren, um Paris Saint-Germain zu sehen. Die Leute wollen Sport konsumieren.

Wie wäre diese europäische Superliga strukturiert?

30 europäische Teams könnten zusammenkommen. Man müsste Gelder umverteilen wie in den USA und die Märkte geografisch verteilen. Es gäbe ein Team in Belgien, ein oder zwei in den Niederlanden und so weiter. Die Fanbasis ist wichtig, aber sie wird mehr und mehr durch eine Konsumentenbasis ersetzt. Das ist in den USA schon passiert. Und irgendwann kommt das auch hier. Wenn man reguliert, muss man konsequent sein. Wir müssten all die Maßnahmen ergreifen, die die Amerikaner haben. Man bräuchte ein europaweites Draft-System und eine Gehaltsobergrenze. Die Einnahmen müssten geteilt werden.

Gewinne aus Trikots, die in England verkauft werden, würden an ein Team in Brüssel gehen. Und die kleineren Klubs spielen in nationalen Ligen.

Warum sollten Klubs aus England Interesse an so einem Deal haben?

Wir müssten den Teams aus der Premier League sagen: Hier könnt ihr fünfmal so viel verdienen wie in der Premier League. Die NFL macht aktuell 7,3 Mrd. Dollar an TV-Einnahmen im Jahr. In einem paneuropäischen Wettbewerb könnte man mehr als zehn Milliarden verdienen. Die Frage wäre eher: Würden Teams, die Investoren gehören, mitmachen wollen? Viele amerikanische Investoren kommen in die Premier League, weil sie keine Lust auf den US-Sozialismus haben.

Wäre es nicht gerechter, dafür zu sorgen, dass mehr gute Spieler in kleinen Ligen bleiben?

Es gibt keinen Grund, Spieler in den kleinen Ligen zu halten. Es ist kein Geld zu holen in diesen Ligen. Wir hatten so ein System vor dem Bosman-Urteil, das ist wie Sklaverei. Die Lücke zwischen den kleinen und großen Ligen ist ein wachsendes Problem. Belgien und die Niederlande wollen gerade zusammen die BeNe-Liga gründen, aber ich glaube nicht, dass sie kommt. Würden Leute sich das angucken? Keine Ahnung.

Wenn mehrere Ligen sich zusammentäten, bliebe etwas Pluralität an der Spitze.

Ja, es hätte einen Reiz, wenn Ajax gegen Brüssel spielt. Aber 2 mal 0 ergibt immer noch 0. Auch eine BeNe-Liga könnte niemals mit der Premier League konkurrieren.

Galaxien statt Pyramide - Alternativen zur Superliga

Seit jeher stapelt der Fußball seine Ligen in die Tiefe; doch erst, wenn er Formate in der Breite aufbaut, sorgt er dafür, dass sie sich ihren wirklichen Stärken widmen können. Auch eine faire Weltliga ist möglich. Zum Beispiel mit einem starken und einem schwachen Baum und neu eingeteilten, etwa gleich starken Heimatligen, wo der FC Bayern mit Rapid Wien spielt und Turbine Potsdam mit Katowice. Es braucht offene Grenzen für Klubs. Und für einen faireren Wettbewerb dies: Alle bekommen vor jeder Saison gleich viel Geld.

► Das Modell Balkan-Liga

Die Ligen dieser Welt bilden einen höchst ungleichen Flickenteppich. Große, wohlhabende und einwohnerreiche Staaten konkurrieren mit winzigen oder verarmten Gebilden, die keine Chance haben, fußballerisch oder anderweitig jemals aufzuholen. Sie können keine Spieler:innen halten, bekommen keine Sponsoren und haben keine Ressourcen. Und weil sie – im Gegensatz zur Privatwirtschaft – ihren Grundbesitz an Land und Rohstoffen nur durch Krieg erweitern können, sind die Hierarchien relativ statisch. Es dauert Jahrzehnte, bis ein Staat erfolgreich einen neuen Industriezweig aufgebaut oder sich durch kluge Wirtschaftspolitik aus der Armut befreit hat, sofern die mächtigeren Nationen oder heimische Eliten es nicht zu verhindern wissen. Auch in 200 Jahren wird die Spitzenliga des Weltfußballs nicht in Nordmazedonien oder Nicaragua liegen.

Mit gutem Grund befinden sich die erfolgreichen Big-5-Ligen im Westen Europas. Westeuropa ist im Fußball besser, weil Osteuropa ärmer ist, nur langsam aufholt und über Jahrhunderte fremdbeherrscht und ausgebeutet wurde. Teile Osteuropas wiederum beuten afrikanische Spieler aus, die noch ärmer sind. Selbst in einer Welt ohne Bankkonto haben kleine Staaten wenig Chance auf internationale Erfolge, denn ihr Pool an Talenten ist kleiner. Die Einteilung in konkurrierende Staaten, erst recht in winzige und große, macht dabei ökonomisch eigentlich keinen Sinn. Sie basiert auf Sprachen und Gefühlen und Gier, aber sie ist ineffizient. Sie sorgt für ständige Konflikte, lähmt globale Kooperation, schafft unsinnige Territorien, die von einem einzigen Wirtschaftszweig abhängen und hilft nur wenigen Gewinner:innen. Die anderen bilden Zwergendörfer. Sportökonom Christoph Breuer sagt im Gespräch für dieses Buch über Ligen wie die belgisch-niederländische BeNe-Liga oder die Balkan-Ligen: „Man wird solche Zusammenschlüsse auch im Fußball öfter sehen. Ich finde sie ökonomisch vernünftiger und gerechter als eine Superliga, weil sie alle mitnehmen. Bei einer Superliga würden nur ein oder zwei Vereine pro Land mitspielen.“ Es sind letztlich Superligen light. Einzelne Fischer, die gegen einen Großkonzern konkurrieren müssen und sich zusammenschließen.

Solche Bündnisse können immer nur einen Teil der festgeschriebenen Ungleichheit überbrücken. Der Tschad könnte sich mit noch so vielen benachbarten Ligen zusammenschließen, seine Fußballer:innen wären angesichts der klimatischen und wirtschaftlichen Bedingungen nie mit Deutschland konkurrenzfähig. Aber im Männer- wie im Frauensport gibt es viele funktionierende Beispiele. Etwa die sehr multinationalen Ligen des Baltikums: In der Baltic Basketball League der Männer zum Beispiel, die seit 2004 gespielt wird, sind neben baltischen Klubs auch Teams aus Schweden, Russland, Finnland oder Kasachstan aktiv. Vorbild dafür waren die sehr erfolgreichen Adria-Ligen, die etwa im Frauen- und im Männer-Basketball ausgetragen werden, und in denen zumeist Teams aus Ex-Jugoslawien, aber mitunter auch außereuropäische Teams den Titel ausspielen. Die jugoslawischen Ligen selbst waren die vielleicht berühmtesten multiethnischen Ligen Europas. Im restlichen Sport ist die Landschaft viel selbstverständlicher international als im Fußball. Auch bei den Frauen, darunter die EWHL im Eishockey, in der unter anderem österreichische, ungarische und wechselnde weitere osteuropäische Teams dabei sind. Im Rugby gibt es die erwähnte Männerliga Pro14, die aus irischen, schottischen, italienischen, südafrikanischen und walisischen Franchises besteht. Die BeNe-Liga in Belgien und den Niederlanden läuft aktuell sowohl im Männer-Eishockey als auch im -Handball, es gibt dort auch den Inter Regio Cup mit deutschen Eishockey-Regionalligisten der Männer.

Interessanterweise haben dagegen im Fußball gebündelte Ligen bisher fast nie funktioniert. Die belgisch-niederländische BeNe-Liga der Frauen brach nach wenigen Jahren wegen finanzieller Verluste auseinander, mehrere Teams hatten sich schon vorher zurückgezogen. Die geplante Alpenliga der österreichischen und schweizerischen Männer konnte sich nicht auf einen Auf- und Abstiegsmodus einigen, und eine

Balkan-Liga der Männer scheiterte stets an nationalistischem Hass der Fans. Die skandinavische Royal League der Männer, Versuch einer nördlichen Champions League, zerbrach am geringen Fan-Interesse und fehlendem Geld. Seit 2017 gibt es zumindest im baltischen Frauenfußball das internationale Turnier Baltic Football League. Und die rebellische Atlantic League, die aus niederländischen, belgischen, schottischen, portugiesischen und skandinavischen Männerteams bestehen sollte, als Antwort auf die Gier der Champions League, zerbrach schon vor dem Start, sie wurde auf Druck der Uefa verhindert. Warum gelingt im Fußball nicht, was anderswo funktioniert?

Vermutlich, weil der Markt härter umkämpft ist. Es gibt auf dem europäischen Kontinent eine extrem hohe Dichte an ambitionierten Fußballklubs, die einander jeden zusätzlichen Cent neiden. Und traditionsreiche nationale Ligen, die tief verankert sind. Die Auswärtsfahrt oder das Lokalderby sind kulturell zentraler Teil der Fankultur, viele Fans wollen gar keine Ligen jenseits des Nationalen. Außerdem sind die Reichen reicher als anderswo und sehr erfolgreich darin, Konkurrenz zu blockieren. Internationale Wettbewerbe sowie Auf- und Abstiege, die es in vielen geschlossenen Systemen nicht gibt, machen die Sache zusätzlich kompliziert. Die Fußballerinnen in der BeNe-Liga beispielsweise schickten immer ein niederländisches und ein belgisches Team ins internationale Rennen. Diese Quote wird sportlich schnell lächerlich, wenn, sagen wir, vier belgische Teams die vorderen Plätze halten, aber fünftplatzierte Niederländerinnen in der Champions League spielen dürfen. Und ein Fan fragte im „Guardian“ angesichts der damals angedachten Atlantic League: „Ist es wirklich ein Fortschritt für PSV und Ajax, regelmäßig gegen den FC Kopenhagen oder Rosenborg zu spielen?“

In anderen Sportarten ist das internationale Format oft nur eine Ergänzung. Die Adria-Liga der Basketballer, die EWHL der Eishockeyspielerinnen oder die baltische Liga der Basketballerinnen sind keineswegs an die Stelle der nationalen Ligen getreten. Sie sind exklusive Parallelbetriebe, eher eine Art Einladungsturnier mit Gästeteams von Israel über Usbekistan bis Belarus. Ökonomisch würde so etwas im Fußball wenig verändern, es wäre eher ideell reizvoll. Einen wirtschaftlichen Aufhol-Effekt hat nur eine gemeinsame Liga à la Balkan-Liga. Die kroatische Ex-Spielerin Sanja Novak, Fürsprecherin einer Balkan-Liga im Frauenfußball, sagte in einem Gespräch für die „taz“: „Allein können wir nicht aufholen. Zusammen hätten wir einen größeren Markt, mehr

Spielerinnen und ein besseres Netzwerk." Eine Balkan-Liga korrigiert die ineffiziente Aufteilung in Nationalstaaten.

Wer bei gleichem Wirtschaftskonzept wirklich etwas verändern will, muss die kleinen Ligen vergrößern. Aber es bleibt eine nüchterne Wahrheit, was Hans Vandeweghe sagt: Auch eine Balkan-Liga holt die Premier League nicht ein. Dafür braucht es schon eine grundlegend neue Aufteilung. Eine, bei der nicht nur die Kleinen vergrößert werden – sondern die Großen auch verkleinert. Der FC Bayern spielt mit Rapid Wien, Borussia Dortmund mit Ajax Amsterdam, Turbine Potsdam mit Katowice und Borussia Mönchengladbach mit Standard Lüttich. Das sind gleichwertige europäische Ligen – sofern sie innerhalb der Liga teilen. Wer aber könnte das schon vorschreiben? Höchstens eine Regierung oder ein EU-Gericht, und die werden sich hüten. Die aktuelle Rechtsprechung schützt den Erfolg der Erfolgreichen. Die neuen Ligen wären außerdem Gebilde, die am Schreibtisch geschaffen wurden, ohne jede Tradition, ohne Rücksicht auf Fankultur, ohne Unterstützung aus den Kurven. Sie würden jämmerlich absaufen. Eine gerechte Neuaufteilung hat erst dann eine Chance, wenn sie gewollt ist von denen, die den Fußball lieben: Fans und Spieler:innen. Es sollte ihnen wert sein, darüber nachzudenken. Im Konkurrenzsystem wird kein Großklub und kein Staat jemals wirklich solidarisch mit den anderen sein. Die Machtverhältnisse sind zu asymmetrisch, echte Umverteilung wird es nicht geben. Der Kampf darum ist ein Sisyphos-Kampf. Wirksamer ist es, ähnlichere Grundvoraussetzungen zu schaffen. Das ändert noch nichts am Prinzip von Dominanz, schafft aber zumindest ansatzweise Waffengleichheit. Noch in den 1970er-Jahren erreichten 4,6 Teams pro Saison von außerhalb der fünf westeuropäischen Ligen das Äquivalent des Champions-League-Achtelfinals der Männer; in den Jahren von 2010 bis 2019 waren es nur noch 0,9. Bricht man die Macht der Großen nicht auf, werden sie weiter die Regeln so umschreiben, dass sie ihnen nützen. Es braucht in dieser Wildwest-Ideologie wenigstens vergleichbare Voraussetzungen, und das bedeutet auch: eine vergleichbar starke Mischung von Klubs pro heimische Liga, vergleichbare Infrastruktur, vergleichbare Größe und Fan-Interesse. Dafür reicht es nicht, zwischen bestehenden Nationalstaaten umzuverteilen. Die progressiven Kräfte des Fußballs sollten sich ernsthaft Gedanken darüber machen, wie eine Neuordnung funktionieren kann. Denn sie geht nur von unten. Eine, wo zum Beispiel Klubs mit internationalen Fanfreundschaften oder Rivalitäten in eine

Liga gehen. Man kann das auch erst mal mit Einladungsturnieren über Jahre ausprobieren und eine gemeinsame Geschichte, gemeinsame Erinnerungen schaffen. Und dann immer noch wieder verändern. Nationale Wettbewerbe sind damit nicht am Ende. Turniere wie der DFB-Pokal würden damit sogar aufgewertet als großes nationales Klassentreffen voller alter Lokalderbys. Aber erst eine Neuordnung verändert grundlegend die Voraussetzungen.

Eine weitere Idee entwickelt der Ökonom László Csató in „Lessons from the Men's Handball Champions League". Dabei bezieht er sich auf das zwischen 2015 und 2020 ausgespielte Format. Da beschloss der Männer-Handball, statt gemischter Gruppen starke und schwache Gruppen zu formen; die guten Vereine in die starken, die schlechten in die schwachen Gruppen. In den starken Gruppen gab es gewiss deutlich mehr Qualifikationsplätze für die nächste Runde. Csató schreibt, es sei dadurch gelungen, „den Anteil qualitativ hochwertiger und zugleich auf Augenhöhe ausgetragener Spiele deutlich zu erhöhen". Kleine Vereine, die sonst überhaupt keine Aussicht auf die nächste Runde haben, hatten wiederum Plätze für die K.-o.-Runden sicher. Sie konnten sich in den Spielen gegeneinander ernsthaft verbessern, statt nur gegen Favoriten zu mauern. Aber es gilt auch: Sie können nicht darüber hinauswachsen. Dieser Nachteil, den auch Csató sieht, liegt auf der Hand: Unter dem Strich werden die starken Vereine durch mehr feste Plätze noch mehr bevorzugt, denn sie sind sicher, auch wenn sie einen schlechten Tag erwischen.

Was aber, wenn zwei verschiedene Bäume sich beispielsweise bis zum Viertelfinale der Frauen und bis zum Halbfinale der Männer ziehen? Einer für die starken, einer für die schwächeren Teams. Dann hätten auch kleine Teams die Chance, von den Einnahmen aus dem internationalen Wettbewerb zu profitieren, und werden zugleich belohnt. Denn aus ihren Möglichkeiten heraus haben die Gewinner:innen eine herausragende Leistung gezeigt. Anschließend hätten sie im Viertelfinale der Frauen, eher noch im Halbfinale der Männer, an einem guten Tag Chancen, den Favoriten zu schlagen. Die bemerkenswerte Fallhöhe würde das Spiel sehr besonders machen. Das Nachsehen hätten allerdings mittelgroße Klubs, die sich im Baum der Großen herumschlagen müssten.

Bevor dauerhaft klüger und gerechter verteilt werden kann, müssen Machtverhältnisse brechen. Das wird nicht passieren, wenn wir nicht selbst dafür sorgen. Eine Hinserie könnte man dann vielleicht in den neuen regionalen Ligen spielen und sich dort für die Weltliga in der Rückserie qualifizieren. Die würde mit einem Baum der Starken und einem Baum der Schwachen gespielt – und globaler Aufmerksamkeit, denn sie ist das Einzige, was in der Rückrunde an Spitzenfußball stattfindet. Ein wahrhaft gemeinsames Spiel. Wer keine Neuaufteilung der Ligen will oder durchsetzen kann, könnte auch stattdessen in der Rückrunde drei europäische Champions Leagues spielen, aber frei nach dem Prinzip des Boxens, in Gewichtsklassen. Eine für die ärmeren Staaten, eine für die mittleren, eine für die reichen. Schon heute ist die Europa League ja faktisch die Champions League Osteuropas. Aber diesmal wird nicht mit unterschiedlichen Preisgeldern gespielt. Sondern ein Wettbewerb, in dem man Schwäche und Stärke als ähnlich des Gewichts anerkennt: eine Voraussetzung. Und jene Teams erhalten viel, die innerhalb ihrer Gewichtsklasse die beste Leistung erzielen. Diese Variante gibt sich mit der Hierarchie zufrieden. Aber versucht zumindest nicht, sie zu verleugnen.

► Offene Grenzen für Klubs

Der Fußball wirtschaftet seit Langem global, nur Vereine dürfen nicht antreten, wo sie wollen. Das ist eigentlich kurios. Sie haben keine Aussicht, dem Schicksal ihrer Herkunft zu entkommen. Die englische WSL ist die einzige Frauen-Profiliga des Kontinents. Warum soll ein ambitionierter Verein aus, sagen wir, Tschechien, der seinen Frauen Profigehälter zahlen möchte, nicht dort antreten dürfen? Was in anderen Sportarten längst gang und gäbe ist, dass ein Team von Kasachinnen im europäischen Eishockey mitspielt und Südafrikaner im europäischen Rugby, dass Italienerinnen und Belarussinnen gemeinsam eine Liga gründen, muss endlich möglich sein. Ähnlich wie Reparations- oder Steuermaßnahmen können dadurch Einnahmen gleicher verteilt werden. Aber nur in Maßen: Die Unterschiede zwischen den Klubs dürfen nicht zu groß sein, sonst funktioniert die Liga nicht. Im Grunde sind die offenen Grenzen für Klubs die wirtschaftsliberale Variante der neugeordneten Ligen; Klubs können sich flexibel zusammenfinden, völlig ungesteuert. Die reichsten Klubs würden sich also zu einer Superliga zusammenschließen und kleine Herkunftsländer auch noch das letzte bisschen verlieren: ihre Vereine. Es müsste mithin schon die Vorschrift geben, dass gute und schlechte Teams miteinander antreten, in einem Mindestverhältnis. Das ist keine geplante Neuordnung, und es geht nur wenig ums Teilen. Dafür schafft es Raum für gemeinsame Projekte. Und es nimmt etwas nationalen Muff aus den heimischen Ligen.

► Galaxien statt Pyramide

Von Beginn der Moderne hat der europäische Fußball in die Tiefe gestapelt. Eine Pyramide der Verdrängung, die nur wenige Gewinner:innen kennt. Und wenn Lösungen gedacht werden, dann immer nur innerhalb dieser Pyramide. Warum aber bauen wir nicht in die Breite? Die Welt des Konsums quillt über von individuellen Angeboten, aber der Männerfußball hat – von den wilden und bunten Ligen mal abgesehen – nur ein und dasselbe Programm seit hundert Jahren: die DFB/DFV-Pyramide. Im Frauenfußball gab es anfangs ein buntes Feld von Ligen, das dann von den Männerverbänden geschluckt wurde. Alle Ligen bieten dasselbe an. Ähnliche Regelungen und dieselbe Ideologie, nämlich sportliche Leistung. Dass die unteren Ligen wenig frequentiert sind, ist nur logisch, denn beim wichtigsten Kaufargument – sportliche Leistung – schneiden sie schlechter ab. Und beim zweitwichtigsten, Stars und Entertainment, haben sie keine Chance. Das verändert sich, wenn Vereine andere Argumente bieten: Mitsprache, neue Ideen oder ein ganz anderes Spiel, Heimat, Kultur, soziale Bindung oder politischen Protest. Stattdessen sind die Vereine aber gezwungen, in einen Aufstieg in der Pyramiden-Struktur zu investieren statt in das, worin sie wirklich gut sind. Der Fußball verschenkt damit so viel. Eine ganz neue Option sind hierarchisch gleichwertige Ligen, also Galaxien statt Pyramide. Das wird den Spielbetrieb stärker individualisieren. Aber es wird Vielfalt im Fußballsystem abbilden.

Galaxien fügen sich nahtlos an die Idee von Sport als Kunst und könnten von jeder und jedem gegründet werden. Niemand braucht eine Absolution des DFB dafür, es zählt die gute Idee. Es gäbe vielleicht eine Traditionsliga der Frauen, wo Turbine Potsdam gegen Umeå IK oder den FC Rosengård spielt und Marta coacht. Es könnte Traditionsligen der Männer geben, wo gefallene Klubs von Kickers Offenbach über Dynamo Dresden bis Rot-Weiss Essen gegeneinander antreten, oder eine gemeinsame Ost-Liga in Anlehnung an die DDR-Oberliga. Nostalgie als Kaufargument. Aber auch optimistischere Ligen, eine gebündelte Kraft in anders. Eine Liga der linken Teams, wo St. Pauli gegen Livorno spielt, oder eine Liga der selbstverwalteten, fangeführten Klubs mit Hapoel Katamon und Ciudad de Murcia; Ligen, denen es um ganz andere Dinge geht als möglichst viel Geld. Es gäbe eine nachhaltige, ökologische Liga, oder eine Liga für Ultrà-Kultur mit Pyrotechnik und reinen Stehplätzen, und eine Disney-Liga, in der Maskottchen für Kinder tanzen. Eine Liga der Begegnung für politisch verfeindete Gruppen, und eine feministische Liga, die Fußball ganz anders denkt. Eine hochklassige Mixed-Liga, in der Frauen und Männer, körperlich Fitte und Eingeschränkte zusammenspielen. Eine Liga des Spektakels, wo jedes Remis mit einem Elfmeterschießen endet und der reichste Klub mit Handicap startet, und Ligen, wo zusammen statt gegeneinander gespielt wird. Nicht zu vergessen die vielen vorab genannten kreativen Formate, die nichts von alledem brauchen, keine Liga, keine Klubs, kein Spielfeld. In Ansätzen existieren solche Versuche, zum Beispiel beim rumänischen Turnier „Fotbal fără patroni", das nur von selbstverwalteten Vereinen ausgespielt wird, oder den Mondiali Antirazzisti, einem internationalen Turnier politisch interessierter Fangruppen in Italien. Jede dieser Ligen ist sich selbst die oberste. Und das wird auch das elende Rattenrennen bremsen. Denn nicht jedes Format hat dasselbe Angebot, und nicht jedes braucht viel Geld zur Umsetzung. Jedes Format könnte expandieren, wenn neue Teams Interesse zeigen – oder eine zweite Liga unten dran packen.

Die Ausdifferenzierung hat substanzielle negative Effekte. Der große Gedanke einer gemeinsamen Liga ist die Verständigung, der Kompromiss. Kleine Galaxien laufen Gefahr, nur dieselbe Klientel anzuziehen, es gibt keine Begegnungen mehr, es entstehen Filterblasen. Aber auch Raum für Innovation, für einen besseren Fußball, der sonst von den Verbänden unterdrückt wird, für liebenswerte Nischen und ruhige Entwicklung. Dieser Konflikt lässt sich nicht auflösen. Entweder Pyramide oder Galaxie, beides hat seine Vorzüge und Nachteile. Die Galaxie würde den Männerfußball als gesellschaftliches Lagerfeuer schrumpfen lassen und neue Dynamiken entfachen, die lokale Fankultur wiederbeleben, weil kleine Ligen ganz eigene Argumente bieten. Gute Ideen könnten ausprobiert, verworfen, verfeinert werden, und auch auf die großen Formate abfärben. Und es braucht dann eine Organisation, die diese Pluralität schützt. Denn Beispiele aus dem US-amerikanischen Raum zeigen, dass konkurrierende geschlossene Ligen im Kapitalismus häufig verdrängt werden. Eine demokratische Organisation muss eine abwechslungsreiche Landschaft von Ligen garantieren. Medien und Sponsoren könnten für die Aufrechterhaltung dieser Artenvielfalt an die Organisation zahlen. Auch das eine optimistische Art, den Fußball zu internationalisieren. Und weiter lokal zu pflegen.

▶ Gleiches Geld für die ganze Liga

Diesen Vorschlag äußert Sandra Schwedler, die Aufsichtsratsvorsitzende beim FC St. Pauli, im Gespräch für dieses Buch. „Eine Möglichkeit wäre: Jeder erhält am Anfang der Saison das gleiche Geld. Es gäbe vielleicht einen einheitlichen Satz für die erste und einen einheitlichen Satz für die zweite Liga. Dann würde das Sportliche im Fokus stehen und, wie effizient Geld eingesetzt wird." Es ist die logische Idee für einen fairen Wettbewerb. Fairen Wettbewerb kann es unter gar keinen anderen Umständen geben als diesen: gleiches Geld für alle Wettbewerber:innen. Wer ein gerechtes Rennen will, muss die gleiche Startlinie bekommen. Im Fußball ist das, im Gegensatz zur Gesellschaft, bestechend leicht herzustellen. Es wird einfach zu Saisonbeginn an alle dasselbe verteilt. Wie überhaupt kommt der Fußball auf die Idee, dass das, was er gerade betreibt, ein faires Spiel sei? Fangen wir an, ehrlichen Wettbewerb zu betreiben. Natürlich dürfen die Klubs keine der erwirtschafteten Gelder behalten, sonst wachsen sofort neue Vorteile.

Außerdem darf es parallel keine internationalen Wettbewerbe geben, bei denen Vereine zusätzlich verdienen können. Und um wirklich gleich zu starten, könnten auch die Spieler:innen nach jeder Saison neu verteilt werden. Die Idee der Produktionsfirmen, die Gelder für Ligen auftreiben, lässt sich mit Schwedlers Vorschlag kombinieren. Am ehesten umgesetzt ist dieser Gedanke etwa in der nordamerikanische Männer-Fußballliga MLS, die nominell die Franchises besitzt. Sie kontrolliert Spielerverträge, TV-Einnahmen und Sponsoren. Die Spielergehälter werden von der Liga bezahlt, und die Liga bestimmt die Verteilung der einzelnen Spieler auf die Franchises. Eine große Monopolistin. Die vielen sehnsüchtigen Fan-Blicke verdient sie aber eher nicht, denn die Franchises nehmen durch lokale TV-Deals, Spielerverkäufe, Merchandising oder individuelles Trikotsponsoring weiterhin reichlich eigene Gelder ein. „Die finanziell erfolgreichsten Teams stammen aus den größten Medienmärkten der USA", schreiben der Ökonom Dennis Coates und Kollegen. „LA Galaxy hatte siebenmal so hohe Einnahmen wie Kansas City." Die MLS ist von egalitären Verhältnissen weit entfernt, erreicht aber immerhin eine halbwegs ausgeglichene Meisterschaft.

Um wirklich gleiche finanzielle Ausgangspositionen zu erreichen, müssten auch lokale Deals über dieselbe Organisation laufen. Auf diese Weise wäre Umverteilung auch im Pyramidensystem möglich. Charlie Dobres von Lewes FC findet: „Dinge bleiben nicht für immer. In einer Superliga der 1920er wäre Huddersfield dabei gewesen; Yahoo hat Google nicht kommen sehen. Franchise-Ligen funktionieren nicht, sie werden auf Dauer zu Zombie-Ligen, wenn man immer in derselben Liga gegen dieselben Teams spielt." Wenn Vereine strikt gleiche Mittel erhalten, abgestuft nach Ebene, und die Stufen sehr gering sind, sodass ein Abstieg keine scharfe Sanktion ist, lässt sich die geschlossene Liga vermeiden. Das würde aber bedeuten, dass die erste Liga nur geringe Profigehälter zahlen kann – ansonsten würden absurde Gelder in Dorfvereine fließen müssen.

Trainer:innen und Manager:innen werden sich die beste Position für ihren Verein dennoch mit vielen Mitteln erstreiten wollen, auch weil es ihr Werk und ihr Stolz ist. Regionale Politiker:innen und Unternehmen werden sich Werbeeffekt, Vernetzung, Stolz erhoffen. Und die Fans allemal. All das wird dazu führen, dass trotz aller Bemühungen Schwarzgelder an Vereine fließen und Einnahmen nicht abgegeben werden. Es ist unmöglich, in einer Wettbewerbsliga den Wettbewerb völlig kaltzustellen. Diese gleiche Liga wird also niemals gleich sein. Aber sie kann sich annähern. Ausgerechnet umso mehr, wenn man das lokale Element wegnimmt. Im koreanischen Männer-Baseball, fand Young H. Lee heraus, wo die Franchises Konzernen gehören und nach ihnen benannt sind, sei lokaler Erfolg den Fans egal, sie wollten nur ein spannendes Spiel sehen. Ausgerechnet weniger Bindung motiviert im Kapitalismus also, eine Liga ausgeglichener zu gestalten. Vielleicht wäre es außerdem sinnvoll, sich nach unten abzugrenzen. Im niederländischen Männerfußball etwa sind nur die obersten beiden Ligen offene Profiligen, aus der zweiten Liga kann niemand absteigen.

▶ Virtual Football – oder: Hologramme

Der Zukunftsforscher Sascha L. Schmidt prognostiziert im Gespräch für dieses Buch Spieler:innen als Hologramme im Stadion, sodass Partien weltweit in Stadien übertragen werden könnten. Man schaut vor Ort eine Partie, aber virtuell. Es müssen nicht tausende Fans von Kontinent zu Kontinent jetten, und Anhänger:innen mit kleinerem Geldbeutel können das Spiel ihres Teams wie gewohnt im lokalen Stadion verfolgen, für einen Euro, oder sie zahlen nur das Bier. Ein neues Kneipengucken, wo die Kneipe an Bedeutung verliert. Nebenbei kann das die ökologischen Konsequenzen von gemeinsamen Ligen auffangen. Je ein Monat wird in einem der teilnehmenden Länder gespielt, und in anderen Ländern laufen die Partien als Hologramme im Stadion. Jedes Team kann beim Spiel das eigene Stadion über kleine Kopfhörer hören, ein Heimspiel auswärts. Das bedeutet, wie jede Internationalisierung, auch eine Entmachtung der Menschen vor Ort. Ultras können das Stadion nicht mehr als Protestfläche nutzen, und es fallen die Begegnungen des Auswärtsreisens weg. Aber eine internationale Liga muss sowieso demokratisch organisiert sein. Wenn sie von organisierten Fans selbst gemacht wird, gibt es auch ganz andere Möglichkeiten des Protests. Wenn das Konzept gut umgesetzt wird, von Fans für Fans, kann es sogar Begegnungen schaffen. Viele Fans des Männerfußballs verfolgen die Spiele allein vor DAZN oder Sky oder im kleinen, privaten Kreis. Wenn der Besuch im Stadion so günstig ist, wird die lokale Gemeinschaft gepflegt. Und der Besuch wieder inklusiver.

► Playoffs

Playoffs sind ein uraltes Format und mitnichten nur für geschlossene Ligen geeignet: Die deutsche Eishockey-Frauenliga, um nur ein Beispiel zu nennen, ist eine offene Liga, die Playoffs ausspielt. Playoffs sind eine Lieblingsidee derer, die nicht umverteilen, aber bitte gerne trotzdem mehr Spannung haben möchten, 2022 wurden sie von DFL-Chefin Donata Hopfen mal wieder ins Spiel gebracht. Nach Angaben des Buchs „7 Zentimeter Messi" nutzen sogar 40 Prozent der europäischen Männerligen auf die eine oder andere Weise ein Playoff-Format, zum Beispiel, indem sie in der zweiten Saisonhälfte Abstieg und Meisterschaft im K.-o.-System ausspielen. Unter anderem gebe es Playoffs in der Ukraine, Tschechien, der Slowakei, Dänemark, Belgien (deren sensationell kompliziertes Format es zu einer gewissen Berühmtheit gebracht hat), Finnland, Litauen, Österreich, Rumänien, Serbien, Bulgarien und Griechenland. Ganz große Ligen sind nicht darunter. Bei den Frauen haben unter anderem Belgien und die Niederlande Playoffs.

Die Ökonomen Neil Longley und Nelson Lacey untersuchten den Mannschaftserfolg in der nordamerikanischen Männer-Eishockeyliga NHL zwischen 1994 und 2004 und bilanzierten, dass in den Playoffs tatsächlich ärmere Teams viel eher Erfolg haben konnten. Der Ökonom Jiří Lahvička zeigte für die tschechische Männer-Eishockeyliga mithilfe einer Simulation, dass durch die Playoffs die Sieg-Wahrscheinlichkeit des stärksten Teams von 48 Prozent auf 39 Prozent sinke, der Wettbewerb also ausgeglichener werde. Außerdem investieren Teams weniger in Spieler:innen, wenn der Zufall eine größere Rolle spielt. Unterstützer:innen von Playoffs argumentieren auch gern mit den Publikumsschnitten. So zum Beispiel in der mexikanischen Frauenliga MX Femenil. Dort kamen in der Rückrunde 2018 zu den regulären Spielen offiziell im Schnitt 2.000 Fans, zum Playoff-Halbfinale aber erschienen 42.000 und zu den beiden Playoff-Finals insgesamt 90.000, damals Rekord.

Und doch ist all das gar nicht so eindeutig. Zum einen wird durch Playoffs die Hauptsaison wesentlich unwichtiger, oft sind die Spiele fast egal. Die Wirkung aufs Publikum ist auch daher umstritten. In einer aufwändigen Studie untersuchten die Ökonomen Thadeu Gasparetto und Angel Barajas die brasilianische Männerliga, die von 1991 bis 2002 ein Playoff-System hatte, anschließend aber einen reinen Ligabetrieb. Und sie stießen auf unerwartete Ergebnisse: Der Zuschauerschnitt im reinen Ligasystem war um 14 Prozent höher als beim Playoff-Konzept. Und die Ökonomen bilanzierten, dass die Liga ohne Playoffs sogar ausgeglichener wurde. „Playoffs verbessern den Wettbewerb nicht." In der ersten belgischen Liga der Männer, wo die komplizierten Playoffs auf großen Widerstand in den Fanszenen stießen, hat sich am Endergebnis übrigens auch nicht viel geändert. Von 2000 bis 2010 wurden vier verschiedene Klubs Meister, davon fünfmal Anderlecht. Mit der Einführung der Playoffs 2009/10 wurden im nächsten Jahrzehnt vier verschiedene Klubs Meister, davon fünfmal Anderlecht. Zumindest im Fußball machen Playoffs also oft nicht vieles besser, dafür nur vieles komplizierter. Und ist es klug, mehr Glück einzuführen?

Die Ökonomen Allen Sanderson und John Siegfried schreiben: „Glück ist, was wir Menschen und Teams, die wir nicht mögen, im Erfolgsfall zuschreiben. Aber wir wollen nicht grundsätzlich, dass es über Einkommensverteilung in der Gesellschaft oder die Sieger:innen in Sportwettkämpfen entscheidet." Gleiche Startchancen sind gerechter als mehr Zufall.

KAPITEL 9

Vorsprung durch Technik

Viele Kämpfe im Fußball drehen sich um Spannung, Demokratie, Verteilung. Aber es gibt Menschen, die sich aus völlig anderer Perspektive mit der Zukunft des Fußballs und des Sports beschäftigen, konsumorientiert und technologieaffin. Dominik Schreyer forscht zum Stadion der Zukunft. Er erklärt, warum nicht genutzte Stadiontickets wenig mit Spannung zu tun haben und warum es mehr moderne Technologie auch im Stadion braucht. Sascha L. Schmidt forscht zur ferneren Zukunft des Sports. Er eröffnet eine Welt, in der Cyborgs gegeneinander auf dem Platz antreten, Roboter den menschlichen Weltmeister schlagen und es im Amateurklub Hologramme gibt. Es wären nicht die ersten technologischen Entwicklungen, sagt er, die wir uns vorher nicht mal vorstellen konnten.

„Etwa jedes zehnte Stadionticket wird nicht genutzt"

Interview mit Dominik Schreyer

Dominik Schreyer ist Juniorprofessor für Sportökonomie und forscht zum Stadion der Zukunft.

Warum sollten wir uns mehr mit dem Stadion der Zukunft beschäftigen?

Das Stadionerlebnis besser zu machen, ist sicherlich eine der großen Herausforderungen. Das wurde in der Vergangenheit oft vernachlässigt, weil der relative Anteil der Spieltagseinnahmen am Gesamtumsatz vergleichsweise gering ist. Während das TV-Produkt in den letzten Jahren sukzessive verbessert wurde, hat sich der Stadionbesuch in den letzten 20 Jahren im Grunde kaum verändert. Ein Beispiel: Ich warte dort, salopp gesagt, eigentlich immer irgendwo auf irgendetwas. In der Bierschlange. Vor den Toiletten. Im Parkhaus. Zudem unterscheidet sich das Erlebnis von Stadion zu Stadion nur unwesentlich. Und ein Erlebnis, das sich in 20 Jahren nicht, oder nur kaum, verändert, ist irgendwann überholt.

Sie haben untersucht, wer wirklich ins Stadion geht. Was haben Sie herausgefunden?

Wir arbeiten in der Regel mit echten Verhaltensdaten und nicht mit kommunizierten Besucherzahlen, die nichts darüber aussagen, ob ein Ticketinhaber am Spieltag wirklich dem Stadion zutritt. Wir sehen dabei unter anderem, dass viele Dauerkarteninhaber, oft als besonders verhaltensloyal bezeichnet, nur zu einigen Spielen gehen. Für diese Fans ist die Dauerkarte eine Art Versicherung. Da die ihre Tickets eher selten kündigen, wird eine Durchmischung, teilweise auch Verjüngung, des Publikums in viele Stadien erschwert. Zumindest ist dies im Herrenfußball der Fall, über das Verhalten von Fans im Damenfußball wissen wir derzeit noch relativ wenig.

Stimmt es, dass immer häufiger Leute trotz Ticket nicht auftauchen?

Ja. Die No-Show-Rate in der Bundesliga ist in den letzten Jahren langsam gestiegen. Jetzt liegt sie bei etwas über zehn Prozent, das heißt, dass ungefähr jedes zehnte verkaufte Ticket am Spieltag nicht genutzt wird. Es gibt zudem zunehmend anekdotische Evidenz, dass das auch in anderen europäischen Ländern so ist. Dies ist sicherlich ein Indikator dafür, dass das Stadionerlebnis nicht in bestem Zustand ist.

Weil es dem Wettbewerb an Spannung fehlt?

Wäre fehlende Spannung ein großes Problem, würde vermutlich auch die Anzahl der abgesetzten Tickets sehr stark zurückgehen. Diese sind aber derzeit noch vergleichsweise stabil, und auch die TV-Quoten entwickeln sich ja eher positiv. Wir wissen aber natürlich auch, dass es nicht besonders hilfreich ist, wenn gar keine Ergebnisunsicherheit existiert. Ein langweiliger Meisterschaftskampf mag natürlich dazu führen, dass weniger TV-Zuschauer einschalten, ist aber für das Stadionpublikum, die Fans der wenigsten Klubs hoffen ja wirklich ernsthaft auf einen solchen Coup, nicht entscheidend.

Woran liegt es Ihrer Meinung nach dann, dass die Leute nicht hingehen?

Es wird in Zukunft auch deshalb deutlich schwieriger werden, die Stadien bis auf den letzten Platz zu füllen, weil das Zeitbudget der Menschen natürlich begrenzt ist. Wir haben alle nur 24 Stunden am Tag zur Verfügung, und um dieses Zeitbudget kämpfen immer mehr Wettbewerber. Hierzu gehören zum Beispiel auch Netflix und Fortnite. Selbst wenn hier die Entscheidung für den Fußball getroffen wird, bleibt die Wahl zwischen Stadion- und TV-Erlebnis.

Was erwarten Sie also vom Stadion der Zukunft?

Wichtig wird sein, den Fan in den Mittelpunkt des Erlebnisses zu stellen. Und ein solches Erlebnis ist dann vielleicht so etwas wie eine Alte Försterei, in der modernste Technologie im Hintergrund dafür sorgt, dass ich nicht mehr ganz so lang auf mein Bier warten muss. Ich kann mir zudem sehr gut vorstellen, dass die Stadien zukünftig deutlich kleiner sein werden. Geht die Nachfrage zukünftig zurück, wovon wir derzeit ausgehen, dominieren ansonsten irgendwann leere Sitzschalen die Szenarien. Und dies möchte eigentlich niemand. Schon gar nicht die verbliebenen Stadiongänger.

„Technologie wird zur Demokratisierung des Sports beitragen"

Interview mit Sascha L. Schmidt

Sascha L. Schmidt ist Direktor des Center for Sports and Management an der WHU und widmet sich schwerpunktmäßig der Zukunft des Sports.

Sie machen sich Gedanken über neue Technologien im Fußball. Wollen Menschen so einen Sport mit mehr technischen Hilfsmitteln überhaupt sehen?

Es wird dafür einen Markt geben. Aber das puristische Szenario wird für den Sport deshalb nicht verschwinden. Auf dem Platz werden technische Hilfsmittel erlaubt sein, das Spiel wird schneller werden und die individuelle Leistungsstärke größer. Es könnten Menschen gegen Menschen spielen, es könnten aber auch Cyborgs gegeneinander antreten. Neben dem Platz werden neue, vermischte Realitäten eine große Rolle spielen. Und Hologramme, die Spieler auf den Rasen projizieren, könnten dafür sorgen, dass Fans Auswärtsspiele im eigenen Stadion live verfolgen.

Das würde die Schere zwischen oben und unten noch vergrößern.

Im Gegenteil, ich glaube, die Technologie wird zur Demokratisierung des Sports beitragen. Profivereine können heute alle möglichen Formen von Datentracking nutzen. Dadurch sind sie besser aufgestellt als die Amateure, für die das zu teuer ist. Zunächst einmal vergrößert das den Abstand. Bald werden neue Technologien es möglich machen, Daten automatisiert aus einem Videobild auszulesen, was die Kosten der Datenerfassung dramatisch reduziert. Diese könnten dann auch im Amateursport eingesetzt werden. Die Plattform Sporttotal zum Beispiel nimmt Amateurspiele mit intelligenten Kameras auf. Die sind voll automatisiert, ermöglichen „menschliche" Kameraschwenks. Die Vereine zahlen eine kleine monatliche Gebühr für den Stream, und die Dorfklubs können Sponsoren finden, die ein Banner schalten. Wenn man jetzt Daten wie Laufleistung aus den Videos auslesen kann, führt das zu einer Demokratisierung. Auch kleine Klubs können etwa Spielerprofile anlegen und ihr Training und Scouting professionalisieren.

Aber es gäbe doch viele andere Dinge, die nie in den unteren Ligen angewendet würden, ähnlich wie der Videobeweis. Hologramme zum Beispiel.

Bei allen technologischen Innovationen ist es so: Am Anfang sind sie extrem teuer, über die Zeit werden sie zum Massenprodukt und damit erschwinglich. Warum soll es nicht eines Tages Hologramme im Amateurverein geben? Technologie schafft immer eine zeitlich begrenzte Lücke. Der Profifußball wird als erstes davon profitieren, weil Innovation mit Investment verbunden ist. Aber viele Dinge im Amateurfußball werden sich durch Technologieeinsatz professionalisieren. Auch ein Landesligist wird eines Tages einen Onlineshop mit Merch-Produkten haben.

Wer soll denn den Merch eines Landesligisten kaufen?

Wir haben verschiedene Untersuchungen zu Millennials gemacht. Es gibt eine zunehmende Attraktivität der Amateurligen auf diese Gruppe. Die jungen Leute nutzen den Fußball an der Basis wieder als Event, das soziale Zusammenkommen hat eine Relevanz. Der Amateursport wird nicht sterben.

Haben Sie denn untersucht, auf welche Amateurligen sich die Fans dabei beziehen?

Nein, wir haben nur zwischen Amateur- und Profifußball unterschieden.

Ist der totale Kommerz in unteren Ligen überhaupt ein erstrebenswertes Szenario? Viele Fans sind technologiekritisch.

Die Digital Natives gehen ganz anders mit Technologie um als die Älteren. Bei den Älteren würde ich mit viel Widerstand rechnen. Aber für die Digital Natives ist das normal, mit der Zeit werden vermehrt Technologien Einzug halten.

Bei den Ultras sind viele Digital Natives, die eher unglücklich mit dem Videobeweis sind.

Ultras könnten sich in der Tat anders verhalten. Bei unserer Fan-Befragung haben wir gesehen, dass Fans in Sachen Technologie relativ konservativ sind. Letztlich ist doch die Frage entscheidend: Wohin bewegt sich unsere Gesellschaft? Neben hoher Technologieaffinität gibt es bei den jungen Leuten aber auch ein starkes Bedürfnis nach Offline-Zeiten, nach Zufluchtsorten.

Warum erforschen Sie eigentlich nur den Männerfußball?

Wir sehen Fußball als Industrie, und nutzen ihn als Labor, um Management-Phänomene anzuschauen. Der Männerfußball ist für uns von besonderem Interesse, weil er der kommerziell erfolgreichste Sport ist.

Wie wird der Fußball der Zukunft aussehen?

Die entscheidende Frage in der fernen Zukunft wird sein: Geht es um Mensch gegen Mensch, Mensch gegen Maschine oder Maschine gegen Maschine? Oder welche Mischformen setzen sich durch? Es gibt schon heute Wettbewerbe wie den „Robocup", wo Roboter gegeneinander Fußball spielen. Die Entwickler prognostizieren, dass sie 2050 so weit sind, dass ihre Roboter den menschlichen Weltmeister schlagen können. Ist das aus Sicht von Sportkonsumenten attraktiv? Roboter gegen Roboter könnten nach ganz anderen Regeln spielen. Aber wollen die Menschen das überhaupt sehen?

Was glauben Sie?

Es gab schon viele Innovationen, die wir uns vorher nicht mal vorstellen konnten. Wir orientieren uns beim Blick in die Zukunft intuitiv an der Vergangenheit. Man könnte solche Überlegungen als Spinnerei abtun, aber wenn ich mir anschaue, wie rasant sich aktuell der technische Fortschritt gestaltet, kann ich mir durchaus erfolgreiche Wettbewerbsformate mit Robotern im Sport vorstellen.

TEIL 3

Ideen für ein besseres System

Ein gerechterer Fußball ist im Kapitalismus nicht möglich. Aber es wird überhaupt nicht darüber gesprochen, wie ein System aussehen muss, das einen besseren Fußball ermöglicht. Dieser dritte Teil macht sich an einen großen Entwurf. Und zeigt, was er konkret verändern kann.

Einleitung

Es gibt eine schöne Szene in der „Dracula"-Serie von 2020. Da findet sich Dracula in einem Haus der Gegenwart wieder, mit Herd, Kühlschrank und Gedöns. Die Bewohnerin ist arm, das Haus heruntergekommen. Aber Dracula ist baff: „Hat das Personal heute frei?" Er kann sich nicht vorstellen, dass dieses hoch technisierte Haus einer armen Person gehört.

Es ist ein mächtiges Symbolbild für wirtschaftliches Wachstum, für die Befreiung aus einem Elend, an das sich heute kaum jemand erinnert: Die Lebenserwartung im Deutschen Reich lag noch 1871 bei Mitte 30, vor allem wegen hoher Kinder- und Säuglingssterblichkeit. Schmerzen, Mangel und Hunger dominierten den Großteil der menschlichen Geschichte, auch viele Wohlhabende besaßen kaum etwas. Erst technologische Erfindungen und wachsende Effizienz, kapitalistische Marktwirtschaft und die bürgerlich-demokratische Gesellschaft brachten politische Dynamik, Wissen, Freiheiten – und neue Formen der Unterwerfung. Dieser Widerspruch aus Befreiung und Unterwerfung ist wichtig, hilfreicher als eine Plattitüde, „das System" sei kaputt.

Reichtum befreit und unterwirft, und er kostet einen hohen Preis. Das Leben der Arbeiter:innen weltweit, die all das Zeug billig produzieren müssen, damit es billig zu kaufen ist. Und das Leben derer, die in der Lieferkette des Lebens gar nichts zu verkaufen haben. Das betrifft keine Minderheit, sondern die Mehrheit der Menschen. Wir haben ein System errichtet, in dem die Mehrheit der Menschen in ständiger Angst um ihre Existenz lebt, erniedrigt, unglücklich und ohne Entscheidungsfreiheit, während eine Minderheit ihre Erträge genießt. Und in einer flexiblen Welt, wo oben und unten fluktuieren, wächst die Angst, zu denen da unten zu gehören. Reichtum kostet, auch die Reichen. Wer immer mehr konsumieren muss, damit die Wirtschaft stabil ist, muss immer mehr arbeiten. Immer mehr leisten, immer mehr Druck standhalten. Und in der spärlichen Freizeit immer mehr konsumieren, um all das zu ertragen. Die Ressourcen, die unwiderruflich fort sind, die Klimakatastrophe, kosten zuletzt das Leben selbst. Und das in naher Zukunft. Diese systemische Katastrophe sickert nur in Zeitlupe ins kollektive Bewusstsein. Und immer noch klammert sich die Öffentlichkeit an den Glauben, all das lasse sich mit E-Autos und Solarenergie reparieren.

Das vage Gefühl, dass da ein System kaputt sei, ist tief in der Mitte der Gesellschaft angekommen. Hinter den Kulissen hört man solche Geständnisse selbst bei Verantwortlichen aus Profiklubs. Wenn es aber darum geht, warum sie dann nichts zu ändern versuchen, kommt schulterzuckend der Verweis, ändern könne man Grundlegendes doch sowieso nicht. Und überhaupt müsse die Wirtschaft laufen, gerade in der Pandemie. Es ist eine faule Schutzbehauptung, denn es lässt sich natürlich Grundlegendes ändern; ja, sobald massive Veränderungen sich kommerziell lohnen, ist der Fußball immer sofort dabei. Und die traurige Wahrheit ist, dass er sich mitten in der vielleicht größten Krise der menschlichen Geschichte eher Cyborgs auf dem Rasen vorstellen kann, als anders zu wirtschaften. Damit sich das ändert, müssen wir Druck ausüben, viel massiver als bisher.

Das System ist kaputt. Diese Aussage ist zwar eingängig, aber keine Utopie für Besseres. Alles abzureißen und ganz anders zu machen, überfordert Menschen. Es braucht Konzepte, die schrittweise erklären, was passieren kann – und wie. Die umfassend sind, völlig anders funktionieren. Und doch keine bequem plakative Umsturzfantasie, sondern Stück für Stück umsetzbar sind und manches stehen lassen. Eine Revolution als Langzeitprojekt. Der dritte und auch vierte Teil dieses Buches zeigt, wie das gehen kann.

KAPITEL 1

Ein völlig neues System

Beginnen wir diese Debatte beim Geld. Geld gilt aktuell als große Motivation, als Erklärung für beinahe alles. Und doch ist es eine sehr unzureichende Erklärung für das, was Menschen tun. Zehntausende Trainer:innen und Schiedsrichter:innen verbringen ihre Freizeit kostenlos mit schreienden Kindern; Ehrenamtler:innen stehen am Bratwurststand, organisieren Sitzungen, Sozialprojekte oder ziehen schiefe Kreidelinien; Fangruppen basteln Transparente, verprügeln andere, entwerfen Utopien, helfen vor Ort oder reisen den halben Tag ihrem Verein hinterher. Die Geldwirtschaft kann all dieses Verhalten nicht erklären, sie steht ihm völlig hilflos gegenüber. Wenn wir alle nach eigenem Vorteil streben, warum schenkt jemand einem Verein das halbe Leben? Wenn alle rational sind, warum handeln sie so irrational? Jens Flatau und Kollegen haben 2013 Ehrenamtliche im Fußballverein befragt, um zu erfahren, was sie zum Ehrenamt motiviert. Sie hörten zum Beispiel: Neues lernen, das eigene Ansehen oder die Karriere vorantreiben, soziale Kontakte pflegen, mehr Selbstwertgefühl und weniger Angst haben, etwas politisch bewirken, etwas für andere tun. Und es gelingt ihnen damit, ein wesentlich realistischeres Panorama von dem zu entwerfen, was Menschen antreibt.

Auch das sind keineswegs Geschenke, sondern Tauschleistungen; eine Wirtschaft, wenn man so will. Menschen tauschen Zeit gegen Glück, Gemeinschaft, Sinn, Herrschaft, Ego-Pflege, Anerkennung, Macht, Liebe. Olympische Athlet:innen geben Körper und Gesundheit, obwohl sie kaum einen Cent daran verdienen, für Ruhm, Glück, Erfüllung. Diese Motive hat die organisierte Wirtschaft noch überhaupt nicht verstanden. Sie kennt nur das Streben nach mehr Privatbesitz. Der aber ist tatsächlich eher eine mittelmäßige Motivation; er wird vor allem zum Systemerhalt genutzt. Menschen müssen kaufen, damit die Wirtschaft wächst und mehr produziert. Dafür müssen sie das Gefühl haben, dass ein Kreislauf aus Herstellung und Konsum sie belohnt. Dinge, die sie viel maßgeblicher belohnen, freie Zeit und menschliche Beziehungen, gehen darüber zu Bruch. Und obwohl die Reichen und die Mittelschichten kaum mehr wissen, was sie noch alles konsumieren sollen, müssen sie damit weitermachen. Das ist erbärmlich unzulänglich. Es ist auf einem endlichen Planeten eine völlig irrwitzige Idee. Was treibt wirklich an? Geld motiviert vor allem über Angst. Wer zu wenig davon hat, hat ständig Angst, und Reichtum ist die Freiheit von Sorge. Wie erfolgreich etwa Amateurvereine sich ohne Gehälter organisieren, sollte der Gesellschaft zu denken geben. Die Welt ohne Geld hat dabei nicht nur Vorteile. Christoph Bretschneider stellt in „Geld für Amateure – Vereine für Jugendliche?" fest: Klubs, in denen Geld eher keine Rolle spielt, sind solidarischer – aber sie sind auch sozial weniger offen. Denn wer nur Freund:innen einlädt, schließt tendenziell mehr Menschen aus. Geld öffnet Gruppen erst. Als Motivator aber taugt es wenig und ist mitunter kontraproduktiv. Je mehr Geld die Proband:innen in einer Studie erhielten, desto weniger interessierten sie sich für die Tätigkeit selbst, fürs Lernen oder Kreativität. Ähnliches dürfte für Schulnoten gelten. Der Psychologe Tomas Chamorro-Premuzic schreibt: „Tatsächlich ist es in Zeiten der Personalisierung […] ziemlich verwunderlich, dass Entlohnungssysteme immer noch auf der Prämisse funktionieren: Was für die Masse funktioniert, funktioniert auch für den Einzelnen."

Alle Debatten im Fußball sind am Geld ausgerichtet. „Wie kann man Geld gerechter verteilen?", fragen auch kritische Geister. Konservative und Oppositionelle sind einander darin ähnlicher, als beide Seiten es gerne hätten. Vom Geld kommen sie nicht los.

Große Einkommensunterschiede, haben Forscher:innen festgestellt, machen Menschen unglücklich, und zwar sowohl die Armen als auch die Reichen. Stefano Bartolini diagnostiziert im Sammelband „The Economics of Happiness" 2019 ungleichen Gesellschaften weniger Gemeinschaft und Zusammenhalt, weniger Freizeit, mehr Überstunden, mehr Sozialneid. Und wenn Reisende feststellen, dass Menschen im Ausland so viel hilfsbereiter, solidarischer und empathischer seien, oder Migrant:innen über die soziale Kälte in Westeuropa klagen, erkennen sie etwas intuitiv richtig: Wohlstand geht mit weniger Solidarität, mehr Isolation einher. Das Easterlin-Paradox besagt: Mehr Wohlstand macht Gesellschaften glücklicher. Aber obwohl viele Gesellschaften über die Jahrzehnte immer wohlhabender wurden, wurden sie gar nicht glücklicher. Man kann über den Boom der Glücks-Ökonomie der letzten Jahre denken, was man will. Aber es ist für den Fußball und seine Umgebung gewiss ein lohnendes Ziel, echtes Glück möglichst vieler zu erreichen.

Nach dem Tod Diego Maradonas machte ein Video die Runde. Es zeigte, wie Maradona sich vor einem Spiel gegen den FC Bayern mit einer spektakulären Balljonglage aufwärmte. Über Minuten tanzt er mit dem Ball, die Schnürsenkel lässig offen, zur Musik. Aktuell macht das niemand, es ist ineffizient. Sinnfreier Spaß wird nicht mehr toleriert. André Schürrle sagte nach seinem frühen Karriereende, die Branche habe es nicht erlaubt, Gefühle zu zeigen, so zitiert ihn die FAZ. Man müsse eine Rolle spielen, „sonst verlierst du deinen Job und bekommst auch keinen neuen mehr". Per Mertesacker berichtete von Brechreiz und Durchfall vor jedem Spiel. Man verstehe schnell, „dass es null mehr um Spaß geht, sondern dass du abliefern musst, ohne Wenn und Aber". Felix Kroos sagte, wo so viel Geld im Umlauf sei, „bleiben die wenigsten Menschen sie selbst". Und Ex-Profi Andreas Buck erzählt im „Zeit"-Interview: „Du darfst nie zugeben, einen Fehler gemacht zu haben. Das ist wie in einem Wolfsrudel. Wer Schwäche zeigt, purzelt in der Hierarchie runter."

Liefern, leisten, überleben, wehren, kotzen. Wofür applaudieren wir da eigentlich? Sportökonom Lutz Thieme hat die Lebensdaten aller etwa 6.000 olympischen deutschen Athlet:innen zwischen 1956 und 2016 ausgewertet. Das Ergebnis sorgte für Aufsehen, denn sie starben deutlich früher als die Normalbevölkerung. Und je erfolgreicher die Athlet:innen waren, desto höher ihr Sterberisiko. Das gilt nicht für jede Sportart, Ausdauersport auch an der Spitze kann lebensverlängernd wirken. Es lohnt sich also, differenziert zu schauen. Für Sportler:innen sind die Risiken nichts Neues. Eine Recherche von „Correctiv" und ARD schrieb über die Männer-WM 2018, dass dort jeder vierte Spieler schmerzstillende Medikamente vor sage und schreibe jedem Spiel konsumiert habe. Die Untersuchungen zu Hirnschäden und Sport stehen erst am Anfang, aber belegbar sind Zusammenhänge zwischen Hirntraumata im Sport und neurologischen Erkrankungen wie CTE und ALS. Auch Fußballer:innen haben ein stark erhöhtes Risiko für neurologische Erkrankungen, und vor allem die, die viele Kopfbälle spielen. Das Buch „7 Zentimeter Messi" positioniert Fußball, in dem es angeblich kein Doping gibt, auf Platz fünf der Doping-Sportarten in Bezug auf den prozentualen Anteil positiver Fälle: hinter Sportarten wie Bodybuilding, Gewichtheben und Radsport. Der Ex-Schwimmer Michael Phelps, der an Depressionen litt, produzierte 2020 eine Dokumentation, „The Weight of Gold", über psychische Probleme unter Spitzensportler:innen. „Ich denke, dass rund 80 Prozent von uns an irgendeinem Zeitpunkt unseres Lebens mit Depression zu kämpfen haben." Wegen des ständigen Drucks und der Leere danach; wegen der fehlenden Zeit für andere Interessen oder für Freunde. Das also ist der Sport, den wir beklatschen.

Das Sterben, die Schäden und die Schmerzen, der Druck und die psychischen Probleme sind ein fester Teil, kein bedauernswerter Abweg. Aber neben allen Unwissenden, die die Risiken schlecht informiert eingehen, entscheiden sich viele bewusst dafür. Am eindrücklichsten zitiert der Soziologe Stanley Eitzen eine anonyme Befragung unter Spitzensportler:innen. Szenario A: Sie bekommen eine illegale Substanz mit der Garantie, nicht erwischt zu werden und zu gewinnen. 195 der Befragten sagten Ja, nur 3 sagten Nein. Das zweite Szenario: Sie bekommen eine illegale Substanz mit der Garantie, nicht erwischt zu werden und jeden Wettkampf der nächsten fünf Jahre, an dem sie teilnehmen, zu gewinnen. Und danach werden sie an den Nebenwirkungen sterben. Mehr als die Hälfte sagte: Ja, das ist okay.

Hier beginnt ein ethisches Dilemma. Denn jeder Mensch hat das Recht, das genauso zu entscheiden. Sterben im Tausch gegen Triumph, Glück oder Ruhm. Dieser Entwurf ist so legitim wie jeder andere. Aber den Kindern, die sie mal waren, hat niemand erzählt, was der Preis für Gold ist. Sie haben diesen Sport lange geliebt und alles gegeben, bevor sie die Konsequenzen kennenlernen. Wofür die Gesellschaft Anerkennung gibt und wofür sie Menschen belohnt, das ist ihre Wahl. Wir sind es, die nach der dritten Niederlage die Versager anbrüllen. Wir sind es, die denen applaudieren, die ihren Körper zerstören, Härte vorspielen müssen, unter Depressionen leiden, sterben. Wir belohnen diesen Sport. Mit dem meisten Geld und der meisten Liebe wird eine Branche belohnt, die Menschen zerstört. Das ist der Fehler. Und auch das hat mit der gesellschaftlichen Ordnung zu tun.

Juliane Baumgartner und Petra Gieß-Stüber schilderten Ergebnisse des Projekts „kick for girls", das Mädchenfußball-AGs etwa an Hauptschulen installiert, und stellten fest: Leistungsvergleiche gegen andere Teams wünschten sich die Mädchen sehr, viel mehr als am Gymnasium.

Wettbewerbe führten zu höherer Trainingsbeteiligung, zudem zu „einer beobachtbaren Verbesserung des Teamgeists“. Wettbewerbe sind mitnichten grundsätzlich schlecht, falsch oder ein Problem. Sie führten jedoch auch zu mehr Abgrenzung, „besonders bei Begegnungen mit Mädchen höherer Bildungsgänge“. Die Mädchen, die gesellschaftlich unten standen, zogen Selbstbewusstsein gerade aus dem Besiegen, gerade gegen die von oben. Leistung und Besiegen waren die Wurzel ihrer Probleme, und Leistung und Besiegen waren die einzigen Lösungen, die sie darauf fanden.

Angenommen also, es gibt eine Tabula rasa, ein freies Spielfeld. Frei ist es natürlich nie, die Vorstellungskraft für Utopien ist bekanntlich begrenzt. Aber erschreckend ist, wie wenig sie angesichts der Folgen dieses Systems öffentlich stattfinden. Und wie gleichgültig Utopien geäußert werden. Keine Anti-Rassismus-Kampagne würde sich hinstellen und sagen: Gleichberechtigung wäre schon krass witzig, aber das geht ja sowieso nicht, also zurück zum Tagesgeschäft. Keine Umwelt-Kampagne würde sagen: Nachhaltigkeit? Ja, wäre schon schön, aber ehrlich gesagt, das können wir uns selbst nicht vorstellen. Genauso aber wird über wirtschaftliche Utopien, viele politische Utopien und auch über Fußball-Utopien geredet. Ohne jede Überzeugung, ohne jeden Zorn. Wenn es auf der Ebene bleibt, kann man das Gerede über einen besseren Fußball ehrlich gesagt bleiben lassen. Utopien, die ernst genommen werden sollen, kann man nicht als verträumten Spaß behandeln, sie müssen so ernsthaft diskutiert werden wie die nächste Steuerreform. Was passiert, wenn wir die Gesellschaft anders gestalten, und welche Auswirkungen hat das auf den Fußball? Welche Maßnahmen braucht es, um Auswirkungen abzufedern?

Dieser Entwurf beginnt, wo vielleicht alles beginnt, beim Fußball. Sollte es weiterhin Fußball geben? Warum nicht? Menschen lieben Spektakel. Es liegt nahe, dass sie weiter Darbietungen sehen, dass sie sich im Wettbewerb messen möchten. Das folgende Konzept soll Zweisäulenökonomie heißen, weil es gut ist, einen Namen zu haben, wenn man konkret über Optionen spricht. Die erste Säule kann der Beitrag sein, die zweite Säule die Belohnung. Viele Gedanken hier sind nicht neu, sie sind auf die eine oder andere Weise schon gedacht worden.

Die erste Säule: der Beitrag

Aktuell verbringen Menschen ihren Tag unter einem Namen: Arbeit. Was wir dabei genau machen, ob wir anderen Stadien bauen oder andere beim Stadionbau sterben lassen, ob wir Wälder pflanzen oder Wälder abholzen, Tiere heilen oder Tiere auf einen Quadratmeter pferchen, ist relativ egal. Hauptsache, jemand erweckt nicht den Verdacht, faul zu sein. Negative Folgen werden sogar aktiv belohnt: Soziales Arbeiten bringt kaum ein paar Euro ein, wer andere vom Affenfelsen stößt, macht Millionen. Nettigkeit ist selten profitabel.

Die Partyfrage „Was machst du so?" bedeutet interessanterweise: Was ist dein Beruf? Reduziert auf Arbeit, und wichtig ist die Arbeit selbst, nicht das, was sie bewirkt. Es gäbe einen wesentlich klügeren Namen für das, was Leute für die Gesellschaft tun: Beitrag. Das ändert, ohne zunächst einen Deut an der Wirtschaft zu bewegen, etwas am Denken. Ein Beitrag schaut nicht auf das Schaffen selbst, sondern auf die Folgen. Wozu trage ich bei? Ist meine Tätigkeit wirklich ein Beitrag? Das macht einen großen Unterschied. Denn es fördert eine lange verdrängte Diskussion: Folgen statt Gewinne zu diskutieren.

Die Gesellschaft muss aktiv überlegen, was unterm Strich etwas beiträgt. Und sie kann genau das entlohnen. Nicht also über einen Markt, der auf privaten Konsumbedürfnissen und Akkumulation beruht, sondern demokratisch geregelt. CMCs könnten debattieren, welche Dinge sie als Beitrag anerkennen möchten. Nicht in einem freudlosen Zirkel, der alles streicht, was irgendjemand blöd findet; als Beitrag könnte zum Beispiel schlicht gelten, was – so ähnlich schlagen es die Forscher Robin Hahnel und Erik Olin Wright in ihren „Proposals for a Democratic Economy" vor, die für diesen Entwurf sehr hilfreich waren – annäherungsweise eher hilft, als Schaden zufügt. Für andere zu kochen, mit ihnen zu spielen, sie zu pflegen, all das sind Beiträge. Sie geschehen aber, das ist dem Feminismus schon länger aufgefallen, ohne jede Entschädigung. Der Beitrag erkennt sie an. Nun ist es nicht leicht, Schaden und Nutzen im Detail zu bestimmen, jedenfalls nicht so leicht, wie viele Vertreter:innen etwa der Gemeinwohlökonomie das gern hätten. Ein nachhaltiges Hotel ist nett, verbraucht aber auch Ressourcen; und es neigt dazu, ein Dorf für Einheimische zu zerstören, sodass es dort nur noch um Bedürfnisse der Tourist:innen geht. Ist es nun in der Summe gut oder schädlich? Und ob ein Fanshop des BVB nützlich oder angesichts des Ressourcenverbrauchs unnötig ist, liegt gewiss im Auge der Betrachterin. Nutzen lässt sich nicht berechnen, und es wäre ein Fehler, das zu erwarten oder zu versuchen. Aber die Gesellschaft ist auf diese Weise gezwungen, ihn zu diskutieren. Sie muss sich aktiv damit auseinandersetzen, welche Folgen ihr Handeln hat. Auf einem Markt macht der Stärkste die Regeln. Beim Beitrag honoriert die Gesellschaft aktiv.

Und der Beitrag respektiert etwas, was aktuell verweigert wird: Mehrere Interessen, Freuden, Talente zu haben. Wer vom Fußball leben möchte, muss heute Fußballer:in *werden*, sich spezialisieren, bloß nicht nach rechts und links schauen. Nur die Armen müssen alles tun, was des Weges daherkommt. Diese Definition vom Tun ist eindimensional, trist und überholt. Wer möchte, kann zehn verschiedene Beiträge geben oder jedes Jahr Hunderte völlig unterschiedliche Dinge tun. Niemand muss arbeiten. Jeder kann beitragen.

► Ökonomische und ökologische Gewalt

Dieses Konzept hat Nachteile. Erstens wird selbstlose Hilfe ökonomisiert, es wird also die Pflege der Oma zwangsweise aufgerechnet. Und Popularität ist ein zweischneidiges Schwert. Der Regisseur und Dichter Pier Paolo Pasolini hat einmal gesagt: „Die wahre Antidemokratie ist die Massenkultur.“ Sie zwingt alles, was widerspenstig, kompliziert oder nicht gefällig ist, in die Knie. Und lässt übrig, was so wenig wie möglich herausfordert und so viele wie möglich hinter sich vereint. Fans kriegen vor allem das geliefert, was sie sowieso schon mögen, und davon immer neue Sequels, Prequels und Spin-Offs. Wäre es also wirklich eine gute Idee, einfach vor Ort abstimmen zu lassen, was als Beitrag gilt und belohnt wird? Wäre es gut, entscheiden zu lassen, dass die Mehrheit nur Männerfußball sehen will, aber Eisschnelllauf nicht als Beitrag zählt? Und was, wenn den Leuten Umweltschäden einfach egal sind? Gut, nüchtern gesagt: Diese Dystopie haben wir schon. Aber auch in demokratischen Gremien, die sich nicht an Wachstum orientieren müssen, wird es Gier, Machtkonflikte und Populismus geben. Es braucht also Leitlinien, und es braucht eine gewisse Vergleichbarkeit zwischen Regionen. Zwei Konzepte können dabei helfen: ökologische und ökonomische Gewalt.

Wir haben eine ökologische Katastrophe verursacht, und es ist eines naheliegend: Nachhaltigkeit muss höchste Priorität haben. Es braucht für die CMCs zwar lokalen Entscheidungsspielraum, was als Beitrag gilt. Aber darüber hinaus weltweite Vorgaben, die einen unverrückbaren Rahmen geben. Und wenn diese Vorgaben nicht eingehalten werden, findet das Angebot nicht statt. So wie man ein Stadion heute eben nicht mehr mit Asbest baut. Verpflichtend und überall, völlig egal, was die lokale Bevölkerung denkt. Auch wenn es schwer durchsetzbar wäre, eine Nachfolgerin der Männer-Bundesliga einzustampfen, Nachhaltigkeit muss zur Lizenzbedingung werden. Die könnten heißen: keine ökologische Gewalt, keine Schäden jenseits einer Schwelle. Und diese Schwelle muss strikt sein.

Eine weitere Bedingung muss an zweiter Stelle stehen, damit dieses System überhaupt funktioniert: keine ökonomische Gewalt. Den Gedanken der ökonomischen Gewalt gibt es bisher vor allem im Feminismus, aber es ist sinnvoll, ihn auszuweiten. Menschen, die anderen die Lebensgrundlage rauben, tun ihnen ökonomische Gewalt an. Sie verursachen psychische, körperliche, soziale Schäden durch Armut, Kriege, Hunger, das ist sehr konkrete und klare Gewalt. Solche, die aktuell nicht sanktioniert, sondern belohnt wird. Ökonomische Gewalt bedingt noch dazu ökologische Gewalt, denn Reichtum schafft Konsum. Für einen Großteil der Emissionen sind wenige Reiche verantwortlich, Emissionen steigen mit dem Einkommen. Wer ökonomische Gewalt anwendet, wendet meist auch ökologische Gewalt an. Wir sollten diese beiden Gewaltformen zusammendenken.

Gewalt kann nicht Teil eines Beitrags sein. Jenseits einer festgelegten Schwelle ökonomischer beziehungsweise ökologischer Gewalt kann dieses Engagement nicht als Beitrag anerkannt werden. Und übertritt es die Schwelle deutlich, darf es überhaupt nicht stattfinden. Abgesehen davon kann lokal verhandelt werden, was Menschen wichtig ist, was sie lieben, was sie sich wünschen. Aber darüber braucht es eine Art Grundgesetz.

► Die Drei-Stufen-Versorgung

Solche Konzepte sind erste Schritte, die sich teils in einem gezähmten Kapitalismus umsetzen lassen. Sie sind Übergangsformen. Wie aber sollen Beiträge im besseren System entlohnt werden? Denn es ist wichtig, dass Beiträge einen Unterschied machen, sonst lässt sich Engagement nicht steuern. In kleinen Dorfgemeinschaften oder Sippen kann man sehr gut ohne so etwas leben. Allen gehört fast alles, und es braucht keine Regeln, die soziale Kontrolle genügt. In jeder komplexeren, anonymeren sesshaften Gesellschaft aber wird das schwierig. Das Prinzip „Jede trägt bei, was sie kann und nimmt sich, was sie braucht“ ist charmant und funktioniert durchaus. Aber ob so eine gerechtere Gesellschaft entsteht? Eher eine, in der, ähnlich wie im Amateurverein, wenige Engagierte die Hauptlast tragen und allen hinterherlaufen. Keine Freiwillige möchte in einer Großstadt am Montagmorgen verzweifelt fünf Stunden telefonieren, um die dreihundert anderen Freiwilligen zusammenzutrommeln, die zur Müllentsorgung nötig wären. Und ökologische und ökonomische Gewalt lässt sich nicht verhindern, wenn sie nicht sanktioniert werden kann.

Es muss auf irgendeine Weise einen Unterschied machen, ob ich für die Gemeinschaft aktiv bin oder nicht – und wie intensiv. Man könnte die Versorgung staffeln: Es gibt eine bedingungslose Grundversorgung. Die bekommen alle, völlig unabhängig davon, was sie tun oder nicht tun, und davon lässt es sich vernünftig leben und teilhaben. Für Beiträge aber gibt es zusätzliche Versorgung, einen lohnenden Bonus. Nicht in Form von Geld, das sich anlegen lässt, sondern in Form von Konsumrechten, die sofort eingelöst werden können und wenig langfristige Lücken erzeugen. Das ginge in drei Stufen: Neben der Basisversorgung eine bessere und eine höchste Versorgung.

Wie aber unterscheidet sich das? Um zwischen mittlerem und hohem Engagement zu unterscheiden, sind Wochenstunden erst mal keine dumme Kategorie. Bei vielen sozialen Beiträgen gibt es eine klare zeitliche Komponente. Ob beim Pflegen, Lehren oder Kochen, bei Fahrdiensten, Kinderbetreuung und beim Spielen mit Mitmenschen: Mehr zeitliches Engagement hilft erst mal mehr. 20 Stunden Beitrag pro Woche helfen in aller Regel mehr als fünf, und Zeit absitzen lässt sich kaum, weil auf der anderen Seite Mitmenschen sind. Eine gestaffelte Versorgung nach Wochenstunden ergibt da Sinn. Und eine Obergrenze: Jenseits der beispielsweise 30 Stunden lohnt sich mehr Zeitaufwand nicht.

Es ist ein Konzept, das nicht dazu antreibt, immer mehr zu schaffen, sondern an den Wert von Zeit erinnert. Viele Autor:innen heben hervor, dass bei Arbeitskämpfen über viele Jahre mehr Freizeit ganz wesentlich war, es ging nicht immer nur ums Geld. Das ist ausgerechnet mit der Selbstverwirklichungsbewegung in Vergessenheit geraten. Eine verantwortungsbewusstere Gesellschaft erinnert einander daran, dass es irgendwann auch mal reicht mit der Maloche. Sie belohnt nicht die, die 50 Stunden im Büro sitzen. Und sorgt dafür, dass jede und jeder es sich leisten kann, nichts zu tun.

Der Wohlstand nutzt niemandem etwas, wenn man keinen Spaß am Leben hat. Je nach Bedarf können die Arbeitsstunden noch weiter heruntergesetzt werden, wenn die Gesellschaft gut versorgt ist, oder auch wieder hochgesetzt, wenn mehr zu tun ist. Das Modell der Wochenstunden ergibt aber nur da Sinn, wo Zeit ein sinnvoller Maßstab ist. Bei einer Person, die gärtnert, forscht oder übersetzt, geht es um Qualität, nicht Zeitaufwand. Es bringt nichts, Zeitaufwand zu honorieren. Das führt nur dazu, dass die Begabten ihr Engagement zurückfahren. Die höchste Versorgungsstufe muss es hier für Qualität geben, nicht für Aufwand. Auch, um diese freiere und materiell ärmere Gesellschaft weiterhin einigermaßen effizient zu gestalten. Wenn man das sozial umsetzen will, kann man Qualität in Relation zu den Möglichkeiten setzen. Einen Bonus gäbe es dann auch für die Mitarbeiter:innen mit seelischen Problemen, die nichts Großes geleistet haben, aber einen guten Monat hatten.

Was aber würde diese Zweisäulenökonomie für den Fußball bedeuten? Fußball ist, wie so oft, ein Sonderling. Denn beim Fußball muss eigentlich niemand mit zusätzlicher Versorgung belohnt werden. Publikumssport ist eine der stärksten Belohnungen, die es auf der Welt gibt. Mit gutem Grund träumen so viele davon, auf dem Rasen zu stehen. Fußball bedeutet im Erfolgsfall überschwängliche Liebe von Fans, Anerkennung aus der Gesellschaft, öffentliche Wirkung, aber auch Zusammenhalt im Team, Siege, Adrenalin, Identitätsstiftung, Applaus. Ein volles Paket der Gefühle, ein Traum. Jemanden noch zusätzlich dafür zu versorgen, wäre unsinnig. Und auch nicht praktikabel. Bedingungslose Versorgung würde in den Künsten – gerade wegen des Reizes, berühmt zu werden und sich selbst zu verwirklichen – eine völlig aufgeblähte Industrie schaffen, wo jede:r Untalentierte sich als falsche Neun versucht, es gäbe Millionen schlechter Profis. Wer also nur Fußball spielt, muss die niedrigste Grundversorgung erhalten. Das ist keine Strafe, sondern eine Chance: Es motiviert, sich zusätzlich auf andere Interessen zu fokussieren, nach rechts und links zu schauen. Um die Lage der Fußballer:innen muss sich ohnehin niemand sorgen, denn wahrscheinlich stecken Fans ihren Stars auch so dies und das an Geschenken zu.

Für die meisten Unterhaltungsbranchen wäre das eine schöne Lösung, sie sind ein Vergnügen. Ausnahmen könnte es für die geben, die einen Beitrag – zum Beispiel als sportliches Sozialprojekt – geben und keine öffentlichen Aufführungen betreiben.

▶ Gruppen und Gilden als soziale Dörfer

Dieses Konzept hat zwei Probleme. Zum einen, wie jedes Konzept, das Problem des Betrugs. Menschen sind kreativ darin, sich Vorteile zu verschaffen, und wo es keine private Bezahlung gibt, sind viele Beiträge umso weniger prüfbar. Eine groß angelegte Überwachung wiederum wäre genauso wenig sinnvoll, denn sie würde Vertrauen und Kooperation nur wieder unterminieren – und in diesem System zu viele Schlupflöcher lassen. Das zweite Problem entsteht, wenn koordiniert aus einer Kasse an Menschen verteilt wird. Im Podcast „Wohlstand für alle" heißt es in einer Sendung zum Grundeinkommen: Wenn Geld zentral verteilt werde, habe eine Regierung ein relativ einfaches Tool in der Hand, um den Sozialstaat zurückzubauen und Wohlstand zu beschneiden. Umso mehr gilt das für eine Welt, in der alle Konsumrechte über eine Organisation laufen. Es wäre sehr einfach, unliebsamen Menschen die Versorgung abzuschneiden oder die Bezüge zu kürzen. Es soll ja Systeme gegeben haben, in denen das passierte. Aus einer Kasse geht es also nicht.

Die Privatwirtschaft hat den großen Vor- und Nachteil, dass sie wohlhabende Menschen unabhängig macht von kollektiven Organisationen, eine in Maßen kritische Masse schafft. Wer dagegen abhängig ist von einem gnädigen Zentralorgan, neigt zu voreilig gehorsamem Verhalten und hält sich mit Kritik zurück, es gibt wenig Eigeninitiative. All das ist für eine Demokratie fatal. Es muss also, erstens, eine Gewaltenteilung beim Budget geben. Verschiedene Organisationen, die für die Verteilung gewisser Anteile zuständig sind, demokratisch besetzt werden und voneinander unabhängig sind. Es braucht natürlich eine unabhängige Justiz und vor allem ein Gesetz, das es verbietet, Menschen die Bezüge zu kürzen. Das wird nicht alle Nachteile dieses Konzepts verhindern, aber es hilft. Und zweitens hilft vielleicht eine darunterliegende Struktur: die selbstverwaltete Gruppe oder Gilde, wie ein fangeführter Klub, die je nach Mitgliederzahl ein gewisses Versorgungsbudget zur Verfügung hat und selbst über die Versorgung ihrer Mitglieder entscheidet. Das Budget könnte auch an bestimmte Kriterien etwa zum Schutz der Teilnehmer:innen gebunden sein. Solche Gruppen sind zugleich eine gute Maßnahme für das erste Problem, den Betrug. Denn die große Wahlfreiheit der Gegenwart überfordert auch; ihre Tage allein mit freiem Beitrag zu strukturieren, dafür fehlt vielen vielleicht ein Rahmen, die Motivation oder die Fähigkeit. Es ist sinnig, Beiträge in Gilden oder Gruppen zu organisieren, gewissermaßen das Dorf der sozialen Kontrolle zu simulieren; und gleichzeitig die großstädtische Wahlfreiheit zu haben, wem man sich anschließt.

Das funktioniert auch für vermeintlich häusliche Tätigkeiten. Kochen kann zum Beispiel, wie das teils schon passiert, von Gruppen organisiert werden – mit dem Vorteil, dass (meist) Frauen nicht mehr zu Hause kochen müssen und der Beitrag sichtbar wird. Und eine Innovation wäre groß: Organisationen, die Menschen dabei unterstützen, von einem Bereich in den anderen zu wechseln, sich auszuprobieren. Vielleicht gibt es sogar eine Subway-ähnliche Vorauswahl. Nach dem Motto: Fußball, Ernährung und Kindersport geht erfahrungsgemäß gut zusammen, probier doch mal.

Dabei lohnt es sich, diese Gilden mit gebotener Nüchternheit zu betrachten. Denn die Idee mit den Kleingruppen, wo man zusammen etwas beiträgt und Ressourcen gleich teilt, ist so alt wie die Zivilisation. Von christlichen Mönchen über Familienunternehmen, ja, der Kernfamilie an sich, bis zu Sozialist:innen oder Hippie-Kommunen sind schon ungefähr alle aus allen politischen Spektren daraufgekommen. Nicht jede Idee, die die Menschheit ständig aus der Mottenkiste geholt hat, ist eine gute, und diese hat ähnliche Schwächen wie der Verein, etwa soziale Geschlossenheit und Anfälligkeit für viele Arten von Missbrauch. Es braucht deshalb externe Organe nach dem Schweden-Modell, die ansprechbar sind und bei Bedarf in den Gruppen für Gleichberechtigung sorgen, ihre Wagenburg-Tendenz aufbrechen und Missbrauch sanktionieren; und die Gruppenarbeit muss optional sein, nicht verpflichtend. Sie hat, wie auch der Kapitalismus erkannt hat, andererseits glasklare Vorteile. Innerhalb kleiner Gruppen oder Gilden lässt sich viel leichter honorieren, wenn Mitglieder einen wirklich guten oder engagierten Beitrag gegeben haben, ob nun materiell oder durch soziale Anerkennung; es lässt sich leichter kommunizieren, organisieren, verhandeln. Die Gruppen schaffen Solidarität. Natürlich müssen sie auch entscheiden können, schlicht alle gleich zu entschädigen, wenn sie möchten.

Würde das funktionieren? Es bräuchte in jedem Fall Zeit, Bildungsarbeit und Verhandlung. Die größte Furcht vieler ist wohl diese: dass alle anderen zu faul seien. Eine schräge Form von Sozialneid, die von einem System mit großer Ungleichheit angefacht wird. Dass alle die Faulheit den anderen unterstellen, hat schon eine gewisse Ironie. Aber implizite Ächtungen und Ideologien sind mächtiger, als sie oft wahrgenommen werden. Aktuell gehen die meisten arbeiten, obwohl sie auch ohne Job versorgt wären. Und das hängt nicht nur mit finanziellen Sanktionen, sondern mit der Überhöhung von Arbeit zusammen. Arbeitslose sind geächtet, sie gelten als Schmarotzer:innen. Arbeit schafft Identität und Teilhabe. Und weil Menschen massiv von Anerkennung der anderen leben, möchte niemand in diese Kategorie der Scham fallen, Menschen möchten geliebt werden. Fangeführte Klubs wissen auch: Die meisten Menschen engagieren sich gern für etwas, was sie als sinnvoll empfinden. Umso mehr, je stärker ihre Ideen, Initiativen, Stärken geschätzt werden. Ideologien sind sehr wirkmächtig. Ist es wirklich unvorstellbar, dass nicht die Arbeit an sich, sondern die Wirkung zählt, und Betrüger:innen in die gute alte Kategorie der Scham fallen?

Eine Gesellschaft ohne echte finanzielle Sanktionen läuft nun Gefahr, ineffektive, schwerfällige Gruppen mit viel zu vielen Mitgliedern zu unterhalten. Ein Restaurant an der falschen Stelle oder mit schlechter Küche kann eben nicht pleitegehen. Vielleicht hilft ausgerechnet die zweifelhafteste Erfindung des Internets: Kundenrezensionen. Ganze Branchen richten sich aktuell nach der brüllenden Masse, weil Menschen ständig Dinge beurteilen, die sie eigentlich gar nicht beurteilen können. Aber die Erfahrung und Kritik der Bürger:innen muss auf irgendeine Weise zählen. Wenn nicht ihr Kauf oder ihr Geld das Angebot reguliert, müssen sie Feedback geben können. Nicht als Dauerbeschallung mit drei von fünf Sternen oder mit Lach-Smileys, die über eine Existenz entscheiden. Sondern mit zwei Optionen zur Wahl: „Ich bin zufrieden“ oder „Das sollte besser werden“ – der zweite Kommentar aber zählt nur, wenn darunter plausibel aufgeschrieben wird, was genau besser werden soll. Um zu verhindern, dass nur aufgebrachte Klient:innen Rezensionen hinterlassen, kann das Feedback ein Element sein wie in anderen Gesellschaften die Bezahlung: für alle selbstverständlich, die etwas in Anspruch nehmen. Statt nach der Rechnung zu fragen, bittet man um den Feedback-Link. Jedenfalls für Dinge, die Mitmenschen auch ansatzweise beurteilen können. Also: Für den Nachtisch und die neuen Schuhe, aber nicht für den Beitrag der Ärztin oder der Richterin. Dafür braucht es Kontrollorgane vom Fach. Am meisten Aufmerksamkeit dürfen nicht, wie heute, die Angebote bekommen, die am meisten genutzt werden, sondern die, die in Relation zur Zahl der Nutzer:innen viele Menschen glücklich machen. Das schützt kleine Ideen, schafft Randständiges statt Einheitsware. Wenn zu viele Menschen unzufrieden sind, müssen die

Köch:innen oder Schuhanbieter:innen sich verbessern. Und erst wenn sie das nicht tun, müssen sie schließen. Wo Menschen frei wählen können, in welchem Feld sie tätig sind, fehlt es an wirtschaftlicher Selektion. Dafür haben sie womöglich ein höheres intrinsisches Interesse daran, besser zu werden, die Mitmenschen zufriedener zu machen. Und wer ein Restaurant führt, in das nie jemand zu Besuch kommt, kommt vielleicht auch von selbst darauf, lieber etwas Sinnvolleres auf die Beine zu stellen. Andere werden weiter Zeug machen, das niemandem weiterhilft. So wie im aktuellen System auch.

Noch ein letztes Wort zu Eigenbrötler:innen. Es wäre ein schlechtes System, müssten sie gegen ihre Neigung ständig in Gruppen rumhängen. Wer was Eigenes machen will, macht das eben.

Die zweite Säule: Anerkennung

Dass diese zweite Säule Anerkennung heißt, nicht Lohn, hat einen Grund. Sie kommt ohne Geld aus, sie ist eine individuelle Motivation. Von Bürgerin zu Bürgerin, weg von einer starken Zentralorganisation. Eine Art Privatwirtschaft, aber völlig anders organisiert. Man kann einander durchaus weiterhin Gegenstände geben. Aber auch eine Erfahrung, eine Unternehmung, eine Hilfe. Es ist wichtig, dass es so einen Austausch gibt, der nicht von oben kommt, sondern untereinander stattfindet, demokratisch, freiwillig und in Eigenregie. Die Anerkennung kann vorab ausgehandelt werden – „wenn du es schaffst, den alten Herd noch zu reparieren, würde ich dir gerne dies und das helfen" – oder spontan erfragt werden. „Das war eine super Reparatur, was kann ich dir dafür Gutes tun?" Es ist bewusst ein Konzept an der Basis, das ohne obere Organisation auskommt. Eines, mit dem auch die frei arbeitende Mechanikerin sehr persönlich wertgeschätzt wird. Oder der Eigenbrötler, der sonst durchs Raster fiele. Es geht darum, das Leben schöner zu machen.

Eine wirksame Anerkennung kann für die eine Person ein ehrliches Lob sein, für die nächste Person ein Gutschein für eine Reise und für die übernächste ein signiertes Trikot vom Herzensverein. Für eine Person ist es vielleicht belohnend, Sprachunterricht zu bekommen, für die andere, wenn jemand einfach mal zu Besuch kommt, für die Dritte die Unterstützung beim Einkauf. Ab und an ein ehrlich gemeintes Kompliment statt regelmäßigem Geld, das oft echtes Interesse an der Tätigkeit sinken lässt. Und nicht erst der absurde Effekt von Instagram-Herzchen auf menschliches Handeln belegt: Menschen wollen vor allem Anerkennung. Um das klug statt dystopisch zu nutzen, muss man sich bewusst mit der anderen Person auseinandersetzen. Was macht ihr Spaß, was hilft ihr weiter? Das kann, einerseits, überfordernd sein: Geld ermöglicht es erst, wie Forscher:innen schreiben, mit sehr vielen Menschen Beziehungen einzugehen, eben weil es nicht persönlich ist. Ersetzt wird das in der Zweisäulenökonomie durch die Versorgung für Beitrag. In einem überschaubaren Kreis aber ist persönliche Wertschätzung die bessere Option.

Wichtig ist, die Zahl der Gutscheine zu limitieren. Es bringt nichts, wenn Menschen einander mit Hilfestellungen, Erlebnissen, Komplimenten überhäufen, eine emotional aufgeladene Massendynamik entsteht oder institutionalisiertes, abgedroschenes Schenken. Menschen könnten zum Beispiel innerhalb eines Monats drei Gutscheine ihrer Wahl kostenlos beantragen, um sie anderen zu geben. Für wirklich besondere Beiträge. Was sie natürlich nicht daran hindert, Menschen immaterielle Unterstützung zu geben, sooft sie wollen. Sie müssen sich also wirklich Gedanken machen – und Fremde beschenken.

Kreative Wertschätzung geht auch in Sportligen. Die soziale Fußballorganisation MYSA in Nairobi etwa vergibt dort drei Punkte für einen Sieg, einen Punkt für ein Unentschieden und sechs Punkte, wenn man mit mindestens sieben Leuten an einer lokalen Reinigungsaktion teilnimmt. Die Organisation habe, so steht es in „The Age of Football“ von David Goldblatt, eine wichtige Rolle gespielt in der demokratischen Entwicklung vor Ort.

Dass bei der Belohnung auch Gegenstände und privater Besitz eine Rolle spielen, führt nicht gleich in Massenkonsum oder massive Ungleichheit. Der Sozialpsychologie Gerhard Vinnai schreibt in „Die Tücken des Privateigentums“: „Das Strafrecht ist in unserer Gesellschaft vor allem auf die Verteidigung des Privateigentums ausgerichtet.“ Privateigentum, führt Vinnai aus, sei eigentlich nicht privat. Viele haben an seiner Erstellung mitgewirkt. Bauarbeiter:innen haben ein Stadion gebaut, und die Arbeit vieler Generationen ist in die Finanzierung eingeflossen. Aber das Ergebnis gehört einem privaten Unternehmen. Besitz ist also eigentlich eine große Lüge, ein Trick, um sich öffentliche Güter unter den Nagel zu reißen. Dennoch mache es grundsätzlich, so glaubt Vinnai, Sinn, Dinge privat zu besitzen. Menschen fühlen sich verantwortlicher, und sie gehen bisweilen schonender mit einem Gut um. Es wäre sehr humorlos, von jedem zu verlangen, keinen Besitz zu haben, keine emotionale Bindung ans Objekt. Unsinnig wird Privatbesitz erst, wenn eine Gesellschaft immer mehr produziert und immer ungleicher wird, weil ihre Bürger:innen Massen von Dingen horten – weil sie ständig kaufen sollen.

Die zweite Säule hat viele Stärken – und einige Schwächen. Es besteht das realistische Risiko, dass Menschen vor allem ihren Freund:innen zuteilen. Und denen, die sich gut verkaufen können. Geld ist zumindest manchmal objektiv. Man bezahlt der Kassiererin eine bestimmte Summe, egal, ob sie nett oder unfreundlich, hübsch oder hässlich ist. In einem persönlichen Belohnungssystem wird aber, wer populär ist, mehr bekommen als andere. Eine junge, hübsche, weiße Frau wird sehr viel mehr bekommen als andere. Diese Ungerechtigkeit, die es aktuell schon gibt, könnte extremer werden. Das Prinzip kann auch Korruption befördern: „Ich gebe dir einen Gutschein, wenn du dies und das für mich tust." Menschen, die Einfluss haben, und es wird sie geben, werden sich dadurch Gefolgschaft erkaufen.

Ein paar einschränkende Mechanismen sind also nötig. Eine Obergrenze für das Einlösen von Gutscheinen zunächst. Jeder darf nur, sagen wir, drei Gutscheine im Monat einlösen – eine Art Anti-Influencer:innen-Gesetz. Und: keine Gutscheine für oder von Menschen in politischen Positionen. Sie müssen, um Korruption zu verhindern, von diesem Prinzip ausgeschlossen sein. Als Gegenleistung für ihre Entscheidungsmacht sollten sie ohnehin die Bedürftigsten von allen sein, nur grundlegend versorgt. Und nicht bestechen können.

Es wird Justierung brauchen, bis dieses System funktioniert. Aber es ist wichtig, daran zu arbeiten, zu ergänzen, konkret zu entwickeln. Oder zu verwerfen. Ein Dosenöffner und ein Fernseher können bei der Versorgung nicht gleichwertig sein. Der Herstellungsaufwand für ein Produkt muss bedacht werden, ebenso wie der Schaden, den es erzeugt. Sinnvoll ist es etwa, dass Punkte für ein Produkt vergeben werden, je nach Herstellungsaufwand und Schäden. Und je nach Stufe kann man für eine bestimmte Punktezahl einkaufen. Immer wird es auch in einem solchen System Schwarzmärkte und illegale Währungen geben. Wichtig sind vor allem viele gemeinsame Debatten, gerade vorab. Eine Mehrheit der Menschen muss ein neues Konzept wollen – oder zumindest nicht wutentbrannt dagegen sein. Dann kann man auch sehr viel anders machen, was den Rahmen dieses Buchs sprengen würde. Eine interessante Bemerkung etwa machte der Schriftsteller Ilija Trojanow in einem Artikel: „In manchen vorkolonialen afrikanischen Gesellschaften wurde bei Vergehen nicht mit Strafe reagiert, sondern mit Zuneigung, aus der Überzeugung heraus, der Mensch, der seinen Mitmenschen Schaden oder Leid zufüge, sei nicht genug geliebt worden, habe nicht genug Zuspruch erhalten." Das führt eher nicht bei einem überzeugten Serienmörder zum Erfolg, aber in vielen harmloseren Fällen womöglich sehr viel mehr als heute. Justiz lässt sich ganz anders denken.

► Das nettere Wehrdienst-Prinzip

Einiges in dieser Gesellschaft kann sich selbst regeln. Einen Beitrag, den der eine öde findet, macht der andere gern. Aber es gibt schlicht Aktivitäten, die unbeliebter sind. Im Bergwerk zu arbeiten, sorgt wahrscheinlich für weniger Begeisterung als eine Fußballkarriere, und trotzdem könnte es nötig sein. Es wird also Regulierung brauchen. Aktuell läuft sie nach Selektion: Wer in der Schule gut genug abschneidet und im richtigen Land geboren ist, rettet sich in die angenehmeren Tätigkeiten und lässt die Drecksjobs denen, die sich nicht wehren können. Dabei wäre auch eine Mehrzahl dieser Arbeiter:innen in anderen Bereichen besser aufgehoben, begabter und glücklicher, aber irgendjemand muss eben auf dem Erdbeerfeld stehen. Wirklich die Schwächsten und die Verachteten? Es gibt eine intelligentere Möglichkeit: Tätigkeiten, die niemand machen möchte, werden gemeinsam ausgeführt. Frei nach Wehrdienst-Prinzip: Alle Bürger:innen müssen mal ran. Und sich ein paar Stunden ihrer Woche einer unbeliebten Tätigkeit widmen. Nach Möglichkeit einer Tätigkeit ihrer Wahl, damit sie wenigstens ein bisschen Spaß dabei haben. Wenn alle gelegentlich im Warenlager, im Bergwerk oder auf der öffentlichen Toilette arbeiten, ist das nicht die effizienteste Option; es werden Talente vergeudet. Aber immerhin wird die Zeit aller vergeudet, nicht die Talente der Schwachen und Armen, die meist auch Besseres könnten, wenn man sie ließe.

Diese Reform hätte einen sehr spannenden Effekt. Sie macht nämlich Umstände sichtbar. Alle bekommen ein Gefühl dafür, wie die Bedingungen an den Rändern sind. Es werden Grenzen aufgebrochen, weil verschiedene Milieus zusammentreffen. Schlechte Arbeitsbedingungen am Rand werden besser, weil alle betroffen sind. Und es verändert

Gedanken: Die Wissenschaftlerin, die selbst Kanäle reinigt, ist dann vielleicht geneigt zu tun, was der Arbeiter nicht kann, nämlich daran zu forschen, wie man die Bedingungen verbessern kann oder der Beitrag ganz überflüssig wird. Eine zweite Option ist ein Rotationsverfahren. Ähnlich dem Freiwilligen Sozialen Jahr übt man einmal im Leben für mehrere Jahre eine unbeliebte Tätigkeit aus. Zum Beispiel jene unbeliebten Dinge, die nur langfristig und mit durchgängigem Personal bewältigt werden können. Das Freie Soziale Jahr kann man machen, wann immer es recht ist. Bloß, sagen wir, vor dem 40. Lebensjahr, damit niemand die unbeliebte Arbeit auf den 90. Geburtstag schieben kann, den er nicht mehr erlebt.

► Ein neues Konzept von Rente

In diesem System könnte Fußball gespielt werden, mit einigen der vielen neuen Varianten, die im zweiten Teil entwickelt wurden und weiteren, die noch Thema sein werden. Und dann, am Ende der Laufbahn? Die Journalistin Valeria Meta berichtet in der „taz“, dass in Italien sechs von zehn Fußballprofis nach der Karriere armutsgefährdet seien. Die Armut nach der Laufbahn zieht sich quer durch viele Sportarten. Die Gründe für die Armut der vormals Reichen sind vielfältig. Der Soziologe Stanley Eitzen spricht von exzessivem Lebensstil, schlechten Geschäftsideen und plötzlichem Karriereende. Die meisten haben nichts anderes gelernt. Und es gibt noch eine psychologische Komponente, schreibt Eitzen: „Eine Sportkarriere zu beenden, ist für Sportler:innen aus vielen Gründen schwierig, denn sie verlieren das, worauf sie sich den größten Teil ihres Lebens fokussiert haben; die Hauptquelle ihrer Identität; ihr körperliches Können; die Verehrung durch andere; Geld und die Annehmlichkeiten des Ruhms; die Kameradschaft mit den Mitspieler:innen; das intensive Hochgefühl des Wettbewerbs; und Status.“ Vom Himmel zurück in die Normalsterblichkeit. Emotionale Probleme und Scheidungen kommen messbar häufig vor. Eine Zweisäulenökonomie, die keine Gelder zahlt und einen hohen Anreiz schafft, auch mal was anderes auszuprobieren, sorgt dafür, dass der Tunnel nicht so stark ist und der Sturz nicht so tief. Und die Tatsache, dass mit etwas über 30 Jahren Schluss ist, ist natürlich auch dem Leistungssystem geschuldet. Denn der Beitrag kann auch unter öffentlichem Interesse viel länger ausgeübt werden. Warum sollte Fußball als Publikumsbeitrag nicht bis zum Alter von 50 Jahren stattfinden? Warum sollte es keine Spielformen geben, die darauf ausgerichtet und attraktiv zum Zuschauen sind? Bis es irgendwann wirklich nicht mehr geht.

Menschen, die in einer Zweisäulenökonomie in Rente sind, erleben zunächst nicht viel anderes als die, die sich entscheiden, nichts beizutragen, denn versorgt werden sie ja so oder so solidarisch. Sie sollten natürlich, das ist eine Besonderheit der Rente, nicht mehr an den unbeliebten Pflichtaufgaben teilnehmen müssen. Aber ist es für sie so lohnend, nur noch allein im Sessel zu sitzen? Im Gegenteil, wer will, soll weiter eingebunden sein. Und für eine Versorgung der höchsten Stufe weniger tun, vielleicht nur noch fünf Stunden in der Woche einen Beitrag geben. Dass diese Option weiterhin besteht, wäre schön. Denn Beitrag ist nicht Arbeit. Beim Beitrag geht es darum, der Gemeinschaft etwas zu geben, Sinn zu finden, sich nicht nutzlos oder ausgeschlossen zu fühlen, soziale Kontakte zu pflegen. Und das macht beide Seiten glücklicher. Es schließt die Alten nicht aus. Eine viel bessere Rente wäre eine des fortgesetzten, kleinen Beitrags. Aber zu anderen, ans Alter angepassten Bedingungen. Sportler:innen erginge es in diesem Konzept nicht anders als allen anderen Menschen auch.

Es gibt nicht das eine bessere System

Es ist eine von vielen Optionen, um die Welt klüger, gerechter, schöner zu organisieren. Die Zeit dafür wird knapp; die Klimakatastrophe nimmt Fahrt auf, die Ressourcen sind endlich, und der Selbstbetrug der letzten Jahrzehnte liefert für Optimismus kaum einen Grund. Die Zukunftsdebatte muss endlich ihre Denkfaulheit und die Plattitüden ablegen, wo zwar von einer Welt ohne sogenannten Kapitalismus die Rede ist, aber vieles bequem vage bleibt. Auch wenn Utopien angreifbar sind, auch wenn ihnen immer etwas Naives, Harmoniesüchtiges, Klerikales anhaftet – ohne sie haben wir noch nicht mal angefangen. Das Chaos kommt in diese nette, utopische Welt schon ganz von selbst. Es hilft, im Kampf gegen die bestehenden Verhältnisse nicht nur mit der Klimakatastrophe zu argumentieren. Sie ist ein mächtiger Faktor, eine apokalyptische Drohkulisse. Und eine nüchterne Tatsache: So, wie es bisher lief, geht es nicht mehr. Aber eine Krise, das zeigt die Pandemie, ist selten die Chance, als die sie gesehen wird – sehr schnell geht es nur noch um bloßes Management der Notlage; klügere Systeme, die die Notlage verhindert hätten, geraten in der allgemeinen Aufregung in den Hintergrund. Es hilft, beim Ringen um Verbesserung nicht dogmatisch zu sein. Kein Konzept ist zu jeder Zeit und überall sinnvoll. Es gibt nicht das eine bessere System. Das hier beschriebene taugt vielleicht am besten da, wo ein gewisses Wohlstandsniveau schon erreicht ist, wo Menschen Erfahrung mit selbstverwalteter Demokratie haben und die Lage der Welt einigermaßen ruhig ist. In einer globalen Notlage, in der täglich die Lage bewertet und Aktionen koordiniert werden müssen, könnte ein ganz anderes System nötig sein. Auch schon ein paar Zeitzonen weiter, wo die historischen Erfahrungen ganz andere sind.

Warum also denkt niemand an flexible und wechselnde Systeme? Das ist überfällig. Eine Zweisäulenökonomie kann vielleicht beides tun: vom Menschen lernen und dem Menschen ein Umfeld bieten, von dem er lernt. Es muss darin neben aller Ambition viel Platz für Schwachsinn bleiben, Zeit und Muße, sich mit allem möglichen Unsinn zu beschäftigen. Oder dem, was andere dafür halten.

Ein ganz abseitiger Gedanke zum Abschluss: Leute horten vor allem deshalb Dinge und Macht, weil sie an einem Ort festsitzen. Wer auf Reisen lebt, hat dazu weder Platz noch ideelles Bedürfnis. Menschen wurden als Nomaden geboren. Und auch das kann eine Utopie sein. Nicht mehr festzusitzen – in vielerlei Hinsicht.

KAPITEL 2

Ein sozialeres Innenleben im Fußball

Viele Gruppen werden im Fußball diskriminiert, ausgeschlossen, abgewertet. Anderen Menschen wird großer Schaden zugefügt durch verschiedenste Arten von Missbrauch und Grenzübertritten. Große Utopien sind wichtig, aber ebenso wichtig sind die kleinen, für die Menschen an der Basis seit vielen Jahren kämpfen, oft gegen große Widerstände. Beharrliche Arbeit vor Ort kann sehr viel erreichen. Und hat ganz konkrete Ideen für einen besseren Fußball. Im Gespräch dort, wo Utopien konkret erreicht werden.

„So lange auf den Keks gehen, bis sie was machen"

Interview mit Sandra Kretzschmar

Sandra Kretzschmar ist Fan des SV Babelsberg 03. Sie ist Teil der 2019 gegründeten Initiative „Alle zusammen - voran 03!", die sich für mehr Teilhabe von Babelsberg-Fans mit sogenannten körperlichen und geistigen Einschrankungen und ein neues Miteinander in der Fanszene einsetzt. Zweimal erhielt die Initiative den „Stern des Sports" in Bronze und erreichte 2020 den vierten Platz für die Fußballutopie des Jahres der Deutschen

Akademie für Fußball-Kultur. Die Antworten für das Gespräch wurden von einer gemischten Gruppe aus Menschen mit und ohne Einschränkungen vorbereitet.

Ihr möchtet in Fanszene und Stadion mehr Teilhabe ermöglichen. Du meintest, dass die Rollifahrer vor eurer Initiative immer ziemlich separat waren. Warum?

Vorher wurden sie schon integriert. Fans vor Ort haben ihnen geholfen, in den Bus zu kommen, oder ein Bier geholt. Ein Mitglied, das beeinträchtigt ist, meinte aber, jetzt weiß er ganz genau, dass wir das zusammen machen. Es gibt eine bessere Vernetzung, und er kann aktiver dabei sein.

Das Wichtige war also, dass es feste Ansprechpartner:innen gibt?

Genau. Menschen mit Beeinträchtigung wissen ja nie so genau, wie es in den Stadien ist, ob sie barrierefrei sind. Wir fragen dann vorher und melden uns an. Das gibt Sicherheit.

Sind die Auswärtsspiele das größte Problem für Menschen mit Beeinträchtigung?

Ja. Hier vor Ort im Karli [Karl-Liebknecht-Stadion in Babelsberg] kennen wir das Stadion ja in- und auswendig. Aber in den anderen Stadien muss man vorher nachfragen. Wie sieht es aus mit behindertengerechten Toiletten? Wo sind die Plätze für die Rollstuhlfahrer? Können wir vor der Tür parken? Auswärtsgäste im Rollstuhl im Karli müssen zum Beispiel leider bei den Heimfans sitzen, weit ab von ihren Freunden. Der Zugang zum Gästeblock ist beschwerlich. Das sind bauliche Mängel, da sind wir dran. Es ist Menschen ohne Einschränkung gar nicht bewusst, wie schwierig das ist. Die Geschäftsführung vom SV Babelsberg will jetzt einiges ändern.

Ihr möchtet auch eine:n Inklusionsbeauftragte:n in den Gremien platzieren.

Da hat uns der Verein zu unserem großen Ärger einen Strich durch die Rechnung gemacht. Ich glaube, der Vorstand bekommt mit, welche Außenwirkung wir als Gruppe haben, und jetzt denken die: Da wollen wir lieber was Eigenes machen. Der ehrenamtliche Fanbeauftragte soll sich jetzt auch noch um Inklusion kümmern. Seit eineinhalb Jahren finden sie keinen dafür. Wir geben uns Mühe, und wenn es drauf ankommt, machen sie was Eigenes. Es werden viele Informationen vorenthalten, und wir als Fans werden vor vollendete Tatsachen gestellt. Es müsste frischer Wind rein. Es wäre richtig gut, wenn eine unabhängige Person dabei wäre, die vertrauenswürdig ist und von den Fans anerkannt wird.

Was konkret würdet ihr am Karl-Liebknecht-Stadion verändern?

Als das Stadion umgebaut wurde, gab es Pläne, das Karli richtig barrierefrei zu machen. Aber ein Geldzuschuss wurde woanders investiert. Der VIP-Raum ist für die Rollstuhlfahrer gar nicht zu erreichen. Es gibt keinen Fahrstuhl, keine Rampe. Die Leute können nicht zu Mitgliederversammlungen, nicht zu Lesungen. Online-Teilnahme gab es bisher nicht. Die Menschen sind bislang einfach nicht gekommen, weil es keine Möglichkeiten gab. Die Geschäftsführung will aber jetzt wenigstens eine Hebebühne anbauen. Wir haben gesagt: Es kann nicht sein, dass Mitglieder, die Geld bezahlen, aufgrund von Beeinträchtigung ihre demokratischen Rechte nicht wahrnehmen können.

Wie ist die grundsätzliche Lage im Fußball? Gibt es ein Bewusstsein?

Wir stehen mit TeBe, Werder Bremen und St. Pauli in Verbindung. Da gibt es Inklusionsbeauftragte. Es ist ein Thema. Aber von einer bundesweiten Initiative in den Klubs weiß ich nichts. Wir wollen es erst mal im Kleinen machen, für anderes haben wir nicht die Kapazitäten. Jeder von uns geht noch arbeiten, wir machen es alle mit Herzblut. Es braucht auch immer Leute, die richtig auf die Kacke hauen. Sonst heißt es: „Inklusion, Inklusion!" Aber es passiert wenig. Wenn man erkennt, was man schon im Kleinen erreicht, möchte man weitermachen. So lange auf den Keks gehen, bis sie was machen.

Habt ihr Zahlen dazu, inwiefern sich der Anteil der Menschen mit Behinderung in der Bevölkerung unter Fans im Stadion widerspiegelt?

Ich kann nur sagen: Wenn die Gegebenheiten vor Ort so wären, dass sie ohne Probleme ins Stadion könnten, wären es viel, viel mehr. Sie wissen aber, dass es nicht einfach ist, und bleiben außen vor. Auch zersplitterte Spieltage sind für diese Menschen viel schwieriger, sie können nicht mal einfach spontan ins Stadion fahren. Es gibt ja nicht nur Rollstuhlfahrer, sondern Menschen, die Windeln tragen oder nicht richtig sprechen können. Die müssen uns erst vertrauen. Die Pandemie hat uns in vollem Lauf gebremst. Aber wir stehen in Kontakt und helfen uns untereinander. Wir telefonieren, wenn die Leute einsam sind. Wir sind miteinander gewachsen in kurzer Zeit, eher schweißt es die Gemeinschaft noch mehr zusammen. Und wir machen immer weiter mit neuen Ideen.

„Der mächtigste Ungleichheitsfaktor ist Armut"

Interview mit Petra Gieß-Stüber

Petra Gieß-Stüber ist Professorin für Sportpädagogik am Institut für Sport und Sportwissenschaften in Freiburg. Sie hat das Projekt „kick for girls" mit der „step stiftung" gegründet, das Mädchen aus armen und bildungsfernen Verhältnissen über Fußball erreicht.

Sie gehen mit „kick for girls" gezielt in Viertel, wo Armut herrscht. Was ändert das?

Es ist selbstverständlich, dass man dort hingeht, wo die Leute leben, in Quartiere und Schulen. Die Kinder, die nicht aus Eigeninitiative in den Sportverein gehen, können wir vor allem dort erreichen. Schul-AGs werden von Menschen mit Zuwanderungsbiografie oder Mädchen überproportional häufig genutzt. Ein anderer Vorteil ist, dass wir da unabhängig von Vereinsstrukturen sind und pädagogische Konzepte entwickeln können.

Die Kinder gehen nicht in ein Sportprojekt im Nachbarkiez?

Kinder, die aus sozial prekären und bildungsfernen Familien stammen, sind ganz stark an ihr Quartier gebunden. Sie kennen die Innenstadt kaum. Deshalb bemühen wir uns, ihre Mobilität zu erweitern. Oft beginnen wir mit Fußball in einer Halle, dann gehen wir auf den Schulhof. Schon das ist für die Mädchen total ungewohnt, dass sie eine Fläche draußen erobern. Dann gehen wir an einen öffentlichen Platz. Die Idee dahinter ist, dass die Kinder selbstständig Raum erobern. Aber das ist schwierig. Wir haben immer versucht, die Unterstützung Schritt für Schritt zu reduzieren. Ihr könnt doch heute mal alleine spielen. Aber alleine passierte nichts. Ihre Erfahrungen aus dem Leben und Umfeld sind sehr prägend, es wäre naiv, zu glauben, dass man das in ein paar Wochen ändert.

Hat das mit Klasse und Milieu zu tun?

Definitiv. Und mit Geschlecht. Jungen nutzen öffentlichen Raum mehr als Mädchen. Sie verdrängen Mädchen nur durch ihre Präsenz oder aktiv. Sobald zum Beispiel irgendwo ein schlichter Bolzplatz ist, werden Mädchen ihn nicht benutzen. Es ist ein vorauseilender Gehorsam, sie würden das gar nicht so bewusst artikulieren. Aber der Raum ist für sie als männlich verankert, sie halten sich fern. Wenn man dagegen multifunktionale Flächen baut oder sie auch nur mit Grün bepflanzt, verändert sich etwas, Mädchen kommen. Es geht um intersektionale Diskriminierung, also Überschneidung von Diskriminierung wegen Armut, fehlender Bildung, Hautfarbe und Geschlecht.

Ist das im Bewusstsein der Stadtplanung angekommen?

Es gibt einen Umbruch in den letzten Jahren. 2007 haben wir dazu eine große Studie in Freiburg veröffentlicht. Damals war die Sportentwicklungsplanung noch sehr vereinsgebunden, da wurden normierte Sportflächen geschaffen. Das haben wir viel kritisiert. Inzwischen ist man auf dem Weg hin zu mehr Multifunktion, mehr inklusivem Sporttreiben, auch für Menschen mit Beeinträchtigung. Vor zehn Jahren spielte das nirgendwo eine Rolle. Aber dieser Prozess dauert lange; viele Sportstätten stammen ja noch aus der Nachkriegszeit.

Wenn wir verschiedene Gruppen anschauen: Menschen mit Migrationshintergrund, Frauen, Nichtweiße, Menschen aus Armut – wie steht es um deren Teilhabe im Fußball und im Sport?

Der mächtigste Ungleichheitsfaktor ist Armut. Wenn die Familie ökonomisch benachteiligt ist, wenn das Bildungsniveau der Eltern niedrig ist. Dann werden Kinder seltener dazu angeregt, sich zu bewegen, und entwickeln weniger motorische Kompetenzen. Sie kommen schon mit motorischen Defiziten in die Schule. Daraus entsteht ein Teufelskreis. Statistisch gesehen ist es auch so, wenn man die Variable Migrationshintergrund nutzt, dass die Kinder deutlich seltener im Vereinssport sind. Aber solche Kategorien sind auch ein Problem. Der Migrationshintergrund sagt heute wenig über die Lebenssituation von Betroffenen. Man reproduziert damit nur dieselben Vorurteile.

Armut, sagen Sie, ist die große Konstante. Menschen, die arm sind, treiben weniger Sport. Warum ist es über Jahrzehnte nie gelungen, diese Menschen stärker einzuschließen?

Menschen in Armut haben eine andere Haltung zur Lebensgestaltung. Sie sind stärker konzentriert auf das alltäglich Notwendige, fürs Sporttreiben haben sie gar nicht den Horizont. Und die Unterschiede zur sonstigen Klientel im Sportverein sind groß. Im Kick-Projekt haben wir versucht, kleine Begegnungen mit Gymnasiastinnen zu schaffen. Man sieht sofort, wer auf welche Schule geht: an der Kleidung, an den Marken, daran, dass die ärmeren Kinder kein richtiges Sportzeug hatten. Das sehen die Kinder natürlich auch, und das schafft sofort wieder Abgrenzung. Als einige gute Mädchen von uns in einen Verein wechseln wollten, haben wir sie von Studentinnen begleiten lassen, damit sie erst mal einen Zugang bekommen. Auch die Studentinnen haben gesagt: Die Mädchen fallen auf. Durch ihre Kleidung, durch ihr Verhalten.

Inwiefern haben sie sich anders verhalten?

Mädchen aus bürgerlichem Hause wissen, wie Sport funktioniert. Dieses implizite Wissen fehlt Mädchen aus armem Haus. Sie fühlen sich ständig überfordert, ihr Zugang, ihre Sprechweise sind unterschiedlich. Die Unterschiede waren noch viel eklatanter, als wir erwartet hatten. Manchmal funktioniert so etwas. Aber dafür braucht man aufgeschlossene Trainer:innen.

Was muss ein Verein tun, wenn er Kinder aus sozioökonomisch abgehängten Verhältnissen wirklich integrieren möchte?

Wichtig ist, dass nicht nur ein einzelnes Kind mit diesem Hintergrund in den Verein geht. Ein einzelnes Mädchen hat es bei uns nie geschafft. Drei bis vier, die sich kennen, müssten es sein. Das kann klappen. Wir haben die Trainerinnen vorbereitet. Anfangs haben sie viele Integrationsspiele gemacht, wo die Gruppen zufällig zugeteilt wurden. Man braucht diese Überbrückung, sonst klappt es nicht.

Der Sport inszeniert sich gern als gesellschaftliche Reparaturanstalt. In der Realität scheint es deutlich schwieriger zu sein, eine echte soziale Mischung hinzubekommen.

Es ist definitiv schwerer, als der Sport es suggeriert. Man kann Kinder erreichen. Aber dafür muss man die Strukturen infrage stellen. Sportvereine sind eine Vereinigung von Freiwilligen. Wer zu fremd erscheint, bei wem es keine spontanen gemeinsamen Themen gibt, findet dort nicht hinein, das liegt auf der Hand. Vereine sind oft eher sozial geschlossen. Kleine Einsparten-Vereine sind am schwierigsten. Große Klubs sind vielfältiger, aber auch anonymer.

Wie kommt man aus diesem Dilemma? Welche Strukturen können wir verändern?

Ganz toll angenommen wurde bei uns ein offenes Projekt. Ein sehr engagierter Verein hat am Samstag zwischen 11 und 13 Uhr eine offene Trainingszeit bereitgestellt, mit Übungsleiterin, aber ohne Anmeldepflicht. Die Mädchen konnten teilnehmen, ohne sich festlegen zu müssen. Sie haben sich nicht gleich überfordert gefühlt, konnten mal kommen und mal nicht kommen, hatten aber trotzdem Strukturen. Ohne geschultes Personal sind Vereine bei so einer Aufgabe überfordert.

Ich fand sehr interessant, welches hohe Bedürfnis die Mädchen in den AGs hatten, neben dem Fußball über ihre Probleme zu sprechen. Wie das Trainerinnen überforderte.

Für die Studentinnen war das richtig schwer. Sie sind davon ausgegangen, dass andere auch so Sport treiben wie sie. Die Mädchen bringen aber ganz andere Themen mit. Die ersten Trainerinnen haben dieses Bedürfnis der Mädchen unterdrückt, aber das war nicht hilfreich. Das musste raus. Später haben sie ihnen erst mal zehn Minuten Raum gegeben, damit sie reden und ankommen konnten. Wir veranstalten einmal im Jahr einen Mädchenfußballtag, wo gezielt die ganze Breite der Bevölkerung teilnimmt. Jedes Kind bekommt ein schlichtes Hemd, die Gruppen werden gelost, sodass sich soziale Unterschiede nivellieren. Da kriegt man es tatsächlich hin, dass Vorbehalte gegen die andere Gruppe überwunden werden.

All das sind Projekte, bei denen Wohlhabende entscheiden, und diese Entscheidungen *für* Menschen aus armen Verhältnissen treffen. Auch die Entscheidungen in den Gremien werden weitgehend von gutbürgerlichen Menschen getroffen. Wie lässt sich das ändern?

Im Verband sitzen vor allem Menschen, die drei Kategorien erfüllen: Sie sind männlich, berufstätig und erfolgreich. Sie müssen gute Netzwerke haben. Für Menschen aus armen Verhältnissen ist es schon sachlich kaum möglich, in solchen Gremien zu landen. Denn entweder sind sie vom Beruf ausgelaugt. Oder sie sind nicht berufstätig, was dazu führt, dass sie an Struktur verlieren und kaum sich selbst organisieren können, noch schwerer andere. Man kann Menschen in Armut gezielt ansprechen. Einer meiner Studenten hat kürzlich gezielt Wohnungslose für Sport angesprochen; erstaunlich viele haben sich gemeldet und nehmen teil. Marginalisierte Gruppen sind sehr gut ansprechbar für Sport. Wir qualifizieren junge Menschen bei step fortbildung für den nötigen Perspektivenwechsel.

Grenzübertritte

Bei Utopien wird selten über Dunkelfelder gesprochen. Solche, die keinen revolutionären Charme versprühen und tabuisiert sind. Sexualisierte Gewalt etwa. Eine Studie der Universitätsklinik Ulm schätzt, dass im Kontext des Sports genauso viele sexuelle Gewalttaten verübt werden wie in der katholischen und evangelischen Kirche zusammen; im Breitensport sollen in Deutschland mehr als 200.000 Menschen betroffen sein. Bei der ersten großen Studie „Safe Sport" von 2016 gaben etwa ein Drittel aller befragten Kadersportler:innen an, dass sie schon einmal eine Form von sexualisierter Gewalt im Sport erlebt hatten. Nur jeder zehnte Verein hatte zu dem Zeitpunkt eine Beauftragte für Prävention oder Kinderschutz. Dass Frauen stärker betroffen sind als Männer, wird niemanden überraschen. In Vereinen, die hinsehen, ist das Risiko geringer. Die Vereinigung „Athleten Deutschland" fordert aber auch ein unabhängiges Zentrum für Safe Sport. Dass Menschen im Sport Grenzen übertreten, beginnt und endet nicht bei sexualisierter Gewalt. Ob Rassismus, Mobbing, Homophobie oder psychischer Druck – das Spektrum ist groß. Und vieles davon hängt direkt oder indirekt wieder mit einem erbarmungslosen Leistungs- und Selektionssystem zusammen, das Menschen zur Ware macht.

„Wir brauchen sinnbildlich die gläserne Sporthalle"

Interview mit Bettina Rulofs

Bettina Rulofs ist Professorin für Sportsoziologie an der Uni Wuppertal und forscht seit vielen Jahren zu sexualisierter Gewalt im Sport.

Einer der prominentesten Fälle von sexualisierter Gewalt im Männerfußball kam 2016 in England ans Licht. Sie sagen: Das war ein Wendepunkt in der Wahrnehmung.

Es gab in Deutschland schon 1998 eine Studie über sexuelle Belästigung von Mädchen und Frauen im Sport, es gab Handlungsempfehlungen und eine Analyse der Strukturen. Die Studie ist aber nur wenig rezipiert worden, womöglich, weil sie sich auf Mädchen und Frauen bezog. Das hat auch mit Geschlechterhierarchien zu tun. Mitte November 2016 hatten wir Befunde vorgelegt: 48 Prozent der Sportlerinnen und 23 Prozent der Sportler berichteten dort, eine Form von sexualisierter Gewalt und Belästigung im Kontext des Sports erlebt zu haben. Aber auch das hat erst mal kaum Resonanz in Deutschland erzeugt. Ich hatte den Eindruck: Der Skandal im britischen Männerfußball hat das Thema erst so weit aufgedeckt. Nicht umsonst: Die Betroffenen waren Männer, und es war Fußball.

Welche Strukturen im Sport begünstigen sexualisierte Gewalt und Schweigen?

In Führungspositionen im Sport sind überwiegend Männer, unter anderem dadurch baut sich ein hierarchisches Machtverhältnis auf, das ausgenutzt werden kann. Wenn Jungen betroffen sind, kann es für sie auch deswegen umso schwieriger sein, zu sprechen, oder, wenn es Täterinnen gibt. Auch die gibt es in seltenen Fällen. Außerdem ist die enge und familiäre Bindung im Sport wichtig, gerade zwischen Trainer:innen und Athlet:innen. Es ist, als würde der Missbrauch in der Familie geschehen. Das macht es schwerer aufzudecken. Die Trainer:innen sind oft eng befreundet mit den Eltern der Betroffenen, die Eltern oft im Verein engagiert. Das ist gerade für Kinder unheimlich schwierig: Die ahnen, was sie zerstören, wenn sie es aussprechen.

Eine der großen Stärken des Fußballs, Solidarität und Nähe, wird zum Risiko.

Das Ehrenamt und gegenseitiges Vertrauen werden sehr stark idealisiert im Sport. Das macht es sehr schwer, Übergriffe aufzudecken. Außerdem gibt es eine starke Ausrichtung an Disziplin und Kontrolle, gerade im Leistungssport. Sportlerinnen und Sportler sind Kontrolle durch den Trainer gewohnt, er hat viel Einblick ins Privatleben. Diese Kontrolle und Disziplin können auch zu sexueller Gewalt führen.

Was müsste sich ändern?

Es ist erst mal positiv, dass es jetzt Anlaufstellen in den Verbänden gibt. Aber wenn man da einfach nur einen Haken setzt, ohne Konzept und gut ausgebildete Personen, kann es sein, dass die Beschwerden nicht angemessen bearbeitet werden. Ein weiterer Punkt ist, dass die Beauftragten Teil der Strukturen sind. Sie müssen das Image des eigenen Verbandes im Blick haben, und sie kommen dadurch mitunter in ein

Dilemma. Es braucht unabhängige Stellen. Solche, die mit Abstand agieren können, aber eine sehr gute Kenntnis vom Sport haben. Das fehlt noch in Deutschland.

Was ist mit Bildungsprojekten? Weiterbilden im Verein, das Thema in der Trainer:innenausbildung stärker gewichten oder Betroffene einladen.

Unbedingt. Alles, was wir tun können, um Menschen im Sport zu sensibilisieren und weiter zu qualifizieren, ist wichtig, um eine Kultur der Aufmerksamkeit zu schaffen. Und ein Empowerment von Athlet:innen. Demokratischere Strukturen im Sport wären ein sehr wichtiger Schritt. Wir kommen dabei immer wieder zu ganz basalen Aspekten: Mitsprache im Training, Möglichkeiten schaffen, die Stimme zu erheben, sich zu beschweren. Aber auch für Trainer:innen braucht es Sicherheit, dass mal Externe drauf schauen, um Konflikte zu bearbeiten, Mediation, Supervision. Die Trainer:innen stehen oftmals unter einem hohen Erfolgsdruck und werden damit allein gelassen. Für Trainer:innen ist es nicht günstig, allein zu arbeiten, sie sorgen sich auch um falschen Verdacht.

Aber lässt sich das auf Amateurfußball übertragen? Dort sind Freiwillige knapp, viele sind froh um jede helfende Hand.

Man könnte auch in diesem Bereich viel mehr mit dem Vier-Augen-Prinzip arbeiten. Kinder und Jugendliche müssen wissen, dass es andere Erwachsene gibt, die ich ansprechen kann. Das können auch Eltern sein. Dieses starke Raushalten der Eltern im Sport ist problematisch. Wir brauchen sinnbildlich gesprochen eine gläserne Sporthalle, sodass Einblicke von außen regelmäßig möglich sind.

Was ist mit der Finanzierung? Vereine sagen, sie könnten Prävention nicht leisten, das müsse der Verband machen, Verbände sagen, das müsse der Staat machen. Oder der Verein.

Das Spiel kennen wir. Häufig heißt es: Wir haben ja kein Geld. Aber in unseren Daten sehen wir, dass die finanziellen Ressourcen gar nicht so entscheidend sind beim Thema Prävention. Wir sehen zum Beispiel keinen besonders relevanten Zusammenhang zwischen finanziellen Ressourcen und der Anzahl an umgesetzten Präventionsmaßnahmen. Wir sehen aber, dass die Vereine, die als Träger der offenen Jugendarbeit anerkannt sind und damit bestimmte Voraussetzungen erfüllen müssen, signifikant besser aufgestellt sind beim Kinderschutz. Oder Vereine, die Frauen in Führungspositionen haben. Oder welche, die aus bestimmten Sportartkulturen kommen, im Kampfsport etwa. Das deutet darauf hin, dass es eher in der Kultur und den Haltungen begründet liegt, ob ein Verein viel tut oder nicht.

Gibt es Länder, in denen Sie den Eindruck haben, dass es besser läuft als in Deutschland?

In Großbritannien gab es Mitte der Neunziger, ähnlich wie bei uns, die ersten öffentlichen Fälle, aber sie haben damals schon dazu geführt, dass es eine breite Bewusstseinsbildung gab. Es wurde dort von Anfang an eher über Kinderschutz gesprochen und nicht über betroffene Mädchen und Frauen – das war vermutlich der politisch einfachere Weg, die Vereine für das Thema zu öffnen. Seit Beginn des Jahrtausends gibt es in Großbritannien die Child Protection in Sport Unit, ein Zusammenschluss der Sportverbände mit der nationalen Kinderschutzorganisation. Die arbeiten seit 20 Jahren in dieser Konstellation, sie haben unter anderem Präventionsstandards für Vereine entwickelt, die auch für die finanzielle Förderung Voraussetzung sind.

„Viele Eltern wissen nicht, was sie ihren Kindern antun"

Interview mit Matthias Wolf

Matthias Wolf ist Sportjournalist und Jugendleiter beim SC Borsigwalde in Berlin. Er recherchierte unter anderem über Rassismus und Mobbing beim FC Bayern.

Du hast lange beim FC Bayern recherchiert zu einem Jugendtrainer, der sich rassistisch und homophob äußerte. Er hat Spieler gemobbt, oft solche mit Migrationshintergrund. Es gab rassistische Chats, eine Aussage war: „Jeder wusste, wie er denkt."

Der Trainer war nicht irgendjemand, sondern sportlicher Leiter für den Bereich U9 bis U15, das heißt: einer der führenden Köpfe mit einem Jahresgehalt von 160.000 Euro. Der Verein hat nach meiner Berichterstattung recht schnell reagiert und dem Trainer gekündigt; man hat interne Ermittlungen angestoßen und sich von zwei weiteren Mitarbeitern getrennt. Auf den ersten Blick hat der FC Bayern sehr viel gemacht. Aber dann kamen bei der Aufarbeitung Zweifel auf. Betroffene Eltern und Trainer haben sich bei mir beschwert, dass die Ermittlungen Verhörcharakter hatten; es ging nur darum, die Maulwürfe zu finden. Man hat sich von einem vierten Mitarbeiter getrennt, der verdächtigt wird, der Maulwurf zu sein. Es scheint, dass der FC Bayern nur das zugegeben hat, was ich ihm durch meine Recherchen nachweisen konnte. Alles andere hat man nachrangig behandelt, teilweise sogar die Unwahrheit gesagt.

Vieles davon tritt immer wieder auf, wenn man kritisch im Umfeld von Vereinen recherchiert. Welche Strukturen im Fußball begünstigen und schützen so etwas?

Der Fußball ist wie eine geschlossene Gesellschaft. Ein Männerbund. Es hat sich keiner offen vor die Kamera getraut, die Argumentation war immer identisch: Da bin ich für das Fußballgeschäft verbrannt, das nimmt man mir übel. Man gilt als Nestbeschmutzer. Die Eltern sagen: Wenn wir jetzt an die Öffentlichkeit gehen, zerstören wir den Traum unseres Kindes, Profi zu werden. Das ist verständlich. Bei den Trainern aber habe ich mich gefragt: Meine Fresse, was ist das für ein System? Obwohl man unfair behandelt wurde, fühlt man sich noch dem Korpsgeist verpflichtet.

Ich fand das Zitat von Hermann Gerland vielsagend, das gefallen sein soll: „Wenn man Profi werden will, muss man so was schon aushalten".

Man darf eines nicht vergessen: Es gab Briefe der Eltern. Der FC Bayern wusste vorher davon, man hat das aber nicht ernst genommen. Das Totschlagargument ist: Es seien unzufriedene Eltern, deren Kind nicht genug Spielzeit kriegt. Das stimmt nicht, es handelt sich teilweise um Toptalente.

Du hast von vielen anderen Fällen von Machtmissbrauch in Nachwuchsleistungszentren gehört, aber niemand, sagst du, wollte [zum Zeitpunkt, als dieses Interview geführt wurde] öffentlich darüber sprechen. Wie groß ist dieser Eisberg im Fußball, den man nicht sieht?

Ich glaube, der ist riesig. Auch wenn man mit Sportpsychologen spricht, die an Nachwuchsleistungszentren tätig waren, mit ehemaligen Trainern. Dieses Selektionssystem sorgt dafür, dass es unmenschlich zugeht. 25 Prozent des Kaders werden jedes Jahr aufgefrischt. Nimm Kinder, die sechs Jahre alt sind und in ein Nachwuchsleistungszentrum gehen. Dieser Druck ist über so viele Jahre gar nicht auszuhalten. Du hast Leistungsschwankungen allein durch die körperliche und psychische Entwicklung. Und dann senkt einer den Daumen? Dieses System ist sehr schwer zu ertragen. Viele Eltern wissen gar nicht, was sie ihren Kindern antun.

Gibt es Beispiele?

Ich bin auf einen Fall gestoßen, der mich als Journalist sehr betroffen gemacht hat. Ein Junge wurde in der F-Jugend vom 1. FC Nürnberg gescoutet und nach einem Jahr aussortiert, weil er angeblich keine Entwicklung gemacht hätte. Er spielte wieder bei einem kleinen Verein, wo sein Trainer sagte, er hatte große Mühe, den Jungen wieder für Fußball zu begeistern. Der dachte, er sei ein Versager. Ich habe den Jungen mit Erlaubnis der Mutter interviewt. Nach dem Gespräch kommt die Mutter und sagt, sie zieht das zurück. Weil ihr Sohn sich so kritisch über den 1. FC Nürnberg geäußert hat, das verbaue die Möglichkeit, wenn der Klub nochmal anruft. Im gleichen Verein war ein Junge, der wurde mit sechs Jahren von Greuther Fürth gescoutet und nach drei Jahren aussortiert. Auch der ging in den Heimatverein zurück und hat riesig performt, nachdem er vorher regelrecht unter Angst gespielt hat. Er hat während des Spiels nur noch geguckt, was der Trainer sagt. Als er wieder so gut spielte, geriet er erneut ins Visier von Profiklubs. Die Mutter hat abgelehnt. Es hängt sehr viel davon ab, wie die Eltern sich verhalten.

Hast du auch im Mädchenfußball recherchiert?

Nein. Ich glaube aber, das ist da nicht so extrem. Ich habe die Erfahrung mit meiner Tochter gemacht, die in der Berlin-Auswahl war und auf dem Sprung zu Turbine Potsdam. Immer wenn die sie verpflichten wollten, spielte sie schlecht. Hinterher sagte sie: Papa, ich will nicht elfmal die Woche trainieren, das ist es mir nicht wert. Ich glaube, es geht da nicht so gnadenlos zu. Es geht nicht um so viel Geld. Ich fand es bei Turbine Potsdam auch relativ heftig, aber es wirkte nicht annähernd so kalt. Es gibt kein flächendeckendes Stützpunktsystem wie bei den Jungs, damit bloß kein Talent verloren geht. Vieles beruht auf Zufall.

Was müsste sich ändern? Wie könnte ein Fußball aussehen, der Kinder schützt?

Es braucht mehr Pädagogen in den Nachwuchsleistungszentren. Aber die Zentren wollen sich diese Leute nicht leisten. Es wird mit viel zu wenig Geld an der Basis bezahlt. Ein Trainer, der in einem Nachwuchsleistungszentrum für 450 Euro arbeitet, arbeitet nebenher noch als Lehrer oder sonst was. Teilweise sind das Topleute, die aber nichts zu melden haben. Die besten Trainer müssten ganz unten arbeiten. Sie arbeiten aber ganz oben, bei der U17 bis U19, und wollen möglichst schnell bei den Profis das große Geld machen. Die Bundesligisten müssten sich viel mehr gute Pädagogen gönnen. Wir müssen weg von den Jüngsten, weniger Masse, mehr Qualität. Wie schwer wiegt ein Trikot vom FC Bayern auf den Schultern eines Neunjährigen? In kleinen Vereinen werden sie genauso gut ausgebildet.

Lässt sich dieser extreme Druck überhaupt beheben, solange so viel Geld im System steckt?

Nee, da gebe ich dir Recht. Aber es ist schon mal ein Unterschied, ob ein Zwölfjähriger den Druck aushalten muss oder ein Achtjähriger. In den vier Jahren kann so viel kaputtgehen. Dem Fußball gehen Kinder verloren, die hochtalentiert sind, weil sie psychisch kaputtgehen. Jedes Nachwuchsleistungszentrum muss zwar heute einen Psychologen haben. Aber der ist allein. Einer fragte mich: „Wie soll ich so viele Kinder und Trainer betreuen?"

Was hältst du von externen Vertrauensstellen?

Das könnte auch funktionieren. Aber dafür müssen sich die Vereine in ihre Arbeit von außen reingucken lassen, und das wollen sie nicht. Beim FC Bayern konnte ich sehen, wie schnell die Mauer hochgeht. Ich bin Amateur, aber ich hätte mir nie vorstellen können, dass es in einem Nachwuchsleistungszentrum so amateurhaft zugeht. Die schmoren in ihrem Saft und denken: Wir sind eh die Größten. Ich glaube, es funktioniert nur mit einer klugen, pädagogisch ausgebildeten Trainerschaft, die was zu sagen hat und in der Lage ist, auch auf Missstände hinzuweisen, mit einer offenen Vereinskultur. Der Trend geht aber eher zur Abschottung. Wenn die Vereine es ernst meinten, bräuchten sie einen Mobbing-Beauftragten, einen Rassismus-Beauftragten, die sich nur um solche Fälle kümmern, sie ernst nehmen, ernsthaft prüfen. Aber wer zahlt so eine Stelle?

In Frankreich werden solche Leute vom Staat geschickt.

Und in England haben sie in ihren Akademien ein ganzes Heer von Sportpsychologen. Das mag ein Grund sein, warum die Engländer in der Nachwuchsarbeit wesentlich besser unterwegs sind.

Oft gibt es auch in Amateurklubs Menschen, die Grenzen übertreten und geschützt werden.

Das ist sehr schwierig, weil sich unsere Gesellschaft vom Ehrenamt wegbewegt. Jede:r neue Ehrenamtliche wird schon wie ein Messias gefeiert. Eltern müssen aufpassen und prüfen, welche Trainer:innen sie haben. Und den Verein im Zweifel verlassen. Die Verbände müssten Kontrollmechanismen schaffen, aber die sind mit sich selbst beschäftigt. Mehr Hauptamt würde auch helfen. Wir bereiten im Verein auch gerade den Weg ins Hauptamt vor. Es kostet fünf Euro mehr Mitgliedsbeitrag im Monat, dafür habe ich dann hauptamtliche Ansprechpartner:innen. Das haben viele Vereine noch nicht erkannt. Ich merke im eigenen Verein, wie groß die Skepsis ist.

Aber kann man den Fußball dann inklusiv gestalten?

Das ist eine berechtigte Frage. Macht es aber einen großen Unterschied, zwölf Euro zu bezahlen oder 20 Euro? Bei 300 Mitgliedern habe ich schon fast eine hauptamtliche Stelle. Das muss einfach machbar sein.

KAPITEL 3

Themenbasierte Demokratie

Laut Uefa Benchmark Report 2018 waren in den ersten Ligen in 28 europäischen Staaten die Hälfte der Männerklubs in Privatbesitz. In acht Ländern waren es sogar alle Männer-Erstligisten, darunter England, Frankreich und Italien. Obwohl es schon immer Sugar Daddys gab – meist war ja der Investor gleich auch der Präsident – ist diese Zentralisierung neu: Dem Sportökonomen Stefan Szymanski zufolge waren in England noch 1984/85 die meisten Klubs im Besitz verschiedener Anteilseigner:innen, meistens so um die tausend Menschen. Keiner hielt mehr als fünf Prozent am Unternehmen. Es gab sechs Ausnahmen, darunter Manchester United und Chelsea. Innerhalb weniger Jahrzehnte ist das Spiel fast exklusiv in den Besitz der Reichsten gekommen. Nach einer Untersuchung, die Szymanski zitiert, neigt der Fußball, ähnlich wie die Medienbranche, auch deshalb zu Mehrfachbesitz und Monopolen, weil hohes Ansehen und Einfluss damit verbunden seien. Und weil sich ohne Gegenmaßnahmen Besitz akkumuliert, verstärken sich die hauseigenen Tendenzen zu Autokratie und Erbmonarchie. Dem Milliardenerben Kyril Louis-Dreyfus gehört mit 23 Jahren der AFC Sunderland. Die Demokratisierungsbewegungen sind dagegen im oberen Bereich chancenlos geblieben. Diese Wandlung von einer zumindest teils gemeinsamen Organisation zum autokratischen und technokratischen Business, die gern als Kommerzialisierung umschrieben wird, hat tiefgreifende soziale Folgen für den Fußball.

Fabian Fritz, der an der Universität Hamburg vor allem zu Sportvereinen, Demokratiebildung und *community owned clubs,* also gemeinschaftlich geführten Fußballvereinen, forscht, sagte im Gespräch: „Es gibt eine Kolonialisierung der Lebenswelt. Vieles, was es mal selbst organisiert gab, wurde durch Geld in ein Angebot umgewandelt. Die Idee von Gesellschaft, etwas gemeinsam zu tragen, bricht weg." Christoph Breuer, Sportökonom an der Deutschen Sporthochschule in Köln, der zu Engagement im Sportverein geforscht hat, sagt über eine seiner Studien: „Je stärker Vereine gewachsen sind und je mehr Dienstleistungen sie boten, desto höher war die Zahl der Mitglieder, die nur eine Dienstleistung wollten. Wenn die nicht passt, treten sie aus."

Ob Vereinsdemokratie per se einmal besser funktionierte, kann man bezweifeln. Breuer sagt, es gebe keine belastbaren Zahlen, ob früher etwa mehr Menschen an Mitgliederversammlungen teilnahmen als heute. „Und dass Freiwillige fehlen, liegt eben auch daran, dass die Fußballvereine so stark gewachsen sind. Umso mehr Ehrenamtliche braucht es." Früher war alles netter? Im Gegenteil. Viele Demokratie-Bestrebungen etwa von Fans und Aktiven sind sehr jung. Ihr neues Selbstbewusstsein und ihre reflektierte Kritik wären lange Zeit undenkbar gewesen, sie demokratisieren den Fußball gerade. Sie stoßen aber auf eine Welt, die es ihnen zunehmend unmöglich macht, solche Forderungen umzusetzen, und agieren in einem immer ungleicheren Kampf. Es ist eine Welt, in der schon ganz unten die Anforderungen ans Ehrenamt ständig steigen und deshalb Hauptamtliche eingestellt werden. Fritz sagt: „Bei diesem Event-Management ist das Problem, dass die Leute nicht mehr gewählt werden können. Mitglieder haben keinen Zugriff mehr darauf, wer welchen Posten innehat. Sie können dort niemanden abwählen, die Mitgliederversammlung hat keinen Effekt darauf, wer in der Geschäftsstelle arbeitet. Das führt zu Entfremdung." Demokratie erodiert durch die Ökonomisierung der Lebenswelt. Das führt zu scheinbar paradoxen Bewegungen. Die Klagen übers vermeintlich sinkende Ehrenamt sind nämlich falsch; es engagieren sich tatsächlich mehr Menschen ehrenamtlich als je zuvor. Zugleich sinkt aber die Dauer des Engagements: Über die Hälfte der Ehrenamtlichen im Fußball hat weniger als zwei Stunden die Woche Zeit, weil die Lohnarbeit sie einnimmt. Und das betrifft vor allem die Schlechtergestellten.

Stolz verkündet der DFB 2019, Ehrenamtler:innen seien nicht „die Dummen". „28,3 Prozent der Menschen mit Hauptschulabschluss oder weniger engagieren sich ehrenamtlich gegenüber 52,3 Prozent mit mindestens einem Abitur als Bildungsabschluss. Und die Schere öffnet sich weiter." Was für den Verband offenbar ein Grund zum Feiern ist, zeigt de facto, wie wenig abgehängte Milieus hier teilnehmen. Die Gebildeten und Privilegierten bestimmen das Geschehen, und, glaubt man dem

Verband, tun sie das zunehmend. Dieses Ungleichgewicht ist nicht durch Reformen oder Empowerment lösbar. Die Problematik lässt sich am Beispiel der Klimakatastrophe illustrieren. Man kann weniger Plastik verbrauchen, und das ist nicht wirkungslos. Aber wenn das reichste Prozent der Weltbevölkerung, wie „Le Monde diplomatique" schreibt, doppelt so viel CO_2 ausstößt wie die ärmsten 50 Prozent, kommen wir nicht darum herum, das System abzureißen. Wie kann ein demokratischer Fußball aussehen? Und wie kommen wir dorthin?

► Organisierte Debatten und die 30-Jahr-Wahl

Demokratie ist eine der liebsten Forderungen der Gegenwart, und zumindest in substanziellen Teilen dieser Gesellschaft ein Grundkonsens wie einst das Christentum. Noch fast jeder Krieg um Ressourcen der letzten Jahrzehnte wurde der Öffentlichkeit sehr erfolgreich mit dem Thema Demokratie verkauft. Diese Instrumentalisierung ist ein großes Problem, nicht nur für die Akzeptanz der Grundidee. Denn was ihre Stärken und Schwächen sind, ob sie wirklich die beste Lösung ist und ob aktuell überhaupt Demokratie herrscht, wird kaum je sinnvoll diskutiert.

Die Gesellschaft ist zunächst mal so liberal wie kaum je zuvor. Meinungen können in Deutschland an den meisten Orten frei geäußert werden und stoßen im Guten wie im Schlechten Debatten oder Gebrüll an. Aber eine Demokratie ergibt das nicht, nicht im Sinne freier und gleicher Teilhabe. Die rapide fluktuierende Gruppe der Wohlhabenden, dominierende Eliten und Lobbyorganisationen beeinflussen massiv Debatten und Entscheidungen mit ihren gesellschaftlichen Plattformen, Medienhäusern, Konzernen, persönlichen Verbindungen, ihrer Bildung und ihrem Auftreten. Mitsprache richtet sich nach Geld. Arme und Ungebildete sind stark unterrepräsentiert an den Wahlurnen und in politischen Ämtern, und je ungleicher die Gesellschaft, desto mehr. Sie nehmen einfach nicht mehr teil. Bürger:innen ohne deutsche Staatsbürgerschaft, ohne Meldeadresse und Kinder haben gar keine Stimme. Millionen sind damit von Wahlen ausgeschlossen. Und Meinungsfreiheit ist beschränkt: durch die Abhängigkeit von Arbeit. Wer auf der Arbeit grundlegende Kritik an den Bedingungen äußert, hat schnell ein Problem, schon die Gründung einer Gewerkschaft kann den Job kosten. Wir können uns nicht frei äußern, weil wir vom Geldzufluss abhängen. Fußballer:innen, die Interviews geben, werden routiniert von Vereinen und

Verbänden zensiert oder zensieren sich selbst. Und eine ganze Debatte um vermeintliche Cancel Culture fußt darauf, dass Äußerungen ganz selbstverständlich mit Jobverlust sanktioniert werden.

Debatten sind möglich, aber sie bewegen sich in einem sehr engen Korridor. Ähnliches gilt für ihre Ergebnisse. Gegen die Interessen seiner Reichen kann kein Staat handeln. Denn falls ihre Stellung wirklich bedroht ist, ist er sofort erpressbar mit der Ankündigung, dass sie mit ihren Geldern und Konzernen eben woandershin gehen. So, wie es Großklubs mit der Superliga tun. Die Polizei, die Schule, das Gesetz, sie alle schützen das Privateigentum oder lehren die Verhältnisse als Ende der Geschichte. Wir haben keine Demokratie. Dieses System hat genügend Polster, um wirkliche Veränderung zu verhindern. Und Konzerne gestalten die Welt, ohne dass Wähler:innen darauf überhaupt Einfluss nehmen können; Chef:innen werden in der Regel nicht von ihren Mitarbeiter:innen gewählt. Wie eine bessere und gleichere Teilhabe aussehen kann, hat das zuvor geschilderte System der Zweisäulenökonomie entworfen. In dem, was Kapitalismus genannt wird, gibt es keine funktionierende Demokratie. Aber wie soll das im Detail gehen, Demokratie? Und wie ist sie überhaupt sinnvoll?

Komplexe Fragen können Menschen ohne Hintergrundwissen kaum überblicken, geschweige denn wirklich beurteilen. Oft enden Abstimmungen, wie demokratischere Fußballklubs wissen, in populistischen, erschöpfenden Schlachten zweier Fraktionen, die mehr Gräben als Hilfreiches hinterlassen. Ja und Nein sind zudem für viele Streitpunkte völlig ungenügende Kategorien; meist wäre ein „Ich finde, dass …“ die bessere Variante. Und endlich über Systemisches zu sprechen, ist wichtig, lässt sich aber in einer Abstimmung kaum regeln: Alle vier Jahre neu entscheiden, ob man im sogenannten Kapitalismus leben möchte oder nach einem anderen Modell, und dann hektisch alles umstellen? Schwierig.

Damit Demokratie besser funktioniert, braucht es, das machen viele praktische Erfahrungen klar, eine überschaubare Gruppe von Teilnehmenden. Das Beispiel fangeführter Klubs zeigt: Es hilft, wenn möglichst viele Leute einander kennen, nahe dran sind am Klub und gut informiert. Je größer die Gesamtgruppe, desto höher dagegen die Wahrscheinlichkeit, dass die Informierten in der Minderheit sind und ein größerer Anteil ahnungslos ist oder desinteressiert. Eine bessere Demokratie, die Menschen sich selbst verwalten lässt, muss also viel mehr lokal regeln. Fanvereine nutzen demokratische Abstimmungen häufig, auch bei großen Themen wie Stadionbau oder den Gehältern ihrer Spieler:innen. Das funktioniert durchaus. Viele Mitglieder in fangeführten Klubs fühlen sich dem Verein laut einer Untersuchung näher und höher wertgeschätzt als im konventionellen Klub, die Vereine sind solidarischer, erleben mehr Engagement. Und Entscheidungen werden zumindest bei gut durchdachten Modellen nicht schlechter getroffen als von Einzelpersonen. Interessant ist: Je konkreter und näher am Alltag der Mitglieder die Themen sind, desto mehr Menschen stimmten durchweg in den Vereinen ab. Bierpreis und Trikotdesign schlugen meistens alles. Das ist nicht unbedingt lächerlich, sondern zeigt, dass Menschen dort abstimmen, wo es sie berührt; und über Themen mit geringer Fallhöhe. Den meisten Fans war klar, dass sie nicht die Kompetenz hätten, über Spielertransfers abzustimmen, und wollten das auch gar nicht. Basisdemokratie funktioniert, wie der Name sagt, an der Basis. Und immer weniger, je höher die Liga und je komplexer damit die Anforderungen an die Vereinspolitik sind. Klug ist, sagen viele Forscher:innen, wenn man die Abstimmungen mit ausführlichen Informationen und Diskussionen vorbereitet. Und nur über Themen abstimmt, über die sich alle innerhalb vertretbarer Zeit eine qualifizierte Meinung bilden können.

Was aber ist mit den großen Fragen der Welt? Wir können und sollten sie auf die Agenda setzen. Je größer das Thema, desto länger muss aber der Prozess dauern. Menschen können sehr grundsätzlich abstimmen – wenn genügend Zeit ist. Zum Beispiel mit der 30-Jahr-Wahl: Alle 30 Jahre könnte tatsächlich über ein grundlegendes politisches und wirtschaftliches Konzept abgestimmt werden, unter dem Menschen leben möchten. Ähnlich den Referenden, bei denen in einigen Staaten über das Ende einer Diktatur abgestimmt wurde, als ein Prozess, der mit jahrelangen Kampagnen und Debatten verbunden ist. Dabei werden immer detailliertere, ganz grundsätzliche Vorschläge zu Wirtschaft, Politik, Idealen und Sozialem entwickelt. Denn derzeit gibt es für Menschen absolut keine Möglichkeit, auf die grundsätzliche Lebensform Einfluss zu nehmen. Auch deshalb fühlen sie sich machtlos, auch deshalb werden Bundestagswahlen als irrelevant empfunden; auf die grundlegende Funktionsweise der Welt haben sie fast keine Wirkung. Es wird stattdessen alle vier Jahre eine Gruppe gewählt, die das Bestehende mit eigenem Fokus verwaltet. Die Lohnarbeit, Umweltzerstörung, Geld oder Staaten kann man nicht abwählen. Diese Option muss erstritten werden. Wir müssen die Revolution neu erfinden, als eine vorbereitete, demokratische Revolution. Jeder Mensch hat das Recht dazu, Mechanismen mitzugestalten – und darüber an der Wahlurne zu entscheiden. Es steht nicht zu erwarten, dass dabei eine allumfassende Veränderung herauskommt. Aber es ist eine Fläche, besseren Ideen Raum zu geben und systemisch zu diskutieren, und das wird mehr Fahrt aufnehmen als vielleicht zunächst gedacht. Mit dem Ziel, dass jeder Mensch mindestens einmal im Leben die Chance hat, über ein verbessertes Rahmenkonzept zu entscheiden. Mit jeder Wahl kann das weiter verfeinert werden. Wer darauf wartet, dass politische Parteien oder Konzerne den Rahmen verändern, wird ewig warten. Und spontane Umstürze leiden darunter, dass sie selten ein besseres Modell in der Schublade haben und eine kleine Gruppe alles bestimmt. Wir müssen einen demokratischen Weg finden, grundsätzliche Veränderung umzusetzen. Die 30-Jahr-Wahl ist ein Modell dazu.

► Themenbasierte Demokratie

Und wir sollten fordern, dass diese Demokratie sinnvoller strukturiert ist. Parteienwahl ist als völlig selbstverständlich akzeptiert. Und sie hat große Vorzüge. Etwa, dass allzu irre oder menschenfeindliche Programme seltener gewählt werden, weil eine erfolgreiche Partei große Bevölkerungsgruppen ansprechen muss. Dass sie so vielen gefallen muss, ist aber auch ein Problem, denn die Profile sind vage, lokale Detailfragen unwichtig, und Parteien bewegen sich nur äußerst langsam. Ihr oberstes Ziel ist die eigene Wiederwahl. Erneuerung wird dadurch oft erst umgesetzt, wenn sie in der Bevölkerung längst akzeptiert ist. Und einzelne Menschen werden zwangsläufig über lange Zeit mit großer Macht ausgestattet. Dadurch steigt das Risiko für Korruption, Postengeschacher, Taktieren. Die Wahl ist ohnehin zweifelhaft, denn das Wahlvolk liest in den seltensten Fällen Wahlprogramme. Es geht vor allem nach dem Bauch: Welcher Kandidat inszeniert sich sympathisch, wer entspricht dem eigenen Habitus? Was wählt mein Umfeld, und über welchen Skandal haben sich gerade alle aufgeregt? Das Ergebnis ist eine Politik der persönlichen Dramen, um Inhalte geht es kaum. Und das ist eine schlechte Art, mit gesellschaftlichen Problemen umzugehen.

Das folgende Konzept lässt sich vielleicht themenbasierte Demokratie nennen. Es setzt an drei Punkten an: Macht wird breiter verteilt, Entscheidungen werden lokal verankert, und statt einer Polit-Soap stehen wesentlich stärker Themen im Vordergrund. Denn Debatten drehen sich aktuell in den immer selben ideologischen Schleifen gegen dieselben Gegner:innen, während die Mehrheit der Bürger:innen überhaupt nicht gehört und nicht gefragt wird. Sie nimmt an der sogenannten Demokratie gar nicht gestaltend teil. Es wäre also sehr wichtig, zu dezentralisieren. Und zwar, indem sich Menschen in kleinen, lokalen Parlamenten engagieren, die sich jeweils einem Themenkomplex widmen. Das eine einer zukunftsfähigen Landwirtschaft, das nächste einem ganz neuen Sport, das übernächste dem Umgang mit Gesetzesbruch. Langfristig und mit tatsächlicher Entscheidungsmacht. Um zu verhindern, dass dort nur die üblichen Berufsbürger:innen sitzen, kann Teilnahme etwa als Beitrag anerkannt oder anders honoriert werden. Diese kleinen Parlamente, Minis genannt, sind nicht gezwungen, auf die Tagespolitik zu schauen. Es sind ganz gezielt utopische Minis möglich, die sich um ein „Ja, aber …" erst mal nicht scheren müssen. Das Konzept ermöglicht es, langfristig und über Jahre an Themen zu arbeiten. Dabei debattieren eben nicht Expert:innen hinter verschlossenen Türen, sondern alle, die teilhaben wollen. So, wie es eine bessere Kommission „Zukunft Profifußball" ermöglicht hätte. Mit bindenden Ergebnissen. Menschen können sich ein Thema aussuchen, von dem sie betroffen sind oder bei dem sie Expertise haben, oder zu dem sie, siehe Zweisäulenökonomie, einen Beitrag leisten. Sie müssen sich nicht auf Bühnen trauen, um mitreden zu können, und keinen Wahlkampf finanzieren. Sie können einfach teilnehmen.

Sie ringen also als Expert:innen langfristig um gute Lösungen und organisieren sie für die Menschen vor Ort. Und wer nicht einverstanden ist mit der Art und Weise, wie in einem Mini gearbeitet wird, kann selbst teilnehmen und etwas verändern. Falls ein Thema in keinem Mini-Parlament vertreten ist, könnten Personengruppen bei genügend Interesse ein neues gründen. Das verändert, wie über Politik gesprochen wird. Hörigkeit gegenüber einer Parteizentrale, ritualisierte Konflikte und PR-Scharmützel treten in den Hintergrund, Themen in den Vordergrund. Denn warum soll jemand, der wirtschaftsliberal denkt, nicht gleichzeitig Umweltschutz oder einen weniger leistungsorientierten Fußball sehr wichtig finden und sich engagieren? Menschen sind komplexer, als die aktuelle Demokratie es ihnen zutraut. Kaum jemand ist ein wandelndes Parteiprogramm; durch ideologische Grabenkämpfe werden sie aber gedrängt, ein solches zu sein. Es wäre wichtig, diese Differenziertheit zu nutzen. Dass diese Minis nicht demokratisch gewählt werden, nimmt ihnen Legitimation. Es gibt keine Möglichkeit, durch Wahl direkt auf die Zusammensetzung eines Minis Einfluss zu nehmen. Und es wäre falsch, Millionen von Menschen unkontrolliert vor sich hin werkeln und für andere organisieren zu lassen. Dafür ist eine zweite Komponente wichtig: die demokratische Struktur, die die Minis legitimiert und ihre Entscheidungen absegnet.

▶ Die Wahl der Mini-Parlamente

Es braucht keine unzähligen Minis. Es braucht Mini-Parlamente zu Themen, die viele Menschen bewegen, zu dringenden Zukunftsfragen oder zu Dingen, die marginalisierte Gruppen betreffen. Es muss also jemand darüber entscheiden, zu welchen Themen sich Mini-Parlamente überhaupt zusammenfinden sollen, damit nicht ineffizient viele Gruppen nebeneinander arbeiten. Und das muss eine demokratische Wahl lösen. Eine klügere Art von Wahl, bei der eben keine Kandidat:innen gewählt werden, deren Fähigkeiten die meisten Menschen sowieso nicht realistisch einschätzen können. Aber die meisten Menschen wissen, was sie beschäftigt. Was ihnen Sorgen macht. Was sie fordern. Und das sollten Engagierte schwarz auf weiß angeordnet bekommen. In einer Wahl, die Themen festlegt, nicht Gesichter. Eine Wahl, wie sie aktuell organisiert ist, sagt fast nichts darüber aus, welche Themen Wählende bewegen und welche Lösungen sie sich erhoffen. Stattdessen zeigt sie Schwarz, Rot oder Grün. Die Motive für die Entscheidung gehen in den Balken, Kreisen und Diagrammen verloren. Das ist eine völlig ineffiziente Art, eine Debatte zu organisieren. Warum so viele Erstwähler:innen etwa die FDP gewählt haben, lässt sich nur spekulieren. Es fehlen damit auch thematische Aufträge an die Verantwortlichen. Und es gibt keinerlei Klarheit, wer sich überhaupt bei der Wahl Gedanken gemacht hat, und wer nur routiniert ein Kreuz setzte, oder wer mangels Alternativen irgendetwas wählte, aber eigentlich über etwas ganz anderes wütend war.

Erst das Konzept, Themen zu wählen, macht die Debatte zielgerichtet. Und verpflichtet auch die Wählenden selbst, sich wirklich über Inhalte Gedanken zu machen. Mehrfach im Jahr könnten alle, die Lust haben, aus einer Liste von Themen, für die alle ihre Vorschläge einreichen können, die ihnen wichtigsten Themen und Forderungen wählen. Sie müssen beliebig viele Stimmen abgeben können. Und alle Themen, die über eine vorher festgelegte Hürde kommen, müssen durch ein Mini-Parlament bearbeitet werden. Die Mini-Parlamente haben die Aufgabe, Lösungsvorschläge zu erarbeiten, und zwar gemäß dem Wunsch der Bürger:innen, aber unter Beachtung etwa des Schutzes marginalisierter Gruppen.

Man kann dabei auch gewichtet abstimmen. Die Politikwissenschaftlerin Brigitte Geißel von der Goethe-Universität Frankfurt beschäftigt sich schwerpunktmäßig mit demokratischen Innovationen. Sie sagt im Gespräch für dieses Buch: „In unserer Forschungsstelle Demokratische Innovationen haben wir ein Verfahren entwickelt, bei dem verschiedene Themen abgefragt und gerankt werden können. Die Wähler haben beispielsweise zwanzig Stimmen und können einzelnen Themen bis zu drei Stimmen geben. Damit können wir viel genauer sagen, was ihnen wichtig ist." Das kann auch für die themenbasierte Demokratie hilfreich sein, damit nicht jede Wählerin Tausende von Themen ankreuzt, die gar nicht alle bearbeitet werden können. Und, damit statt frustrierten Hasses auf schwächere Gruppen eher die Themen gewählt werden, die eine Lösung des Gesamtproblems bieten. Das Konzept hat Nachteile. Es würden vermutlich emotionale Themen gewählt, die griffig und nicht unbedingt gleichbedeutend mit politischer Relevanz sind. Je abstrakter und komplizierter, desto schlechter die Chancen, dass über dieses Thema diskutiert wird. Delegierte werden deshalb weiterhin nötig sein. Allein schon, um die zig Details, sagen wir, beim Thema Medikamentenzulassung zu organisieren, die keinen Menschen interessieren und bei denen den Bürger:innen schlicht die Kompetenz fehlt. Aber auch um handlungsfähig zu sein. Wenn Dürre herrscht und schnell entschieden werden muss, an wen wie viel Wasser verteilt wird, können nicht alle bis zur nächsten Wahl warten, damit es ein Mini-Parlament gibt. Und für kostspielige Projekte, die zum Beispiel die überregionale Infrastruktur betreffen, braucht es Menschen, die langfristig die Verantwortung übernehmen.

Vielleicht braucht es dafür auch weiter Parteien. Aber sie haben deutlich weniger Macht und können sich auf die wichtigsten Aufgaben bei der Organisation konzentrieren. Und auf den systemischen Auftrag, den ihnen die Wähler:innen für den nächsten 30-Jahr-Abschnitt gegeben haben.

► Systemisches Konsensieren und ein gelostes Parlament

Externe Ansprechstellen für die Minis und die gewählten Delegierten sind wie immer wichtig – für Schlichtung, Übergriffe, und um ihnen, falls gewünscht, zu helfen, Debatten sinnvoller zu organisieren. Dazu gibt es viele Optionen. Systemisches Konsensieren etwa, das vor einigen Jahren unter anderem vom Physiker und Mathematiker Erich Visotschnig entwickelt wurde. In einem Interview mit der „taz" schildert Visotschnig sein Prinzip wie folgt: „Jeder kann einen Vorschlag machen, der wird von den anderen kommentiert, und anschließend stimmen alle ab, indem sie jeweils Widerstandspunkte von null bis zehn vergeben. Null bedeutet, ich habe nichts gegen diesen Vorschlag, und zehn, ich bin total dagegen. Der Vorschlag mit den wenigsten Widerstandspunkten wird umgesetzt, weil er die größte Akzeptanz genießt." Und weiter: „Konsensieren braucht offene Fragen, die eine Lösungsvielfalt zulassen. Also nicht Atomkraft ja oder nein, sondern: Welche Lösung gibt es, um die Energieversorgung Europas für die nächsten 30 Jahre zu sichern?"

Systemisches Konsensieren kann man zum Beispiel nutzen, um die wichtigsten Vorschläge der Minis abzusegnen. Das ist ein Instrument, mit dem es sich lohnt, sparsam umzugehen. Oscar Wilde hat einmal korrekt befürchtet, dass Sozialismus einfach zu viele Abende in Anspruch nehme. Und beim Konsensieren haben radikalere oder kontroversere Ideen absehbar wenig Chancen; es besteht ein Risiko, dass oft lahme Vorschläge gewählt werden, die niemanden richtig zufriedenstellen, oder dass Mächtige erfolgreich Widerstand blockieren. Die Option ist daher nur sinnvoll für die Minis, deren Themen bei der letzten Wahl am meisten bewegt haben, also sehr kontrovers und emotional sind. Deren Lösungen sollten noch einmal von der Mehrheit der Bevölkerung abgesegnet werden, also eine zweifache Kontrolle. Man kann das auch einfacher strukturieren: Die Wähler:innen können entweder zustimmen. Dann wird umgesetzt, was das Mini-Parlament vorgeschlagen hat. Oder sie könnten mehrheitlich ablehnen. Als dritte Variante, das wäre wichtig, können sie eingeschränkt zustimmen, und dabei einfordern, was besser werden muss. Wenn viele Menschen nur eingeschränkt zustimmen, müssen die am meisten genannten Verbesserungsvorschläge eingearbeitet werden. So ist es möglich, jenseits von Ja und Nein komplexe und begründete Entscheidungen zu treffen. Zuletzt sind noch zwei Veto-Optionen sinnvoll. Demokratieforscherin Brigitte Geißel schlägt im Gespräch für dieses Buch unabhängig von den genannten Entwürfen eine Diskussion zu der Frage vor, ob und unter welchen Bedingungen betroffene Gruppen ein Vetorecht haben könnten. So etwas kann es für besonders schwache gesellschaftliche Gruppen geben, um zu verhindern, dass Entscheidungen, die sie betreffen, über ihren Kopf oder zu ihrer

Last getroffen werden. Aber nur als aufschiebendes Veto: Sie müssen also einen besseren Vorschlag machen. Und zweitens sollte es ein juristisches Veto für ökonomische und ökologische Gewalt geben, wie in der Zweisäulenökonomie erwähnt.

Natürlich kann es weiterhin bei regionalen Protesten ganz reguläre Volksentscheide geben. Die Bürger:innen müssen also genug Unterschriften sammeln und können ein Votum abgeben, sinnvollerweise bindend. Brigitte Geißel sagt, es gebe nicht die eine Lösung, sondern Verknüpfungen: „Volksabstimmungen allein sind keine gute Idee, wenn vorab nicht ausreichende Möglichkeiten geschaffen werden, bei denen Menschen sich informieren und debattieren können. Es sind Orte und Formate notwendig, welche die öffentliche Willensbildung fördern.“ Und zuletzt nennt die Forscherin noch eine interessante Idee: die eines gelosten Parlaments, das mit dem bestehenden Parlament kooperiere. „Zum Beispiel könnte die Zustimmung beider Kammern notwendig sein bei Gesetzgebungsprozessen.“ Das hat Risiken; wenn man ein Parlament aus 20 Nazis gelost hat, ist das schlecht gelaufen. Aber ein solches Zweit-Parlament hätte den Vorteil, dass eine sehr durchmischte Institution die gewählte Institution, in diesem Fall die Exekutive für große Fragen, kontrolliert. Und sich auch Menschen einbringen, die das sonst nie täten.

Das also ist ein umfassender Vorschlag für eine Demokratie der Themen, der Teilhabe und der selbstverantwortlichen Organisation. Wir sollten uns mehr dafür interessieren, wie wir entscheiden und wie wir gerade zu leben haben. Und das gilt auch im Fußball.

► Demokratische Sportteams

1982 wunderte sich in der „New York Times“ der Basketballtrainer Kevin Ellis über den totalitären Habitus auf dem Sportplatz. „Basketball-Trainer:innen stiefelten die Seitenlinie auf und ab und bekamen technische Fouls, ordneten Auswechslungen an und verlangten Time-outs; Football-Trainer:innen brüllten ihre Spieler:innen an und machten den Wettbewerb zu einem Kampf auf Leben und Tod.“ Sport, fand Ellis, sei etwas, das „demokratische Tendenzen und kreative Instinkte erstickte“. Er kam zu dem Schluss: „Etwas ist falsch an der Art und Weise, wie wir Sport in diesem Land denken.“ Diese Probleme von 1982 bestehen unverändert. Sport ist undemokratisch, in Verbänden, Vereinen und auch auf dem Platz. Eine soziologische Analyse von Christopher Cushion und Robyn L.

Jones in der Jugendarbeit des britischen Albion FC beschreibt, wie im Training „ein autoritärer Diskurs" etabliert und von Trainer:innen wie Spieler:innen für völlig legitim gehalten werde. Im Februar 2021 diagnostiziert der Rugby-Trainer und Sportwissenschaftler Pete Holmes dem Männerfußball eine, wie er sie nennt, autokratische Kultur: „Trainer und Manager kontrollieren weite Aspekte des Fußballumfelds und verlangen von ihren Spielern totalen Gehorsam, unabhängig von modernen Gedanken wie Gleichberechtigung, Rechten und Inklusion. Studien zeigen, dass Trainer aggressive Sprache, Erniedrigung und Mobbing nutzen, um Angst aufzubauen und dadurch Gehorsam zu erzielen." Holmes hat in diesem Zusammenhang noch eine andere interessante These. Er glaubt, dass der Fußball auch aus diesen Gründen die Bedürfnisse von Frauen und Mädchen oft nicht erfülle. „Sie wollen ihre Trainer:innen alles fragen können und Antworten erhalten, Dinge verhandeln, Input bekommen, flexibel sein." Der Fußball wurde natürlich auch deshalb so militant und autokratisch, weil er seit rund 100 Jahren in einer Machokultur schwimmt. Holmes glaubt, dass mehr Trainerinnen das massiv verändern könnten. Aber das militärische Regiment vieler Trainerinnen im Turnen zeigt: Es muss sich auch grundlegend etwas ändern.

In den USA erlangte der Football-Trainer George Davis Bekanntheit. Davis tat etwas Unerhörtes: Er überließ seinen Spielern die Aufstellung. Im Sport kann sich heute kaum jemand vorstellen, dass ein Team selbst entscheidet, wer spielt, dabei ist auch das ganz grundlegende Demokratie. In der „Democracia Corinthiana" beim brasilianischen Männerfußball-Profiteam von Corinthians São Paulo stimmten die Spieler, angeführt von politisch Aktiven wie Sócrates und Wladimir, über Entscheidungen ab, die sie betrafen, auch über Neuverpflichtungen und die Mannschaftsaufstellung. Die Stimmen von Spielern, Trainern und Funktionären zählten gleich. 1982 und 1983 gewann Corinthians damit die Staatsmeisterschaft von São Paulo. Dann zerfiel die Bewegung mit dem Abgang von Sócrates. Das oft idealisierte System hatte offenbar Schwächen: Einzelne Spieler kritisierten, es sei eine Demokratie gewesen, in der wenige Lichtgestalten letztlich entschieden. Aber es können sich erstaunliche Dinge bewegen. Auch Basketballtrainer Kevin Ellis ließ Student:innen über Taktik und Trainingsregeln selbst entscheiden. Sie seien davon, berichtet er, erst völlig verunsichert gewesen. Dann aber sei das Training wider Erwarten schneller geworden – weil sich niemand nur dann anstrengte, wenn der Coach hinsah. Der Trainer hatte mehr Zeit, sich um Details zu kümmern, das Team wurde erfolgreicher. Was Ellis aber wesentlich wichtiger war: Es wurde demokratischer, offener. „Kritiker:innen haben Sorge, dass Einzelne bevorzugt werden und es Rassismus geben könnte, aber unser Fall zeigte genau das Gegenteil. Wegen der neu entdeckten Einheit wurde Rassismus jetzt offen diskutiert. Es gab weniger Cliquen, der Siegeswille wuchs." Im heutigen Spitzenfußball ist all das kaum möglich. Wer würde sich zurücklehnen und die Mitspielerin in den Sturm wählen, wenn der eigene Kontostand und die eigene Vermarktung davon abhängen? Und Taktik ist, anders als noch in den 1980ern, eine hoch spezialisierte Wissenschaft geworden. Kein Spitzenteam der Welt könnte sich im Maße eines Pep Guardiola demokratisch auf jede Partie vorbereiten.

Um einen demokratischen Publikumssport zu erkämpfen, müssen wir den Sport grundsätzlich verändern. Dieser aktuelle Sport ist autoritär, undemokratisch und erkennt weder das Recht auf Gleichberechtigung noch auf Verhandlung oder Selbstorganisation an. Und es gibt mögliche Verbündete dafür.

▶ Spieler:innen als Verbündete von Fans

Die Angestellten, die lange Zeit vor allem als ausübende Gehilfen auf dem Rasen standen, sind laut geworden. Gleichzeitig sind die politischen Erwartungen an sie massiv gestiegen, manchmal zu hoch. Und man muss sich fragen, warum Fans nicht längst darauf gekommen sind, die Spieler:innen beim Widerstand gegen die Verbände und bei der Demokratisierung des Sports mit ins Boot zu holen. Der Unmut über die Fußballverbände mit ihrer unerträglichen Arroganz und ihrer Korruption hat schon lange breite Milieus erfasst. Auch das der Spieler:innen. Aber während in der Politik Verbündete gesucht werden, tut man oft immer noch so, als seien die Spieler:innen Teil einer unerreichbaren, angepassten Gattung, mit denen man nichts gemein hat. Das Gegenteil ist der Fall. Diese Fußballer:innen sind junge Menschen, aufgewachsen in einer postmodernen Gesellschaft. Und sie haben qua ihrer Position auf dem Rasen sehr viel Macht. Sie können medienwirksam knien oder stehen, singen oder nicht singen, und sie können spielen oder streiken. Und im Gegensatz zu Gig-Worker:innen bei Lieferdiensten sind sie dabei kaum ersetzbar. Alle Bälle stehen still, wenn dein starker Fuß es will, das gilt hier noch ganz in echt. Ein Bündnis aus Spieler:innen und Fans ist eine fast völlig übersehene Idee. Manche Themen funktionieren dabei besser als andere. Rassismus, Menschenrechte in Katar oder LGBTQIA* gehen gut; Dinge, die im gesellschaftlichen Mainstream angekommen sind. Systemische politische Kritik und Alternativen sind eher schwierig: Weniger Geld für die Fußballbranche oder eine ganz andere Spielidee setzt man sicher nicht Hand in Hand mit Manuel Neuer durch.

Und doch, die Proteste vieler Spieler gegen die Superliga oder die sehr deutliche Kritik etwa von Almuth Schult am DFB künden davon, dass nicht mehr bedingungslos toleriert wird. Sie seien „nur die Marionetten von Fifa und Uefa“, empörte sich Toni Kroos in – nicht zufällig – seinem Podcast. Wenn es eine Spielergewerkschaft gäbe, die entscheiden könnte, so Kroos weiter, würde es weder Nations League noch Supercup in Saudi-Arabien geben.

Man muss Boykottforderungen und Traditionsargumente nicht intelligent finden, um zu sehen, welches Potenzial da brachliegt. Potenzial für gemeinsame Proteste, Aktionen, gemeinsamen Widerstand. Noch ein wenig mehr übrigens unter Spielerinnen, die näher an der Basis sind, und wo sich gelegentlich sogar Köpfe finden, die sich einen Fußball ohne Fifa und Uefa und nach ganz anderen Regeln vorstellen können. Auch wenn die Kommerzfraktion in der Mehrheit ist. Eine Entmachtung der Verbände darf dabei nicht zur gleichen Situation unter Regentschaft eines Investors führen, der weiß, dass heute Regenbogenfahnen dazugehören. Ein demokratischer Fußball muss verstehen, was ihn kaputt macht. Die Angestellten auf dem Rasen sind seine natürlichsten Verbündeten. Und er sollte ihnen diese Rolle zutrauen.

► Auflösung des DFB

Viele Versuche der Demokratisierung konzentrieren sich bisher auf Großklubs. Über organisierte Fans ist es gelungen, dort teilweise Reformvorschläge zu platzieren, punktuelle Veränderungen zu erreichen und Klubs zur Positionierung zu drängen. Aber realistisch bleibt dieser Einfluss sehr begrenzt; die wirtschaftlichen und sportlichen Regeln setzen einen unverrückbaren Rahmen, Veränderungen sind immer finanziellen Zwängen im Klub unterworfen, und an vielen Orten wäre die Basis froh, wenn sie überhaupt irgendwas zu sagen hätte. Klub-Mitsprache ist auch nicht gleichbedeutend mit Wandel: Die breite Masse will vor allem Erfolg. Und sie ist oft bequem und nicht besonders klug; viele Amateur:innen unterstützen gern einen Rainer Koch. Wer wirklich Demokratie im Fußball will, muss nicht in erster Linie die Vereine, sondern die Verbände erobern. Sie sind das sportliche Äquivalent zum Nationalstaat, der Ort, an dem die Regeln gemacht werden.

Grundlegende Veränderung im Fußball und ein funktionierendes Wirtschaftssystem schaffen wir nur über den Verband; oder über seine Leiche. Wie überhaupt ist die autokratische Kumpel- und Korruptionsbande an der fußballerischen Spitze hinnehmbar? Sie ist keine Folklore, sondern eine reale Gefahr. Alle Konzerne, die einen halbwegs intakten moralischen Kompass haben oder unter demokratischem Druck stehen, springen ab; immer wichtiger und mächtiger im Fußball werden die aus autoritären Staaten. Der DFB proklamiert seine Präsidenten wie eine kommunistische Staatspartei. Dieser Apparat ist nicht reformierbar. Ein Wahlkampf vieler Kandidat:innen für das Amt, gewählt durch alle Mitglieder, ist nun wirklich keine revolutionäre Forderung, sondern ein Minimum an Demokratie. Wahlprogramme, transparente Ausrichtung, Amtszeitbegrenzungen, ethische Kontrolle mit Machtkompetenzen – und die Möglichkeit, unethisch handelnde Mitglieder durch die Basis abberufen zu lassen. Die Politik darf dem Fußball dieses Gebaren nicht länger durchgehen lassen. Es braucht ein zweites Parlament, zufällig zusammengesetzt aus Vertreter:innen möglichst vieler Gruppen im Fußball. Und zwar mit Vetorecht. Eine Vereinigung, in die man nur durch Zufall kommt und nicht durch Klüngel, die den Fußball als Ganzen abbildet, nicht das Postengeschacher alter Männer. Aber auch all das wird in diesem schwerfälligen Kosmos wenig ändern. Eine Veränderung der Verhältnisse wird er nicht zulassen

Ein neuer, oppositioneller Verband wiederum, getragen von einer breiten Fraktion, wäre extrem abhängig von wirtschaftlichen Sponsoren, die ihn konkurrenzfähig machen. Er wäre sicherlich repräsentativer besetzt und weniger skandalträchtig, aber nur liberal innovativ. Für wirkliche Veränderung braucht es eine Auflösung des DFB. Warum gibt es keine Forderungen danach? Dieser über 100 Jahre alte Apparat ist nicht reformierbar. Bei all dem Schaden, den dieser und andere Verbände angerichtet haben, ist eine Auflösung unter Fans wahrscheinlich sogar mehrheitsfähig. Auch von Seiten der Staatsanwaltschaft gibt es wahrscheinlich viele Argumente dafür. Wir brauchen neue Strukturen und ein funktionierendes Wirtschaftssystem, und mit DFB und Fifa sind sie unerreichbar. Einen Mullah-Staat stürzt man nicht, indem man auf einen etwas liberaleren Präsidenten hofft. Sondern mit Auflösung der Strukturen.

► Stärkere Präsenz im eigenen Viertel

Mitsprache muss nicht nur erkämpft werden, auch engagierte Vereine können Multiplikatoren sein und für Teilhabe sorgen. Fabian Fritz von der Uni Hamburg, der selbst beim Museum des FC St. Pauli in der Sozialpädagogik aktiv ist, hat beim fangeführten FC United of Manchester Projekte für benachteiligte Jugendliche analysiert. Und er vermutet dort ein Problem: „Viele engagierte Klubs wollen abgehängten Gruppen helfen. Sie gehen dafür aber in einen ganz anderen Stadtteil, in dem sie gar nicht verwurzelt sind. Die Jugendlichen dort nehmen zwar am Projekt teil, werden aber nicht langfristig gebunden und haben keine Mitbestimmungsmöglichkeiten." Der Vereinsdemokratie sei damit nicht geholfen, auch der eigenen Jugend im Verein nicht, für die es keine Angebote gebe. „Für benachteiligte Menschen gibt es Sozialarbeit, Vereine müssen das nicht zwingend leisten. Sie dürfen die Arbeit mit den eigenen Mitgliedern und den Jugendlichen im Verein nicht vernachlässigen. Der Kern sind die Mitgliedschaft und der eigene Stadtteil." Räumliche Nähe und Teilhabe.

Im Arbeiterfußball, stellt Wilhelm Hopf fest, entwickelten sich auch deshalb so enge Beziehungen zum Verein, weil er im Gegensatz zu den bürgerlichen Klubs nicht am Stadtrand angesiedelt war, sondern dort, wo die Menschen lebten. Fritz kritisiert: „Es geht gerade im Sportverein oft nur um Training und Spiel, selten um Ausflüge oder einen Abend in der Kneipe." Es sind relativ einfache Methoden für besser funktionierende Demokratie. Und Menschen müssen gestalten. Im Arbeitersport etwa wurde der Jugendleiter von den Jugendlichen gewählt. Sie haben die Expertise, und sie sollten nerven. Erst dann entsteht Widerspruch und Fortschritt, ein wirklich demokratischer Verein. Fritz sagt: „Man muss den Leuten die Möglichkeit bieten, sich demokratisch zu engagieren. Rein über Sport kann ich sie nicht erreichen, das tut ein Fitnessstudio auch." Und natürlich kann man weit darüber hinaus gehen, statt einer Präsidentin zum Beispiel ein rotierendes Kollektiv wählen. Es braucht auch viel mehr Vorbilder und Hilfestellungen, wie sich was durchsetzen lässt, damit gleiche Fehler nicht dauernd wiederholt werden. Manchmal hilft: lokaler denken statt größer.

KAPITEL 4

Ecotopia im Fußball

In 30 Jahren wird das Meer begonnen haben, sich den Fußball zu holen. So berechnet es der Sportjournalist und Soziologe David Goldblatt auf Basis von Klima- und Meeresspiegelmodellen in der Studie „Playing against the clock“ des britischen Thinktanks Rapid Transition Alliance von 2020 – einem ersten Versuch, Folgen der Klimakatastrophe für den Sport abzuschätzen. Immer noch tut der organisierte Sport so, als beträfen ihn die Folgen der menschengemachten Katastrophe kaum. Skigebiete ein wenig höher verlegen, einen Marathon nicht mehr in Katar austragen, und am Rest wird sich schon nicht viel ändern. Goldblatt zeichnet ein anderes Bild. Jedes vierte Team der 92 englischen Spitzenklubs der Männer wird 2050 jährlich ausweichen müssen, weil das Stadion im Meer versinkt, darunter der FC Chelsea. In den Niederlanden werden, wenn nichts unternommen wird, die Heimstadien von Ajax Amsterdam und Feyenoord Rotterdam teilweise geflutet sein; komplettes Land unter würde unter anderem in Alkmaar, Den Haag, Groningen und Utrecht herrschen. Das Weserstadion von Werder Bremen wird 2050 ohne Gegenmaßnahmen jährlich teilweise überschwemmt. Küstenschutzmaßnahmen, Abflussbecken und künstliche Erhöhung der Landfläche sind in der Studie nicht berechnet. Sie werden nötig sein.

Die meisten Fans in Westeuropa müssen daher nicht befürchten, dass ihr Stadion wirklich vor ihren Augen versinkt. Jedenfalls noch nicht. Worauf sie sich einstellen müssen: Es wird mit immer teureren Maßnahmen vor dem steigenden Meeresspiegel geschützt werden müssen. Weil all diese Klubs in einer Industrienation spielen, werden ihre Spielstätten und Spielbetriebe nicht gefährdet sein, zumindest, solange es einigermaßen rentabel ist. Ein Klub in Bangladesch dagegen wird keine Mittel haben, sich gegen die Fluten zu wehren. Auch der durchschnittliche Hobbyplatz in einem marokkanischen Küstendorf wird niemandem die Verteidigung wert sein, genau wie ein Großteil der für

Sport so wichtigen Strandflächen. Der Forscher Daniel Lincke prognostizierte 2021 im Deutschlandfunk auf Basis einer Kosten-Nutzen-Studie, dass es sich für rund 90 Prozent der weltweiten Küstenlinien nicht lohne, sie zu verteidigen. Dort, wo vergleichsweise wenige Menschen leben oder kaum Geldmittel zur Verfügung stehen. Dort wird das Wasser siegen. Und dann? Der Anstieg wird laut Weltklimarat IPCC 2021 auch im günstigsten Fall über Jahrtausende weitergehen. Im schlechteren Fall erreicht er durch die Schmelze von Eisschilden und Gletschern rasant katastrophische Ausmaße. Das ist keine ferne Zukunft; die meisten Fans, die diese Zeilen lesen, werden das noch erleben.

Wie realistisch sind die errechneten Szenarien für den Fußball? „Höchstwahrscheinlich", sagt Goldblatt im Gespräch für dieses Buch. „Ich halte die Prognose eher für eine Untertreibung als eine Übertreibung." Die Erhitzung wird zu diesem Zeitpunkt, im Jahr 2050, die 1,5 Grad wohl seit 20 Jahren erreicht und lange überschritten haben, wie der Weltklimarat 2021 schreibt. Und damit zehn Jahre früher als noch 2018 erwartet. Es wird sehr heiß sein, der größte Teil dieser künftigen Erhitzung ist längst ausgelöst. Möglicherweise gibt es eine Domino-artige Eskalation in noch viel heftigerem Ausmaß. Es gebe immer mehr Beweise, „dass wir uns Kipppunkten nähern oder sie bereits überschritten haben", so ein Aufruf von 14.000 Wissenschaftler:innen.

Der Wintersport geht seinem Ende entgegen. Laut einer internationalen Studie könnte von 19 bisherigen Gastgeberstädten der Olympischen Winterspiele im Jahr 2080 nur noch eine einzige Stadt eine verlässliche Gastgeberin sein; die Prognosen werden rasant schlechter, noch 2014 nahm man an, es würden sechs Städte sein. Der Rest des Sports wandelt sich subtiler: durch Hitze. Sie wird zusehends Teil der Debatte um Events. Ab 33 bis 35 Grad, schreibt Goldblatt, komme es zu gesundheitlichen Risiken für die Athlet:innen: „Erinnerungsvermögen, Hand-Augen-Koordination und Konzentration leiden, es kommt zu Hitzekrämpfen, Erschöpfung und Hitzschlägen." Die Studie „Playing against the clock" erwähnt die Australian Open 2014 bei 41 Grad, wo Profis halluzinierten und sich übergaben, ein Balljunge kollabierte, 1.000 Fans ärztlich behandelt wurden. Und weitergespielt wurde. Bei den US Open 2018, die bei bis zu 49 Grad ausgetragen wurden, klagte der Litauer Ričardas Berankis: „Sie werden nichts ändern, bis jemand stirbt." Und bei einer Cricket-Partie der Männer Indiens gegen Sri Lanka in Delhi 2017, schreibt Goldblatt, sei die Luftverschmutzung so stark gewesen, dass die Spieler sich auf dem Platz übergaben. Die fürsorgliche Reaktion der Offiziellen: In den Kabinen wurden Sauerstoffflaschen installiert. Steigende Temperaturen führen zu einem höheren Ozonlevel in Bodennähe, was laut der Studie die Lungenfunktion der Sportler:innen beeinträchtige.

Der wachstumsorientierte Profisport wird diese Klimakatastrophe nicht überleben. Auch wenn er sich für unsterblich hält, er ist hochfragil. Die neuen klimatischen Gegebenheiten sind dabei gar nicht das Problem. Der Mensch ist ein anpassungsfähiges Wesen. Wenn Stadien an der Küste nicht mehr zu halten sind, baut man im Landesinneren neue. Wenn es für die Männer-Bundesliga um 15:30 Uhr zu heiß ist, spielt man eben um 18:30 Uhr. Marathon um Mitternacht und Ski im Grünen, alles geht. Und selbst während einer weltweiten Pandemie kann man, wie wir gesehen haben, weiterspielen, mit relativ geringen Humankosten sogar. Das ist nicht zynisch gemeint. Entgegen der scharfen Kritik und der Unkenrufe hat der Spielbetrieb recht gut funktioniert. Die Natur ist kein Deus ex Machina; sie ist keine biblische Strafe, die eine totale Apokalypse und damit für uns ein besseres System schafft. Organisierter Sport wird sehr lange sehr ähnlich weitergehen, irgendwie. Er kann auch gar nicht anders, denn er muss produzieren und verkaufen. Aber darum wird er letztlich die Katastrophe nicht überleben können, wirtschaftlich nicht. Seit 40 Jahren liegen die Fakten zur Klimakrise auf dem Tisch; seit 40 Jahren steigen die weltweiten CO_2-Emissionen entgegen allen Versprechen und Abkommen immer weiter an. Von 23 Mrd. Tonnen im Jahr 1995 auf 36 Mrd. Tonnen im Jahr 2019. Und wo sie sinken, sinken sie bei Weitem nicht schnell genug.

Der weltweite Sport steuert nach der Kalkulation von Goldblatt jährlich etwa 30 Mio. Tonnen an CO_2-Emissionen bei, so viel wie ganz Dänemark. Auch das sei noch viel zu niedrig angesetzt, weil ganze Branchen – wie die Textilindustrie und die Fernsehbranche – nicht eingerechnet seien. Und auch im Sport sind es die Reichen, die den größten Schaden anrichten: Die größten 17 Ligen der Welt sind für fast ein Drittel der Emissionen verantwortlich. Es handelt sich um ein systemisches Problem. Wachstum tötet.

Der Fußball ist dabei nicht arm an Einzelbeispielen, die ökologisch Initiative ergreifen. Der FC St. Pauli hat 2021 die nach eigenen Angaben nachhaltigste Teamsportkollektion der Welt auf den Markt gebracht, in Eigenregie produziert. Viele Männer-Bundesligisten beziehen ihren

Strom mittlerweile aus erneuerbaren Energien; die DFL will eine nicht näher definierte Nachhaltigkeit zur Lizenzbedingung machen, die Fifa will bis 2040 klimaneutral sein; selbst der FC Bayern lässt seit 2021 E-Dienstwagen fahren, und Corporate Social Responsibility, also das Vermarkten netter Initiativen, gehört längst ins Portfolio jedes Großklubs. Wie so vieles geschah das vor allem auf Druck der Fans, deren Bedeutung der Profifußball nicht mal erahnt. Kleine Klubs versuchen im Kleinen, etwas zu bewegen. Der winzige Amateurklub VfR Elgersweier veranstaltet Klimaschutztage, Eintracht Peitz aus der Lausitz will bis 2023 der erste CO_2-neutrale Amateurverein werden. In den Niederlanden, so schreibt Gerrit-Jan van Heemst im EM-Reiseführer der Bundeszentrale für politische Bildung („Heimspiele"), bilden Amateurklubs gezielt mehr Fahrgemeinschaften; der Verband KNVB habe errechnet, dass der Ausstoß bei Auswärtsreisen um 84 Prozent verringert werden könnte. Und in Brasilien wird auf einem Fußballplatz in Rio die für das Flutlicht benötigte Energie aus der Laufbewegung der Spieler:innen gewonnen und gespeichert.

Thomas Fischer, Bereichsleiter Kreislaufwirtschaft bei der Deutschen Umwelthilfe (DUH), sagt: „Der Fußball klammert Klimaschutz nicht länger aus. Früher hieß es in der Branche: Hier wird Geld gemacht, Klimaschutz ist für Weicheier. Jetzt ist etwas im Wandel, es gibt Ansprechpartner für Nachhaltigkeit, Einsparungen werden umgesetzt. Die gesellschaftspolitische Debatte setzt die Klubs massiv unter Druck." Allerdings stecke die Entwicklung noch „in den Kinderschuhen". Wo sich Ökonomie und Ökologie vereinen lasse, geschehe derzeit vieles zügig; es habe vorher zum Beispiel Klubs gegeben, da seien die Urinale so eingestellt gewesen, dass, wenn eines im Stadion spülte, alle spülten. Eine absurde Wasserverschwendung. In Bereichen wie Energie, Wasser und Abfall werde jetzt einiges getan. Aber wo es aufwändiger, kostspieliger, langfristiger werde, wie zum Beispiel bei nachhaltigen Mobilitätskonzepten, „tun sie sich sehr schwer". Die Sportjournalistin Nicole Selmer kritisiert: „Die Vereine ermuntern Fans zu umweltverträglichen Reisen, im eigenen Alltag kommen diese aber selten vor. Zeitersparnis und Bequemlichkeit wiegen im sportlichen Kerngeschäft schwerer als Klimaschutz, Tourneen in Asien und den USA sind offenbar zu lukrativ, um darauf zu verzichten." Und die Auswirkungen der Textilindustrie, eng mit dem Fußball verflochten, seien stärker als die der Luft- und Seefahrt zusammen.

Der mediale Fokus auf Einzelprojekte führt dazu, dass die realen Verursacher:innen und Strukturen in den Hintergrund geraten. Scheinbar wird ganz viel getan, doch inmitten des Waldes aus grünen Projekten wird es schwer, zu sehen, ob der Sport tatsächlich einen Fortschritt macht oder nur auf der Stelle spaziert. Die englischen Forest Green Rovers, deren Investor auf Öko-Themen steht, erklärten sich 2017 zum ersten veganen Fußballklub der Welt und wollen ein Stadion vorwiegend aus Holz bauen. Aber ist es wirklich ökologisch sinnvoll, ein neues Stadion für einen Viertligisten erbauen zu lassen? Der VfL Wolfsburg, der als einer der wenigen Klubs seinen Fußabdruck transparent macht, bekommt viel Lob für sein Engagement etwa bei Energieeffizienz und Nachhaltigkeit. Dass er vom Autohersteller VW finanziert wird, ist dann schnell vergessen. Und Investoren wie Bayer bekommen im Fußball eine unkritische Plattform, obwohl sie laut Pestizidatlas der Heinrich-Böll-Stiftung und des BUND 2022 allein mit dem mutmaßlich krebserregenden und für die Biodiversität schädlichen Glyphosat 2018 841 Mio. US-Dollar einnahmen und in Länder des globalen Südens hochgefährliche, in der EU verbotene Gifte exportieren.

Bisher versucht der Fußball, auf zwei Pferden gleichzeitig zu reiten, und bis zu einem gewissen Punkt geht das gut zusammen. Aber um die Emissionen so radikal zu senken wie nötig, den Exodus der Artenwelt zumindest zu bremsen und nicht planlos alle Ressourcen des Planeten zu verbrauchen, um die tägliche und selbstverständliche ökonomische und ökologische Gewalt zu stoppen, kann der Fußball nicht gleichzeitig immer mehr verkaufen und konsumieren. Auch ein veganes und ökologisches Stadionessen braucht Anbaufläche, deren Ertrag sich nicht unbegrenzt steigern lässt; Solarplatten auf dem Stadiondach mögen sich erneuerbar nennen, aber auch sie bestehen aus materiellen Ressourcen, wurden von Menschen und Maschinen hergestellt, die ihrerseits emittieren, benötigen zur Herstellung Energie, wurden oft um die halbe Welt verschifft. Und die Fußball-Dauerthemen Digitalisierung und eSports sind nur auf dem Papier progressiv – Computer haben längst mindestens einen so großen Fußabdruck wie der viel gescholtene Flugverkehr. Man kann nicht immer mehr Wettbewerbe schaffen, immer mehr fliegen, immer mehr Stadien bauen und gleichzeitig weniger zerstören. Diese Rechnung geht nicht auf.

Damit sie aufgeht, muss die Wirtschaft ohne Wachstum und Produktionssteigerung stabil sein. Also muss gesellschaftliche Anerkennung von Geld und Konsumgütern entkoppelt sein, wie es die Zweisäulenökonomie vorschlägt. Und der Konsum, der Spaß macht, muss gewaltfrei stattfinden. Keine ökologische und ökonomische Gewalt jenseits einer (bei dieser Menschenmasse unvermeidlichen) Schwelle. Wie aber definiert man eine Schwelle? Wie legt beispielsweise ein CMC oder ein Gericht fest, wo ökologische Gewalt beginnt?

► Verpflichtende Emissionsobergrenzen statt Klimaneutralität

Der Weltverband der Leichtathletik möchte bis 2030 klimaneutral werden, die Fifa bis 2040. Einzelne Vereine behaupten schon von sich, klimaneutral zu sein. Mainz 05 war Pionier im Jahr 2010, die TSG Hoffenheim zog im Sommer 2019 nach; Emissionen kompensiert etwa die TSG mit einem WWF-GoldStandard-Projekt in Uganda (Kikonda Forest). Und neben den eigenen Emissionen auch die der anreisenden Teams und Schiedsrichter:innen.

Das klingt gut und zeugt von wachsendem zivilen Druck oder eigenem Idealismus. Aber es ist auch ein Betrug der Öffentlichkeit. Klimaneutralität gibt es nicht. Was soll das überhaupt sein? Sie ist ein schwammiger, irreführender Begriff. Thomas Fischer von der DUH sagt: „Ein Verein ist per se nicht klimaneutral, dazu hat Fußball zu große Auswirkungen auf die Umwelt." Denn das allermeiste, was der Fußball in die Atmosphäre pumpt, wird einfach nicht in die Bilanz eingerechnet. Die gesamten Lieferketten, der Merchandise, die Herstellung von Bällen und Trikots, deren Transport um den Globus, die Emissionen der Medienleute und ihrer Übertragungen, der um die Welt fliegenden Scouts, der Bau von Stadien und die dafür stattfindenden Rodungen, der Energieverbrauch jenseits der Spieltage, die Herstellung der vertriebenen Nahrungsmittel, all das kommt überhaupt nicht vor, oder bestenfalls völlig selektiv. Die Rechnungen behandeln Fußball, als existiere da ein Spiel im luftleeren Raum. Die TSG Hoffenheim zum Beispiel kompensiert 2019 nicht die Emissionen aus der Fanmobilität; einer der wichtigsten Faktoren für die CO_2-Bilanz ist in der Rechnung also gar nicht enthalten. Die indirekten Konsequenzen finden schon gar nicht statt. Die Werbung für fossile Sponsoren, die Finanzierung durch Gelder aus häufig schmutzigen Branchen, die im Fußball Kontakte knüpfen, Legitimität bekommen, Profite machen. Und die Folgen von Reichtum. Manager,

Berater und Fußballer, meist sind es Männer, werden durch den Fußball sehr reich. Was kaufen sie? Schnelle Autos, große Villen mit beheiztem Pool, Privatjets, Smartphones, Luxusurlaube oder ganze Zimmerladungen von Sneakern. All das hinterlässt einen monströsen ökologischen Fußabdruck. Und Klubs erklären sich für klimaneutral. Und viele glauben das. Sie können überhaupt nicht klimaneutral sein, es sei denn, das zu verkaufende Trikot wird fünf Meter vom Stadion entfernt und mit bloßen Händen zu hundert Prozent recycelt.

Es ist gut, wenn Klubs und Verbände etwas tun. Es ist gut, dass Einzelne Verantwortung übernehmen, sie müssten es nicht tun. Man braucht das nicht mit Sarkasmus überziehen, sie stehen wie alle durch Strukturen und Wettbewerb unter Druck. Aber lasst uns das, was sie tun, doch konkret und korrekt benennen. Vereine und Verbände haben keine Lust, sich einzuschränken, und bürden einen kleingerechneten Teil der Emissionen, die sie verursachen, anderen auf – oft prekären Staaten, die Bäume pflanzen sollen und dadurch keine Chance haben, aus ihrem Land Kapital zu schlagen. Irgendwann, manchmal schon beim nächsten Brand, sind diese Bäume leider wieder weg, eine Milchmädchenrechnung. Thomas Fischer von der DUH sagt zur Gesamtlage: „Kompensieren ist besser, als nicht zu kompensieren. Aber das gilt nur für unvermeidbare Aktivitäten. Wir beobachten häufig eine Klimakompensation für per se unökologische und vermeidbare Maßnahmen wie Einweg-Plastikbecher oder Inlands-Kurzflüge. Das ist Greenwashing und ein ökologischer Ablasshandel. An den ursächlichen Problemen für die Klimagasbelastung wird so nichts geändert. Für das Image ist das gut, aber nicht für das Klima."

Auch der Bericht „Playing against the clock" warnt vor den negativen Konsequenzen der sogenannten Kompensation: „Einige Konzepte sind nachweislich schlimmer als nutzlos; entweder funktionieren sie nicht, oder sie erhöhen sogar noch die Emissionen. Andere Pläne finanzieren an und für sich gute Projekte, die auch CO_2 speichern, aber nicht im Verhältnis 1:1. Fossile Brennstoffe sind eine langfristige Möglichkeit, CO_2 zu speichern, wohingegen ein Baum, der als Kompensation gepflanzt wird, ein paar Jahre oder Jahrzehnte lebt, und eben nicht Millionen Jahre CO_2 speichert. Deshalb muss der Sport als Allererstes seine absoluten Emissionen senken." Goldblatt hält Kompensation für legitim, um in der aktuellen Notsituation einen Aufschub zu erkaufen. Aber das hilft nur, wenn gleichzeitig die Emissionen, anders als jetzt, massiv sinken. Die Zeit dafür läuft ab. Das Wort Klimaneutralität suggeriert, das Klima werde nicht länger belastet, und man könne im Prinzip weitermachen wie bisher. Das stimmt aber nicht. Wir müssen uns von diesem Unsinn verabschieden.

Die wirksamere Lösung sind feste Obergrenzen für Emission. Kein Netto-Betrag, den man vermeintlich ausgleichen kann, sondern ein Brutto-Betrag: Mehr als x darf vonseiten einer Gruppe oder Branche nicht in die Atmosphäre gelangen. Absolut nicht, keinesfalls. Sonst wird der Beitrag eingestellt. Und es muss alles aufgerechnet werden: Herstellung der Spielgeräte, Emissionen der Arbeiter:innen und Fans, Technik, Konsumverhalten der Spieler:innen als Folge ihrer sozialen Stellung und so weiter. Nur, was unter dieser Schwelle liegt, kann mit nachhaltigen Investitionen etwa in saubere Energie kompensiert werden. Ein Lieferkettengesetz, wie es 2021 teilweise auf den Weg gebracht wurde, kann helfen. Um einen Überblick zu bekommen, braucht es erst mal, das sagen Goldblatt und Fischer unabhängig vom konkreten Vorschlag, verlässliche Zahlen. Klubs und Verbände müssen verpflichtet werden, ihre CO_2-Bilanzen zu erheben. So wisse man, wo überhaupt Emissionen entstehen, über welche Größenordnungen man redet. Und dann ist die große Frage: Wie setzt man die Emissionsobergrenzen an?

Denn es lassen sich nicht Äpfel mit Birnen vergleichen, also keine einheitliche Obergrenze für alle schaffen. Manche Branchen sind wichtiger als andere, verbrauchen aber auch mehr; manche Sportarten locken Zehntausende in die Stadien, andere drei Leute. Manche reisen national, andere regional. Das sinnvollste Instrument, um Emissionen zu reduzieren, ist, mit den größten Verursacher:innen zu beginnen: Wer viel ausstößt, muss viel reduzieren. Wer sich weigert, muss den Betrieb schließen. Immer orientiert an einem langfristigen Ziel. Wie Belastung innerhalb dieses Ziels verteilt wird, das sollte die Gesellschaft demokratisch entscheiden, über CMCs oder Minis. Sie ist die Arbeitgeberin. Sie muss Budgets für Branchen verhandeln. Sie kann auch entscheiden, dass eine Branche wie Fußball, die viel Schaden verursacht, aber auch viele Menschen begeistert, ihr so wichtig ist, dass sie anteilig weniger reduzieren muss. Oder im Gegenteil mehr reduzieren muss, weil gerade etwas, was Menschen lieben, nicht zerstören soll. Wird die gemeinsam vereinbarte Schwelle überschritten, ist das ökologische Gewalt. Wer sie anwendet, muss für mehrere Jahre die Lizenz abgeben. Freiheit bleibt wichtig, aber sie endet da, wo zerstört wird. Ökologische Gewalt muss zusätzlich breiter definiert werden: Tierwohl, Artenschutz, Umweltschutz. Gerichte sollten die Beiträge vor der Zulassung und danach regelmäßig überprüfen. Und wir sollten einen Gesamtwert an Emissionen als Ziel setzen. Eine Senkung der Treibhausgase um einen bestimmten Wert mit einer verlässlichen Frist. Nicht in einem weit entfernten Jahr 2050, sodass Ziele vorhersehbar und achselzuckend verpasst werden. Sondern in Etappen von zwei bis drei Jahren; alle paar Jahre müssen kontrollierbare Zwischenziele erreicht werden. Und die Verantwortlichen haften dafür. Sie sind dabei nicht festgelegt, wie sie ihre Ziele erreichen, sie können kreativ reduzieren. Wer seinen Spielbetrieb an sich nicht ändern möchte, kann zum Beispiel auch stattdessen organisierte Pausen einlegen. Für einen gewissen Teil des Jahres ist der Fußball dann stillgelegt, samt allen Geschäften, die ihn betreffen. Außerhalb der Pausen kann man dann ähnlich weitermachen wie gehabt.

In einer Ökonomie wie der aktuellen, die Zerstörung mit dem Satz „Aber unsere Freiheit!“ zum Prinzip erhoben hat, lässt sich das Klima nicht retten. Selbst angenommen, dass es strenge staatliche Vorschriften gäbe, mit deren Hilfe manches gelänge, Verzicht wirkt oft nicht auf die kapitalistische Produktion. Der Philosoph Bernward Gesang schreibt in der „taz“: „Die [Öl-]Förderung blieb in den vergangenen 30 Jahren auf konstant hohem Niveau – völlig unabhängig davon, wie sich die Nachfrage oder die Preise entwickelt haben.“ Bricht die Nachfrage ein, schreibt er, werden Subventionen gezahlt. Und sobald der Preis fällt, greift in einer Marktwirtschaft irgendjemand zu. „Wenn wir fossile Energien sparen, sinkt der Weltmarktpreis, sodass andere Länder Öl und Gas billiger einkaufen können, was sie auch tun werden, weil sie dringend ihr Wachstum fördern wollen. Gespart würde de facto nichts durch unsere verringerte Nachfrage, sondern wir würden die Preise für die Schwellenländer subventionieren.“ Das ist der Preis der Konkurrenz. Irgendjemand kauft immer. Und alle müssen auf dem Markt das eigene Wohlergehen vorantreiben. An eine Fifa, die eine Priorisierung des Hobbyfußballs durchsetzt, glaubt ja wohl hoffentlich niemand.

Die Autorin Bini Adamczak schreibt, in einem System nationaler Konkurrenz sei Klimaschutz kaum möglich, weil der nationale Wirtschaftsschutz immer höher zähle. Anders gesagt: Von einem Apfelbaum, von dem jeder fürs Überleben und nur für sich selbst erntet, steigt niemand freiwillig runter. Und falls doch mal jemand Platz macht, stürmt sofort einer der Verhungernden vom Boden nach oben. Niemand zieht zurück, auch wenn alle spüren, dass die Äste brechen. Bis der Baum kollabiert.

▶ Die grüne Kreditkarte

Wir müssen klüger, verantwortungsvoller, sozialer wirtschaften und leben, sonst läuft diese Gesellschaft im hohen Tempo gegen eine Wand. Dabei kann man manches Bekannte mit herübernehmen, in die Zweisäulenökonomie etwa. Das sollten wir nutzen, denn Wandel muss zügig gehen. Ein Beispiel: Menschen bezahlen gern. Neben dem Ruf „Aber unsere Freiheit!" erklingt oft jener: „Aber unser Geld!" Vermutlich liegt das eher daran, dass sie gern besitzen, nicht gern bezahlen, aber bitte, warum nicht? Wenn sie das möchten, können Menschen in einer Zweisäulenökonomie besitzen und bezahlen. Budgets und Werte können sogar sinnvolle Anreize setzen, wenn man, im Gegensatz zur Gegenwart, darüber nachdenkt, wie sie wohl gut funktionieren würden. Aktuell soll bei der Produktion eine möglichst große Gewinnspanne erzielt werden, also Waren möglichst billig hergestellt werden; ein Anreiz, der Effizienz fördert, aber Arbeiter:innen, Lebewesen, Umwelt massiven Schaden zufügt. Jene Firmen, die alles mit Füßen getreten haben, produzieren am billigsten und haben einen großen Vorteil am Markt. Und es muss immer mehr konsumiert werden, damit die Wirtschaft stabil ist. Zwar versuchen Staaten, mit Dingen wie CO_2-Preisen und Subventionen gegenzusteuern, aber die meisten Schäden – an Arbeiter:innen, Lebewesen, Natur – sind gar nicht eingepreist. Verantwortung wird zur individuellen Entscheidung und zum Luxus, wo sie Geld kostet: Es müssen sich vor allem Arme einschränken. Und das ewige Fließband lässt sich nicht stoppen.

Warum bepreisen wir Waren nicht endlich ehrlich? Und zwar nach ihren Folgeschäden. Je schädlicher für Planet, Lebewesen und Klima eine Ware ist und je mehr seltene Ressourcen sie verbraucht, umso mehr sollte sie kosten. Es braucht dafür eine symbolische grüne Kreditkarte. Symbolisch, nicht monetär, weil Geld bedeutet, dass manche weiter zerstören dürfen und manche nicht. Ein gleiches monatliches Budget für jede Person: orientiert daran, was die Erde stemmen kann. Jede Ware kostet einen Preis. Und wer sich mit Waren versorgt, dem werden die Umweltkosten für das Produkt von der grünen Karte abgezogen. Ein Fußballteam, das zu einem Spiel fliegt, zieht am Schalter die grüne Kreditkarte durch und ist auf einen Schlag sehr viel des Monatsbudgets los. Fährt es mit dem Auto zum Stadion, kostet das weniger grünen Kredit, noch billiger ist das Rad. Mautstationen an Straßen und Kassen bei Freizeitaktivitäten für die Abrechnung haben wir ja praktischerweise schon.

Wer ein Produkt wählt, wo Tiere schlechter behandelt wurden, zahlt mehr, nicht weniger. Das lässt sich gut in ein System ohne Geld einfügen.

Das funktioniert, solange keine ausgewachsene Parallelwirtschaft entsteht mit schwarzen Kassen, die an der grünen Karte vorbeilaufen. Es hängt viel von Akzeptanz ab. Eine Gesellschaft muss sich mehrheitlich auf Regeln einigen. Obwohl beispielsweise aktuell Menschen einander alles umsonst zustecken könnten und damit das Geldsystem unterlaufen würden, tun sie das nicht – weil das System so akzeptiert ist, dass sie gar nicht darauf kommen. Die grüne Kreditkarte hat den großen Vorteil, dass Menschen sich individuell umstellen können, jeder nach seiner Fasson. Wer möchte, fährt weiter Sportwagen. Er kann bloß dann nicht mehr viel anderes tun im Leben. Jede muss wissen, was ihr wichtig ist. Wenn die Karte leer ist, ist Schluss, bis im nächsten Monat das neue Budget kommt. Wie im Kapitalismus. Wer will, kann monatelang Klimapunkte ansparen und sie in eine Flugreise zur WM investieren. Es ist völlig egal, wie viele rote und grüne Bonbons in der Tüte stecken, solange die Tüte gleich ist. Jedenfalls beim Konsum. Beim anerkannten Beitrag nicht. Wer einen Beitrag, sagen wir, als Rettungssanitäterin gibt, darf nicht fürs CO_2 des Transporters zahlen. Es ist Sache der Gruppen, nachhaltigere Transporter zu organisieren und die Schwelle einzuhalten.

▶ Tägliche Zahlen

Eine Pandemie bringt Menschen ja auf verschiedenste Gedanken. Und ein Gedanke, der immer wieder auftaucht, ist: von der Pandemie für die Klimakrise lernen. Der Umgang mit der Klimakatastrophe ist vor allem deshalb so horrend schlecht, weil die Zahlen im Alltag niemandem bewusst sind. Und sich die Katastrophe langsam abspielt. Im Fußball weiß jedes Kind, wer aktuell oben steht und wer unten, dank allgegenwärtiger Tabellen. Für die Welt gibt es sehr eindrückliche Klima-Countdowns im Netz, bei denen das CO_2-Budget bis zum 1,5- oder 2-Grad-Ziel sekündlich sinkt. Aber in den täglichen Nachrichten tauchen sie nicht auf. Wöchentlich wird die Tabelle der Männer-Bundesliga geliefert, Ergebnisse werden vermeldet, ähnlich für Corona oder Lotto – aber keine Klimazahlen. Es wäre sehr hilfreich, wenn die wichtigsten Zahlen täglich geliefert werden. Wie viel Wald ist diese Woche abgeholzt worden, wie viel Kohle verbrannt, wie viel Biomasse verschwunden? Wie viel ökologische Gewalt wurde angewendet?

Das kann auch für einzelne Branchen gelten: Eine Institution in der Fußballbranche liefert wöchentlich Zahlen, wie viel noch zerstört werden kann, bis die Emissionsschwelle erreicht ist. Das wäre sehr hilfreich, weil gut informierte Menschen viel häufiger und kenntnisreicher miteinander über Ökologie reden; und sie könnten eine Dramatik greifen, der sie sich aktuell entziehen. Womöglich würden sie sich an der Krise erschöpfen, ewiger Krisenmodus geht nicht. Aber sie lässt sich nicht ausschalten. Und sie wären auch gezwungen, Lösungen zu finden. Denn Handeln hat Folgen: Im persönlichen grünen Budget für den nächsten Monat befindet sich weniger.

Umgekehrt ist es aber auch eine Möglichkeit, zu belohnen: Wenn gute Erfolge erzielt werden, kann das Budget vielleicht etwas höher angesetzt werden. Es kann ein internationales WM-Turnier angesetzt werden, das sonst nicht hätte stattfinden können. Und es ist eine Einladung für noch etwas anderes: Spaß und Konsum voneinander zu lösen.

► Nachhaltige Fanmobilität

Es mag viele erstaunen, aber die wichtigsten Ursachen für Emissionen im Spielbetrieb sind nicht die Flüge zum Champions-League-Finale oder ins Trainingslager nach Katar. Sondern mit großem Abstand: Fanmobilität. Die Agentur Co2ol, eine Klimaschutzberatung für Unternehmen, hat 2019 in Kooperation mit dem Deutschlandfunk den durchschnittlichen Fußabdruck eines Fans in der Männer-Bundesliga berechnet, teilweise als Modellierung. Welche Anreise, wie viel Bier, wie viel Bratwurst, wie viel Müll? Das Resultat: 7.753 Tonnen CO_2 produzieren Fans an nur einem Spieltag in der ersten Liga, davon zwei Drittel durch Mobilität. 48 Fußballfelder Bäume müsste man pflanzen, um das, nun ja, zu kompensieren. Es entspricht dem Verbrauch von 700 Bürger:innen – in einem ganzen Jahr. Obwohl die meisten Bundesligisten sogar ein Kombiticket mit dem ÖPNV anbieten, kommen viele Fans weiter mit dem Auto. Bei Turnieren wie der Männer-WM 2018 entstehen nach Fifa-Kalkulationen 73 Prozent des Ausstoßes durch Mobilität, bei den meisten Spielen sind es 60 bis 80 Prozent. Solche Zahlen sind nur bedingt verlässlich, denn in ihre Berechnungen fügt die Fifa zum Beispiel wohlweislich nicht die massiven Emissionen durch den Bau ihrer bombastischen WM-Stadien mit ein. Und auch nicht die Herstellung der Tonnen von Merch. Es ist eben bequem, die Verantwortung auf

Fans abzuwälzen. Es lohnt also, das Kleingedruckte zu lesen. Trotzdem, für einen utopischen Fußball ist die Mobilität eine ganz entscheidende Frage. Wenn er nicht hinter verschlossenen Türen stattfinden soll, muss eine Lösung her. Der Kapitalismus begnügt sich damit, daraus eine private Kaufentscheidung zu machen: Ihr müsst eben alle mehr Bahn fahren und weniger fliegen. Aber Mobilität hat Gründe. Schlecht ausgebauter ÖPNV an der Peripherie, Dörfer, wo der Bus einmal pro Stunde kommt; viel zu billige Flüge, immer noch zu billiger Sprit, die Existenz des Privatautos. Und natürlich: Gewohnheiten und Bequemlichkeit. Es geht einfach schneller, mit dem Auto zum Spiel zu fahren, und Gelegenheitsfans sehen den Reiz einer bierseligen Zugfahrt weniger. Nicht zuletzt sind die megalomanischen Stadien verantwortlich, die an Autobahnen statt an Bahnhöfen gebaut werden, auf der grünen Wiese statt im Viertel. Ausgerichtet auf die wohlhabende Konsumentin des fossilen Zeitalters, mit endlosen Autoparkplätzen statt Fahrradständern. Fanmobilität ist keine Privatsache. Wenn sie nachhaltig sein soll, muss sich das Verkehrssystem verbessern.

Weniger Aufmerksamkeit für Symbolik, mehr für ökonomische Zusammenhänge, sagt David Goldblatt im Gespräch für dieses Buch. „Ob Klubs und Spieler:innen fliegen, ist symbolisch und politisch total wichtig, aber um Klimaneutralität zu erreichen, ist das ein sehr kleiner Aspekt. Wir müssen uns um die 60 bis 70 Prozent der Emissionen kümmern, die allein bei nationalen Partien durch Reisen der Fans entstehen. Es ist zehnmal billiger, zu fliegen, als den Zug zu nehmen. Es wäre wichtig, dass die Fußballindustrie darüber spricht, wie unmöglich die Situation ist. Wir müssen über massive strukturelle, ökonomische Veränderungen sprechen." Das heißt: massiver Ausbau des öffentlichen Nahverkehrs in der Provinz, in den Vororten, auf dem Land. Solange es das nicht gibt, fahren die Leute natürlich Auto. Autonome Busse und E-Bikes könnten helfen, ein kostengünstiges Transportnetz auf dem Land aufzubauen, auch Carsharing. Wer Tag für Tag Bus und Bahn fährt statt Auto, wer in Filmen Busfahrten sieht statt der allgegenwärtigen Sportwagen, wer nicht fünfmal umsteigen muss, nutzt den Bus viel eher auch auf dem kostenlosen Weg zum Stadion. Es geht um einen Kulturwandel. Der muss aber auch in der Stadt stattfinden. Genug Leute nutzen dort aus Bequemlichkeit weiter das Auto, und wenn es nur einen Zeitvorteil von zehn Minuten bringt. Eine grüne Kreditkarte und autofreie Zonen sind relativ einfache Möglichkeiten, das zu reduzieren. Und massiv erhöhte

Spritpreise in wohlhabenden Zentren. Wer dort schon wohnt und fahren will, soll zahlen müssen.

Zweitens: Bei Spielen muss auch in der Provinz, wo viele Klubs größere Einzugsgebiete haben, die Taktung des ÖPNV deutlich erhöht werden. Die Vereine wissen in der Regel, von wo ihre Fans vorwiegend anreisen; das könnten sie viel besser mit den Verkehrsbetrieben abstimmen. Und die Klubs müssen in der Summe weniger spielen. Sie können nicht von ihren Anhänger:innen Verzicht einfordern und gleichzeitig sieben Tage die Woche Spielbetrieb fahren, um anschließend die erwirtschafteten Gelder in Privatjets und Autos zu stecken. Die Rechnung geht nicht auf.

Und drittens: die Abschaffung des Privatautos. Private Mobilität im Auto kann es mittelfristig schlicht nicht mehr geben. Auch nicht elektrisch; man kann nicht einfach eine Massenproduktion durch eine andere ersetzen und hoffen, die Erde würde den Trick nicht merken. Ausnahmen muss es geben, für Menschen zum Beispiel, die irgendwo im Outback wohnen, die ihren Wohnsitz in einem Fahrzeug haben oder die ein Auto unbedingt möchten – und dafür bereitwillig auf genügend andere Dinge verzichten.

Es gibt daneben viele Details, über die die Klubs viel lieber reden, und die sich sehr einfach individuell umsetzen lassen. Rabatte im Stadion, wenn man als Fan mit dem Fahrrad oder der Bahn kommt, zum Beispiel. Thomas Fischer von der Deutschen Umwelthilfe schlägt vor: „Man kann den Stadionbereich für Verkehr sperren." Ähnlich sieht das David Goldblatt: „Klubs müssen das Parken im Umkreis von einer halben Meile rund ums Stadion verbieten, Fahrradparkplätze bauen. All das verändert die Debatte. Für viele Leute ist die Reise zum Stadion eine der wichtigsten Gewohnheiten. Wenn Fußball vorangeht, kann er so viel verändern. Fußball kann Gruppen erreichen, die aktuell beim Klimaschutz nicht engagiert oder dagegen sind."

Wichtig ist, dass die E-Bike-Stationen, die Sperrungen und die Rabatte nicht als günstige Alternative zu einem guten Verkehrssystem verkauft werden. Sie sind eine Ergänzung. Es nützt dem Fan vom Dorf nichts, wenn die Verbindung so schlecht ist, dass er lieber mit dem Auto bis in die Nähe des Stadions fährt, die Vororte zuparkt und dann in den Nahverkehr steigt. Es geht nur ganzheitlich.

► Weniger Spiele, Priorität für lokalen Fußball

Wie rechtfertigt man vor den eigenen Fans, dass sie mit dem Fahrrad kommen sollen, während man weiter nach Katar ins Trainingslager fliegt? Zahme interne Interessengruppen wie Sports for Future wirken nicht so, als wollten sie an den Konsumtempel Männerfußball ran; sondern eher, als wollten sie ein wenig Löwenzahn drum herum pflanzen. Je weiter sich die Gesellschaft verändert, desto stärker wird der Druck auf den Fußball steigen, sich ebenfalls von seinem fossilen Wunderland zu verabschieden. Auch unter Spieler:innen könnte es ein wachsendes Bewusstsein dafür geben, mithin das, was David Goldblatt „den Marcus Rashford fürs Klima" nennt. Und dann wird es interessant.

Immer mehr Spiele und sinnlose Turniere sind ein Aufreger. Die Klimakatastrophe spielt dabei aber kurioserweise kaum eine Rolle. Dabei ist es offensichtlich, die beiden Themen zu verbinden. Die meisten Fans wollen keine WM alle zwei Jahre, aber sie argumentieren zuvorderst mit Profit und Korruption statt mit Klimaschutz. Ökologie ist das viel mächtigere Argument, und eines, gegen das die Fifa sich am schlechtesten wehren kann. Die bewusste Herbeiführung der Klimakatastrophe um des privaten Profits willen, die Zerstörung der Natur und der menschlichen Lebensgrundlage, darüber kann man schon mal stolpern. Wenn Fridays for Future ernsthaft auf den Fußball aufmerksam wird, es vonseiten aktiver Fans Klima-Demonstrationen vor der Fifa-Zentrale oder vor den Stadien gibt, erzeugt das wesentlich mehr Druck als eine vermeintlich interne fußballerische Kulturdebatte. Und der Fußball sollte das spüren. Setzen wir ihn doch mit einer gegenteiligen Forderung unter Druck: WM nur noch alle sechs oder acht Jahre. Emissionsobergrenzen statt Klimaneutralität. Das hat natürlich zunächst wenig Aussicht auf Erfolg. Aber es schafft eine Debatte, Druck, und dieser Druck wird es wesentlich schwerer machen, den Status Quo in die Gegenrichtung zu verschieben. Der einstige argentinische Trainer César Luís Menotti hat in einem Interview 2017 gesagt: „Die spielen am Montag, am Dienstag, am Mittwoch, am Donnerstag – bald spielen sie jeden Tag. Das ist wie mit dem Essen, das sage ich ja schon lange: Ein Teller gute Nudeln ist wunderbar. Zwei Teller gute Nudeln sind in Ordnung, bei drei Tellern wird es eng. Wenn sie dir jeden Tag drei Teller Nudeln geben – bitte nicht! […] Man muss doch auch mal aufhören können. Das ist die Wirtschaft, die sagt: Lasst sie einfach jeden Tag spielen." Diese Wirtschaft muss stürzen.

So viele klagen – und schauen doch hin. Die breite Masse ist ein schlechter Regulator. Man kann ihr auch 20 Jahre lang die immer gleichen Superheldenfilme vorsetzen, das funktioniert prima. Je weniger Vielfalt sie erlebt, desto mehr verkümmert ihr Verständnis davon, was überhaupt möglich wäre. Die Rückeroberung des Fußballs von der Wirtschaft muss eine hartnäckige Minderheit erkämpfen. Weniger Fußball ist nicht nur eine ökologische Notwendigkeit. Es kann dem Spiel seine gesamtgesellschaftliche Bedeutung zurückgeben statt eines ständigen Rauschens. Champions League nur alle vier Jahre, regionale statt nationale Ligen. In „Playing against the clock" heißt es: „Vielleicht am wichtigsten überhaupt wäre es, dass die globale Sportindustrie Graswurzelsport und lokalen Sport über Profisport und globalen Sport stellt."

► Veganismus im Stadion

Fußball, zumindest in Nordeuropa, ist ein heiliger Ort des Fleischkonsums. Bratwurst und Bier werden idealisiert wie sonst nur das Wappen und das Stadion. Aber es gibt Klubs, die beginnen, das zu ändern. Der fangeführte Lewes FC in England hat nach eigenen Angaben viele vegane Optionen ins Stadionmenü eingeführt. Charlie Dobres von Lewes FC sagt im Gespräch: „Man muss den CO_2-Abdruck definitiv im Kopf halten. Aber der größte Verursacher von Treibhausgasen ist nicht der Verkehr, sondern die Tierhaltungs-Industrie. Deshalb bin ich eher an fleischfrei interessiert als an weniger Reisen. Der Veganismus ist das Wichtigste, was der Fußball tun kann." Für eine andere Ernährung im Stadion spricht sich auch David Goldblatt aus. „Es ist eine Chance, sehr viele schnelle Erfolge zu erzielen. Wir brauchen nicht sofort fleischfreie Fußballstadien. Aber der Ansatzpunkt an englischem Stadionessen ist: Es ist so schlecht, es ist ungenießbar. In Israel gab es am Stadion Wraps mit Hummus, Falafel, Pommes, Salat, das war sensationell gut. Es gibt so viel gutes vegetarisches und veganes Essen auf der Welt. Wir brauchen Innovation, ein größeres Angebot. Ich glaube, viele Fans würden das kaufen."

2017 gab die UN den Anteil der Haltung und Verarbeitung von Tieren an den weltweiten CO_2-Emissionen mit 14,5 Prozent an, mehr als den des Verkehrs. Um seriös zu wissen, womit der Fußball den größten Effekt erzielt, muss man allerdings einbeziehen, welchen Anteil er jeweils an den Emissionen der beiden Branchen hat; das hängt nicht nur davon ab, wie viel, sondern auch, welches Fleisch genau dort konsumiert wird. Und es lohnt sich, zu überlegen, wo sich schnell eine Wirkung auf die Emissionen erzielen lässt. Beim Verkehrssystem lässt sich im Kapitalismus wirksamer etwas verändern, weil Transportsysteme lokal und teils staatlich funktionieren, sie werden geplant. Die Tatsache, dass ein Staat mit anderen konkurriert, hält ihn glücklicherweise nicht davon ab, eine Straßenbahn zu bauen. Beim Fleischkonsum ist es dagegen schwerer, auf die Emissionen einzuwirken: Wenn die Preise sinken, kaufen andere. Der weltweite Fleischverbrauch ist trotz aller Veggie-Trends von 33 Kilo pro Kopf im Jahr 1990 auf 42 Kilo im Jahr 2018 gestiegen. Große Wirkung unseres Kaufs? Das ist eine Fabel der Industrie.

Aber natürlich hilft es, zumindest einen Kulturwandel voranzutreiben. Ein Kulturwandel im Klub dauert lange – offenbar wird vegetarisches und veganes Stadionessen immer noch kaum nachgefragt. Das liegt aber auch daran, dass die Klubs direkt oder indirekt mauern. Wie zuletzt Union Berlin, die sich damit brüsten, keine vegane Wurst zu haben, weil sie, wie Dirk Zingler unangenehm populistisch verkündete, „Bratwurst, Bier, 90 Minuten Fußball" pflegten, statt „jedem Trend" zu folgen. Fleisch wird ständig für Identität instrumentalisiert. Fußball könnte über andere Ernährung so viele Debatten anstoßen, Signale in viele Gruppen senden, auch an Hersteller. Vor allem angesichts dessen, dass viele Spieler:innen vegetarisch oder vegan leben, ist sein Bratwurst-Kult schlicht Heuchelei. Wir sollten uns aber bewusst sein, dass persönliche Kaufentscheidungen begrenzt wirken.

► Patenschaft für ein Stück Land

Privatbesitz ist eines der mächtigsten Herrschaftsinstrumente der menschlichen Geschichte. Aber er hat auch Stärken, zum Beispiel diese: Er erleichtert Verantwortung. Blumen, die allen gehören und niemandem, haben üblicherweise schlechtere Überlebenschancen als solche, die einer einzelnen Person oder Kleingruppe gehören, die sich kümmert. Man kann dieses Prinzip nutzen, in wesentlich größerem Maßstab. Indem man Stücke von Land an Freiwillige vergibt, an Einzelne oder an Gruppen, die sich darum kümmern. Viele Menschen haben eine sehr intensive Beziehung zum Land, von dem sie stammen, andere könnten über Artenschutz, Sinnstiftung oder über Traditionen angesprochen werden. Das zu pflegende Stück Natur ist das große Äquivalent zum modernen Garten oder zum gemeinschaftlichen Dorfprojekt – mit dem Ziel der Verwilderung. Durch den Privatbesitz ist das Stück vor Großgrundbesitz und industrieller Nutzung geschützt. Klein genug, dass etwa mit der Abholzung von Bäumen für die Besitzer:innen kein großer Profit zu machen ist, groß genug, um wirklich etwas draus machen zu können. Eine Art Patenschaft. Wer möchte, kann sein Patenstück in einen winzigen Nationalpark verwandeln oder in einen riesigen Blumengarten oder in ein Reservat für eine bedrohte Tierart. Und wer bloß eine Grillhütte, zwei Fußballtore oder eine Partybude dorthin setzt – immer noch besser als eine Mine. Gewissermaßen das Prinzip Schrebergarten in groß, Naturschutz durch alle. Wer eine Patenschaft übernimmt, ist für die Zukunft dieses Stücks Natur verantwortlich. Es kann im besseren Fall mit Stolz erfüllen, einen kleinen Flecken wiederhergestellt zu haben. Und es schützt auch mutmaßlich vor Wilderei. Wenn Menschen vor Ort die Besitzer:innen sind, wird das von den Nachbar:innen womöglich wesentlich eher respektiert. Dafür aber müssen alle angemessen versorgt werden: Mit leerem Magen schützt es sich schlecht.

KAPITEL 5

Eine neue Sportidee

In der Debatte um völlig neue Systeme geht es selten um das, was auf dem Platz passiert. Dabei wäre das ein ganz zentraler Hebel. Der Sport wird nur dann grundlegend besser, wenn man die Tätigkeit anders denkt. Der Sportwissenschaftler Sven Güldenpfennig entwirft im Folgenden einen Sport, wo das Publikum den Kampf genießt, statt sich mit einem Ort und Klub zu identifizieren. Und ein völlig neues Verhältnis zwischen Fans und Verein. Die Kulturanthropologin Friederike Faust hält den Reformpfad im Fußball für eine große Gefahr. Die aktuellen Normen, kritisiert sie, konservierten männliche Macht und würden kaum hinterfragt. Sie entwirft einen Fußball, der für subjektiv schönes Spiel belohnt, das Leute glücklich macht. Und plädiert für radikale Kritik statt Liberal-Feminismus. Und der Gewerkschaftsaktivist Gabriel Kuhn spricht darüber, wie engagierte Vereine eine wirkliche Breitenwirkung im Viertel erreichen können. Und über seine Utopie für einen Sport, bei dem Fußballer:innen nicht entlohnt werden.

„Das Verhältnis zwischen Fans und Verein muss sich grundlegend ändern"

Interview mit Sven Güldenpfennig

Sven Güldenpfennig ist Sportfunktionär und Sportwissenschaftler. Er war Leichtathlet und Hochschullehrer, unter anderem in Sportphilosophie und Sportsoziologie.

Gab es einen Punkt in der Geschichte, wo es die realistische Möglichkeit gegeben hätte, Sport oder Fußball ganz anders zu organisieren?

Man muss da schon ins 19. Jahrhundert zurückgehen, in die Startphase. Das gilt für den Fußball insbesondere. Die Idee in den verschiedenen Sportarten war: Wir wollen spielen, das Geschehen auf dem Platz war ausschlaggebend. Das hat den Sport maßgeblich vom Turnen unterschieden, wo man der Meinung war, dass die Körperkultur eine Aufgabe haben muss, hin zu dieser Instrumentalisierung und Parteinahme. Dann musste der internationale Sport organisiert werden, die Staaten mussten Visa erteilen, Grenzen öffnen. So entstand die Organisation des internationalen Sports über Nationalmannschaften. Das ist ganz wichtig.

Es hätte also ganz anders laufen können?

Natürlich. Musiker reisen ja auch nicht als Nationalorchester um die Welt. Der Sport hatte immer mit einer nationalen und später lokalen Identifikation zu tun. Der Kölner ist FC-Fan, das ist aus der Internationalisierung des Sports entstanden. Ich bin ein großer Fan dessen, dass man auch den Spitzensport als eine Form von Kunst interpretieren sollte. Der ganze Boom, den der Fußball in den letzten 50 Jahren erlebt hat, geht aber maßgeblich über die Schiene der Identifikation, nicht die der Kunst. Nicht das Fantum für den Sport, sondern das Fantum für eine Gemeinschaft. Wir haben uns so daran gewöhnt, dass es sich der normale Mensch gar nicht mehr anders vorstellen kann.

Hat das aber nicht mit dem Wesen des Sports zu tun? Bei einem Duell wird eben Aggression und Zusammenhalt freigeschaltet gegenüber dem anderen Team, anders als in der Musik.

Wenn ich als Musikerin ein neues Stück einstudiere, ist mein Gegenspieler der Komponist, der mir ein so schweres Stück vor die Nase setzt. Auch in den performativen Künsten gibt es Gegenspieler, im Sport sind sie natürlich sichtbarer. Beide Gegner arbeiten aber am selben Stück, das wird in der Sport-Diskussion übersehen. Fußballer spielen ohne geschriebenen Text wie beim Theater, es wird auf dem Platz improvisiert. Ich brauche den Gegner. Die Emotionen, die so hochgelobt werden, sind ganz überwiegend immer Parteinahme. Wenn ich die wegnehme, etwa bei den Geisterspielen, haben viele das Gefühl, das sei plötzlich wertlos, nur weil sie ihre Identifikation nicht mehr auf den Platz tragen können. Sie haben überhaupt kein Verständnis dafür, dass beide ein Stück aufführen.

Aber im Fußball gibt es doch gerade einen entgegengesetzten Trend der Individualisierung. Man ist nicht mehr Fan von PSG, sondern von Neymar.

Das Phänomen gibt es, in anderen Sportarten gibt es das auch teilweise. Den großen Stars laufen alle hinterher. Aber das sind Einzelphänomene. Üblicherweise ist Zuneigung an Teams gebunden.

Wie würde ein Fußball aussehen, der sich an diesem Wendepunkt anders entwickelt hätte?

Da bin ich überfordert. Ich bin mir auch sicher, dass Veränderung höchstens in einem langen und tiefgreifenden Umdenkprozess möglich wäre. Aber meine Idee ist schon die: Wenn der Fußball sich als Sport versteht, muss er das Verhältnis zwischen Fans und Spielern grundlegend ändern. Der ganze Boom hängt an dieser Fehlkonstruktion. Wenn wirklich Fußballfans und nicht Klub-Fans im Stadion säßen, kämen die Stadien, die heute 60.000 Menschen fassen, wahrscheinlich mit 10.000 Plätzen aus. Die ganze Struktur wäre anders, die gesamte Ökonomie würde heruntergefahren. Das will natürlich keiner von denen, die dort Verantwortung tragen. Sie leben von der gelben Wand und dem Hype. Sie werden einen Teufel tun, an der Schraube zu drehen. Die Diskussion um Gewalt im Fußball wird auch deshalb unehrlich geführt; die Klubs distanzieren sich davon, aber sie schaffen in Wahrheit genau das Klima, in dem Menschen sich ermächtigt fühlen, so zu handeln.

Die regionale Bindung von Fans ist aber auch positiv, es kommen verschiedene Milieus zusammen, es passiert Demokratisierung. Beim Theater entsteht das nicht.

Ich stimme Ihnen teilweise zu. Diese sozial integrativen Mechanismen sind in unserer Gesellschaft enorm wichtig. Aber es macht wenig Sinn, die positive Rechnung aufzumachen ohne die Gegenrechnung. Demokratisierung ist völlig zwiespältig. Fangruppen machen solche Aktivitäten, aber gleichzeitig hebeln sie das demokratische Prinzip aus. Indem sie sagen: Was unsere Vereinsführung macht, sei völlig inakzeptabel. Sie glauben, zu wissen, was richtig ist. Das ist die Schaltstelle, wo das demokratische Prinzip regelmäßig ausgehebelt wird.

Protest ist doch ein sehr demokratisches Prinzip.

Die Vereinsführung ist demokratisch legitimiert. Wenn ich etwas ändern will, muss ich mich wählen lassen. Fans halten die Selbstjustiz immer in der Hinterhand.

Die Sportarten, wo man Rivalitäten auslebt, scheinen alles Teamsportarten zu sein. Im Einzelsport sieht es ganz anders aus. Ist es nicht auch eine Frage der Sportart?

Das ist richtig. Eishockey, Handball, Basketball, dort stehen „Die" und „Wir" auf dem Platz, nicht Einzelne. Aber das Denken in „Die" und „Wir" überdeckt das Interesse am Spiel. Wenn eine 4:0-Führung im 4:4 endet, gewinnt das Spiel eine völlig neue Qualität, aber die ersten 80 Minuten haben die eine Seite nicht interessiert, weil „Wir" nicht erfolgreich waren. Die Sportreporter reproduzieren permanent dieses Muster.

Hätten Sie gerne, dass nicht mehr zwei Teams gegeneinander spielen?

Das wäre genau die falsche Schlussfolgerung. Der Fußball hängt gerade daran, dass da zwei gegeneinander spielen. Er lebt davon, dass alle Beteiligten mit letztem Einsatz kämpfen, das ist wichtig. Gerade das scheinbar Konfrontative, das darf man nicht aufheben, das macht das Wesen dieses Sports aus. Aber wir sollten den Kampf genießen, nicht den Sieg „unserer" Leute.

Neue Sportideen bleiben in der Nische

Die grundlegende Kritik am Spiel selbst erlebt vielleicht eine kleine Renaissance. Und sie ist sehr alt. Der Arbeiterfußball, die Schwulenbewegung, die Frauenbewegung, sehr viele haben Fehler des organisierten Fußballs sehr früh analysiert. Und sie haben, was kaum jemand weiß, bis heute kleine Spuren hinterlassen. Rolf Frommhagen schreibt in seinem Buch „Im Fußballhimmel?" über Arbeiterfußball: Viele Regeln, zum Beispiel Auswechslungen, nicht den Torwart im Strafraum angehen oder Golden Goal wurden im Arbeitersport der 1920er-Jahre erfunden, nicht im bürgerlichen Fußball. Nicht zu vergessen: Frauen durften dort schon spielen, lange bevor es ihnen im anderen Fußball erlaubt wurde. Es gab Schiedsrichterinnen, auch im Männerbereich.

Der wirklich andere Sport, den einige anstrebten, konnte sich in diesem Wirtschaftssystem aber nie durchsetzen. Er lebt nur in der Nische. Die Kulturanthropologin Friederike Faust berichtet in „Fußball, Leistung, Männlichkeit" von der NGO Discover Football, bei deren Frauenfußballfestival die anreisenden Teams durchmischt werden; die

Trainer:innen arbeiten in einem Tandem aus zwei Nationen. Schwächere Spielerinnen spielen so viel wie starke, und es gewinnt nicht das erfolgreichste Team, sondern ein Team, das solidarisch war und für gute Stimmung gesorgt hat. Gabriel Kuhn porträtiert in „Soccer Vs. The State" anarchistische Fußballklubs und Ligen weltweit, darunter mehrere, bei denen man sich nach Belieben auf Seiten beider Teams einwechseln lassen kann. Es wäre eine ganz neue Spitzenliga, in der eine Spielerin sich am Spielfeldrand spontan entscheiden kann, ob sie dem verlierenden Team doch noch zum Sieg verhelfen will. Wo ständig durchmischt wird, mit völlig neuen Möglichkeiten und Dramen. Die inklusive Handball-Liga Freiwurf Hamburg wiederum spielt keine Meister aus, sie ist bloß ein Spiel. Wenn auf dem Feld eine Person im Rollstuhl sitzt, so berichtet die „taz", dann setzt sich auch im gegnerischen Team jemand in den Rollstuhl. Spieler:innen dürfen höchstens vier Tore pro Spiel werfen. So übernehmen auch die Schwächeren Verantwortung. Es gibt jenseits der öffentlichen Blicke überall Ideen für einen besseren Sport.

Warum aber hat grundlegende Sportkritik so wenig Fuß gefasst, obwohl so viele mit dem Fußball unzufrieden sind? Es gibt, natürlich, die Gründe der Klassengesellschaft. Kritik und neue Ideen haben so gut wie keine Plattformen, keine Sichtbarkeit, und sie können sich keine Werbung leisten. Sie werden nicht in der Schule oder Uni gelehrt, haben kaum Sponsoren, denn sie gefährden den Status Quo – und die guten Geschäfte vieler. Schon Statuten und Platzverbote verhindern, dass ganz andere Ideen innerhalb der Verbände gespielt werden. Die Verbände wollen mit allen Mitteln ihre Macht halten über das, was Fußball sein darf. Der neue Fußball bleibt unbezahlt und unsichtbar – oder wird aktiv bekämpft. Aber neue Ideen sind auch oft zu aseptisch, riechen zu sehr nach Wünschen am Schreibtisch. Viele propagieren ein humorloses Entweder-Oder: entweder Leistungskult und Beherrschen oder solidarischen Sport, als könne man das so säuberlich trennen.

Viele Spieler:innen wollen aber Sieg und Niederlage sowie ein leistungsorientiertes Spiel. Es ist spannend, schnell, emotional, und solche Wünsche sind wichtig. Was soll es bringen, ihnen zu sagen: Das sollt ihr aber nicht? Einen rein zielorientierten Sport, der menschliche Wünsche wegwischt, möchte niemand spielen. Der aktuelle Sport gewiss ist auch einer, der viele menschliche Wünsche unterdrückt: Er unterdrückt den Wunsch nach Kooperation und Mitgefühl, nach gemeinsamer Tätigkeit statt Gegeneinander. Nach Kreativität statt Ordnung. Nach Mitsprache statt Gehorsam. Nach Schutz statt Beherrschen. Nach Zusammenspiel statt Segregation. Nach Gerechtigkeit statt unfairem Sieg der immer Gleichen. Leisten wir endlich Widerstand gegen das Diktat der Verbände und einen unwürdigen, unterdrückenden Sport. Im Fußball vor 1850 übrigens waren Positionen unbekannt, jede und jeder konnte sich auf dem Platz frei bewegen. Auch das wäre ein spektakulärer Fußball.

„Der Reformpfad ist eine große Gefahr"

Interview mit Friederike Faust

Friederike Faust ist Kulturanthropologin und an der Humboldt Universität Berlin tätig. Für ihre Doktorarbeit hat sie drei Jahre Feldforschung zu Feminismus und Fußball betrieben und vielfach zum Thema veröffentlicht. Sie war Mitglied der feministischen NGO Discover Football.

Du klagst, es gebe nur eine reformorientierte Fußballpolitik, es werde nicht auf die Ursachen der Probleme geschaut. Was sind denn für dich die Ursachen der Probleme im Fußball?

Fußball ist nach männlichen Prinzipien organisiert. Es ist keine geschlechtsneutrale Praxis. Zum einen ging es in den Anfängen ganz konkret darum, Bewegungsformen zu entwickeln, mit denen Männer bestimmte Männlichkeiten erlernen sollten: Werte wie Disziplin, Durchhaltevermögen, Härte, Teamgeist. Zum anderen hat sich damit auch ein Leistungsverständnis in den Fußball eingeschrieben, das sich an einem ganz bestimmten Körper orientiert: jung, männlich, fit, heterosexuell. Bis heute wirken Vereine und Verbände daran mit, diese sozial männlichen Prinzipien und die männliche Körpernorm mit Regeln und Strukturen zu konservieren. Wir spielen wettbewerbsorientiert, es geht um Durchsetzung, Sieg und Niederlage, Beherrschung und Disziplinierung des eigenen Körpers, ständiges Optimieren, Verbessern und Übertrumpfen. Es geht also darum, über die Praxis des Fußballs und die Körpernormen männliche Macht zu bewahren. Und diese Prinzipien bedingen ganz viele der Probleme, die wir heute im Fußball sehen.

Die Frauen, die Fußball spielen, übernehmen aber ja sehr stark diese Prinzipien. Es wird nicht hinterfragt, dass man leistet, dass man siegt und so weiter. Ist das Verhalten also nicht rein menschlich? Oder sähe ein von Frauen konstruierter Fußball wirklich anders aus?

Ich glaube nicht, dass er per se anders aussähe. Du hast Recht, viele Frauen im Fußball lieben den Fußball genauso, wie er ist. Es fühlt sich für sie als Befreiung an, als eine Befreiung von der weiblichen Rolle, die sie oft auch als einschränkend empfinden. Aber die Prinzipien, die die männliche Herrschaft im Fußball sichern, werden dadurch ja nicht infrage gestellt, sondern eigentlich noch bestätigt. Dazu trägt sicherlich auch bei, dass viele Frauen im Fußball gar nicht aus der Frauen- und Lesbenbewegung kommen. Die feministische Kritik ist im Frauenfußball gar nicht so präsent.

Über Fußball sollten bestimmte Eigenschaften vermittelt werden, sagst du. Müsste man sich also auf dem Weg zu einem besseren Fußball erst überlegen, was er vermitteln soll?

Die Frage ist, ob das immer so ein kognitiver Prozess sein muss. Vielleicht hilft es eher, Räume abseits des Verbands- und Vereinsfußballs zu schaffen, Menschen zusammenzubringen, experimentieren und machen zu lassen. Allerdings gibt es dann das Problem, dass bei Menschen, die im Vereinsfußball sozialisiert sind, doch wieder was ganz Ähnliches rauskommt. Wahrscheinlich ist es eine Mischung aus Bewusstwerden und Ausprobieren, ein Austausch zwischen Feminismus und Fußball.

Hast du mal so etwas erlebt?

Ich war selbst aktives Mitglied bei Discover Football und habe dort geforscht. Da gibt es alle zwei Jahre ein internationales Frauenfußballkulturfestival. Am Anfang lief das nach den normalen Fußballregeln. Dann haben die Organisatorinnen gemerkt, dass dieser Wettstreit, der entbrannte, dem feministischen Gedanken von Solidarität und Empowerment entgegenstand, weil sehr viel Konkurrenz entstand. Sie haben angefangen, zu planen: Wie können wir ins Spiel eingreifen? Man muss an die Regeln gehen, die Praxis des Spielens ändern. Discover Football hat das Schritt für Schritt gemacht, und das hat die Begegnungen auf dem Platz und abseits des Platzes tatsächlich verändert. Es hat aber auch gezeigt, wie solche Veränderungen auf Widerstand treffen.

Was ist konkret passiert?

Hier kommt wieder die Sozialisation im herkömmlichen, sprich: männlichen, Fußball zum Tragen: Wenn man Frauen, die sonst wettkampforientiert spielen, sagt, dass schwache und starke Spielerinnen gleiche Spielanteile bekommen sollen, löst das schon Widerstände aus. Oder wenn die Teams zusammengemischt werden. Es kann nicht mehr in eingespielten Kombinationen agiert werden, und auf einmal hat man total schwache Spielerinnen im Team. Einige fanden das sofort gut, bei anderen hast du richtig gemerkt: Das stößt auf eine tiefe, tiefe Verwurzelung in diesem Wettkampfgedanken. Deshalb braucht es ein sehr vorsichtiges Vortasten, ohne dass man jemandem etwas überstülpt. Letztens kam mir auch die Idee, man könnte sagen: Das Ziel eines Fußballspiels ist nicht mehr das Gewinnen allein, sondern ein schönes Spiel zu produzieren. Das würde zu einem kooperativen Spiel auffordern, ohne defensives Gebolze und taktische Fouls.

Beim Eiskunstlauf wird auch nach subjektiver künstlerischer Schönheit bewertet, aber trotzdem herrscht die totale Leistungskultur. Schönheit hält davon nicht ab.

Vielleicht muss man da den Begriff der Leistung nochmal neu bestimmen. Mein Gedanke kommt daher: Ich habe selbst Fußball gespielt, und meine Beobachtung war, dass viele Fußballerinnen am glücklichsten waren, wenn es aus ihrer Perspektive ein schönes Spiel war. Ein schönes Spiel hieß nicht unbedingt, zu gewinnen. Es gab Niederlagen, nach denen sie total glücklich waren, weil sie als Team schön zusammengespielt hatten, weil es keine Konflikte mit den Gegnerinnen gab, keine aggressiven Zwischenfälle, sie waren mit ihren Leistungen zufrieden. In anderen Situationen waren sie unglücklich, obwohl sie gewonnen haben: Sie hatten sich auf dem Feld total in die Haare gekriegt, oder die Gegnerinnen waren sehr aggressiv, oder es waren nur Zufallstore und tatsächlich klappte wenig. Wenn du fragst, worum es geht, würden sie sagen: Wir wollen gewinnen. Wenn du aber schaust, was sie glücklich macht, kann das auch etwas anderes sein. Ich könnte mir schon vorstellen, dass aus dem Frauenfußball heraus auch andere Wünsche an den Fußball entstehen können.

Wäre das dann ein Entwurf für alle oder ein separater feministischer Fußball?

Es wäre natürlich wunderbar, wenn sich der gesamte Fußball ändern würde. Aber relevanter ist die Frage, wie man zu einem anderen Fußball kommt. Es ist wahnsinnig schwer, in Deutschland etwas anderes zu praktizieren – allein schon, weil du in Berlin zum Beispiel nur Platzzeiten zum Trainieren bekommst, wenn du im Verband organisiert bist, also am Wettbewerbsbetrieb teilnimmst. Ich glaube, es darf nicht nur den Fußball geben, wie die Verbände ihn definieren. Daher sollte die Sportpolitik dafür sorgen, dass es mehr Räume und Gelegenheiten gibt, auch außerhalb von Vereinen und Verbänden und nach eigenen Regeln zu kicken. Die Geschlechterpolitik von Frauen im Fußball konzentriert sich aber vor allem auf den Weg in die Institutionen. Die Frage ist, ob und wie man solche alternativen Ideen in die Verbände reinkriegt. Hier sehe ich Fallstricke.

Die Leute, die in Verbände gehen, würden sagen: Erst wer Macht hat, ändert Dinge wirksam.

Ich kritisiere nicht die Frauen selbst. Alle, die ich da kenne, machen eine wahnsinnig tolle Arbeit, sind beeindruckend hartnäckig und resistent. Aber man darf nicht so naiv sein, zu denken: Wir gehen in die Institutionen, und dann passiert nichts mit unseren Idealen. Ich beobachte, dass dieser Weg oft in so einen Liberal-Feminismus führt, der sich mit Reformen zufriedengibt und sich eher an Symptomen als an den Wurzeln abarbeitet. Es geht beispielsweise um Frauenquote, die Verteilung von Geldern, mediale Repräsentation und Strafen gegen Sexismus. Wir haben keine Frauen, die Wettkampf, Härte und Disziplin infrage stellen und neue Konzepte präsentieren. Das eigentliche Spiel, und wie sich darüber die männliche Vormachtstellung festschreibt, wird nicht kritisiert.

Genau das sehe ich auch.

Es ist zum Teil auch verständlich, denn da lauert auch eine Falle. Sobald Frauen diese radikale Kritik aufmachen, heißt es wieder: „Ach so, Frauen sind halt einfach zu schwach, Frauen können das nicht, sind nicht geeignet für den Fußball. Wussten wir doch, geht doch einfach wieder." Deshalb ist es super schwierig, in den Institutionen einen radikalen Wandel zu erreichen.

Solche Kritik an den Prinzipien des Fußballs gab es aber ja nicht nur von feministischer Seite, sondern auch zum Beispiel aus dem Arbeiterfußball. Müsste man nicht viel stärker Bündnisse schließen, nicht nur auf Geschlechter reduzieren, sondern gemeinsam agieren?

Wahrscheinlich braucht es genau diese Bündnisse, um radikal feministische Kritik nicht zu verlieren und auch die Zusammenhänge von Männlichkeit und Kapitalismus, Militarismus und Fußball zu verstehen. Aber es ist auch ein ganzes Stück Arbeit, solche Bündnisse über Differenzen hinweg zu schmieden, das braucht viel Geduld und Verständigung. Gerade in Zeiten, wo viele Fußballinitiativen von öffentlicher Projektfinanzierung abhängen, bleibt dazu oftmals keine Zeit.

Was erwartest du, was realistisch in Zukunft passiert?

Ich erwarte, dass weiterhin Symptome mit Reformen behandelt werden. Wenn ich mich umschaue, dann sind die Stimmen, die den Fußball fundamental kritisieren, sehr wenige, und sie sind sich auch nicht einig. Ich glaube nicht, dass große Veränderungen eine Chance haben. Der Liberalismus wird uns im Fußball mehr Geschlechterpolitik bescheren, mehr Quoten, mehr Gelder für den Frauenfußball, Kritik an Sexismus, Homophobie und Rassismus. Der Frauenfußball selbst wird sich aber weiterhin am Männerfußball orientieren. Die männliche Norm wird wahrscheinlich nicht radikal infrage gestellt. Hierzu trägt sicherlich auch die Kommerzialisierung und Ökonomisierung des Fußballs bei. Er ist zu lukrativ geworden, ein radikaler Kurswechsel wäre viel zu riskant. Man möchte das, was greifbar erscheint, und verliert dabei schnell große Ziele aus den Augen. Aber führt dieser kleine nächste Schritt mich wirklich zu dem Ziel oder in eine andere Richtung? Dieser ausgetretene Reformpfad ist eine große Gefahr. Klar ist es erst mal gut, eine Quote durchgesetzt zu haben, aber oft bleibt dann keine Zeit und Energie mehr für die großen Baustellen. Nicht selten gerät aus dem Blick, wohin wir eigentlich wollten oder gehen könnten. Gerade deshalb ist es so wichtig, dass es mehr Vernetzung zwischen Fußball und Feminismus, zwischen den in Verbänden und Vereinen engagierten Frauen und den alternativen Nischenprojekten gibt. Die könnten auf diesen Wegen ihre Utopien und Kritiken immer wieder in die bestehenden Strukturen einspeisen.

„Viele linke Vereine spielen isoliert"

Interview mit Gabriel Kuhn

Gabriel Kuhn ist Autor, Übersetzer und Gewerkschaftsaktivist und setzt sich vor allem mit sozialistischen Ideen und der Arbeiterbewegung auseinander. Er hat auch über linken Fußball publiziert.

Du stellst in deinem Buch „Soccer Vs. The State" sehr viele linke, oft anarchistische Fußballprojekte vor. Welches hat dich beeindruckt?

Am meisten beeindruckt haben mich die Easton Cowboys und Cowgirls in Bristol. Ich war ein paar Mal dort in der Stadt und mich hat die starke Verankerung in diesem Stadtteil beeindruckt. Es ist etwas gelungen, das sich in linken Kreisen oft nicht verwirklichen lässt, nämlich einen Verein mit einem politischen Anspruch im Viertel zu verankern und Leute anzusprechen, die nicht zwingend politisch sind, ohne aber seine Grundprinzipien aufzugeben. Viele linke Vereine spielen in netter Reinheit, aber relativ isoliert und ohne großen gesellschaftlichen Einfluss.

Das große Thema bei vielen Vereinen in der Nische ist: Bleibt man dort oder wächst man, und wenn man wächst, verwässert man? Warum ist das bei den Easton Cowboys gelungen?

Es hat oft mit Schlüsselfiguren im Verein zu tun. Leute, die selbst aus dem Ort kommen, mit eigener Biografie in der Arbeiterklasse, die dort Freunde und Verwandte haben und glaubwürdig sind. Und es gibt zusätzliche Aktivitäten wie Reisen nach Chiapas, Palästina, in die USA. Die besonderen Aktivitäten sprechen viele an. Festivals, Projekte, manche Leute suchen sich das Soziale raus, manche das Politische, manche den Sport. Und alle haben Platz darin.

Ist es also auch eine Klassenfrage? Sind alternative Sportprojekte zu oft von intellektuellen Milieus dominiert, die wenig Zugang zu anderen Schichten haben?

Ja, das glaube ich schon. In den meisten europäischen Ländern wird die Linke von Mittelschicht-Akademikern getragen. Es ist vielleicht kein Zufall, dass es im Sport leichter ist, das aufzubrechen. Ohne das zu romantisieren gibt es natürlich in der Ausübung von Sport schon Momente, wo sozialer Status verschwindet. Du spielst gut oder nicht. Bei

Polit-Veranstaltungen dagegen geht es sehr oft darum, wer rhetorisch am meisten kann oder gelesen hat. Sport ist volksnäher.

Es gibt aber wenig dezidiert linke Sportvereine, oder?

Wenige, die eine etwas breitere Aktivität haben. Viele sind eine Nische für Leute, die in Milieus Sport treiben wollen, die ihnen angenehm sind.

Was wäre nötig, um das stärker in die Mitte der Gesellschaft zu tragen?

Ich sehe eine positive Entwicklung in den letzten zehn, fünfzehn Jahren. Es gibt viel mehr solche Initiativen. Sie bleiben oft klein, aber je mehr es insgesamt gibt, desto mehr dehnen sie sich gleichzeitig aus. Es gibt Antifa-Ligen in verschiedenen Städten, die Wilde Liga in Wien, ein Revival des Arbeitersports in Deutschland, Großbritannien, den USA. Weil es erstens aus verschiedenen Gründen immer weniger Berührungsängste in der Linken mit Sport gibt, Populärkultur ist akzeptierter. Und gleichzeitig gibt es sehr viele Menschen, die nicht wahnsinnig politisch sind, aber genug haben von dieser Hyper-Kommerzialisierung des Sports. Die suchen nach Alternativen. Gar nicht aus einer besonders fundierten Kapitalismuskritik, sondern weil sie genervt sind. Und wo diese beiden Sachen sich verbinden, wächst eine alternative Sportkultur. Eine eigene Liga mit linken Vereinen schwirrt in vielen Köpfen herum. Vielleicht setzt man sich irgendwann mal zusammen und versucht, das umzusetzen. In den nächsten Jahren werden viele spannende Sachen passieren.

Die Kommerzkritik im deutschen Männerfußball ist aber doch oft wahnsinnig unpolitisch.

Ja, die Red-Bull-Kritik zum Beispiel halte ich oft für heuchlerisch. Und das Traditionsgelaber gegen die sogenannten Dorfvereine nervt.

Müsste man die Proteste aus dem Fußball heraustragen und systemisch führen? Es müsste auch protestierenden Fans klar sein, dass sie keine Investoren loswerden, solange es Menschen gibt, die so viel investieren können.

Auf jeden Fall. Was mich beeindruckt, ist der Einsatz der Ultras. Und wo dieser Einsatz so viel größer ist als in vielen Polit-Gruppen, da hast du das Gefühl, an was Konkretem zu arbeiten, wo es kleine Teilerfolge gibt. Selbst wenn in einer Taskforce nicht viel rauskommt, man wird eingeladen zu Gesprächen, was zeigt, dass man irgendwo ernst genommen wird. Sobald du mit einem großen politischen Anspruch kommst, meinen die meisten Leute allerdings: „Das ist völlig unrealistisch. Wir können ja nicht die Welt verändern." Letzten Endes geht es aber natürlich schon um das Grundsätzliche. Wenn du einen anderen Fußball willst, müsstest du von Null verändern.

Du hast in deinem Buch eine komplett anarchistische Liga in den 1920ern in Uruguay erwähnt. Wie hat die funktioniert?

Mit den Details der Liga bin ich leider nicht vertraut. Aber die meisten Sportvereine in Argentinien und Uruguay Anfang des 20. Jahrhunderts hatten einen Anspruch über das rein Sportliche hinaus. Bis heute besteht eine ganz starke Bindung an das Stadtviertel, der Sport wurde integriert in die Kultur der Viertel. Von sozialistischen, syndikalistischen, anarchistischen Immigranten.

Wenn du dir einen utopischen Fußball gestalten könntest, wie sähe er aus?

Sollen wir Sportlern genug bezahlen, dass sie davon leben können? Das hat letztlich mit Unterhaltung zu tun. Ich denke, in meiner gesellschaftlichen Utopie würden Menschen für Unterhaltung nicht bezahlt. Es wird kollektiv geschaffen. Würde man bestimmten Leuten zugestehen, sich für das Wohl der Gemeinschaft nur auf Sport zu konzentrieren? Ich weiß es nicht. Ich denke eher, man macht seine Arbeit für die Gemeinschaft und jede Unterhaltung geschieht kollektiv. Wettkampf selbst sehe ich nicht als das große Problem. Es ist Teil des Spiels, Wettkampf passiert aus dem natürlichen menschlichen Vergleich. Das Problem liegt eher in der sozialen Belohnung und Bestrafung für Sieger und Verlierer. Aber das kann man ja eindämmen. Man spielt gegeneinander, aber bis der Erste drei Tore hat, und dann mischt man wieder. Wenn man Turniere spielt, kriegen nicht die Sieger Pokale und die anderen nichts, sondern alle kriegen was. Im Arbeitersport hat man auch viele Wanderausflüge und Skiausflüge gemacht, Dinge, die keinen Wettkampf beinhalten. Aber natürlich schaut man, wer was besser kann. Wenn man beim Tennis den Ball hin und her schlägt, ist das nett, aber wenn man einen Satz spielt, macht es dann meistens doch mehr Spaß.

KAPITEL 6

Die Internationale

Von den Nationaltrikots der Männer, die in Deutschland für 85 Euro verkauft werden, bekommen die Arbeiter:innen laut „The Age of Football" 60 Cent. Sie sind die billige Werkbank für die fußballerischen Triumphe in Westeuropa. 2017 wurden im Männerfußball, so schreibt der Ökonom Benno Torgler, rund 1.700 Brasilianer, 850 Argentinier, 560 Kolumbianer, 430 Nigerianer, 390 Serben international gehandelt, oft entlang alter kolonialer Routen. Der Historiker Peter Alegi nennt diesen Apparat „kolonialen Kapitalismus". Andere ziehen Parallelen zu Menschenhandel. Im Frauenfußball, sagt die Soziologin Nina Clara Tiesler, werden Ungleichheiten noch stärker gespiegelt. Prekäre Frauen strömen in wenige professionelle Ligen, wo sie sich gegen dort heimische wohlhabende Frauen durchsetzen müssen. Wie soll eine kritische Gruppe Widerstand leisten gegen eine Fußballindustrie, hinter der heute Weltkonzerne und ganze Staaten stehen?

Es gibt nicht mehr einzelne, lokale Machtzentren, sondern sehr viele, die global handeln. Laut Recherchen des Sportjournalisten Ronny Blaschke haben chinesische Unternehmen seit 2014 allein in 20 europäische Klubs rund 2 Mrd. Euro investiert. Über 100 Fußballstadien weltweit habe China bauen lassen, davon zwei Drittel auf dem afrikanischen Kontinent. Oft im Austausch für den Zugang zu Rohstoffen, oder mit der Auflage, dass der prekäre Staat chinesische Waren importiert. Fußball ist längst Weltpolitik. Kolonialen Kapitalismus betreibt auch China. Und wie nennt man es eigentlich, wenn der FK Sarajevo aus Bosnien-Herzegowina von Investoren aus Vietnam finanziert wird, oder der nordmazedonische KF Shkëndija von einem Militärdienstleister aus den Vereinigten Arabischen Emiraten abhängig ist? Kolonialen Kapitalismus? Haben wir überhaupt Worte für die Herrschaftsmechanismen, die sich wieder nicht mehr nur an Hautfarben erzählen, und das bisweilen, etwa bei der Beherrschung Osteuropas, überhaupt nie taten?

Im Sammelband „Football in Asia: History, Culture and Business" berichtet Younghan Cho, es gebe mehr und mehr Routen für männliche Profis, die nicht mehr nach Europa führen. Routen, auf denen asiatische Fußballer nach Südamerika wechseln oder Südamerikaner und Afrikaner nach Asien, ohne Vermittlung Europas. Europa wiederum fürchtet argwöhnisch um seine Macht. 2019 spielten Japan und Katar bei der südamerikanischen Copa América der Männer mit. Sportlich qualifizieren mussten sie sich natürlich nicht; Katar war gewiss nicht als Fußball-Großmacht eingeladen. Fußball wird rasant globaler.

Die Subunternehmen des Fußballs

Was erreichen ein paar Banner gegen die kolossalen Kräfte auf allen Seiten der Welt? Zu vermuten ist: nicht viel. Die Klubs sind meist selbst nur noch Zulieferer im großen Spiel. Trudo Dejonghe und Hans Vandeweghe zeigten schon 2006 in einer Untersuchung zum belgischen Fußball, wie die Klubs mittlerer Staaten zu Park- und Durchlaufstationen für Spieler eines Großklubs werden: Royal Antwerpen damals für Manchester United, KVC Westerlo für Chelsea und Feyenoord Rotterdam, KSK Beveren für Arsenal. Eine Art Subunternehmen. Für dieses komplexe Geflecht aus Akkumulation und Verdrängung, aus nationalstaatlicher Konkurrenz und internationaler Allmacht vermögender Konzerne, aus rationalem Kalkül und blanker Irrationalität, aus ständig wechselnden Gewinner:innen und Verlierer:innen und einer Elite, die unangreifbar ist, für dieses Geflecht hat der Mensch kein Widerstandsrezept gefunden. Und fast alle sind Opfer und Täter:innen zugleich.

Die Löhne für Arbeiter:innen in der Herstellung von Bällen und Trikots sind sehr gering. Und dennoch ist die Stadt Sialkot in Pakistan, die berühmte Metropole der Fußballproduktion, nach Angaben des Buchs „7 Zentimeter Messi" eine der reichsten Städte des Landes: „Das Pro-Kopf-Einkommen beträgt hier mehr als das Doppelte des Landesschnitts." Die Cent-Beträge machen Menschen reich. Sie sind Ausgebeutete der Fußballindustrie, während sie zugleich von ihr profitieren. Fußball bringt ihnen in kleinem Maße Wohlstand, Sicherheit, Lebensqualität. Und elende Bedingungen, Ausbeutung, ein trostloses Leben. Globalisierung ist paradox, die Näher:innen sind global Arme und lokal Reiche. Diese Widersprüche setzen sich im Größeren fort. Es veröden die nationalen Männerligen, weil die Spieler in wenige reiche Ligen abwandern. Gleichzeitig aber sind gerade dadurch die Nationalteams, so stellen mehrere Forscher:innen fest, leistungsmäßig enger zusammengerückt – kleine Nationalteams wie Kroatien haben größere Titelchancen. Die Ökonomin Esther Duflo, so der Deutschlandfunk, bilanziert: „Die ärmere Hälfte der Weltbevölkerung hat von der Globalisierung profitiert." Sie sind Verlierer:innen und doch Gewinner:innen. Bei den nächsten 49 Prozent, zu denen praktisch alle Menschen in Europa und den USA gehörten, seien die Einkommen jedoch kaum gewachsen, teilweise sogar gesunken. „Ganz besonders gut schnitt hingegen das oberste eine Prozent der Superreichen ab: 27 Prozent des Gesamtwachstums haben sie für sich allein abgeschöpft." Man kann gleichzeitig ewige Verliererin sein und gewinnen. Oder als Gewinnerin verlieren. Die echten Gewinne gehen unterdessen an eine Minderheit, die immer siegt – während in den tieferen Etagen umso erbitterter gekämpft wird. Diese fluide Unterdrückung und Erniedrigung macht es sehr schwer, sie ernsthaft zu gefährden.

Boykott? Die WM in Katar

Aber andererseits: Wem kann es gelingen, heterogene Gruppen zu verbinden, wenn nicht dem Fußball? Laut dem Sammelband „New Ethnographies of Football in Europe. People, Passion, Politics" sahen den spanischen Clásico der Männer 2015 rund 400 Mio. Menschen. Das waren 17 Prozent der Weltbevölkerung. Wer einmal im Ausland über Fußball gesprochen hat, weiß: Kein Thema überbrückt so effektiv kulturelle und soziale Differenzen. Zugleich haben wir eine gute, gemeinsame Sprache für den Fußball noch nicht gefunden. Viele Diskurse verlaufen national oder innerhalb von Lagern, weil alle aus ihrem eigenen Raum heraus argumentieren. Man kann das anhand eines Beispiels verhandeln, dem Aufreger-Thema des Jahres 2022: der Männer-WM in Katar. Sie symbolisiert den Fortschritt und die Fehler globalen Protests.

In dem Jahr, in dem dieses Buch erscheint, 2022, findet eine Weltmeisterschaft statt. Mindestens 15.000 Arbeiter:innen sind laut Amnesty International zwischen 2010 und 2019 in Katar gestorben; ein Teil davon in direktem Zusammenhang mit dem Turnier, etwa auf den berüchtigten Stadionbaustellen, viele andere bei einer der sonstigen unmenschlich organisierten Lohnarbeiten im Land. Es handelt sich also nicht, wie mittlerweile oft im Volksmund kolportiert, um 15.000 Stadiontote, sondern um Todeszahlen von ausländischen Arbeiter:innen insgesamt; auch bei Menschenrechtsverbrechen lohnt es sich, exakt zu sein. Viele Fans fordern einen Boykott. Auch Verantwortlichen soll nicht so wohl bei dem Gedanken sein, nach Katar zu fahren. In Norwegen formierte sich eine Boykott-Bewegung von Erstliga-Klubs und Fans, Stand 2021 erfolglos. Dänemark möchte statt Sponsoring auf den Trainingsshirts Menschenrechts-Slogans tragen. Selten waren sich Menschen verschiedener politischer Couleur so einig: Katar gehöre boykottiert. Aber ist das richtig? Und ist es klug? Die Solidarität mit Arbeiter:innen aus dem globalen Süden ist zuallererst ein Meilenstein. Sie ist in dem Ausmaß neu, und sie hat durchaus etwas verändert, wenngleich in bescheidenem Maße – nach Angaben von Amnesty International hat Katar seit 2017 mehrere Reformen zugunsten von Arbeitsmigrant:innen eingeführt, diese seien jedoch „nur lückenhaft umgesetzt" worden und „menschenrechtswidrige Praktiken wieder aufgetaucht". Vor allem hat der Protest eine überfällige Debatte angestoßen: Wer soll eigentlich Großturniere ausrichten dürfen, und unter welchen Bedingungen? Die Boykott-Debatte ist zugleich aber auch ein Beispiel dafür, wie naiv globale politische Diskussionen trotz guter Absichten verlaufen. Die Intensität der Entrüstungsstürme ist zunächst einmal interessant.

Russland sorgte für nicht halb so viel Protest. Auch die Olympischen Winterspiele in China 2022 und der Massenmord an der uigurischen Minderheit fanden sehr spät in eine deutsche Debatte. Und wo ein verbündeter Staat ein Turnier ausrichtet, sind Menschenrechte und Boykotte überhaupt kein Thema, nicht bei der EM in der Ukraine, nicht bei den Turnieren in Frankreich. Nach dem Turnier in Katar findet eine Männer-WM in den USA statt. In einem Land, das die Todesstrafe anwendet, Whistleblower:innen inhaftiert und im Ausland menschenrechtswidrige Folterlager unterhält, die höchste Gefangenenrate weltweit hat und allein 2020 rund 1.000 Menschen, oft Schwarze, durch die Polizei erschießen ließ. Eines, das seit 2001 nach Angaben der NGO Airwars allein im sogenannten Krieg gegen den Terror rund 22.000 Zivilist:innen durch Luftangriffe ermorden ließ. Die „versehentlichen" Tode einiger Tausend musste die US-Armee einräumen. Über diesen Gastgeber aber wird es keine Diskussionen geben. Ebenso wenig wird über Mexiko gesprochen werden, das Land mit der höchsten Mordrate an Journalist:innen weltweit. Eines, wo sich die Menschenrechtslage in den letzten Jahren dramatisch verschlechtert hat und laut Amnesty International „schwerste Menschenrechtsverletzungen alltäglich" sind, unter anderem außergerichtliche Hinrichtungen, Folter, Verschwindenlassen, nicht nur durch Kartelle, sondern oft direkt durch Militär und Polizei. Amnesty bilanziert „Zehntausende Tote und Verschwundene". Mexiko wird kaum jemand boykottieren.

Warum werden diese Zehntausende oder die 22.000 ermordeten Zivilist:innen weniger wert sein als 15.000 Gastarbeiter:innen in Katar? Es ist etwas schief an den Proportionen in der Debatte. Das galt schon für frühere Turniere. Sklaverei in Katar war Anlass abendfüllender Podien; der Menschenhandel in Brasilien war zur WM 2014 überhaupt kein Thema. Handel mit Minderjährigen, Zwangsarbeit, Kinderarbeit, außergerichtliche Hinrichtungen und Folter, Morde an Indigenen und rücksichtslose Zerstörung eines der wichtigsten Ökosysteme des Planeten, damit unter anderem schmückten sich dieser Gastgeber und seine Eliten. Das darf nicht dazu dienen, die Verbrechen in Katar zu beschönigen. Und es heißt auch nicht, dass Verbrechen überall gleichwertig seien. Aber wenn wir über Menschenrechte und Nationalstaaten sprechen, müssen wir ehrlich sein. Schon Noam Chomsky und Edward S. Herman stellten 1988 fest, dass Medien über ähnlich gelagerte Verbrechen gegen Oppositionelle sehr unterschiedlich intensiv berichteten, je nachdem, ob es sich um einen verbündeten oder verfeindeten Staat handelte: Das Opfer im verfeindeten Staat war ihnen sage und schreibe 137- bis 179-mal mehr Berichte wert. Viele Katar-Expert:innen waren einigermaßen irritiert, wie der Staat zum Inbegriff des Bösen aufgebläht wurde. Und es gibt Gründe dafür. Katar ist vor allem ein Symbol. Erstens für die Macht des Geldes im Fußball. Denn es war eine Wahl, die nicht mal mehr so tat, als habe es sich um eine besonders überzeugende Bewerbung gehandelt. Es gab keine inhaltlichen Argumente für den Ausrichter. Sie war ganz offen korrupt. Korruption ist nun bei Fifa-Wahlen Standard, auch in Deutschland war das Sommermärchen bekanntlich eingekauft. Aber es geht im Kapitalismus vor allem um den Schein. Gier und Betrug sind akzeptabel, solange sie sich hinter der Maske von Tradition, Habitus und Kultur verstecken.

Katar ist, zweitens, natürlich Symbol für das Gefühl des Verkaufs. Da werde, heißt es, der Fußball verkauft. Und dieses moralische Narrativ ist interessant. Wenn ein Spieler aus Afrika nach Europa kommt, gilt das als völlig normal. Dass er vermutlich des Geldes wegen nach Hamburg geht und nicht wegen der spannenden Kultur oder seiner Kindheitsliebe zum HSV, geschenkt. Geht aber ein Europäer nach Katar und verdient gut, hat er seine Seele verkauft und den Fußball gleich mit, denn es gehe ihm ja nur ums Geld. Kapitalismus muss einem gewissen Habitus folgen, um akzeptabel zu sein. Dieser Habitus lautet: Tradition, also *unsere*. Der europäische Männerfußball erlebt gerade eine galileische Kränkung. Europa ist nicht mehr das einzige Zentrum des fußballerischen Universums. Es gibt jetzt Kräfte, die mehr bezahlen können – und das auch tun. Diese Kräfte scheren sich nicht darum, was Westeuropa für Fußballtradition hält. Und diese Kränkung hat die Öffentlichkeit Katar nie verziehen. Das war die Wurzel der Empörung. Rechte von Arbeiter:innen in Katar sind die richtige Debatte, aber sie wird aus den falschen Gründen geführt. Und die falschen Gründe (neben vielen richtigen, die zum Glück eine Rolle spielen) funken in diese Debatte immer mit hinein. Sie findet in einem abgeschlossenen kulturellen Resonanzraum statt, wo Katar oft nur ein weiteres Stichwort neben „Kommerzialisierung", „Super League" und „Manchester City" ist und die reale Ahnung über das Emirat sehr limitiert ist. Das ruiniert die Chance auf einen sinnvollen Diskurs über Ausbeutung.

Auf den deutschen Podien diskutieren in aller Regel weiße Deutsche mit weißen Deutschen über ein Land, das sie bestenfalls mal für ein Sportevent besucht haben – die Anzahl der Sprecher:innen, die einen Hintergrund wenigstens von der arabischen Halbinsel haben, ist spektakulär gering. Mit lobenswerten Ausnahmen wie den engagierten Bayern-Fans, die etwa nepalesischen migrantischen Arbeitern eine Bühne gaben, um über das Leben in Katar zu sprechen. Oft merkt man die Ignoranz den Diskussionen an. Das war schon bei der Männer-WM in Russland ein Problem. Dort wurden ständig deutsche Debatten, etwa um LGBTQIA*-Rechte und Demokratiekrise, auf Russland projiziert. Penetrant kreiste die Debatte um zwei Themen – Putin und Schwule. Landesspezifische Probleme, etwa die korrupte Bürokratie, die dramatische Abhängigkeit vieler Bürger:innen von Krediten, die massive lokale Umweltzerstörung, extrem niedrige Renten, Armut und fehlende Erfahrung mit demokratischer Selbstorganisation durch die Diktatur, fanden kaum statt.

Wie auch, wenn Europäer:innen glauben, die Fehler aller Welt und die Lösungen gleich mit zu kennen? Wenn man Debatten so führt, muss man sich nicht wundern, dass sie auf lokale Bevölkerungen überheblich wirken. Und an deren Realität oft drastisch vorbeigehen. Wer rund um ein Turnier Menschen weiterhelfen will, muss ihnen erst mal zuhören. In einen anderen Kulturraum eintreten, Widersprüche aushalten – und verstehen wollen, wo die Hürden liegen. Oft heißen sie nicht in erster Linie Putin, sondern sind Faktoren und Kontinuitäten, die Außenstehenden gar nicht bewusst sind. Wer in dem Glauben antritt, er könne rund um ein Turnier die Probleme eines Landes lösen und wisse dazu noch ganz genau, wie, wird nicht weit kommen. Katar ist in dieser Hinsicht fast schon ein Sonderfall. Ein Staat, wo migrantische Arbeiter:innen die große Mehrheit der Bevölkerung stellen, wo es kaum eine lokale Mittelschicht gibt, die man ansprechen kann.

Wer langfristig über Fußball etwas bewegen möchte, muss einer breiten Masse den Eindruck geben, an ihrer Seite zu stehen. Und zwar mit Themen, die möglichst viele berühren, mit lokalen Angelegenheiten. Sonst macht man es Autokraten sehr leicht, Kritik aus „dem Westen" als Angriff zu diffamieren. Und solche Narrative verfangen sehr gut. Auch weil sie in der nationalstaatlichen Konkurrenz einen wahren Kern haben. Westeuropäische Staaten nutzen Demokratie und Menschenrechte gern zur Propaganda, aber scheren sich international nur so lange darum, wie es sie nicht an ihren Geschäften hindert. Und die Söhne der Autokraten studieren in Europa. Das unterläuft jedes Vertrauen in Wandel und schadet Kämpfen um Demokratie oder LGBTIAQ*-Rechte; sie werden vor allem als das politische Instrument wahrgenommen, das sie letztlich auch sind. Der Nationalstaat ist eine Institution, die Herrschaft ausübt, Ressourcen und Profite sichert. Er ist ein katastrophaler Verbündeter für Menschenrechte. Hand in Hand mit Deutschland die Welt besser machen? Schön wäre es. Wer wirklich etwas über Fußball verändern will, muss das verstehen. Gemeinsame Kämpfe etwa mit Arbeiter:innen in Katar gehen nur gegen Staaten, Verbände, Konzerne. Die eigenen und die anderen. Vielleicht wird man eines Tages sagen: Die WM war ein Paradigmenwechsel. Ein Moment, wo internationale Empathie über Fußball möglich wurde und es um das Prinzip Unterdrückung ging statt den Staat Katar. Wahrscheinlich ist es nicht. Wenn Menschen dagegen den Eindruck gewinnen, dass schlecht informierte Ausländer:innen ihnen Bedingungen diktieren, empfinden sie Boykott-Aufrufe eher als Kränkung denn als Hilfe. Wer wirklich etwas bewegen will, muss fragen: Was wird bei euch gerade debattiert, was braucht ihr? Und dann sagen: Wir stellen uns an die Seite der progressiven Menschen vor Ort und fordern, dass dies und jenes verbessert wird, damit dieses Turnier stattfinden darf. So, wie dies die klügeren Player rund um die Männer-WM in Katar einfordern. Bedingungen statt Boykotte.

Boykotte sind nicht generell nutzlos. Der jahrzehntelange Sportboykott gegen das südafrikanische Apartheidregime etwa traf den rassistischen Staat an empfindlicher Stelle. Auch, weil er kollektiv und dauerhaft war. Viele andere, wie die wechselseitigen Olympia-Boykotte im Kalten Krieg, die ritualisierten Boykotte gegen israelische Sportler:innen oder der Boykott der Männer-WM 1974 durch die Sowjetunion als Protest gegen die chilenische Militärdiktatur, verpufften wirkungslos. Ähnlich wie Wirtschaftssanktionen wirkt der Boykott dadurch anziehend, dass er so radikal klingt. Aber radikaler Sound heißt nicht immer große Wirkung. Viele Autokratien würden sich vor Förderprogrammen für ihre Jungen und Gebildeten mehr fürchten als vor jahrzehntelangen Sanktionen, die vor allem die Bevölkerung erschöpfen. Oft sind sie kontraproduktiv: Erst mit Wohlstand und Sicherheit lässt sich eine stabile Demokratie erstreiten. Auf das Thema kommt es also an, auf die innenpolitische Lage im betroffenen Staat, auf die Geschlossenheit und Dauer des Protests. Ein Fehler der aktuellen Boykott-Debatte liegt darin, dass sie selbstfixiert ist: Man möchte sich selbst von etwas distanzieren. Schuld sind auch die Medien, die ständig fragen, wie irgendjemand es denn verantworten könne, da drüben dabei zu sein. Viel zu wenig wird gefragt: Wem nützt das eigentlich? Was bewirkt ein Boykott unter den konkreten gegebenen Umständen, und was sind bessere Alternativen?

Denn Boykotte bedeuten auch, dass der internationale Zirkus weiterzieht. Niemand hätte über die Rechte der Arbeiter:innen gesprochen, hätte es keine WM in Katar gegeben. Und mit dem Moment, wo eine WM boykottiert ist, ist das Thema tot. Kein Land ändert seine Politik um 180 Grad, weil eine Fußball-WM nicht kommt, so mächtig ist der Fußball noch nicht. Und so einfach funktioniert auch Politik nicht. Es hat auch etwas Anmaßendes, das einzufordern, ohne die lokale Bevölkerung einzubeziehen. Die Fan-Organisation „Unsere Kurve“ hat das klug aufgegriffen, sie schreibt: „Eine öffentliche Schwarz-Weiß-Diskussion, wie sie zum aktuellen Zeitpunkt geführt wird, ist nicht zielführend. Aus unserer Sicht muss es bei allen Debatten rund um die WM 2022 in Katar darum gehen, für die Menschen vor Ort das Beste aus der schlechten Situation herauszuholen.“ Und schlägt einen Kriterienkatalog vor, den Katar bis zu einem Stichtag zu erfüllen habe. Dazu gehörten: Garantie der Pressefreiheit in Katar, Installation unabhängiger Beobachter:innen zu Arbeitsbedingungen etwa auf den Baustellen, Entschädigungen für Opfer, gleichberechtigter Zugang für alle zum Stadion, inklusive Frauen und LGBTQIA*, und Garantie der Rede- und Meinungsfreiheit rund um die WM. Das ist eine gute Basis. Das Papier verlangt keine Revolution, sondern erfüllbare Kriterien, die der Staat ohne völligen Gesichtsverlust umsetzen kann. Besser wäre es noch, solche Kataloge in Zusammenarbeit mit kritischen Gruppen vor Ort zu erarbeiten, um zu gewährleisten, dass wichtige lokale Themen und eigene Erfahrungen stattfinden, nicht Projektionen von außen. Und damit die Kataloge im Land Legitimität bekommen. Solche Kataloge muss es für die Sportverbände geben, durch unabhängige Engagierte erstellt – und verpflichtend. Mindeststandards, damit ein Turnier gerechter läuft, angepasst an das sich bewerbende Land. Niemand muss erwarten, dass dadurch die Welt verändert oder ein Land den eigenen Wünschen angenehm wird. Es ist bloß Fußball. Die Forderung etwa, die Fifa solle Katar zwingen, das Kafala-System abzuschaffen, ist völlig naiv. Und übergeht wichtige Prozesse im Land, ähnlich wie bei den gescheiterten Versuchen der Demokratiebildung von außen. So, als sagte die Fifa den USA: Ihr könnt das Turnier haben, aber nur, wenn ihr die Todesstrafe abschafft. Auch kritische US-Bürger:innen würden das vermutlich als übergriffig empfinden. Es ist eher eine Chance, Proteste anschwellen zu lassen, laute Kritik zu üben und Themen auf die Agenda zu setzen. Rote Linien braucht es dabei. Ein Genozid, wie er laut vieler Expert:innen in China an den Uiguren stattfindet, könnte eine rote Linie sein, die in einem zukünftigen Kriterienkatalog nicht überschritten werden darf. Es könnte Kriterien geben für die Vorbereitung des Turniers selbst. Und Kriterien für die Situation vor Ort. Aber dafür müssen wir ehrlich über Vergehen gegen Menschenrechte sprechen. Und über die, die sich dessen schuldig machen.

Nicht wegboykottieren!

Zur Männer-EM 2021 habe ich in der „taz" folgenden Kommentar geschrieben: „In Baku konnte ich keine drei Schritte gehen, ohne in ein Gespräch verwickelt oder eingeladen zu werden. In Nordmazedonien war diese spontane Freundschaft der Straße verschwunden, aber alle Interviewpartner luden großzügig ein. In Budapest war ich einfach Touristin. Ich finde diesen Fahrstuhl der Menschlichkeit erhellend. Es ist die Spur des Geldes. Baku und Budapest, das waren auch die Städte, wo viele am liebsten gar nicht gespielt hätten. Wegen Menschenrechten, Demokratie. Eine wohlmeinende Debatte, die oft naiv und überheblich geführt wird. Alle Aktivist:innen, mit denen ich sprach, wollten eines nicht: einen Boykott. Sie wussten genau, was die Aufmerksamkeit durch das Turnier für sie wert war. Das gilt nicht in jedem Fall, der Boykott der Eishockey-WM in Belarus aus Solidarität mit der Bevölkerung war wichtig. Aber sonst?

Nicht in Katar, nicht in China spielen, nicht in Russland, nicht in Brasilien, Indien, nicht in weiten Teilen des Nahen Ostens, Zentralasiens und Afrikas, Teilen Osteuropas und Südamerikas? Schon realpolitisch wäre das Unsinn, sie würden eben ihren eigenen Wettbewerb eröffnen. Vor allem aber übersieht es etwas. Die Bösen sind fast samt und sonders eines: in der Breite ärmer als Westeuropa. Denn ohne starke Mittelschicht gibt es niemanden, der sich gegen Unterdrückung wehren kann. Wer aber ließ sie arm werden? Ihre Armut folgt aus Europas Reichtum. Wir schaffen es ironiefrei, ihnen das Brot zu nehmen, und sie dann für fehlende Schwulenrechte zu verabscheuen. Autokratien sind grausam, niemand darf sie verharmlosen. Aber wie sehr entsprechen Abschiebung, Armut, Ausbeutung, Klimaerhitzung eigentlich den Menschenrechten, und wer treibt diese voran? Die Kriterien, die als No-Go empfunden werden, sind, ja nun, sehr selektiv. Nachher werden die Boykott-Freund:innen wieder höhnen: Seht ihr, es hat sich ja mal wieder nichts geändert mit euren zivilgesellschaftlichen Brücken. Aber was für einen Effekt erwarten sie? Dass Alijew (Autokratischer Herrscher in Aserbaidschan, Anm. der Autorin) abdankt? Effekte sind oft subtil, und über die Wurzeln der Probleme vor Ort wissen die Deutschen wenig. Wenn sich wirklich mehr bewegen soll, wäre übrigens eines extrem wichtig: vor der eigenen Haustür kehren. Fifa, Uefa und DFB demokratisieren, von Gier lösen. Ein undemokratischer Fußball, der Profite bringen soll, wird nie einer der Menschenrechte sein. Bleibt also nicht weg, reist hin! Nicht ins Hotel, sondern unter Leute, nicht in die besten Bezirke, sondern in die anderen. Wo man lernen, diskutieren, Widersprüche aushalten muss. In Kontakt bleibt. Und dann klüger kritisieren kann. Unsere Mitmenschen vor Ort haben es nicht verdient, dass wir sie wegboykottieren."

Ich halte das immer noch für sehr wichtig. Denn die Debatte benennt sehr klar Menschenrechtsverletzungen an anderen Orten, und das ist ein echter Fortschritt. Aber sie möchte nicht sehen, woraus diese entstehen. Sie entstehen zu gewichtigen Teilen aus kapitalistischer Ausbeutung und weltweiter Ungleichheit. Wem es noch nie aufgefallen ist: Menschenrechtsverletzungen kommen immer nur in armen oder verfeindeten Staaten vor. In wohlhabenden Staaten oder im eigenen Land heißen sie Skandale und Militäreinsätze oder sind etwas, was sich eben nicht ändern lässt. Diese armen oder emporstrebenden Länder wissen genau, wie viele Diktatoren auf dem afrikanischen Kontinent von der deutschen Regierung üppig mit Geld ausstattet werden, damit sie Geflüchtete fernhalten, in Lager sperren, ermorden. Sie wissen genau, dass die reichen Staaten ihren Wohlstand schützen, der die anderen arm macht und, ja, der die anderen auch instabil, grausam und undemokratisch macht. Indem sie gegen diese anderen Mauern und Zäune und Stacheldraht bauen, und nicht jede dieser Mauern ist aus Beton.

Warum fordern wir nicht dies: keine Ausrichtung mehr von Großturnieren durch einzelne Nationalstaaten. Sie sollen keine Chance mehr haben, kitschige Folklore-Propaganda zu betreiben, während Herrscher:innen und Präsident:innen sich selbst bewerben und ihre Bevölkerung durch gigantische Projekte belasten. Viel schöner und gerechter wäre es, wenn einzelne Regionen ein Turnier gemeinsam veranstalten. Sagen wir: ein Turnier in allen Städten entlang der Donau, oder eines entlang der Panamericana. Oder eines nur von Regionen, die Sonnenblumenkerne im Stadion essen. Die Kriterien können ernst sein oder völlig albern. Sodass auch ärmere Regionen in den Genuss von Spielen kommen, zu bezahlbaren Preisen. Turniere können entlang von Fanfreundschaften oder Städtepartnerschaften ausgerichtet werden, oder von zwei Regionen, die eine gemeinsame Kulturgeschichte haben, aber heute durch Staatsgrenzen getrennt sind. Eine Anti-Staaten-WM. Und eine WM, die wirklich Brücken baut.

Im Jahr 2024 wird eine Männer-EM in Deutschland stattfinden. Zwischen 2014 und 2021 sind laut dem Portal Statista mehr als 22.000 Menschen auf dem Seeweg nach Europa ertrunken. Bei sogenannten Pushbacks an den Außengrenzen wird ihnen häufig gewaltsam, bisweilen unter Folter, das Recht auf Asyl verwehrt. Sie sterben, wie die Arbeiter:innen in Katar gestorben sind: aus Gier und kalkuliert. Aber bei der EM werden die 22.000 Toten keine Rolle spielen.

Rund 12 Mio. Tonnen Lebensmittel werden in Deutschland pro Jahr laut Bundesernährungsministerium weggeworfen, während laut UN 2021 jeder zehnte Mensch auf der Welt unterernährt ist. Die Hungertoten sind auch unsere Hungertoten, aber sie werden keine Rolle spielen. Und auch nicht die, die ihr Leben oder ihre Heimat verlieren wegen der maßgeblich von Industriestaaten wie Deutschland ausgelösten Klimakatastrophe. Und nicht die Zehntausenden von Covid-Todesfällen in prekären Staaten, weil Länder wie Deutschland Impfstoff nicht abgegeben haben. Man muss all das nicht populistisch aufdröseln, um zu fragen: Wird irgendjemand diese EM boykottieren? Aber wir wissen ja selbst, wie die Antwort lautet.

KAPITEL 7

Wie Veränderung entsteht

Wie aber kommt man zu substanziellen Veränderungen? Was bringt Menschen dazu, sich Problemen anzunehmen und Lösungen umzusetzen? Es ist wenig hilfreich, Lösungen auf Papier zu entwerfen, wenn sie anschließend keine Bedeutung haben.

Denn für eine Zweisäulenökonomie, einen Fußball in Galaxien oder auch nur einen humaneren Jugendfußball geht niemand auf die Straße. Wir kommen aber nur von dort weiter, von außen. Aus den Gremien, die eigentlich dafür gewählt wurden, sich zu kümmern, wird nichts Neues entstehen, sie sind Gremien des Grauens. Sie verwalten im Wesentlichen einen Apparat, dessen Spitze sich in immer absurderen Intrigen, Machtspielen und Korruption im „Selbstbedienungsladen DFB" (Ex-Präsident Fritz Keller) ergeht. Alles, was den Apparat und ihre Interessen stören könnte, erzeugt wütende Gegenwehr. Die Engagierten reiben sich in und gegen diese Institutionen jahrelang für punktuelle Reformen auf. Für große Veränderungen fehlt es dann an Kraft, an Fantasie und an Erfolgsaussichten. Ja, sie erscheinen den meisten Menschen so unrealistisch, dass sie überhaupt keine Rolle in Debatten spielen. Wir müssen aus diesem Kreislauf ausbrechen. Denn Lebenszeit ist begrenzt. Die meisten Menschen wollen sie verständlicherweise nicht damit vergeuden, mit der Fifa zu ringen. Und auch öffentliches Interesse ist begrenzt. Im Sommer 2021 erlebte Deutschland starke Überflutungen, Südeuropa stand monatelang in Flammen, beides klar assoziiert mit der fortschreitenden Klimakatastrophe; und trotzdem holten etwa die Grünen recht magere 14,8 Prozent der Stimmen. Die Gleichgültigkeit ist sensationell.

Warum ist es so schwierig, Mehrheiten für Wandel zu bekommen? Zunächst, weil es ein großes Missverständnis gibt: Menschen ließen sich im sachlichen Austausch überzeugen. Diese Ideologie der vernünftigen Debatte prägt viele Gesellschaften bis heute, sie ist das Erbe der Aufklärung. Man diskutiert, tauscht Fakten und Argumente aus, wendet Logik und Verstand an, und irgendwann stößt man angeblich auf eine Lösung, der sich die meisten Teilnehmer:innen nachdenklich nickend anschließen. In der Praxis ist das ein folgenschwerer Irrtum. Niemand denkt rational, wägt Fakten ab und zieht daraus die beste Schlussfolgerung. Überzeugungen wurzeln viel irrationaler. Und einmal da, werden sie sorgsam gepflegt.

Wie viel sich überhaupt verändern lässt, daran wecken aktuelle Untersuchungen Zweifel. Konservative und Liberale unterscheiden sich biologisch, zu diesem Ergebnis kommen Studien immer wieder. Eine Untersuchung von Ryota Kanai und Kollegen 2011 beispielsweise verglich Gehirnscans von konservativen und liberalen Jugendlichen und fand einen grundlegenden Unterschied in deren Gehirnstrukturen. Bei konservativen Jugendlichen konnte eine im Vergleich zu Liberalen deutlich vergrößerte rechte Amygdala festgestellt werden. Der Teil des Gehirns also, wo Angst entsteht und Gefahren verarbeitet werden. Bei den Liberalen hingegen war der Teil des Gehirns größer und aktiver, der für Lernen, Sozialverhalten und Entscheidungsfindung verantwortlich ist. Eine Studie von Darren Schreiber und Kollegen 2013 bilanzierte, dass sich die Gehirnprozesse von Konservativen und Liberalen, stets bezogen also auf US-Parteien, auch bei Risikoentscheidungen stark unterschieden – so sehr, dass die Forscher nur aufgrund der Gehirnprozesse die politische Neigung vorhersagen konnten. Und zwar erfolgreicher als auf Basis der politischen Sozialisierung durch die Eltern. Andere Studien kommen zu dem Ergebnis, dass Menschen, die stärker auf Angst und Bedrohungen reagieren, konservativer wählen. Vor allem die sind umstritten. Forscher:innen haben in jüngster Zeit etwa kritisiert, dass viele nur bestimmte konservative Trigger-Themen für Angst verwendeten, nur auf westliche Staaten geschaut, Ergebnisse simplifiziert hätten. Und kamen zu wesentlich differenzierteren Ergebnissen; auf die Art der Angst kam es ebenso an wie auf den kulturellen Hintergrund. Dass Rechte sich mehr fürchten als Linke, ist so plakativ vermutlich nicht richtig. Verschiedene Gehirnstrukturen mutmaßlich schon. Lernen, sich des eigenen Verstandes zu bedienen, die eigene Position hinterfragen? Mitnichten.

Die Mechanismen, wie Menschen zu ihren Ansichten kommen, sind auch sonst einigermaßen wild. Laut „Tagesspiegel“ gefällt Kinogänger:innen im Schnitt ein Film besser, wenn das Kino weiter entfernt liegt. Die unbewusste Begründung: „Der Aufwand muss sich gelohnt haben." Kathleen McAuliffe zitiert in „The Atlantic" 2019 eine Reihe von Untersuchungen, die sich mit politischen Meinungen und Ekel auseinandersetzen. Nicht nur, dass sich anhand der Hirnreaktion auf Ekel ebenfalls mit einer Trefferquote von 95 Prozent vorhersagen ließ, ob die Probandin politisch liberal oder konservativ war – es wirkte auch umgekehrt. Wenn Proband:innen zuvor Bilder von Keimen gesehen hatten, äußerten sie sich in Befragungen eher skeptisch gegenüber Migrant:innen. Abstoßende Gerüche in einem Raum sorgten für moralisch konservativere Urteile der Befragten. Und in US-Bundesstaaten mit einer hohen Inzidenz an Infektionskrankheiten war der Widerstand gegen Migration am höchsten. Die meisten Nazis oder Islamist:innen wiederum lassen sich offenbar mit sozialer Arbeit und Zuwendung weitaus eher umstimmen als mit Debatten. Wird es jemals Mehrheiten für systemische Veränderung geben, wenn jeder Keim die Wahrnehmung beeinflusst, jede Krise den Ruf nach Sicherheit auslöst?

Dass Menschen in prekären Verhältnissen oft entgegen ihren Interessen stimmen, lässt sich jedenfalls wahrscheinlich nicht nur mit der fehlenden Präsenz kritischer Parteien vor Ort erklären. Sondern auch mit dem hohen Stress, den sie täglich erleben, den vielen Ängsten und Krisen, denen sie ausgesetzt sind, den häufigeren Krankheiten und der unangenehmeren hygienischen Situation. Wer hart aufwächst, glaubt nicht an ein weiches System. Für Veränderung sind neben Argumenten also ganz andere Faktoren wichtig. Es hilft nicht weiter, einander nur als logisch denkende Wesen anzusprechen.

Es muss gelingen, viele mitzunehmen, Breitenwirkung aufzubauen. Ansprache funktioniert vor allem, wo sie, wie der Fußball, niedrigschwellig daherkommt, wo man mit glaubwürdigen Personen vor Ort Zusammenhalt aufbaut. Nicht mit dem Ziel, zu rekrutieren, sondern um konkret Verhältnisse zu verbessern, ein wenig Bindung und Akzeptanz zu schaffen.

Und es mag helfen, so zu formulieren, dass es dem Sicherheitsbedürfnis vieler Leute entgegenkommt. Also, ein bisschen überspitzt: Wir möchten, dass wir uns wieder auf unsere Wurzeln besinnen, den alten solidarischen Fußball, den Bolzplatz und die religiöse Tradition des Teilens und gemeinsamen Beitrags.

Die beratende Stimme von außen

Eine Gesellschaft trifft sinnvollere Entscheidungen, je weniger sie von Traumata, Ängsten, ökonomischen Sorgen und weitergegebenen Zwängen geplagt wird. Traumatisierte oder verängstigte Gesellschaften, oder solche, die wenig Vertrauen und nur einen kleinen Horizont haben, treffen schlimme Entscheidungen. Innenleben und politische Entscheidung werden aber aktuell fast überhaupt nicht verknüpft. Nur die Soziale Arbeit wischt notdürftig das auf, was durch Armut und Stress beschädigt wird, und wird nicht zuletzt deshalb finanziert, weil die daraus entstehende Kriminalität die Produktivität und die Mitmenschen stört. Das Innenleben aller anderen dagegen interessiert die Öffentlichkeit wenig. Dabei ist die Kleinfamilie ein oft problematischer Ort. Ein Ort, wo ein oder zwei Personen ihre gesamte Truhe an Fehlern, Ängsten und Prägungen auf Kinder entladen. Das müsste eigentlich stärker durch gemeinschaftliche Erziehung ausgeglichen werden, sodass es Gegengewichte gibt und andere Ansprechpartner:innen, damit Kinder und Eltern nicht allein sind. In einer so individuellen Gesellschaft aber ist das schwer umsetzbar. Nachbar:innen spielen im Leben der meisten eben keine große Rolle.

Es gibt noch eine Option. Die meisten Menschen bewegen sich ihr halbes Leben lang in quälenden Mustern, bevor sie überhaupt darauf aufmerksam werden. Hinaus hilft im Zweifel niemand. Es steht niemand persönlich zur Seite, den Horizont zu erweitern, sich selbst, das Verhalten und die eigenen Annahmen zu hinterfragen, erst recht nicht außerhalb des eigenen Umfelds. Die Möglichkeit darf nicht denen vorenthalten bleiben, die die kulturellen Voraussetzungen haben, es darf nicht in den Händen der boomenden privaten Coachings liegen. Wer sich als Gesellschaft entwickeln will, zunächst mal völlig ohne politische Intention, sollte etwas tun, das normalerweise übersehen wird: den Blick für alle nach innen zu einem festen Teil machen. Regelmäßig gehen viele Menschen sehr selbstverständlich zum Hausarzt. Für den Blick ins Innere gibt es aber gar kein Äquivalent, es gibt keine Haus-Psychologin. Die kommt erst, wenn es nicht mehr auszuhalten ist, und immer noch ist Inanspruchnahme stark stigmatisiert. Und vielleicht wäre das eine intelligente Idee: eine lebenslange, reflektierende Stimme von außen.

Denn warum ist uns das so egal? Warum gibt es für Geist nicht längst, was es für den Körper gibt? Warum ist Innenleben nicht politisch relevant? Die helfende Stimme von außen ist eine gute Option. Nicht um individualistisch sich selbst zu optimieren, sondern, im Gegenteil, um eine bessere Gesellschaft zu schaffen. Eine Gesellschaft, die stärker vertrauen kann und deshalb vertrauensvollere Systeme wagt; eine, die weniger Angst hat und deshalb Neues wagt; eine, die versteht, was sie beeinflusst und deshalb manchem Impuls misstraut. Das kann ökonomische Gewalt nicht aufheben, aber vielleicht abfedern. Und damit die Voraussetzungen zu ihrer Überwindung schaffen. Mit Ruhe statt aufgebrachter Debatten. Es muss natürlich möglich sein, dafür aus einem Angebot zu wählen, ähnlich wie man die Hausärztin wählt. Und es wäre auch ein Schlüssel, der die Institution Kleinfamilie ein Stück weit öffnet und aufbricht. Die Begleiterin kann eine Kultur des Sprechens von klein auf etablieren helfen, eine unabhängige Vertrauensstelle bieten. Zur Reflexion, aber auch als Kontrollinstanz gegen Übergriffe. Nicht als Alternative zu einer gemeinschaftlichen Erziehung, sondern als Ergänzung. Selbst wenn es in der politischen Willensbildung gar nichts ändern würde – weniger traumatisierte, weniger ängstliche, glücklichere Menschen wären ein lohnender Grund an sich. Und wenn es sich gesellschaftlich auswirkt, umso besser. Wer Wandel möchte, muss auch auf ungewöhnliche Ideen zurückgreifen.

▶ Das Institut für kritische Sportforschung und Utopien

In der „taz" kritisiert der Schriftsteller Ilija Trojanow 2021: „Fantasie wird kaum gefördert, nicht in den Schulen, noch weniger an den Universitäten und im beruflichen Alltag gar nicht. […] Wir beschäftigen uns ausgiebig mit Erinnerungskultur und vernachlässigen das Imaginieren der Zukunft. Unsere Fähigkeit, etwas anderes zu sehen als nur das Bestehende, geht so dramatisch ein wie die Zahl der Apfelsorten. Die kapitalistische Kommodifizierung führt zu Uniformität, nicht nur in unseren Fußgängerzonen, sondern auch in unseren Köpfen. Ein Teufelskreislauf, denn je weniger Vielfalt wir um uns herum erfahren, desto weniger können wir Visionäres erträumen. Was für eine schreckliche Vorstellung, ein Leben lang ins Hier und Jetzt verbannt zu sein." Trojanow fordert öffentliche Räume, Sendungen, Webseiten, Orte also, wo die Fantasie wirken kann. Daran fehlt es, auch im Sport. Wolle man die herrschende Ordnung verändern, müsse man den Glauben an sie brechen. Das heißt: einen neuen entwickeln, heißt es in Antonio Gramscis Gefängnisheften. Wo aber wird neuer Glaube entwickelt? Nirgends. Neue Utopie-Gruppen in den Fanszenen gab es während der Pandemie, aber irgendwann lassen ihre Kräfte nach und viele Vorschläge beziehen sich auf Kämpfe im genannten Hier und Jetzt. Es fehlt etwas Übergreifendes: ein Institut für sportliche und sonstige Utopien. Eines, das die Ideen bündelt, kritisch weiterspinnt, Gelder und Ressourcen sammelt, um sich ihnen zu widmen. Und sie mit Forschung und Veröffentlichungen in den Mainstream trägt. Das Fantasie überhaupt erlernt und das vernachlässigte Feld der Zukunft im Sport beackert.

Dieses Institut braucht sich nicht nur Utopien zu widmen. Es könnte auch eine kritische Sportforschung bündeln, aus der wiederum Utopien entstehen. Forschung wie die von 2020, wo über 2.000 englischsprachige Spielkommentare aus dem Männerfußball im TV analysiert wurden. Und die belegte, dass Spieler mit hellerer Haut regelmäßig und überwiegend für ihre Intelligenz und ihre Spielqualität gelobt, Spieler mit dunklerer Haut dagegen oft auf ihren Körper und ihre Athletik reduziert wurden. Solche wie die Studien im unterklassigen Fußball, auf die der Soziologe Tim Frohwein hinweist. „Wie man richtig mit Jugendlichen kommuniziert, sie zu Verantwortungsgefühl erzieht, wie man ihnen Werte auf einen Weg mitgibt, der sie vermutlich nicht auf das Hochplateau des Profifußballs führen wird: Das wäre praxisrelevantes Wissen für einen durchschnittlichen Fußballtrainer in Deutschland. Auch dazu gibt es Studien, wie zu anderen Themen des Amateurfußballs." In der DFB-Akademie aber, schreibt er, fänden sie nicht statt, da gehe es nur um Spitzenfußball.

Aktuell herrscht eine Hegemonie neoliberaler Sportforschung. Es braucht eine Gegenöffentlichkeit zu jenen Business-Hochschulen, die in Kooperation mit der DFL veröffentlichen. Eine Öffentlichkeit, die Fanszenen und kritische Basis, forschende Außenstehende, Spieler:innen, widerspenstigere Funktionär:innen und die politische Kritik vereint. Das Institut für kritische Sportstudien und Utopien als Plattform, Netzwerk und Verstärkerin. Und vielleicht ist es eines Tages auch möglich, Seminare an einem solchen Institut zu belegen, neue Kräfte auszubilden: für Arbeit im Breitensport, in wilden, kreativen Konstrukten, in Fangruppen oder an der Spitze.

Es muss mit Hingabe geforscht werden, aber auch mit Neugierde, offen für Ergebnisse, die den eigenen Ideen widersprechen. Das Letzte, was die Öffentlichkeit braucht, wäre ein ideologisches Institut, das ignoriert, was nicht in sein Weltbild passt. Es braucht eines, das mit ethischem Kompass,

Kampfgeist und Humor neugierig ist und sich immer wieder überraschen lässt. Zuletzt wären Menschen wichtig, die barrierearm Ergebnisse aufbereiten. Podcasts, Videos, Workshops in Kiezen bieten Möglichkeiten, über das verbindende Thema Fußball Menschen zu erreichen, die man sonst nicht erreicht. Für Utopien mit Breitenwirkung.

► Etwas andere Beratungsagenturen

Wer berät DFB und DFL? Meist mächtige Consulting-Agenturen wie McKinsey, deren unverhohlene Interessen mehr Effizienz und Profit-Steigerung sind – und das Interesse, sich selbst unverzichtbar zu machen. Über die Zukunft des Fußballs entscheiden maßgeblich ideologisch geschulte Elite-Absolvent:innen, denen Erfahrung in der Fankurve oder im Vereinsheim völlig fehlt. Der Jurist Daniel Markovits kritisiert in seiner Analyse über McKinsey für „The Atlantic", dass dieses technokratische Consulting demokratische Strukturen zerschlage und Kompetenzen an der Basis versanden lasse. Warum beraten nicht die, die wirklich Ahnung, Erfahrung in der Branche und Ideen haben? Macht zu brechen ist eine Sache, eine andere ist es, Macht zu beeinflussen. Eine Fan-Aktivistin erzählte mal, dass ihr als Fan niemand zugehört habe; als Beraterin, die Zertifikate verteilt, wurde denselben Forderungen hohe Aufmerksamkeit geschenkt. Natürlich heißt das, das Spiel ein Stück weit mitzuspielen. Aber auch das hilft. Zum Beispiel mit neuen, eigenen Consulting-Agenturen, angetrieben von hingebungsvollen Menschen mit neuen Ideen und mit praktischer Erfahrung im Fußball. Mit ganz anderen Zielen. Wenn sich auch nur manch mittelgroßer Traditionsklub beraten lässt, übt das Einfluss aus. Und darüber kann öffentlicher Druck aufgebaut werden: Warum lässt sich der DFB nicht von seiner eigenen aktiven Basis beraten, sondern von McKinsey? Dafür aber muss es dieses Angebot geben.

► Austauschprojekte vor der Haustür

Ständig gibt es Austauschprojekte mit dem Ausland, aber niemand kommt auf die Idee, innerhalb des Landes Menschen aus sehr unterschiedlichen Klassen oder gesellschaftlichen Gruppen in einem echten Austausch zusammenzubringen. Nicht nur für ein paar Stunden im Fußballteam, sondern in einer Gastfamilie, ein ganzes Jahr lang. Ausgewählte Gastfamilien, bei denen alle Schüler:innen verpflichtend ein Jahr, vielleicht auch ein halbes, in völlig anderen sozialen und gesellschaftlichen Verhältnissen verbringen würden. Das eröffnet neue Horizonte massiver, als jeder Verein es je könnte. Und kann ein Stück weit die erlernte Verachtung durchbrechen. Der Kapitalismus hat eine Generation Wohlhabender hervorgebracht, die mehr Empathie für Familien in Guatemala empfindet als für Menschen in der Region. Denn Begegnung in der Nähe ist schmerzhaft. Man kann sich dann nicht abstrakt über die Behandlung des globalen Südens ärgern, sondern wird mit sehr konkreter Schuld, anderen Codes und – das gilt für alle Teilnehmenden – ganz anderen Perspektiven und Meinungen konfrontiert. Solche, die es auszuhalten gilt. Und bei denen man irgendwann vielleicht feststellt, dass Differenzen nicht so unüberwindlich sind, gegenseitige Empathie lernt. Die Gräben können mitunter aber auch tiefer werden, denn die wie auch immer Schlechtergestellten erfahren hautnah, wie man leben kann. Auch das bringt weiter. Horizonterweiterung ist eine sehr gute Revolte. Es muss nicht immer um ökonomische Differenzen gehen, denn Länder sind vielfach und komplex gespalten: religiös und atheistisch, Ost und West, ordentlich und chaotisch, Stadt und Land, nach Hautfarbe, körperlicher Verfassung, Politik. Austausch der ganz anderen Art wird völlig vernachlässigt. Und niemand weiß, wie die anderen überhaupt leben. Eine charmante Version der Idee wäre auch die: Junge Fußballer:innen werden zu einem praktischen Jahr des Austauschs verpflichtet. Zur Mithilfe etwa im Amateurverein oder einem Fanprojekt, oder in einer wilden Liga. Um die in sich abgeschlossene Branche aufzubrechen, Bodenständigkeit und Erfahrungen zu ermöglichen.

► Externe Schulungen für Sportmedien

Medien prägen, vermarkten und erzählen den Fußball wie keine andere Institution. Aber im Diskurs um einen besseren Fußball geht es so gut wie nie um besseren Sportjournalismus. Darüber muss gesprochen werden. Denn auch dort ist die marktwirtschaftliche Dynamik dramatisch. Es steigt der wirtschaftliche Druck auf Redaktionen, die Berichterstattung wird immer stärker auf Vermarktung ausgerichtet. Mit Klicks als Währung. Freie können von ihrer Arbeit nicht mehr leben, damit sinkt das Angebot; Klubs schotten sich immer stärker ab. Und die finanziell unter Druck stehenden Medienhäuser produzieren zunehmend

Geschichten, die Klicks liefern, aber völlig belanglos sind. Außerdem sind die Sportredaktionen ganz überwiegend alt, weiß, aus bildungsbürgerlichem Haus und männlich. Der Frauenanteil liegt bei etwa zehn Prozent, das hat sich seit Jahrzehnten nicht verändert. Beide Tendenzen verstärken einander: Wer in eine kriselnde Branche geht, wird sich eher dafür entscheiden, wenn er privilegiert und nicht mit zusätzlichen Unsicherheiten konfrontiert ist. Und die Geschlossenheit hat auch damit zu tun, dass man mit Sport von Kindheit an sozialisiert ist – oder eben nicht. Man hat legendäre Spiele erlebt oder weiß davon, oder eben nicht. Und wer die kulturellen Referenzen nicht versteht, schafft kaum den Quereinstieg. Die Zusammensetzung der Redaktionen wirkt auf die Berichterstattung: Über Behindertensport wird so gut wie nie berichtet, weil es fast keine Menschen mit Behinderung in Sportredaktionen gibt. Und die Sporthochschule Köln, die die Berichterstattung über Sportler:innen seit 1999 analysiert, prognostiziert, dass es beim aktuellen Tempo 130 Jahre dauern wird, bis über Männer und Frauen im Sport gleich oft berichtet wird. Fast niemand kümmert sich darum, Medienschaffende inhaltlich zu konfrontieren und weiterzubilden. Es braucht Organisationen, die das übernehmen, die mit Workshops durch die Redaktionen ziehen. Nicht von oben herab, sondern konkret auf die Situation vor Ort eingehen.

Die wirtschaftliche Dynamik erschwert das: Randständiges bringt weniger Klicks. Das macht es nur sehr schwer möglich, über Dinge zu berichten, für die sich nicht ohnehin sehr viele Leute interessieren. Und die Betroffenen haben oft falsche Erwartungen an Sportmedien. Sofern die berichten, sollen sie nämlich als Werbetreibende etwa für Frauen oder Athlet:innen mit Einschränkungen fungieren. Ihnen mehr Sponsoren verschaffen, wohlwollend berichten. Vor allem im Frauenfußball ist diese Annahme verbreitet. Und viele Medien kommen dem eilfertig nach. Das ist aber überhaupt nicht ihre Aufgabe. Medienschaffende haben nicht die Aufgabe, wohlwollendes Empowerment für irgendjemanden zu betreiben. Alle Gruppen, die Fußball spielen, gehören kritisch betrachtet, denn erst das ist wahrhaft egalitär. Oder anders: Empowerment ist die gleiche Berichterstattung selbst. Wenn ein Spiel der Frauen schlecht ist, ist es schlecht. Das ewige Lob „Eine tolle Werbung für den Frauenfußball" ist da nur unfreiwillig erniedrigend. Und zeugt von einem seltsamen Berufsverständnis. Auch Workshops zu Sprache im Sport könnten helfen, ungewollte Framings zu verhindern, man denke nur an Ausdrücke wie „Fußball und Frauenfußball" oder „an den Rollstuhl gefesselt". Natürlich kämen Medienschaffende im Idealfall selbst auf die Idee, solche Workshops anzufragen. Leider tun sie das nicht. Es läge an externen Organisationen, diese Möglichkeiten anzubieten. Mitunter gibt es das schon. Sportredaktionen könnten sich dann mit einem Siegel auszeichnen lassen. Und es sollte, auch das gehört zur positiven Motivation, Preise für diverse Sportberichterstattung geben. Und zwar solche auch für Themenvielfalt, nicht bloß in Bezug auf Protagonist:innen. Denn in der Wüste Männerfußball geht thematische Vielfalt im Sport dramatisch verloren.

Intern hilft es übrigens, sich ganz konkrete Fragen zu stellen: Wer schreibt bei uns Texte? Wer und was kommt in diesen Texten vor? Welche Sportarten kommen vor? Wie ist die Lage bei Kommentaren, Live-Berichterstattung, längeren Geschichten? Wer sich einen Überblick verschafft hat, wird auf eindrückliche Zahlen stoßen. Und kann sich dann gezielt verbessern. Es hilft, sich ganz konkrete, überprüfbare Ziele zu setzen. Und regelmäßig zu prüfen, ob es wirklich eine Veränderung gegeben hat. Ohne konkrete Ziele gehen hehre Wünsche meist im Alltag unter. Es kann auch sinnvoll sein, regelmäßige Plätze freizuhalten – entweder von außen erkennbar, oder als interne Vereinbarung. Man kann bewusst Korrespondent:innen ansprechen und darauf aufmerksam machen, dass man bestimmte Themen sucht. Oder Themen gleich bestellen.

Nicht alles liegt in der Hand einzelner Medien. Es bräuchte dringend auch einen vernünftigen Newsticker für randständige Felder des Sports, wie das die Plattform www.sportfrauen.net gerade erfolgreich für den Frauensport eingeführt hat. Es bräuchte endlich mehr Korrespondent:innen für Sportbereiche jenseits des Männerfußballs; da kleine Themen systematisch verdrängt werden, werden sie aber immer weniger werden. Auch spezielle Streamingdienste würden helfen. Und größere Neugierde von allen Seiten. Dafür muss es weiter möglich und akzeptiert sein, dass alle über alles schreiben. Jeder hat das Recht darauf, sich zu jedem Thema zu äußern, unabhängig von Geschlecht, Hautfarbe oder Lebenserfahrung. Alles andere ist für eine Gesellschaft, die eines Tages einmal gleich werden soll, fatal. Und auch für ihre Minderheiten. Wenn immer nur der türkischstämmige Mitarbeiter über Rassismus im Sport schreiben soll, wird er ständig reduziert. Und alle anderen nehmen am Diskurs nicht teil und können es sich leisten, indifferent zu bleiben.

► Versorgung für Beitrag statt Klicks

All das ist vergleichsweise offensichtlich. Aber auch leicht postuliert. Klicks und Einschaltquoten entscheiden über fast alles, und ein abseitigeres Format, das sich nicht rentiert, hat schnell große Probleme. Wer Texte schreibt, muss in diesem Wirtschaftssystem wie eine Hipster-Teestube „Klientel bedienen", denn der Text wird sicher „auf den sozialen Kanälen gut laufen". Bekannte Gesichter mit starken Meinungen klicken sich gut. Weil so viele Journalist:innen, Aktivist:innen, Influencer:innen keine feste Anstellung haben und jederzeit ersetzbar sind, ist die Eigenvermarktung auch eine ökonomische Notwendigkeit. Eine Studie der TU München von 2020 spricht von einer „gestiegenen Ökonomisierung der Sportmedienbranche", in der Sportjournalist:innen „immer häufiger eine Wirtschaftsware vermarkten". Dass jede Siebte der befragten Sportjournalistinnen dort angibt, sie sehe sich „als Vermarkterin, die ein Produkt gewinnbringend absetzen muss", ist durchaus eindrücklich. Freie Plattformen hätten, anders konzipiert, große Chancen. Der Aufschwung für Antirassismus, queere Themen und Frauenthemen im Sport, aber auch die stärker vernehmbaren Stimmen der Athlet:innen wären nicht denkbar ohne Twitter und Instagram. Aber die Gesellschaft verliert sich auch im Wust viel zu vieler Informationen.

Mit einer Zweisäulenökonomie können Medien besser funktionieren. Wenn Menschen für ihren Beitrag versorgt werden statt für Klicks und Likes, befreit sie das aus ihrer Abhängigkeit von Popularität. Die aktuelle Honorierung ist so offensichtlich falsch, dass es erstaunlich ist, wie wenig Debatte über Alternativen existiert. Das aktuelle System befördert schlechte Berichterstattung und Selbstdarstellung geradezu. Von einer Änderung profitieren beide Seiten. Das Publikum bekommt nicht ständig schnell Heruntergeschriebenes geliefert, das vor allem dazu dient, dass möglichst viele auf die Überschrift klicken. Und die Verfassenden müssen Themen nicht mehr vom Like-Button abhängig machen. Echte Mitsprache nämlich bedeutet er sowieso nicht. Aktuell wird Menschen, die im Großen, bei der Gestaltung der Welt, völlig machtlos sind, mit dem Werkzeug der Likes Tyrannei im Kleinen erlaubt. Der beste Like-Button ist einer, der abgeschafft ist. Man kann klüger honorieren. Das Prinzip „Ich bin zufrieden" und „Das sollte besser werden" lässt sich auf Medienbeiträge nicht anwenden – ein einflussreicher Mensch oder eine Gruppe, über die kritisch berichtet wurde, könnte sofort eine Meute mobilisieren, die quasi für die Einstellung des Betriebs sorgt. Besser ist es, schlicht nach Beitrag zu versorgen: Wer im Jahr eine bestimmte Menge an recherchierten Texten beiträgt – und zwar tatsächlich Recherchen, keine schnellen Kommentare oder Interviews – wird auf der zweiten oder dritten Stufe versorgt. Das honoriert immer noch nicht inhaltliche Qualität, aber das ist von außerhalb auch einigermaßen unmöglich, ohne Zensur Tor und Tür zu öffnen. Stattdessen könnte zum Beispiel die eigene Gilde Menschen mit herausragendem Beitrag selbstständig mit der höchsten Versorgung ausstatten. Es gibt noch eine positive Folge: Wo Aufmerksamkeit nicht viel zählt und Menschen, die als Journalist:innen versorgt werden wollen, echte Recherchen beitragen müssen, wird weniger Inhalt generiert. Und kehrt womöglich eine intelligentere Debatte ein. Viele Themen lassen sich zwei Wochen nach dem Ereignis viel besser diskutieren. Meldungen könnten immer noch über Newsseiten laufen, damit Aktivist:innen in konkreten Fällen Druck ausüben können. Man kann auch den Raum relativ leicht so gestalten, dass er Qualität über Quantität stellt: Mit einer Obergrenze für Inhalt statt endlosem Scrollen. Zum Beispiel einer Obergrenze pro Medium für Beiträge. Das ermutigt, eine Auswahl zu treffen, statt täglich Massen an austauschbaren Videos, Texten und Podcasts in die Welt zu schießen.

Allen anderen ist es unbenommen, ihre Ansichten kundzutun. Aber sie können dafür weder Geld noch Besitz noch Herzchen erhalten. Für viele Menschen sind Plattformen ohnehin kaum zugänglich oder uninteressant: für Menschen mit diversen körperlichen und geistigen Einschränkungen, für Arme, wenig Gebildete oder solche, die schlecht lesen und schreiben können, für Kinder, für alte Menschen, für Menschen ohne entsprechende technologische Infrastruktur. Und auch für solche, die konfliktscheu sind, unsicher, schüchtern, an Politik nicht interessiert, oder die keine Lust auf übermäßige Selbstdarstellung haben. Das heißt: für den allergrößten Teil der Bevölkerung. An dem gehen diese Debatten, die angeblich das ganze Land führt, völlig vorbei. Diskussionsplattformen müssen barrierefreier, inklusiver, sozialer werden, um demokratisch zu sein. Mit Videooption oder Audiobeiträgen für die, die nicht gut schreiben können; mit einer automatischen Übersetzungsfunktion, sodass Beiträge aus allen Regionen Aufmerksamkeit bekommen. Mit einer Quote für Themen von außerhalb Westeuropas und den USA, sodass sich der globale Norden nicht mehr dauernd um sich selbst dreht in Debatten. Diese Vorgabe wäre eine der wenigen durchweg sinnvollen

Quoten. Und vor allem braucht es: mehr Offline-Diskussionen. Die vor Ort dahin gehen, wo sie Menschen erreichen, die in der Nische nicht auftauchen.

Neben all diesen Dingen kann eine bessere inhaltliche Struktur vieles verändern. Debatten etwa könnten auf einer Plattform nicht tagesaktuell strukturiert sein, sondern thematisch in einzelnen, moderierten Räumen. Dann können Themen über Monate verhandelt werden, nicht kurz als personalisierte Aufreger. Und zwar große Themen statt Detailfragen. Wann immer jemand möchte, kann er oder sie wieder an die große Frage anknüpfen, thematische Texte posten, Überlegungen anstellen. So wird nicht ständig von vorne angefangen. Und immer wieder können Moderator:innen eine Zusammenfassung liefern. Statt Empfehlungen für Lieblingsthemen braucht es Empfehlungen für Neues. Und ein Letztes ist überfällig: Schließzeiten. Schließzeiten sind nicht nur ein Schutz von Arbeitnehmer:innen, sondern auch derer, die konsumieren. Sie erleben keine pausenlose Verfügbarkeit; sodass für acht oder zehn Stunden das Rauschen versiegt.

Dass meinungsbildende Plattformen in den Händen privater Großkonzerne sehr schlecht aufgehoben sind, ist mittlerweile durchaus einer breiten Masse aufgefallen. Man verkauft ja auch nicht die Verfassung an einen Konzern. Einmal das Grundgesetz neu schreiben, wer bietet am meisten? Soziale Plattformen sollten von der Gesellschaft betrieben werden, sie sind ein allgemeines Gut wie Bibliotheken.

TEIL 4

Ideen zum Selbermachen

Wie kommt man vom Kleinen ins Große? Der letzte Teil widmet sich kleinen, teils verwirklichten Ideen aus dem fußballerischen Alltag. Es kommen Menschen zu Wort, die sich für einen besseren Fußball einsetzen und etwas entwickelt haben, oft sogar Dinge, von denen es hieß, das gehe doch gar nicht. Bis es dann doch ging. So findet sich im Großen auch das Kleine, im Luftschloss der Türknauf.

KAPITEL 1

Das Spiel selbst verändern: Fußball für alle

Die kanadische Torhüterin Stephanie Labbé, Bronzemedaillengewinnerin bei den Olympischen Spielen 2016, hat die magische Wand durchbrochen: Sie stand bei den Calgary Foothills in der vierten Männerliga der USA und Kanada unter Vertrag. In Ligaspielen aber durfte sie nicht antreten, weil sie eine Frau war. Die mexikanische Stürmerin Maribel Domínguez wollte es auch tun, sie wäre zum Männer-Zweitligisten Atlético Celaya gewechselt. Aber die Fifa verbot es ihr. Die Skirennläuferin Lindsey Vonn wollte sich mit den Männern messen und scheiterte ebenfalls am Widerstand des Verbands. Im Eishockey waren es viele, die die unsichtbare Grenze überschritten, am prominentesten Hayley Wickenheiser, wieder eine Kanadierin. Als offiziell erste Frau der Welt spielte sie bei einem Männerprofiteam auf dem Feld. Bis zur zweiten Liga funktionierte das, dann stieß sie an körperliche Limits. Und in den Niederlanden hat die 19-jährige Ellen Fokkema in der Saison 2020/21 für die erste Männermannschaft des VV Foarut in der vierten Liga gespielt. Die Niederlande erlaubten dann gemischte Teams für alle Geschlechter in Amateurligen.

Fußball ist ein merkwürdiges Fossil. Er trennt immer noch säuberlich nach zwei Geschlechtern. Für Menschen, die sich nicht nur einem Geschlecht zuordnen oder gar nichts von dem Konzept halten, gibt es fast keine Räume in diesem Sport, erst recht nicht an der Spitze. Wie viele Widerstände entstehen, wenn man nur ein wenig von der Norm abweicht, erleben trans Spieler:innen weltweit. Und beim Spiel selbst werden Menschen säuberlich voneinander getrennt. Es ist nicht erlaubt,

Spitzenfußball mit allen Geschlechtern gemeinsam zu spielen. Eine weitere Grenzlinie besteht noch, selten überhaupt ausgesprochen: Menschen mit körperlichen oder geistigen Behinderungen dürfen nicht mitmachen. Sie werden in eine dritte Welt abgeschoben, wo man sie nicht sehen muss und nicht sieht, die Welt des Behindertensports. Selbst solchen, die nach aktuellen Regeln mithalten können, wie Weitspringer und Paralympicssieger Markus Rehm, wurde die Teilhabe verboten, diesmal mit Verweis auf mögliche Vorteile. Ähnlich verläuft die Debatte um trans Frauen oder hyperandrogene Sportlerinnen, also solche mit hohen Testosteronwerten. Letztere etwa werden von Sportverbänden bei einigen Disziplinen ausgeschlossen oder müssen sich zweifelhaften medizinischen Eingriffen unterziehen.

Der Fußball erzählt sich marketingwirksam über Integration, aber kaum ein gesellschaftliches Feld ist so stark segregiert. Viele Menschen können durch die Geschlechtertrennung auch keinen Sport gemeinsam mit den Personen machen, die ihnen am wichtigsten sind, Partnern oder Partnerinnen. Freundeskreise können keinen gemeinsamen Sport betreiben, und es entstehen segregierte Kreise nach Leistung. Man kann lange darauf warten, dass sich das an der Spitze verändert. Oder man kann hingehen und es selbst verändern, an der Basis. Jede und jeder kann das tun, im eigenen Ort oder Klub. Denn natürlich lassen sich Ligen und Teams ganz anders zusammenstellen. Und es gibt zunehmend erfolgreiche Beispiele, die das vormachen.

Dabei ist es nicht so einfach mit der Auflösung der Grenzen, denn es gibt einen zweiten relevanten Faktor: Chancengerechtigkeit. Die Beispiele Maribel Domínguez oder Ellen Fokkema bedürfen der wenigsten Diskussionen. Wenn eine Frau im Spiel der Männer mithalten kann und alle einverstanden sind, warum sollte sie nicht teilhaben dürfen? Dieses Verbot ist absurd und durch nichts zu rechtfertigen. Allzu viel verändern wird eine Aufhebung ohne weitere Regelanpassungen allerdings nicht, denn natürlich bestehen körperliche Unterschiede. Der Sportwissenschaftler Paul Bradley wies in verschiedenen Studien nach, dass Fußballerinnen in physiologischen Tests schlechter abschnitten als männliche Fußballer. Bradley weist darauf hin, dass sie derzeit weniger Training und weniger finanzielle Förderung bekommen, sie beginnen später mit dem Fußball, haben also handfeste Nachteile; und dennoch werden die Unterschiede in puncto Kraft, Tempo und Athletik nicht völlig verschwinden. Damit eine Öffnung funktioniert und auch tatsächlich etwas verändert, braucht es zusätzliche Regeln. Umso mehr für Teilhabe von Sportler:innen mit körperlichen oder geistigen Behinderungen, Kindern, Alten.

Menschen, die Nachteile haben, mitspielen zu lassen, dazu kann sich die Gesellschaft vielleicht sogar durchringen. Hitzig aber wird die Debatte, wenn es um tatsächliche oder vermeintliche Vorteile geht. Um Körperbau, leistungssteigernde Prothesen, Testosteron, Transition. Die Debatte kocht von allen Seiten hoch, obwohl die wissenschaftliche Basis dünn ist. Welche Rolle körpereigenes Testosteron für Leistung spielt, ist zum Beispiel sehr umstritten. Der Arzt Timothy Roberts konstatiert: Fast ein Drittel der in einer Studie untersuchten jugendlichen Athletinnen habe hohe Testosteronwerte, im Vergleich zu rund zwei bis zwölf Prozent im Gesamt-Sample. Testosteron ist wichtig für den Muskelaufbau, und es lässt sich gut damit dopen – ein Zusammenhang auch mit sportlichem Talent ist also plausibel. Eine sportmedizinische Studie von 2017 befand einen kausalen Zusammenhang zwischen sportlicher Leistung und höherem Testosteronwert; sie diente dem Leichtathletikverband als Rechtfertigung für seine Ausschlüsse im Frauensport. Aber 2021 wurde die Studie von den Autoren Stéphane Bermon und Pierre Yves Garnier wieder zurückgezogen und korrigiert: Ein Zusammenhang lasse sich nicht belegen. Und mittlerweile gibt es auch Untersuchungen, die zeigen, dass Erfolg im Wettbewerb den Testosteronspiegel erhöht – das wäre eine umgekehrte Kausalität. Ähnlich komplex ist es mit dem Thema Transition. Eine der ersten Langzeitstudien zu transgeschlechtlichen Frauen und sportlicher Leistung bei der US Air Force zum Beispiel kommt zu dem Schluss, dass sie bei später Transition weiterhin körperliche Vorteile hatten, so Roberts. Bei Transition vor oder in der Pubertät dagegen hatten sie so gut wie keine Vorteile. Und die trans Wissenschaftlerin Joanna Harper ermittelte, dass trans Frauen im Ausdauersport überhaupt keine signifikanten Vorteile gegenüber ihren Gegnerinnen hatten. In einigen Teamsportarten wie Basketball und Volleyball dagegen behielten sie sie weiterhin, und auch in puncto Kraft. Andererseits ist die Relevanz solcher Faktoren begrenzt. Die transgeschlechtliche Radsportlerin und Bahnrad-Weltmeisterin Veronica Ivy wies in einem BBC-Bericht darauf hin, dass trans Sportler:innen seit 2004 an den Olympischen Spielen teilnehmen dürfen. Doch erst 2021 war eine einzige Athletin dabei. Es gibt kaum trans Athlet:innen mit Weltmeistertiteln. Das spricht eher für hohe

Hürden, weiter bestehende Abwertungen und Ausschlüsse als für einen plötzlich verzerrten Wettbewerb.

Was auch immer am Ende dabei herauskommt, diese Debatte wird den Sport verändern. Aber anders als gedacht. Denn ein bestimmter Körperbau, ein bestimmter Hormonwert ist je nach Disziplin ganz offensichtlich von Vorteil. Das gilt aber für alle Menschen, die teilnehmen. Der Wettkampf ist nicht fair. Und er war es nie. Spitzenathlet:innen jeglicher Couleur wurden mit Körpern, Hormonwerten, Anlagen geboren, die ihnen schon in der Schule einen Vorteil gegenüber dem kleinen, dicken Kind verschafften. Sozial Marginalisierte haben im Sport kulturelle und motorische Nachteile, aber sie müssen sich mit bürgerlichen Kindern messen. Weiße in den USA haben infrastrukturelle Vorteile gegenüber Nicht-Weißen. Und im Basketball werden Menschen nur aufgrund ihrer Körpergröße aussortiert; wer 1,60 Meter groß ist, kann eine Karriere vergessen. Der Sport hat aber das Problem, dass er ständig suggerieren muss, es gäbe einen fairen, gleichen Wettkampf. Stars können nur gefeiert werden, wenn es scheint, sie hätten sich gerecht durchgesetzt. In einem gleichen Wettbewerb. Und die Aufregung um Testosteron und Transition zeigt einer breiten Öffentlichkeit und den Verbänden ungewollt, was schon immer galt: Er war niemals gleich.

Wer oben spielt, spielt auch dort, weil er sich gegen Menschen durchgesetzt hat, die ihrerseits nie eine gleiche Chance hatten. Das macht Fairness nicht egal – es ist kein Argument dafür, einfach jede gegen jeden rennen zu lassen. Der Wunsch nach Vergleichbarkeit und fairem Kampf ist groß. Aber wer ihn will, muss ehrlich und ernsthaft danach suchen. Und seriös forschen: Was sind die wichtigsten Faktoren, die dafür sorgen, dass Menschen im Sport Vorteile haben? Und dann kann man einen faireren und inklusiven Wettbewerb starten. Einen solchen, bei dem Identitätsaspekte keine Rolle spielen, sondern schlicht Voraussetzungen. Etwa mit Startklassen, in denen nach Testosteronwert abgestuft wird, sollte der sich als relevant herausstellen. Oder, wie es das im Boxen gibt, nach Gewicht, mit einem echten Plus-Size-Spitzensport. Oder nach sozialem Hintergrund, mit Handicap für wohlhabende Sportler:innen. Oder im Basketball nach Größe, mit einem eigenen Wettbewerb für kleiner Gewachsene – oder Korbhöhe je nach Durchschnittsgröße des Teams. Wenn ein Rennen annäherungsweise gerecht sein soll, muss man sich Gedanken darüber machen, was einen Vorteil verschafft und in welcher Kategorie Handicaps vergeben werden sollen. Ein Vorbild dabei kann der Behindertensport sein, der ein komplexes und bis ins Detail überarbeitetes Klassifizierungssystem entwickelt hat. Die Athlet:innen treten in verschiedenen Startklassen an, sodass Menschen mit ähnlichen Voraussetzungen und Fähigkeiten sich miteinander messen. Wir können das auf den gesamten Sport übertragen; mit Startklassen, anderen Startlinien und Handicaps.

Es muss deshalb niemand verbissen um Ergebnisse zu Erfolgsfaktoren streiten und einen Kampf von Inklusion versus Chancengleichheit konstruieren. Erfolgsfaktoren können, wenn man sie ehrlich und neugierig erforscht, den Wettbewerb viel gerechter machen, ja, einen gemeinsamen Wettbewerb erst ermöglichen. Bis die Fakten klar sind, kann man ohnehin erst mal alle überall teilnehmen lassen. Und wenn Para-Athlet:innen dann, sagen wir, den olympischen Weitsprung dominieren würden, was wäre daran schlimm? Warum finden das viele so furchterregend? Nach 100 Jahren, in denen allein der unversehrte Körper gefeiert wurde, wäre das, im Gegenteil, eine neue demokratische Sichtbarkeit. Ein Symbol der Teilhabe in einem Wettbewerb, der einst für gesunde Körper geschaffen wurde. Denn wer die Regeln macht, schafft sie zu den eigenen Gunsten. Der aktuelle Fußball wurde wesentlich von gesunden, jungen, wohlhabenden Männern aus Europa entwickelt. Und dass zufällig gesunde, junge, wohlhabende Männer aus Europa diesen Fußball dominieren, ist, als würde der Rest der Welt gegen Chines:innen im Chinesisch-Wettbewerb antreten.

Ganz und gar gerecht aber wird Sport nie sein.

Der Fußball ist in dieser neuen Strukturierung ein spezieller Fall, denn er ist auf ein gemeinsames Spiel aller schlicht nicht ausgelegt. Hier wird es wirklich interessant. Es ist eine Sache, die Startlinie anzupassen. Das Spiel anzupassen, ist komplizierter. Aber es ist möglich, und es verbreiten sich Ideen dazu. Je mehr Leute sie ausprobieren und weiterentwickeln, desto stärker wird die Bewegung, die daraus entsteht.

Integrated Football

Dieses Konzept erwähnt Jörg Zwirn vom Inklusionssportverein Pfeffersport e.V. im Gespräch für dieses Buch. Beim Integrated Football stehen Menschen mit und ohne Einschränkung und aller Geschlechtsidentitäten gemeinsam und gegeneinander auf dem Platz. Die Spieler:innen spielen nicht mehr nur nach gegenwärtigem Regelwerk; ähnlich der Startklassen im Behindertensport werden ihnen je nach ihren Fähigkeiten Zahlen zugeteilt. Jedes Team muss eine bestimmte Anzahl von

Spieler:innen der jeweiligen Fähigkeiten auf dem Platz haben, so sind die Teams relativ ausgeglichen. Das lässt sich auch auf einem normalen Bolzplatz anwenden, unabhängig davon, was für Spieler:innen mit welchen Fähigkeiten dabei sind. Um das Spiel aber fair zu gestalten, sind die Aktionen auf dem Platz neu reguliert. Alle Spieler:innen dürfen zum Beispiel nur gegen Gegner:innen mit gleichen oder höheren Fähigkeiten in den Zweikampf gehen. Die besten Spieler:innen haben Handicaps, sodass sie ein Spiel nicht entscheiden können, und gespielt wird auf vier Tore. Das ist gewöhnungsbedürftig, und nicht viel daran sieht nach Hochgeschwindigkeitsfußball aus. Aber es braucht den anderen Fußball nicht zu ersetzen; es ist eine zusätzliche, gemeinsame Spielform. Es gibt auch genug Eltern, die leidenschaftlich mit ihren Kindern Fußball spielen, oder Kinder mit ihren Großeltern. Man muss nur endlich Lust darauf haben, Regeln auch für ein anderes Tempo, für einen Fußball für alle zu entwickeln.

Mixed-Pokal und gemeinsame Turniere

Geschlechterdifferenzen, schreibt die Soziologin Marion Müller, haben sich erst relativ spät als wichtiges Teilungselement im Fußball etabliert. Erst Anfang des 20. Jahrhunderts wurde *all gender*, also das Spiel aller gemeinsam, verboten. Bis dahin hat geschlechtergemischter Fußball sehr selbstverständlich stattgefunden. Während des Ersten Weltkriegs wurde wieder gemischt gespielt, ebenso wie im deutschen Arbeitersport der 1920er-Jahre. Der Kulturanthropologe Stefan Heissenberger zitiert Illustrationen der österreichischen Sportpresse um 1900, wo Männer und Frauen beim gemeinsamen Kicken abgebildet sind; oder solche, die einen erheblichen Anteil von Frauen auf den Tribünen bei den Begegnungen der Männer zeigen. Es sei beim Fußball zu dieser Zeit noch nicht um männliche Werte gegangen. „Im Fokus stand das körperlose, schöne und auf Fair-Play ausgerichtete Spiel, was den Idealtypus bürgerlicher Spielkultur repräsentierte." Anders gesagt: Zu dieser Phase, und während eines großen Teils seiner Geschichte, wurden Formen des Fußballs nach allem, was man weiß, *all gender* gespielt.

Die frühesten Nachweise Fußball spielender Frauen datieren aus dem China des 2. Jahrhunderts unserer Zeitrechnung, es wurde offenbar von allen gemeinsam gespielt. Entgegen den Behauptungen der Fußballverbände, die den Beginn des echten Fußballs in Europa verorten und „Frauenfußball" frühestens im 20. Jahrhundert anfangen lassen. Auch an den brutalen mittelalterlichen Volksfußballspielen waren gemischte Teams und reine Frauenteams beteiligt. Standesunterschiede waren damals wesentlich wichtiger als biologisches Geschlecht: Der dörfliche Fußball und Fußballformen des Adels waren strikt getrennt, und diese Grenze zu übertreten, wäre unvorstellbar gewesen. Das Wissen über alte Fußballformen ist freilich begrenzt, es ist ein bisschen wie mit den ewigen Debatten um Jäger und Sammler: Es lässt sich alles Erdenkliche hineinlesen, je nach ideologischem Standpunkt, und als einen gleichberechtigten Fußball aller Geschlechter muss man sich viele historische Spiele sicher nicht vorstellen. Klar ist aber, dass die vermeintlich uralte Trennung im Fußball recht jung ist. Sie ist nicht „immer schon so gewesen". Und sie muss nicht bleiben.

Geh-Fußball, Tischkicker, eFootball, Rollstuhlfußball, Integrated Football: Die Entwicklung zum gemeinsamen Fußball steht erst wieder ganz am Anfang. Anders beim IOC, dem Olympischen Komitee, das immer mehr Wettbewerbe bei den Olympischen Spielen *mixed gender* austragen lässt. Diese Wettbewerbsform hat auch Nachteile, die Flexibilität beispielsweise ist geringer; eine gute Athletin eines Landes kann vielleicht nicht teilnehmen, wenn sie keinen ebenso guten Kollegen als Teampartner hat. In diesem Sinne ist *mixed* weniger fair. Aber es hat den Vorteil, dass man alle fördern muss. Die Fifa toleriert in ihren großen Turnieren immer noch keinen gemeinsamen Fußball. An der Basis aber haben sich in den letzten Jahren einige All-Gender-Ligen gegründet. Wie solche Formate im Teamsport funktionieren können, zeigt schon lange der Korfball. Die dem Basketball ähnliche Sportart wird seit Anbeginn von allen Geschlechtern zusammen gespielt und hat dafür eigene Regeln geschaffen, die dem Integrated Football ähneln: Frauen dürfen nur von Frauen verteidigt werden und Männer nur von Männern, das Team ist paritätisch besetzt. Fouls sind verboten, mit dem Ball zu rennen ebenso. Laura Gubby und Ian Wellard holten in einer Studie 2015 die idealistischen Überlegungen dazu ein Stück weit auf den Boden der Tatsachen zurück: Das egalitäre Spiel auf dem Platz hatte die Rollenbilder der Junioren-Korfballer:innen nicht verändert. Sie hatten genauso viele Vorurteile und Stereotype wie alle anderen auch. Sport ist keine Reparaturanstalt für die Gesamtgesellschaft. Die Segregation aufzuheben, ist schon eine Leistung an sich. Manche vermuten, dass dem nicht besonders populären Korfball gerade das zur Last wurde, was ihn auszeichnet: dass er gemischt gespielt wird.

Aber Gesellschaften entwickeln sich. Es gibt zunehmend Interessenverbindungen etwa zwischen Fußballern und Fußballerinnen; allmählich werden die Voraussetzungen günstiger, wieder gemeinsam zu spielen. Gemeinsame Mischformate aller bei einem separaten Pokal oder bei Olympia, das hätte viel Charme und eine ganz andere Bedeutung. Und im Kleinen kann sie jede:r an der Basis umsetzen, fernab des Ligabetriebs. Zum Beispiel erst mal als besonderes Turnier. Und irgendwann vielleicht als freie Liga. Engagierte aus Belgien und Frankreich erzählen hier, wie sie eine All-Gender- oder Mixed-Liga aufgebaut haben, auf welche Hürden sie gestoßen sind, welche Schwierigkeiten solche Ligen haben – und wie man sie anfangen kann, damit es wirklich für viele was bringt. Die beiden Beispiele sind auch interessant, weil sie zeigen, wie verschieden die Ergebnisse sein können, je nachdem, wie man den Wettbewerb gestaltet. Und trotzdem bleibt die Welt des Fußballs auch dort noch vergleichsweise binär. Das dritte Beispiel erzählt von einem Verein, bei dem Menschen mit und ohne Behinderung seit vielen Jahren zusammen Sport treiben. Bei allem geht es darum: Wie viel Fußball kann, wenn man ihn anders angeht.

Man muss übrigens gar nicht immer zusammen auf dem Platz stehen. Man kann auch schlicht ein Turnier parallel bestreiten. Olympia etwa tragen Männer und Frauen gemeinsam aus, ebenso Wimbledon. Und gerade dort wird relativ egalitär berichtet, weil der Fokus nicht nur auf den Männern liegt. Warum gibt es das im Fußball nicht? Statt 48 Männerteams bei einem aufgeblähten Großturnier können weniger Teams eine parallele WM spielen; vielleicht auch mit einer Gesamtwertung für männlich, weiblich, divers. Oder für verschiedene Körper. Und nur, wer alle fördert, holt den Titel. Auch das lässt sich in kleinerem Rahmen in einem lokalen Turnier umsetzen. Und wenn es nur erst mal das Männer- und das Frauenteam sind, die gemeinsam gewertet werden.

„In 30 Jahren wird mixed gender eine total interessante Option"

Interview mit Jean-Paul Judson

Der Belgier Jean-Paul Judson ist Generalsekretär der Hêbê League, einer geschlechtergemischten Freizeitliga in Brüssel mit vier Ligastufen und 50 Teams, die seit 2007 existiert.

Zunächst mal: Warum habt ihr eigentlich eine Mixed-Liga gegründet?

Das war Zufall. Es gibt viele Praktikant:innen, die hier in Brüssel in der EU-Kommission arbeiten. Die Praktis kriegen ein bisschen Geld, um ihre Freizeit zu organisieren, und dazu gehörte Fußball. Eine spanische Praktikantin wollte bei den Jungs mitspielen, und sie war sehr hartnäckig. Sie hat zwei Regeln erfunden: Es muss mindestens eine Frau pro Team auf dem Platz sein, und Frauentore zählen doppelt. Und die Idee ist auf Nachfrage gestoßen. Beim Indoor-Fußball darf man den anderen nicht berühren, also kann kein Typ eine Frau umnieten. Es gibt trotzdem Unterschiede bei der Schnelligkeit und der Ballverteidigung, aber die hat auch mit Technik zu tun. All das macht es indoor leichter. Für Fußball draußen müsste man die Regeln adaptieren.

Ihr schreibt eine Frau als Quote vor. Warum nicht 50 Prozent?

Tatsache ist, dass viel mehr Männer als Frauen aktuell Fußball spielen, es ist einfach zu schwierig, Parität herzustellen. Und ich bin nicht sicher, ob das die beste Lösung ist. Mixed gender heißt für mich, dass alle Geschlechter die Option haben zu spielen. Bei uns könnte theoretisch auch eine Mehrheit Frauen auf dem Platz stehen.

Gibt es Frauenteams?

Nein. Wir hatten bisher auch keine Personen mit diversem Status dabei. Von den 50 Teams haben wahrscheinlich 49 Teams fünf Männer und eine Frau auf dem Platz. Sehr selten auch mal zwei Frauen, wenn ein Team zurückliegt und die Frauentor-Regel sie retten könnte. Einige Frauen, auch einige Männer beschweren sich, dass sie ein 50-50-Verhältnis wollen. Ich sage ihnen immer: Nichts hindert euch daran. Aber wir wollen wachsen. Die Liga muss offen sein und spannend, und unsere wichtigste Zielgruppe ist männlich. Die meisten Frauen wollen lieber mit anderen Frauen spielen. Viele Frauen spielen hier nur, weil die Quote es vorsieht. Aber dann stellt sich raus, dass sie Spaß haben, dass sie nicht schlecht sind, und so kommen sie zum Fußball.

Warum sprecht ihr aber nicht mehr Frauen direkt an? Wenn eine Frau alleine ist, ist sie immer die Quotenfrau, kein gleichwertiger Teil.

Einverstanden. Aber das ist eine Frage von Ressourcen. Wir sind Freiwillige und arbeiten viel, um die Liga zu organisieren. Die Frauentor-Regel setzt die Frauen auf eine bestimmte Position. Sie sind meist im Sturm. Am Anfang war es so, dass die Männer eher die Frau angeschossen haben, und der Abpraller ging ins Tor. Aber als die Liga gewachsen ist, kamen bessere Spielerinnen, denn die Männer haben verstanden, dass sie höhere Chancen hatten, wenn Frauen wirklich spielen konnten. Wir haben einen sehr interessanten Trend erlebt hin zu Frauen, die teilweise besser spielen als die Männer. Fast jedes Team in unserer ersten Liga hat jetzt eine Spielerin, die in der ersten oder zweiten belgischen Liga spielt. Es gibt Frauen, die gegen die Regel sind, weil sie sagen: Ich bin so gut wie jeder andere, meine Tore müssen nicht doppelt zählen. Aber wir wissen, dass diese Regel zu ein bisschen Gleichheit auf dem Platz führt. Gerade für die, die mit Fußball nicht so vertraut sind.

Wäre eure Liga eine Option auch für den Leistungsbetrieb?

Frauenfußball ist dem Männerfußball so weit hinterher, er braucht seine eigene Entwicklung. Ich glaube nicht, dass mixed gender den Frauenfußball entwickeln kann. In 30 Jahren aber wird das eine total interessante Option. Erst muss aber was im Frauenfußball passieren.

Beeinflusst das Zusammenspiel die Menschen?

Bis vor ein paar Jahren hätte ich gesagt, die Hêbê League ist die netteste, friedlichste Liga, in der ich je gespielt habe. Das hat sich in den letzten Jahren verändert. Die Teams sind viel ehrgeiziger geworden, aggressiver, weil die Liga gewachsen ist. Man kann jetzt von der vierten bis in die erste Liga aufsteigen. Wenn es wirklich um Konkurrenz geht, muss man andere Mechanismen einführen, es wird nicht automatisch rücksichtsvoller. Aber interessant war, dass sich die Vereine zu Familien entwickelt haben, ganz wörtlich. Es gibt jetzt Babys der Hêbê League, einige Teams haben zwölf Jahre Geschichte. Aber je mehr die Liga wächst, desto eher gibt es natürlich Teams, die sich zwar an die Mixed-gender-Regel halten, aber nicht unbedingt an den Geist dahinter.

Das scheint allen wachsenden alternativen Ligen zu passieren.

So ist die Gesellschaft. Meist sind es Einzelne, die Probleme kreieren. Wir wollen Leute nicht rausschmeißen. Und wir versuchen, mehr weibliche Schiris zu bekommen, damit die Teams gezwungen sind, sich deren Entscheidungen zu beugen. Wir haben strenge Strafen gegen Sexismus. Wir haben jemanden, der aktiv nach weiblichen Schiris sucht. Belgien investiert gerade deutlich mehr in den Frauenfußball, und wir haben vor allem Verbindungen zu einem Brüsseler Klub, der mittlerweile vier Frauenteams hat. Fast alle Frauen dort spielen in der Hêbê League. Der Klub ist auch durch uns gewachsen. Wir würden gerne eine aktivere Rolle in der Entwicklung des Frauenfußballs spielen.

„Bei 50-50 merkt man auf dem Platz keinen Qualitätsunterschied"

Interview mit Othmane Marhaben

Othmane Marhaben ist Teil des Pariser Kollektivs Les Sportif.v.es, das verschiedene Fußballligen organisiert. Das Kollektiv hat Parität auf dem Platz verpflichtend gemacht.

Ihr habt eine Liga mit 50-50-Quote. Nehmen genug Frauen teil?

Wir haben die Liga 2018 überhaupt nur gegründet, weil Frauen so interessiert waren. Freundinnen von uns wollten Fußball spielen, aber hatten nie die Gelegenheit dazu. Sie wollten in keinen Verein eintreten, sondern freizeitmäßig spielen, viele hatten noch nie gespielt, und es gab einfach keine Angebote für Anfängerinnen. Als die Liga dann gegründet wurde, entstand großes Interesse. Man kann bei uns sein eigenes Team gründen oder individuell beitreten, dann finden wir ein Team für die Person. Wir sind eine sehr freundschaftliche Liga; wir haben keinen Aufstieg und Abstieg, und wir haben nur fünf bis sechs Teams in einer Spielklasse. Wir bieten Ligen für Anfänger:innen und Fortgeschrittene, auf größeren und kleineren Plätzen. Es gab eine Vorgänger-Liga, die auch mixed gender war, aber nur auf dem Papier, die meisten Teams bestanden aus Männern. Sie hatte keine Quote. Jetzt, mit dem neuen Konzept, haben wir keine Probleme, Frauen zu finden.

Bedeutet 50-50, dass interessierte Männer abgelehnt werden?

Das Gleichgewicht ist eine unserer größten Herausforderungen. Es gibt mehr interessierte Männer; wir versuchen, das zu begrenzen und eine Warteliste zu führen. Oder wir bitten die Leute, ihr eigenes Team zu gründen, dann müssen sie automatisch Frauen mit ins Team nehmen. Aber ehrlich gesagt sind gar nicht so viele Männer auf der Warteliste, und es stehen sogar Frauen darauf. Gerade für die Anfängerligen ist der Andrang groß. In den fortgeschrittenen Ligen haben wir manchmal sogar einen Frauen-Überschuss, weil dort viele Frauen aus den USA oder Kanada spielen, wo Fußball bei Frauen einen ganz anderen Stellenwert hat. Dann fehlen sogar Männer.

Ihr habt keine besonderen Regeln für Frauen. Wie funktioniert das Zusammenspiel? Wie geht ihr mit körperlichen Unterschieden um?

Auf dem Platz merkt man keinen Qualitätsunterschied. Natürlich sind einige Jungs stärker und schneller, aber in einer 50-50-Gruppe gibt das nicht so den Ausschlag. Dort muss man sich andere Lösungen einfallen lassen als Solo-Aktionen. Frauen sind auf allen Positionen ziemlich gleich vertreten, außer im Tor, da gehen sie offenbar nicht gerne rein.

Keine Unterschiede finde ich schwer vorstellbar.

Nein, gar nicht. Im Fortgeschrittenen-Bereich ist das Niveau recht hoch, die meisten Mädels spielen auf ziemlich gutem Level. Manchmal sind sie die Besten im Team. Die Teams sind selbst für Schiri-Entscheidungen verantwortlich, das hilft, um Fair Play aufrechtzuerhalten. Für uns bestehen die Unterschiede nur auf dem Papier. Auf dem Platz denken wir gar nicht mehr über die Quote nach. Sie ist so selbstverständlich, wir bemerken sie kaum. Wir haben übrigens sehr viele Paare, die bei uns spielen. Es ist eine der wenigen Sportarten, die sie gemeinsam betreiben können. Und wir haben LGBTQIA*-Teams. Es ist ein echter Schmelztiegel, und er verändert Leute.

Wäre euer Konzept eine Idee auch für den Leistungsfußball?

Vielleicht bei den Olympischen Spielen. Aber es ist schwer zu vergleichen, weil die Frauen nicht dieselben Ressourcen bekommen. Erst müssen Frauen dieselben Ressourcen haben. Aktuell spielen viele Nachwuchsteams nur mixed, weil es keine Mädchenteams gibt. Das geht gegen die Grundidee. Nach der WM in Frankreich 2019 ist hier leider nichts passiert. Fast niemand spricht über Frauenfußball, die meisten Leute wissen nicht mal, dass es Olympique Lyon gibt. Wir sind aktuell die einzige paritätische Mixed-Liga in Frankreich.

„Die Kinder sind schon früh sehr sozial kompetent"

Interview mit Jörg Zwirn

Jörg Zwirn ist Geschäftsführer des vielfach ausgezeichneten Pfeffersport e.V., Berlins größtem Kinder- und Inklusionssportverein für Menschen mit und ohne Einschränkungen.

Menschen mit und ohne Einschränkungen treiben bei euch selbstverständlich gemeinsam Sport, ihr macht das seit 25 Jahren. Wie geht das?

Anfangs wollten wir 50 Prozent Menschen mit Handicap in den Gruppen haben, aber das ist unfassbar schwer umzusetzen. Man kann schwer Leute rekrutieren mit dem Credo: Ihr müsst ein Handicap haben oder keines. Jetzt arbeiten wir eher in die Richtung, dass in einer Gruppe von 25 Kindern zwei bis drei Kinder mit Handicap sind. Wir wollen in unseren Sportgruppen die Diversität Berlins abbilden. Wöchentlich melden sich Eltern mit Kindern bei uns, die ein Handicap haben, und wir bringen sie unter.

Einige Kinder können motorisch und sportlich in den Gruppen sehr viel mehr als andere. Wie kriegt man das zusammen?

Bei den Kleinkindern fällt das noch gar nicht auf. Bei den Vier- bis Sechsjährigen muss man dann gucken, dass man Spiele auswählt, die nicht gleich im ersten Moment Verlierer:innen und Gewinner:innen haben, oder wo Kinder ausscheiden. Je älter die Kinder werden, desto mehr stellen sich sportliche Cracks heraus. Die spielen zum Beispiel Fußball in anderen Teams, bleiben aber aus sozialen Gründen relativ lange bei uns. Unsere Trainer:innen sind größtenteils Sport-Studierende und haben ein großes Repertoire. Die Kinder sind schon in jungem Alter sozial sehr kompetent, und einige von ihnen werden bei uns Trainer:innen.

Es heißt oft, der Wettbewerb stecke im Menschen. Stimmt das?

Wir arbeiten auch mit Wettbewerb. Das ist ein großartiger Motivationsfaktor. Die Frage ist nur, was es dann bedeutet. Kinder sollten lernen, zu gewinnen und zu verlieren, unsere Spiele gehen nicht immer unentschieden aus. Im Fußball ist aber das Problem, dass extrem schnell ein Leistungswettkampf entsteht, gegen den man unfassbar schwer ankommt.

Die Eltern verstärken den Druck oft noch zusätzlich. Ich würde Übertrumpfen und Miteinander nicht als Gegensatz sehen. Es muss nur gerecht zugehen. Wenn Kinder Teams selbst wählen, spielen die zehn besten gegen die zehn schlechten und gewinnen 24:2. Da muss man als Pädagogin einschreiten und vermitteln, dass Spannung besser ist.

Also nicht das Ende des Wettkampfs, sondern alternative Formen?

Ja. Und es wäre wichtig, dass das Angebot viel breiter gefächert ist. Nicht nur Leistungssport mit und ohne Handicap oder Inklusions-Teams, es müsste zum Beispiel einen Fußballplatz mit Angeboten für alle geben. Da muss sich auch in der Sportpolitik vieles ändern. Vielleicht könnte man zum Beispiel 25 Prozent der Platzzeiten dann nur an Vereine vergeben, die Mädchenarbeit machen. Im Fußball verdrängen die Leistungsklubs ganz extrem die anderen. Es gibt zu wenig Sportplätze und gnadenlose Segregation.

Müssen für gemeinsamen Sport die Regeln modifiziert werden?

Ich halte es für ein sinnvolles Mittel, in heterogenen Gruppen zu differenzieren und zum Beispiel innerhalb eines Fußballteams bestimmte Handicaps zu verteilen. Es gibt ein System, das heißt „Integrated Football“ und wird auch vom Behindertensportverband gefördert. Da gibt es spezielle Aufgaben, einen Kapitän, der zum Beispiel keine Tore schießen darf; den Leuten werden Rollen zugeteilt. Das funktioniert auch mit Leuten mit Handicap, aber nur, wenn die anderen sozial kompetent sind und Bock darauf haben.

Sportpädagogische Arbeit kann nicht jeder Klub leisten.

Wir versuchen, die Trainer:innen gut auszubilden und so zu bezahlen, dass es in Richtung Nebenjob geht. Das ist ein kleiner Widerspruch zu diesem Sportverbandswesen, wo die Verbände immer mit Ehrenamt werben. Die Beiträge steigen, es sind bei uns eher 20 oder 25 Euro. Dafür kann ich dem Trainer auch sagen: Du machst jetzt eine Kinderschutzfortbildung, eine Physiotherapie-Schulung und so weiter. Wenn der drei Euro kriegt, fragt der: Was wollt ihr von mir? Wir würden gerade gern auch ein Projekt machen, wo wir eSoccer mit aktivem Fußballspiel danach kombinieren. Weil man Leute mitnehmen kann, die sportlich nicht so fit sind. Es gibt immer mehr Vereine, die sich darum bemühen, inklusiv zu sein, und uns wegen Fortbildungen anfragen.

Ist Inklusion im Ligabetrieb, wo es ums Gewinnen geht, möglich?

Das ist schon möglich. Es gibt in Hamburg eine Liga namens Freiwurf [eine vom DHB anerkannte inklusive Handball-Liga mit eigenem

Regelwerk, Anm. d. Autorin], die kriegen das hin. Einfacher sind natürlich Turniere, wir spielen auch Rollstuhl-Fußball. Das haben wir vor zehn Jahren angefangen, das ist mittlerweile ein nationales Turnier mit 250 Teilnehmenden. Da gibt es Gewinner:innen und Verlierer:innen, viel Ehrgeiz. Zum großen Teil spielen Menschen mit Handicap, aber in den Rollstuhl kannst du dich auch ohne setzen. Und das machen Leute.

Was ist deine Utopie? Ein Nebeneinander der vielen Optionen?

Im Kinder- und Jugendbereich kommt es erst mal darauf an, alle im Umfeld einzusammeln. Vom Wettbewerb ist man da total weit weg, es geht um niedrigschwellige Angebote. Mädchengruppen aufzubauen, kann Jahre dauern; man muss um die Mädchen werben, sonst kommen die nicht. Es funktionieren aber auch gemischte Angebote sehr gut. Ich wohne in einem Wohnprojekt mit Fußballplatz und habe mit Kolleginnen da mal ein Fußballangebot angeleitet. Eine total heterogene Gruppe, von starken Handicaps bis zu extrem fußballaffinen Jungs ohne Einschränkung. Am Anfang wollte ich gar keinen Fußball machen, weil ich dachte, das ist zu spezifisch. Aber es haben alle mitgemacht. Und von denen sind 80 Prozent im Fußballverein gelandet, auch die Mädchen. Die Niedrigschwelligkeit hat das möglich gemacht.

KAPITEL 2

Wandel im Kinderfußball

„Als ich in den 1940ern in Süd-Kalifornien aufwuchs, spielte ich kein einziges von Erwachsenen organisiertes Spiel, bis ich in die High School kam. […] Was die Norm war, wurde in den letzten Jahrzehnten durch einen Sport abgelöst, der von Erwachsenen für Kinder organisiert wurde." So schreibt der US-Soziologe D. Stanley Eitzen in „Fair and Foul. Beyond the Myths and Paradoxes of Sport".

Dieser dramatische Wandel wird nicht diskutiert. Er hat gute und schlechte Seiten. Wenn Erwachsene Sport für Kinder organisieren, kann das, einerseits, soziale Ideen verbreiten, die es sonst nicht gäbe. Innovative Sportprojekte wie Pfeffersport funktionieren nur deshalb, weil ausgebildete Erwachsene sie durchführen, Menschen mit einer Idee von einer besseren Gesellschaft. Kinder sind keine magischen Wesen, sie spielen nicht automatisch fair und nett oder überhaupt mit ganz anderen zusammen; ihre Fehler sind ähnliche wie die von Erwachsenen, sie sind halt Menschen, und sie imitieren, was sie sehen. Organisiertes Spiel hilft. Aber die Impulse, die von Erwachsenen kommen, sind im Fußball oft nicht hilfreich. Und vielfach eine Unverschämtheit. Es geht keine Minute um Ideen oder Empathie, sondern um Leistung und Dominanz, und um das Prestige des erwachsenen Trainers. Um Selektion, auch in der E-Jugend, um das Geld des Klubs der Erwachsenen und die Glanzsucht der Eltern. Um Stammplatz oder Bank, Wir und Die, Segregation statt Inklusion, Funktionieren für die Gier der Erwachsenen. „Hier regieren die mit den wenigsten Skrupeln", schreibt der Ex-Profi Andreas Buck in seiner Autobiografie über den Fußball. „Wer zweifelt, spielt nicht. Wer zu viel nachdenkt, verliert. Mitleid ist Gift, und die ärmsten Schweine kriegen die meiste Häme ab." Mobbing sei Alltag, „selbst im Nachwuchsbereich wird oft schon ein ähnlicher Rahmen gesetzt". Das Fußballgeschäft widerspreche „fast allem, was wir unseren Kindern fürs Leben mitzugeben versuchen". Und die selbst erdachte Welt verschwindet hinter der organisierten Freizeit. Kinder spielen aktuell kaum selbst erdachte Spiele, sie agieren nicht mehr in freien Räumen. Kinder (oder die Menschen, die die Gesellschaft so betitelt) spielen die Spiele der Erwachsenen. Trainiert von Erwachsenen, nach Regeln von Erwachsenen, uniformiert wie Erwachsene, unter Beobachtung ihrer Eltern. Das sollte Menschen irritieren. Und zwar viel mehr, als es das tut. Und es hat Folgen für die demokratische Entwicklung.

Der Fußball, und das ist eigentlich seltsam, hat keine rebellierende Jugend. Er kennt keine Ideen von unten, keinen Widerstand. Ihm fehlt das Äquivalent zu Rapper:innen und sozialem Zorn, zu Fridays for Future und ökologischem Zorn, zu Black Lives Matter und dem Zorn über Rassismus, oder überhaupt irgendeiner halbwegs jungen, widerständigen Bewegung. Die Jugendbewegungen, die aus seinen Reihen entstehen, Ultras etwa, kommen aus den Fankurven, nicht den Aktiven. Im Verein, unter den Spieler:innen selbst, ist kein Raum dazu. Seit der Herrschaft der Verbände, seit den letzten 100 Jahren hat der Fußball sich in seiner inneren Struktur kaum entwickelt. Seine jungen Teilnehmer:innen sind überwiegend so brav wie Messdiener:innen. Und kaum jemandem fällt das überhaupt auf. Dieser Fußball zieht Menschen heran, die gehorchen, statt zu gestalten und zu widersprechen. Die ihre natürliche Neugierde aufgeben und sich eingliedern.

Im Sammelband „Teil-Nehmen und Teil-Haben: Fußball aus Sicht kritischer Fans und Gesellschaftswissenschaftler" heißt es: „Die Einführung der sozialen Kategorie Kinder geht einher mit ihrem politischen Ausschluss, mit ihrer Entpolitisierung." Andere Menschen als Kinder zu deklarieren, in zwei Gruppen einzuteilen – eine Gruppe mit ausreichend Weitsicht für Teilhabe und eine ohne – ist auch eine Form von Machtausübung. Sogenannte Erwachsene entscheiden, nicht die Gemeinschaft. Die Grenze, wer mitreden darf, ist subjektiv und willkürlich. Die, die Kinder heißen, müssen in ihren Meinungen als Mitglieder ernst genommen werden und in dem Rahmen, in dem sie es können, etwas zu sagen haben. Und zwar wirklich etwas zu sagen, mit Beschlüssen, die gegen die Wünsche der Erwachsenen gehen. Stattdessen werden sie zum passiven Gehorsam erzogen.

Christoph Bretschneider hat in der Arbeit „Geld für Amateure – Vereine für Jugendliche?" Verantwortliche aus Männerklubs von Oberliga bis Kreisliga nach ihrer Jugendarbeit befragt. Alle wollten den Kindern

„auch" Spaß vermitteln (nur Spaß ist undenkbar geworden), aber tatsächlich war es schnell vorbei damit. Einsätze unerfahrener Jungs bei den Ersten Herren seien „nahezu unmöglich", berichten die Klubs, weil ständig Druck da sei, das nächste Spiel zu gewinnen. Für Jugendteams, die nur zum Spaß kicken, sagte der Oberligist, sei es sehr schwer, Trainer:innen zu finden. Kein Prestige, keine Aussicht auf Karriere. Durch die ständigen Trainerwechsel bei den Ersten Herren gab es keine stringenten Jugendkonzepte. Bretschneider stellt fest, es gebe kaum eine pädagogische Tradition im Fußball: „Die Jugendarbeit im Fußballverein hat sich seit jeher auf das Fußballspielen mit dem Ziel [...] der Steigerung der sportlichen Leistung konzentriert." Jugendarbeit, bilanziert der Autor nüchtern, diene vor allem dazu, Werbung bei den Sponsoren zu machen. „Es drängt sich der Eindruck auf, dass sie lediglich als Mittel für die Kommerzialisierungsmöglichkeiten der Vereine dient und somit ebenso wie im Profisport eine gewisse Alibifunktion erfüllt."

Der Kinderfußball ist ein zweiter Profifußball geworden. Viele Eltern wünschen sich eine Karriere des lieben Kleinen. Und doch, wenn es Mitgefühl gibt, dann im Kinderfußball. Dieser verlorene Spaß und die Angst, dieses ständige Aussortieren und das frühe Geld und die Gier, diese Härte, das sei ja schon schlimm für Kinder, heißt es immer wieder. Berater von 14-Jährigen und Scouts bei Achtjährigen sind ein Aufreger. Weinende aussortierte Zehnjährige rühren Herzen. Bei sogenannten Erwachsenen empfindet man dieselben Umstände interessanterweise als völlig zumutbar. Das Leid, die Schmerzen, die Angst, völlig okay. Aber unsere Kinder! Ein anderes Narrativ in den Fußball zu bringen, wird sehr schwer. Aber wenn es irgendwo Gehör und Räume findet, dann ganz unten.

Alternative Spielideen, die in der echten Welt der Erwachsenen auf massiven Widerstand stoßen würden, sind im Kinderfußball möglich. Es gibt immer mehr Druck, immer weniger Räume – und doch weiter Chancen, etwas zu entwerfen, die von einzelnen Engagierten auch genutzt werden. Gleiches Teilen und Solidarität gilt für die Kleinen als ganz wichtig. Nur in der richtigen Welt heißt das Sozialismus und ist gefährlich. Der Kinderfußball ist ein Ort, wo man einen systemisch anderen Fußball so frei ausprobieren kann wie kaum irgendwo. Es sind ja bloß Kinder. Und diese Herablassung bietet eine riesige Chance für Veränderung, die noch gar nicht begriffen wurde. Ideen schaffen es dann durchaus immer weiter die Alterspyramide nach oben. Es ist dafür nötig, eine Lobby für Kinder- und Jugendfußball aufzubauen, ähnlich der, wie es sie gegen eine WM in Katar oder gegen Sexismus im Fußball gibt. Eine, die sich laut empört und Druck ausübt. Bürgerliche und systemkritische Kämpfe lassen sich für einen kurzen Moment vereinen, wenn es um Kinder geht. Und die Macht der Verbände lässt sich nur bekämpfen, wenn junge Menschen federführend mit dabei sind. Seit einem Jahrhundert fehlt es dem aktiven Fußball an einer kritischen Jugendbewegung, die abreißen und neu machen will, die auch auf ungemütliche Weise radikal ist, einander kritisiert und weiterentwickelt und ihr eigenes Ding macht. Der Leistungssport hat den Eigensinn und die Ideen dieses Teils der Bevölkerung stets unterdrückt, und das ist ein riesiger Verlust, den die alten Männer in ihren Ämtern überhaupt nicht verstehen. Wir sollten oben die grundlegende Veränderung fordern und unten die grundlegende Veränderung ausprobieren. Und Räume für Gegenkultur schaffen.

► Football3

Fußball wird nicht demokratisch gespielt – außer mit Kindern. Den Hinweis zu diesem Konzept gibt Fabian Fritz, der an der Uni Hamburg vor allem zu Sportvereinen und Demokratiebildung forscht. Football3, so heißt die Idee, wurde 1996 im kolumbianischen Medellín vom Sport- und Sozialwissenschaftler Jürgen Griesbeck entwickelt. Sie hat ein grundlegend neues Verständnis von Fußball: Kein starres Regelwerk, sondern ein organisches Spiel, das von den Spieler:innen geformt wird. Fußball demokratisch gestaltet. Football3 wird in drei Halbzeiten gespielt, und nur in einer davon wird gekickt. Wie das gehen kann, berichten Heiko Löwenstein, Birgit Steffens und Julie Kunsmann im Buch „Sportsozialarbeit. Strukturen, Konzepte, Praxis" von 2020. In der ersten Halbzeit einigen sich die Spieler:innen auf die Spielregeln. Sich demokratisch einig werden, frei und verantwortlich, und das dann auch einhalten, wie eine solidarische Gesellschaft das im besseren Fall tut. Die vorab bestehenden Regeln sind kein Korsett, sie liefern eher eine pragmatische Grundlage, damit man nicht von Null anfängt: Es wird zwölf Minuten ohne Pause gespielt, Fünf gegen Fünf mit beliebigem Wechsel. Wenn eine Spielerin gefoult wird, hebt sie die Hand. Fouls, Grätschen und Beleidigungen sind verboten. Bei Aus wird gemeinsam entschieden. Es gibt nur indirekte Freistöße und kein Abseits. Wenn eine Spielerin fällt, wird das Spiel unterbrochen, und der Gegner hilft ihr auf. Und: Es sind immer zwei Jungen und zwei Mädchen auf dem Feld. Was darüber hinausgeht, entscheiden die Spieler:innen. Sie machen ihre Regeln selbst. Vielleicht bleibt da gar nicht so viel übrig, was die Gruppe selbst gestalten kann. Aber mit einer erfahreneren, kompetenten Gruppe kann man wesentlich grundsätzlicher diskutieren.

Vor allem aber gibt es am Ende keinen Sieg nur nach Toren. Die Spieler:innen entscheiden im Nachgang selbst, wen sie in diesem Spiel mit Punkten belohnen möchten. Eine völlig andere Sportidee. Punkte werden nicht nur für Siege vergeben, sondern auch für wirklich guten Beitrag. Zwar erhalten die Gewinner:innen mehr Punkte, aber entschieden wird die Partie durch die Fair-Play-Punkte, die die Kinder selbst bestimmen und gemeinsam vergeben. Sie können sich selbst oder andere bewerten. Und offenbar funktioniert das, trotz der unvermeidlichen Streitigkeiten. Mediator:innen aus den eigenen Reihen, mitunter auch Trainer:innen und erfahrenere Spieler:innen helfen, dass es reflektiert und gerecht zugeht. Langfristig wird gemeinsam ein eigenes Regelwerk aufgebaut. In dieser dritten Halbzeit, nach dem Spiel, wird wieder gesprochen – und zwar darüber, welche Regeln angepasst werden müssen. So wächst das Spiel organisch mit der Gruppe, es wird immer besser auf ihre Wünsche abgestimmt.

Löwenstein, Steffens und Kunsmann berichten, die Diskussion werde erst mal als mühselig empfunden. Erst mit der Zeit verändere sich etwas. „Die Regeln werden immer gerechter und passgenauer, die Kommunikations- und Konfliktfähigkeit feiner und die Diskussionsphasen verlaufen geordneter, zielgerichteter und schneller." Football3 ist vom konventionellen Fußball keine Kilometer weit weg. Es ändert sich nicht so sehr das Spiel, es führt Demokratie und Kooperation ein. Und es lohnt sich, das im Verein auszuprobieren. Und wenn es nur bedeutet, einzelne Spielphasen einzuführen, in denen selbst entwickelt wird, in denen das Team kooperativ im Training entscheidet, wie gespielt werden soll und wer das besonders gut umgesetzt hat, sich seinen eigenen Fußball baut. Und dadurch aktiv neu macht, statt nach einem 100 Jahre alten Regelwerk nur Tore zu schießen. Man kann, wenn man es größer machen möchte, Football3-Turniere, Ligen und ganz andere Formate spielen. Und sie zu einem eigenen Raum der Spieler:innen werden lassen, den sie selbst veranstalten und organisieren. Und vielleicht völlig verändern.

Weltweit wird Football3 mittlerweile in Projekten gespielt, aber eben an den Rändern. Es würde dem großen Fußball guttun, wenn es dort Einzug hält. Wie ein Jazz-Konzert oder Impro-Theater, angepasst an Lust und Laune an diesem Tag, offen für neue Ideen und die Fähigkeiten der Beteiligten. Ein Spiel, das sich an die Gruppe anschmiegt wie eine Decke.

Es ist schön, dass Erwachsene sich so viel Mühe geben, Kindern ethisches Spiel zu vermitteln. Aber wenn ein selbst entwickeltes Spiel, Geschlechtergerechtigkeit und Demokratie ihnen so wichtig sind, warum spielen sie nicht selbst so? Die veraltete Definition von Wettbewerb und Leistung hält sie davon ab, dass Teams ständig neue Regeln schöpfen. Das ist feige, und es enthält ihnen selbst große Chancen vor. Die Unterteilung in Kinder und Erwachsene ist eine willkommene Ausrede, Kindern das aufzudrücken, was man selbst nicht wagt, nicht verändern möchte, oder wobei man auf zu viele Widerstände stößt. Bezeichnenderweise soll Football3 Kindern helfen, soziale Probleme zu bearbeiten. Die Probleme, die die Ökonomie der Erwachsenen ihnen schafft. Wir müssen demokratische Konzepte für Fußball auch dorthin tragen, wo sie auf Widerstände treffen. Im Amateurfußball können wir morgen anfangen, genauso zu spielen.

► Straßenligen gründen und Plätze besetzen: Gegenkultur im Fußball

Der Fußball ist so stark mit dem Verein verknüpft, ohne ist er kaum vorstellbar. Aber der Verein hat viele Probleme. Die wichtigen Entscheidungen trifft, wer das Geld bringt, es regieren die Netzwerke der alten Herren, und es geht um Aufstiege statt neuer Ideen; junge Menschen haben fast nichts zu sagen. Warum nicht freie Organisationen im Fußball gründen, in denen Leute sich subkulturell selbst verwalten, völlig ohne Verein und Verband? Es gibt natürlich die bunten und wilden Ligen, die vom DFB unabhängig sind, aber sie sind sicher keine Jugendbewegung, und ihr Einfluss ist so gering, dass viele Fußballinteressierte nicht einmal wissen, was das ist. Es fehlt eine neue Struktur, etwas, was den Funktionär:innen den Schrecken ins Gesicht treibt. Der Wunsch nach Karriere und die Notwendigkeit des Geldverdienens sind im Kapitalismus so erdrückend, dass auch Gegenkultur oft nur als Ware denkbar ist, als etwas frivole Karriereoption. Der Fußball hat da noch weniger zu bieten, nicht mal eine kommerzielle Gegenkultur.

Der Kreuzberger Movement FC, der sich selbst als „ein Kollektiv kreativer Fußball-Aktivist:innen aus Berlin-Kreuzberg" beschreibt, formuliert es so: „Andere Subkulturen lösen den Fußball als wichtigste Spielfläche für Jugendliche sukzessive ab. Das liegt auch daran, dass Vereinsfußball als durchorganisiert und mit ‚hohem Verpflichtungscharakter' wahrgenommen wird." Zudem, so schreiben sie, scheine es eine „Mittelschichtisierung" zu geben. „Die Kreativität der ‚Straßenfußballer:innen' findet im engen, rigiden Flaschenhals der (auch charakterlichen) Ausbildungsparameter der NLZ und U-Nationalmannschaften wenig Platz." Wer unangepasst ist, fliegt. Wenig bestraft der Leistungssport so gnadenlos wie fehlende Anpassung. Der Movement FC fordert in seinem Programm alternative Straßenfußballligen, die gemeinsam mit den Kiezvereinen aufgebaut werden. Das ist eine gute Idee für einen anderen, freieren Fußball. Und er fordert mehr Symbiosen von Vereinsarbeit und Jugendkultur und Stadtteil-Zentren, die gemeinsam mit Vereinen betrieben werden sollen. Es wären Räume, wo Fußball anders gedacht wird, wo Neues entsteht. Letztlich natürlich geht es auch bei solchen Forderungen vorwiegend um den internationalen Wettbewerb, auf dass Deutschland wieder mehr kreative Straßenfußballer:innen habe, so wie England und Frankreich.

Eine Gegenkultur im Herzen des Fußballs kann man fördern, mit Straßenfußball, Stadtteil-Zentren, Kiezprojekten. Und ihr Strukturen an die Hand geben. Aber dann muss sie aus sich selbst heraus entstehen. Und zwar völlig ohne den Verein mit seinen Satzungen und ökonomischen Zwängen, ohne die Verbände mit ihrem Diktat vom richtigen Fußball. Eine Bewegung, die Druck ausübt, wilde Energie hat, den Fußball nicht verlässt, sondern es denen, die ihn beherrschen, unbequemer macht. Es gibt Gründe, warum das im Fußball nie entstanden ist. Neben den offensichtlichen – Unterwerfung, Leistungsgedanken, dem rigiden Regelwerk, viel Geld – hat es vor allem mit seiner Struktur zu tun. Autokratische Verbände herrschen wie Königreiche. Und diese Verbände und Vereine herrschen auch über die meisten Sportplätze, sie regulieren den Zugang: Wer unbequem ist, darf dort nicht spielen. Und wer etwas verändern will, muss über Infrastruktur gehen. Die Stadt gehört den Reichen, und sie verschachern Freiflächen an die, die am meisten dafür zahlen. In diesem Kreislauf gibt es wenig Platz für unabhängige Sportanlagen, und damit auch nicht für unabhängige Kollektive. Und nicht zuletzt fehlt jungen Menschen die Zeit. Selbst der Chef der DFB-Junioren, Meikel Schönweitz, klagte im „Kicker": „Kinder können sich kaum noch frei entwickeln, haben weniger Entfaltungsmöglichkeiten, sie unterliegen immer engeren Vorgaben und mehr äußeren Einflüssen. Sie sind in vielen Bereichen fremdgesteuert. Hier müssen wir gegensteuern." Und: „Ich sehe unser Schulsystem auf dem falschen Weg. Alles, was kreativ ist, wird reduziert: Sport, Kunst, Musik. Es dominiert das theoretische

Auswendiglernen, das praktische Anwenden kommt oft zu kurz. Das ist hochproblematisch." Schule und Verein gehen eine unheilige Allianz ein.

Wie erobern Menschen sich Autonomie über das Spiel zurück? Im Fußball wird das sehr schwer. Wichtig ist es, zwei Faktoren zu umgehen – den Verein und die kontrollierte Infrastruktur. In vielen Städten gibt es etwa seit den 1990er-Jahren sozialpädagogische Projekte unter dem Titel „Sport um Mitternacht", bei denen Sportanlagen von Jugendlichen nachts genutzt werden dürfen. Dann, wenn die Vereine die Plätze und Hallen nicht brauchen, und sie sowieso auf der Straße sind. Oft geht es dabei um Kriminalitätsprävention, also darum, das Eigentum zu schützen und die Verhältnisse etwas humaner genauso zu erhalten, wie sie sind. Aber Mitternachtsligen können ein echtes Mittel sein, ein eigenes Spiel zu entwickeln. Die Nacht ist ein freier Raum, um einen eigenen Fußball zu denken, auf freien Flächen, die allen zur Verfügung stehen. Um nicht dasselbe Spiel zu reproduzieren, kann Struktur und Vernetzung helfen.

Junge politische Bewegungen zum Beispiel sollten sich endlich für Sport interessieren. Es ist erstaunlich, wie sehr sie Fußball bisher sträflich übersehen haben, zu Unrecht. Über kaum ein Medium lassen sich so viele Menschen so vieler Milieus erreichen. Bisher nutzen das vor allem Bildungsprojekte und, leider, Rechtsradikale. Es sollte auch andere politische Aktivist:innen interessieren, was auf den Sportplätzen vor sich geht. Fußball-Aktivist:innen wiederum sind immer noch oft mit nur wenigen politischen Bewegungen vernetzt, es geht am Ende doch um Stehplätze und Anstoßzeiten. Warum nicht, analog zur Hausbesetzung, mal eine Platzbesetzung? Sich einen Platz oder ein Stadion nehmen und den Raum ganz wörtlich selbst gestalten und verteidigen. Und die herausfordern, die behaupten, der Fußball gehöre ihnen. Eine friedliche Besetzung auch großer Stadien kann die Machthabenden sehr wirksam unter Druck setzen. Welcher Klub möchte schon Fernsehbilder davon haben, wie er junge Menschen mit Knüppeln hinaustreiben lässt? Sportplätze als Orte politischer Kämpfe sind eine sehr alte Idee, schon frühe Feministinnen brachten es etwa mit der regelmäßigen Zerstörung von Golfrasen zu einiger Aufmerksamkeit. Zeit, den Sportplatz für grundlegenderen Widerstand wiederzuentdecken.

Sichtbar sein, sich Raum nehmen – nicht weggehen. Spiele zur Verfügung stellen, die nicht von Tabellen oder Punkten handeln. Und manchmal, wenn ein einzelner Idealist nicht stillhält, geht tiefgreifender Wandel sogar im konventionellen Spielbetrieb.

„Im Fußball ist nichts mehr selbstbestimmt"

Interview mit Ralf Klohr

Ralf Klohr war ab 1998 beim SuS Herzogenrath als Trainer, Betreuer und später Jugendleiter aktiv. Heute ist er bei der SG Mußbach im Fußballkreis Rhein-Mittelhaardt. Er hat die FairPlayLiga entwickelt und wurde dafür vielfach ausgezeichnet.

Sie haben ein Konzept für einen besseren Kinderfußball entwickelt. Sie nennen es die FairPlayLiga (FPL). Was läuft im konventionellen Kinderfußball falsch?

Kinderfußball ist ein unheimlich hilfreiches Werkzeug, aber weil es Kinder sind, werden sie unterschätzt. Die Kinder bis zur D-Jugend stellen 50 Prozent aller Fußballer in Deutschland. 50 Prozent. Die werden aber überhaupt nicht wahrgenommen. Es gibt für sie keine eigene Abteilung und Struktur, keinen roten Faden. Der Fisch stinkt vom Kopf, aber dieser Fisch hat gar keinen Kopf. Der DFB hat eine Verantwortung und kommt ihr nicht nach. Er schiebt alles auf die Verbände, und die schieben alles auf die Kreise. Natürlich braucht es auch Geld, Kinderfußball hat kein Budget. Ohne Abteilung ist keine starke Person da, die den Profis sagt: bis hierher und nicht weiter. Wir haben jede Menge Talente, aber so, wie Kinderfußball organisiert ist, mit diesen DFB-Stützpunkten und diesem Druck, verhindern wir mehr Talente. Ich habe viel mit Studierenden zu tun, die könnten in den Vereinen so viel Gutes bringen. Dafür reichen 300 Euro im Monat pro Person. Das kostet dann zwei Millionen bundesweit, aber was sind zwei Millionen für 50 Prozent meiner Fußballer?

Haben Sie mal mit dem DFB über diese Idee gesprochen?

Na klar. Meine Geschichte begann 2007, als ich die FairPlayLiga entwickelt habe, und schon 2009 bekam ich den Sonderpreis Fair Play vom DFB. 2013 hat der DFB die Idee in seine Jugendsatzung aufgenommen. Aber ich wollte mehr, was verändern, nicht in der VIP-Loge sitzen, und das wurde denen zu anstrengend. Ich war im Fair-Play-Ausschuss, da hat man mich rauskomplimentiert. Der DFB kümmert sich um alles, nur nicht um die Dinge, um die er sich kümmern soll. Früher gab es den selbstbestimmten Bolzplatz. Bei uns ist nichts mehr selbstbestimmt.

Erzählen Sie von Ihrer Idee für besseren Kinderfußball. Wie kamen Sie auf die FPL?

In einem Nachbarort gab es ein F-Jugendspiel, wo der Schiri in den Augen anderer Mist gepfiffen hat. Da haben sich die Erwachsenen vor den Augen der Kinder verhauen, es ist Blut geflossen. Bei einem F-Jugendspiel. Ich hatte das auch nur aus der Zeitung gehört. Aber das hat mich so berührt, dass meine erste Reaktion war: Ich höre auf. Aber wie es so ist im Ehrenamt, wurde ich dazu gedrängt, weiterzumachen. Da habe ich gesagt: Dann will ich was verändern. Wir haben uns also in der Trainerrunde zusammengesetzt und drei Regeln generiert. Bei der ersten geht es um die Eltern. Wir wollen sie weg vom Platz haben, mit 16 Metern Abstand. Auf diese Distanz muss man schon sehr brüllen, damit die Kinder einen hören. Also hält man lieber den Mund. Bei der zweiten Regel geht es um die Trainer. Wenn sie an der Linie stehen, geht die Brüllerei los. Bei uns sind die beiden Trainer gemeinsam in einer Zone, das ist für die eine der größten Herausforderungen. Die Nähe sorgt für Respekt, sie werden ruhiger.

Die dritte Regel, das Spiel ohne Schiris, hat die FairPlayLiga bekannt gemacht.

Schiedsrichter brauchen wir nicht. Aber wir brauchen Regeln. Die Regeln bleiben gleich. Und das können die Kinder selbst regulieren, wie auf dem Schulhof, ohne Schiedsrichter. Das nimmt dem Spiel die Verbissenheit. Das kann nie zu 100 Prozent funktionieren, aber es setzt Reize und geht in die Köpfe. Das Spiel ohne Schiedsrichter ist die Königsregel.

Ginge das auch bei den Erwachsenen?

Bei den Profis geht das nicht. Das hat zum einen mit Geld zu tun, da ist niemand ehrlich. Und im Erwachsenenfußball können die Leute nicht selbst Abseits entscheiden, es ist gut, wenn da ein Schiedsrichter entscheidet. Aber ob der Ball im Aus oder im Toraus ist, das können auch erwachsene Spieler selbst entscheiden. Wir wollen dieses Konzept jetzt für die D-Jugend anwenden. Wir haben ein Testspiel mit den neuen Regeln gemacht, aber dann kam Corona. Der Spielbetrieb ist dann im August 2021 gestartet. Die Weiterentwicklung der FairPlayLiga in den Jugendfußball ist geglückt, das Projekt heißt „Miteinander!“.

Seit vielen Jahren wird die FairPlayLiga bundesweit gespielt. Wie sind die Rückmeldungen? Was funktioniert, was nicht?

Wir hatten wahnsinnig positive Rückmeldungen. Es gab Trainer, die sind beim Spiel vom Platz weggegangen zu den Eltern, und alle haben zusammen zugeguckt, die Trainer waren weg. Das waren aber auch zwei Top-Kinderfußballtrainer. Es gab aber auch ein anderes Beispiel, wo das Spiel abgebrochen werden musste, weil man sich nicht einig wurde. Und alle Facetten dazwischen. Die Liga polarisiert heute wie damals. Die Akzeptanz ist größer, es wurde deutschlandweit durchgesetzt. Aber es ist schwer. Sobald der Ball rollt, verfallen Leute in alte Muster.

Wenn Kinder selbst auf dem Platz entscheiden, gibt es nicht viel Streit?

Wenn die Kinder sich nicht einig werden, unterstützen die Trainer. Es gibt sogar Beispiele, wo Trainer sie so konsequent anhalten, fair zu spielen, dass sie unfaire Spieler vom Platz nehmen, wenn sie foulen. Das ist eine wahnsinnige Leistung in einem Wettbewerbsspiel. Ein anderer Trainer lässt dagegen vielleicht laufen und ist froh, wenn das Kind ein Tor schießt. Ich will das auch nicht schönreden. Es gibt Beispiele, wo es toll funktioniert, und solche, wo es bis zum Spielabbruch geht. Mein persönliches Ziel war immer, Reize zu setzen. Wir werden nie an einen Punkt kommen, an dem wir sagen: Alles ist jetzt heile Welt.

Wurde die FairPlayLiga mal wissenschaftlich evaluiert?

Langfristig leider nicht. Aber es gab immer wieder Diplom- oder Master-Studenten, die es kurzzeitig evaluiert haben. Die Bilanz war: Es ist der absolut richtige Weg, aber es wird an vielen Stellen gelebt oder nicht gelebt. Es braucht den Willen der Leute dazu. Ich habe mal ein Freundschaftsspiel in Holland organisiert, bei dem es ein Missverständnis gab. Wir kamen bei dem holländischen Verein mit einer F-Jugend an, wurden aber von einer E-Jugend empfangen. Die deutschen Eltern waren erschrocken und befürchteten, dass ihre Kinder mit dem Spiel aufgrund des Altersunterschiedes hoffnungslos überfordert seien und wollten wieder abreisen. Der holländische Trainer erkannte die Situation und machte die Eltern darauf aufmerksam, dass die Kinder zum Spielen gekommen sind. Er ging mit beiden Mannschaften in die Kabine, und nach draußen kamen zwei gemischte Mannschaften, halb holländisch, halb deutsch. Das war so ein entspanntes Spiel, und plötzlich liefen die Pässe wunderbar. Die Eltern waren völlig überfordert mit der Situation, weil sie nicht wussten, für wen sie jetzt sein sollten. Gäbe es keinen Wettkampffußball, die Kinder würden das gar nicht merken. Das war damals ein ganz großer Fehler: Die Struktur aus dem großen Fußball mit Punkten und Tabellen in den Kinderfußball zu kopieren.

► Die 4-von-hier-Regel

Wo kein grundlegend anderes Format gelingt, kann man mit Wellenbrechern arbeiten. In seiner Einreichung zum Utopie-Preis der Deutschen Akademie für Fußballkultur hat Lukas Dänzer vorgeschlagen, dass höherklassige Klubs bis zur C-Jugend kein Nachwuchsteam haben dürfen. Arne Güllich von der TU Kaiserslautern wies nach, dass Jungs, je früher sie in die U-Nationalmannschaft berufen wurden, desto wahrscheinlicher später nur dritte Liga oder schlechter spielten. 99 Prozent der geförderten Jungs zwischen zehn und zwölf Jahren wurden keine Profis. 80 Prozent der Spitzenspieler dagegen wurden in diesem Alter *nicht* derart gefördert. Dass große Unternehmen Menschen lebenslang durch ihre Mangel drehen und die meisten als Verlierer:innen enden, dagegen lässt sich agieren.

Allerdings, und das ist der Nachteil an dem Vorschlag, hat ein solches Verbot keinen Einfluss auf den Löwenanteil der Wechsel: Ein Talent wechselt von Provinzklub A zu Provinzklub B, oder vom kleinen Klub A zum lokalen Big Player B. Die meisten gehen ja nicht direkt zum FC Bayern. Und so könnten davon vor allem die mittelgroßen Klubs profitieren, die zu neuen Schleusentoren würden. Eine bessere Idee wäre eine umfassende Lösung, nennen wir sie die 4-von-hier-Regel. Vier Kinder müssen in der Startelf stehen, die noch nie in einem anderen Verein gespielt haben als diesem. In der Startelf stehen deshalb, damit sie nicht einfach als Karteileichen auf der Kaderliste geparkt werden. Im gleichen Verein deshalb, weil es dann niemandem mehr nützt, die Kinder immer früher zu holen. Vereine können dann nicht mehr ständig aussortieren. Sie müssen Menschen besser schützen. Darauf kann man sich auch in der eigenen lokalen Liga oder Staffel einigen.

Ein Nachteil besteht darin, dass Spieler:innen mehr Skrupel haben werden, sich gegen Unrecht und Übergriffe im Verein zu wehren, wenn ein Vereinswechsel ihre Chancen auf die Startelf schwächt. Diese Regelung muss also gleichzeitig mit einer offeneren Kultur einhergehen, mit gläserner Sporthalle und externen Ansprechstellen. Aber zu einem bestimmten Ausmaß wird das Problem bleiben. Teams, die viele Spieler:innen von der Konkurrenz holen, sollten mit schmerzhaften Punktabzügen antreten. Umgekehrt können Teams mit besonders vielen *Local Players* durch Zusatzpunkte belohnt werden. Vor allem braucht es ein Ende des Auf- und Abstiegs im Kinderfußball. Wenn nur einige der genannten Ideen für einen faireren, demokratischen Fußball umgesetzt werden sollen, müssen die Ligen geschlossen sein. Ein Spiel ohne Auf- und Abstieg, auch das ist zuerst im Jugendbereich durchsetzbar. Auch einige Trainer:innen fordern das mittlerweile.

► Die Schule, die all das möglich macht

Mehr Zeit für freies Spiel ist nicht möglich ohne eine bessere, klügere und vor allem kürzere Schule. Weil das hier ein Fußballbuch ist, mehr oder weniger jedenfalls, halten wir das kurz. Aber der Sport, der so viele junge Menschen vertritt, sollte für ihre Rechte und Bedürfnisse streiten. Und die werden aktuell vor allem in und durch Schulen verletzt. Merkwürdigerweise findet die aktuelle Schule innen statt. Und das ist interessant, in einer Parallelwelt, abgeschirmt von äußeren Realitäten. Eine Person steht vorne und erzählt. Anschließend wird auswendig gelernt, geprüft, selektiert. Warum geht Schule nicht nach draußen? Eine Schule, die etwas taugt, muss sich für das interessieren, was in der Welt passiert. Die meisten Menschen verbringen viel Lebenszeit drinnen, auch im übertragenen Sinne, in einem kleinen Zirkel. Und der beinahe einzige Ort, der das aufbrechen könnte, der ihnen wirklich die Welt zeigen kann, wäre doch die Schule. Eine Institution, die sie mitnimmt in die Wohnungslosenhilfe und ins Gefängnis, zu Reichen und Armen, zur Müllabfuhr und zu Mikrobiolog:innen, in die Schlachterei und ins Asylheim, in den Wald und in die Kohlegrube und zu Fußball-Millionären. Damit man wirklich lernt, wie die Welt funktioniert, der Tellerrand radikal erweitert wird.

Der Staat hat daran kein Interesse, und so bleibt das Drinnen fern von der Welt. Austauschprogramme gibt es nach Frankreich und England, nicht nach Tunesien oder Bulgarien, wo sie wirklich neue und mitunter unangenehme Horizonte auf den eigenen Staat eröffnen würden. Und dass so ziemlich alle Kinder die Schule hassen und ihre anfängliche Neugierde einer Mischung aus Langeweile, Verachtung und Furcht weicht, sollte allen zu denken geben. Wer neugierig sein will, wirklich etwas mitnehmen will, muss praktisch Dinge erschaffen können, statt passiv zu rezipieren. Bisher aber ist Schule ein Ort, wo alte Generationen den jungen ihr Wissen weitergeben. Warum ist sie nicht auch ein Ort, an dem junge Generationen etwas entwickeln, was die Alten aufrüttelt? Die nach vorne schaut statt zurück, auf Utopien statt auf Generäle. Und breites Wissen anbietet. Handwerk und technische Fähigkeiten, soziale Kompetenzen, Kreativität und Erziehung, all das wird nicht oder fast nicht gelehrt. Die Gesellschaft hat Wissen zum Goldstandard erhoben, sie belohnt vor allem eine Art von Intelligenz – jener, auswendig lernen und wiederholen zu können.

Dieses System ist eine Tragödie. Kritik und Widerspruch, eigene Entscheidung und Gestaltung des Lernens, für all das ist im konventionellen Schulsystem kein Raum. Es braucht im Gegenteil ein Fach, das nur davon handelt, die Vorgaben zu hinterfragen oder dreist zu widersprechen. Tests, Hausaufgaben und Klausuren dienen vorwiegend dem Aussortieren. Wer nicht erschöpft und frustriert nach Hause kommt und anschließend keine Aufgaben lösen muss, hat Zeit zum freien Spiel, auch für Fußball. Und noch eines wäre sinnvoll: Ein bisschen Schule ein Leben lang. Lernen, die Gesellschaft und sich selbst hinterfragen und kreativ entwickeln, das könnten sogenannte Erwachsene ziemlich gut gebrauchen. Wenn sie gegenüber Kindern betonen, wie wichtig Schule sei, verdrängen sie mutwillig, wie sehr sie sich damals gelangweilt und wie sehr sie dieses System gehasst haben. Eine lebenslange Schulpflicht würde sie sehr wirksam daran erinnern; und sie antreiben, das Konzept besser zu machen.

KAPITEL 3

Warum eine Kopie? Ein anderer Frauenfußball

Es wird – bei aller Liebe für neue Konzepte und Fantasie – immer auch einen Sport geben, dem es um die objektiv Schnellsten und Stärksten geht. Warum auch nicht? Das heißt auch: Es wird wahrscheinlich immer einen Bereich geben, wo Sport nach Leistungsfähigkeit getrennt gespielt wird. Bisher kopieren Frauen dabei den Fußball, wie Männer ihn erfunden haben. Nach denselben Regeln, mit denselben Bällen und Toren, aber nicht mit denselben Körpern. Sie spielen ein Spiel, das nie für ihre Voraussetzungen entwickelt wurde. Was passiert, wenn man das kritisiert, hat Chelsea-Trainerin Emma Hayes erfahren, als sie forderte, die Tore doch an die Größe der Frauen anzupassen. Es folgte ein großer Aufschrei, vor allem von Frauen, vermeintlich sei das Diskriminierung. Dabei wäre es das Naheliegendste der Welt, dass Frauen mit ihren Körpern eben nicht nach den Maßen männlicher Körper spielen. Sondern einen Fußball, der für sie gemacht ist. Diskriminierend ist eher, zu verlangen, dass sie es nicht tun. Und die Zeiten, in denen es eine feministische Errungenschaft war, mit einem gleich schweren Ball spielen zu dürfen, sind hoffentlich auch allmählich vorbei.

Oft werden Forderungen nach einem anderen Frauenfußball vor allem so begründet: Sie würden das Spiel schneller, attraktiver und damit populärer und rentabler machen. Das ist sicherlich die dümmste Begründung – und eine, die sich nicht einmal erfüllen dürfte. Der vielleicht eindrücklichste Beleg: Der deutsche Frauenfußball hat sich in den letzten Jahrzehnten spielerisch extrem verbessert, die Zuschauer:innen aber werden immer weniger. Wenn Frauen sich entscheiden, die Regeln zu ändern, dann, weil es ihnen so passt. Das ist übrigens in vielen Disziplinen völlig üblich. Im Volleyball spielen die Frauen über ein niedrigeres Netz, in der Leichtathletik laufen sie über niedrigere Hürden, in Wurfdisziplinen wie Speer und Diskus werfen sie leichtere Geräte. Es erschiene absurd, wenn sie dort nach Maßstäben der Männer handeln sollten. Basketballerinnen und Handballerinnen spielen mit kleineren Bällen, Boxerinnen kämpfen über eine kürzere Zeitdauer. Nur Fußball beharrt darauf, dass Frauen spielen sollen wie Männer.

Der Forscher Morten Kringstad vertritt in einer Studie eine sehr interessante These: Im Handball und Basketball der Frauen sei der Wettbewerb viel ausgeglichener als im Fußball. Er spekuliert, das liege daran, weil dort mit eigenen Regeln auf die körperlichen Bedingungen der Spielerinnen eingegangen werde. Im Fußball nicht. Wo die Regeln eine Ausnahmeleistung verlangen, oder einen Ausnahmekörper, haben einige wenige Sportlerinnen einen größeren Vorteil. Und die spielen naturgemäß bei wenigen Teams. Nicht umsonst ist gerade im Basketball der Männer der Wettbewerb relativ ungleich. All das sind Dinge, für die es keine politische Revolution braucht, bis Menschen an der Basis sie diskutieren und einfordern können. Jede:r kann das tun. Und auch in einem experimentellen Format außerhalb des Verbandswettbewerbs ausprobieren.

„Man könnte dem Frauenfußball eine eigene Note geben"

Interview mit Leonie Pankratz

Leonie Pankratz war Bundesligaspielerin und Kapitänin der TSG Hoffenheim. 2021 spielte sie für HJK Helsinki. Sie betrachtet Fußball auch wissenschaftlich: In einer Forschungsarbeit hat sie die Publikumsnachfrage beim Frauenfußball untersucht.

Sie sind dafür, im Frauenfußball zum Beispiel kleinere Tore einzuführen. Warum?

Viele Sportarten haben ihre Anforderungen dem weiblichen Körper angepasst. Beim Volleyball spielt man über ein niedrigeres Netz, beim Boxen sind die Kämpfe kürzer. Aber beim Fußball stehen kleine Frauen in riesigen Toren. Man könnte die Torgröße anpassen und die Spielzeit verkürzen.

Ist das nicht herabwürdigend? Frauen haben lange dafür gekämpft, gleich spielen zu dürfen. Und viele Spielerinnen betonen, dass sie mit den Regeln bestens klarkommen.

Es ist ein schwieriges Thema, man tritt leicht jemandem auf die Füße. Aber man könnte den Frauenfußball damit ein bisschen vom Männerfußball abheben, ihm eine eigene Note geben. Es ist definitiv ein kontroverser Vorschlag, und es wäre auch eine Umstellung. Aber man merkt, dass ein Kraftdefizit da ist im Vergleich zu den Männern, und das ist vollkommen natürlich. Wir arbeiten im Frauenfußball seit einigen Jahren auch mit GPS-Daten, und da sieht man, dass wir teilweise fast die gleichen Kilometer abspulen wie die Männer. Dass dadurch die Passqualität abnimmt, ist ein logischer Schluss und der größeren Ermüdung geschuldet. Man könnte eine Testphase durchführen.

Sie spielen aktuell in Finnland, wo mit einem leichteren Ball gespielt wird. Was verändert das?

Während die Männer sich über die Leichtigkeit des Balls beschweren, ist er für uns Frauen super. Mit weniger Kraft können wir viel schnellere Pässe spielen, das ist ein Riesenunterschied. Auch Kopfbälle sind deutlich angenehmer. Manchmal haben schon kleine Änderungen große Wirkung. Bei Hallenturnieren habe ich oft gehört: Der Fußball, den Frauen spielen, ist ja super schnell und ansprechend. Letztendlich ist Frauenfußball auch ein Produkt. Und sollte es nicht erfolgreich sein, muss über Produktvariation nachgedacht werden. Aber ich denke, dass auch andere Tools wie Vermarktung zuerst besser genutzt werden sollten.

Frauenfußball hat sich in den letzten Jahren immens verbessert, trotzdem kommen nicht mehr Fans. Männerfußball war früher langsamer, trotzdem war die Nachfrage hoch. Sind Tempo und Qualität wirklich ein Hebel, um mehr Zuschauer:innen zu gewinnen?

Natürlich liegt es teils an Vorurteilen, dass so wenige Fans kommen, die gesellschaftliche Akzeptanz muss gesteigert werden. Aber der weibliche Körper ist nicht der männliche, und das sollte man klar ansprechen. Vielleicht werden diese ständigen Vergleiche weniger, wenn man die Gegebenheiten verändert, man kann Äpfel nicht mit Birnen vergleichen. Ich sehe noch viel Steigerungspotenzial für die Athletinnen. Früher wurde dreimal pro Woche trainiert, heute sieben- bis achtmal, und das, obwohl die meisten Spielerinnen noch einem Beruf oder einer Ausbildung nachgehen. Die jüngeren Spielerinnen sind ganz anders austrainiert. Trotzdem werden wir nie an die physische Stärke der Männer herankommen.

Sie haben in Ihrer Studie Frauenfußball-Fans befragt. Was sagen die?

Meine Studie hat gezeigt, dass es von Zuschauer:innenseite im Frauenfußball keinen Druck gibt. 90 Prozent würden trotz eines schlechten Spiels wieder ins Stadion kommen. Das ist für die Spielerinnen angenehm, weil sie nicht beschimpft werden, weil eine Wohlfühlatmosphäre herrscht. Aber wenn der Kommerz kommt, muss man die Spielerinnen darauf vorbereiten. Man kann nicht in einer Blase leben und dann plötzlich vor 60.000 spielen.

Sollte der Kommerz denn kommen?

Wo Geld und Kapitalismus herrschen, halten andere Werte Einzug. Ich lasse mich da gern belehren, aber ich halte es für ziemlich zwangsläufig, dass der Frauenfußball weniger ehrlich und familiär wird, sobald es um Geld geht. Andererseits: Wenn Männervereine kommen und professionelle Bedingungen schaffen, warum sollten wir den Weg nicht gehen? Im Leistungssport geht es sowieso um andere Werte als in der F-Jugend.

Fußball lässt sich relativ leicht an die Bedingungen derer anpassen, die ihn spielen. Welche Maßnahmen aber sind konkret hilfreich? In dem Sammelband mit dem charmanten Titel „Trainingswissenschaftliche, geschlechtsspezifische und medizinische Aspekte des Hochleistungsfußballs“ wird eine Studie geschildert, bei der Mädchen mit einem kleineren, leichteren Ball trainieren sollten. Bei Torschuss und Dribbling stellte die Untersuchung keinen Unterschied fest; die Flanken jedoch wurden mit dem kleinen und leichten Ball deutlich genauer. Auch die Mädchen gaben größtenteils positives Feedback, und die Forscher:innen glauben, dass mit dem Ball „frühzeitig weite Pässe besser gelingen“. So engagiert, wie der Ball dort beworben wird, kann man allerdings etwas skeptisch bleiben. Vielsagend hingegen ist der dort genannte Grund, warum die Trainer:innen wenig angetan waren: Offenbar fürchteten sie die biologischen Debatten.

Und trotzdem, auch wenn die Argumente für Veränderung auf der Hand liegen – nicht alles, was viel verändert, hilft viel. Kristoff Reichel etwa schreibt in einer Untersuchung zum Frauenfußball 2020, dass „derzeit keine wissenschaftlichen Erkenntnisse [vorliegen], die diese Maßnahme für den Frauenfußball befürworten. Insbesondere eine Verkleinerung des Balles könnte die Handhabung eher erschweren." Geringeres Gewicht dagegen „wäre am ehesten denkbar". Was würde das verändern? Daniel Memmert arbeitet am Institut für Trainingswissenschaft und Sportinformatik der Sporthochschule Köln. „Ein leichterer Ball würde das Spiel wohl schneller und attraktiver machen", sagt er im Gespräch für dieses Buch. „Momentan spielen Frauen weniger lange und hohe Bälle, das liegt einfach an der Kraft. Ein leichterer Ball würde, ganz neutral ausgedrückt, eine Zunahme langer und hoher Bälle bedeuten, das kann positiv und negativ sein. Und wahrscheinlich hätte das Kopfballspiel eine größere Bedeutung." Bei einem kleineren Platz vermutet er „viel mehr Sprints, es würde das Spiel schneller machen".

Wenn wir die Voraussetzungen verändern, verändern wir auch das Spiel. Neue Spielgeräte beeinflussen tiefgreifender als einfach nur ein paar Maße oder Gewichte. Schwere Bälle können dabei am einfachsten gegen leichtere getauscht werden. Kleinere Tore und kleinere Plätze bedeuten dagegen höheren bürokratischen Aufwand. „Ein Amateurverein kann keine zwei Tore anschaffen und keine zwei Plätze bauen", sagt Memmert. Er plädiert dafür, alles zu belassen, wie es ist. Memmert hat 2020 in einem Experiment Event- und Positionsdaten von Frauen und Männern in Fußball-Nationalteams miteinander verglichen, es ging zum Beispiel um Pässe und Pressing, Spielkontrolle oder Dribbling. Sein Ergebnis sorgte damals für Aufmerksamkeit: „Es gibt keine Unterschiede in der taktischen Leistungsfähigkeit zwischen Frauen und Männern." Und wenn es keine großen taktischen Unterschiede gebe, sagte Daniel Memmert im Gespräch, warum dann das Spiel ändern? Immer wieder, das kennt man etwa aus der WNBA, weisen Untersuchungen nach, dass die taktischen und qualitativen Unterschiede zwischen Männern und Frauen im Sport nicht so groß sind wie oft behauptet. Bei der WM 2019 kassierten die Torhüterinnen im Schnitt fast dieselbe Anzahl von Toren, die bei den Männern 2018 fielen.

Also alles beim Alten lassen? Vielleicht läuft es am Ende gar nicht darauf hinaus, dass man eine Problemstellung im Spiel lösen müsste, dass etwa Fußball der Frauen schlechter oder unattraktiver sei. Sondern auf eine Entscheidung aus eigenem Antrieb. Vielleicht wünschen sich Spieler:innen, ein Spielgerät zu haben, das Kopfbälle angenehmer macht und Pässe schneller und leichter, das in Relation zum eigenen Körper steht. Vielleicht wünschen sie sich, wie Leonie Pankratz, einen anderen Fußball zu schaffen, der eine eigene Note hat. Und die Leistungsunterschiede in den Ligen könnten mit passenderen Spielgeräten schrumpfen. Leichtere Bälle sind die naheliegendste und niedrigschwelligste Änderung. Auch grundlegende Änderungen im Training sind denkbar. Der Forscher Heinz Reinders vom Mädchenfußballstützpunkt in Würzburg sagt im Gespräch für dieses Buch: „Japan spielt auch deshalb historisch besseren Fußball als viele andere, weil sie früh auf taktische Intelligenz von Spielerinnen gesetzt haben. Sie kopieren nicht den Männerfußball, sondern spielen ihn taktisch anders, flach und schnell." Alles Ideen innerhalb des Leistungssports, die durchaus Dinge verändern.

Ein kleinerer Ball dagegen wäre eher hinderlich. Und das Spielfeld zu ändern, da liegt Memmert richtig, ist vielleicht mit unproportionalem Aufwand verbunden. Zumindest im Amateurfußball, wo keine Tribünen stehen, kann man aber auch schlicht die Linien anders markieren. Bei Kindern wird das genauso praktiziert. Die Tore kleiner zu machen, kostet ebenfalls, wäre aber sehr lohnend. Und das nicht nur für Fußball der Frauen. Neue, höhenverstellbare Tore können, im Sinne der Inklusion, auf die Größe von Torwärtin oder Torwart angepasst werden. Für einen chancengleicheren Fußball, der auf seine Menschen eingeht. Und wo es auch das klein gewachsene Talent weit bringen kann. Unmöglich ist das ganz gewiss nicht, es kommt ja meist darauf an, um wen es geht: Die Einführung kleiner Tore für Funiño war für den DFB kein Problem.

KAPITEL 4

Freie Ligen und Verbände

Der große Alfredo Di Stéfano war dort, natürlich. Es spielten Stars wie der Argentinier Adolfo Perdenaro, die Peruaner „Tito“ Drago und „Titina“ Castillo, der Ungar Béla Sárosi, der Brite Neil Franklin und der brasilianische Held Heleno de Freitas. Das halbe uruguayische Nationalteam und Hunderte anderer ausländischer Spieler. Sie alle kamen nach Kolumbien, in den kommerziellen und spielerischen Himmel des Männerfußballs, als die Dimayor die beste Männerfußball-Liga der Welt war. Denn zwischen 1949 und 1953 war Kolumbien genau das. Nicht im Rahmen der Fifa. Die Dimayor war eine Piratenliga, die vom eigenen Verband rausgeschmissen worden war. Und die genau deshalb aufblühte. Wer nicht mehr Teil der Fifa war, musste schließlich nicht nach den Regeln der Fifa spielen. Die Klubs der Dimayor verpflichteten also Gott und die Welt, so berichtet es etwa Rory Smith in der „New York Times“. Sie zahlten keine Transfersummen, sondern überhäuften die Stars, die daheim häufig noch mit Gehaltsobergrenzen spielten, mit märchenhaften Summen. Die Stadien waren ausverkauft. Smith nennt es die erste Superliga der Welt, was aber nicht ganz richtig ist: Es war ein nationaler Alleingang, keine internationale Abspaltung. Die Klubs blieben vor Ort gebunden, in einer nationalen Liga, aber mit internationalem Personal. Die Fifa schäumte vor Wut. Mit einem Erpressungsmanöver sicherte sich die damals schon grundsympathische Fifa doch noch den Sieg über die Piratenliga: Sie schloss ganz Kolumbien aus dem Weltverband aus und nahm das Land erst wieder auf, als die internationalen Spieler gingen. Und ließ, so berichtet der kolumbianische Sender Caracol Radio, den nationalen Männerfußball ruiniert zurück, weil ohne die Stars sich auch die Fans abwandten.

Die Dimayor war nur eine von vielen freien Ligen in der Geschichte des Männer- und Frauenfußballs, deren Geschichten selten erzählt werden. Solche Ligen kämpften für Freiheit oder Gerechtigkeit, für Teilhabe oder für Abgrenzung, für noch mehr Macht der Reichen oder für Anarchie. Noch heute entfacht der Gedanke des Lossagens viele Träume. Der unterklassige Fußball, der Frauenfußball oder kritische Fans träumen von eigenen Ligen, Verbänden, Konkurrenzprojekten.

Viele Männer-Amateure reden davon, einen ganz eigenen Laden aufzumachen, endlich auf die Regeln des DFB und die Unterdrückung zu pfeifen, Fans wieder mit regionaler Nähe und Bodenständigkeit zu begeistern. Ist das sinnvoll, hilfreich, effektiv? Was solche Piratenligen können, was sie erkämpft haben und was nicht, lässt sich vielleicht am besten dort lernen, wo es seit 100 Jahren Erfahrung damit gibt: bei Frauen im Sport. Sie tauchen offiziell kaum auf oder werden totgeschwiegen, die meisten Menschen wissen nicht einmal, dass es sie gab. Doch die heutige Teilhabe von Frauen im Sport wäre nicht denkbar ohne den Widerstand alternativer Ligen und Wettbewerbe. Bis hin zu Frauenolympiaden, die in den 1920er- und 1930er-Jahren als Gegenbewegung zu Olympia stattfanden, weil Frauen von vielen Wettbewerben ausgeschlossen waren. Sie waren organisiert von einem eigenen Weltverband, selbst vermarktet, vor Zehntausenden Zuschauer:innen. Der Männerverband musste sich dadurch positionieren. Und die Sportlerinnen zwangen das Internationale Olympische Komitee in die Knie; es öffnete die Leichtathletik für Frauen.

Oppositionelle Verbände im Fußball

Unzählige Parallelverbände gründeten sich auch im Fußball, teils überaus erfolgreich bei Fans, teils völlig in der Nische. Der DFB und die Monopolisten tun bis heute gern so, als hätte es all das nie gegeben, denn die oppositionellen Verbände bedrohten ihre Macht. Das erste alternative Länderspiel der deutschen Frauen am 23. September 1956, so berichtet Mara Pfeiffer, sahen in Essen rund 18.000 Zuschauer:innen, zu einer Zeit, als Fußball deutlich weniger Menschen anzog als heute. Die Männer-WM 1958 hatte mit 23.000 keinen viel höheren Schnitt. Deutschland siegte 2:1 gegen eine Auswahl der Niederlande. Insgesamt bestritten die deutschen Frauenverbände bis Mitte der 1960er-Jahre rund 220 Länderspiele, es gab eine freie WM in Berlin. Diese Geschichten werden sehr bewusst ausgelassen, weil Verbände den Sport an ihre Machtposition knüpfen.

Freie Frauenverbände existierten fast überall: in Hongkong, Frankreich, Mexiko, Argentinien, Uruguay, England, Südafrika, Kenia, Chile oder Italien. Organisiert in Frauen-Weltverbänden in Konkurrenz zur Fifa. Ähnlichen Widerstand gab es aus anderen Gruppen, etwa von Schwarzen, die im späteren Simbabwe ihren eigenen Verband gründeten. Ein Verband, der, so berichtet der Sportjournalist Martin Krauß, das Regime herausforderte und erfolgreich gegen die Apartheid kämpfte. Algerische Spieler gründeten im kolonialen Befreiungskampf ein damals freies Nationalteam, das entscheidend zur Akzeptanz algerischer Unabhängigkeit beitrug. Separate Verbände wurden natürlich auch von oben gegründet. Von England über Deutschland bis Brasilien haben im Männerfußball auch explizit die Reichen und Bürgerlichen ihren eigenen Spielbetrieb aufgemacht. Eine Antwort darauf war der selbstorganisierte Arbeitersport. Die Mächtigen konnten sich nie dauerhaft abkapseln. Und das lag maßgeblich daran, dass die Ausgeschlossenen ihr eigenes Spielfeld aufmachten. Und sehr erfolgreich Druck ausübten. Piratenligen erst haben den Fußball so ausgestaltet, wie wir ihn heute sehen.

Sie erkämpften, was heute selbstverständlich scheint: dass Frauen und Schwarze mitspielen dürfen beispielsweise. Weder die Bundesliga noch die Weltmeisterschaften der Frauen wären ohne sie zu dieser Zeit gekommen. Die nationalen Männerverbände gerieten dermaßen unter Druck, fürchteten, ihren Einfluss über den Frauenfußball völlig zu verlieren, dass ihr Widerstand brach. Warum aber gibt es diese Verbände heute nicht mehr? Weil ihre Geschichte widersprüchlich ist. Sie waren erfolgreich. Und sie scheiterten.

1993 gründeten in Kenia Fridah Shiroya und Rebecca Olela die Kenya Womens Football Federation (KWFF). Damit setzten sie den Männerverband massiv unter Druck. So sehr, dass er drei Jahre später eine eigene Frauenabteilung gründete. Denn man wollte zwar verhindern, dass Frauen Fußball spielen, aber dass sie unabhängig spielen, wollte man noch viel weniger. Es war ein schneller, großer Erfolg der Bewegung. Und ihr Ende. Denn nun, wo die Forderung erfüllt war, wurde der freie Frauenverband, so schien es, überflüssig. Auch übten die Männer wohl gehörigen Druck aus. Die KWFF musste den Betrieb einstellen.

Die Geschichte aus Kenia ist die Geschichte sehr vieler oppositioneller Frauenverbände. Die wilden Verbände erkämpften mehr Gleichberechtigung und Teilhabe. Dann wurden sie aufgesogen oder zerschlagen und verschwanden. In England gab es noch bis 1993 einen traditionsreichen eigenen Verband, die WFA. Doch als der Sport wuchs, so schreiben Carrie Dunn und Joanna Welford, bekam der Frauenverband zunehmend Probleme. Er hatte schlicht kaum finanzielle und strukturelle Möglichkeiten, man ging deshalb mehr oder weniger freiwillig unter das Dach der FA. Das kommerzialisierte den englischen Frauenfußball erfolgreich. Und vergab die Chance, etwas besser Funktionierendes zu entwickeln. Rolf Frommhagen berichtet, dass es auch bei den Männern schon Anfang des 20. Jahrhunderts wilde Vereine gab, die weder zu DFB noch ATB gehörten. Unter anderem ein gewisses Westfalia Schalke – das bekanntlich dann doch beim DFB landete.

Alternative Ligen und Verbände neigen dazu, kurzlebig zu sein. Je erfolgreicher sie werden, desto mehr fürchtet der Monopolist um seine Stellung, und in der Regel kann er die Alternative zerschlagen. Der alte Verband weiß eine Mehrheit von Klubs und Mitgliedern hinter sich, hat langjährige Netzwerke in Politik und Wirtschaft, die Hoheit über viele Sportanlagen und hat Regularien zum eigenen Machterhalt geschaffen, die er gern nutzt, um Abtrünnige zu erpressen. Und meist bleibt dieser Verband der Fixpunkt. Viele wollen nicht für ewig separiert sein, sie sehnen sich nach Anerkennung des Mainstreams. Nach einer Weile kommt es zu den berüchtigten Fraktionskämpfen in der Nische, wie sie Olaf Jansen in der „taz" über die CONIFA, den Verband für von der Fifa nicht anerkannte Nationalteams, erzählt. Auch dort fehlte es an Geld, einige Vertreter:innen wollten kommerzieller werden; es gab nationalistische Scharmützel, und statt die Fifa unter Druck zu setzen, zersplitterte sich der Splitterverband noch einmal. Dauerhaft unter diesen Bedingungen überleben, das könnte höchstens eine superreiche Superliga. Die Verbände, die von unten kommen, sind dagegen meist ein Instrument auf Zeit. Das spricht nicht gegen sie. Sie sind ein oft sehr erfolgreiches Werkzeug, um konkrete Forderungen durchzusetzen. Aber sie gefährden den Monopolisten nicht. Und sie haben nur Chancen auf langfristigen Bestand, wenn sie so marginal sind, dass sie kaum jemanden interessieren.

Bis heute gibt es einen bunten Flickenteppich Tausender alternativer Mini-Verbände oder Turniere. Der Autor Gabriel Kuhn nennt etwa die Belarus Antifa League, die relativ bekannten Mondiali Antirazzisti, den Alternative Football World Cup oder die Anarchist Football Association. In Deutschland gibt es die Confederation of Football (CoF), die sich als kleine Alternative zum DFB versteht, und den ASAP Global Cup in Leipzig, der 2022 als All-Gender-Turnier mit gelosten Nationalteams ein kleines Gegenprojekt zur Männer-WM in Katar sein soll. Es gibt eine queere Liga in England, in Baden-Württemberg gab es bis 1992 die deutsch-jugoslawische Jugoliga, die Liste ließe sich endlos fortsetzen. Die meisten Fans schauen Fußball, ohne je von alledem gehört zu haben. Die kleinen Alternativwettbewerbe schaffen Vernetzung, gegenseitige Unterstützung und reale Utopie in der Nische. Sie zeigen, dass die wie auch immer ersehnte Welt möglich ist. Massenpotenzial aber haben sie nicht und können sie auch nicht haben.

Spielender Streik

Denn Sport nach Höher-Schneller-Weiter funktioniert nur dann, wenn sich alle darauf einigen, dass *dieses* Turnier oder *diese* Liga die echte ist und die legitime Deutsche Meisterin kürt. 25 Turniere nebeneinander haben keine gesamtgesellschaftliche Relevanz. Es wird daher nicht gelingen, den DFB oder die Fifa mit der Gründung einer Alternativliga ernsthaft herauszufordern oder auch nur eine mächtige Gegenspielerin von unten zu schaffen. Es ist für mittlere Player zu bequem und wirtschaftlich sinnvoll, im System zu bleiben und auf Aufstieg zu hoffen. Wer geht, wird eben nie wieder Profifußball oder Europapokal spielen und geht ein enormes ökonomisches Risiko ein, das leicht auch mit finanziellem Niedergang enden kann. Und die Verbände würden alles tun, um solch einem Wettbewerb die Luft abzuschnüren, vermutlich erfolgreich.

Um langfristiges Potenzial zu haben, bräuchte es schon mindestens einige Männer-Zweitligisten an Bord. Aber was würde diese Liga systemisch ändern? Natürlich hätte sie Sponsoren und Investoren – und ältere Männer an der Spitze, die einen Leistungsbetrieb organisieren, nach absehbar denselben Regeln wie im DFB. Es wäre kein großartig anderes System, sondern die Vermarktung von Nähe, Schweiß und Bier. Und doch – Demokratie. Auch der Zug für ein völlig eigenes System der Frauen ist irgendwann in den 1990ern abgefahren. Es hat die Chance auf neues Denken gegeben, stattdessen hat man sich in die alten Strukturen integriert. Frauen werden nicht noch mal gehen, ihre Klubs sind zu eng mit denen der Männer zusammengewachsen und haben an der Spitze heute finanziell zu viel zu verlieren. Und ob die binäre Trennung in Verbände der Männer und Frauen überhaupt so eine progressive Idee ist, lässt sich bezweifeln.

Die Kurzlebigkeit widerständiger Ligen ist also vielleicht gar nicht so schlimm. Denn sie erstreiten zugleich Veränderung, und zwar ganz grundlegend. Aber dafür muss man ihre Stärken ausspielen. Erstens: Sie können konkrete Forderungen stellen. Nicht alles auf einmal wollen – es sei denn, man möchte sich in einer ganz randständigen Liga selbst ausprobieren –, sondern ein Thema groß machen. Zweitens: Sie können in relativ kurzer Zeit sehr viel Aufmerksamkeit für dieses Thema generieren, siehe die Teilhabe von Schwarzen und Frauen. Und drittens: Sie zwingen den herrschenden Verband, sich zu positionieren. Man muss sie dafür nicht einmal gründen. Man kann sehr effektiv damit drohen. Dafür braucht es, um Wirkung zu erzielen, mittelgroße Player oder prominente Gesichter an Bord. Vereine, Funktionär:innen und Spieler:innen müssen begreifen, wie viel sie verändern können, sie müssen endlich ihre Verantwortung dafür wahrnehmen, wie gespielt und gelebt wird. Es ist nicht mehr hinnehmbar, dass sie das Außenstehenden überlassen.

Zum Beispiel so: Wir wollen Gleichberechtigung, sonst machen wir unseren eigenen Laden auf. Wir wollen diesen zweifelhaften Sponsor nicht mehr, wir können auch gehen. Oder ganz grundsätzlich: Wir wollen Beitrag und Anerkennung statt Arbeit und Geld. Wir wollen eine 30-Jahr-Wahl, in der wir abstimmen, wie wir leben, oder wir sind weg. Warum denn nicht? Sie sind gewissermaßen die Bevölkerung des Fußballs. Sie müssen handeln wie die Bevölkerung, nicht wie Konzerne. Und Ultimaten setzen, ähnlich wie es die reichen Klubs permanent mit der Superliga tun. Auch die sind nie wirklich gegangen. Das ist von unten extrem schwer zu organisieren, denn die Masse ist heterogen und auf eigene Nöte fixiert, und alle sind aufgewachsen innerhalb dieses sportlichen Systems. Fußball ist zutiefst konservativ und misstrauisch; auch nur Einzelne zu gewinnen, wird Jahre dauern. Aber wenn man Beteiligte nicht überzeugt, kommt man nicht weit.

Sehr effektiv kann dann die Öffentlichkeit genutzt werden. Ein paar Sondierungstreffen, ein paar an die Presse durchgesteckte Informationen, ein halbwegs glaubhafter Plan, ein paar Tweets. Es braucht ein Bewusstsein für Solidarität in der Ellenbogenbranche Fußball, ein Bewusstsein für den Wert gemeinsamer Kämpfe. Einen spielenden Streik. Denn für einen Monopolisten wie den DFB ist es sinnstiftend, alle zu repräsentieren. Allein die Aussicht, dass eine wilde Liga mit renommierten Namen potenziell entstehen *könnte*, ist ein Verhandlungspfund. Wer sonst nichts in die Waagschale werfen kann, der muss sich selbst hineinwerfen. Dazu braucht es viel mehr interne Bildungsarbeit. Und bestenfalls vernetzende Organisationen, die über Spenden in Vollzeit finanziert werden – und sich ihrer Arbeit viel eher widmen können als die stets an Zeitmangel gescheiterten Amateurbewegungen.

Die noch etwas mutigere Option ist es, eine Liga auf Zeit tatsächlich zu gründen. Man fordert eine konkrete Änderung im System Fußball und spielt so lange, bis diese Forderung erfüllt ist. Ein spielender Streik, bei dem gleichzeitig die Einnahmen zum Weitermachen generiert werden. Viel Staub aufwirbeln wird es. Oder man schafft Parallelstrukturen, die sich ins System integrieren. Über einen längeren Zeitraum waren Frauenverbände da erfolgreich, wo sie nicht in Segregation, sondern als störender Teil im System lebten. Mit ausreichend Wut. Im Tennis die WTA, in der sich die Profispielerinnen vermarkten und die bis heute Sprachrohr für Gleichberechtigung ist. Auch die 2016 gegründete ANJUFF der Fußballerinnen in Chile ist sehr interessant. Es sind keine völlig eigenen Verbände, sondern eher Gewerkschaften, die Druck auf den Dachverband ausüben und sich mit anderen Feminist:innen vernetzen. Und, anders als freie Ligen, nicht vom Monopolisten in den Ruin getrieben oder aufgelöst werden können. Dass sie weniger radikal sind als spielende Streikprojekte, ist der Preis, den man dafür zahlt.

Spiel- und Testwiese wilde Liga

Unternehmen geben weltweit etwa 30,87 Mrd. Dollar für Sportsponsoring aus. Nur sieben Prozent davon fließen in den Frauensport. Die Erhebung von 2019 zeigt auch: 66 Prozent aller Sponsorenausgaben fließen nach Europa oder Nordamerika. In den afrikanischen Markt fließt gerade mal ein Prozent. Aus den Wirtschaftswissenschaften gibt es den Vorschlag, armen Staaten Expert:innen zur Seite zu stellen, die ihnen helfen, Verträge auszuhandeln. Das ist auch für unterklassige Teams und für solche aus marginalisierten Staaten eine Idee. Sie könnten die Position der kleinen Klubs am Verhandlungstisch stärken, sie bei ihren Kämpfen entlasten. Eine Gruppe, die – ähnlich wie Fan-Anwält:innen – ihr Wissen möglichst ohne Barrieren zur Verfügung stellt und für die Schwachen zu einem solidarischen Preis in Verhandlungen tritt. Fans sind aber auch deshalb erfolgreicher, weil sie oft jung sind, kritisch, demokratisch. All das, was den Altherren-Gremien aus der Industrie in vielen kleinen Klubs fehlt. Die Wehrhaftigkeit des Männerfußballs hängt direkt mit seiner Struktur zusammen. Will er Widerstand leisten, muss er sich selbst neu aufstellen. Jünger, radikaler, freier.

All das sind eher konventionelle Dinge, die mittelgroße Klubs leisten können. Zukunftsfähige Konzepte aber lassen sich innerhalb der Verbände nicht erproben. Dafür sind wilde Ligen die wichtigste Testwiese. Ligen, in denen Menschen, am besten auch die, die nicht im bestehenden Fußball groß geworden sind, freie Ideen für ein völlig anderes Sportkonzept erspielen. Sie haben riesiges Potenzial, und davon braucht es viel mehr.

Es ist falsch, für alternative Ligen oder Verbände ständig auf die mittelklassigen Klubs der Männer zu schauen. Sie sind bekannt und haben viele Fans, und gern werden sie als Traditionsvereine romantisiert. Aber jenseits von etwas mehr Demokratie ist von ihnen in einer neuen Liga nicht viel anderes zu erwarten als das, was wir schon im Fußball sehen. Ideen kommen von kritischen Geistern von außerhalb. Warum nicht, analog zu Supporters Direct für fangeführte Klubs, ein Utopia Direct für neue Ideen in wilden Ligen? Ein Bündnis, das viele Ideen vernetzt, Austausch ermöglicht, sie in den Mainstream trägt.

2021 wurde in der Schweiz ein alternativer Frauenfußballverband gegründet, der Feministische Fußballverband (FFV). Mitgründerin Luisa Gfeller erläutert in einem Bericht des Onlineportals „20 Minuten" dessen Ziele: Frauenvereine vernetzen, damit sie ihre oft ähnlichen Probleme gemeinsam angehen. Aber auch viel diverser denken, das binäre Konzept des Fußballs durchbrechen. Der FFV will, so heißt es im Text, „die bestehende Leistungskultur aufbrechen, den Spaß am Sport zurückbringen, politisieren". Wahrscheinlich bleibt er nur eine kleine Blüte am Rand, aber durch Social Media lässt sich heute ein ganz anderes Level an Aufmerksamkeit generieren, sich viel leichter vernetzen als in früheren Wellen alternativer Ligen. Um wirklich etwas zu bewirken, müssen sie aber endlich wieder anfangen, es in der kleinen Blase ungemütlich werden zu lassen. Viel weniger isoliert spielen. Nicht im Safe Space, sondern im Open Space. Und ganz andere Milieus einladen. Erst das schafft Breitenwirkung. Als Herzstück des Viertels.

Stadtteilligen und Nutzungsgebühr statt Aufmerksamkeitsökonomie

Ein Vorbild für Piratenligen, die sehr erfolgreich neben dem Spielbetrieb des Monopolisten bestehen, liegt vielleicht in Senegal. In Dakar gibt es jährlich für vier Monate die Navétanes; ein Turnier, bei dem Teams aus der Nachbarschaft gegeneinander spielen. Jedes Viertel hat sein eigenes

Team. Zu den Navétanes kommen, so schildern es Berichte, mehr Fans als zur offiziellen Liga, es geht um lokale Rivalität und Nachbarschaft. Alle kennen schließlich irgendwen, der dort mitspielt. Warum nicht solche eigenen, ultra-lokalen Spiele schaffen, die zum Beispiel in der Sommerpause ausgetragen werden und ganz anders funktionieren? Spiele, die Fußball anders erzählen, nach eigenen Regeln gestaltet werden. Aber auch die Navétanes, heißt es, werden immer weiter kommerzialisiert.

Wie also kommt der Fußball aus dem Kreislauf der Entlohnung für Aufmerksamkeit? Es ist der größte, wichtigste Kampf, und er braucht ein Vielfaches mehr Einsatz als bisher, wenn sich wirklich etwas ändern soll. Einschneidende Veränderungen sind möglich, bevor ein völlig anderes Wirtschaftssystem konzipiert ist. Einen klugen Ansatz nennt der ehemalige Google-Entwickler Tristan Harris gegenüber dem „Tagesspiegel". Harris schlägt vor, die Aufmerksamkeit von den Gewinnen zu entkoppeln. Dabei geht es freilich um Instagram und YouTube, nicht um den Fußball. Aber das Prinzip ist sehr ähnlich. Konzerne, analysiert Harris, verdienen daran, dass sie unsere Zeit rauben und menschliche Schwächen ausnutzen. Je mehr wir hinschauen, umso mehr verdienen sie. Eine Logik, die etwa im Fußball immer mehr und immer nutzlosere Wettbewerbe produziert und passive Konsument:innen heranzieht. Was aber, wenn „die Gewinne von der Menge des Verbrauchs getrennt" werden? Wenn also Konzerne nicht mehr daran verdienen, wie viel Zeit Menschen auf ihren Plattformen verbringen, sondern über eine Nutzungsgebühr. Damit ist es egal, ob man zehn Stunden vor dem Bildschirm sitzt oder zehn Minuten. Ob Fußball sieben Tage die Woche geschaut wird oder nur einen. Statt sich über Sponsoren zu finanzieren, die für jede Minute Aufmerksamkeit zahlen, sollten Fans eine Mitgliedschaft abschließen können, ähnlich dem Netflix-Prinzip: Zahle einen monatlichen Beitrag und schau, so oft du willst. Geh ins Stadion, wo du willst. Und wenn du ein professionelles Spiel vor Ort sehen willst, braucht es vielleicht eine Plus-Mitgliedschaft. Wer zuerst kommt, mahlt zuerst.

Nach diesem Prinzip kommt ins Stadion, wem es wirklich wichtig ist – und nicht, wer am meisten zahlen kann. Für Menschen, die sich lange Wartezeit nicht erlauben können, etwa durch ihre Arbeit oder körperliche Einschränkung, oder nur Gelegenheitsfans sind, könnte es Sonderkontingente geben. Teams, die mehr Fans anziehen, könnten mehr von den Einnahmen bekommen. Es ist dann nicht mehr wichtig, immer mehr Turniere zu veranstalten, sondern etwas Gutes, Vielfältiges zu bieten. Ein Abo, mit dem man Männerfußball, Frauenfußball, All-Gender-Ligen, niederklassigen Fußball, Behindertenfußball oder alternative Ligen zu einem Preis schauen kann. Eines, das dazu einlädt, sich mehr Dinge anzusehen als gewohnt, aber nicht die ganze Woche, und nicht mit 34 Spieltagen. Eine Art Urban Sports Club für den Fußball. Oder für den gesamten Publikumssport. Fans können zusätzlich Mitglied ihres Klubs sein, um ihn darüber hinaus zu unterstützen. Oder besondere Förderabos abschließen, die randständige Teile des Fußballangebots unterstützen. Solche Formate kann man auch erst in der Nische ausprobieren. Es soll ja Gruppen geben, die neugierig sind und anderes versuchen. In freien Ligen beispielsweise. Die folgenden Gespräche zeigen, was freie Ligen daneben ganz im Detail und konkret verbessern können.

„Ein alternativer Verband muss alle abholen"

Interview mit Greta Budde und David Hoffmann

Union-Berlin-Spielerin Greta Budde und Politikwissenschaftler David Hoffmann haben mit dem Berliner Verein Gesellschaftsspiele eine Utopie für einen alternativen Verband entworfen. Sie wurde 2020 als Utopie des Jahres der Deutschen Akademie für Fußballkultur ausgezeichnet.

Es hat in der Geschichte des Fußballs sehr viele Alternativverbände gegeben, halten konnten sie sich nie. Kann ein alternativer Verband überhaupt außerhalb der Nische funktionieren?

Budde: Am Ende ist der Fußball als Volkssport auch immer Spiegelbild der Gesellschaft. Wenn das gesellschaftliche Bewusstsein fehlt, kann ein neuer Verband das nicht leisten. Trotzdem beginnen Veränderungen immer im Kleinen. Ein alternativer Verband muss versuchen, alle abzuholen, pragmatisch zu arbeiten, sehr gut zu kommunizieren.

Hoffmann: In Krisen kann immer was Neues entstehen. Die Krise des Fußballs ist aktuell schon sehr weit vorangeschritten, die Blase vielleicht ein Stück weit schon geplatzt. Da könnte man reinstoßen und von unten aufgebaute Alternativstrukturen hinkriegen. Aber wirklich realistisch ist das natürlich nicht.

Ein ganz wichtiger Teil für euch ist das Genossenschaftsmodell. Habt ihr eine Vorbild-Liga?

Hoffmann: Wir haben ein bisschen rumgesponnen, und ich bin auf CS Lebowski gestoßen, einen genossenschaftlich organisierten Verein in Italien. Das könnte ein super Modell sein, um viele Probleme im aktuellen Fußball zu umgehen, zum Beispiel weil eine Ausgliederung nicht möglich ist. Wenn du einen Anteil kaufst, hast du nur eine Stimme. Wir beschäftigen uns als Gruppe weiter mit der Utopie und diskutieren vor allem über Vorteile und Gefahren von Genossenschaften. Es würde natürlich nicht funktionieren, einfach das bestehende System umzuwandeln. Nach ein, zwei euphorischen Momenten bei der Mitbestimmung kommen auch ganz viele leidige Momente. Es ist schwer für Fanvereine, Mitbestimmung dauerhaft aufrechtzuhalten.

Glaubt ihr, die Mehrheit der Leute hat Bock darauf, sich zu engagieren?

Budde: Ich glaube schon, dass es eine relevante Anzahl von Menschen gibt, die Lust hat.

Hoffmann: Gerade in einer voll ökonomisierten Gesellschaft sind dem aber auch Grenzen gesetzt. Es ist ein Privileg, die Zeit und die Möglichkeiten zu haben, sich zu engagieren. Aber wenn man Freiräume ernsthaft gestaltet, glauben wir daran. Es müssen ja nicht immer nur Arbeitsgruppen sein, hier gäbe es sicherlich viel mehr Innovationspotenzial.

Könnte man Demokratie im Fußball ganz anders gestalten?

Hoffmann: Es gibt unzählige Möglichkeiten, das im Fußball neu zu gestalten. Dort bräuchte es nur mehr Mut. Man könnte zum Beispiel unter allen Mitgliedern eines Klubs einen Rat losen, so wie das in Irland im Bürgerrat gemacht wird. Leute aus allen Abteilungen, paritätisch nach Geschlecht, auch Kinder und Jugendliche. Die Ausgelosten können sich dann entscheiden, ob sie ein halbes Jahr oder ein Jahr mitmachen wollen und über die Vereinspolitik und Entwicklung beraten.

Budde: Vereine sind oft über einen langen Zeitraum gewachsen, und an den Positionen sitzen nicht so viele progressive Menschen.

Hoffmann: Ich finde es wichtig, dass die Sportler:innen und Mitarbeiter:innen mitbestimmen. Bei Bündnis 90/Die Grünen gibt es eine Neuen-Quote auf den Bundestagslisten, sodass jeder dritte Platz neu besetzt ist. Auch das könnte man für Vereine weiterdenken, damit auf den Positionen nicht immer die gleichen Leute sitzen.

Was macht euer Modell mit der Außenwelt? Es soll sehr viel umverteilen, und ihr wollt, dass die Spitzensportler:innen „nur" das Zehnfache des geringsten Verdieners bekommen. Aber Menschen könnten in andere Ligen abwandern.

Budde: Das ist auf jeden Fall ein Problem, sobald man in Konkurrenz zu anderen Ligen und Verbänden stehen würde. Es ist aktuell nicht umsetzbar.

Hoffmann: Es müssten sich schon die größten Vereine zusammenschließen, um so was ernsthaft umzusetzen.

Budde: Mir ist wichtig, dass wir uns nicht vollkommen abwenden vom Leistungssport. Wir wollen aber finanzielle Anreize für gesellschaftliches Engagement der Vereine setzen. Nicht nur die Erfolgreichsten sollen das meiste Geld kriegen, sondern auch die sozial Engagierten.

Hoffmann: Und wir wollen, dass ganz viel über Zentralvermarktung verteilt wird. Die Zentralvermarktung war sehr lange noch Teil der Männer-Bundesliga, auch beim Merchandising. Da sind wir so radikal, dass wir sagen: Der Absteiger kriegt mehr als der Meister. Und beim Gesellschaftsindex soll Leistung honoriert werden – in Relation zu dem, was man schaffen kann.

Wenn die Schlechtesten das meiste Geld bekommen, hätten bei den Männern etwa Schalke und Hertha viel Geld erhalten, Frankfurt würde nicht honoriert für die Leistung. Müsste man da nicht auch in Relation zum Budget denken?

Hoffmann: Stimmt. Gute Arbeit muss honoriert werden.

Budde: Man könnte den Etat im Vergleich zu den erspielten Punkten setzen. Und in unserer Utopie geht es auch um Dinge, die nicht so oft genannt werden, wie Bildungsarbeit im Verein, gesunde Ernährung und Gesundheit, Kreativität in der Fankultur. All das könnte auch Teil des Gesellschaftsindex sein. Es wäre cool, wenn die Mitglieder den Fokus mitbestimmen können.

An die Frauen- und Männerteams sollen gleiche Budgets vergeben werden, es soll auch Mixed-Ligen bei euch geben. Gibt es Spezifika aus dem Frauenfußball, die nicht auf das Modell übertragbar sind? Kleine Frauenvereine hätten zum Beispiel wesentlich weniger Budget zur Verfügung, gerade auch wenn innerhalb des Klubs 50-50 verteilt werden soll.

Budde: Da sind wir wieder bei der Außenwelt. Im Status Quo ist es unrealistisch, dass Budgets gleich verteilt werden. Utopisch gesehen kann ich mir aber schon vorstellen, dass sich das immer mehr annähert.

Habt ihr vor, so eine Liga tatsächlich zu gründen?

Hoffmann: Leider ist das sehr unrealistisch.

Budde: Das ist weit weg von unserer Lebensrealität. Aber wir sind auch ganz am Anfang.

Hoffmann: Wir haben große Lust, die Ergebnisse zum Thema Genossenschaften zusammenzutragen. Bei einem Utopie-Gipfel mit echter Mitbestimmung, Arbeitsgruppen, Mixed-Fußball. Ein paar Dinge im ganz Kleinen Realität werden lassen, das können wir leisten. Einen Genossenschaftsverband gründen, können wir nicht leisten, da bräuchte es ganz andere Menschenpower im Hintergrund.

Wird denn irgendwas bleiben von den ganzen utopischen Überlegungen?

Hoffmann: Bei den Leuten, die sich damit beschäftigen, ja. Bei den Funktionär:innen und im Geschäft, nein.

Budde: Nach meinem Gefühl hat das schon an der einen oder anderen Stelle Denkprozesse angestoßen, und es gibt ein geschärftes Bewusstsein. Aber ich denke leider auch nicht, dass sich grundsätzlich etwas ändert. Ich nehme in den Vereinen viele existenzielle Nöte wahr, die insbesondere durch die Corona-Krise verschärft wurden. Man versucht einfach, über Wasser zu bleiben. Weitergehende progressive Gedanken oder Energie für Veränderungen geraten in den Hintergrund, weil ganz andere Dinge auf der Agenda stehen.

Hat sich eigentlich der DFB auf eure Utopie gemeldet?

Hoffmann: Wir haben es ihm nicht geschickt. Das hatten wir mal überlegt.

Budde: Das können wir eigentlich mal machen.

„Unser Ansatz ist brutale Transparenz"

Interview mit René Jacobi

René Jacobi ist Präsident der Confederation of Football (CoF), einem kleinen Alternativverband zum DFB mit Sitz in Leipzig. Der 2019 gegründete Verband will Amateurfußball besser machen.

Die CoF ist ein freier Verband außerhalb des DFB und versteht sich als kleine Alternative. Was machen Sie anders?

Unser Ansatz ist: brutale Transparenz. Jedes Mitglied kann unsere Finanzkennzahlen einsehen. Das ist nicht fälschbar, denn das ist auch unsere Abrechnung. Wir haben außerdem einen Kontrollausschuss implementiert. Dort sitzen Freiwillige; wir wissen nicht, welche Person das ist. Sie bekommen lesenden Zugriff auf alle Unterlagen, Mails, Finanztransaktionen. Wenn ein Vergehen nur vermutet wird, soll das bereits an die Mitglieder kommuniziert werden. Korruption funktioniert nur, wenn jemand seiner Sache sicher ist. Wir haben eine jährliche Mitgliederversammlung, wo alle Vorstandsmitglieder mindestens 50 Prozent Zustimmung erreichen müssen.

Verhindert das nicht, dass unpopuläre Entscheidungen getroffen werden?

Es geht nicht darum, dass man keine unpopuläre Entscheidung treffen darf. Es geht darum, dass der Vorstand ein Mindestmaß an Rückhalt haben muss. Es gibt ein mitarbeitergeführtes Stahl-Unternehmen in Spanien, das genau nach dem gleichen Prinzip agiert. Die haben 120.000 Mitarbeiter. Sie sind hochprofitabel und hochtransparent.

Im Profibereich wäre Transparenz aber schwierig, oder?

Deshalb klammern wir den Profibereich bewusst aus. Die Profis haben vor allem das Problem, wie sie Gelder besser verteilen. Der Amateurfußball hat viel diversere Probleme. Jeder kann heute einen Verein führen, aber die Leute bekommen nirgendwo das richtige Handwerkszeug. Und dann übernehmen die Nachfolger die Fehler der Vorgänger. Wir brauchen eine zielgerichtete Professionalisierung. Nicht mit dem Gießkannenprinzip wie beim DFB.

Fehlendes Ehrenamt gilt fast überall als großes Problem. Wie gehen Sie damit um?

Einer der großen Punkte sind die sinnlosen Verwaltungsaufgaben, die Ehrenamtlern von Verbandsseite auferlegt werden. Wozu müssen wir ständig Sportgerichtsverfahren führen? Und nichts belastet Ehrenamtler so sehr wie sinnlose Aufgaben, wenn sie zum Beispiel Spielverlegungen organisieren müssen, weil die Verbände unmöglich geplant haben. Der Fokus muss wieder auf den wichtigen Aufgaben der Vereine liegen. Wir haben zum Beispiel den Prozess beim Spielerpass geändert. Im DFB müssen die Leute vom Verband manuell die Daten prüfen. Der kürzeste Weg aber ist: Der Spieler registriert sich auf einer Plattform, der Verein bestätigt, dass er dort spielt, und beim ersten Spiel gleicht der Schiri die Daten ab.

Schiedsrichter:innen sind beim Verband angestellt, nicht Teil eines Vereins. Warum?

Dadurch können sie ortsnah eingesetzt werden; so was ist nicht möglich, wenn sie zu einem Verein gehören. Normalerweise werden die Schiris durch die Gegend geschickt. Unser System spart Zeit und Kosten. Außerdem ist das Schiedsrichterwesen bei den Vereinen oft eine Zusatzaufgabe. Und wenn wir als Verband einen gemeinsamen Ausrüstungsvertrag für die Schiris verhandeln, gibt es keine Zwei-Klassen-Gesellschaft, weil ein Schiri von seinem Verein nur das billige Trikot bekommt. Wir organisieren ihnen immer wieder Specials, auch für Schiedsrichter:innen muss man was Besonderes tun.

Gibt es bei Ihnen Strafen?

Wir haben ein Geldstrafensystem, das sich an der Höhe der Startgebühr orientiert. Das Maximum an Strafe entspricht der Startgebühr mit dem Faktor 10. Das sind in der untersten Liga zum Beispiel 500 Euro. Wir orientieren uns an den finanziellen Mitteln der Vereine. Und um so eine hohe Strafe zu kassieren, müssten sie auch schon, überspitzt gesagt, einen Spielabbruch mit Massenschlägerei verursacht haben. Wir haben ein eigenes Juristenteam, das für die Vereine saubere Stellungnahmen verfasst. Damit schaffen wir Waffengleichheit vor dem Sportgericht. Es gibt hier teilweise Kreissportgerichte, die ohne Jurist:innen sportrechtliche Urteile fällen, das ist eine eigene Paralleljustiz. Und die Sportrichter:innen sind ehrenamtliche Mitglieder beim Sport- oder Landesverband. Es gibt keine Unabhängigkeit. Im Kreis Köln zum Beispiel kann man sich als Sportrichter:in zur Wahl stellen. Wenn man dort konsequent Regeln umsetzt, ist die Wahrscheinlichkeit gering, dass man noch mal gewählt wird. Das ist eine reine Willkürjustiz. Hier in Sachsen sitzt im Kreissportgericht kein einziger Jurist.

Müsste man stattdessen vors ordentliche Gericht?

Kein Richter und keine Richterin will, dass man auch noch die Sportgerichtsverfahren bei ihnen ablädt. Aber man könnte den Prozess automatisieren. Bei Notbremse gäbe es kein Sportgerichtsverfahren, sondern eine Sperre von ein bis zwei Spielen. Straftatrelevante Themen müssten in der Tat einem ordentlichen Gericht übergeben werden. Eine komplette Eingliederung in die ordentliche Gerichtsbarkeit könnte auch funktionieren, aber nur, wenn wir mehr Richter:innen und kürzere Verfahrensdauern hätten. Und wie einheitlich werden eigentlich Menschen beurteilt, die nicht Thomas mit Vornamen heißen? Wir prüfen gerade, inwiefern anonyme Verfahren möglich sind.

Wie könnte Fußball strukturell besser funktionieren?

Man braucht einen Teil der administrativen Unterstützung, aber keine eigenen Präsidenten mit Entscheidungskompetenzen, die schwer zu kontrollieren sind. Das verursacht Machtmissbrauch und zig Menschen, die irgendetwas umsetzen, um selbst etwas aufgebaut zu haben. Und wir sollten die eigenständige Vereinsstruktur der Landesverbände auflösen. Aktuell gibt es im DFB 21 Landesverbände in nur 16 Bundesländern. Wozu? Wir brauchen organisatorische Unterstützung vor Ort, aber keinen eigenen e.V.

Sie haben nun einen eigenen Verband gegründet. Führt das nicht zu einem Flickenteppich?

Ja, viele kleine eigenständige Verbände lassen einen Flickenteppich entstehen. Man braucht einen deutschlandweiten Player. Erst mal aber braucht es ein Gegengewicht zum DFB. Und wir merken: Es gibt nicht viele Leute in Deutschland, die Ähnliches wagen werden.

Warum fällt es Amateuren eigentlich so schwer, sich selbst zu organisieren? Im Gegensatz zu Fans.

Es gibt immer wieder Einzelbewegungen, die die Vereine selbst organisieren. Aber die Leute müssen nebenbei noch einen Verein managen, und irgendetwas ist immer wichtiger. Oft heißt es: Es müsste jemand mal was machen. Wir organisieren uns deshalb außerhalb von Vereinen.

Wie sieht es bei Ihnen mit Frauenfußball aus?

Frauenfußball hat bei uns eine deutlich höhere Priorität als Herrenfußball, auch weil man da viel mehr bewegen kann. Die Zahl der Frauenteams nimmt immer weiter ab, dadurch müssen sie weitere Wege zurücklegen. Wir sind aktuell dabei, zwei eigene Frauenligen auf die Beine zu stellen. Wir übernehmen die mediale Außendarstellung und machen explizit keinen Unterschied zu den Herren. Im Gegenteil: Wir kümmern uns um ein Sponsorenpaket für die Frauen. Das erhalten explizit nur die Frauenteams. Wir wollen Waffengleichheit schaffen. Wir haben gerade eine Satzungsänderung umgesetzt: Bei allen Verträgen, die wir schließen, müssen Spiele der Männer und Frauen genau gleich oft übertragen werden. Der DFB könnte das auch tun. Und warum haben wir auf Bundesebene nicht ein Delegiertensystem mit Wahlkampf? Vor der Frauenquote braucht es die Demokratie. Bei uns wird es Gegenkandidat:innen bei der Präsident:innenwahl geben. Jede Kandidatin bekommt die gleichen Fragen gestellt und einen Drei-Minuten-Wahlwerbespot, um sich zu präsentieren. Mitsprache geht nur über klar definierte Regeln.

„Nicht die Meister spielen, sondern die, die eine originelle Bewerbung schicken"

Interview mit Beate Wolff

Beate Wolff ist eine der Vornesitzenden der Wilden Liga Bielefeld, die selbstorganisiert und basisdemokratisch funktioniert und die älteste Wilde Liga Deutschlands ist. Außerdem arbeitet sie bei der NGO Welthaus Bielefeld.

Sie sind Teil von etwas, wovon manche Hobbykicker:innen träumen, nämlich einer vom DFB unabhängigen und langlebigen wilden Liga. Was machen Sie anders?

Die Wilde Liga Bielefeld ist 1976 gegründet worden und wollte frei von den DFB-Hierarchien sein. Im DFB waren noch Menschen mit Nazi-Vergangenheit aktiv, eine Weltmeisterschaft in Argentinien fand der DFB auch nach dem Militärputsch unproblematisch, man wollte daher nichts zu tun haben mit dem DFB. Der Anspruch, es anders zu machen, ist bis heute da, auch wenn er bei vielen nach meiner Wahrnehmung nicht mehr in der Intensität da ist. Wir sind aber immer noch selbstverwaltet und autonom, sämtliche Entscheidungen treffen wir basisdemokratisch.

Wie läuft das ab?

Wir haben ein Plenum, zu dem eigentlich mindestens eine Person von jedem Team kommen soll. Das Plenum tagt viermal im Jahr. Es entscheidet alle wichtigen Dinge, zum Beispiel Auf- und Abstiegsregelungen, in wie vielen Ligen wir spielen, auch strittige Dinge wie Spielabbrüche. Manchmal können sich Teams auf dem Platz nicht einigen, dann wird nach Anhörung von Vertretungen der betroffenen Teams gemeinsam eine Lösung gefunden. Regeländerungen treffen wir nicht allein, die Teamvertretungen holen sich zwischendurch ein Meinungsbild in ihren Teams ein. Zurzeit sind wir 15 Teams. Manche kommen mit zwei oder drei Leuten ins Plenum, manche schicken niemanden.

Was sind die Stärken, was die Schwächen dieser Plenardemokratie?

Die Selbstverwaltung hat zur Folge, dass die Teams sich mit ihren Werten auseinandersetzen müssen. Denn wir haben keine Schiedsrichter:innen. Es gibt also kein ausgelagertes Gewissen oder eine ausgelagerte Instanz. Wir müssen alle selbst dafür sorgen, dass die Regeln eingehalten werden. Das ist eine ganz große Stärke unseres Systems. Das Mitmachen, das Engagement ist da deutlich größer, denn die Eigenverantwortung ist deutlich höher. Die Teams müssen die Spiele selbst organisieren, die Teamvertreter:innen tun das.

In den konventionellen Vereinen wird viel geklagt, man finde keine Ehrenamtlichen mehr. Wenn es bei Ihnen besser läuft, liegt das an der Organisationsform oder den Menschen?

Meine Vermutung ist, dass im Verein sehr viel mehr von oben geregelt wird. In der wilden Liga kann man sehr viel selbst gestalten, die Hierarchien sind flach, man ist nicht abhängig von irgendwem. Sicherlich ist andererseits auch die Frustration manchmal höher, wenn sich von den zwanzig Leuten, die man fürs Spiel anschreibt, nur zehn melden. Es „fehlen" Disziplinarmöglichkeiten. Es gibt keine Trainer:in, die aufstellt und einen bestraft, wenn man nicht kommt. Das Team stellt sich gemeinsam auf. Wenn jemand oft nicht da war, aber gute Gründe hat wegen Familie oder Hausbau, ist die Bereitschaft, das zu akzeptieren, sehr viel höher als im konventionellen Verein.

Würde so ein System auch im großen Fußball funktionieren?

Ich glaube, es kommt auf die Ebene an. Sicherlich geht es nicht in der Bundesliga oder Champions League. Aber ich glaube, dass es in kleineren Vereinen, auf Amateurebene, funktioniert. Fußball ist auf dem

Level ein soziales Miteinander, wo Verantwortung gelernt wird. Eine deutschlandweite wilde Liga dagegen würde irrsinnige Bus- oder Zugfahrten bedeuten, und es geht ja auch ums soziale Miteinander. Wilde Liga funktioniert auch deswegen, weil Menschen sich bewusst gegen einen starren Zeitaufwand entschieden haben.

Solidarität entsteht also auch ein Stück weit aus Nähe?

In dem Fall, ja. Es gibt aber auch ein deutschlandweites Turnier der wilden Ligen einmal im Jahr, die Deutsche Alternativ-Meisterschaft. Das ist ein Einladungsturnier. Nicht die Meister spielen, sondern die, die eine möglichst originelle Bewerbung schicken. Man kennt viele Leute mittlerweile, da funktioniert es deutschlandweit. Es ist sogar jedes Jahr ein Team aus Oxford dabei, mittlerweile auch ein Team aus Wien, da wird Deutsche Alternativ-Meisterschaft nicht allzu wörtlich genommen. Aber es funktioniert nur an einem Wochenende.

Aus einer anderen wilden Liga aus Süddeutschland hieß es, das Leistungsdenken sei stärker geworden, es spielten mehr Teams mit Leistungsanspruch. Ist das bei Ihnen ähnlich?

Es schwankt. Ich muss schmunzeln, weil es auch bei der Deutschen Alternativ-Meisterschaft ein süddeutsches Team gibt, das nicht campt, sondern sich Hotelzimmer besorgt. Die gewinnen dann auch mal eher, weil sie ausgeschlafen sind. Das wird schon sehr kritisch gesehen. In unserer Liga gab es auch mal eine Phase, wo junge Teams leistungsorientierter waren. Das führt durchaus zu Konflikten. Das hing auch damit zusammen, dass wir zeitweise in einer großen Zeitung wöchentlich mit einem Artikel vertreten waren. Dadurch wurden viele Leute aufmerksam, und es kamen auch viele rein, die gar nicht aus dem „soziokulturellen Milieu der wilden Liga“ kamen, sondern die einfach spielen wollten, ohne irgendwas selbst organisieren zu müssen. Das war nicht leicht, weil es auch bedeutet hat, viel Arbeit zu investieren, um unsere Werte zu vermitteln.

Ist das gelungen?

Mal mehr, mal weniger. Es kam zu Konflikten, wir haben auch mal Teams ausgeschlossen. Mittlerweile sind wir nicht mehr in der Zeitung vertreten und haben uns von drei Ligen auf eine Liga verkleinert. Die, die noch da sind, wissen, warum sie sich für die wilde Liga entschieden haben. Aber ich würde sagen, dass es auch eine spannende Entwicklung war, diese Breitenwirkung mit dem Modell zu haben. Wir haben schon Chancen eröffnet, dass Leute ihren Horizont erweitern. Bei der Ausstellung zu 40 Jahren wilder Liga hat uns jemand vorher geschrieben, die Liga habe ihn zu dem gemacht, der er ist, und neue Denkmöglichkeiten eröffnet. Das war sehr berührend.

Haben Sie Ideen, wie ein besserer Fußball im Großen aussehen könnte?

Sehr viele. Letztlich zahlen das System die Leute, die zum Fußball gehen. Und die Leute, die die Trikots nähen. Wenn ich mit Merchandise den Spielbetrieb finanziere, externalisiere ich die Kosten dafür. Die Näherin, die das Trikot näht, kriegt ein paar Cent, die Fans in Deutschland zahlen 100 Euro dafür. Die Gewinnspanne dazwischen streichen die Lizenznehmer ein. Das ist ein System, was sowohl die Näherinnen in Südostasien ausbeutet als auch die Fans, die jede Saison ein neues Trikot kaufen. Da sind wir bei weltweiter Solidarität. Es wird viel zu wenig darüber nachgedacht, welche Auswirkungen die permanente Steigerung der Kosten auf die Menschen im Globalen Süden hat. Und die Sichtung junger Talente geht Richtung Menschenhandel. Sie werden mit jungen Jahren in Internate gesteckt und von zu Hause abgeschnitten, ein Muscle Drain. Anfangen muss man dabei, dass der Fußball nicht immer teurer werden darf. Je teurer er wird, desto mehr ist ein Verein gezwungen, sich billigen Merchandise und billige Spieler zu holen. Das System muss insgesamt seine Kosten reduzieren.

Liegt das nicht am System des ständigen Übertrumpfens selbst?

Genau, das ist der Punkt. Aber sich vom Leistungsgedanken zu verabschieden, diese Utopie kann ich mir in *dieser* Gesellschaft nicht vorstellen. Unsere Gesellschaft ist auf den Leistungsgedanken ausgerichtet, Fußball ist wie ein Brennglas für diese Fehler. Ich habe kein Vertrauen, dass gerade von diesem gesellschaftlichen Bereich eine Veränderung ausgeht. DFB und DFL haben ein ganz hohes Beharrungsvermögen. Es geht da letztlich um Sicherung der eigenen Macht. Es wird erst etwas zugelassen, was gesellschaftlich so sehr gefordert wird, dass die Verbände gar nicht anders können. DFB und DFL haben nicht begriffen, dass sie ein gesellschaftlicher Dinosaurier sind.

Wie könnte der Fußball anders organisiert sein?

Ehrlich gesagt, da fehlt mir die Fantasie. Wir sind so sehr in der Realität gefangen.

KAPITEL 5

Veränderung auf dem Spielfeld

Dieses Buch neigt sich dem Ende zu. Und sehr viel Zeit hat es notwendig über den Fußball gesprochen, den wir kennen: zwei Teams, ein rechteckiger Platz, Tore als Ziel. Und wenn Fußball ganz anders wäre? Pavel Brunßen schreibt in seinem Buch „Antisemitismus in Fußball-Fankulturen", der Fußball habe eine binäre Struktur. Eins gegen Eins. Ein Team gegen ein anderes, eine Trainerin gegen eine andere. „Verstärkt wird dies noch durch die Architektur der Stadien, welche in zwei Coaching-Zonen, zwei Spielhälften, zwei Bereiche zum Aufwärmen sowie in Heim- und Gästefanbereiche unterteilt sind." Im Fußball regiert Dualität, jede Seite hat ein Gegenstück. Ein gegnerisches Tor, einen gegnerischen Strafraum, eine Hin- und Rückrunde. Warum spielen wir überhaupt so Fußball und nicht ganz anders? Es gibt überall gute Ideen dazu. Wir haben es nur vergessen. Und noch zwei Dinge sind in Vergessenheit geraten: der Humor und das Chaos. Vielleicht gab es sie auch nie im Fußball. Man lacht nicht auf dem Fußballplatz. Niemand macht etwas Absurdes, wirklich Überraschendes oder Sinnloses, niemand improvisiert oder blödelt. Die Verbände haben ein Regelwerk geschaffen, das all das ziemlich effektiv verhindert. Aber wen interessieren diese Regeln eigentlich? Mit das Beste am Spielen ist doch das Verspielte, der Spaß, die Fantasie. Dafür muss man gar nicht die Welt verändern. Man kann das einfach mal machen. Und natürlich verändert das dann auch die Welt.

► Dreiseiten-Fußball

Eine der bekanntesten Ideen, ganz anders zu spielen: der Dreiseiten-Fußball. Gabriel Kuhn schildert ihn in seinem Buch „Soccer vs. The State".

Mutmaßlich wurde er vom dänischen Künstler Asger Jorn erfunden, und Jorn wollte mit einem anderen Spiel auch das Denken verändern. Wir müssen auf den letzten Metern nicht in alle Details seiner Philosophie abtauchen; es soll uns die Kernbotschaft genügen, dass diese Spielform das aktuelle „Wir gegen die anderen" des Fußballs dekonstruieren möchte. Denn es spielen nicht zwei, sondern drei Teams. Und zwar im Hexagon, drei Teams treten gleichzeitig an. So einfach wie genial. Jedes dieser Spieldrittel hat eine sechseckige Form. Und es gewinnt das Team, das die wenigsten Tore zulässt; nicht das, das die meisten schießt.

Dreiseiten-Fußball wurde, schreibt Kuhn, angeblich erstmals 1993 in der Glasgow Anarchist Summer School gespielt. Der Trick dieser Fußballform: Für einen erfolgreichen Angriff braucht es eine Kooperation mit einem anderen Team. Man muss zusammenarbeiten. Und sich anschließend wieder gegenseitig in den Rücken fallen. Denn jeder kann blitzschnell beschließen, die Fraktion zu wechseln und wieder mit dem dritten Team gegen die alten Verbündeten zu kooperieren. Die Machtsituation ändert sich ständig, ziemlich lebensnah also. Spielberichte aus der Praxis schildern ein kreatives Chaos, spontan und unübersichtlich, mit einer ganz anderen Spannungskurve. Ein völlig neues Spiel. Es gibt auch keine vermeintlich neutrale Schiedsrichterin, ebenso wie es, so der Gedanke, keinen neutralen Staat geben kann. Drei Schiedsrichter:innen sind dabei, deren Neutralität, heißt es, gern angezweifelt werden dürfe. Regeldiskussionen sind gewünscht – die Schiris sind Teil des Spiels, sie stehen nicht außerhalb. Einwurf- und Eckballregeln sind ebenfalls geändert. Der Dreiseiten-Fußball stellt nicht zuletzt wirtschaftlich alles auf den Kopf. Es ist nämlich in dieser Variante nicht mehr möglich, dass ein Klub ein Abo auf die Meisterschaft hat oder sich gegenüber den anderen erhebt – allein schon deshalb nicht, weil die beiden anderen Teams sich einfach das ganze Spiel gegen dieses Team verbünden können.

► Überraschungsfußball

Beim Fußball muss man einen Ball ins Tor schießen. Aber man kann eigentlich viel mehr auf einem Fußballplatz machen. Überraschungsfußball basiert auf einem einfachen Prinzip. Ja, es gibt ein Ziel des Spiels. Bloß: Davon weiß nur das eine Team, nicht das andere. Das ist einigermaßen absurd und nicht so richtig seriös; eine Mischung aus Sport, Albernheit und Rätselraten. Zwei Teams treten gegeneinander an. Und ein Team überlegt sich vor der ersten Hälfte, wofür es in diesem Spiel Punkte bekommen möchte. Zum Beispiel: für möglichst viele Ecken. Oder für möglichst viele Tunnel. Oder dafür, dass alle Spieler:innen gleichzeitig im Strafraum stehen. Oder für Handstandüberschlag mit dem Ball zwischen den Füßen. Für Lattentreffer. Für Schlägereien oder fürs Umschießen der Wasserflaschen. Das zweite Team weiß davon leider nichts. Auch die Schiedsrichterin weiß nicht, was Team eins nun in dieser Partie will. Sie pfeift einfach, wie sie jedes Spiel pfeifen würde. Bescheid weiß nur die Schatzhüterin: eine einigermaßen unabhängige Person am Spielfeldrand, in deren Schatzkästchen per Zettel das Ziel eingeworfen wird. Sie zählt die Punkte. Das zweite Team wird nun irgendwann merken, dass auffällig viele Spieler:innen Handstandüberschläge machen oder versuchen, die Latte zu treffen. Der Job in der ersten Hälfte ist also, möglichst schnell darauf zu kommen, worum es in diesem Spiel überhaupt geht. Und dann Punkte für die Gegner:innen zu verhindern.

Das gibt ein großes und wunderbares Durcheinander. Fans können brüllend versuchen, Tipps zu geben. Alle 15 Minuten wird als Hilfestellung der Punktestand bekanntgegeben. Ein Spannungsbogen, der nicht aus dem Wissen, sondern gerade aus dem Nicht-Wissen entsteht. Und in der Halbzeit wird aufgelöst. Nach der Halbzeit verfolgt das zweite Team ein anderes Ziel – das natürlich auch wieder nur es selbst kennt. Für die ganz Gewieften empfiehlt es sich, zu täuschen. Mit ständigen Handstandsüberschlägen zu verwirren, um zu verschleiern, dass es eigentlich darum geht, Einwürfe präzise auf den linken Fuß der Gegner:innen zu werfen. Es geht nicht nur darum, wer am Ende die meisten Punkte sammelt. Sondern auch darum, eine originelle Idee zu haben. Eine, die die Gegner:innen sehr einfach verhindern könnten, wenn sie nur darauf kämen. Tun sie aber nicht. Wer will, kann so spielen: Die Hälfte der Punkte gibt es bei Erreichen des Ziels, die andere Hälfte von der Schatzhüterin für die Idee. Oder von den Fans. Eine Variante wäre übrigens, dass keines der beiden Teams das Ziel kennt. Sondern nur die Schatzhüterin. Es wird gespielt, es werden Zwischenstände bekanntgegeben. Und beide Teams müssen raten, wie das nun eigentlich zustande kam. In der Halbzeit wird aufgelöst. Und dann eine Halbzeit lang ganz gezielt auf dieses seltsame Ziel gespielt.

▶ Die Meisterschaft mit unsichtbarem Pokal

Es gibt eine einigermaßen populäre Idee, die Björn Rohwer in seinem Buch „7 Zentimeter Messi" schildert. Sie stammt vom britischen Journalisten Paul Brown, der ab 2003 für das Magazin „FourFourTwo" den inoffiziellen Weltmeister der Männer im Stile der Boxweltmeister:innen kürte. Also: jedes Spiel ein Titelkampf. Wenn ein Klub das Spiel verliert, geht der Titel an den Gewinner der Partie. Das würde die Hierarchien völlig durcheinanderschütteln. 22 Jahre lang, schreibt Rohwer auf Deutschland bezogen, spielte dieser inoffizielle Meister nicht in der Männer-Bundesliga. Fünfmal trug am letzten Spieltag ein Absteiger den Titel. Und 2002/03 wurden die Titelkämpfe in der NOFV Oberliga Süd, vierte Liga, ausgetragen. Natürlich ist das eine rein hypothetische Rechnung. Gäbe es an jedem Spieltag nur einen Titelkampf, bräuchten die anderen Teams ja gar nicht anzutreten oder ihre Ergebnisse wären völlig egal. Es braucht also entweder viel weniger Partien, sodass immer nur zwei Teams pro Spieltag gegeneinander antreten: Titelträger:innen und Herausforderer:innen.

Oder es gäbe eine zweite Option, eine ziemlich großartige. Indem es ein geheimes Los als Beginn gibt. Ein Team wird ausgelost, das als Titelträgerin beginnt, aber niemand weiß, welches es ist. Dann wird eine konventionelle Liga ausgespielt. Aber niemand weiß, wer sie gerade anführt, denn niemand weiß, wo die Trophäe gerade kursiert. Man muss eben so gut spielen, wie es geht, und auf das Beste hoffen. Niemand muss mehr ständig rechnen, messen, Tabellen auflisten, aber das Gewinnen lohnt sich trotzdem. Und dann, sagen wir, drei Spieltage vor Schluss, wird der Zettel enthüllt und rekonstruiert, wo die Trophäe gerade ist. Plötzlich haben noch vier Teams die Chance auf den großen Triumph. Es gibt keine langweilige Schlussphase mehr, die letzten drei Spiele sind Endspiele. Und wer auch immer am Ende den Pokal stemmt, es war sicher nicht das beste Team der Saison. Aber das Team, das sich auf den Punkt am besten fokussiert hat, im alles entscheidenden Duell. Oder der Pokal bleibt unsichtbar bis zum Schluss.

▶ Zusammenspiel – eine andere Motivation

Und wenn man zusammen spielt statt gegeneinander? Diese zweite Form des Spielens, die Kooperation, wird ständig vernachlässigt. Aber es gibt eine Bewegung in diese Richtung. Zunehmend erleben auf dem Markt für Brettspiele solche Spiele Zulauf, wo Spieler:innen nicht gegeneinander antreten, sondern Abenteuer zusammen lösen. Die Gegner:innen oder Aufgaben sind rein virtueller Natur. Es gibt eine Herausforderung, und die Gruppe muss sie lösen, indem alle Fähigkeiten der Mitglieder möglichst geschickt eingesetzt werden. Man gewinnt zusammen und verliert zusammen. Auch das eine politische Idee. Holen wir sie in den Fußball. Eine Gruppe spielt gemeinsam gegen die Hürden, die ihr von außen auferlegt werden, siegt oder scheitert. Sie muss einen fußballerischen Parcours durchlaufen, durch die ganze Stadt spielen, oder sie ist Teil einer Storyline, in der sie fußballerisch Aufgaben löst, angelehnt ans Prinzip des Escape Rooms. Man könnte sogar ganz andere Orte dafür bauen, statt eines Stadions eine Halle mit verschiedenen Landschaften. Die Spieler:innen sind Forscher:innen und müssen im Verlauf der Geschichte ein Gut, den Ball, über ein flaches Wasser befördern, indem jede Spielerin auf einem Stein steht und den Ball nur mit dem Fuß zur anderen weitergeben darf. Oder sich an Lianen hangeln und den Ball über die virtuelle Schlucht befördern. Oder sie müssen in einem Star-Wars-Universum einen präzisen Pass durch einen Laser-Parcours spielen oder in der Runde den Ball hochhalten. Gewinnen geht dann nur, indem alle etwas beitragen.

▶ Infinite Football

Infinite Football ist eine etwas abgedrehte Variante, die durch die gleichnamige Doku von 2018 bekannt wurde. Von dieser Variante erzählte für dieses Buch der Sportjournalist David Goldblatt. Infinite Football, mehr eine Reihe von wilden Ideen als ein festes Konzept, wurde vom rumänischen Ex-Spieler Laurenţiu Ginghină erfunden, der den Fußball revolutionieren möchte und dabei auch an einen besseren Menschen glaubt. Wie, das steht etwa im Magazin „The New Yorker". Ginghină möchte jedes Team noch einmal in zwei Teams unterteilen, Offensive und Defensive; also kleine Teams von jeweils fünf Spieler:innen. Und denen soll es jeweils verboten sein, die Mittellinie zu überqueren. Das soll verhindern, dass sie sich an einer Stelle drängeln, und dafür sorgen, dass der Ball schneller läuft. Der Ball soll hier die größtmögliche Freiheit haben.

Der Journalist Richard Brody schreibt: „Ginghină hat die These, dass der Ball sich mehr bewegen muss, wenn die Spieler:innen sich weniger bewegen, was, so glaubt er, das Spiel spannender mache – denn, so fügt er hinzu, der Star des Spiels sei der Ball, ohne ihn seien die Star-Spieler:innen nur ‚die Stars einer Shampoo-Werbung'." Die Hauptfiguren des Spiels haben gewechselt. Laurenţiu Ginghină hat noch allerhand weitere Ideen. Das Spielfeld soll achteckig sein, er möchte die schon unterteilten Teams noch weiter unterteilen, er fügt noch mehr Linien ein. Wer sich für seine zahllosen Varianten vom Fußball 2.0, 3.0, 4.0 und viele mehr interessiert, dem sei die Doku empfohlen. Und Ginghină lässt das offenbar tatsächlich in rumänischen Provinzhallen spielen. Faszinierend daran ist der Blumenstrauß von auch taktischen Möglichkeiten, die wir spielen könnten, wenn die Menschen nur etwas öfter in abgelegene Dörfer schauen würden. Laurenţiu Ginghină hat mit seinem Ball als Star durchaus auch humanistische Ideale. Richard Brody schreibt: „[Ginghină] beginnt seine Suche mit dem Wunsch, Regeln und Normen zu hinterfragen und zu verändern; er hat die Vision eines Sports, der das Fließende, die Bewegung betont, und das ist auch, was er sich für das Leben insgesamt vorstellt. [...] Eine Welt, die weniger gewalttätig und harmonischer ist: ‚Es erscheint nur denen als Utopie', sagt er, ‚die sich weigern, sich selbst eine gewisse Freiheit zu geben.'" Wahrscheinlich ist das viel weniger abgedreht als die Idee, immer gleich zu spielen.

► Fußball mit Erzählung statt Ziel

Oder man kann, zuletzt, ganz frei spielen. Indem das Spiel sich fallen lässt, ganz bewusst das verliert, was es heute antreibt: ein Ziel. Fast alle Spiele heute haben ein vorgegebenes Ziel. Aber Fußball, das ist auch eine spontane Geschichte. Eine Spielerin läuft mit einem Ball die Seitenlinie entlang. Vielleicht rennt sie, vielleicht schleicht sie, vielleicht stolpert sie rückwärts. Was ist ihre Geschichte? Warum darf sie die Seitenlinie nicht verlassen, warum bewegt sie sich so, wie sie es tut? Sie beginnt, im Spiel ihre Geschichte zu erzählen. Ein anderer Spieler tritt spontan aufs Feld, er ist, was ihm eben so einfällt, vielleicht ein Drache. Vielleicht sieht er in dem Ball die Welt, die ihm geraubt wurde, und möchte sie zurückhaben. Vielleicht haben die beiden eine gemeinsame Geschichte. Er bewegt sich im Raum statt auf den Linien, er übertritt die Grenzen, er kann überall hin. Die beiden können ihre Territorien ausmessen oder gegeneinander spielen, andere Spieler:innen kommen oder gehen aufs Feld, treiben die Geschichte immer weiter. Das klingt sehr nach Indie-Theater, aber faktisch spielen Kinder dauernd so. Es reicht ein Stock oder eine Spielfigur oder ein Haufen Sand, um daraus eine Geschichte zu improvisieren. Sie muss keinen Sinn ergeben oder linear funktionieren, und zwei Minuten später ist die Szenerie vielleicht ganz anders. Nur mit dem Ball improvisieren wir nicht, weil uns Regeln vorgegeben sind. Und irgendwann verlieren viele den Mut und die Fähigkeit, etwas anderes zu tun, als den Regeln zu folgen. Der Ball ist nur das Instrument, das sie verbindet, das ihrer Geschichte den Fluss gibt. Es wäre cool, den Geschichten wieder die Chance zu geben, gehört zu werden. Spieler:innen spielen Fußball, aber dabei nicht sich selbst, sondern Charaktere. Ein Spiel auf Meta-Ebene, ein Spiel im Spiel. Ständig kann sich etwas verändern, und es gibt keine fest vorgeschriebene Zeit, kein zu erreichendes Ziel. Vorbei ist das Spiel, wenn die Geschichte erzählt ist.

Schluss und Neuanfang

Diese Geschichte ist erzählt. Und jetzt? Wie kommen wir in eine andere, kreative, gerechtere, freiere Fußballwelt? Das ist eine Frage, für die ein zweites Buch nötig wäre. Es gibt einen großen Makel in beinahe allen Ideen. Dieser Makel ist der Mensch. Menschen sind keine Fans von überfordernden Umwälzungen. Gerne engagieren sie sich punktuell. Sofern aber die Not nicht sehr groß ist, soll das Leben bitte weitergehen wie gehabt. Der Fußball hat riesige Beharrungskräfte. Selbst die einfachsten Reformvorschläge lassen sich nicht durchsetzen; oft, das ist das Erstaunliche, nicht einmal bei demokratischen Abstimmungen an der sogenannten Basis. Revolutionshoffnungen sind deshalb – auch im Fußball – durchsichtig oft mit Prophezeiungen eines ökonomischen oder ökologischen Kollapses verbunden, quasi das Helferlein, das Menschen ins goldene neue System bringen soll. In der Krise aber wird schnell die Angst vor dem, was man verliert, größer als die Sehnsucht nach dem, was zu gewinnen ist. Es wird sehr, sehr schwer.

Die Konzerne und Verbände sind so einflussreich, dass sie über grundlegende Proteste lachen. Obwohl Fans, einzelne Spieler:innen und Verantwortliche es über Jahrzehnte geschafft haben, immer wieder Dinge zu verändern. Die Kultur, die den Fußball umgibt, ist eine andere geworden. Erst, wer zurück auf die 1980er schaut – mit all dem Rassismus, Sexismus, Homophobie, den fehlenden Menschenrechtsdiskursen oder demokratischen Strukturen, ohne jegliches ökologische Bewusstsein und mit den omnipräsenten Nazis –, sieht, wie tiefgreifend kritische Aktivist:innen den Fußball kulturell verändert haben. Aber sie sind ins alte 68er-Paradox gelaufen: Kulturell sind sie dabei, an jeder Front mit fliegenden Fahnen zu siegen. Wirtschaftlich haben sie nichts bewegt, sie fahren seit 30 Jahren Niederlagen ein.

Die Uefa und einige Investorenklubs möchten ab 2022 den Markt der Männer noch weiter deregulieren. Das ohnehin zahnlose Financial Fairplay soll abgeschafft und durch eine wirkungslose Version der Gehaltsobergrenze ersetzt werden. In Deutschland führte die DFL die protestierenden Fans mit einer Alibi-Taskforce vor und ließ sie anschließend gegen Wände laufen. Was vermögen Kritiker:innen schon gegen globales Kapital auszurichten? Oder, um es populistisch mit Bertolt Brecht zu sagen: „Was ist ein Einbruch in eine Bank gegen die Gründung einer Bank?“ Der bürgerliche Fußball gehörte schon immer den Reichen. Je global vernetzter er wird, desto schwieriger ist Widerstand.

Und doch ist eines sicher: dass sich auf irgendeine Weise alles bewegt. Kurz bevor ich dieses Buch beendet habe, habe ich die Lebenserinnerungen eines entfernten Vorfahren aus dem 19. Jahrhundert gelesen. Nicht viel mehr als hundert Jahre her, die sich anfühlen wie tausend. Die gesamte Lebenswelt – die Bedeutung von gesellschaftlichem Beisammensein statt Arbeit, von Konformität statt Widerspruch, von Religion und Gehorsam statt Individualität, von Familie, nationalem Pathos, Abwertung des Fremden und von banalsten Sachen wie öffentlichem spontanen Gesang, der offenbar ein großes Ding war – diese Lebenswelt ist kaum wiederzuerkennen. Fußball spielt übrigens keine Rolle. Und vielleicht ist Fußball in hundert Jahren, in einer völlig anderen Welt, auch schon wieder völlig egal.

Die Gleichgültigkeit und Ignoranz, mit der heute auf Veränderung geschaut wird, ist ein fataler Irrtum. „Wir können ja nicht die Welt verändern.“ Doch, und wir tun es ständig, oft ganz unbemerkt, durch persönliche Entscheidungen, Interessen, Glauben. Wir wären aber wesentlich erfolgreicher im Verändern, wenn wir uns von der Kernidee dieser Epoche, es seien höchstens kleine Reformen möglich, verabschieden. Das ist völlig widersinnig. Kleine Reformen sind das Allerschwerste, weil sie erstickt werden vom Bestehenden. Um es bildlich zu formulieren: Wer dauernd versucht, im Sturm eine Kerze anzuzünden, scheitert vorhersehbar. Man kann ja nicht den Sturm bannen? Natürlich nicht, aber ein Haus bauen. Ein System, mit dem so viele unzufrieden sind, müsste eigentlich in den letzten Atemzügen liegen. Dass es das nicht tut, haben wir uns zuzuschreiben, unserer Fantasielosigkeit, Gleichgültigkeit, Resignation. Dieses Buch liefert ganz konkrete Möglichkeiten, Gesellschaft anders zu organisieren. Tun wir uns den Gefallen, damit anzufangen, um Dinge zu ringen, die wirklich etwas verändern. Wie also funktioniert Widerstand besser?

Die erfolgreichen Erzählungen von Revolutionen sind alt. Sie stammen aus einer Welt, in der Könige regierten. Oder, heute, Diktatoren, falls da ein Unterschied besteht. Für solche Umstürze reicht, lapidar formuliert, eine Handvoll Menschen, die den Palast stürmen. Es sind Ein-Mann-Systeme, die mitunter wie Kartenhäuser kollabieren. Und Protest ist auch deshalb wenig erfolgreich, weil er immer noch dieser Idee von Demo und Revolte anhängt. Gegen globale Finanzsysteme aber verrichten gestürzte Köpfe nicht viel. Tausende Demos, Hunderte brennende Autos und zig gestürzte Regierungschef:innen weltweit haben dem Wirtschaftssystem über die Jahrzehnte quasi nichts anhaben können.

Der große Umsturz wird also nicht kommen, auch im Fußball nicht. Fabian Fritz, der Wissenschaftler von der Uni Hamburg sagt im Gespräch: „Boykotte von Großvereinen verpuffen, weil sie relativ unabhängig von Zuschauern sind. Barrikaden sind dem Fußball egal, und Riots würden nur zu verschärften Sicherheitsauflagen führen." Je früher wir aufhören, an den großen Kollaps zu glauben, umso wirksamer geht Widerstand. Fritz glaubt, der Weg könne nur über Demokratie gehen. Vielleicht ist eine 30-Jahr-Wahl ein wirksamer Weg – oder eine Reform mit Hebelwirkung wie Beitrag statt Arbeit. Gewalt kann bei der Durchsetzung durchaus Teil dieser Lösung sein. Keine Bauernrevolte, kein Sklavenaufstand, kaum eine demokratische Revolution verlief gewaltlos. In der bürgerlichen Mitte ist das bloß immer nur in sicherer Rückschau akzeptabel, wie bei der Französischen Revolution im Schulbuch. Man kann schon sehr nachdrücklich deutlich machen, dass man eine Situation nicht länger hinnimmt. Für eine erfolgreiche Transformation aber fehlt eines: die ganz konkrete Idee für ein anderes System, das am Ende stehen könnte. Ein System mit einem plakativen Namen und mit der Aussicht, dass es eine lohnende Alternative gibt. Die antirassistischen oder ökologischen Bewegungen haben das vorgemacht; sie bieten klare Visionen, erreichbare Zwischenschritte. Natürlich sind sie in dieser Welt auch leichter umzusetzen. Sie gehen oft *mit* dem Fluss des Geldes, nicht dagegen. Aber sie rütteln durchaus an Machtverhältnissen, rufen große Widerstände hervor – und sind auf dem Weg, ihre Ideen zu bürgerlichem Allgemeingut werden zu lassen. Mit einer hartnäckigen Kombination aus Artikeln und Aktivismus, Demonstrationen, Debatten und Hashtags. Wer wirtschaftlich etwas verändern will, muss an die Ideologie heran, ans Gefühl, an die Köpfe mehr als auf die Straße. Warum gibt es keinen Shitstorm für jemanden, der einem Menschen die Lebensgrundlage raubt? Ökonomische Gewalt ändert sich erst, wenn sie echte Empörung, echte Verachtung auslöst.

Das ist möglich. Der Fußball wird keine Orchidee im tosenden Meer sein, er kann nicht viel besser sein als seine Umgebung. Um wirklich etwas zu erreichen, braucht er endlich einen Schulterschluss mit anderen Bewegungen. Wer einen Fußball möchte, der nicht von Geld und Investoren regiert wird, kann nicht in einer Welt leben, die von Geld und Investoren regiert wird. Warum vernetzen wir uns nicht jenseits der Fußball-Blase? Das ist überfällig, um wirklich etwas zu verändern. Die konkreten Ideen von „Unser Fußball" ab 2020 waren ein Paradigmenwechsel, obwohl sie letztlich wenig erreichten; sie haben plötzlich Dinge vorstellbar gemacht. Es ist wichtig, *für* etwas kämpfen zu können statt gegen etwas. Für eine Idee mit konkretem Namen und konkreten Bildern. Fußball wird sich erst dann systemisch ändern, wenn seine Basis umfassende Systemkritik beginnt.

Machtverhältnisse und Herrschaft sind schwer zu bekämpfen. Eines aber gefährdet sie sehr wirksam: der Glaube. Der Fußball heute lebt, wie fast alles, im Glauben an das Geldverdienen, was ständig beklagt wird, aber so tiefgreifend kaum jemand bemerkt. Erst wenn eine Idee Geld bringt, ist sie wertvoll, das gilt unbewusst auch für viele kritische Geister. Mit religiösem Eifer glaubt die Gesellschaft ans Geld. Dieser Glaube steht auf mächtigen Pfeilern und durchtränkt auch viele Proteste. Den Reichen ihren privatisierten Geldbesitz wegnehmen, ist ein hehrer Wunsch. Aber er wird nie Mehrheiten bekommen und ist sofort durch Kapitalflucht erpressbar, und er basiert auf derselben Fehlannahme. Wir können Reichtum viel mächtiger gefährden: indem wir aufhören, daran zu glauben. Geld ist nichts weiter als ein Symbol – wie das Kruzifix.

Man hat die Kirchen nie abgerissen, aber ihre Macht bröckelte, als die Illusion bröckelte. Auch der Staatssozialismus brach nicht am Hunger zusammen, sondern daran, dass niemand mehr daran glaubte. Wer aufhört, zu glauben, unterläuft radikal Machtverhältnisse. Und wer sagt: Dieser Geldschein ist wertlos und mir nichts wert, ich gebe dir nichts dafür, auch keinen Fußballer, nimmt Menschen das, worauf Herrschaft beruht. Ihre Macht ist kaum mehr als ein billiger Zaubertrick, der auf gemeinsamer Symbolik beruht. Ein wertloses Stück Papier bekommt erst Wert, weil alle daran glauben. Hören wir auf damit. Nicht in abseitigen Tauschringen oder Kommunen, die kaum jemand kennt und nie kennen wird. Sondern mit einem neuen, wirkmächtigen Symbol. Dieses Symbol zeigt, dass diese Person ohne Bezahlung Beiträge gibt und Hilfe bekommen möchte. Symbole sind unheimlich wirkmächtig.

Das illustrieren so unterschiedliche Gruppen wie Punks, Nonnen oder Gesell:innen auf Walz, deren Nischen jeweils nach bestimmten Regeln und, wie auf der Walz, ganz selbstverständlich solidarisch ohne Geld funktionieren. Die Gesell:innen werden kostenlos mitgenommen, und sie geben Beitrag gegen Versorgung. Das findet statt, mitten in der kapitalistischen Gesellschaft, in oft ganz konservativen Kreisen. Wie ist das möglich? Weil die Menschen daran glauben.

Symbole gehören zu den stärksten Instrumenten der Welt. Ein bisschen erinnert das an Frohweins Idee von den Amateurverein-Badges, aber in ganz grundlegender, umfassender Form. Je mehr Anlaufstellen es gibt, desto stärker das Netzwerk. Bis es Unabhängigkeit herstellen kann. Es braucht viel mehr Mut zu kreativen, subversiven Ideen. Warum lassen sich so viele intelligente Menschen vorschreiben, nach einem brutalen System zu leben? Wir dürfen es dem nicht so einfach machen wie aktuell.

Es lohnt sich, dabei realistisch zu bleiben. Viele Gedanken in diesem Buch sind Spinnereien. Wenn nur ein kleiner Prozentsatz davon wirklich gut ist, ist das schon okay. Es braucht das Bewusstsein für die Fehler und Gefahren. Aber auch die Selbstverständlichkeit, sich hinzustellen und zu sagen: Ja, so kann es gehen. Denn Fehler und Gefahren gibt es überall. Und die meisten Fehler werden bereits begangen. Was wäre, wenn jemand vorschlagen würde, das aktuelle System einzuführen? Lasst uns einen Fußball einführen, bei dem der Meister schon am ersten Spieltag feststeht und einige wenige Klubs uneinholbar enteilt sind. Lasst uns einen Fußball einführen, bei dem Männer tausendfach so viel verdienen wie Frauen und Spieler in Europa tausendfach so viel wie alle anderen. Lasst uns einen Fußball einführen, der Millionen in Privatbesitz verteilt, während andere nichts haben, der undemokratisch ist und seine Fans verachtet, Menschen schon im Kindesalter versklavt, von wenigen Superreichen diktiert wird, von konservativen alten Männern beherrscht wird und immer nur gleich gespielt werden darf. Lasst uns einen Fußball schaffen, der den Planeten, die Ressourcen und damit sich selbst zerstört und sich doch für unersetzlich hält, der gegeneinander spielt statt miteinander und nur ein Ziel kennt, die Anhäufung von Gütern.

Wer würde diese Idee gut finden? Wer würde für die Einführung votieren?

Ein Vertreter eines fangeführten Klubs hat mir einmal gesagt: „Ich habe das starke Gefühl, dass wir recht haben und sie etwas Falsches tun."

Wir müssen aufhören, sehenden Auges das Falsche zu tun. Das ist sofort möglich, warum denn nicht? Bringen wir die Machthabenden dazu, sich zu fürchten, statt mit den Achseln zu zucken. Denn alles wird anders, sowieso. Die Frage ist nur, auf welche Weise anders. Und die Möglichkeiten sind unendlich.

Literatur

ADAMCZAK, Bini: Ohne Kohle, Wachstum und Nation, in: Luxemburg: Socialism for Future. Gesellschaftsanalyse und linke Praxis, 2019

AKRAP, Doris: Islamismus, Charlie Hebdo und die Linke: Die beleidigte Generation, in: taz die Tageszeitung, www.taz.de, November 2020

AGERGAARD, Sine und BOTELHO, Vera: The way out? African players' migration to Scandinavian women's football, in: Sport in Society, Band 17, Nr. 4, 2014

AGRAWAL, Purushottam: Indien: Quoten für Unberührbare. Die Politik der positiven Diskriminierung zementiert das Kastenwesen, in: Le Monde diplomatique, Mai 2007

AGRWAL, Purushottam: All things being equal, in: Communalism Combat, Juni 2006

AHLRICHS, Rolf und FRITZ, Fabian: Demokratiebildung in antidemokratischen Zeiten. Der Beitrag der Vereine zur Sicherung der Demokratie – zwei empirische Einblicke aus Europa, in: Zeitschrift für Wissenschaft und Praxis in pädagogischen Berufen, 27. Jahrgang 2019/ Heft 1

AHRENS, Peter: Als Frau im Männer-Fußballteam. Eine kleine Revolution aus Friesland, in: Der Spiegel, www.spiegel.de, August 2020

AKRAP, Doris: Islamismus, Charlie Hebdo und die Linke: die beleidigte Generation, in: Taz die Tageszeitung, www.taz.de, November 2020

ALEGI, Peter: African Soccerscapes: How a Continent Changed the World's Game, Februar 2010

ANDREFF, Wladimir (Hrsg.): Disequilibrium Sports Economics: Competitive Imbalance and Budget Constraints

ANDREFF, Wladimir: The Coubertobin Tax, Sport and Economic Development, für: Sport and Development International Conference, Februar 2003

ANDREFF, Wladimir und SCELLES, Nicolas: Walter C. Neale 50 Years After: Beyond Competitive Balance, the League Standing Effect Tested With French Football Data, in: Journal of Sports Economics 16(8):819-834, Dezember 2015

ANDREFF, Wladimir und SZYMANSKI, Stefan (Hrsg.): Handbook on the Economics of Sport, 2006

ARCHER, Alfred und PRANGE, Martine: ‚Equal play, equal pay': moral grounds for equal pay in football, in: Journal of the Philosophy of Sport, Band 46, Ausgabe 3/2019

ARMBRECHT, Anne: Niemand nennt es Geschäft, in: Correctiv, www.correctiv.org, Januar 2018

ASSHEUER, Thomas: Der Geist des Kapitalismus, in: Die Zeit, www.zeit.de, November 2020

AUSTRIA PRESSE AGENTUR: Steigende Ungleichheit verringert Unterstützung für Umverteilung, in: Der Standard, www.derstandard.de, Mai 2020

AVERY, Dan: Trans women retain athletic edge after a year of hormone therapy, study finds, in: NBC, www.nbcnews.com, Januar 2021

BABST, Andreas: „Der Frauenfussball wird respektiert. Das habe ich so noch nie erlebt", in: Neue Zürcher Zeitung, www.nzz.ch, Juni 2019

BAIRD, Saxon: Why Female Surfers Are Finally Getting Paid Like Their Male Peers, in: The Atlantic, www.theatlantic.com, April 2019

BALDY DOS REIS, Heloisa Helena und ZUANETI MARTINS, Mariana: Corinthians' democracy and unionism: the narrative of the integration between Corinthians‘ movement and the football players‘ Labor Union, in: Movimento, Band 20, Nr 4, Dezember 2014

BALE, John und SIKES, Michelle (Hrsg.): Women‘s Sport in Africa, 2015

BANK, Julian: Warum wir mehr Umverteilung brauchen, in: Makronom, www.makronom.de, Oktober 2016

BARDOW, Dominik: „Schau dir das Negerlein an“, in: Tagesspiegel, www.tagesspiegel.de, Juli 2011

BAUERNSCHUSTER, Stefan und FICHTL, Anita: Brauchen wir eine gesetzliche Frauenquote?, in: ifo Schnelldienst 2/2013

BEAMAN, Lori, CHATTOPADHYAY, Raghabendra, DUFLO, Esther et al.: Powerful Women: Does Exposure Reduce Bias?, in: The Quarterly Journal of Economics, Band 124, Nr 4, November 2009

BECKETT, Andy: Eine Revolution in Zeitlupe, in: Der Freitag, www.digital.freitag.de, 30/2019

BERGER, Jens: Der Kick des Geldes oder wie unser Fußball verkauft wird: Knallharte Wirtschaftsinteressen machen unseren Lieblingssport kaputt, August 2015

BERRI, David: Major League Baseball Is Less Competitive Than We Think, in: Time Magazine, www.time.com, Oktober 2014

BERRI, David: NBA Owners Do Not Understand Competitive Balance, in: Wages of Wins Journal, www.wagesofwins.com, August 2011

BERRI, David: Here‘s What it Will Take for Women‘s Sports to Grow in the US, in: Time Magazine, www.time.com, Juli 2015

BERRI, David: More on How to Make Women‘s Sports Leagues Grow, in: Wages of Wins Journal, www.wagesofwins.com, Juli 2015

BERTHOLD, Norbert, GRÜNDLER, Klaus und KÖLLNER, Sebastian: Was treibt staatliche Umverteilung?, in: Analysen und Berichte, 96. Jahrgang, 2016, Heft 13, S. 32–37

BEYß, Regine: Jenseits von Staat und Kapital, in: Der Freitag, www.freitag.de, 2015

BIERMANN, Christoph: Der Untergang des Fußballs, in: 11Freunde, www.11freunde.de, 2016

BIERMANN, Christoph: „Die Bundesliga der Männer ist eine Blase!“, in: 11Freunde, www.11freunde.de, Januar 2021

BLASCHKE, Ronny: Machtspieler. Fußball in Propaganda, Krieg und Revolution, 2020

BLASCHKE, Ronny: Frauen dürfen die Häppchen reichen, in: Süddeutsche Zeitung, www.sueddeutsche.de, August 2017

BLASCHKE, Ronny: Algerien und der Fußball, in: Deutschlandfunk, www.deutschlandfunk.de, April 2020

BLASCHKE, Ronny: China bezahlt Rohstoffe mit Stadien, in: Deutschlandfunk, www.deutschlandfunk.de, Juli 2020

BLASCHKE, Ronny: In Namibia wirkt die Apartheid auch im Sport nach, in: Deutschlandfunk, www.deutschlandfunk.de, August 2020

BLASCHKE, Ronny: Sport und wirtschaftliche Expansion. China – die neue Fußballmacht, in: Deutschlandfunk Kultur, www.deutschlandfunkkultur.de, März 2020

BLASCHKE, Ronny: In der Talentsuche existiert der Kolonialismus weiter, in: Deutschlandfunk, www.deutschlandfunk.de, November 2020

BLASCHKE, Ronny: Sport als Medium der Entwicklungshilfe, in: Deutschlandfunk, www.deutschlandfunk.de, Oktober 2020

BLECKING, Diethelm: Polen, Türken, Sozialisten: Sport und soziale Bewegungen in Deutschland, 2001

BLUM, Benedict: Hyperaktivität im Teamsportwettbewerb: Regulierungsinstrumente zur nachhaltigen Gestaltung europäischer Fußballligen, 2013

BOGOESKI, Vladimir: Die Teufelsmühle. In: Journal für Internationale Politik und Gesellschaft, www.ipg-journal.de, April 2020

BOGUSZ, Barbara, CYGAN, Adam Jan und SZYSZCZAK, Erika (Hrsg.): The

Regulation of Sport in the European Union, 2007

BOHNSACK, Ulrike: Die vergessenen Ligen – Studie untersucht Insolvenzen im deutschen Fußball, von: Universität Duisburg-Essen, auf: www.idw-online.de, März 2018

BOOTH, Ross: The Economics of Achieving Competitive Balance in the Australian Football League, 1897-2004, in: Economic Papers 23 (4), 2004

BOSSI, Dominic: Players leading push to abolish A-League salary cap, in: The Sydney Morning Herald, www.smh.com, März 2019

BÖS, Nadine: Die Frauenquote wirkt – anders als gedacht, in: Frankfurter Allgemeine Zeitung, www.faz.net, Februar 2019

BOVÉ, Xavi: What kind of Revenue do Women's Football Clubs generate?, in: www.xavibove.es, November 2018

BRÄUER, Sebastian: Infantino will Europas Fußball-Dominanz brechen, in: Neue Zürcher Zeitung, www.nzz.ch, Juni 2019

BREGMAN, Rutger: Utopien für Realisten. Die Zeit ist reif für die 15-Stunden-Woche, offene Grenzen und das bedingungslose Grundeinkommen, 2019

BREGMAN, Rutger: Im Grunde gut: Eine neue Geschichte der Menschheit, 2020

BRETSCHNEIDER, Christoph: Geld für Amateure – Vereine für Jugendliche? Eine Untersuchung zur Jugendarbeit im so genannten Amateurfußball, 2008

BRETSCHNEIDER, Niklas T.: Revenue Sharing in European Football: An Assessment of the Bundesliga's New Four-Pillar Model, in: Junior Management Science 3 (1), 2018

BREUER, Christoph, FEILER, Svenja und ROSSI, Lea: Ehrenamtliche im Fußball gewinnen und binden – Lösungsstrategien: Sportentwicklungsbericht 2017/2018. Analyse zur Situation der Sportvereine in Deutschland

BREUER, Christoph (Hrsg.): Sportentwicklungsbericht 2013/2014. Analyse zur Situation der Sportvereine in Deutschland, 2014

BREUER, Markus, DRUKER, Konstantin und GROTZ, Maike: Internationalisierung im Sport – ein Weg ohne Wiederkehr?, in: Sciamus: Sport und Management. Internationalisierung im Profisport, Ausgabe 1/2018

BRODY, Richard: An astounding romanian documentary about one man's quest to change the rules of soccer, in: The New Yorker, www.newyorker.com, April 2018

BROSEL, Judith, METZNER, Julia und SCHMITT, Laura: Exklusive Umfrage des SWR: Spitzensportlerinnen im Schatten der Männer, in: SWR, www.swr.de, März 2021

BRUDERMANNS, Bernd: Medien-Experte prognostiziert das Verschwinden der Sportschau aus dem Free-TV, in: tz, www.tz.de, April 2019

BRUECK, Hilary: Das einfache Gedankenexperiment eines Yale-Professors machte aus Konservativen plötzlich Liberale, in Business Insider, www.businessinsider.de, Oktober 2017

BRÜGGEMANN, Veronique: Die Frauen-Bundesliga in Zahlen, in: SWR Sport, www.swr.de, September 2016

BRUNI, Luigino und PORTA, Pier Luigi (Hrsg.): Handbook on the Economics of Happiness, 2007

BRUNI, Luigino und PORTA, Pier Luigi (Hrsg.): Economics and Happiness: Framing the Analysis, 2005

BUCHHEISTER, Hendrik: Großer Sport an seltsamen Orten, in: Der Spiegel, www.spiegel.de, November 2019

BUCK, Andreas und EHRMANN, Johannes: Turbo: Mein Wettlauf mit dem Fußballgeschäft, 2020

BUNDESZENTRALE FÜR POLITISCHE BILDUNG: Heimspiele. Reiseführer durch die europäische Fußballkultur, 2021

BURAIMO, Babatunde und SIMMONS, Rob: Uncertainity of Outcome or Star Quality? Television Audience Demand for English Premier League Football, in: International Journal of the Economics of Business, Band 22, Nr 3/2015

BUZZACCHI, Luigi, SZYMANSKI, Stefan und VALLETTI, Tommaso: Equality of Opportunity and Equality of Outcome: Open Leagues, Closed Leagues and Competitive Balance, in: Journal of Industry, Competition and Trade, Bd 3, 2003

CAPORALE, Tony und COLLIER, Trevor C.: Are We Getting Better or Are They Getting Worse? Draft Position, Strength of Schedule, and Competitive Balance in the National Football League, in: Journal of Labor Research 36, 2015

CEDERMAN, Lars-Erik, WIMMER, Andreas und MIN, Brian: Why Do Ethnic Groups Rebel? New Data and Analysis, in: World Politics, Band 62 Nr 1, Januar 2020

CHICHA, Marie-Thérèse: A Comparative Analysis of Promoting Pay Equity: Models and Impacts, September 2006

CHO, Younghan: Football in Asia: History, Culture and Business, 2014

CLARKSON, Beth G. et al.: Covid-19: Reflections on threat and uncertainty for the future of elite women's football in England, in: Managing Sport and Leisure, Mai 2020

CLOSSÉ, Pirmin: Verlustgeschäft im Fußball: Die dritte Liga hat ein gewaltiges Problem, in: Frankfurter Allgemeine Zeitung, www.faz.net, Januar 2021

COATES, Dennis, FRICK, Bernd und JEWELL, Todd: Superstar Salaries and Soccer Success, in: Journal of Sports Economics 17.7, 2016

CÖLN, Christoph: „Ökonomisch ist die Forderung nach gleichen Gehältern nicht berechtigt", in: Die Welt, www.welt.de, Juni 2019

CORRECTIV/ ARD-DOPINGREDAKTION: Pillenkick. Schmerzmittelmissbrauch im Fußball, in: Correctiv, www.correctiv.org, Juni 2020

CSATÓ, László: Optimal Tournament Design: Lessons from the Men's Handball Champions League, in: Journal of Sports Economics, Band 21, Nr 8, Juli 2020

CUSHION, Christopher und JONES, Robyn L.: Power, Discourse, and Symbolic Violence in Professional Youth Soccer: The Case of Albion Football Club, in: Sociology of Sport Journal, Band 23, Nr 2, Juni 2006

DÄNZER, Lukas: Ein Hilfeschrei, Bewerbung zum Fanpreis der Deutschen Akademie für Fußballkultur 2020, in: www.fussball-kultur.org, September 2020

DEJONGHE, Trudo und VANDEWEGHE, Hans: Belgian Football, in: Journal of Sports Economics 7.1 (2006): 105-113

Deloitte Football Money League 2020, in: www.deloitte.com

DERMIT-RICHARD, Nadine, SCELLES, Nicolas und MORROW, Stephen: French DNCG management control versus UEFA Financial Fair Play: a divergent conception of financial regulation objectives, in: Soccer and Society, Mai 2017

DEVLYN, Amelia: Labour Market Controls In The Australian Football League (Afl) And The Common Law Restraint Of Trade Doctrine, in: Western Australian Student Law Review 13, 2019

DFB: Umwelt und Klimaschutz: Umweltschutz im Verein, auf: www.dfb.de

DIEKMANN, Florian: „Spenden sind immer auch politisch", in: Der Spiegel, www.spiegel.de, Dezember 2018

DIERSCHKE, Thomas et al.: Fanforschung 2.0. Ergebnisse einer Onlinebefragung von Fußballfans, Juni 2019

DIETL, Helmut M. und LANG, Markus: The Effect of Gate Revenue Sharing on Social Welfare, Juli 2008

DIETL, Helmut M., GROSSMANN, Martin und LANG, Markus: Competitive Balance and Revenue Sharing in Sports Leagues With Utility-Maximizing Teams, in: Journal of Sports Economics 12 (3), Dezember 2009

DIETL, Helmut M., LANG, Markus und RATHKE, Alexander: The Combined Effect of Salary Restrictions and Revenue Sharing in Sports Leagues, in: Economics University of Zurich Working Paper Series, Januar 2010

DIETL, Helmut M., LANG, Markus und RATHKE, Alexander: The Effect of Salary Caps in Professional Team Sports on Social Welfare, in: The B.E. Journal of Economic Analysis & Policy, Band 9, Ausgabe 1/2009

DIETL, Helmut M., FRANCK, Egon et al.: Salary Cap Regulation In Professional Team Sports, in: Contemporary Economic Policy, Band 30/3, Juli 2012

DOIDGE, Mark et al.: The impact of international football events on local, national and transnational fan cultures: a critical overview, in: Soccer & Society, Band 20, Nr 5, Juni 2019

DÖRING, Stefan: Ute Groth will DFB-Präsidentin werden: Das würde ich anders machen als Reinhard Grindel, auf: Sportbuzzer, www.sportbuzzer.de, Mai 2019

DORROUGH, Angela, NATER, Christa und LESZCZYNSKA, Monika: Die Frauenquote greift in mehreren europäischen Ländern. Was sind die positiven und negativen Nebenwirkungen?, in: The Inquisitive Mind Nr.1/2019

DOWNWARD, Paul, FRICK, Bernd et al. (Hrsg.): The SAGE Handbook of Sports Economics, August 2019

DUFLO, Esther, HANNA, Rema und RYAN, Stephen: Incentives Work: Getting Teachers to Come to School, Mai 2010

DUFRAISSE, Sylvain: Struggling against the caste system, the patronage and unhealthy payments: attempts at regulation of football players' remunerations from the 1950sto the 1970s in the Soviet Union, in: Soccer & Society, Band 21, Nr 6, 2020

DUNN, Carrie und WELFORD, Joanna: Women's Elite Football, in: Routledge Handbook of Football Studies, 2017

ECKERT, Daniel: Der deutsche Wunsch nach Umverteilung, in: Die Welt, www.welt.de, April 2019

EDWARDS, Lisa, DAVIS, Paul und FORBES, Alison: Challenging sex segregation : A philosophical evaluation of the football association's rules on mixed football, in: Sport Ethics and Philosophy 9(4):1-12, Februar 2016

EHMANN, Annick und FRITSCH, Oliver: Den Pay-Gap gibt es auch unter Frauen, in: Die Zeit, www.zeit.de, November 2019

EICHBERG, Henning: Die Veränderung des Sports ist gesellschaftlich, 1986

EISENBERGER, Philipp: Die Fußball-Bundesliga im 21. Jahrhundert: Neuere Entwicklungen aus sportökonomischer Sicht, Dezember 2005

EITZEN, Stanley: Fair and Foul. Beyond the Myths and Paradoxes of Sport, 2012

ELLIS, Kevin: Bringing Democracy to the Sports World, in: New York Times, www.nytimes.com, November 1982

ELSEY, Brenda und NADEL, Joshua: Futbolera. A History of Women and Sports in Latin America, 2019

ELSEY, Brenda und NADEL, Joshua: Marimachos. On Women's Football in Latin America, in: www.footballscholars.org, Dezember 2014

EMRICH, Eike, PIERDZIOCH, Christian und BALTER, Janine: Motive ehrenamtlichen Engagements im Fußball: eine sozio-ökonomische Analyse und das Problem sozialer Erwünschtheit, in: Im Schatten der Sportwirtschaft, 2013

ESCHER, Tobias: Die „Fußballblase" wird so schnell nicht platzen, in: Laptoptrainer, www.laptoptrainer.de, Februar 2018

FARE NETWORK: Study reveals racial bias in English football commentary, Juni 2020

FAURE, Justine: Le football pourrait-il devenir un sport mixte?, in: www.lci.fr, Juli 2019

FAUST, Friederike: Fußball, Leistung, Männlichkeit. Oder: Ein feministischer Fußball ist möglich!, in: Blog Interdisziplinäre Geschlechterforschung, www.gender-blog.de, Mai 2020

FC Sankt Pauli Positionspapier: Ein anderer Fußball ist möglich – den deutschen Profifußball reformieren, 2020

FEESS, Eberhard und STÄHLER, Frank: Revenue Sharing in Professional Sports Leagues, in: University of Otago Economics Discussion Papers Nr 0512, Oktober 2005

FEESS, Eberhard, und STÄHLER, Frank: Revenue Sharing in Professional Sports Leagues, in: Scottish Journal of Political Economy 56.2, 2009

FELBER, Christian: Die Gemeinwohl-Ökonomie: ein Wirtschaftsmodell mit Zukunft, 2010

FISCHER, Jonathan: Das Tausend-Dollar-Projekt, in: brand eins, www.brandeins.de, 2020

FISCHER, Linda: IPCC-Bericht: Der Klimawandel ist verheerend – und menschengemacht, in: Die Zeit, www.zeit.de, August 2021

FISCHER, Sebastian: „Die Frage ist: Was für einen Fußball wollen wir?", in: Süddeutsche Zeitung, www.sueddeutsche.de, April 2020

FISCHER, Michael: Die Krise als Chance? „Die Vereine haben sich geöffnet", in: www.nordbayern.de, Juli 2020

FIZEL, John: Handbook of Sports Economics Research, 2017

FLATAU, Jens, EMRICH, Eike und PIERDZIOCH, Christian: Zur empirischen Prüfbarkeit des homo oeconomicus anhand der Messung der Motive ehrenamtlichen Engagements in Sportvereinen, in: Journal of Contextual Economics – Schmollers Jahrbuch, Bd. 134 (2014), Heft 4: S. 451–475

FORT, Rodney, KANG, Joon-Ho und LEE, Young Hoon: KBO and International Sports Leagues Comparisons, in: The Sports Business in the Pacific Rim, 2015

FRANCK, Egon: European Club Football after "Five Treatments" with Financial Fair Play—Time for an Assessment, in: International Journal of Financial Studies, Dezember 2018

FRATZSCHER, Marcel: Umverteilung allein hilft nicht, in: Zeit Online, Dezember 2017

FREY, Bruno S.: Markt und Motivation: Wie ökonomische Anreize die (Arbeits-) Moral verdrängen, Dezember 1997

FREY, Bruno S. et al.: Do Employees Care About Their Relative Income Position? Behavioral Evidence Focusing on Performance in Professional Team Sport, in: Social Science Quarterly 94 (4), Dezember 2013

FREY, Bruno S. und FREY MARTI, Claudia: Warum Geld nicht immer glücklicher macht, in: Der Spiegel, www.spiegel.de, Mai 2012

FRICK, Bernd, PRINZ, Joachim und TOLSDORF, Frank: Citius, altius, fortius: The production of world records in the running and technical disciplines in track and field, in: Handbook on the Economics of Sport, 2006

FRIEBE, Matthias: Trainer im Spitzensport. „Es gibt viele, die ausgestiegen sind", in: Deutschlandfunk, www.deutschlandfunk.de, Juni 2016

FRITSCH, Oliver: Gilt das Grundgesetz des Fußballs noch?, in: Die Zeit, www.zeit.de, Dezember 2017

FRITSCH, Oliver: Die Bundesliga stößt an die Grenzen ihrer Solidarität, in: Die Zeit, www.zeit.de, August 2019

FRITSCH, Oliver: 50+1-Regel. Das Tabu, in: Die Zeit, www.zeit.de, September 2020

FROHWEIN, Tim: Ich wünsche mir einen Wissensspeicher über Amateurfußball, in: www.hartplatzhelden.de, November 2020

FROHWEIN, Tim: Die Kommerzialisierung der Kreisliga, in: Die Zeit, www.zeit.de, Juni 2020

FROMMHAGEN, Rolf: Im Fußballhimmel? Blick in eine andere Fußballwelt: Die Deutschen Meisterschaften der Arbeitersportler 1920-1933, 2019

GARRY, Tom: Women's Super League: How much have big stadiums helped clubs?, in: BBC, www.bbc.com, November 2019

GASNIER, Mark: NRL Salary Cap: Mark Gasnier on why the system must go, in: The Australian, www.theaustralian.com.au, 2019

GASPARETTO, Thadeu und BARAJAS, Angel: Playoffs or Just League. A Debate in Brazilian Football, in: The Open Sports Science Journal, Band 9, 94-103, 2016

GATZKE, Marcus: „Warum besteuern wir nicht die Einkünfte in Steueroasen?", in: Die Zeit, www.zeit.de, Januar 2020

GEISSLINGER, Esther: Ökonom Ulrich Schmidt über Konsum: „Weniger Ressourcen verbrauchen“, in: taz die Tageszeitung, www.taz.de, Oktober 2019

GERSIE, Hagen: „Sexismus, eine neverending Story“, in: taz die Tageszeitung, www.taz.de, Februar 2021

GESANG, Bernward: Konsumverzicht hilft nicht weiter: SUV fahren – und spenden, in: taz die Tageszeitung, www.taz.de, Januar 2021

GEYER, Hannah und DILGER, Alexander: Folgen des Bosman-Urteils für die 1. Fußball-Bundesliga, IÖB-Diskussionspapier 2/09, August 2009

Global Sports Salaries Survey 2017, 2018, 2019, www.globalsportssalaries.com

GOLDBLATT, David: The Age of Football. The Global Game in the Twenty-first Century, 2019

GOMEZ, Eric: Brilliant Liga MX Femenil final the cherry on top of a groundbreaking debut season, in: ESPN, www.espn.com, Mai 2018

GOMEZ-GONZALEZ, Carlos, DIETL, Helmut und NESSELER, Cornel: Does performance justify the underrepresentation of women coaches? Evidence from professional women's soccer, in: Sport Management Review, Band 22, Nr 5, November 2019

GONZÁLEZ THERÁN, Julieth: Kein Gehalt, kein Vertrag, keine Lobby – Kolumbiens Fußballerinnen im Dilemma, in: Deutsche Welle, www.dw.com, April 2020

GOOSSENS, Dries, BELIEN, Jeroen und SPIEKSMA, Frits: Comparing league formats with respect to match importance in Belgian football, in: Annals of Operations Research, 194(1):223-240, April 2012

GOWLAND, James: Remembering the ill-fated but tantalising Royal League, the Scandinavian Champions League, in: www.thesefootballtimes.co, Januar 2019

GRAD, Jérôme: Fußball und Fernsehen: Das Geld hat den Sportjournalismus versaut, in: www.120minuten.net, Januar 2019

GRIER, Kevin B. und TOLLISON, Robert D.: The rookie draft and competitive balance: The case of professional football, in: Journal of Economic Behavior & Organization, Band 25, Ausgabe 2, Oktober 1994

GRÜNE, Hardy: Götterdämmerung für den Profifußball? In: Zeitspiel, www.zeitspiel-magazin.de, April 2020

GUBBY, Laura: Can korfball facilitate mixed-PE in the UK? The perspectives of junior korfball players, in: Sport, Education and Society, Band 24, Nr. 9, 2019

GUBBY, Laura und WELLARD, Ian: Sporting equality and gender neutrality in korfball, in: Sport in Society, Band 19, 2016

GUMBRECHT, Hans Ulrich: Crowds. Das Stadion als Ritual von Intensität, 2020

GURK, Christoph: Wer braucht schon Frauen, in: Süddeutsche Zeitung, www.sueddeutsche.de, September 2018

HAAK, Julia: „Verluste müssen artikuliert werden dürfen“, in: Berliner Zeitung, www.berliner-zeitung.de, Juni 2020

HANSEN, Bodil Olai und TVEDE, Mich: Revenue Sharing in European Football Leagues: A Theoretical Analysis, in: Trends in Mathematical Economics, 2016

HARRIS, Bret: Why Australia will never produce a Super Rugby dynasty like that of the Crusaders, in: The Guardian, www.theguardian.com, Juli 2019

HASSELBERG, Erik: Fußball und Feminismus: „Frauen werden diskriminiert“ – Feministischer Fußballverband will helfen, in: 20 Minuten, www.20min.ch, Mai 2021

HAUT, Jan und GAUM, Christian: Nachhaltige Vorbilder? Auswirkungen von Sportgroßveranstaltungen auf die Sportaktivitäten der Bevölkerung, in: Sportgroßveranstaltungen in Deutschland Band 2: Nachhaltige Bewegung, September 2020

HEEß, Jutta: Geschlechtergemischter Fußball: Mädchen sind keine Jungen!, in: Frankfurter Allgemeine Zeitung, www.faz.de, Juni 2015

HEIN-REIPEN, Susanne: Was würde eine Genossenschaft für Schalke 04 bedeuten?, in: 100ProzentMeinSchalke, www.100prozentmeinschalke.de, Juli 2020

HEISSENBERGER, Stefan: Schwuler* Fußball: Ethnografie einer Freizeitmannschaft, 2018

HELLMANN, Frank: Der Frauenfußball in Deutschland kämpft gegen den Bedeutungsverlust, in: Frankfurter Rundschau, www.fr.de, August 2019

HELLMANN, Frank: Die Fans sollen helfen, in: Neues Deutschland, www.neues-deutschland.de, April 2020

HELLMANN, Frank: DFB schlägt Alarm. Kritik an Talentejagd im deutschen Fußball, in: Frankfurter Rundschau, www.fr.de, Juli 2020

HELLMANN, Frank: Warum der Frauenfußball eine große Chance vergeben hat, in: Berliner Zeitung, www.berliner-zeitung.de, Januar 2020

HELLMANN, Frank: Gleiches Geld für alle. Ein neues Verteilungsmodell würde den sportlichen Wettbewerb im deutschen Profifußball stärken, in: nd, www.neues-deutschland.de, Juli 2020

HENNEBERG, Carsten: Gehaltsobergrenzen im Sport: Untersuchung der rechtlichen Zulässigkeit einer Einführung von Gehaltsobergrenzen im professionellen Mannschaftssport, in: Hochschulschriften Recht, Band 5979, April 2018

HENNECKE, Thomas und DERSCH, Matthias: Hummels: „Wir wurden zuletzt oft übergangen", in: Kicker, www.kicker.de, Juni 2020

HERBERG, Anne: César Luis Menotti: Der Fußball-Poet wird 80, in: Deutschlandfunk Kultur, www.deutschlandfunkkultur.de, November 2018

HERL, Sabrina: Frauenfußball im Schatten der Männer?: ein Vergleich zwischen Frauen- und Herrenfußball auf nationaler und internationaler Ebene, 2017

HERRMANN, Ulrike: Kein Kapitalismus ist auch keine Lösung, 2016

HESSBRÜGGE, Rolf: Nicht baskisch genug?, in: 11Freunde, www.11freunde.de, Juli 2019

HILBRECHT, Hannes: Profis mit Nebenjob, in: Die Zeit, www.zeit.de, November 2018

HILLS, Laura et al.: Injury Risk in Mixed Gender Football, in: Brunel University London, www.brunel.ac.uk

HOBEL, Daniela: Frauenquote in afrikanischen Parlamenten, in: Katapult, www.katapult-magazin.de, Nr. 15, Dezember 2019

HOLMES, Pete: How female coaches can help bring professional men's football into the 21st century, in: The Conversation, www.theconversation.com, März 2021

HOPF, Wilhelm (Hrsg.): Fußball. Soziologie und Sozialgeschichte einer populären Sportart, 1979

HOROWITZ, Ira: Competitive Balance in the NBA Playoffs, in: The American Economist, Band 3, Nr 2, 2018

HUGHSON, John, MOORE, Kevin, SPAAIJ, Ramón und MAGUIRE, Joseph (Hrsg.): Routledge Handbook of Football Studies, März 2016

HUMMEL, Thomas: Jugendtrainer des FC Bayern unter Rassismusverdacht, in: Süddeutsche Zeitung, www.sueddeutsche.de, August 2020

HUMMEL, Thomas: Das Geschäft mit den Fußballtalenten, in: Süddeutsche Zeitung, www.sueddeutsche.de, Februar 2017

HÜRNER, Thomas: Amateurfußball. Im Hinterstüberl, in: Süddeutsche Zeitung, www.sueddeutsche.de, Juli 2020

IBSEN, Bjarne et al.: Democratic Participation in Voluntary Associations: A Multi-Level Analysis of Sports Clubs in Europe, in: VOLUNTAS: International Journal of Voluntary and Nonprofit Organizations, Band 30 (2019)

JACOB, Frank und FRIEDMAN, Alexander (Hrsg.): Fußball. Identitätsdiskurse, Politik und Skandale, 2020

JAEDICKE, Thomas: Spitzensport und Altersversorgung: Nach Olympia-Gold Hartz IV?, in: Deutschlandfunk Kultur, www.deutschlandfunkkultur.de, August 2018

JANSEN, Christian, BAUMGART, Christian, HOPPE, Matthias und FREIWALD, Jürgen (Hrsg.): Trainingswissenschaftliche, geschlechtsspezifische und medizinische Aspekte des Hochleistungsfußballs, in: Schriften der Deutschen Vereinigung für Sportwissenschaft, Bd 222, 2012

JARY, David: The McDonaldization of Sport and Leisure, in: Resisting McDonaldization, 1999

JENSEN, Annette: Konsens statt Streit, in: Taz die Tageszeitung, www.taz.de, Januar 2020

JORAM, David: „Niemand will der Totengräber eines Vereins sein", in: Tagesspiegel, www.tagesspiegel.de, April 2020

JORAM, David: Ein Vergleich, der keiner ist. Warum Männer-Bundesligisten so wenig in Frauenfußball investieren, in: Tagesspiegel, www.tagesspiegel.de, Dezember 2019

JORAM, David: Fansprecherin Helen Breit: „Der Fußball wurde in der Vermarktung überhöht", in: Sportbuzzer, www.sportbuzzer.de, September 2020

JULINO, Jonas: Es bröckelt an der Basis, in: 11Freunde, www.11freunde.de, März 2020

JUNG, Hoyoon, MOON, Choon-Geol und SUNG, Yoon-Tae: Outcome Uncertainty and Demand for Baseball: A Single-Game Approach in the Korean Professional Baseball League, in: International Journal of Sport Finance, 15(1):39-52, Februar 2020

KAHANE, Leo und SHMANSKE, Stephen (Hrsg.): The Oxford Handbook of Sports Economics, Bd 1: The Economics of Sports, 2013

KALWA, Jürgen: Spiel mit falschen Zahlen, in: Deutschlandfunk, www.deutschlandfunk.de, November 2019

KAMBUWE, Mabvuto: Silver Strikers abolish fans' gate share, in: The Times Group Malawi, www.times.mw, Oktober 2019

KAMP, Christian und PENDERS, Peter: „Irgendwann knallt es mal im Fußball", in: Frankfurter Allgemeine Zeitung, www.faz.de, März 2017

KAMPLING, Katrin, SEIDEL, Nino und DELLINGER, Andreas: ManCity: Falsches Spiel mit Afrikas Fußball-Talenten, in: Sportschau, www.recherche.sportschau.de, November 2018

KAREKURVE-RAMACHANDRA, Varun und LEE, Alexander: Do Gender Quotas Hurt Less Privileged Groups? Evidence from India, in: American Journal of Political Science, Band 64, Ausgabe 4, Oktober 2020

KARTE, Uwe: Stübner. Popstar wider Willen, 2019

KATZ, Juli und SCHULDT, Stefanie: Spielsucht. Privatinsolvenz durch Tipp von Oliver Kahn, in: Katapult Magazin, www.katapult-magazin.de, November 2020

KAUFMANN, Stephan: Armut nicht nur bunter machen, in: nd, www.neues-deutschland.de, Juni 2020

KEISLER, Karina: We must break the cycle of underinvestment in women's sport, in: The Auge, www.theage.com.au, Juli 2019

KELLY, William: The Sportsworld of the Hanshin Tigers. Professional Baseball in Modern Japan, 2018

KERR, Walter: Taiwan Is Beating Political Disinformation. The West Can Too, in: Foreign Policy, www.foreignpolicy.com, November 2020

KÉSENNE, Stefan: The Economic Theory of Professional Team Sports, Mai 2014

KÉSENNE, Stefan: Competitive Balance in Team Sports and the Impact of Revenue Sharing, in: Journal of Sport Management, Januar 2006

KÉSENNE, Stefan: Revenue Sharing and Absolute League Quality; Talent Investment and Talent Allocation, in: Scottish Journal of Political Economy 62.1, 2015

KEYNES, John Maynard: Economic Possibilities for our Grandchildren, 1930

KIDD, Patrick: Do women's goals need to be made smaller?, in: The Times, www.thetimes.co.uk, Februar 2020

KIPKER, Ingo: Sind Salary Caps im europäischen Fußball umsetzbar und sinnvoll? Ökonomische Analyse und empirische Erfahrungswerte der amerikanischen Major Leagues, in: Sportökonomie aktuell Nr 5/2002

KLEIN, Günter: Sport macht nicht (über) glücklich, in: Merkur, www.mekur.de, November 2017

KLEIN, Marie-Luise und ZIMMERMANN, Timo: Das Publikum im Frauenfußball

: Ergebnisse aus Zuschauerbefragungen in der Frauen-Bundesliga, in: Fußball in Forschung und Lehre. Beiträge und Analysen zum Fußballsport XIX, November 2013

KLEIN, Marie-Luise und ZIMMERMANN, Timo: Zuschauerbezogene Marketing-Strategien in der Frauenfußball-Bundesliga. Ergebnisse einer Vereinsbefragung, in: Sciamus – Sport und Management, 2/2014, S. 24-37.

KLEIN, Rebecca: Single-Sex Education Does Not Improve Girls`Self-Esteem, Math Achievement, in: www.huffpost.com, Mai 2014

KNEER, Christof: Gehaltsobergrenze im Fußball. Ein hemmungslos zu begrüßender Vorschlag, in: Süddeutsche Zeitung, www.sueddeutsche.de, August 2020

KNOX, Malcolm: An experience cap would be a better alternative to NRL salary cap, in: www.stuff.co.nz, August 2018

KOCH, Hannes: Politologin über Bürgerräte: „Streit wird dort gezähmt", in: taz die Tageszeitung, www.taz.de, November 2016

KOCH, Leon: Vorbild Athletic Bilbao: TuS Haltern geht einzigartigen Weg, in: Kicker, www.kicker.de, April 2020

KONRAD, Mario: Wettbewerbsbeschränkungen in professionellen Sportligen: Überlegungen zu Gehaltsobergrenzen im deutschen Profi-Fussball aus wirtschaftstheoretischer Sicht, Januar 2004

KOPP, Johannes: Fehlende Nachwuchsförderung: Alles muss anders werden, in: Taz die Tageszeitung, www.taz.de, Juni 2019

KÖSTER, Philipp: Bundesliga wieder spannend machen? Bloß nicht mit Playoffs!, in: Stern, www.stern.de, September 2018

KRÄTKE, Michael: Wenn zwei streiten, träum dir ein drittes, in: Der Freitag, www.freitag.de, Ausgabe 09/2020

KRAUSS, Martin: „In 50 Jahren Mixed-Gender", in: taz die Tageszeitung, www.taz.de, Juli 2019

KRAUSS, Martin: Wie das Wasser weiß wurde, in: taz die Tageszeitung, www.taz.de, April 2020

KRAUSS, Martin: Staatliches Versagen in Simbabwe. Arenen der Proteste, in: taz die Tageszeitung, www.taz.de, März 2020

KRAUSS, Martin: Geschichte des modernen Sports: Metzger gegen Hutmacher, in: taz die Tageszeitung, www.taz.de, Oktober 2020

KRAUSS, Martin: Olympia-Historie: So mancher Boykott zeigte Wirkung, in: taz die Tageszeitung, www.taz.de, April 2021

KRETSCHMER, Fabian: Chinesische Super League in Gefahr: Kurz vor dem harten Crash, in: taz die Tageszeitung, www.taz.de, März 2020

KREUZER, Heinz Peter: Frauensport im Aufschwung, in: Deutschlandfunk, www.deutschlandfunk.de, November 2019

KREUZER, Heinz Peter: Frauenfußball. Eine Liga, die Geld verdient, in: Deutschlandfunk, www.deutschlandfunk.de, Dezember 2020

KREUZER, Heinz Peter: Volleyball-Bundesliga der Frauen: Expansion in der Corona-Krise, in: Deutschlandfunk, www.deutschlandfunk.de, November 2020

KRINGSTAD, Morten: Comparing competitive balance between genders in team sport, in: European Sport Management Quarterly 1-18, Juni 2020

KRUPNICK, Catherine: Women and Men in the Classroom: Inequality and its Remedies, in: On Teaching and Learning Bd 1, 1985

KÜHL, Stefan: Das System Fifa. Die Korruption ist rund, in: Le Monde Diplomatique, www.monde-diplomatique.de, August 2015

KUHN, Gabriel: Soccer vs. The State. Tackling Football and Radical Politics, 2011

LABBÉ, Stephanie: What Happened When I Tried to Play Men's Soccer, in: The Players' Tribune, www.theplayerstribune.com, Juli 2018

LA CROIX, Sumner J. und KAWAURA, Akihiko: Rule changes and competitive balance in Japanese professional baseball, in: Economic Inquiry, Band 37, Ausgabe 2, 1999

LAHVICKA, Jiri: The Impact of Playoffs on Seasonal Uncertainty in the Czech Ice

Hockey Extraliga, in: Journal of Sports Economics, Band 16, Nr 7, 2015

LAMMERT, Joachim, BAUERS, Sebastian und HOVEMANN, Gregor: Die 50+1-Regel im deutschen Profifußball – Eine qualitative Evaluation von Lösungsvorschlägen zur Herstellung des regulatorischen Sollzustandes, in: Sciamus – Sport und Management, Jg. 9, Nr. 2, S. 21-45, 2018

LANDESANSTALT FÜR UMWELT, MESSUNGEN UND NATURSCHUTZ BADEN-WÜRTTEMBERG: Fußball und Nachhaltigkeit. Aktivitäten und über 100 Aktionsbeispiele aus der Praxis, 2014

LANDESSPORTBUND NRW: Chancengleichheit – Gender Mainstreaming im Sport, 2017

LANDWEHR, Tobias: Frauen als schmückendes Beiwerk, in: Die Zeit, www.zeit.de, April 2018

LANZKE, Alice: Neue Studie zu Einkommenshöhe: Macht sehr viel Geld doch glücklicher?, in: ntv/dpa, www.n.tv.de, Januar 2021

LEDERER, Bernd (Hrsg.): Teil-Nehmen und Teil-Haben. Fußball aus Sicht kritischer Fans und Gesellschaftswissenschaftler, 2010

LEE, Young Hoon, JANG, Hayley und FORT, Rodney: Just looking for a good game: competitive balance in the Korean Professional Baseball League, in: Applied Economics 48(33): 1-12, Januar 2016

LEHMANN, Armin: „Es wird soziale Unruhen geben". Die Corona-Krise macht auch den Jugendfußball kaputt, in: Der Tagesspiegel, www.tagesspiegel.de, April 2020

LEHNEBACH, Nils: Sport-Vermarktung: Was Deutschland von der NFL lernen kann, in: Manager Magazin, www.manager-magazin.de, Februar 2018

LEISCHWITZ, Christoph: Den Vereinen gehen die Ehrenamtlichen aus, in: Süddeutsche Zeitung, www.sueddeutsche.de, Februar 2019

LENTEN, Liam: Optimal Bonus Points in the Australian Football League, Economics Discussion Papers Nr 0903, März 2009

LINDNER, Rolf und BREUER, Heinrich T.: Fußball als Show. Kommerzialisierung, Oligopolisierung und Professionalisierung des Fußballsports, in: Fußball. Soziologie und Sozialgeschichte einer populären Sportart, 1979

LINDNER, Rolf und BREUER, Heinrich T.: Freizeitfußball und Straßenmannschaften, in: Fußball. Soziologie und Sozialgeschichte einer populären Sportart, 1979

LIPASTI, Antti: Salary caps in professional team sports – Balancing competition or balancing costs in the National Hockey League?, 2015

LOCK, Ethan und GRATZ, J. Michael: The National Football League Player Draft: Does It Equalize Team Strengths?, in: Journal of Sport and Social Issues, Band 7, Ausgabe 2, 1983

LOH, Steffen: Inklusive Fußball-Liga in England. Spiel ohne Grenzen, in: Taz die Tageszeitung, www.taz.de, November 2020

LONGLEY, Neil und LACEY, Nelson: The „Second" Season: The Effects of Playoffs Tournaments on Competitive Balance Outcomes in the NHL and NBA, in: Journal of Sports Economics, Bd 13, Nr 5, Oktober 2012

LORENZ, Markus: Umweltchemiker Michael Braungart: „Greta Thunberg? Wie lächerlich", in: Schleswig-Holsteinischer Zeitungsverlag, www.shz.de, Januar 2020

LOUGH, Nancy: The case for boosting WNBA player salaries, in: The Conversation, www.theconversation.com, August 2018

LOUGH, Nancy und MUMCU, Ceyda: Marketing Women's Sports, in: Routledge Handbook of Sports Marketing, 2015

LÖWENSTEIN, Heiko, STEFFENS, Birgit und KUNSMANN, Julie: Sportsozialarbeit. Strukturen, Konzepte, Praxis, 2020

LUDVIGSEN, Jan Andre Lee: Transnational fan reactions to transnational trends. Norwegian Liverpool supporters,

‚authenticity' and ‚filthy-rich' owners, in: Soccer & Society, 20(1):1-19, März 2018
MADERER, Daniel, HOLTBRUEGGE, Dirk und WOODLAND, Rachel: The impact of brand associations on brand loyalty in the football industry, in: Sport, Business and Management: An international Journal 6.5 (2016): 499-519
MAGUIRE, Joseph und FALCOUS, Mark (Hrsg.): Sport and Migration: Borders, Boundaries and Crossings, 2011
MARJORIBANKS, Tom und FARQUHARSON, Karen: Sport and Society in the Global Age, 2012
MARKOVITS, Andrei S. und RENSMANN, Lars: Gaming the World. How Sports are reshaping global Politics and Culture, 2010
MARKOVITS, Andrei S. und HELLERMAN, Steven L.: Offside. Soccer and American Exceptionalism, 2001
MARKOVITS, Daniel: How McKinsey Destroyed the Middle Class, in: The Atlantic, www.theatlantic.com, Februar 2020
MARTINI, Tania: Identitätspolitik auf der Buchmesse: Ich ist eine andere, in: taz die Tageszeitung, www.taz.de, Oktober 2020
MATERA, Elena: Klimawandel: So werden wir im Jahr 2050 leben, in: Berliner Zeitung, www.berliner-zeitung.de, Mai 2021
MATZANKE, Arne: Hamburgs inklusive Handball-Liga: Ein Gewinn für alle, in: taz die Tageszeitung, www.taz.de, Juli 2021
MAURIN, Jost: Niko Paech über Postwachstum und Corona: „Nicht mehr zurück ins Hamsterrad", in: taz die Tageszeitung, www.taz.de, April 2020
MAXCY, Joel: Economics of the NFL Player Entry Draft System, in: Quinn, K.G. (Ed.) Economics of the National Football League: The State of the Art Sports Economics, Management and Policy Series, 2012
MAYR, Anna: Die Elenden, 2020
McAULIFFE, Kathleen: Liberals and Conservatives React in Wildly Different Ways to Repulsive Pictures, in: The Atlantic, www.theatlantic.com, März 2019
McLAUGHLIN, Luke: Forest Green Rovers granted planning permission for all-wooden stadium, in: The Guardian, www.theguardian.com, Dezember 2019
MEIER, Henk Erik, KONJER, Mara und STRAUSS, Bernd: Identification with the women's national soccer in Germany: do gender role orientations matter?, in: Soccer & Society, Band 21, Nr. 3, 2020
MELNAES, Håvard: Could a Norway boycott of the Qatar World Cup change the future of football?, in: The Guardian, www.theguardian.com, März 2021
META, Valeria: Fußballer in sozialer Not: Der Weg in den Ruin, in: taz die Tageszeitung, www.taz.de, Dezember 2019
MEYERSSON MILGROM, Eva, PETERSEN, Trond und SNARTLAND, Vemund: Equal Pay for Equal Work? Evidence from Sweden and a comparison with Norway and the U.S., Januar 2001
MEYN, Jörn: Wut zur Lücke, in: Der Spiegel, www.spiegel.de, Februar 2019
MEYN, Jörn: So müsste sich die Bundesliga reformieren (aber das wird vielen nicht gefallen), in: Der Spiegel, www.spiegel.de, Mai 2020
MEYHARDT, Timo und FRÖHLICH, Andreas: Die Gemeinwohl-Bilanz – Wichtige Anstöße, aber im Legitimationsdefizit, in: Zeitschrift für öffentliche und gemeinwirtschaftliche Unternehmen, Jahrgang 40 (2017), Heft 2-3
MILLER, Phillip A.: Revenue Sharing in Sports Leagues: The Effects on Talent Distribution and Competitive Balance, Februar 2007
MILLI, Jessica, HUANG, Yixuan, HARTMANN, Heidi und HAYES, Jeff: The Impact of Equal Pay on Poverty and the Economy, IWPR, April 2017
MILLS, Richard: The Politics of Football in Yugoslavia. Sport, Nationalism and the State, 2018
MISIK, Robert: Dem Volk auf's Maul geschaut, in: Die Zeit, www.zeit.de, Februar 2020
MISIK, Robert: Antonio Gramsci. Philosophie, Alltagsverstand und Revolution,

in: Agora 42. Das philosophische Wirtschaftsmagazin, www.agora42.de, April 2020

MISIK, Robert: Alternativlos Anarchist, in: Die Zeit, www.zeit.de, September 2020

MOEGLING, Klaus: Alternative Bewegungskultur. Vom Leistungssport zur Ökologie des Leibes, 1988

MOLL, Sebastian: Depression im Spitzensport. Der Klub der kranken Athleten, in: taz die Tageszeitung, www.taz.de, August 2020

MOTOMURA Akira, LEEDS, Michael et al.: Does It Pay to Build Through the Draft in the National Basketball Association?, in: Journal of Sports Economics, Band 17, Ausgabe 5, 2016

MÜLLER, Dieter und ZITOUNI, Mounir: Meine zwei Leben. Was mir das Schicksal genommen und der Fußball gegeben hat, 2020

MÜLLER, Jan Christian: Der tiefe Graben, in: Frankfurter Rundschau, www.fr.de, August 2019

MÜLLER, Marion: Fußball als Paradoxon der Moderne. Zur Bedeutung ethnischer, nationaler und geschlechtlicher Differenzen im Profifußball, 2009

MÜLLER, Marion: Das Geschlecht des Fußballs. Zur „Polarisierung der Geschlechtscharaktere" im Fußball, in: Sport und Gesellschaft Jahrgang 4 (2007), Heft 2, S. 113-.141

MURRAY, Caitlin: Does revenue explain the USWNT's World Cup bonus shortfall?, in: The Guardian, www.theguardian.com, Juli 2019

NAURIGHT, John und AMARA, Mahfoud (Hrsg.): Sport in the African World, November 2019

NESTLER, Stefan: Frauenfußball ist keine andere Sportart, in: Deutsche Welle, www.dw.com, Juni 2020

NEUMANN, Claudia: Hat die überhaupt ne Erlaubnis, sich außerhalb der Küche aufzuhalten?, 2020

NORD, Antonie Katharina: Mehr Geschlechtergerechtigkeit? Zur Frauenquote in Afrika, in: GIGA Focus, www.giga-hamburg.de, Nr.5/2012

NOLL, Roger: The Economics of Promotion and Relegation in Sports Leagues. The Case of English Football, Working Paper 01-016, Januar 2002

O'CONNOR, Robert: How rebel football helped keep Kosovan identity alive during the Yugoslav War, in: GQ Magazine, www.gq-magazin.co.uk, Mai 2020

OER, Eva: Gemeinwohl-Ökonom über Freihandel: „Das ist üble Erpressung", in taz die Tageszeitung, www.taz.de, März 2017

PAGELS, Jim: Are Salary Caps for Professional Athletes Fair?, in: Priceonomics, www.priceonomics.com, August 2014

PALOMINO, Frederic und SAKOVICS, Jozsef: Revenue sharing in professional sports leagues: for the sake of competitive balance or as a result of monopsony power?, in: ESE Discussion Papers 59, 2000

PANKRATZ, Leonie und LITTKEMANN, Jörg: Stadionbesuch in der Frauenfußball-Bundesliga. Eine empirische Analyse, in: Sciamus – Sport und Management, Jg. 2019, Nr. 2, S. 1-21

PAPPAS, Stephanie: Conservatives aren't more fearful than liberals, study finds, in: Live Science, www.livescience.com, Februar 2021

PATZWALD, Robin: Langeweile in der Fußball-Bundesliga? – Könnte das ‚Draft'-System helfen?, in: Ruhrbarone, www.ruhrbarone.de, Juni 2013

PEETERS, Thomas: Optimal gate revenue sharing in sports leagues, Working Paper Series, Paper No. 11-22, November 2011

PFEIFFER, Mara: Frauenfußball. Das falsche Jubiläum, in: Sport1, www.sport1.de, Oktober 2020

PFISTER, Gertrud und POPE, Stacey (Hrsg.): Female Football Players and Fans: Intruding into a Man's World, Februar 2018

PFISTER, Gertrud: Assessing the sociology of sport: On women and football, in: International Review for the Sociology of Sport 50.4-5, 2015

PIEPER, Werner: Der Ball gehört uns allen, 1991

PIFF, Paul et al.: Having Less, Giving More: The Influence of Social Class on Prosocial Behavior, 2010

PÖTTER, Bernhard: Klimapolitik und Wirtschaft: „Kapitalismus kann das Klima retten", in: taz die Tageszeitung, www.taz.de, Januar 2019

PYTA, Wolfram (Hrsg.): Geschichte des Fußballs in Deutschland und Europa seit 1954, Mai 2013

QUITZAU, Jörn et al.: Auf dem Weg zu amerikanischen Verhältnissen? Wirtschaftliche Trends im Profifußball, Berenberg Makro Trends, Januar 2016

QUITZAU, Jörn: FC Bayern in geschlossener Europaliga. Wieder nur alter Wein in neuen Schläuchen?, in: www.fussball-oekonomie.de, November 2018

QUITZAU, Jörn: Europaliga? Keine Experimente!, in: Capital, www.capital.de, Mai 2015

QUITZAU, Jörn: Champions-League-Reform: Warum die Super-Liga nicht kommen darf, in: Capital, www.capital.de, Juli 2019

QUITZAU, Jörn und VÖPEL, Henning: Strategie 2030 – Wirtschaftsfaktor Fußball, Berenberg Bank und Hamburgisches WeltWirtschaftsInstitut, 2018

RAHAUS, Daniel: Die DFL-Verteilung der TV-Gelder ist für niemanden so schlecht wie für Union, in: Textilvergehen, www.textilvergehen.de, Dezember 2020

Raising our Game Report, FifPro 2020

RAMADAN, Dunja: Libanon: Zu spät für Reformen, in: Süddeutsche Zeitung, www.sueddeutsche.de, Oktober 2019

REESE, Jonas: Serie: Endspiel ums Klima (1): Klimasünder Fußballfan, in: Deutschlandfunk, www.deutschlandfunk.de, Januar 2019

REGEV, Daniel und RAPOPORT, Tamar: To Pass and Not To Pass, in: New Ethnographies of Football in Europe: People, Passion, Politics, 2017

REICHEL, Kristoff: Zuschauernachfrage von Teamsportarten in ressourcenschwachen Umfeldern. Evidenz und Managementstrategien zum Frauenfußball, 2020

REINECKE, Stefan: Begünstigte und Geschädigte, in: Taz die Tageszeitung, www.taz.de, Februar 2020

REINECKE, Stefan und VOSS, Hanna: Kollektive Arbeit. Sozialismus ohne Klassenkampf, in: taz die Tageszeitung, www.taz.de, August 2019

REITH, Victoria: Sportförderung: Wer bekommt was?, in Deutschlandfunk, www.deutschlandfunk.de, Februar 2017

REYNOLDS, Zachary, BONDS, Traci et al.: Deconstructing the Draft: An Evaluation of the NFL Draft as a Predictor of Team Success, in: Journal of Applied Sport Management, Band 7, Ausgabe 3, 2015

RIEGER, Maximilian: Fußball-Bundesliga: So wenig divers sind Bundesliga-Gremien, in: Deutschlandfunk, www.deutschlandfunk.de, Juni 2020

ROCKERBIE, Duane: The Invariance Proposition in Baseball: New Evidence, MPRA Paper 55020, 2011

ROHDE, Marc und BREUER, Christoph: Competing by investments or efficiency? Exploring financial and sporting efficiency of club ownership structures in European football, in: Sport Management Review, Band 21, Nr 5, November 2018

ROHDE, Stephanie: Proteste im Libanon. Machtaufteilung, Korruption und der Einfluss der Hisbollah, in: Deutschlandfunk, www.deutschlandfunk.de, Dezember 2019

ROHWER, Björn: 7 Zentimeter Messi. 101 Karten über Fußball, 2021

ROJAS, Mariano (Hrsg.): The Economics of Happiness. How the Easterlin Paradox Transformed Our Understanding of Well-Being and Progress, 2019

RÖNNAU, Jürgen: DFB streicht Zuschüsse für den Jugendfußball, in: Sportbuzzer, www.sportbuzzer.de, Dezember 2019

RÖTZER, Florian: Die politisch Konservativen neigen zum Schwarz-Weiß-Denken, auf: Heise Online, www.heise.de, August 2003

ROSA LUXEMBURG STIFTUNG: Fußball. Macht. Politik. Interdisziplinäre Perspektiven auf Fußball und Gesellschaft, Februar 2014

ROSENTHAL, Jeffrey A.: The Amateur Sports Draft: The Best Means To An End?, in: Marquette Sports Law Journal, Oktober 1995

ROSS, Stephen und SZYMANSKI, Stefan: Fans of the World, Unite! A (Capitalist) Manifesto for Sports Consumers, 2008

Roßmann, Fabian: Bietet die Krise dem Amateurfußball auch Chancen?, in: idowa, www.idowa.de, Mai 2020

RUSSELL, Dave: The Historical Significance of Locality and Regional Identity to Football, in: Routledge Handbook of Football Studies, 2017

RÜTTENAUER, Andreas: Bedingte Solidarität, in: Taz die Tageszeitung, www.taz.de, Mai 2020

QUITZAU, Jörn: Tradition ist mehr Fernsehgeld wert, in: Capital Online, Mai 2015

QUITZAU, Jörn und MERFELD, Tobias: Auf dem Weg zu amerikanischen Verhältnissen? Wirtschaftliche Trends im Profifußball, Berenberg Makro Trends, Januar 2016

SAARI, Milja, KANTOLA, Johanna und KOSKINEN SANDBERG, Paula: Implementing Equal Pay Policy: Clash Between Gender Equality and Corporatism, in: Social Politics: International Studies in Gender, State & Society, Juni 2019

SALAMON, Bernd: Warum immer weniger Kinder Fußball spielen, in: Kicker, www.kicker.de, April 2020

SALAUDEEN, Aisha: African female footballers face uphill battle to play a ‚man's game', in: CNN, www.edition.cnn.com, Juni 2019

SALDSIEDER, Nina: Ordnungsfragen zweiseitiger Märkte im professionellen Fußballsport, 2016

SANDERSON, Allen R. und SIEGFRIED, John J.: Thinking About Competitive Balance, in: Working Paper No. 03-W18, September 2003

SANGALA, Tom: NRFA, Clubs tussle over gate revenue, in: The Times Group Malawi, www.times.mw, Juni 2018

SAUERBREY, Anna: „Heiratet, zieht in ein langweiliges Dorf und revolutioniert die Welt", in: Der Tagesspiegel, www.tagesspiegel.de, Mai 2020

SCHMIDT, Sascha L.: Die Makroökonomie des Fußballs: Wie Fußballvereine von Entwicklungsländern lernen können, in: Manager Magazin, www.manager-magazin.de, August 2018

SCHRUPP, Antje: Die Wertedebatte. Wie fünf Ökonominnen Wirtschaft und Politik neu verbinden, in: Deutschlandfunk, www.deutschlandfunk.de, Oktober 2020

SCELLES, Nicolas, SZYMANSKI, Stefan und DERMIT-RICHARD, Nadine: Insolvency in French Soccer, in: Journal of Sports Economics 19.5 (2018): 603-624

SCELLES, Nicolas: Star quality and competitive balance? Television audience demand for English Premier League football reconsidered, in: Applied Economics Letters, Bd 24 Ausgabe 19, 2017

SCELLES, Nicolas, AURÉLIEN, François und DERMIT-RICHARD, Nadine: Determinants of competitive balance across countries: insights from European men's football first tiers, 2006-2018, in: Managing Sport and Leisure, Juni 2020

SCHAREIKA, Nora: „Viele Männer überlebten kaum ihre Pensionierung", in: Wirtschaftswoche, www.wiwo.de, Juni 2020

SCHAUHUBER, Martin: RB Ghana: Der Fehlschlag der Bullen, in: Der Standard, www.derstandard.de, Oktober 2017

SCHEELE, Martin: Je mehr gezahlt wird, desto ungerechter, in: Süddeutsche Zeitung, www.sueddeutsche.de, Januar 2019

SCHEU, René: Steven Pinker: „Die Toilette war eine großartige Erfindung!", in: Neue Zürcher Zeitung, www.nzz.ch, November 2018

SCHEYTT, Stefan: „Es gibt Leistungssportler, die bereit sind, ein kürzeres Leben in Kauf zu nehmen", in: brand eins, www.brandeins.de, 2020

SCHMIDT, Sandra: César Luís Menotti: „Man fängt an, sich bei so viel Fußball zu langweilen", in: Deutschlandfunk, www.deutschlandfunk.de, März 2017

SCHMIDT, Sascha: Was Fußballvereine von Entwicklungsländern lernen können,

in: Manager Magazin, www.manager-magazin.de, August 2018
SCHÖBEL, Sebastian: Transfersummen und Gehälter im Fußball: Handlungsbedarf erkannt, in: Deutschlandfunk, www.deutschlandfunk.de, August 2017
SCHÖLDERLE, Thomas: Geschichte der Utopie. Eine Einführung, April 2012
SCHRUPP, Antje: Die Wertedebatte: Wie fünf Ökonominnen Wirtschaft und Politik neu verbinden, in: Deutschlandfunk, www.deutschlandfunk.de, Oktober 2020
SCHULTZ, Jan: Was wäre eigentlich, wenn die Uefa die Superliga einführen würde?, www.onefootball.com, August 2020
SCHULZE-MARMELING, Dietrich: „Die Corona-Krise hat bei uns nahezu alles auf den Kopf gestellt“, auf: www.werkstatt-verlag.de, April 2020
SCHWARK, Jürgen: Sportgroßveranstaltungen: Kritik der neoliberal geprägten Stadt, 2020
SCHWARZ, Susanne: Sport und Klimakrise: Wettbewerb mit dem Extremwetter, in: Klimareporter, www.klimareporter.de, Juni 2020
SCHWARZ, Susanne: Sebastian Bubner über seine Heimat: „Das Leben hier ist geil“, in: taz die Tageszeitung, www.taz.de, Januar 2021
SCHWELL, Alexandra, SZOGS, Nina et al.: New Ethnographies of Football in Europe. People, Passion, Politics, 2017
SCHWICKERATH, Bernd: „Wir sehen den Abstieg tatsächlich als Chance“, in: Westdeutsche Zeitung, www.wz.de, Juli 2020
SEESSLEN, Georg: Im Feld der Postpolitik, in: taz die Tageszeitung, www.taz.de, Juli 2015
SELMER, Nicole: Die Wahl im Stadion, in: Ballesterer, www.ballesterer.at, Oktober 2020
SELMER, Nicole: Demokratisches Wachstum, in: Ballesterer, www.ballesterer.at, Dezember 2019
SIMMONS, Robert und ROBINSON, Terry: Gate Sharing and Talent Distribution in the English Football League, in: International Journal of the Economics of Business, Band 21, 2014
SINNING, Silke, PARGÄTZI, Jonathan und EICHMANN, Björn: Frauen- und Mädchenfußball im Blickpunkt: Empirische Untersuchungen – Probleme und Visionen, 2014
SITTL, Roman und WARNKE, Arne Jonas: Competitive Balance and Assortative Matching in the German Bundesliga, ZEW Discussion Paper No 16-058, 2016
SLOANE, Peter J.: The Economics of Professional Football Revisited, in: Scottish Journal of Political Economy 62.1, 2015
SMITH, Chris: Major League Soccer‘s Most Valuable Teams 2019. Atlante Stays On Top As Expansion Fees, Sale Prices Surge, in: Forbes, www.forbes.com, November 2019
SMITH, Rory: The Lessons of the Pirate League, in: The New York Times, www.nytimes.com, Oktober 2020
SPAGNOLO, Pierluigi: Stadionrebellen. Eine Geschichte der italienischen Ultrabewegung, 2017
SPILLER, Christian: Wie ich glaube, den Fußball zu retten, in: Zeit Online, 12. Februar 2019
SPILLER, Christian und VENOHR, Sascha: Finanzkennzahlen der Bundesliga. 1.732.773.000 Euro fürs Personal, in: Die Zeit, www.zeit.de, Juni 2020
SPILLER, Christian: „Das Produkt Fußball ist einfach zu geil, noch“, in: Die Zeit, www.zeit.de, August 2020
Statista European Football Benchmark 2018
STEICHE, Norbert und FILZEK, Marcus: Mädchenfußball: „An der Basis rumort es“, in: Bayerischer Rundfunk, www.br.de, November 2019
STUCKE, Julius: Initiative Sports for Future: Vereine wollen das Klima retten, in: Deutschlandfunk Kultur, www.deutschlandfunkkultur.de, Juli 2019
STURMBERG, Jessica: Sportlerrente: „Aufgabe des Staates, dass junge Menschen soziale Sicherheit haben“, in: Deutschlandfunk, www.deutschlandfunk.de, November 2019
SUN, Xiaochen: CBA draft finally coming of age, in: China Daily, www.chinadaily.com.cn, Juli 2019

SZECH, Nora: Tie-breaks and bid-caps in all-pay auctions, in: Games and Economic Behavior Vol. 92, Juni 2015

SZIGETVARI, András: Epidemiologe Wilkinson: „Die Antwort ist simpel: Ungleichheit bringt uns um", in: Der Standard, www.derstandard.at, März 2015

SZYMANSKI, Stefan und KÉSENNE, Stefan: Competitive Balance and Gate Revenue Sharing in Team Sports. Journal of Industrial Economics, Vol. 52, März 2004

SZYMANSKI, Stefan: Football Economics and Policy, März 2010

SZYMANSKI, Stefan: Money and Football. A Soccernomics Guide, 2015

SZYMANSKI, Stefan: So what is the MLS business model?, in: Soccernomics, www.soccernomics-agency.com, Juni 2015

The Football Scholars Forum, www.footballscholars.org

THEMEN, Kate: Female football players: encountering physical capital in mixed-sex football, in: Soccer & Society, Band 21, 2020, Nr 5

THIEME, Lutz: Jung stirbt, wen die Götter lieben? Zur Mortalität deutscher Olympiateilnehmer von 1956 bis 2016, in: German Journal of Exercise and Sport Research 50, 2020

THOMAS, Gerd: Der Fußball vergisst seine Kinder, auf: www.hartplatzhelden.de, August 2020

THOMASER, Sonja: Gleichberechtigung: Wir brauchen eine strenge Frauenquote, jetzt!, in: Frankfurter Rundschau, www.fr.de, September 2019

TOMSIC, Sara: „Von meiner Kandidatur könnten sich viele Menschen provoziert fühlen, in: Die Zeit, www.zeit.de, August 2020

TORGLER, Benno: The determinants of women's international soccer performances, in: International Journal of Sport Management and Marketing 3.4 (2008): 305-318

TOTTY, Evan S. und OWENS, Mark F.: Salary Caps And Competitive Balance in Professional Sports Leagues, in: Journal for Economic Educators, 11 (2), Herbst 2011

TREUSCH, Wolf-Sören: Nachwuchssorgen beim Frauenfußball. Der Kick fehlt, in: Deutschlandfunk Kultur, www.deutschlandfunkkultur.de, Mai 2019

TRINKS, Stefan et al.: Declaration of Analgesics on Doping Control Forms in German Football Leagues during Five Seasons, in: Deutsche Zeitschrift für Sportmedizin, Band 72 Nr.2/2021

TROELSEN, Troels und DEJONGHE, Trudo: The need of competitive balance in European professional soccer. A lesson to be learnt from the North American Professional Leagues, in: An Amalgam of Sports & Exercise Research, 2006

TROJANOW, Ilija: TV-Serie „The Good Fight": Das Erdenken der Utopie, in: taz die Tageszeitung, www.taz.de, Juli 2021

TURK, Victoria: Why are elite female footballers barred from playing with men?, in: Wired, www.wired.co.uk, August 2018

UEFA Club Licensing Benchmarking Report 2018

UEFA Studie Women's Football Across the National Associations 2017

UEFA Wertschätzung der sozialen Rendite des Fußballs in Europa, Dezember 2020

UNFRIED, Peter: Guter Protest, böser Protest?, in: taz futurzwei, www.taz.de, Juni 2020

UTHOFF, Jens: „Die Frau da hinten, die kann das nicht", in: Die Zeit, www.zeit.de, Juni 2019

VALENTI, Maurizio, SCELLES, Nicolas und MORROW, Stephen: Elite sport policies and international sporting success: A panel data analysis of European women's national football team performance, in: European Sport Management Quarterly, 2019

VALENTI, Maurizio, SCELLES, Nicolas und MORROW, Stephen: The determinants of stadium attendance in elite women's football: Evidence from the UEFA Women's Champions League, in: Sport Management Review, Band 23, Ausgabe 3, Juni 2020

VESTER, Thaya und SINNING, Silke: Miteinander! Ein neuer Ansatz für Gewaltprävention im (Kinder-)Fußball?, in: Forum Kriminalprävention 1/2021, Januar 2021

VETH, Manuel: Zenit‘s Ranking in the Deloitte Football Money League Analysed, in: www.futbolgrad.com, Januar 2017

VINNAI, Gerhard: Schattenseiten der Fußballbegeisterung, in: Lederer, Bernd (Hrsg.): Teil-Nehmen und Teil-Haben. Fußball aus Sicht kritischer Fans und Gesellschaftswissenschaftler, 2010

VINNAI, Gerhard: Die Tücken des Privateigentums. Der Einfluss auf die Psyche und notwendige Alternativen, 2017

VÖLKER, Markus: Auf dem Altar der Selbstoptimierung, in: Taz die Tageszeitung, www.taz.de, Mai 2020

VOLPE, Mario: Lienen über Gehaltsverzicht: „Da geht einem das Herz auf“, in: Sky Sport,, www.sport.sky.de, April 2020

VORHOLT, David: Frauen-Bundesliga droht keine Massenpleite – noch nicht, in: Deutsche Welle, www.dw.com, April 2020

VORHOLT, David und OELMAIER, Tobias: Ellen Fokkema – Vorbild auch für den deutschen Fußball?, in: Deutsche Welle, www.dw.com, August 2020

VORREITER, Paul: Alternative Aktienmarktsozialismus, in: Deutschlandfunk, www.deutschlandfunk.de, Oktober 2016

VOSS, Oliver: „Wir sind auf dem direkten Weg ins digitale Mittelalter“, in: Tagesspiegel, www.tagesspiegel.de, Februar 2020

VROOMAN, John: Theory of the Perfect Game: Competitive Balance in Monopoly Sports Leagues, in: Review of Industrial Organization, Band 34, 2009

WAGNER, Ines: Certified Equality: The Icelandic Equal Pay Standard, Oktober 2018

WAGNER, Ulrik, STORM, Rasmus und NIELSEN, Klaus: When Sport Meets Business: Capabilities, Challenges, Critiques, 2017

WANG, Peng, PAN, Jay und LUO, Zhehui: The Impact of Income Inequality on Individual Happiness: Evidence from China, in: Social Indicators Research, Band 121, Ausgabe 2, 2015

WANK, Veit und KEPPLER, Valentin: Vor- und Nachteile von Sportlern mit Hochleistungsprothesen im Vergleich zu nichtbehinderten Athleten, in: Deutsche Zeitschrift für Sportmedizin, 66. Jahrgang, 11/2015

WATTS, Jonathan: „Eine Katastrophe, die von innen kommt“, in: Der Freitag, www.freitag.de, 2020

WEISBRICH, Matthias: Die Liberalisierung des Spielermarktes im Profifußball: Auswirkungen des Bosman-Urteils und Maßnahmen gegen die Fehlentwicklungen, 2013

WERHAND, Manuela: Frauenfußball ist kein Fußball. Eine ethnographische Studie zum Phänomen Fußball und der Rolle des Frauenfußballs, Juli 2005

WESTERBEEK, Hans (Hrsg.): Global Sport Business: Community Impacts of Commercial Sport, November 2012

WEZEL, Jan: Betrachtung der Teamsportindustrie am Beispiel der amerikanischen Major Leagues und der Fußballbundesliga, September 2002

WICHMANN, Moritz: Verstärkung für „linke Squad“: Black-Lives-Matter-Aktivistin gewinnt US-Vorwahl, in: nd, www.neues-deutschland.de, August 2020

WIGMORE, Tim: The Hundred draft explained: A spectacle unlike anything English sport has witnessed before…and the stakes are high, in: The Telegraph, www.telegraph.co.uk, Oktober 2019

WILDUNG, Fritz: Arbeitersport, 1929

WILKESMANN, Uwe: Geld schießt Tore? Zur sozialen Ungleichheit im Fußball, in: Wissen – Methode – Geschlecht: Erfassen des fraglos Gegebenen, Mai 2014

WILKESMANN, Uwe: Fußball und soziale Ungleichheit. Wie verändern die Gelder der UEFA für die Teilnahme an den europäischen Wettbewerben die Ungleichheit innerhalb der Bundesliga? In: Wettkampf im Fußball – Fußball im Wettkampf, 2016

WILSON, John: Australian sports should follow the English Premier League and reform salary caps, in: The Conversation, www.theconversation.com, Januar 2018

WILSON, Rob, RAMCHANDANI, Girish und PLUMLEY, Daniel: Parachute Payments in English Football: Softening the Landing or Distorting the Balance?, in: Journal of Global Sport Management, März 2018

WIMALASENA, Jörg: NFL Draft: Als müsste Mario Götze zum SC Paderborn gehen, Zeit Online, www.zeit.de, Mai 2015

WINKLER, Thomas: Irre Reformidee beim Baseball. Große TV-Show Play-Offs, in: Taz die Tageszeitung, www.taz.de, Februar 2020

WINKLER, Thomas: Black Lives Matter im US-Baseball. Zeit für neue Zahlen, in: Taz die Tageszeitung, www.taz.de, Dezember 2020

WINTER, Christoffer: Auswirkungen von Gehaltsobergrenzen unter besonderer Berücksichtigung von professionellen Sportligen, August 2003

WÖCKENER, Lutz: „Eine Frauenquote im Fußball würde helfen", in: Die Welt, www.welt.de, Februar 2019

WOLF, Matthias: Trainer als Minijobber – fragwürdige Bezahlpraxis, in: Sport Inside, Sendung vom 14.3.2021, WDR

WOLLER, Hans: Gerd Müller oder: Wie das große Geld in den Fußball kam, Oktober 2019

WRACK, Suzanne: It's tragic: Swedish women's champions dissolved after title win, in: The Guardian, www.theguardian.com, Dezember 2020

WRACK, Suzanne: Salary cap losing its relevance in changing landscape of women's football, in: The Guardian, www.theguardian.com, November 2019

WRACK, Suzanne: Feelgood glow in women's football does not extend to finances, in: The Guardian, www.theguardian.com, April 2019

WRACK, Suzanne: European Super League could end up halting growth of women's game, in: The Guardian, www.theguardian.com, April 2021

WU, Xiaogang und LI, Jun: Economic Growth, Income Inequality and Subjective Well-being: Evidence from China, Juli 2013

YADAV, Yogendra: From Mandal to Modi, OBC sub-categorisation is caught up in bad politics, in: The Print, www.theprint.in, Juli 2020

YOESTING, Travis: Chelsea Women's Coach Suggested Smaller Goals, Pitches For Women – Hope Solo Is Having None Of It, in: www.the18.com, Juni 2019

ZIMBALIST, Andrew S.: Competitive Balance in Sports Leagues: An Introduction, in: Journal of Sports Economics, Band 3, Ausgabe 2, 2002

ZIMMERMANN, Astrid: Für einen Öko-Leninismus, in: Jacobin, www.jacobin.de, September 2020

ZUSCHLAG, André: Soziologin Tiesler über Fußballerinnen: „Verträge für eine Saison", in: taz die Tageszeitung, www.taz.de, Juli 2018

Ideenregister

Wer Utopien diskutieren oder verwerfen will, sollte sie zumindest wiederfinden können. Und im besseren Fall, ohne dabei Hunderte von Seiten zu durchblättern. Die wichtigsten Ideen dieses Buches stehen deshalb hier mit der zugehörigen Seite, nach Themen gruppiert und in alphabetischer Reihenfolge. Wer also nochmal nachschlagen möchte, wie Mini-Parlamente funktionieren könnten oder was Football3 ist, findet sich hiermit hoffentlich ein bisschen zurecht.

Demokratische Beteiligung

Ein völlig neues System

Fußball und Gesellschaft

Gerechterer Wettbewerb

Global und lokal

Ökologie

Protest und Debatte

Repräsentation und Teilhabe

Soziale Veränderung im Sport

Talentverteilung und Bezahlung

Unterklassiger Fußball

Wandel auf dem Spielfeld

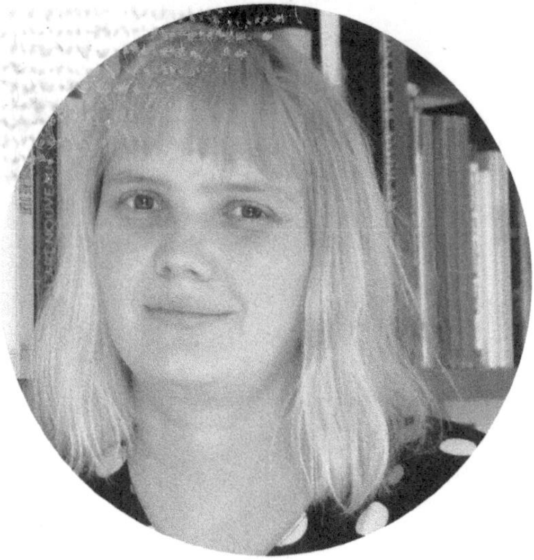

Alina Schwermer,

Jahrgang 1991, hat Journalistik und Geschichte studiert in Dortmund, Bochum und Sankt Petersburg. Sie ist freie Sportjournalistin unter anderem für die „taz“, die „Jungle World“ und die Deutsche Welle und beschäftigt sich gerne mit gesellschaftlichen und politischen Sportthemen. Auf www.nosunsets.de schreibt sie über Reisebegegnungen. Im Verlag Die Werkstatt erschien 2018 ihr Buch „Wir sind der Verein. Wie fangeführte Klubs den Fußball verändern wollen. Neun Geschichten von Deutschland bis Israel“.